U0519360

资金支持：国家社科基金重大项目
"国际能源新形势对中国发展与战略环境影响研究"
（项目编号：15ZDA059）

中国资源型城市创新指数：
各地级市创新能力评价2017

李虹　等著

商务印书馆
The Commercial Press

2017年·北京

图书在版编目(CIP)数据

中国资源型城市创新指数：各地级市创新能力评价：
2017 / 李虹等著. — 北京：商务印书馆，2017
ISBN 978-7-100-14686-9

Ⅰ.①中… Ⅱ.①李… Ⅲ.①城市经济－区域经济发
展－研究－中国－2017 Ⅳ.①F299.27

中国版本图书馆CIP数据核字（2017）第136437号

权利保留，侵权必究。

中国资源型城市创新指数：
各地级市创新能力评价2017

李虹 等著

商 务 印 书 馆 出 版
（北京王府井大街36号 邮政编码 100710）
商 务 印 书 馆 发 行
三河市尚艺印装有限公司印刷
ISBN 978－7－100－14686－9

2017年7月第1版 开本 787×1092 1/16
2017年7月第1次印刷 印张 35

定价：150.00元

丛书顾问委员会

（按姓氏音序排列）

陈大卫　原住建部副部长

仇保兴　原住建部副部长

杜祥琬　中国工程院院士、国家能源咨询专家委员会副主任、原中国工程院副院长

方　宁　国务院参事室副主任

范恒山　国家发改委副秘书长

傅成玉　原中国石油化工集团公司董事长、党组书记

辜胜阻　全国人大财经委副主任、民建中央副主席

胡存智　原国土资源部副部长

胡文瑞　中国工程院院士、原中国石油天然气股份有限公司副总裁

季晓南　国务院国有重点大型企业监事会主席

蒋省三　中国再生资源回收利用协会会长、原中华全国供销合作总社监事会主任

林毅夫　著名经济学家、全国工商联专职副主席、北京大学国家发展研究院名誉院长

李玉光　国务院参事、原国家知识产权局副局长

李肇星　原外交部部长、第十一届全国人大外事委员会主任委员、中国翻译协会会长

李忠杰　中央党史研究室副主任

刘东升　国家林业局副局长

刘　伟　中国人民大学校长

刘燕华　国务院参事、原科技部副部长

刘延申　国家数字化学习工程技术研究中心副主任、教育部全职委副主任、国家开放大学数字化学习技术集成与应用教育部工程研究中心支部联盟主席

吕新华　南南促进会会长、原外交部副部长

倪维斗　中国工程院院士、原清华大学副校长

闪伟强　《紫光阁》杂志社社长

沈建国　中国民间商会副会长、原中国工商联副主席

石元春　中国工程院院士、中国科学院院士、原中国农业大学校长

王为民　国务院参事室副主任

吴晓青　环保部副部长

谢克昌　中国工程院院士、原中国工程院副院长、中国科协副主席

徐　林　国家发改委发展规划司司长

徐念沙　保利集团董事长

徐如人　中国科学院院士、吉林大学教授

许宪春　国家统计局副局长

张大卫　中国国际经济交流中心副理事长、原河南省副省长

张国宝　外交部外交政策顾问委员会委员、中国产业海外发展协会会长、原国家发改委副主任、原国家能源局局长

张军扩　国务院发展研究中心副主任

赵文智　中国工程院院士、中国石油勘探开发研究院院长

序 一

　　资源型城市作为我国重要的能源资源战略保障基地，是国民经济持续健康发展的重要支撑。当前在全球化与信息化浪潮的冲击下，我国资源型城市纷纷面临转型的关键时期。作为中国城市体系中的重要组成部分和工业经济增长的重要动力，资源型城市应积极把握新常态下的特征和趋势，主动适应新常态新要求，加快转型升级。

　　2015 年 10 月，中共中央十八届五中全会首次提出"创新、协调、绿色、开放、共享"五大发展理念。践行五大发展理念，推动我国资源型城市转型发展，最关键的是要坚持创新引领，把创新作为切入点和发力点，把创新摆在全局发展的核心位置，使创新成为最鲜明的特色、最强劲的动力。探索资源型城市创新驱动发展新动力，是加快转变经济发展方式、实现资源型城市可持续发展的现实之需，也是加快推进国家创新驱动发展的关键所在。但是，我国资源型城市技术进步动力不足、技术创新缓慢、人才资源存在结构性短缺等因素使得资源型城市在创新领域并不具备优势，难以形成城市持续发展的新动能。

　　推进资源型城市转型，就是要依靠科技创新提高资源产业附加值，利用绿色技术促进环境治理与生态恢复，同时要加快促进接续产业发展，鼓励"全民创新"、"大众创业"，为资源城市的可持续发展提供原动力。因此，对当前中国资源型城市创新发展现状进行研究，通过发现问题，在未来全方位提升可持续发展后劲，是一个重要的研究课题。

　　本书在充分考虑资源型城市基本特征的基础上，探索建立了一套可以充分体现我国当前资源型城市创新发展评价的指标体系，资源型城市创新指数，能够较为科学准确地反映众多资源型城市目前的创新水平，通过对创新所涉及的企业、人才、政府等多方面进行分析和考量，从而为政府评估地区创新能力、制定地区转型政策提供可靠的依据。"中国资源型城市创新指数"结合当前国家提出的"分类引导培育资源型城市转型发展新动能"的政策导向，将为城市培育转型发展新动能提供科学指引。这对于中央和地方政府的政策制定部门，都具有重要的参考价值。

张国宝

外交部外交政策顾问委员会委员、中国产业海外发展协会会长

原国家发改委副主任、原国家能源局局长

2017 年 4 月

序　二

　　资源型城市因"资源而兴"，但随着自然资源的不断开采，资源型城市普遍面临着资源枯竭、生态环境严重破坏、经济结构失衡、失业和贫困人口增多、替代产业发展乏力等经济社会问题，因此，资源型城市转型发展势在必行。资源型城市转型发展是一项艰巨复杂的系统工程，不仅是一个局部的城市发展问题，而是涉及整个国家实现可持续发展的全局性、战略性问题，不仅需要政府政策的支持引导和资源型城市的主动探索，更需要学术研究的理论先行，特别是面对经济发展与生态环境间日益突出的矛盾，资源型城市亟须培育转型发展的新动能。

　　伴随着中国经济进入"新常态"，2015 年 11 月，中央财经领导小组会议首次提出"供给侧改革"。从"三驾马车"到供给侧改革，中国经济正在经历巨大转变。特别是对于传统产业而言，从供给侧入手的结构性改革将成为未来一段时间内中国经济的转型方向。供需矛盾聚焦供给端，中国经济的根本问题仍在供给方面，创新是关键。在"新常态"下，资源型城市必须从战略全局高度辩证地看待新形势下所带来的转型新机遇，选择适合新常态下资源型城市转型发展的新路径，积极适应"新常态"，实现城市持续繁荣发展，必须把创新作为切入点和发力点，把创新摆在全局发展的核心位置。正因如此，对资源型城市创新能力进行评价具有重要的实际意义。

　　在此背景下，北京大学国家资源经济研究中心对资源型城市的创新能力进行了研究，构建了中国首套资源型城市创新能力评价指标体系，并运用该套指标体系对《全国资源型城市可持续发展规划（2013—2020 年）》中的 116 个地级资源型城市的创新能力进行了综合评价，实现了视角创新、指标体系创新、应用层面的创新。通过分析得到了中国 116 个地级资源型城市的创新发展情况、存在问题和改进措施，从而为各地培育发展新动能、新思路建言献策，为破解资源型城市可持续发展难题提供智力支持。

　　"中国资源型城市转型指数"是北京大学国家资源经济研究中心发起推动的一项重要研究课题，也是该中心"中国资源型城市转型系列研究"的重要组成部分。2016年，该中心发布了首批"资源型城市转型指数"，开创性地对全国 116 个地级资源型城市的转型效果进行了评价，本书则是"中国资源型城市转型指数"第二批成果。这套指数无论是方法还是研究角度上都突破了以往的研究，具有高度的创新性。北京大学国家资源经济研究中心经过多年的努力，对全国 116 个地级资源型城市进行了梳理，而且形成了一套科学完整的指标体系，这在中国是极具开创性的，同时也是权威性的重要成果，相信对指导中国资源型城市转型具有重要的借鉴意义。

刘燕华

国务院参事、原科技部副部长

2017 年 4 月

序 三

　　与中国经济增速放缓重叠，以自然资源为核心的传统资源型城市发展正在逐步陷入困境。粗犷的历史发展模式带来生态环境污染等一系列问题，靠资源发展经济的单一路径导致出现了单轮驱动乏力之景。目前来看，我国大多数资源型城市尚未摆脱资源依赖的发展路径，经济结构失衡、社会不稳定因素增加、环境污染加剧等问题依然未得到根本性扭转，因此转型任务依然艰巨。

　　党的十八大明确提出"科技创新是提高社会生产力和综合国力的战略支撑，必须摆在国家发展全局的核心位置。"强调要坚持走中国特色自主创新道路、实施创新驱动发展战略。从供给侧角度来讨论这个问题，供给侧首先就是创新，创新发展是"十三五"时期经济结构实现战略性调整的关键驱动因素，是实现"五位一体"总体布局下全面发展的根本支撑和关键动力。依靠创新推动新旧动能转换和结构优化升级，是我国资源型城市实现产业结构调整升级和城市转型发展的关键。

　　通过借鉴国家层面和城市层面创新指数评价指标体系，北京大学国家资源经济研究中心建立了本书中的具有科学性、全面性和针对性的中国资源型城市创新指数评价指标体系，该套指标体系充分考虑了研究对象的特点，选择了能够突出衡量资源型城市创新发展情况的特征指标，并从创新环境、创新投入、创新产出、创新绩效四个维度对资源型城市创新能力进行了评价，研究结果能够较为科学、准确地反映某一资源型城市的创新能力水平，为地方政府提升地区创新能力、制定地区转型政策提供了可靠依据。

　　资源型城市转型是我长期以来高度关注的问题，我本人也对此进行了许多思考，本书是"中国资源型城市转型指数"第二批成果，国家资源经济研究中心在这套指数研究方法上，舍弃了传统的以产业为切入点的研究思路，另辟蹊径创建了"中国资源型城市转型指数"，运用资源型城市转型发展的实际数据进行分类评价，形成了从"整体到局部、从共性到个性、从现象到原因"的科学分析和论证过程，进而为资源型城市量身打造具有针对性的对策建议。这种研究方法的突出特点在于充分发挥定量、定性分析的综合优势，能够对资源型城市进行系统性描述，对其整体状况进行综合测定，对转型背后的复杂因素进行层次分析，对不同资源型城市进行聚类分析等。

　　阅读了此书的初稿后，许多观点和结论使我深受启发。城市增长发展的持续动力都来自创新，通过创新指数，可以看到城市创新能力的强弱。那些创新指数得分低、创新能力弱的资源型城市，就可以知道在哪些方面补足短板。我相信，此书的出版必会对我国资源型城市的转型起到很大的促进作用，我也希望北京大学国家资源经济研究中心以此书的出版为基础，深入研究资源型城市可持续发展的其他相关问题，再接再厉，做出更好更多的成果。

刘伟

中国人民大学校长

2017 年 4 月

内容提要

2015 年 10 月，中共中央十八届五中全会首次提出"创新、协调、绿色、开放、共享"五大发展理念。创新发展是"十三五"时期经济结构实现战略性调整的关键驱动因素，是实现"五位一体"总体布局下全面发展的根本支撑和关键动力。推进资源型城市的转型发展，也必须把创新作为切入点和发力点，把创新摆在全局发展的核心位置。2016 年 9 月，国家发展改革委、科技部、工业和信息化部、国土资源部和国家开发银行联合印发了《关于支持老工业城市和资源型城市产业转型升级的实施意见》，在明确推动全国老工业城市和资源型城市产业转型升级的总体思路、实施路径、重点任务等基础上，特别强调未来推动产业转型升级要由依靠要素驱动向依靠创新驱动转变，不断激发老工业城市和资源型产业发展活力、内生动力和整体竞争力。由此看出，探索培育资源型城市的创新驱动力，将成为未来实现资源型城市可持续发展的突破口和现实需要，也是加快推进国家创新驱动发展的关键所在。

20 世纪 80 年代中期以来，我国一大批资源型城市的资源开采业相继进入成熟期和衰退期，一些城市出现"矿竭城衰"、"矿竭城亡"的窘境，严重影响到资源型城市的可持续发展。因此，对于中国资源型城市而言，依靠创新来带动地区经济发展，即通过实施创新驱动发展战略来大力推动经济发展方式的转变显得尤为重要，即通过加快资源型城市产业技术创新，用高新技术和先进适用技术改造提升传统产业和资源型行业。

为更好地服务于资源型城市转型的政府决策和产业的需求，北京大学国家资源经济研究中心进行了中国资源型城市转型系列研究，"中国资源型城市转型指数"是北京大学国家资源经济研究中心发起推动的一项重要研究课题，也是该中心"中国资源型城市转型系列研究"的重要组成部分。2016 年，该中心发布了《中国资源型城市转型指数：各地级市转型评价 2016》，完成了中国首套"资源型城市转型效果指数"的创建，并且对资源型城市转型内涵、评价内涵、评价方法、指标体系等多方面进行了开创性探索。更为重要的是，该研究开创性地对全国 116 个资源型地级城市的转型效果进行逐一评价，客观还原、呈现了我国地级资源型城市在探索转型中所面临的共性、特性问题，为推动各资源型城市下一步转型找到了突破口和发力点。

在此基础上，该中心进一步对城市转型的创新驱动能力进行评价和分析。本书则是"中国资源型城市转型指数"第二批成果，并以创新评价为切入点对资源型城市创新问题进行了理论探索，构建了中国首套资源型城市创新指数体系，实现了视角创新、指标体系创新、应用层面的创新。在构建指标体系时，借鉴国家层面和城市层面创新指数评价指标体系，将创新指数的测算分为了 4 个一级指标，分别为：创新环境指数、创新投入指数、创新产出指数、创新绩效指数。在此基础上，引入了 11 个二级指标和 56 个三级指标。构建指标时，充分考虑了研究对象的特点，选择了能够突出衡量资源型城市创新发展情况的特征指标。这样的评价体系对资源型城市更加具有针对性，多层次多维度的评价体系使得结果更具科学性和客观性。

在建立指标体系的基础上，本书对《全国资源型城市可持续发展规划（2013—2020 年）》中的 116 个资源型地级城市的创新能力进行了评价。资源型城市研究的难点之一在于数据的搜集工作，为了对这些城市的创新能力进行全面、客观和科学地评价，通过多种渠道我们搜集到了能反映资源型城市特征的第一手数据，并结合熵值法等赋权方法对中国 116 个资源型地级城市的创新发展情况进行了综合评价，研究对象覆盖河北、山西、内蒙古、辽宁、山东、新疆、广东等 24 个省（自治区），占全国地级城市（293 个）的 39.59%。评价涵盖了成长型、成熟型、衰退型、再生型资源城市，涵盖了东、中、西部、东北地区和南方、北方地区的差异性，涵盖了享受区域性政策（京津冀一体化）、民族性政策（新疆克拉玛依）等多个层面。通过评价，得到了 116 个地级资源型城市的创新发展情况、存在问题和改进措施。

从评价结果来看，2014 年 116 个资源型地级城市创新指数的均值为 0.417，其中，创新指数所包含的一级指标中，创新环境指数、创新投入指数、创新产出指数、创新绩效指数的均值分别为 0.335、0.410、0.338 和 0.588。

从城市层面来看，创新能力较好、创新指数位列前 15 位的城市分别是：淄博（0.731）、东营（0.669）、徐州（0.664）、包头（0.659）、洛阳（0.655）、唐山（0.638）、湖州（0.631）、济宁（0.609）、大庆（0.596）、马鞍山（0.586）、泰安（0.574）、宿迁（0.562）、临沂（0.551）、吉林（0.540）、鄂尔多斯（0.519）；而创新能力较差、创新指数位列后 15 位的城市则分别为：昭通（0.318）、达州（0.310）、石嘴山（0.310）、贺州（0.309）、平凉（0.301）、阜新（0.299）、百色（0.299）、金昌（0.291）、铜川（0.268）、黑河（0.252）、伊春（0.226）、双鸭山（0.202）、鸡西（0.202）、七台河（0.185）、鹤岗（0.184）。

从生命周期阶段来看，针对不同发展类型的资源型城市，再生型城市的创新指数平均得分最高，而衰退型城市的创新指数得分最低。再生型、成熟型、成长型和衰退型城市创新指数得分的均值分别为 0.525、0.417、0.392、0.366。从一级指标来看，再生型 4 个一级指标的平均得分均高于其余 3 种类型的城市，由于再生型城市的经济发展基本摆脱了资源依赖路径，经济社会开始步入良性发展轨道，对资源的较低依赖从而使这些城市在创新发展方面取得的成效也较为凸显。而对于衰退型城市，其排名情况与再生型城市则正好相反，无论是综合创新指数还是 4 个一级指标，其平均得分均低于其余 3 种城市类型。这些城市由于资源开采已经进入枯竭阶段，目前来看其面临着较大的转型压力。与此同时，虽然中央财政资金对这些城市的支持力度较大，但它们在创新方面取得的成效也是最差的。

从区域分布来看，东部城市创新指数得分较好，相对而言，西部和东北地区城市则较差，创新指数排名较高和较低的城市在地域上呈现出一定的"聚集"趋势。例如，创新指数排名前 15 位的城市中，东部城市有 9 个，所占比重为 60%。而创新指数排名后 15 位城市则全部位于西部或东北地区，其中，西部地区城市有 8 个，东北地区城市有 7 个，而东北地区城市尤其是在黑龙江省表现较为集中，占据了其中的 6 座城市。

本书通过对 116 个地级资源型城市的创新指数以及四个一级指标（创新环境指数、创新投入指数、创新产出指数、创新绩效指数）进行测算，深入剖析了每个城市的得分情况，从中发现样本城市在创新驱动发展中存在的问题，并提出具有针对性的政策建议，由此为各个城市发现创新驱动发展中的短板、提升创新能力、促进城市转型和推动城市可持续发展提供指导。

目　录

1 前言

1.1 研究背景

2015年，中国国内生产总值增幅为6.9%，首次跌破7%关口，创25年新低。2016年国内生产总值为74.4万亿元，按可比价格计算，比上年增长6.7%，再次印证中国宏观经济下行趋紧的严峻形势仍在持续。面对投资、消费、出口等"三驾马车"作用的逐渐弱化，拉动经济增长亟须创造新动力，而此时"创新"被赋予了前所未有的重视和期待。党的十八大报告中，从国家战略的高度和发展全局的角度，明确把科技创新定位为"提高社会生产力和综合国力的战略支撑，必须摆在国家发展全局的核心位置"。因此，坚持走中国特色自主创新道路、实施创新驱动发展战略成为"新常态"下我国经济转型发展的"一剂良药"，对于资源型城市来说亦是如此。

资源型城市作为中国重要的能源资源战略保障基地，是国民经济持续健康发展的重要支撑，更是新常态下实施创新驱动战略，探索经济转型发展的重要阵地。2016年9月，国家发展改革委、科技部、工业和信息化部、国土资源部和国家开发银行联合印发了《关于支持老工业城市和资源型城市产业转型升级的实施意见》，在明确推动全国老工业城市和资源型城市产业转型升级的总体思路、实施路径、重点任务等基础上，特别强调未来推动产业转型升级要由依靠要素驱动向依靠创新驱动转变，不断激发老工业城市和资源型产业发展活力、内生动力和整体竞争力。由此看出，探索培育资源型城市的创新驱动力，将成为未来实现资源型城市可持续发展的突破口和现实需要，也是加快推进国家创新驱动发展的关键所在。

可以说，中国经济社会的持续健康发展离不开资源型城市的贡献，而资源型城市的可持续发展亟须加快经济结构转型和产业升级，并保持良好的经济增长态势，这些都离不开创新的支持。因此，研究中国资源型城市的创新问题具有十分深刻的现实意义。

1.2 现实意义

创新水平作为创造经济发展新动力的必要保证，可以通过创建"创新水平综合评价指数体系"（简称创新指数）进行定量描述与比较。"创新指数"旨在科学、客观地衡量企业、地区、国家创新的真实水平，并以此为基础，通过时间空间多维度比较，凸显不同对象的水平差异，从而进一步发现问题和提升能力，真正发挥出研究机构的决策服务功能。这对于新常态下，推动资源型城市的转型发展来说意义尤为突出。目前，中国共有 262 座资源型城市，其中地级行政区（包括地级市、地区、自治州、盟等）126 个，县级市 62 个，县（包括自治县、林区等）58 个，市辖区（开发区、管理区）16 个，其中大多数资源型城市处于转型的瓶颈，可持续发展面临着较大的风险与挑战。而资源型城市创新指数，一方面能够较为科学、准确地反映某一城市的创新水平，为政府提升地区创新能力、制定地区转型政策提供可靠依据，另一方面通过不同类型城市的比较可以凸显地区差异，一定程度上激励政府加大创新投入，培育创新土壤，对地区创新氛围和创新能力的提升提供正向激励。

1.3　研究创新

本书在吸收和借鉴已有研究的基础上，针对中国资源型城市创新环境、创新投入、创新产出和创新绩效情况进行了系统研究，并在此基础上构建了一套可以充分反映中国当前资源型城市创新能力的评价指标体系，既能够服务于政府管理需要，又能够服务于产业转型需要。综合来说，本研究的特色和创新点主要体现在：

一是首次从城市群层面对资源型城市的创新能力进行系统评估。过去大多数的研究聚焦于国家创新或单个城市的创新问题，而资源型城市创新指数将问题的范围从国家范畴缩小，又不至于仅仅针对某一城市而使得问题失去普遍意义。研究资源型城市的创新指数，能够更大地发挥创新指数的定量含义，为资源型城市的转型问题提供科学的借鉴。

二是评价指标的选取更具针对性、全面性和科学性。在构建指标体系时，通过借鉴国家层面和城市层面创新指数评价指标体系的基础上，将创新指数的测算分为了 4 个一级指标，分别为：创新环境指数、创新投入指数、创新产出指数、创新绩效指数。在此基础上，引入了 11 个二级指标和 56 个三级指标。指标体系的构建充分考虑了研究对象的特点，选择了能够突出衡量资源型城市创新发展情况的特征指标。这样的评价体系对资源型城市更加具有针对性，并且多层次多维度的评价体系使得结果更具科学性和客观性。

三是对中国 116 个资源型城市的数据搜集和创新能力评价。资源型城市研究的难点之一在于数据的搜集工作，为了对这些城市的创新能力进行全面、客观和科学地评价，通过多种渠道我们搜集到了能反映资源型城市特征的第一手数据，并结合熵值法等赋权方法对中国116个资源型地级城市的创新发展情况进行了综合评价，研究对象覆盖河北、山西、内蒙古、辽宁、山东、新疆、广东等24个省（自治区），占全国地级城市（293个）的39.59%。评价涵盖了成长型、成熟型、衰退型、再生型资源城市，涵盖了东、中、西部、东北地区和南方、北方地区的差异性，涵盖了享受区域性政策（京津冀一体化）、民族性政策（新疆克拉玛依）等多个层面。通过评价，得到了116个地级资源型城市的创新发展情况、存在问题和改进措施。

2　相关概念界定

2.1　资源型城市

根据国务院 2013 年发布的《全国资源型城市可持续发展规划（2013—2020）》，资源型城市是以本地区矿产、森林等自然资源开采、加工为主导产业的城市。资源型城市作为我国重要的能源资源战略保障基地，是国民经济持续健康发展的重要支撑。

2.2　城市创新

对于创新，不同学者、不同学科对其概念有着不同的界定。大约一百年前，美籍奥地利经济学家约瑟夫·熊彼特在其创新理论中提出了"创新"的概念。他认为，创新就是生产要素的重新组合，可以提高物质资源的生产率。可见最初的创新多基于经济学知识的考量。后来，美国经济学家华尔特·罗斯托将创新理解为狭义的"技术创新"。而在信息化时代的今天，中国著名经济学家厉以宁提出，创新不再是生产要素的重新组合，而是"信息量"的重新组合。

城市创新能力则是城市创新体系中所有要素和行为主体有机组合的总体能力，主要表现为城市创新体系的配套协调、纵横整合能力。在本书中，城市创新能力综合评价是综合创新环境（创新基础条件与支撑能力）、创新投入（创新人才投入和创新资金投入）、创新产出（科技产出情况和产业产出情况）、创新绩效（资源利用效率、科技创新绩效、产品结构优化）4 个方面得出的。在这四者中，创新基础条件与支撑能力是城市创新能力的原动力之所在，创新投入则反映了对城市创新的重视程度和投入情况。其中，创新环境和创新投入是创新产出和创新绩效的基础，而创新产出和创新绩效则是科技生产力的产出成果及转化效率。

3 创新指数国内外研究综述

3.1 国家层面创新指数

3.1.1 国外国家层面创新指数

（1）全球创新指数（GII）

全球创新指数（global innovation index，GII）由康奈尔大学、欧洲工商管理学院（INSEAD）以及世界知识产权组织（World Intellectual Property Organization，WIPO）共同研制。通过对创新的制度与政策环境、创新驱动、知识创造、企业创新、技术应用、知识产权以及人力技能等方面的综合评价来衡量一个国家的经济创新能力，便于企业家与政府决策者了解本国经济创新能力的现状、不足，探究未来的改进方向。

最新一期2016年全球创新指数于2016年8月15日发布，为各国创新政策制定提供了参考和建议。2016年，GII的最高排名仍然相对稳定，瑞士连续六年稳居榜首。位列前25位的创新国家中，不仅有来自北美（如加拿大和美国）和欧洲（如德国、瑞士和英国）的经济体，还有来自东南亚、东亚和大洋洲（如澳大利亚、日本和新加坡）以及西亚（以色列）的经济体。对中国的评价排名为第25位，成为自首版GII报告发布9年来第一个跻身25强的中等收入经济体。

2016年全球创新指数对4个衡量项目进行了计算：总体GII、投入和产出分指数以及创新效率比。具体见表3.1.1。

表3.1.1 2016年全球创新指数框架

全球创新指数（平均）						
创新效率比（比例）						
创新投入次级指数					创新产出次级指数	
制度	人力资本和研究	基础设施	市场成熟度	商业成熟度	知识和技术产出	创意产出
政治环境	教育	信息通信技术	信贷	知识型工人	知识的创造	无形资产
监管环境	高等教育	普通基础设施	投资	创新关联	知识的影响	创意产品和服务
商业环境	研发	生态可持续性	贸易、竞争和市场规模	知识吸收	知识的传播	网络创意

第一，GII 总得分是投入和产出次级指数的简单平均数。

第二，创新投入次级指数由五个投入支柱构成，它们反映了国家 / 地区经济中促成创新活动的因素：制度、人力资本和研究、基础设施、市场成熟度、商业成熟度。

第三，创新产出次级指数提供了有关创新活动在经济中所产生产出的信息。它有两个产出支柱：知识和技术产出、创意产出。

第四，创新效率比是产出次级指数得分与投入次级指数得分之比。它表明了某一国家 / 地区的投入所获得的创新产出。

其中，上述每个支柱被分为三个分支柱，每个分支柱由不同的指标组成，共有 82 项指标。

（2）欧洲创新记分牌（EIS）

欧洲创新记分牌（European Innovation Scoreboard，EIS）是国际上最具影响力的国家创新能力评价体系之一。EIS 每年会评估欧盟整体创新绩效、欧盟与世界其他主要创新国家的差距以及欧洲各国的创新表现，是欧盟各国衡量自身创新发展水平的重要参考。

欧盟从 2000 年开始颁布欧盟创新政策年度报告，报告旨在对欧盟各成员国的创新政策进行定性分析。欧盟从 2001 年开始正式发布欧盟国家创新指数报告，以美国和日本为标杆，依据创新指标体系定量比较对欧盟成员国的创新绩效，分析欧盟各国创新优势和劣势。2001 年 10 月，欧盟委员会推出了《欧盟创新指数报告 2001》，该报告运用 17 个指标，从人力资源、知识生产、知识传播与应用以及创新金融、创新产出和创新市场几个方面，对统计数据进行了分析。自 2002 年，欧盟创新指数报告被不断修正，其中创新活动被分为创新投入和创新产出两个方面，指标体系不断被完善，另外报告中被评估的国家从 2001 年的 17 个扩大到 2007 年的 32 个，覆盖范围不断扩大。为了更好地理解创新过程和包容不同创新过程的差异性，同时保持研究的连续性，2010 年欧盟创新指数指标体系评价的维度增加到了 7 个，分为创新推动、企业创新行为和创新产出 3 个模块，指标数目增加到 30 个。其中，创新推动主要捕捉企业创新的外部推动力量，包含人力资源和金融支持 2 个维度，企业创新行为主要是企业对创新重要性的识别和创新努力方面的信息，包含企业投资、联系与创业和生产率 3 个维度，创新产出是通过可获得的指标定量分析企业的创新活动产出。

欧盟创新记分牌 2016 年报告延续了以往的指标衡量框架。创新表现经各项指标评估合成得出一个综合创新指数（Summary Innovation Index，SII）。EIS 指标框架主要包括 3 大类指标：创新推动、企业活动和创新产出，涵盖了 8 个创新维度下的 25

个分项指标（见图3.1.1）。

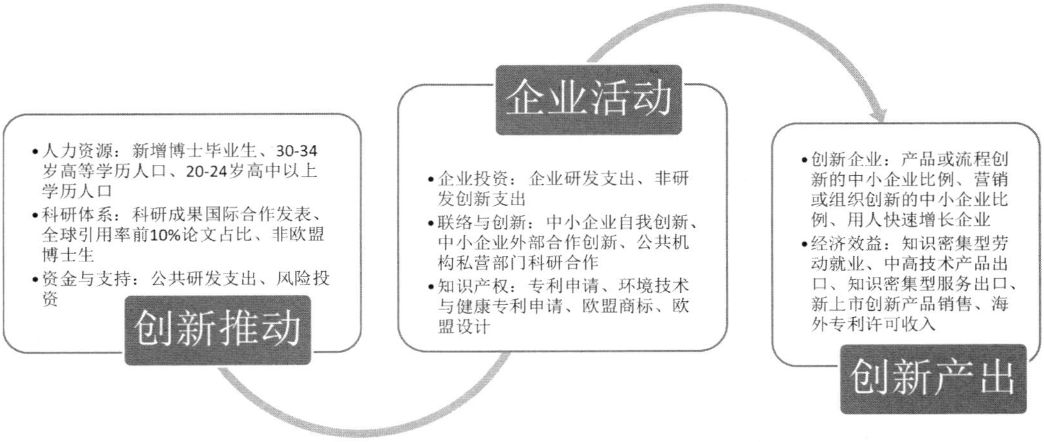

图3.1.1 欧盟创新记分牌指标框架

　　根据得分结果欧洲创新记分牌将参与创新评价的国家以创新绩效表现分为四类：

　　第一，创新领导型国家（Innovation Leaders），即 SII 指数高于欧盟平均值20%以上的成员国。创新领导型国家有：丹麦、芬兰、德国、荷兰和瑞典。其中，荷兰由之前的强力创新型国家跃进为创新领导型国家行列；

　　第二，强力创新型国家（Strong Innovators），即 SII 指数在欧盟平均值90%—120%之间的成员国。强力创新型国家有：奥地利、比利时、法国、爱尔兰、卢森堡、斯洛文尼亚和英国；

　　第三，中等创新型国家（Moderate Innovators），即 SII 指数在欧盟平均值50%—90%之间的成员国。中等创新国家有：克罗地亚、塞浦路斯、捷克、爱沙尼亚、希腊、匈牙利、意大利、拉脱维亚、立陶宛、马耳他、波兰、葡萄牙、斯洛伐克和西班牙。其中，拉脱维亚由此前的一般创新型国家进阶到中等创新型国家行列；

　　第四，一般创新型国家（Modest Innovators），即 SII 指数低于欧盟平均值50%以上的国家。一般创新型国家有：保加利亚和罗马尼亚。

　　除 EIS 以外，欧盟委员会还发布了欧洲区域创新记分牌（Regional Innovation Scoreboard，RIS），RIS 是 EIS 报告的区域拓展版，可以评估欧盟各成员国在国家层面上的创新能力与表现，涉及欧盟22个成员国的214个地区和挪威。RIS 采取了与 EIS 相同的创新指标评估框架，也将各地区按创新能力划分为4类，分别包括36个创新领导型地区，65 个强力创新型地区，83 个中等创新型地区和 30 个一般创新型地区。

除上述指数外，国际上关于创新能力的评价还包括：英国著名智库罗伯特哈金斯协会（Robert Huggins Associates）提出的评价全球主要城市的地区知识竞争力的理论框架和模型，即城市知识竞争力指数评价指标体系。罗伯特哈金斯协会编制的《世界知识竞争力指数（The World Knowledge Competitiveness Index，WKCI）》，基本上能够准确并系统地反映"世界知识经济领先地区"——国际知名创新型城市和以创新型城市为核心的创新区域的发展和建设情况。WKCI 被普遍认为是首次对全球最佳表现地区的知识经济进行了度量和综合分析的报告，是衡量各地区知识容量、能力、可持续性，以及将知识转换成经济价值和该地区居民财富的程度的整体综合基准。除此之外，还包括波特的国家创新能力指数等。

3.1.2 国内国家层面创新指数

20 世纪 90 年代初，中国学者开始关注国家的创新问题。1992 年，中国社会科学院组织翻译了多西等主编的《技术进步与经济理论》，首次将 NIS 理论引入中国。此后，柳卸林、郑秉文、王春法、刘凤朝、官建成等学者分别从国家创新体系理论、实证分析等角度开展了研究工作。近年来，中国科学院创新发展研究中心、中国科协发展研究中心、中国科学技术发展战略研究院等机构相继发布了创新能力测度方面的报告。此外，国家统计局也开展了相关的研究工作。

（1）中国创新指数（CII）

为落实党的十八大报告提出的"实施创新驱动发展战略"精神，客观反映建设创新型国家进程中中国创新能力的发展情况，国家统计局社科文司《中国创新指数（CII）研究》课题组研究设计了评价中国创新能力的指标体系和指数编制方法，并对中国创新指数（China Innovation Index，CII）及 4 个分指数（创新环境指数、创新投入指数、创新产出指数、创新成效指数）进行了测算。中国创新指数指标体系框架将反映我国创新能力的监测评价指标分成了 3 个层次：第一个层次通过计算创新总指数反映我国创新发展总体情况；第二个层次通过计算分领域指数反映我国在创新环境、创新投入、创新产出和创新成效等 4 个领域的发展情况；第三个层次通过上述 4 个领域所选取的 21 个评价指标反映构成创新能力各方面的具体发展情况，指标体系框架如表 3.1.2 所示。

表3.1.2 中国创新指标体系框架

	指标名称	计量单位	权重
创新环境（1/4）	经济活动人口中大专及以上学历人数	人/万人	1/5
	人均GDP	元/人	1/5
	信息化指数	%	1/5
	科技拨款占财政拨款的比重	%	1/5
	享受加计扣除减免税企业所占比重	%	1/5
创新投入（1/4）	每万人R&D人员全时当量	人年/万人	1/6
	R&D经费占GDP比重	%	1/6
	基础研究人员人均经费	万元/人年	1/6
	R&D经费占主营业务收入比重	%	1/6
	有研发机构的企业所占比重	%	1/6
	开展产学研合作的企业所占比重	%	1/6
创新产出（1/4）	每万人科技论文数	篇/万人	1/5
	每万名R&D人员专利授权数	件/万人年	1/5
	发明专利授权数占专利授权数的比重	%	1/5
	每百家企业商标拥有量	件/百家	1/5
	每万名科技活动人员技术市场成交额	亿元/万人	1/5
创新成效（1/4）	新产品销售收入占主营业务收入的比重	%	1/5
	高技术产品出口额占货物出口额的比重	%	1/5
	单位GDP能耗	吨标准煤/万元	1/5
	劳动生产率	万元/人	1/5
	科技进步贡献率	%	1/5

据国家统计局社科文司《中国创新指数研究》课题组的测算，2005年以来我国创新能力稳步提升，在创新环境、创新投入、创新产出、创新成效四个领域均取得了进展，见图3.1.2。2014年中国创新指数为158.2（2005年为100），比上年增长3.7%。其中创新环境指数、创新投入指数、创新产出指数和创新成效指数分别为155.2、157.8、177.2和142.4，分别比上年增长3.3%、3%、5.2%和2.8%。表明我国创新环境继续优化，创新投入力度不断加大，创新产出能力明显提高，创新成效进一步显现。

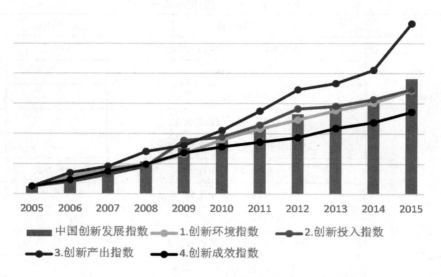

图 3. 1. 2　2005—2014 年中国创新指数及分指数

（2）国家创新指数

为了监测和评价创新型国家建设进程，中国科学技术发展战略研究院开展了有关创新型国家评价指标体系的研究，并先后于 2011 年、2012 年和 2013 年发布了《国家创新指数》系列报告，研究成果为制定《国家"十二五"科学和技术发展规划》提供了科学依据。国家创新指数指标体系旨在监测分析中国当期创新能力发展水平，并与世界其他主要开展研发活动的国家进行动态比较，是基于国家竞争力和创新评价等理论方法的综合性创新型国家评价指标体系。

国家创新能力评价指标体系主要用于评价世界主要国家的创新能力，分析我国创新能力变化的特点和差距。以《国家创新指数报告 2013》为例，该指数借鉴了国内外关于国家竞争力和创新评价等方面的最新研究成果，参考世界经济论坛、瑞士洛桑国际管理发展学院等国际权威机构的评价报告，建立了包括创新资源、知识创造、企业创新、创新绩效和创新环境 5 个一级指标、30 个二级指标在内的评价指标体系（见表 3.1.3），选取了占世界 R&D 经费总量 98%、占全球 GDP 总量 88% 的 40 个国家作为评价对象，采用国际通用的标杆分析法，根据 2011—2012 年相关统计数据，对 40 个国家的创新指数进行了测算。

表3.1.3 国家创新指数评价指标体系

国家创新指数	一、创新资源	1．研究与发展经费投入强度
		2．研发人力投入强度
		3．科技人力资源培养水平
		4．信息化发展水平
		5．研究与发展经费占世界比重
	二、知识创造	6．学术部门百万研究与发展经费的科学论文引证数
		7．万名科学研究人员的科技论文数
		8．知识服务业增加值占GDP的比重
		9．亿美元经济产出的发明专利申请数
		10．万名研究人员的发明专利授权数
	三、企业创新	11．三方专利总量占世界比重
		12．企业研究与发展经费与工业增加值的比例
		13．万名企业研究人员拥有PCT专利数
		14．综合技术自主率
		15．企业R&D研究人员占全部R&D研究人员比重
	四、创新绩效	16．劳动生产率
		17．单位能源消耗的经济产出
		18．有效专利数量
		19．高技术产业出口占制造业出口的比重
		20．知识密集型产业增加值占世界比重
	五、创新环境	21．知识产权保护力度
		22．政府规章对企业负担影响
		23．宏观经济环境
		24．当地研究与培训专业服务状况
		25．反垄断政策效果
		26．员工收入与效率挂钩程度
		27．企业创新项目获得风险资本支持的难易程度
		28．产业集群发展状况
		29．企业与大学生研究与发展协作程度
		30．政府采购对技术创新影响

除上述两个指数外，国内国家层面的创新指数还包括：中国创新指数研究报告，该报告是中国人民大学面向我国经济社会发展咨询性研究的重要成果之一，直接为政府、企业和社会及学术研究服务；孙中震和田今朝（2003）建立的国家创新指数等。

3.2 城市（省份）层面创新指数

（1）中国区域创新指数报告 2015

2016 年 3 月 2 日，四川省社会科学院发布了《中国区域创新指数报告（2015）》，这是我国首次对 286 个地级市（含副省级城市）、36 个"热点创新区域"及京津冀、"一带一路"和长江经济带三大国家战略区域创新水平进行综合评价的研究成果。该报告从创新环境、创新投入和创新产出三个维度建立了中国区域创新评价指标体系，以我国区域经济发展中的热点地区和关键区域为研究对象，依据官方正式发布的各类统计年鉴、统计公报，对中国区域创新活动进行了评价。《中国区域创新指数报告（2015）》对提升中国区域创新水平、建设创新型国家具有重要价值。

（2）杭州创新指数

杭州创新指数是在美国硅谷指数、上海张江指数等国内外先进创新指数的基础上，结合杭州特点设立的指数，用来衡量杭州的创新水平状况，并以此为依据指导杭州市各项重大工作的开展。该指数由杭州市科技局、杭州市科技信息研究院和杭州市统计局联合编著完成，并于 2008 年 7 月首次发布"杭州创新指数"。杭州创新指数指标体系包括创新基础、创新环境和创新绩效 3 个基本维度；7 个二级指标包括科教投入、人才资源、经济社会环境、创业环境、创新载体、成果产出和经济社会发展；三级指标共 23 个。具体见表 3.2.1。

表3.2.1 杭州创新指数指标体系

一级指标	二级指标	三级指标
创新基础	科技投入	全社会R&D占GDP的比重（%）
		地方财政科技拨款（万元）
		企业技术开发费占销售收入的比重（%）
		人均财政性教育经费支出（元）
	人才资源	每万人专业技术人员数（人）
		每万人高校在校学生数（人）
		企业科技活动人员数（万人）

一级指标	二级指标	三级指标
创新环境	经济社会环境	人均GDP（元）
		信息化水平（户/百人）
		城市空气综合污染指数
	创业环境	国家级、省级科技企业孵化器数（家）
		政府创业投资资金总额（万元）
	创新载体	国家级、省级企业研发中心和技术中心数（家）
		省级以上高新技术企业数（家）
		国家级、省部级重点实验室和工程研究中心数（家）
创新绩效	成果产出	每百万人拥有发明专利授权量（件）
		欧美日发明专利授权量（件）
		国家级、省级名牌和驰名（著名）商标数（个）
	经济社会发展	高新技术产业产值占工业总产值的比重（%）
		高技术产品出口占出口总额的比重（%）
		工业新产品产值率（%）
		文化创意产业增加值占服务业增加值比重（%）
		万元GDP综合能耗（吨标煤/万元）

（3）济南市创新型城市建设综合评价体系

为全面贯彻党中央关于建设创新型国家的决策，实现建设创新型城市的目标，济南市按照市委、市政府关于建设创新型城市的工作部署，制定了"济南市创新型城市建设综合评价指标体系"。该指标体系由3个一级指标和44项三级指标构成，具体见表3.2.2。

表3.2.2 济南市创新型城市建设综合评价指标体系

一级指标	二级指标	三级指标			
内容	内容	序号	内容	计量单位	主管部门
创新主体	企业	1	企业技术中心	个	市经委
		2	高新技术企业	个	科技局、市经委
		3	创新型企业	个	科技局
	高校	4	普通高等学校数	所	教育局
		5	每万人高校毕业生数	人	教育局
	公共研究机构	6	公共研究开发机构数	个	科技局
		7	工程技术研究中心	个	科技局
		8	生产力中心	个	科技局

一级指标	二级指标	三级指标			
内容	内容	序号	内容	计量单位	主管部门
创新环境	基础设施	9	科技园区	个	科技局
		10	企业孵化器	个	科技局
		11	国家级特色产业基地	个	科技局
		12	每百人固定电话线数	线	信息产业局
		13	每百人移动电话部数	部	信息产业局
		14	每百人互联网用户数	户	信息产业局
		15	机场航线数	条	外经贸局
		16	铁路客（货）运量	亿人公里、百万吨	市经委
		17	每万人拥有公交车标台数	标台	市建委
		18	每百人公共图书馆藏书量	册	文化局
		19	每万人商业银行网点数	个	金融办
	人才资源	20	万人专业技术人员数	人	人事局
		21	R&D人员折合全时人员占就业人员比重	%	科技局、教育局
		22	享受国务院特贴人数（含院士）	人	人事局
		23	留学归国人员和引进海外高级人才总数	人	人事局
	创新投入	24	政府科技投入占财政支出比重	%	财政局
		25	政府教育经费投入占财政支出比重	%	财政局
		26	R&D经费支出占GDP比重	%	科技局、教育局
		27	高新技术产业研发投入占销售收入的比重	%	科技局
	环境改善	28	环境质量指数	%	环保局
创新绩效	创新产出	29	科技合作项目数量	项	科技局、市经委
		30	著作权年度登记量	件	新闻出版
		31	万人专利申请数	件	科技局
		32	万人专利授权数	件	科技局
		33	著名商标数量	个	工商局
		34	名牌产品数量	个	质监局
		35	国际、国家标准数量	个	质监局
		36	年市级以上科学技术奖获奖的数量	个	科技局

一级指标	二级指标	三级指标			
内容	内容	序号	内容	计量单位	主管部门
	结构优化	37	高技术产业产值占规模以上工业总产值比重	%	科技局
		38	高技术产品产值占规模以上工业总产值比重	%	科技局
		39	具有自主知识产权高新技术产品产值占高新技术产品产值比重	%	科技局
		40	软件业销售收入占GDP比重	%	信息产业局
		41	实际利用外资占总投资额比重	%	外经贸局
		42	万元GDP综合能耗	吨标准煤	市经委
		43	万元GDP耗水量	立方米	市经委
		44	科技贡献率	%	科技局

（4）陕西创新指数

陕西创新指数指标体系分为三层。第一层通过计算创新总指数，分析陕西创新总体发展情况；第二层通过计算分领域指数，分析陕西在创新的环境、投入、产出、成效4个领域的发展情况；第三层通过选取21个评价指标，分析构成创新能力各方面的情况。

第一，创新环境。由每10万人中拥有的大专及以上学历人数、人均GDP、信息化指数、科技拨款占财政拨款比重和享受加计扣除减免税企业所占比重5项指标组成。通过人力、财力和政府科技资金扶持力度等指标反映创新驱动能力发展所必备基础条件的支撑情况，以及政策层面对创新的引导和扶持力度。

第二，创新投入。由6项指标组成：每万人R&D人员全时当量、R&D经费占GDP比重、基础研究人员人均经费、R&D经费占主营业务收入的比重、有研发机构的企业所占比重和开展产学研合作的企业所占比重。通过在创新方面的人、财、物投入及企业研发相关的发展活动，反映陕西创新指数体系中的创新投入情况。

第三，创新产出。由5项指标组成：每万人科技论文数、每万名R&D人员专利授权数、发明专利授权数占专利授权数的比重、每百家企业商标拥有量和每万名科技活动人员技术市场成交额。其中，中间环节产出结果根据发表论文数、授权专利数、商标拥有量和技术成果成交额计算。

第四，创新成效。由5项指标组成：新产品销售收入占主营业务收入的比重、高技术产品出口额占货物出口额的比重、单位GDP能耗、劳动生产率和科技进步贡献率。用企业销售产品中创新技术含量高的新产品来反映产品结构调整、用高技术产品的出口额比重反映产业国际竞争力、并用单位GDP能耗体现节约能源等5项指数反映创新对经济社会发展的影响。

4　中国资源型城市创新指数评价指标体系

根据现有的研究成果，构建了资源型城市对应的创新指数评价指标体系。

4.1　指标选择原则

选择适当的指标是评价创新型资源城市的重要基础，也是验证指数可信度的关键。本书评价指标的选择遵循了以下原则：

一是科学性原则。在构建指标体系时借鉴了大量已有的创新指数评价指标体系，其中，既参考了国家层面的创新指数评价指标体系，如中国创新指数（CII）、全球创新指数（GII）等；又参考了城市层面的创新指数评价指标体系，如济南市创新型城市建设综合评价指标体系、杭州市创新指数等。

二是共性和个性相结合原则。构建时既结合了一般城市的共性，也考虑了资源型城市的特性指标，使指标体系能够更为准确地反映资源型城市创新水平。

三是完整性原则。指标的选取涵盖了被评价对象的内容和特点，包含了创新环境、创新投入、创新产出和创新绩效四个一级指标，完整性原则使考量结果的对比分析更具体，细节更突出。

四是层次性原则。只有具备了鲜明的层次结构，创新指数评价指标体系才能在不同层面上反映资源型城市在创新驱动发展方面取得的成果。例如，在创新环境一级指标下，将其划分为宏观经济环境、创新市场环境、创新人才环境和基础设施环境四个方面。

五是独立性与关联性原则。独立性是指创新指数评价指标体系内相对独立的子系统和相对独立的用以反映子系统内部特征与状态的指标。关联性则是指创新指数评价指标体系内子系统间的相互关联，使之形成一个有机整体，另外子系统内部各指标间的相互作用也为分析子系统的状态与特征提供了依据。

4.2　构建评价指标体系

与一般城市相比，资源型城市的创新指数评价指标体系既有共性也有特性，研究其指标体系，不仅要对创新评价的一般诉求进行考虑，同时还要结合资源型城市的典型特征，在引入创新评价体系的一般指标的基础上，加入能反映资源型城市独有特征的创新评价指标，从而使我国资源型城市创新评价结果更为科学和准确。

借鉴已有文献，本书将创新指数的测算分为了 4 个一级指标，分别为：创新环境指数、创新投入指数、创新产出指数和创新绩效指数，评价指标体系如表 4.2.1 所示。

表4.2.1　中国资源型城市创新指数评价指标体系

一级指标	二级指标	三级指标
创新环境	宏观经济环境	GDP
		人均GDP
		贸易开放度
		实际利用外资额
		资源储采比
	创新市场环境	私营企业发展情况
		上市公司数目
		创新创业服务机构数
		高新技术企业数
		企业孵化器数
		有研发机构的企业所占比重
		开展产学研合作的企业所占比重
		非国有资源型企业发展情况
	创新人才环境	每万人高校在校学生数
		每万人专业技术人员数
		企业科技活动人员数
		资源型产业从业人员人均受教育年限
	基础设施环境	基础设施密度
		货运总量
		机场航线数
		每万人拥有公共汽车数
		每百人公共图书馆藏书量
		每万人商业银行网点数
		资本形成总额在GDP中的占比
		互联网普及率
		每百人移动电话用户数

续表

一级指标	二级指标	三级指标
创新投入	人才投入情况	每万人R&D人员全时当量
		每万人教师数
		大专及以上受教育程度人口占比
	资金投入情况	研究与实验发展（R&D）经费支出
		基础研究人员人均经费
		R&D经费占主营业务收入的比重
		教育支出占财政支出的比重
		政府科技投入占财政支出比重
		企业科技创新投入占科技创新投入的比重
创新产出	科技产出情况	每万人科技论文数
		每万名R&D人员专利授权数
		专利申请授权量
		发明专利授权数占专利授权数的比重
		每百家企业商标拥有量
		每万名科技活动人员技术市场成交额
		资源型产业专利授权数
	产业产出情况	战略性新兴产业增加值占GDP的比重
		战略性新兴产业税收占税收总收入的比重
		资源循环利用产业总产值
		资源型产业产品附加值
		服务业增加值占GDP的比重
创新绩效	资源利用效率	劳动生产率
		能源消费弹性系数
		单位GDP能耗
		主要再生资源回收利用率
		资源产出率
	科技创新绩效	科技进步贡献率
		科技成果转化率
	产品结构优化	新产品销售收入占主营业务收入的比重
		高技术产品出口额占货物出口额的比重

该指标体系中，共包含了4个一级指标，11个二级指标（其中，创新环境、创新投入、创新产出、创新绩效分别为4个、2个、2个、3个指标），56个三级指标（其

中，创新环境、创新投入、创新产出、创新绩效分别为 26 个、9 个、12 个、9 个指标）。在包含的 56 个三级指标中，有 2 个逆向指标，分别为能源消费弹性系数和单位 GDP 能耗，即指标值越大，表明资源消耗的增速越快和资源的利用效率越低，因此创新绩效也越低。总体来看，这一框架结构将资源型城市创新能力的监测评价指标分成了 3 个层次：第一层次，通过计算创新总指数，分析样本城市创新发展总体情况；第二层次，通过计算分领域指数，分析城市在创新环境、创新投入、创新产出和创新绩效 4 个领域的发展情况；第三个层次，通过上述 4 个领域所选取的 56 个评价指标反映构成创新能力各方面的具体发展情况。具体来看，构建的指标体系具有以下几方面的特点：

（1）紧紧把握建设创新型城市这个中心目标。创新环境一级指标下，在包含了基础性的经济社会综合环境指标（如：宏观经济环境、基础设施环境）的同时，也包含了创新创业环境，如创新市场环境下的创新创业服务机构数、企业孵化器数，创新人才环境下的每万人专业技术人员数、企业科技活动人员数等指标均体现了城市创新创业环境。

（2）充分体现创新对经济社会发展的影响。指标体系重视贯彻科学发展观，在创新产出和创新绩效一级指标下，引入了能集中反映创新对经济社会发展影响的三级指标，如：资源循环利用产业总产值、单位 GDP 能耗、劳动生产率、能源消费弹性系数、资源产出率等。

（3）充分体现企业作为创新主体的地位。指标体系中包含了较多能反映企业创新的指标，如：有研发机构的企业所占比重、开展产学研合作的企业所占比重、高新技术企业数、企业科技创新投入占科技创新投入的比重、每百家企业商标拥有量等，从而使企业创新的主体地位得到了充分体现。

（4）充分体现人才对创新发展的支撑引领作用。要实施创新驱动发展战略，就必须加快建设创新型人才队伍，大力提高人才的创新能力，充分发挥人才在创新发展中的引领作用。因此在构建指标体系时，引入了每万人专业技术人员数、企业科技活动人员数、资源型产业从业人员人均受教育年限、每万人教师数等能体现人才对创新发展的支撑引领作用的指标。

（5）充分体现具有资源型城市特点的特征性指标。资源型城市是指以本地区矿产、森林等自然资源开采、加工为主导产业的城市，与其他城市相比，大多数资源型城市的经济增长对矿产资源开采业和资源加工业的依赖程度较高，因此，在构建指标体系时引入了具有资源型城市特色的特征指标，如：资源储采比、非国有资源型企业发展情况、资源型产业从业人员人均受教育年限、资源型产业专利授权数、资源型产业产品附加值、资源产出率等指标均能较好地反映资源型城市的基本特征。

（6）引入政府对推动城市创新发展的作用方面的指标。指标体系在体现企业作为创新主体的地位的同时，也引入了政府对推动创新发展的作用方面的指标，如：教育支出占财政支出的比重、政府科技投入占财政支出比重等指标均能很好地反映政府对创新的推动作用。

4.2.1　创新环境

创新环境主要反映创新驱动发展能力必备的经济、社会、人力、财力等基础条件情况，以及政策环境对创新的引导和扶持力度，共设 4 个二级指标和 26 个三级指标：

（1）宏观经济环境

主要反映一个国家或地区的经济整体发展状况，并且引入了资源性城市的资源开采情况的特征指标。具体来看，包括 5 个三级指标：GDP、人均 GDP、贸易开放度、实际利用外资额、资源储采比。其中，贸易开放度 = 进出口总额 /GDP，查找到的进出口总额数据以万美元计，并按 2014 年汇率（年平均价）折算为以人民币为计量单位。

（2）创新市场环境

主要反映地区创新驱动发展相关的市场环境、创新主体所在地区企业的发展状况。具体来看，包括 8 个三级指标：私营企业发展状况、上市公司数目、创新创业服务机构数、高新技术企业数、企业孵化器数、有研发机构的企业所占比重、开展产学研合作的企业所占比重和非国有资源型企业发展情况。其中，非国有资源型企业发展情况为反映资源型城市特征的指标。考虑到数据的可得性，用"城镇私营和个体从业人员占就业人员的比重"代表私营企业发展情况，用"非国有矿山数所占比重"（计算公式为：非国有矿山数 / 矿山总数）替代非国有资源型企业发展情况。

（3）创新人才环境

创新驱动发展，人才引领创新，人才是创新的根基，也是创新的核心要素。创新人才环境可以反映地区人才和人力资源状况。具体来看，包括了 4 个三级指标：每万人高校在校学生数、每万人专业技术人员数、企业科技活动人员数和资源型产业从业人员人均受教育年限。其中，资源型产业从业人员人均受教育年限为反映资源型城市的特征指标，并采用"矿产资源开发技术人员占比"（计算公式为：矿产资源开发技术人员数 / 矿产资源从业人员数）指标来进行替代。

（4）基础设施环境

一国或地区的创新能力除了受人才和研发投入的影响外，还受到地区创新基础设施总体水平的影响。具体来看，基础设施环境包括了 9 个三级指标：基础设施密度、货运总量、机场航线数、每万人拥有公共汽车数、每百人公共图书馆藏书量、每万人商业银行网点数、资本形成总额在 GDP 中的占比、互联网普及率和每百人移动电话用户数。其中，基础设施密度＝公路里程/行政区土地面积；资本形成总额在 GDP 中的占比采用"固定资产投资在 GDP 中的占比"来替代。

4.2.2　创新投入

创新投入是通过创新的人力和财力投入来反映城市创新体系中各主体的作用和关系的指标体系。共设 2 个二级指标和 9 个三级指标：

（1）人才投入情况

人才对创新发展具有支撑引领作用，该指标主要反映各个城市在创新人才方面的投入情况。具体来看，包括了 3 个三级指标：每万人 R&D 人员全时当量、每万人教师数、大专及以上受教育程度人口占比。

（2）资金投入情况

创新本身需要资金支持，在资金投入方面要充分发挥财政资金的引导作用，激励企业开展科技创新，鼓励和引导企业加大科技投入。具体来看，包括了 6 个三级指标：R&D 经费支出、基础研究人员人均经费、R&D 经费占主营业务收入的比重、教育支出占财政支出的比重、政府科技投入占财政支出比重、企业科技创新投入占科技创新投入的比重。其中，政府科技投入占财政支出比重由"财政科技支出占财政支出的比重"来替代。

4.2.3　创新产出

创新产出领域是根据论文、专利、商标、技术成果成交额分析创新中间产出结果和战略性新兴产业、第三产业、资源循环利用产业和资源型产业的发展状况。共设 2 个二级指标和 12 个三级指标：

（1）科技产出情况

具体来看，科技产出情况包括了 7 个三级指标：每万人科技论文数、每万名 R&D 人员专利授权数、专利申请授权量、发明专利授权数占专利授权数的比重、每百家企业商标拥有量、每万名科技活动人员技术市场成交额和资源型产业专利授权数。其中，资源型产业专利授权数是反映资源型城市的特征指标。

（2）产业产出情况

具体来看，产业产出情况包括了 5 个三级指标：战略性新兴产业增加值占 GDP 的比重、战略性新兴产业税收占税收总收入的比重、资源循环利用产业总产值、资源型产业产品附加值和服务业增加值占 GDP 的比重。其中，资源型产业产品附加值是反映资源型城市的特征指标。针对战略性新兴产业税收占税收总收入的比重，采用"矿产资源开发年税金占财政收入比重"（计算公式为：矿产资源开发年税金/公共财政收入）指标进行替代，其中，战略性新兴产业税收占税收总收入的比重为正向指标，而采用的替代指标（矿产资源开发年税金占财政收入比重）为逆向指标，且该替代指标为资源型城市的特征指标；资源循环利用产业总产值采用"矿产资源开发综合利用产值占 GDP 比重"（计算公式为：矿产资源开发综合利用产值 /GDP）来进行替代，该替代指标也是能够体现资源型城市特点的特征指标。

4.2.4　创新绩效

创新绩效领域是通过资源利用效率、科技创新绩效、产品结构优化等方面，反映创新对经济社会发展所产生的影响的指标体系。共设 3 个二级指标和 9 个三级指标：

（1）资源利用效率

资源利用效率主要反映该地区在资源利用方面取得的成效。具体来看，资源利用效率包括了 5 个三级指标：劳动生产率、能源消费弹性系数、单位 GDP 能耗、主要再生资源回收利用率、资源产出率。其中，资源产出率是资源型城市的特征指标，上述 5 个指标中，除主要再生资源回收利用率外，其余 4 个指标均能查找到相应的数据。根据数据的可得性，劳动生产率采用"全员劳动生产率"来衡量；由于仅能查找到市辖区用电量的数据，因此，能源消费弹性系数采用"电力消费弹性系数 = 市辖区用电量增长率 / 市辖区 GDP 增长率"来替代，单位 GDP 能耗采用"单位 GDP 电耗 = 市辖区用电量 / 市辖区 GDP"来替代，资源产出率则采用"单位 GDP 矿石开采量 = 矿石开采量 /GDP"来进行替代。其中，上述 3 个替代指标：电力消费弹性系数、单位 GDP 电耗、单位 GDP 矿石开采量均为逆向指标。

（2）科技创新绩效

具体来看，科技创新绩效包括了 2 个三级指标：科技进步贡献率、科技成果转化率。

（3）产品结构优化

产品结构优化包括了 2 个三级指标：新产品销售收入占主营业务收入的比重、高技术产品出口额占货物出口额的比重。

4.3　数据来源及处理

4.3.1　数据来源

本研究的原始数据主要来源于《中国城市统计年鉴 2015》、《中国统计年鉴 2015》、各省市自治区 2015 年统计年鉴以及其他各类统计年鉴、统计公报，财政部、发改委、国土资源部、科技厅、知识产权局、国家工商总局、科技部火炬中心、Wind

资讯等有关部门公布的官方数据，部分数据由原始数据计算得来。

本书建立的指标体系共包含了 56 个三级指标，具体见表 4.2.1。但由于数据的限制，搜集到数据的指标共 32 个。分别如下：

宏观经济环境（5 个）：GDP、人均 GDP、贸易开放度、实际利用外资额、资源储采比；

创新市场环境（5 个）：私营企业发展状况、上市公司数目、高新技术企业数、企业孵化器数、非国有资源型企业发展情况；

创新人才环境（2 个）：每万人高校在校学生数；资源型产业从业人员人均受教育年限；

基础设施环境（7 个）：基础设施密度、货运总量、每万人拥有公共汽车数、每百人公共图书馆藏书量、资本形成总额在 GDP 中的占比、互联网普及率、每百人移动电话用户数；

人才投入情况（1 个）：每万人教师数；

资金投入情况（3 个）：研究与实验发展（R&D）经费支出、教育支出占财政支出的比重、政府科技投入占财政支出比重；

科技产出情况（2 个）：专利申请授权量、商标拥有量；

产业产出情况（3 个）：战略性新兴产业税收占税收总收入的比重、资源循环利用产业总产值、服务业增加值占 GDP 的比重；

资源利用效率（4 个）：劳动生产率、能源消费弹性系数、单位 GDP 能耗、资源产出率。

4.3.2 数据标准化处理

在计算前，首先对各个指标进行标准化处理，即消除量纲影响。标准化处理增强了不同指标的可比性，方便对不同指标的相对权重进行赋值。同时一定程度上消除了异常值的影响。具体计算公式如下：

对于正向指标，标准化处理的公式为：

$$z_{ij} = \frac{x_{ij} - \min\{x_i\}}{\max\{x_j\} - \min\{x_j\}}$$

对于逆向指标，标准化处理的公式则为：

$$z_{ij} = \frac{\max\{x_j\} - x_{ij}}{\max\{x_j\} - \min\{x_j\}}$$

其中，xij 表示第 i 个区域的第 j 个指标的原始数值，zij 表示第 i 个区域的第 j 个指标的标准化值，min{xij} 表示最小值，max{xij} 表示最大值。i 为城市编号，j 为指标编号。

4.3.3　指标权重的确定

指标权重的确定方法主要分为两类：主观赋权法和客观赋权法。主观赋权法是根据专家经验判断评估权重的一种常用方法，常用的主观赋权法有德尔菲法和层次分析法（AHP），两种方法都是根据专家群体的知识、经验和价值判断为各项指标进行赋权，AHP 法对专家的主观判断进一步做了数学处理，使之更科学。主观赋权法的优点是不需要样本数据，专家根据对评价指标的内涵和外延的理解做出判断，因此，使用范围较广。缺点是没有考虑到经济系统内部的各种联系，人为主观性作用较大，不同专家的主观判断也存在较大差别。这种人为评价对各被评对象的指标信息缺乏考虑，很大程度上影响了评价结果的区分度，而且需要对专家进行多次调查，最后的评分结果也未必能够通过检验。

客观赋权法分为模糊聚类分析法、熵值法、多维偏好分析的线性规划、变异系数法等。为了克服主观赋权法中人为主观因素导致判断结果偏差较大缺点，文中一、二、三级指标均采用客观赋权法进行赋权。其中，一级指标和二级指标均采用等权重进行赋权，三级指标则采用熵值法进行赋权。熵值法是一种在综合考虑各因素提供信息量的基础上给出客观权重的数学方法，主要根据各指标传递给决策者的信息量大小来确定权重。根据信息熵理论，信息熵是信息不确定性的度量，熵值越小，所蕴含的信息量越大，若某个属性下的熵值越小，则说明该属性在决策时所起的作用越大，应赋予该属性较大的权重，否则相反。用熵值法确定指标权重，既可以克服主观赋权法无法避免的随机性、臆断性问题，还可以有效解决多指标变量间信息的重叠问题。具体步骤如下：

第一步：同度量化各指标，计算城市 i 指标 j 占该指标的比重 pij：

$$p_{ij} = z_{ij} \Big/ \sum_i z_{ij}$$

第二步：计算第 j 项指标的熵值 ej：

$$e_j = -k\sum_i p_{ij}\ln(p_{ij}), \quad k = 1/\ln N$$

其中，N 代表城市个数，本书中 N=116。

第三步：计算第 j 项指标的差异系数 gj：

$$g_j = 1 - e_j$$

第四步：对差异化系数进行归一化处理，计算指标 j 的权重系数 wj：

$$w_j = g_j \bigg/ \sum_j g_j$$

5 中国资源型城市创新指数及分析

按照之前所述资源型城市创新评价指标体系，本书对国务院国发〔2013〕45 号文件中界定的中国资源型城市中 116 个地级市 2014 年的创新情况进行综合评价[①]，覆盖河北、山西、内蒙古、辽宁、山东、新疆、广东等 24 个省（自治区），占全国地级城市（293 个）的 39.59%。评价对象包括成长型、成熟型、衰退型、再生型资源型城市，涵盖东、中、西部地区并考虑了南、北方地区的差异性，以及享受区域性政策（京津冀一体化）、民族性政策（新疆克拉玛依）的多个地区等。

5.1 创新指数综合得分分析

从分析结果来看，2014 年 116 个资源型地级城市创新指数的均值为 0.417，其中，创新指数所包含的一级指标中，创新环境指数、创新投入指数、创新产出指数、创新绩效指数的均值分别为 0.335、0.410、0.338 和 0.588。资源型城市创新评价一级指标的全国平均值、最大值和最小值具体见图 5.1.1。

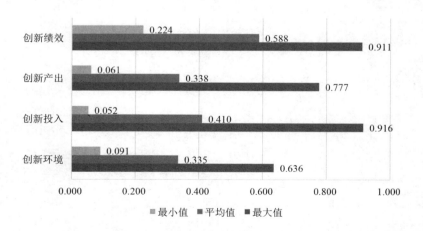

图 5.1.1 资源型城市创新指数一级指标的全国平均值、最大值和最小值

---

① 文件中给出的资源型地级城市有 126 座，考虑到数据的可得性，本书剔除了部分存在数据缺失的城市，实际评价城市总数为 116 个。

从理论上来说，所有评价指标经过标准化处理后的值应在 [0，1] 之间，越接近于 1 说明城市的创新效果越好或越突出。按照这一思路来对照总体创新指数和各分项指标，可以看出 2014 年中国资源型地级城市整体的创新能力并不突出，其均值低于 0.500。从各分项指数来看，资源型城市平均得分最好的一级指标为创新绩效，相比之下创新环境和创新产出的平均得分很低，均小于 0.400。

2014 年各地级市创新指数中，排名第一的是淄博市，得分为 0.731，排名最后一名的是鹤岗市，得分仅为 0.184，两者相差 0.547，说明各城市间实际的创新效果差异较大。在 116 个被评价城市中，有 50 个城市的创新指数高于全国平均水平，占评价城市总数的 43.103%。总体创新指数排名位于前 15 位的城市得分及分布情况分别见表 5.1.1 和图 5.1.2，排名后 15 位城市则分别见表 5.1.2 和图 5.1.3。

表5.1.1　创新指数排名前15位城市的得分情况

排名	城市	创新指数	排名	城市	创新指数
1	淄博市	0.731	9	大庆市	0.596
2	东营市	0.669	10	马鞍山市	0.586
3	徐州市	0.664	11	泰安市	0.574
4	包头市	0.659	12	宿迁市	0.562
5	洛阳市	0.655	13	临沂市	0.551
6	唐山市	0.638	14	吉林市	0.540
7	湖州市	0.631	15	鄂尔多斯市	0.519
8	济宁市	0.609			

表5.1.2　创新指数排名后15位城市的得分情况

排名	城市	创新指数	排名	城市	创新指数
102	昭通市	0.318	110	铜川市	0.268
103	达州市	0.310	111	黑河市	0.252
104	石嘴山市	0.310	112	伊春市	0.226
105	贺州市	0.309	113	双鸭山市	0.202
106	平凉市	0.301	114	鸡西市	0.202
107	阜新市	0.299	115	七台河市	0.185
108	百色市	0.299	116	鹤岗市	0.184
109	金昌市	0.291			

图 5.1.2　创新指数排名前 15 位城市的分布情况

图 5.1.3　创新指数排名后 15 位城市的分布情况

通过进一步的观察创新指数，其排名主要存在着以下特点：

第一，创新指数排名较高和较低的城市在地理上存在着较为明显的集聚现象。从区域分布来看，创新指数排名前 15 位的城市中，东部、中部、西部和东北地区城市分别有 9 个、2 个、2 个和 2 个，东部城市较多，包括淄博、东营、徐州、唐山、湖州、济宁、泰安、宿迁、临沂，所占比重为 60%，分布于山东、江苏、河北和浙江 4 省，前 15 名城市中尤其在山东省表现较为集中，共占据了 5 座城市，在地域上呈现一定的"聚集"趋势。而创新指数排名后 15 位城市则全部位于西部或东北地区，其中，西部地区城市有 8 个，分别为：昭通、达州、石嘴山、贺州、平凉、百色、金昌、铜川，东北地区城市则有 7 个，分别为：阜新、黑河、伊春、双鸭山、鸡西、七台河、鹤岗。上述城市分布于云南、四川、宁夏、广西、甘肃、陕西、辽宁、黑龙江 8 省，尤其是在黑龙江省表现较为集中，占据了其中的 6 座城市，在地域上也呈现出一定的"聚集"趋势。

第二，评分较高的城市往往具备较好的经济发展条件。这一定程度上反映出资源型城市的既有经济基础以及经济发展的外部环境对于其创新存在着重要的积极影响。2014 年排名前 15 位的城市 GDP、人均 GDP、GDP 增长率均值分别为 3444.983 亿元、84933.200 元和 8.465%；而排名后 15 位城市 GDP、人均 GDP、GDP 增长率均值分别为 499.314 亿元、29437.067 元和 3.060%。因此，可以看出排名前 15 位城市的 GDP、人均 GDP、GDP 增长率的均值分别是排名后 15 位的 6.899 倍、2.885 倍、2.766 倍。

第三，优先获得财政资金支持（资源枯竭型城市转移支付）的资源型城市创新效果未必优于其他城市。自 2007 年起，中央财政设立资源枯竭型城市一般转移支付，当年的资金规模为 8.32 亿元、2008 年为 34.8 亿元，2009 年为 50 亿元，此后逐年增长，2013 年达 168 亿。但从城市创新的总体评价排名来看，这些受到更多中央财政转移支付支持的资源枯竭型城市的创新成就并未显著优于其他资源型城市，针对本研究选取的样本城市，最早享受资源型枯竭城市财政转移支付的 9 个城市中，除焦作以外，其他城市排名多在 50 名以后，而且有 3 个城市的排名在 100 名开外，具体得分及排名情况见表 5.1.3。造成这种情况的原因可能是这些城市的历史遗留问题较多，转型包袱沉重，从而导致中央财政资金对资源枯竭型城市创新能力的整体助推作用有限。有关具体的作用机制有待进一步研究。

表5.1.3 享受中央财政资源枯竭型城市一般转移支付的创新指数得分及排名情况

省份	首批被确立为资源型枯竭型的城市	该城市创新指数评价得分	排名
辽宁	盘锦	0.375	76
辽宁	阜新	0.299	107
吉林	辽源	0.408	53
吉林	白山	0.367	84
黑龙江	伊春	0.226	112
江西	萍乡	0.414	51
河南	焦作	0.500	22

省份	首批被确立为资源型枯竭型的城市	该城市创新指数评价得分	排名
甘肃	白银	0.369	82
宁夏	石嘴山	0.310	104

5.2　创新指数一级指标得分分析

5.2.1　创新环境指数

从评分结果来看，创新环境指数排名第一的是包头市，其得分为 0.636，最后一位是七台河市，得分为 0.091，分数差距相对较大。在被评价的城市中，创新环境指数得分在平均值 0.335 及以上的城市有 49 个，占样本城市的比重为 42.241%，说明超过半数的被评价城市其创新环境劣于平均水平。创新环境指数排名位于前 15 位的城市得分及分布情况分别见表 5.2.1 和图 5.2.1，排名后 15 位城市则分别见表 5.2.2 和图 5.2.2。

表5.2.1　创新环境指数排名前15位城市的得分情况

排名	城市	创新环境指数	排名	城市	创新环境指数
1	包头市	0.636	9	铜陵市	0.510
2	马鞍山市	0.619	10	新余市	0.492
3	淄博市	0.594	11	滁州市	0.491
4	湖州市	0.576	12	济宁市	0.484
5	唐山市	0.541	13	宝鸡市	0.470
6	大庆市	0.536	14	宿迁市	0.466
7	洛阳市	0.531	15	衡阳市	0.465
8	徐州市	0.511			

表5.2.2　创新环境指数排名后15位城市的得分情况

排名	城市	创新环境指数	排名	城市	创新环境指数
102	晋城市	0.229	110	黑河市	0.203
103	白山市	0.227	111	平凉市	0.189
104	吕梁市	0.224	112	伊春市	0.176
105	葫芦岛市	0.223	113	双鸭山市	0.164
106	亳州市	0.220	114	鸡西市	0.143
107	贺州市	0.212	115	鹤岗市	0.093
108	铜川市	0.212	116	七台河市	0.091
109	石嘴山市	0.203			

图 5.2.1　创新环境指数排名前 15 位城市的分布情况

图 5.2.2　创新环境指数排名后 15 位城市的分布情况

创新环境指数的主要特点表现在：

第一，创新环境指数排名较高和较低的城市在地理上存在着较为明显的集聚现

象。由图 5.2.1 可以看出，创新环境指数得分相对靠前的城市主要集中在东、中部地区，东部、中部、西部和东北地区城市个数分别为 6 个、6 个、2 个和 1 个，东中部地区城市所占比重达到 80%。由图 5.2.2 可知，创新环境指标得分后 15 位的城市中，东部、中部、西部和东北地区分别包含了 0 个、3 个、4 个、8 个城市，除晋城、吕梁和亳州以外，其余均为西部和东北地区城市，西部和东北地区城市所占比重为 80%。并且，城市分布在地理上呈现出集聚现象，东北地区除白山、葫芦岛市以外，其余全部集中于黑龙江省，中部地区则主要集中于山西和安徽 2 省。由于资源型城市在黑龙江等地区所占的比重相对较大，以资源为主的资源型行业在当地经济中所占的比重相对较高，这一定程度上增加了创新环境建设的负担和压力，导致创新环境评分效果欠佳，因此黑龙江省被评价的城市创新环境得分多在平均值以下。

第二，创新环境较好的城市往往具备较好的经济发展条件。这一定程度上反映出资源型城市的既有经济基础对于其创新环境的优化有着重要的积极影响。2014 年排名前 15 位的城市 GDP、人均 GDP、GDP 增长率均值分别为 2807.177 亿元、69844.933 元和 8.825%；而排名后 15 位城市 GDP、人均 GDP、GDP 增长率均值分别为 540.600 亿元、30893.667 元和 2.253%。因此，可以看出排名前 15 位的城市 GDP、人均 GDP 均值分别是排名后 15 位的 5.193、2.261 倍，而且 GDP 增长率也是后 15 位城市的 3.917 倍。

5.2.2　创新投入指数

2014 年，116 个资源型城市创新投入指数的总体得分普遍偏低，平均得分为 0.410，反映出当前资源型城市对创新方面的投入重视程度不够。并且，不同城市间的创新投入差距较大，例如，排名第 1 位和最后 1 位的城市分别是东营、伊春，两者创新投入指标的得分分别为 0.916 和 0.052，分值差距为 0.864，另有近 47.414% 的城市创新投入得分在平均值以上。从省份和区域分布来看，指数得分较高和较低的城市也呈现出一定的区域集聚现象。创新投入指数排名位于前 15 位的城市得分及分布情况分别见表 5.2.3 和图 5.2.3，排名后 15 位城市则分别见表 5.2.4 和图 5.2.4。

表5.2.3　创新投入指数排名位于前15位城市的得分情况

排名	城市	创新投入指数	排名	城市	创新投入指数
1	东营市	0.916	9	包头市	0.652
2	淄博市	0.845	10	洛阳市	0.648
3	克拉玛依市	0.765	11	白银市	0.645
4	攀枝花市	0.722	12	运城市	0.635

续表

排名	城市	创新投入指数	排名	城市	创新投入指数
5	唐山市	0.682	13	本溪市	0.618
6	焦作市	0.673	14	大同市	0.617
7	铜陵市	0.671	15	晋城市	0.617
8	晋中市	0.653			

表5.2.4　创新投入指数排名位于后15位城市的得分情况

排名	城市	创新投入指数	排名	城市	创新投入指数
102	普洱市	0.205	110	广安市	0.136
103	衡阳市	0.203	111	鸡西市	0.113
104	泸州市	0.195	112	双鸭山市	0.102
105	南充市	0.154	113	邵阳市	0.100
106	达州市	0.144	114	鹤岗市	0.091
107	宿州市	0.143	115	七台河市	0.062
108	亳州市	0.141	116	伊春市	0.052
109	阜新市	0.138			

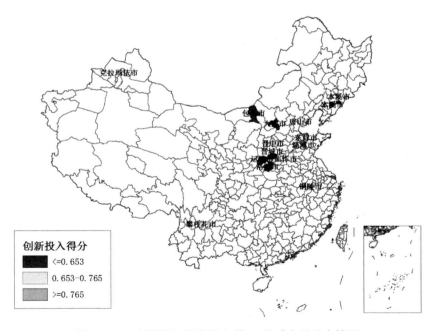

图5.2.3　创新投入指数排名前15位城市的分布情况

图 5.2.4　创新投入指数排名后 15 位城市的分布情况

创新投入指数的主要特点表现在：

第一，创新投入排名靠前和靠后的城市均呈现出一定的区域集聚现象。由图 5.2.3 可知：从省份分布来看，指数得分高的城市在山西省较为集中，共有 4 座城市位于该省；从区域分布来看，上述 15 个城市中，东部、中部、西部和东北地区城市个数分别为 3 个、7 个、4 个、1 个，即在创新投入方面，中部城市反而占据绝对优势。由图 5.2.4 可知，排名后 15 位城市从省份上来看非常集中，样本城市共涉及 24 个省，但创新投入指数排名后 15 名的城市中，仅集中于其中的 6 个省，分别为：黑龙江、四川、湖南、安徽、云南和辽宁，包含的城市个数分别为 5 个、4 个、2 个、2 个、1 个和 1 个，并且，东部、中部、西部和东北地区城市个数分别为 0 个、4 个、5 个、6 个，上述 15 个城市中没有一个是东部地区城市，排名靠后的主要是西部和东北老工业基地的城市，所占比重为 73.333%，而东北地区则主要分布于黑龙江省。

第二，外在力量（财政支持）并没有明显推动资源型城市的创新投入水平。享受资源枯竭城市转移支付较多的黑龙江、辽宁、吉林三省的资源型城市在创新投入方面的排名远低于其他省份，说明了中央财政的支持没有明显改进受援助城市的创新投入。同时，这些城市的创新环境和总体创新排名又普遍偏低，反映出中央财政安排的资源枯竭型城市转移支付在城市用于推动创新发展的资金中所占比重较低或创新投入所产生的总体效果不够突出，从而对城市总体创新的推动作用不显著。

5.2.3 创新产出指数

在 116 个被评价的资源型城市中，创新产出指数排名第 1 的是徐州市，得分为 0.777，排名最后 1 名的是铜川市，得分为 0.061，不同城市间创新产出差异较大，得分最高的徐州与得分最低的铜川，两者之间的差距达到 0.716。在 116 个被评价城市中，有 43 个城市的创新产出指数高于全国平均水平（0.338），占评价城市总数的比重仅为 37.069%。创新产出指数排名位于前 15 位的城市得分及分布情况分别见表 5.2.5 和图 5.2.5，排名后 15 位城市则分别见表 5.2.6 和图 5.2.6。

表5.2.5　创新产出指数排名位于前15位城市的得分情况

排名	城市	创新产出指数	排名	城市	创新产出指数
1	徐州市	0.777	9	赣州市	0.612
2	湖州市	0.766	10	邢台市	0.568
3	淄博市	0.742	11	马鞍山市	0.545
4	洛阳市	0.732	12	唐山市	0.544
5	济宁市	0.728	13	吉林市	0.523
6	临沂市	0.691	14	鞍山市	0.517
7	宿迁市	0.622	15	鄂尔多斯市	0.509
8	泰安市	0.613			

表5.2.6　创新产出指数排名位于后15位城市的得分情况

排名	城市	创新产出指数	排名	城市	创新产出指数
102	双鸭山市	0.178	110	临沧市	0.153
103	百色市	0.176	111	庆阳市	0.152
104	金昌市	0.173	112	克拉玛依市	0.144
105	乌海市	0.170	113	鹤壁市	0.141
106	白山市	0.169	114	延安市	0.137
107	榆林市	0.166	115	平凉市	0.112
108	鄂州市	0.161	116	铜川市	0.061
109	石嘴山市	0.159			

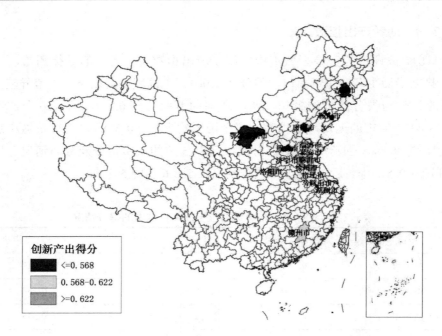

图 5.2.5 创新产出指数排名前 15 位城市的分布情况

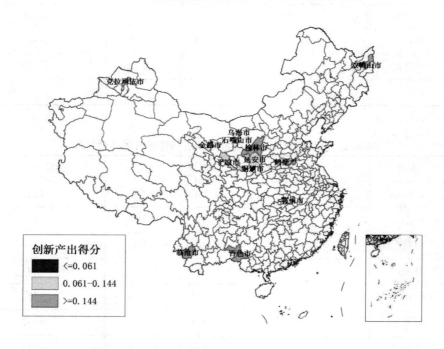

图 5.2.6 创新产出指数排名后 15 位城市的分布情况

创新产出指数的主要特点表现在：

第一，创新投入强度越大的城市未能支持较高的创新产出水平。 从对创新投入与创新产出指标的交叉分析来看，创新投入、创新产出指标均位于前 15 名内的城市仅有 3 个，分别为淄博、唐山和洛阳市。这说明在现阶段，影响资源型城市创新产出的因素较多，创新投入较高的城市未必对应较高的创新产出，在今后应注意提升创新人才和创新资金的利用效率。

第二，创新产出与创新环境之间存在较为显著的正相关关系。 虽然创新投入并未支撑较高的创新产出水平，但创新环境的改善却有利于提升资源型城市的创新产出水平。从对两者间的相关系数分析可以得出，上述两者间的相关系数为 0.600，并且在 1% 的水平下通过显著性检验。从对创新环境与创新产出指标的交叉分析来看，创新环境、创新产出指标均位于前 15 名内的城市就有 8 个。

第三，创新产出指数存在着明显的区域集聚现象。 由图 5.2.5 和 5.2.6 可知：创新产出前 15 名城市在东部呈现出明显的集聚现象。东部、中部、西部和东北地区城市数目分别为 9 个、3 个、1 个、2 个，东部城市所占比重为 60%。创新产出指数排名后 15 位的城市在区域上也存在着一定的集聚现象，其中，东部、中部、西部和东北地区城市数目分别为 0 个、2 个、11 个、2 个，即绝大部分城市集中在西部地区，所占比重为 73.333%。从省份的层面来看，陕西和甘肃省表现尤为集中，上述两个省份均有 3 个城市排在后 15 位。

5.2.4 创新绩效指数

从评分结果来看，创新绩效指数排名第 1 的是大庆市，其得分为 0.911，与理论最高值 1 较为接近，说明大庆市在创新绩效方面的表现较为突出；最后一位是忻州市，得分为 0.224。在被评价的城市中，创新绩效指数得分在平均值 0.588 及以上的城市共有 62 个，说明半数以上的被评价城市取得的创新绩效高于平均水平。创新绩效指数排名位于前 15 位的城市得分及分布情况分别见表 5.2.7 和图 5.2.7，排名后 15 位城市则分别见表 5.2.8 和图 5.2.8。

表5.2.7　创新绩效指数排名前15位城市的得分情况

排名	城市	创新绩效指数	排名	城市	创新绩效指数
1	大庆市	0.911	9	牡丹江市	0.790
2	东营市	0.905	10	唐山市	0.787
3	包头市	0.873	11	郴州市	0.777
4	自贡市	0.872	12	新余市	0.771

续表

排名	城市	创新绩效指数	排名	城市	创新绩效指数
5	松原市	0.860	13	滁州市	0.768
6	广安市	0.840	14	克拉玛依市	0.760
7	辽源市	0.833	15	徐州市	0.758
8	三明市	0.794			

表5.2.8   创新绩效指数排名后15位城市的得分情况

排名	城市	创新绩效指数	排名	城市	创新绩效指数
102	长治市	0.375	110	黑河市	0.331
103	双鸭山市	0.365	111	大同市	0.327
104	白银市	0.358	112	攀枝花市	0.327
105	晋中市	0.352	113	阳泉市	0.270
106	淮南市	0.351	114	吕梁市	0.258
107	平凉市	0.344	115	鹤岗市	0.227
108	金昌市	0.338	116	忻州市	0.224
109	鸡西市	0.332			

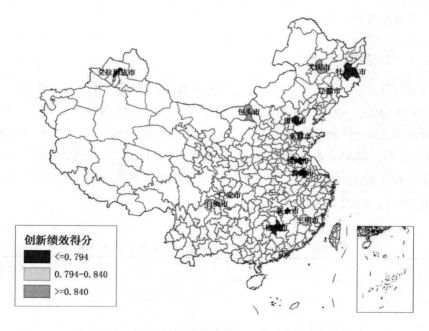

图 5.2.7   创新绩效指数排名前 15 位城市的分布情况

图 5.2.8　创新绩效指数排名后 15 位城市的分布情况

　　从创新绩效的评价结果来看，主要有以下特点：

　　第一，创新绩效较好的城市往往具备较好的经济发展条件。这一定程度上反映出资源型城市的经济基础对于其创新绩效有着重要的推动作用。2014 年创新绩效指数排名前 15 位的城市 GDP、人均 GDP、GDP 增长率均值分别为 2288.885 亿元、77933.800 元和 7.768%；而排名后 15 位城市 GDP、人均 GDP、GDP 增长率均值分别为 674.430 亿元、33508.467 元和 3.141%。因此，可以看出排名前 15 位的城市 GDP、人均 GDP、GDP 增长率均值分别是排名后 15 位的 3.394、2.326 和 2.473 倍。

　　第二，创新绩效与创新环境之间存在较为显著的正相关关系。这说明创新环境的改善有利于提升创新绩效。从对两者间的相关系数分析也可以得出，上述两者间的相关系数为 0.527，并且在 1% 的水平下通过显著性检验。

　　第三，创新绩效排名前 15 位城市的分布较为分散，排名后 15 位的城市则较为集中。由图 5.2.7 可知，排名前 15 位的城市无论是区域层面还是省份层面都较为分散。从省份分布来看，指数得分高的 15 个城市共分布于 12 个省份，占据样本省份的比例为 50%。从区域分布来看，上述 15 个城市中，东部、中部、西部和东北地区城市个数分别为 4 个、3 个、4 个、4 个，即从区域层面来看也较为分散。由图 5.2.8 可知，无论是区域还是省份层面来看都呈现出较为明显的集聚现象。从省份层面来看城市分布非常集中，样本城市共涉及 24 个省，但创新绩效指数排名后 15 名的城市中，仅分布于其中的 5 个省，分别为：山西、黑龙江、甘肃、四川和安徽，各个省包含的城市个数分别为 6 个、4 个、3 个、1 个和 1 个。并且，上述 15 个城市从区域层面来看也非常集中，东部、中部、西部和东北地区城市个数分别为 0 个、7 个、4 个和 4 个，没有一个是东部地区的城市，而中部城市接近占了一半的数量。东北地区所有城市集中在黑龙江省；除淮南外，中部地区城市则全部集中在陕西省；除攀枝花以外，西部城市则全部集中于甘肃省。

6 各城市创新指数评价

6.1 河北

6.1.1 唐山市

（1）城市概况

唐山是位于河北省东部的省辖市，简称为"唐"。南与渤海相临，北靠燕山，与北京天津两地相连接，是东北和华北地区的交通要道。唐山还是京津唐三角工业区的中心城市，是京津冀东北部地区的副中心城市。唐山曾获得过众多荣誉比如联合国人居奖、国家园林城市、中国优秀旅游城市等。2016年唐山曾经举办过金鸡百花电影节、世界园艺博览会、中国—拉美企业家高峰会、中国—中东欧国家地方领导人会议。2015年，唐山市生产总值为6103.1亿元，增长率相比上年为5.6%，相比2010年为48.2%，在"十二五"期间，唐山市年平均增长率为8.2%。三次产业的增加值分别为2168.6亿元、3365.4亿元和2168.6亿元，增长率分别为2.8%、4.9%和7.5%。唐山人均生产总值在2015年为78354元，增长率4.8%。三次产业增加值结构由2010年的9.4∶58.2∶32.4调整为2015年的9.3∶55.2∶35.5。

唐山市有非常齐全的矿产资源，现有50多种已经发现并且探明储藏量的矿产。唐山市的铁矿资源十分丰富，有着62亿吨的保有量，属于国家三大铁矿集中区，排名位于鞍山之后，攀枝花之前。唐山的金矿资源同样十分丰富，分布主要位于遵化市和迁西县。金矿开采历史悠久，已经探明的黄金储藏量有78543公斤。唐山市锰储量为21.37万吨。此外，金属矿产还有银矿、铜矿、汞矿、铝土矿、锡矿、钼矿等。在非金属矿方面，唐山同样有着丰富的储量，其中主要有白云岩、耐火黏土、石灰岩、石英砂岩、油石、铁矾土、石墨、石榴石、油泡石黏土等。唐山有着丰富的能源资源，至今已有100多年的大规模煤矿开采记录。从1956年开始的石油、天然气普查，1964年开始的石油地质勘查算起，至今已在唐山发现5个油气田。此外，还有太阳能、风能、地热能等资源。唐山市是国内焦煤重要的生产区之一，煤炭的最低储量有62.5亿吨，主要分布于车轴山构造盆地、荆各庄构造盆地、蓟玉构造盆地和开平构造盆地，其中开平构造盆地是最大的[1]。

---

① 唐山市人民政府网。

（2）创新发展概况

近年来，唐山大力发展创新驱动战略，力求实现增强转型发展的内生力突破。唐山市坚持把科技创新作为中心，重点关注重点行业、关键技术和骨干企业。培育激活企业创新主体。抓好创新平台建设比如机器人产业技术研究院、企业技术中心、中国农科院唐山粮油试验站、高新区创业中心等。加快推进科技研发和成果转化。深入实施七大科技创新专项如钢铁、装备制造等，加强研发推广一批关键技术如高品质特种钢等，加快科技服务大厦建设和科技大市场建设。深化与京津的协同创新。进一步强化和京津地区高校及科研院所的合作，重点关注曹妃甸中关村高科技产业园区和北京硅谷国际科技产业园区建设，落实和中国农大的科技战略合作协议，促进芦台开发区、汉沽管理区和天津共建创新型产业示范园区，全面提升的创新能力。大力强化人才支撑。完善人才引进的政策及评价办法，建立曹妃甸沿海人才改革试验区从而吸引更多的卓越人才前往唐山创新创业。发展现代职业教育，培育出适应转型发展的复合型、应用型、技能型产业优秀人才[①]。

唐山市在十三五规划纲要中提出：要坚定地实施创新驱动发展战略，促进唐山经济结构的战略性调整，加快转变唐山发展方式，寻求一条高质、高效、更可持续发展的新路。提升产业智慧化水平。制定《"互联网+"工业创新发展实施意见》和《推进"中国制造 2025"工作实施方案》，促进互联网、物联网、云计算、大数据等信息技术在工业各领域深度应用，推进唐山智能制造和"互联网+"创新发展，加大智慧农业和智慧服务业示范推广力度，建设智慧产业基地。提升经济文化社会等各领域的信息化水平，开拓网络经济发展的新空间，使智慧城市建设发展在全国位列前茅。全面推进大众创业、万众创新。多种途径培育创新型创业主体，拓宽创新创业的领域，掀起社会多方创新（"精英创业""大众创业""草根创业"）的新热潮。强化企业创新的主体地位以及主导作用，支持具有创新资源优势的企业，按照"科技人才—知识产权—产学研—科技项目—高科技企业—上市企业—创新型领军企业"的"路线图"，打造一批创新水平高、科技支撑作用强及成长性好的创新型企业群体，培育有国际竞争力的领军企业。支持有资源优势的中小企业以优势支柱产业和战略性新兴产业为中心，开展产品开发和配套技术。贯彻落实省政府《关于发展众创空间推进大众创新创业的实施意见》，落实对新型孵化机构的支持政策以及着力发展青年创客和科技型小微企业。争取到 2020 年，唐山市培育的科技型中小企业数量在 5000 家以上，科技企业孵化器和众创空间达到 40 家之多[②]。

---

① 唐山市 2015 年国民经济和社会发展统计公报。
② 唐山市国民经济和社会发展第十三个五年规划纲要。

（3）得分结果

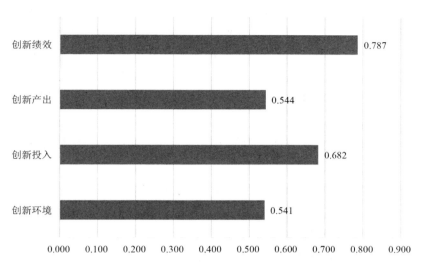

图 6.1.1　唐山市一级指标得分结果

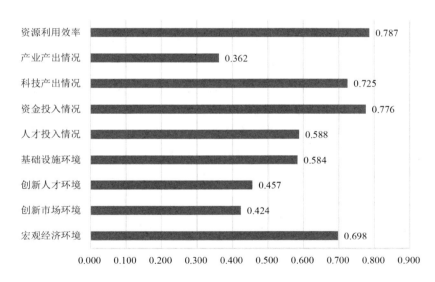

图 6.1.2　唐山市二级指标得分结果

（4）创新评价

作为 116 个资源型城市中创新指数排名第 6 位的城市，唐山市在创新环境和创新投入方面的成效表现非常突出，排名均为第 5 位，创新绩效次之，排名为第 10 位，排名最低的为创新产出，为第 12 位。由上可知，唐山市的 4 项一级指标与许多其他城市相比都具有较大优势。

在创新环境方面，唐山市排名位于全国所有资源型城市的第 5 位，可以看出唐山市在创新环境方面表现不错。从创新环境的各项分项指标评分结果来看，宏观经济环境、创新市场环境、创新人才环境和基础设施环境得分分别为 0.698、0.424、0.457、0.584，排名分别位于所有资源型城市的第 2 名、第 27 名、第 33 名和第 4 名。在宏观经济环境和基础设施环境方面，唐山市位居非常靠前，相比之下创新市场环境和创新人才环境表现较差。由上可知，唐山市总体创新环境相对较好，但需要在创新市场环境和创新人才环境方面进一步加大改善力度，从而进一步提升唐山市的创新环境状况。

在创新投入方面，唐山市创新投入的得分为 0.682，排名位列第 5 位。其中，人才投入情况得分为 0.588，位列第 36 位；资金投入情况得分为 0.776，位列第 6 位。相对于其他资源型城市来说，唐山市比较注重创新人才的培养和资金的投入，因此创新投入总体水平较高，但在创新人才投入方面也有较大的进步空间。

在创新产出方面，唐山市的得分为 0.544，排名位列第 12 位。从分项指标来看，科技产出情况包括的两项三级指标中，专利申请授权量、企业商标拥有量得分分别为 0.601 和 0.838，排名分别位于第 13 和第 10 位。产业产出情况包含的三项三级指标中，矿产资源开发综合利用产值占 GDP 的比重指标的排名为第 62 位，第三产业增加值为第 75 位，矿产资源开发年税金占财政收入的比重排名为第 52 名，因此，唐山市产业产出情况包含的三个指标的排名均不太理想，今后需要通过不断调整产业结构、提升矿产资源开发综合利用产值等来提升创新产出的排名。

唐山市在创新绩效方面取得的成效较为靠前，得分为 0.787，排名第 10 位。分项来看，在 2014 年里，全员劳动生产率得分为 0.982，位于第 7 位，好于大多数城市，能源消费弹性系数位于全国第 20 名，单位 GDP 能耗位于第 99 位，单位 GDP 矿石开采量排名为第 43 位。说明唐山创新绩效的各项分指标得分之间差距较大，其中对其创新绩效排名贡献较大的因素是全员劳动生产率和能源消费弹性系数，但同时，唐山市在单位 GDP 能耗方面表现较差。

（5）政策建议

从指标评价结果来看，唐山市的各项一级指标表现均较好。建议在未来唐山市重视第三产业的发展，降低城市经济增长对资源型产业的依赖程度，加快产业结构更快更合理地调整，应重视矿产资源综合开发技术方面的有关创新，提高矿产资源的综合开发利用率。其次应注意创造良好的创新市场环境，只有建立一个成熟、公平的市场环境才可能更好地推动创新型城市的发展。此外，还应注重通过运用技术进步等途径降低经济发展对能源的依赖程度，从而使单位 GDP 能耗降低。

在未来的发展中应强调将改革创新贯穿于经济社会发展的各领域各环节，全方位实施创新发展战略：

加强科技创新能力建设。将建设国家创新型城市作为发展目标，鼓励全社会特别是企业群体加大研发方面的投入。把推进研发机构建设（如院士工作站、企业工程（技术）中心、重点实验室等）作为载体，强化企业的主体地位。以京津两地为重点大力引进大院大所，加强一批重大创新平台的建设（如中科院唐山高新技术研究与转化中心等），构建京津冀三地合作创新机制。整合创新资源，加大一批重点创新载体的建设力度（如大学科技园、留学生创业园、科技创新中心等），营造良好和谐的创新创业氛围。利用互联网这一平台的优势，汇集全球的优秀人才，研发出一批具有支撑产业转型升级的关键技术，推进高新技术成果的产业化发展。

大力培养集聚创新创业人才。落实人才强市战略，优化有利于人才发展的优良环境。落实一批重点项目如"百千万"系列的行动（如创新创业领军人才百人计划、高技能人才万名高级技师培养计划、海外人才聚集千人计划）以及人才服务产业园建设工程等，大力推进高层次人才队伍建设。充分利用国家高新区的留学人员创业园等平台的作用，加强海外优质人才创新创业的基地建设，培养一批掌握核心技术、拥有自主知识产权的创新型人才。积极引导并支持本土企业和高层次创新创业领军型人才联合重组或创办企业"嫁接"发展。在有资源条件的开发区（园区）宣传并推广"创业助理"计划，为人才创新创业等活动提供全方位、人性化、专业化和全过程的服务。加强各个区域的人才合作，始终坚持以用为本这一原则，完善人才的评价标准，重点面向京津两地吸引各个行业及拥有不同技能的优秀人才。推动军民的和谐发展，力争使国家军民融合创新示范区在唐山落户。

6.1.2　邯郸市

（1）城市概况

邯郸市是河北省南部的一个城市，西靠太行山，东部和华北平原接壤，和晋、鲁、豫三省相邻。邯郸市包括1个城市，14个县和4个区，是市区人口超百万的"较大的市"，是中国优秀旅游城市、全国双拥模范城、国家园林城市、国家历史文化名城以及中国成语典故之都。邯郸市面积为1.2万平方公里，总人口为1011.95万。邯郸区位交通条件优越，是晋冀鲁豫四省交界区的唯一大型城市以及位于中原经济区的核心位置。邯郸市与晋冀鲁豫的省会城市距离仅约200公里，与京津的大都市距离仅500公里内。农业方面，邯郸市有着优越的农业综合生产条件，有着"冀南棉海"和"北方粮仓"的美誉，棉花和小麦的年产量达到8万吨及200万吨。2015年全年，邯郸市的生产总值达到3061.5亿元，增长率为7.3%。三次产业的增加值分别为409.6

亿元，1572.2 亿元和 1079.7 亿元，增长率为 3.0%，7.7% 和 8.2%。三次产业结构由 2012 年的 12.7∶53.6∶33.7 变化为 13.4∶51.3∶35.3[①]。

邯郸市境内已探明多达 40 多种矿物资源，有着现代"钢城"、"煤都"的美誉。邯郸的工业发展较好，工业门类齐全，是全国重要的电力、煤炭、冶金、建材、纺织、白色家电和日用陶瓷生产基地。由于其发达的商贸物流，邯郸形成了涵盖全国的大型批发市场。邯郸有着闻名全国的煤和高品位的铁矿石，其煤、铁资源十分丰富，储量分别为 40 亿吨以及 4.8 亿吨。煤炭储藏量丰富，种类齐全且质量较好，而铁矿品位高、可选性好。除了煤和铁之外，邯郸还有着 40 种以上的非金属矿资源：耐火土、硫铁矿、碳石、铝矾土、含钾砂页岩等[②]。

（2）创新发展概况

近几年来邯郸市致力发展创新驱动发展战略。2015 年邯郸全市共取得 171 项各类科技成果，其中 2 项成果达到国际领先水平以上，11 项达到国际先进水平；111 项达到国内领先水平，47 项达到国内先进水平。2015 年度邯郸市获得 22 项省科学技术奖，其中 1 项一等奖、2 项二等奖、19 项三等奖；邯郸市获得 76 项市科技进步奖，其中 15 项一等奖、23 项二等奖、38 项三等奖。新通过 72 家国家认定高新技术企业。邯郸市有着 4803 项专利申请量，3305 项专利申请授权量，241 项发明授权量[③]。

邯郸市在十三五规划纲要中提出：面对深刻变化的内外环境、复杂严峻的风险挑战和紧迫艰巨的发展要求，必须牢牢把握加快发展、转型突破、补齐短板、做美生态四大战略任务，坚持解放思想，改革创新。邯郸市着力促进智能制造计划，鼓励装备企业研发出可智慧决策和自动执行任务的智能产品，让国家更多的重大智能产品在邯郸落户；推进某些岗位的"机器换人"，同时建成智能工厂 200 个。支持众创空间的构建并鼓励社会力量（如高校、企业、科研院所、行业组织、投资机构）投资建设。同时，鼓励众创空间在充分利用经济技术开发区和河北南部新区等创业资源集居区的情况下，在各教育中心建立分机构，从而建立邯郸市技术交易中心。努力到 2020 年，使制造型企业的服务收入增长到 15% 以上，科技企业孵化器和新型的众创空间等突破 200 家，高新技术企业达到 250 家，创新创业团队 100 个左右。落实院士智力引进计划，建立 50 家院士工作站[④]。

---

① 邯郸市 2015 年国民经济和社会发展统计公报。
② 邯郸市人民政府网。
③ 邯郸市 2015 年国民经济和社会发展统计公报。
④ 邯郸市国民经济和社会发展第十三个五年规划纲要。

（3）得分结果

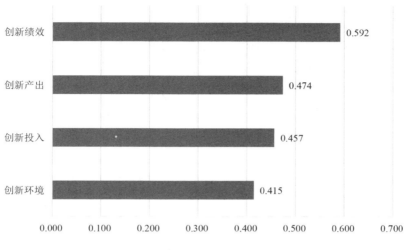

图 6.1.3 邯郸市一级指标得分结果

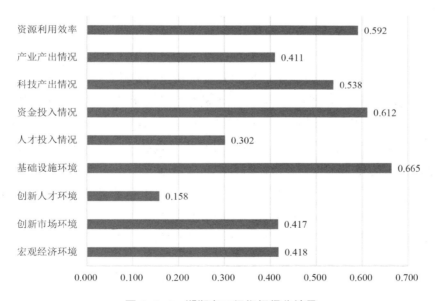

图 6.1.4 邯郸市二级指标得分结果

（4）创新评价

作为 116 个资源型城市中创新指数排名第 28 位的城市，邯郸市在创新产出方面的成效表现相对突出，排名位于全国资源型城市的第 23 位，其次是创新环境，排名为第 27 位。相比之下，创新投入和创新绩效的排名相对靠后，分别位于第 47 位和第

60 位，从而拉低了总体创新指数的排名。

在创新环境方面，邯郸市位列全国所有资源型城市的第 27 位，可见邯郸市在创新环境方面表现较好。从创新环境的各项分项指标评分结果来看，宏观经济环境、创新市场环境、创新人才环境和基础设施环境得分分别为 0.418、0.417、0.158、0.665，排名分别位于第 18 名、第 28 名、第 103 名和第 1 名。在宏观经济环境和创新市场环境方面，邯郸市均位居中等偏上水平，有较好的创新基础，尤其是在基础设施环境方面，高居第一位，但创新人才环境较差，排名非常靠后，这大大拉低了整体创新环境的水平。

在创新投入方面，邯郸市创新投入的得分为 0.457，排名位列第 47 位。其中，人才投入情况得分为 0.302，位列第 86 位；资金投入情况的得分为 0.612，位列第 14 位。相对于其他资源型城市来说，邯郸市的资金投入与人才投入非常不均衡，这说明了邯郸市在人才投入方面的欠缺。

在创新产出方面，邯郸市的得分和排名也相对较高，创新产出的得分为 0.474，排名位列第 23 位，对总体创新指数排名的贡献率最大。从分项指标来看，科技产出情况包括的两项三级指标中，专利申请授权量、企业商标拥有量得分分别为 0.328 和 0.728，排名分别位于第 28 和第 14 位。产业产出情况包含的三项三级指标中，2014 年矿产资源开发综合利用产值占 GDP 的比重指标得分为 0.018，排名为 80 位；第三产业增加值占 GDP 的比重以及矿产资源开发年税金占财政收入的比重，分别位于全国第 49 名和第 50 名，由此可以看出这三者的排名均不靠前，尤其是矿产资源开发综合利用产值占 GDP 的比重，从而拉低了创新产出所占名次。

邯郸市在创新绩效方面取得的成效较为落后，得分为 0.592，排名第 60 位，拉低了总体创新指数的排名。从分项指标来看，2014 年全员劳动生产率指标得分为 0.396，排名居中，为第 52 位；能源消费弹性系数和单位 GDP 矿石开采量的排名较为靠前，分别为第 35 名和第 29 名；但单位 GDP 能耗的排名相对靠后，为 106 名，这说明邯郸市应重视改善单位 GDP 能耗，改进能源利用方式，采用节能技术，提高能源利用经济效益。

（5）政策建议

从指标评价结果来看，邯郸市的创新环境总体良好，主要问题在于创新绩效方面，其次是创新投入也较低。为此，建议在未来应改进生产技术、改善各生产部门管理水平从而提高邯郸市的全员劳动生产率，提高能源的利用效率并且降低能耗也是很重要的一个方面；其次是改进矿石开采、加工技术，从而提高矿石开采的经济效益以及矿产资源综合开发利用率；再次应注重大力发展第三产业，从而更好地促进产业结构的调整；最后应加强创新人力的投入力度，为推动邯郸市创新发展提供良好的人才环境基础。

在未来的转型发展中应把改革创新始终放在经济社会发展的各领域各环节，全面实施创新驱动战略：

实施创新平台建设工程。建设一系列"互联网＋"主题孵化器，在新材料、装备制造、节能环保、生物等各个领域发展一批专业孵化器，建立邯郸技术交易中心、邯郸创新服务中心以及邯郸公共实验中心，努力发展科技型中小企业专属的公共研发服务平台。加快邯郸高校智库建设。加强与附近地区如北京、天津、安阳、聊城、长治等地的创新协作，建造一个跨区域产学研创新联盟。

加强创新能力提升工程。加大在科技创新领域的投入力度，建立并完善政府财政科技投入稳定增长机制，加强一系列投资如创新创业投资基金，成果转化股权投资引导基金，市级战略性新兴产业和科技创业投资，同时积极引导和吸收社会资本的参与。企业应该发挥其创新主体作用，并加大研发投入。

实施创新企业引培工程。将本土培育和外部引进相结合，聚集一批国内外优秀人才，努力发展 100 家龙头企业，从而建设一个一流的创新平台。除了在平台上创新，也应在技术、工艺、管理、产品方面进行创新，使本土企业更加具有创新力和竞争力。

加强创新人才培育工程。落实国家的"百人计划"，引进一批掌握关键技术的国内外优秀人才，并支持部分县（市、区）或企业在国内外建立人才创业基地。

6.1.3 邢台市

（1）城市概况

邢台是位于河北省南部的一个城市，辖 2 个县级市、15 个县、2 个区和 2 个管理区。邢台市的总面积为 1.24 万平方公里，总人口有 726 万。邢台市市区建成区的面积是 89 平方公里、人口有 92.5 万。邢台市西高东低，分别为山地、丘陵、平原，比例为 2∶1∶7，地势悬殊较大。地理位置方面，邢台东部有山东聊城、德州，西部与山西晋中相邻，南部和邯郸相接，北部毗邻石家庄与衡水。邢台市交通便利，境内有众多铁路贯通南北（如京九铁路、京广铁路、106、107 国道等）和东西（如青银高速、邢临高速、邯黄铁路）。2015 年，邢台市的生产总值为 1764.7 亿元，比上一年增加 6.0%。三次产业增加值分别为 275.6 亿元，793.6 亿元和 695.5 亿元，增长率分别为 3.2%，4.3% 和 10.0%。2015 年邢台市的人均生产总值为 24256 元，比上一年增长 5.5%。三次产业结构调整到 15.6∶45.0∶39.4（上年：16.6∶47.4∶36.0）。

邢台市有着丰富的矿产资源。如煤炭、化工原料、辅助原料、建材原料、黑色金属及其他金属原料。在 38 种矿产种，有 20 种已探明储藏量，并且有 17 种储藏量位于整个河北省的前五。其中，蓝晶石储量位于全国第一位，石膏储量是华北的第一位，瓷土储量是全省第一，岩盐储量多于1000亿吨[①]。

（2）创新发展概况

邢台市落实改革开放，并始终坚持创新发展。科技创新实现突破。2014年市财政拨款1000万元专项支持科技型中小企业发展，有1100家省级科技型中小企业建成，同时，市科技企业孵化器落地，新增了2家院士工作站、12家省级以上科技创新平台。继续实施"质量提升三年行动计划"，新增48项省名牌产品、52项省优质产品、3件中国驰名商标[②]。2015年各级各类教育稳步发展。全市有4所普通高等学校，招生人数达到14944人，在校学生数为47351人；普通中学278所，在校生数35.22万人；小学1257所，在校生数62.03万人。2015年比上年增加2项科技成果，全年共取得220项。专利申请受理量达到3122项，专利申请授权量为2194项。全年有480项发明申请，比2014年增加了210项，授权量为126项，比2014年增加59项[③]。

邢台市在十三五规划纲要中提出：突出企业在创新过程中的主导作用和主体地位，引导各种创新资源流向企业，加快邢台市在培育高科技创新型企业的发展。打造一批创新型的领军企业并支持其在研发方面的投入，同时加强和科研所及高校的合作。以邢台市的优势特色产业为中心，加大新工艺和新产品的开发。通过并购重组以及投资整合等途径实现企业和资源的强强联合，发展出一批具有国际市场竞争力的企业。培育壮大科技型中小企业。发展中小企业中的领头羊，完善相关政策来辅助中小企业的创新发展。通过差异化服务更好地促进科技创新型企业的裂变式增长。计划到2020年止，邢台市建成200家以上的高新技术企业，4000家以上的科技型中小企业，并形成一批掌握核心创新技术的产业群；建成省级以上高新技术产业开发区两家以上，产业技术研究院20个，各级重点实验室、企业技术中心工程技术研究中心等300家以上，新增2家国家级重点实验室，2家工程技术研究中心、3家国家级企业技术中心。到"十三五"末，全市院士工作站达21家、博士后科研工作站达17家以上[④]。

---

① 邢台市人民政府网。
② 邢台市2015年政府工作报告。
③ 邢台市2015年国民经济和社会发展统计公报。
④ 邢台市国民经济和社会发展第十三个五年规划纲要。

（3）得分结果

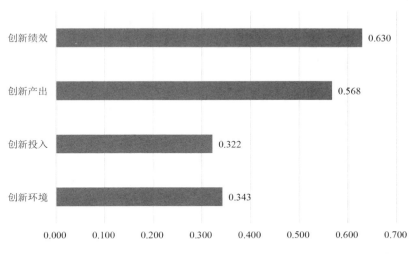

图 6.1.5　邢台市一级指标得分结果

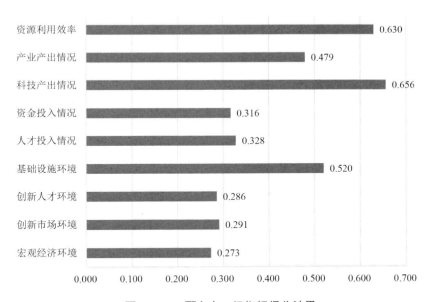

图 6.1.6　邢台市二级指标得分结果

（4）创新评价

作为 116 个资源型城市中创新指数排名第 32 位的城市，邢台市在创新产出方面表现相对突出，排名位于全国资源型城市的第 10 位，其次是创新环境和创新绩效，排名分别位于全国第 47 位和 51 位。相比之下，创新投入的排名相对靠后，位于第 79

位，这一定程度上拉低了邢台市创新指数的总体评价得分。

在创新环境方面，邢台市位列全国所有资源型城市的第 47 位，可见邢台市在创新环境方面处于中上等水平。从其各项指标来看，邢台市宏观经济环境、创新市场环境、创新人才环境和基础设施环境得分分别为 0.273、0.291、0.286、0.520，其排名分别位于所有资源型城市的第 53 名、第 67 名、第 76 名和第 15 名。这说明邢台市在基础设施环境方面表现较好，但在宏观经济环境、创新市场环境和创新人才环境方面均存在着较大的提升空间。

在创新投入方面，邢台市创新投入的得分为 0.322，排名位列第 79 位，拉低了总体创新指数的排名。其中，人才投入情况得分为 0.328，位列第 78 位；资金投入情况的得分为 0.316，位列第 57 位。相对于其他资源型城市来说，邢台市的资金投入与人才投入均不太理想，在未来应注重加强该市在创新人才和创新资金方面的投入力度。

在创新产出方面，邢台市的得分为 0.568，排名位列第 10 位，对总体创新指数排名的贡献率相对最大。从分项指标来看，科技产出情况包括的两项三级指标中，专利申请授权量、企业商标拥有量得分分别为 0.277 和 1.000，排名分别位于第 31 和第 1 位。产业产出情况包含的三项三级指标中，矿产资源开发综合利用产值占 GDP 的比重指标得分为 0.220，排名为 25 位；第三产业增加值占 GDP 的比重和矿产资源开发年税金占财政收入的比重排名分别位于第 53 名和第 55 名，排名较为居中。

邢台市在创新绩效方面取得的成效一般，得分为 0.630，排名第 51 位。从分项指标来看，2014 年全员劳动生产率指标的得分为 0.344，排名居中，为第 62 位；能源消费弹性系数的排名位于全国前端，为第 8 名；单位 GDP 能耗和单位 GDP 矿石开采量的排名分别为第 104 位和第 24 位，说明拉低邢台市创新绩效的两个主要因素是全员劳动生产率与单位 GDP 能耗，尤其是单位 GDP 能耗指标，其排名在所有样本城市中处于较靠后位置。

（5）政策建议

从指标评价结果来看，邢台市的主要问题在于创新投入方面，其次是创新环境和创新绩效。为此，建议在未来应加强创新的人才投入和资金投入，大力推动邢台市宏观经济环境、创新市场环境、创新人才环境建设，从而推动城市创新发展。同时，应注意人力资源的充分开发利用，切实提升劳动生产率，并通过推动产业结构升级、经济结构调整和技术进步等方式来不断降低经济增长对能源的消耗，从而推动单位 GDP 能耗的逐渐下降。

在未来的转型升级发展中应注意把改革创新贯彻于经济社会发展的各领域各环节，全面实施创新发展战略：

　　壮大创新创业平台。支持创业孵化新模式发展（比如创客空间、创新工场、车库咖啡等），加快发展集成化、网络化、市场化、专业化的"众创空间"，促进人才创新创业园建设，为小微型创新企业和个人创业提供低成本、便利化、全要素的开放式综合服务平台。重点支持发展较为成熟的工业园区（聚集区）利用其闲置厂房等建设创新创业孵化平台。推进建设科技企业孵化器并完善孵化功能，使孵化平台的建设与升级成为推动邢台市产业转型升级的重要原动力。除了孵化平台的建设，还应积极发展创新园区和高新技术产业开发区，完善研发、检验检测、标准化、信息服务等公共服务平台。

　　完善创新创业服务体系。结合线上线下两种渠道，并建设孵化投资一体的创业创新系统。在培训方面，建立健全相关制度，加强训练营活动并强化企业和个人的知识产权意识。致力于培养具有知识产权优势的企业和人才，并提升各个企业运用该知识参与市场竞争的综合能力。在环境方面，营造良好和谐的氛围，鼓励全社会创业创新，形成新的产业经济增长点。

6.1.4　张家口市

（1）城市概况

　　张家口市是河北省的地级市，向东和北京相邻，向西和"煤都"大同相接，向南靠着华北腹地，向北依内蒙古草原，总面积为3.68万平方公里。张家口市的区位优势明显，是京津冀（环渤海）经济圈和冀晋蒙（外长城）经济圈的交汇点，该优势极大促进了张家口市的经济发展。2015年张家口市实现全市生产总值1363.54亿元，增长率为5.8%。其中第一产业增加值为243.88亿元，占全市地区生产总值的比重为17.9%；第二产业增加值为545.53亿元，占全市地区生产总值的比重为40.0%；第三产业增加值为574.13亿元，占全市地区生产总值的比重为42.1%。张家口市的人均生产总值达30840元，增长率为5.7%。张家口市先后被评为"中国金融生态城市"、"中国最佳投资环境城市"[①]。

　　张家口市自然资源丰富，截至2014年，张家口市共发现的矿产资源多达97种，主要的矿种包括煤、铁、锌、石灰石等，在丰富的矿产资源基础上形成了宣钢、中煤机、宣工、盛华等一批知名企业。在张家口有一项具有很大开发潜力的"绿色能源"，即煤层气，是我国能源发展重点战略之一。对此，张家口内联外引扩大开发，并充分利用本地煤气资源优势和国家优惠政策进行开发。

---

① 张家口市人民政府网。

（2）创新发展概况

自从 1978 年以来，特别是近 5 年来，张家口市提出科学发展，并转变发展方式。在高新技术产业项目方面有了突破性进展，通过"基金＋项目"的平台经济模式，从上海张江科技园区、美国硅谷等地，引进了 43 个拥有四代技术的高新技术项目。园区建设稳步推进。全市省级园区数量达 15 个，其中有 4 家是省级高新技术产业开发区[①]。2015 年，全市获河北省科技进步奖的科技成果有 8 项，获省级山区创业奖的科技成果有 6 项；同年，全市争取到的国家、省科技计划 30 多项（包括国家 863 计划、国家国际科技合作、省重大成果转化等），资金近 2000 万元。年内新增 3 家省级创新型企业，累计的省级企业数量达 4 家；新认定了 269 家科技型中小企业，企业数累计共达 760 家，其中 27 家为科技小巨人企业；新增 16 家高新技术企业，累计达 39 家，实现历史性的突破。2015 年，张家口市建成一批研发平台包括 6 家省级工程技术研究中心、10 家市级工程技术研究中心、2 家省级重点实验室和 3 家院士工作站等。年内新增 1 家省级国际科技合作基地，累计达到 4 家。年内新增 3 家省级农业科技园区，累计达 14 家。张家口市积极开展省市两级专利申请资助，累计发放资助金 189 万元，全市专利申请量为 1242 件，比上年增长 17%；授权量达 787 件，比上年增长 50%[②]。

在十三五期间，张家口市提出实施实验园区建设计划，从北京引进国家级机构（国家（重点）实验室、国家工程实验室、工程（技术）研究中心等）在张家口实验园区设立分支并形成实验室群。在环境上，努力在张家口规划建设环境优美，设施便利并有人文气息的区域，从而更好地承接从北京转移而来的资源，更加充分的吸引高校入驻。教育上，促进张家口的各高校与北京高校的合作，比如合作办学，建立分校等，促进张家口人才的发展，保持教育的先进性。在培训上，支持各县级市的技能培训并建成培训基地，鼓励人才积极学习核心技能。争取到 2020 年，张家口市的高新技术企业达 100 家以上，科技型中小企业达 2000 家以上，万人拥有市场主体数量达 680 户。此外，张家口应积极承接京津两地高新技术产业的转移以及科研成果孵化的转化，大力发展新兴行业如电子信息、航空航天、新材料等，发展新技术产业集群[③]。

---

① 张家口市人民政府网。
② 张家口市 2015 年国民经济和社会发展统计公报。
③ 张家口市国民经济和社会发展第十三个五年规划纲要。

（3）得分结果

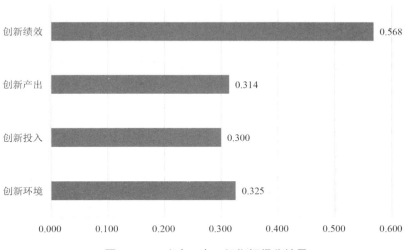

图 6.1.7　张家口市一级指标得分结果

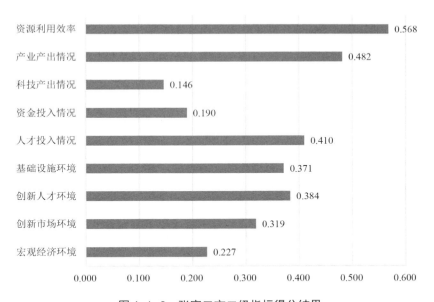

图 6.1.8　张家口市二级指标得分结果

（4）创新评价

作为 116 个资源型城市中创新指数排名第 75 位的城市，张家口市在创新产出和创新环境方面的成效表现处于中等水平，排名分别位于全国资源型城市的第 51 位和第 52 位，这是对创新指数排名贡献率较大的两个因素。其次是创新绩效，排名位于第 69 位。

相比之下，创新投入的排名较为靠后，仅为第 87 位，拉低了创新指数的总体排名。

在创新环境方面，张家口市位列全国所有资源型城市的第 52 位，可见张家口市在创新环境方面取得了一定的成效。分项来看，宏观经济环境、创新市场环境、创新人才环境和基础设施环境得分分别为 0.227、0.319、0.384、0.371，其排名分别位于所有资源型城市的第 65 名、第 57 名、第 51 名和第 55 名。在宏观经济环境、创新市场环境、创新人才环境和基础设施环境方面，张家口市均位居中列，因此，张家口市在今后应进一步改善宏观经济环境、创新市场环境、创新人才环境和基础设施环境，从而提升该市创新环境的竞争力。

在创新投入方面，张家口市的得分为 0.300，排名位列第 87 位，排名较为靠后，这是拉低创新指数排名的最主要因素。其中，人才投入情况得分为 0.410，位列第 64 位；资金投入情况的得分为 0.190，位列第 96 位。相对于其他资源型城市来说，张家口市的资金投入与人才投入较少，尤其是资金投入方面。

在创新产出方面，张家口市的得分和排名较为理想，创新产出的得分为 0.314，排名位列第 51 位，对总体创新指数排名的贡献率最大。从分项指标来看，科技产出情况包括的两项三级指标中，专利申请授权量、企业商标拥有量得分分别为 0.096 和 0.193，排名分别位于第 58 和第 59 位。产业产出情况包含的三项三级指标中，2014 年矿产资源开发综合利用产值占 GDP 的比重指标得分为 0.068，排名为 47 位；第三产业增加值占 GDP 的比重和矿产资源开发年税金占财政收入的比重，分别为第 29 名和第 42 名，由此可以看出张家口市在产业结构转型方面取得了一定的成效，第三产业所占比重较高，这在一定程度上拉高了创新产出指标的排名，而其余两项指标的排名相差较小，均处于全国中等偏上水平。

张家口市在创新绩效方面取得的成效较为一般，得分为 0.568，排名第 69 位。从分项指标来看，2014 年全员劳动生产率指标的得分为 0.337，排名居中，为第 65 位；能源消费弹性系数和单位 GDP 矿石开采量的排名分别位于全国第 50 名和第 52 名；但单位 GDP 能耗的排名相对靠后，为第 96 位。说明张家口市应提高能源利用率、降低单位 GDP 能耗；其次是增加教育经费投入和人员培训投入，从而提高全员劳动生产率。

（5）政策建议

从指标评价结果来看，张家口市的创新总体效果不理想，主要问题在于创新投入方面，其次是创新绩效也较低。为此，建议在未来尤其应着重加强创新的人力投入和资金投入，加强创新成果转化和提升创新绩效，从而推动城市创新发展。目前来看张家口市的第三产业发展较好，在今后应进一步通过经济结构调整和技术进步等方式来不断降低经济增长对能源的消耗，从而推动单位 GDP 能耗的逐渐下降。同时，张家口市应注意增加教育经费的投入和人力资源的开发与利用，切实提升劳动生产率。

在未来的转型发展中应注意把改革创新贯穿于经济社会发展各领域各环节：

张家口市应在人才培养方面加大力度。一方面，引进国内外人才，促进人才的教育和发展。积极贯彻落实国家"千人计划"和省"百人计划"，实施"六百人才培育工程"、"对接京津"人才合作工程、"重点产业引才引智"工程等一系列人才建设工程。选拔优秀青年人才和年轻干部到发达地区或发达国家培训，从而提升专业化水平。在技术发展方面，依靠重大项目并引进关键技术，发展新兴科技和新兴学科。

进一步转变政府职能，增加政府对于公共产品和服务的供给，并建立统一透明、有序规范的市场环境。完善收费项目的管理和监督，并对于企业信用信息的公开化进行相应规范。加强知识产权保护的教育和推广，并完善相关的维权机制。强化政府采购对于新技术与产品的推广，通过多种方式（如首购、订购、首台［套］重大技术装备试验和示范项目、推广应用等）进行推广。

6.1.5 承德市

（1）城市概况

承德市位于河北省东北部，面积为 3.95 万平方公里，总人口为 372.96 万。承德有 25 个少数民族（包括满、蒙、回、朝鲜等），少数民族人口为 130 万。承德市市辖 8 县 3 区、1 个高新技术产业开发区。承德南和北京天津两地相邻，北与赤峰市及锡林郭勒盟相接，东西和朝阳市、秦皇岛、唐山、张家口市毗邻。截止到 2015 年，承德全年实现生产总值 1358.6 亿元，增长率为 5.5%。三次产业增加值分别为 235.6 亿元，636.4 亿元和 486.6 亿元，增长率分别为 2.9%，4.5% 和 8.1%。三次产业比重为 17.4∶46.8∶35.8[①]。

承德生态良好，资源富集，森林覆盖率达 55.8%，是京津唐重要的水源地和华北最绿的城市，被称为"华北之肺"。已发现的矿产有 98 种，探明的钒钛、钼、萤石储量分别居全国第 2 位、第 4 位和第 4 位，铅、银、铂、钯、磷矿储量居河北省首位，是我国除攀枝花外唯一的大型钒钛磁铁矿资源基地[②]。

（2）创新发展概况

近年来，承德不断加快"创新创业、开放开发，富民强市"发展进程，特别是在加快创业型城市建设上，对创业环境和全民创业活动的投入加大，着力创建以"创业培训、项目服务、开业指导、政策扶持、管理咨询、权益维护"六位一体的创业服务模式。2008 年 7 月，承德市启动创业型城市工作计划，2009 年 3 月，国家确定承德市为首批 82 个国家级创建创业型城市。

---

① 承德市 2015 年国民经济和社会发展统计公报。
② 承德市人民政府网。

2015 年全年共组织申报、实施 43 项国家、省科技计划项目，争取到了 2058 万元资金支持，安排 53 项市级科技计划项目，财政投入 1735 万元。其中有 16 项是围绕工业转型升级组织实施的重大创新和支撑项目，这些项目争取到了 970 万元资金支持；有 14 个项目是围绕林果、蔬菜、食用菌、中药材等特色产业发展，争取到了 520 万元资金支持。全年共新认定 7 家高新技术企业，新认定 5 家科技小巨人企业、237 家科技型中小企业、3 家创新型企业，全市共有 587 家科技型中小企业、22 家科技小巨人企业以及 5 家创新型企业[①]。

承德市在十三五规划纲要中提出：其主攻方向是创仿结合、特色突出、集约集聚、品牌塑造，同时加快发展以现代中药、生物制药等为重点的生物医药产业，打造相关产业集群。其次，要加速大数据产业要素的资源集聚（如数据、网络、技术、资金、企业、人才等），构建数据中心集聚区、配套企业集聚区、大数据服务集聚区、总部研发集聚区、大数据创新企业孵化区 5 个板块，做到布局合理、特色鲜明且开放互动。加快研究开发服务、创新创业服务、技术转移服务、知识产权服务、科技金融服务和检验检测认证服务六大领域发展。大力落实创新驱动发展战略，激活创新主体，优化创新资源，改善创新环境。到 2020 年，在承德市形成一批拥有自主知识产权和核心竞争力的领先品牌，拥有品牌工程、品牌企业和省级名牌产品 130 个以上，科技型中小企业达 1200 家，省级及以上各类创新平台达到 60 家，高新技术企业达到 50 家、科技"小巨人"企业达到 100 家[②]。

（3）得分结果

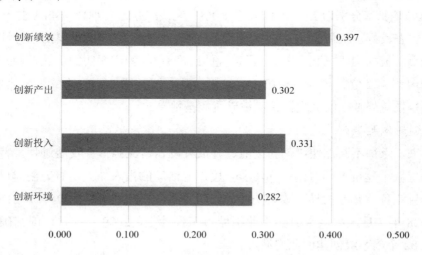

图 6.1.9   承德市一级指标得分结果

---

① 承德市 2015 年国民经济和社会发展统计公报。
② 承德市国民经济和社会发展第十三个五年规划纲要。

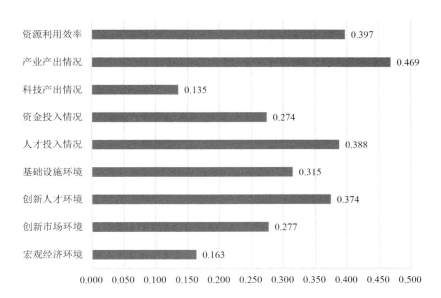

图 6.1.10　承德市二级指标得分结果

（4）创新评价

作为 116 个资源型城市中创新指数排名第 100 位的城市，承德市在创新产出方面的成效表现相对突出，排名第 56 位，其次是创新投入和创新环境，排名分别位于全国第 76 位和 79 位。相比之下，创新绩效的排名相对靠后，位于第 99 位，这一定程度上拉低了承德市创新指数的总体评价排名。

在创新环境方面，承德市位列全国所有资源型城市的第 79 位，可见承德市在创新环境方面处于中下等水平。从其各项指标来看，承德市宏观经济环境、创新市场环境、创新人才环境和基础设施环境得分分别为 0.163、0.277、0.374、0.315，其排名分别位于所有资源型城市的第 94 名、第 71 名、第 54 名和第 78 名。无论是在宏观经济、市场环境、人才环境和基础设施方面，承德市均位居中后列，其中创新人才环境基础相对较好，但是宏观经济环境很不理想，创新市场环境和基础设施环境不足以支撑创新发展。说明承德市需要进一步改善宏观经济环境、创新市场环境和加大基础设施建设。

在创新投入方面，承德市创新投入的得分为 0.331，排名位列第 76 位。其中，人才投入情况得分为 0.388，位列第 72 位；资金投入情况的得分为 0.274，位列第 68 位。相对于其他资源型城市来说，承德市的资金投入与人才投入较为均衡，但是均位于城市排名的中后位，这也说明了承德市在创新投入方面位于 76 名的原因。

在创新产出方面，承德市的排名相对较高，创新产出的得分为 0.469，排名位列第 56 位，对总体创新指数排名的贡献率相对最大。从分项指标来看，科技产出情

况包括的两项三级指标中，专利申请授权量、企业商标拥有量得分分别为 0.042 和
0.220，排名分别位于第 84 和第 55 位。产业产出情况包含的三项三级指标中，矿产
资源开发综合利用产值占 GDP 的比重指标的排名非常靠前，该指标的得分为 0.576，
排名为 13 位；第三产业增加值占 GDP 的比重和矿产资源开发年税金占财政收入的比
重排名在全国处于落后水平，分别位于第 76 名和第 100 名。

　　在四项一级指标中，承德市在创新绩效方面取得的成效最差，得分为 0.397，排
名第 99 位，拉低了总体的创新指数排名。从分项指标来看，2014 年全员劳动生产率
指标的得分为 0.533，排名较靠前，为第 30 位；能源消费弹性系数的排名也处于全
国靠前水平，为第 22 名；但单位 GDP 能耗和单位 GDP 矿石开采量的排名相对靠后，
分别为第 93 位和第 111 位。说明承德市在改善单位 GDP 能耗、单位 GDP 矿石开采
量方面需要做出较大的努力。

　　（5）政策建议

　　从指标评价结果来看，承德市的主要问题在于创新绩效方面，其次是创新投入较
低和创新环境较差。为此，建议在未来应加强创新的人财物投入，加强对矿产资源
以及能源的开发和利用，从而降低经济增长对能源和矿产资源的过度依赖，加强创新
成果转化和提升创新绩效。努力推动产业结构转型升级，提升第三产业所占比重。同
时，承德市在今后还需要进一步改善宏观经济环境、创新市场环境和基础设施环境，
从而推动城市创新发展。

　　在未来转型升级中应注意把改革创新始终放在经济社会发展的各领域各环节，全
面实施创新发展战略：

　　推进体制机制创新。积极推动各项改革。在做好审批事项的同时也应进一步简政
放权，给予更多的管理权限给下一级。从而提高行政效率。其次，在农村管理方面，
有序推进农村综合改革以及农村土地承包经营权的确权登记。同时完善农村产权交易
平台，推进土地流转，发展多种形式的规模经营，扩大其经营主体。抓好 21 个国有
林场和 5 个国有牧场改革。

　　推进财税金融创新。积极组建农村供销合作银行，建立服务"三农"的新型合作金
融平台。此外，大力发展村镇银行，争取在两年内实现县域范围内的全覆盖。运用多种
融资方式（如"新三板"、中小企业私募债券、投资引导基金和股权投资基金），促进企
业上市融资。建立健全贷款保证及保险制度，对于非法集资进行严格防范和处置。

　　推进科技协同创新。利用京津两地的优势，加强建设产学研科技创新平台。建立
院士工作站和产业技术联盟，加快建设 3 个国家级基地（钒钛新材料、仪器仪表、文
化科技融合示范）和中关村国家自主创新承德示范基地，推动 8 家研究院建设（包括
尾矿资源综合利用、中国钒钛、航天环境工程、发动机工艺、遥感技术、特种车辆、

河北食用菌、围场马铃薯食品等），使承德成为一个合格的科技产业转移承接区。

推进重点产业创新。促进多个产业融合发展（如现代制造业与电子信息、现代服务业与传统产业、现代农业与电子商务等），同时加快省级产业集群发展。在每个省级园区成立一个科技企业孵化器，在市县成立科技成果交易市场，加快创新成果转变为产业活动的进程。加强对融资机构的管理，完善相关监管和保障。

推进企业自主创新。对科技型中小企业进行创业培训和创业服务，鼓励企业进行自主研发并加强自主知识产权理念的引导，培育新型创业品牌，并对受到国家和省级认可的实验室，研究中心，技术中心等进行鼓励。

6.2　山西

6.2.1　大同市

（1）城市概况

大同市是位于山西省的第二大城市，是中国第一批 24 个国家历史文化名城之一、中国首批成为 13 个较大的市区之一、国家新能源示范城市、中国大古都之一、国家园林城市、中国优秀旅游城市、全国性交通枢纽城市、全国双拥模范城市、中国十佳运动休闲城市、中国雕塑之都。大同市地处山西省北部，东和河北省张家口市及保定市相接；西、南则与山西省朔州市、忻州市毗邻；向北通过长城和内蒙古自治区乌兰察布市相连。总面积为 14176 平方公里，大同市面积占全省总面积的 9.1%。大同是中国最大的煤炭能源基地之一，是国家重化工能源基地，是神府、准格尔新兴能源区与京津唐三角区发达工业区的中点。有着"凤凰城""中国煤都"和"国家重要能源基地"的美誉。大同煤炭储量丰富且品位很高，作为工业优质动力燃料闻名世界，被称为"工业精粉"。2015 年，大同市全年地区生产总值达到 1052.9 亿元，按可比价格计算，比 2014 年增长了 9.0%。其中，三次产业增加值分别为 56.4 亿元，440.0 亿元和 556.5 亿元。三次产业增加值占地区生产总值的比重分别为 5.3%，41.8% 和 52.9%。大同市人均地区生产总值 30975 元，比上年增长 8.5%[1]。

大同市含煤面积为 632 平方公里，总共探明的储量为 376 亿吨。大同市位于大同煤田的东北部地区，因而其煤炭资源是"大同煤田"的一部分。大同市含煤地层有三组，分别为侏罗纪大同组，石炭系太原组和山西组。侏罗纪大同组含煤面积总共为 540 平方公里，保有储量为 58.7 亿吨，累计探明的储量为 65.5 亿吨。石炭系煤累计

---

① 大同市 2015 年国民经济和社会发展统计公报。

探明储量高达 117 亿吨，该煤种灰分较高，质量无法和侏罗纪系煤相比（属气煤类）。石墨主要位于前古生代的集宁群地层中，属于沉积变质型，主要分布在大同市区北部的宏赐堡和六亩地。它们属于同一成矿带，总探明储量石墨矿石高达 5162.3 万吨，内含石墨达 224.7 万吨。水泥石灰岩主要分布于上寒武系的海相地层中（七峰山矿区与狼儿沟矿区），总储量为 21517.6 万吨，水文地质条件较为简单，现已大规模开采。熔剂石灰岩主要储藏在中、上寒武统地层中（口泉西部地区），属于层状海相沉积矿床，累计探明储量达 7019.2 万吨。熔剂白云岩主要产于下奥陶统地层中，该地层地质条件简单，层位稳定，埋藏浅，质量好，规模大，多为二级品，极利于露天开采，累计探明储量为 5353 万吨。高岭岩主要产于石炭二叠纪的煤系地层中，与煤共生。大同市的高岭岩是陶瓷生产的优质添加原料，因为其储量大、层位稳定、杂质少。由于勘探程度很低，因而只作为煤矿的伴生矿来开采。玄武岩主要储藏在晚第三系地层之中，探明储量为 17424.35 万立方米。孤山区有 644.3 万立方米，寺儿梁区有 16780 万立方米。全年全市一次能源生产折标准煤数量为 1.2 亿吨，增长率相比上年为 7.4%；二次能源生产折标准煤仅为 0.1 亿吨，相比上年下降 11.6%。2015 年外输电力 268.5 亿千瓦时，下降了 12.6%，外输电量占发电量比重为 74.5%[①]。

（2）创新发展概况

"十二五"期间大同市不断深化改革开放。2015 年大同市共完成 971 件国家申请专利，其中，258 件发明专利，615 件实用新型专利、98 件外观设计专利。全市共获得 679 件国家授权专利，其中，137 件发明专利、431 件实用新型专利、111 件外观设计专利。大同市共获 2014 年度 17 项省科学技术奖，其中 7 项科技进步二等奖、10 项三等奖。获 8 项省 2014 年度农技承包奖，其中 1 项一等奖、7 项二等奖。2014 年末高新技术企业总数达 24 家[②]。

在"十三五"规划中，大同市主要目标是围绕综合能源、交通基础设施、煤化工、装备制造、现代服务业、农业现代化、生态文明建设、城镇化建设、民生事业等板块的项目建设，争取全市投资总规模突破万亿元。此外，发挥财政的带动作用，积极创新融资方式，优化投资环境，从而带动更多社会资本参与投资。在产业转型方面，稳步推进煤炭以及相关产业向市场主导型、清洁低碳型、集约高效型、延伸循环型、生态环保型、安全保障型转变。同时发挥互联网大数据的优势，将自身需求和互联网发展趋势相结合，探求创新，提高质量并扩大品牌影响力，在环境保护方面积极促进清洁能源基地建设。目标是到 2020 年，全市高新技术企业达到 40 家，产值达 200 亿元，占规模以上工业企业产值的比重达 8%；培育发展众创空间、省级工程技

---

① 大同市人民政府网。
② 大同市 2015 年国民经济和社会发展统计公报。

术研究中心、市级重点实验室各 3 个；全市每万人的专利申请量达 3.5 件以上，有效发明专利拥有量数量达 500 件以上，技术合同交易额达 4090 万元[①]。

（3）得分结果

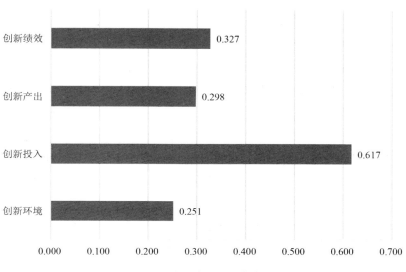

图 6.2.1　大同市一级指标得分结果

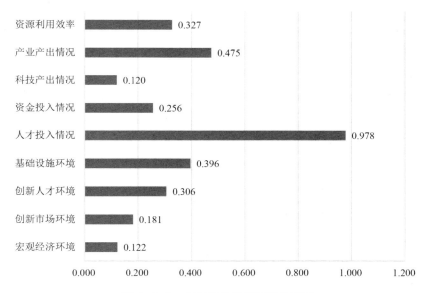

图 6.2.2　大同市二级指标得分结果

---

① 大同市国民经济和社会发展第十三个五年规划纲要。

（4）创新评价

大同市在 116 个资源型城市中创新指数排名第 78 位，排名较为靠后。大同市在创新投入方面表现相对突出，得分 0.617，排名第 14 位。创新产出次之，得分 0.298，排名 59 位。相比而言，创新环境和创新绩效的得分分别为 0.251 和 0.327，排名分别为第 92 位和第 111 位，落后于全国平均水平，这两项指标较大程度上拉低了大同市创新指数的总体评价得分和排名。

在创新环境方面，大同市位列全国所有资源型城市的第 92 位，可见大同市在创新环境方面排名处于下等水平。分项来看，大同市宏观经济环境、创新市场环境、创新人才环境和基础设施环境得分分别为 0.122、0.181、0.306、0.396，其排名分别位于所有资源型城市的第 104 名、第 106 名、第 70 名和第 44 名。无论是在宏观经济、市场环境、人才环境方面，大同市均位居后列，其中宏观经济环境和创新市场环境很不理想。说明大同市首先需要进一步改善宏观经济环境和创新市场环境，并加强人才培养和基础设施环境建设，以提供良好的创新环境。

在创新投入方面，大同市的得分为 0.617，排名位列第 14 位，对总体创新指数排名的贡献最大。其中，人才投入情况得分为 0.978，位列第 7 位；资金投入情况的得分为 0.256，位列第 76 位。大同市的资金投入与人才投入排名相差较大，比较注重人才的培养但是创新资金的投入较少，这也说明了大同市在未来需要加大创新资金投入，同时保持人才投入水平。

在创新产出方面，大同市得分为 0.298，排名位列第 59 位。分项来看，科技产出情况包括的两项三级指标中，专利申请授权量、企业商标拥有量得分分别为 0.070 和 0.166，排名分别位于第 70 和第 62 位。产业产出情况包含的三项三级指标中，大同市第三产业增加值占 GDP 的比重较高，因此该指标排名也非常靠前，为第 1 位；矿产资源开发综合利用产值占 GDP 的比重指标的排名为 19 位，处于全国上等水平；而矿产资源开发年税金占财政收入的比重排名非常靠后，仅位于第 110 名，这较大程度拉低了创新产出的排名。因此，可以看出，大同市创新产出各项分指标之间存在着不平衡，大同市矿产资源开发年税金占财政收入的比重在资源型城市中排名非常靠后，这点需大力改善。

大同市在创新绩效方面取得的成效非常落后，得分为 0.327，排名第 111 位，这较大程度地拉低了总体创新指数的排名。从分项指标来看，2014 年全员劳动生产率指标得分为 0.097，排名很靠后，为 106 位；单位 GDP 矿石开采量排名为第 107 位，排名也非常靠后；能源消费弹性系数和单位 GDP 能耗的排名处于中等水平，分别为第 67 名和第 62 名。由上可知，大同市在创新绩效方面整体水平较差，尤其体现在全员劳动生产率和单位 GDP 矿石开采量方面，大同市需在这两方面做出相应的努力。

（5）政策建议

从指标评价结果来看，大同市的主要问题在于创新绩效方面，其次是创新环境较差。为此，建议在未来应加强对矿产资源以及能源的开发和利用，加强创新成果转化和提升创新绩效，应积极改进生产技术，改善生产管理，提高全员劳动生产率，改进矿石开采技术，提高矿石开采效率及经济效益。同时，加大对创新环境的营造，加强宏观经济环境、创新市场环境、创新人才环境的建设，还应加大创新的资金投入力度，从而推动城市创新发展。

在未来转型升级发展中应注意强调改革创新在经济社会发展各领域各环节的重要作用，全面实施创新驱动发展战略：

优化创业环境，鼓励公平竞争，促进科技、制度、文化的统一和协调。强调企业的主导作用和主体地位，加强知识产权的教育并鼓励其加大研发力度。

在创新人才培育方面，促进人才培育机制的发展，引进"高精尖缺"人才。同时完善评价机制和激励机制，使人尽其才，充分发挥自身优势回报社会。制定支持创新型小微企业、创新型人才成长的政策体系。

在创新制度建设方面，强调以政府投入为主导，企业为主体，并且社会金融资金共同投入的多元化体系。发挥政府资金带动作用并创新各种融资方式，鼓励社会资本参与进来。在借贷方面，鼓励银行加大对科技型企业创新活动的信贷投放力度，开展多项利于其发展的业务，为其提供全方位融资服务。此外，鼓励大学生参与到企业的创新研究当中，加强院校与企业的合作，加快技术成果转化。加大本土科研单位的扶持力度，并积极引进国内外经验来增强创新能力。加强知识产权保护体系建设，实行专利、商标、版权三合一的知识产权管理体制，建设有利于知识产权创造和运用的制度环境。

6.2.2　阳泉市

（1）城市概况

阳泉市是位于山西省东部地区的一座新兴工业城市，在晋东政治、经济和文化发展方面处于中心地位。阳泉市现辖平定县和盂县，城、矿、郊三区，以及一个经济技术开发区。阳泉市地理位置意义重大，是三晋门户，是山西河北两地的重要枢纽，位于太原、石家庄两个省会城市的中间位置（和两个城市相距均为 100 公里）。除此之外，阳泉处于东部发达地区与中西部较为落后地区的结合地带，具有承接东西且双向支撑的重要战略地位。阳泉位于两大经济区（环渤海与长江三角洲）的合理运输扇区内，通过天津、青岛、黄骅港可东出渤海，在距离半径 500 公里内，可到达首都北京、直辖市天津及省会太原、郑州、济南等大城市，是京津塘及沿海发达地区向内地辐射的重要通道。2015 年，阳泉市实现地区生产总值为 595.7 亿元，比 2014 年增长 1.1%，"十二五"期间年均增长率为 6.7%。其中，三次产业增加值分别为 10.0 亿元，296.8 亿元和 288.9 亿元，三次产业构成由 2010 年 1.5: 59.5: 39.0 调整为 1.7: 49.8: 48.5[①]。

阳泉市煤炭资源丰富。该市位于沁水煤田东北部，其煤炭具有埋藏浅、储量大、易开采、质量高等众多优点。阳泉矿区的含煤面积是 1835 平方公里，其地质储量达到 173 亿吨，其中阳泉市行政区域范围内含煤面积为 1051 平方公里，地质储量达到 102 亿吨。阳泉矿区低硫低灰优质无烟煤达到 70% 以上，灰分占 10%—20%，含硫为 0.5%—0.7%，发热量 8000 大卡/千克以上。全市有 53 座煤矿，6833 万吨原煤。阳泉市的矿产主要销往冀、鲁、苏、沪等全国 16 个省市，并出口多个国家如巴西、日本、韩国、比利时等。阳泉的铝矾土资源储量同样十分丰富，已探明最低资源储量为 7.1 亿吨。由于其丰富的矿产资源，阳泉市铝产业蓬勃发展。经过多年的建设发展，阳泉市已形成了以氧化铝、电解铝、铝型材等为主导产品的铝产业链。全市将继续依托煤炭和电力优势，以发展氧化铝、电解铝、铝型材、铝箔、板带、盘条、合金棒等系列化产品为主导，走加工增值之路，实施资产整合、资本重组和产权改革。阳泉铝矾土闻名中国，储量大、杂质少、品位高、易开采埋藏浅。阳泉境内已探明的铝矾土保有储量为 7.1 亿吨，氧化铝含量达到 65% 以上，储量仅低于世界铝矾土王国圭亚那，是我国主要的铝矾土基地之一。阳泉市的矿产产品在国内外均有市场并久负盛名。2015 年，规模以上工业企业原煤产量达到 6463.2 万吨，增长率为 2.3%。洗煤数量为 3245.3 万吨，相比上年下降了 14.1%；电力为 95.9 亿千瓦时，下降了 10.9%。全年阳泉市一次能源生产折标准煤为 4616.66 万吨，比上年增长 2.3%；二次能源生产折标准煤为 232.83 万吨，下降 7.7%。阳泉向省外运输煤炭数量为 3529.32 万吨，下降 0.5%[②]。

（2）创新发展概况

阳泉市在"十二五"期间积极促进民营经济发展。一方面推进股权众筹，探索发展不同形式的创业服务平台，支持"创客"等各类创新主体发展。优化创新发展环境，促进中小企业的发展，并减少一支独大的市场出现。阳泉市促进和其他省份及城

---

① 阳泉市 2015 年国民经济和社会发展统计公报。
② 阳泉市人民政府网。

市的交流，落实与北京的合作协议，积极引进科技人才，为阳泉经济发展提供驱动力。阳泉市还积极抓住机遇，如实施"一带一路"战略和京津冀协同发展机遇，主动融入环渤海经济圈，积极发展和长三角、珠三角等区域的交流合作，大力引进人才、资金、经验等发展要素。2015 年全年有 1003 件专利申请量，其中 225 件为发明专利申请量，同上年相比减少 6.9% 和 37.7%；全市有 331 件专利授权量，其中 33 件发明专利授权量，增长率分别为 42% 和 135.7%。全年共取得 46 项市级以上科研成果，其中 45 项市级成果，1 项省级成果。全年共签订 23 项各类技术合同，达到 5833 万元技术合同成交总额，同比增长 10.1%。全年新登记 40 项科技成果。按照国家高新技术企业认定办法，年末高新技术企业累积达 31 家[①]。

在"十三五"规划中，阳泉市将着力推进创新发展。把创新作为引领发展的第一动力，全面推进以科技创新为核心，制度创新、文化创新为重点的各类创新，营造鼓励创新和宽容失败的氛围。阳泉市在新兴产业的发展上十分鼓励，如大力发展现代服务业，鼓励循环经济发展，并加快经济和产业的转型，优化产业结构并创新发展新模式，结合"互联网＋"行动，将传统产业与电商平台相结合，促进经济更好更快发展。建设阳泉特产网站，促进电子商务与贸易物流、工业生产、金融服务等领域联动发展[②]。

（3）得分结果

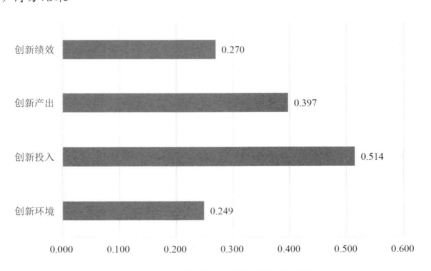

图 6.2.3　阳泉市一级指标得分结果

---

①　阳泉市 2015 年国民经济和社会发展统计公报。
②　阳泉市国民经济和社会发展第十三个五年规划纲要。

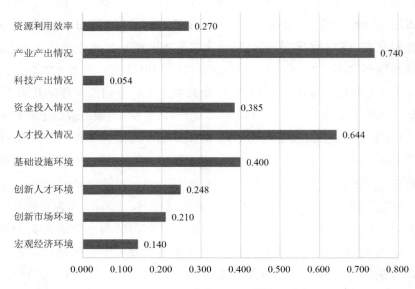

图 6.2.4　阳泉市二级指标得分结果

（4）创新评价

作为 116 个资源型城市中创新指数排名第 85 位的城市，阳泉市在创新产出方面的成效表现较好，得分 0.397，排名第 34 位；创新投入次之，得分 0.514，排名为第 37 位。相比而言，创新环境和创新绩效表现较差，得分分别为 0.249 和 0.270，排名分别位于第 94 位和 113 位，这两项指标很大程度上拉低了阳泉市创新指数的总体评价排名。

在创新环境方面，阳泉市表现较为落后，仅位列全国所有资源型城市的第 94 位。从创新环境的各项分项指标评分结果来看，宏观经济环境、创新市场环境、创新人才环境和基础设施环境得分分别为 0.140、0.210、0.248、0.400，其排名分别位于所有资源型城市的第 100 名、第 100 名、第 83 名和第 42 名。在宏观经济、市场环境和人才环境方面，阳泉市排名较靠后，基础设施环境方面相对较好。说明阳泉市总体创新环境较差，需要进一步加大改善力度，提供良好的创新环境。

在创新投入方面，阳泉市得分为 0.514，排名位列第 37 位。从分项指标来看，人才投入情况得分为 0.644，位列第 32 位；资金投入情况的得分为 0.385，位列第 39 位。相对于其他资源型城市来说，阳泉市的资金投入与人才投入较为均衡，比较注重人才的培养和创新资金的投入，创新投入总体水平较高，但也有进步的空间。

在创新产出方面，阳泉市得分为 0.397，排名位列第 34 位，对总体创新指数排名的贡献率最大。分项来看，科技产出情况包括的两项三级指标中，专利申请授权量、企业商标拥有量得分分别为 0.086 和 0.025，排名分别位于第 63 和第 104 位。产业产出情况包含的三项三级指标中，矿产资源开发综合利用产值占 GDP 的比重和第三产业增加值占 GDP 的比重排名在全国十分靠前，分别为第 1 位和第 12 位；矿产资源开发年税金占公共财政收入的比重非常靠后，为第 108 名。由上可知，在创新产出方面阳泉市虽总体表现较好，但需要加强改善矿产资源开发年税金占公共财政收入的比重，同时应努力提升科技成果的产出水平。

阳泉市在创新绩效方面取得的成效非常落后，得分为 0.270，排名第 113 位，很大程度上拉低了总体的创新指数排名。从分项指标来看，2014 年全员劳动生产率指标得分为 0.050，排名第 108 位，比较靠后；能源消费弹性系数表现非常突出，排名位于全国所有资源型城市的第 1 位；单位 GDP 能耗的排名为第 100 位；单位 GDP 矿石开采量排名为第 112 位。阳泉市在创新绩效方面整体水平不高，尤其需要在改善全员劳动生产率、单位 GDP 能耗和单位 GDP 矿石开采量方面作出努力。

（5）政策建议

从指标评价结果来看，阳泉市的主要问题在于创新绩效方面，其次是创新环境较差。为此，在未来应加强对矿产资源以及能源的综合开发和有效利用，发展新的生产方式和管理技术，降低资源和能源消耗，从而降低单位 GDP 矿石开采量和单位 GDP 能耗；加强人员的培训、激励和优化配置，促进全员劳动生产率的提升，从而推动创新成果的转化和提升创新绩效。注重营造良好的创新环境，加强阳泉市宏观经济环境、创新市场环境和创新人才环境建设，从而为该市创新发展提供良好的环境基础，推动城市创新发展。在未来转型发展中阳泉市应注意把改革创新落实于经济社会发展各领域各环节，全面实施创新驱动发展战略。

6.2.3　长治市

（1）城市概况

长治市位于山西省东南部，向东和太行山相接，并与河北、河南相邻，向西有太岳山，和临汾市毗邻，向南和晋城市相接，向北与晋中市接壤。长治市的国土面积为 13896 平方公里，拥有多项美誉如"国家森林城市"、"全国文明城市"、"国家卫生城市"、"中国十大魅力城市"、"中国优秀旅游城市"、"全国创建文明城市先进城市"、"中国好人城市"、"中国最具投资力城市"、"全国循环经济试点市"、"全国创建本质安全型城市唯一试点市"、"国家级可持续发展实验区"等。2015 年长治市全市生产总值为 1331.2 亿元，增长率为 5.1%。三次产业增加值为 58.3 亿元，776.5 亿元和 496.4 亿元。在第三产业中，金融保险业增加值 68.3 亿元，增长率为 5.7%；交通运输、仓储和邮政业增加值达到 73.0 亿元，增长了 8.1%；房地产业增加值 75.7 亿元，比上年增长了 7.7%。全市三次产业结构由 2010 年的 4.4∶64.5∶31.1 调整为 2015 年的 4.9∶51.1∶44。

长治市是山西省省级循环经济试点市。该市矿藏种类有 40 多种，其中已探明煤炭储量为 274 亿吨，占山西省已探明煤炭储量的 12%；探明的铁矿储量为 1.4 亿吨；而硅矿资源储量达到 36 亿吨以上，二氧化硅含量高达 99%，开采价值很高；镁矿资源十分丰富，已探明储量达到 18 亿吨，并且矿藏集中，品质高，易开采。丰富的能源储备为长治市提供了经济社会持续发展的能源需要。长治市致力于推进现代化矿井建设，2014 年全年建成矿井 11 座并投产，新增 1200 万吨产能，全市的地方煤矿产量高达 5663.7 万吨、增长率为 4.6%。长治市全市地方煤矿的销售量 5106.2 万吨，产销率高达 96% 以上。同时，长治市加大焦炭企业的淘汰整合力度，全市 5.5 米以上大机焦产能占比提高到 55%，焦炉煤气综合利用率达到 83%[1]。

（2）创新发展概况

长治市在"十二五"期间科技创新能力不断深化。2014 年，长治市深化拓展"政校企联合、产学研一体"创新模式，已建成 48 个产学研一体基地。新认定 13 家国家级高新技术企业如澳瑞特、易通环能等，总数达 32 家。签订了 2.4 亿元的技术交易合同。建成国家、省级企业技术中心 16 个。国际新认定振东"岩舒"商标为中国驰名商标、商标总数达到 12 件。2014 年专利授权量为 739 件，发明专利拥有量 386 件，数量均名列山西省前茅。金融创新成效明显。长治市成功引入多个金融机构如渤海银行、国信证券等，全市发展出 468 家各类金融机构。襄垣和壶关 2 家农信社改制成为农商行，潞城农商行第一次引入国际先进微贷且技术成效显著。创业环境不断优化，大众创业、万众创新的热情空前高涨[2]。

在"十三五"规划中，长治市重点致力于创新发展，将创新行业与互联网科技接轨，更好地促进大众创新和万众创业，使全要素生产率明显提高；同时发挥好科技与教育的积极作用，培养一批拥有核心竞争力的高科技人才。加大研究与试验发展经费的投入（强度达到 2.5%），使每万人口发明专利拥有量达到 2 件。在全社会形成鼓励、支持、包容创新的浓厚氛围，从而更好地加快资源型经济转型升级步伐[3]。

---

[1] 长治市人民政府网。
[2] 长治市 2015 年政府工作报告。
[3] 长治市国民经济和社会发展第十三个五年规划纲要。

（3）得分结果

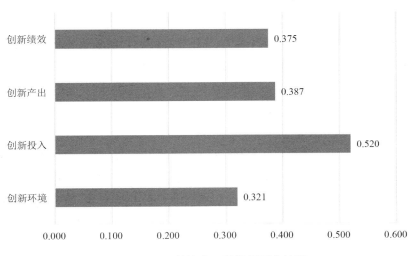

图 6.2.5　长治市一级指标得分结果

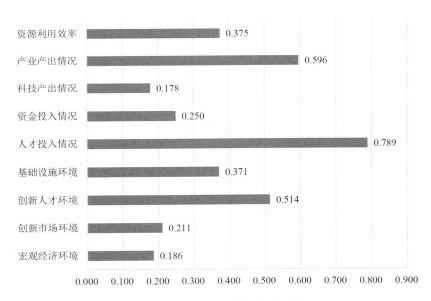

图 6.2.6　长治市二级指标得分结果

（4）创新评价

作为 116 个资源型城市中创新指数排名第 58 位的城市，长治市在创新投入方面的成效表现较为突出，得分 0.520，排名位于全国资源型城市的第 34 位，其次是创新产出和创新环境，得分分别为 0.387 和 0.321，排名分别为第 36 位和第 58 位。相比之下，创新绩效的排名较为靠后，得分为 0.375，排名位于第 102 位，这很大程度上拉低了长治市创新指数的总体评价排名。

在创新环境方面，长治市位列全国所有资源型城市的第 58 位，可见长治市在创新环境方面表现处于中等水平。分项来看，宏观经济环境、创新市场环境、创新人才环境和基础设施环境得分分别为 0.186、0.221、0.514、0.371，其排名分别位于所有资源型城市的第 86 名、第 99 名、第 28 名和第 56 名。在宏观经济环境和创新市场环境方面，长治市位居中后水平，创新人才环境相对较好。由于长治市总体创新环境表现不理想，在今后还需要进一步加大改善力度，从而为创新环境提供良好的环境基础。

在创新投入方面，长治市得分为 0.520，排名位列第 34 位，对总体创新指数排名的贡献率相对较大。其中，人才投入情况得分为 0.789，位列第 19 位；资金投入情况的得分为 0.250，位列第 77 位。相对于其他资源型城市来说，长治市的资金投入与人才投入相差较大，比较注重人才的培养，但资金投入相对较少，总体水平较高，存在也很大进步的空间。

在创新产出方面，长治市的得分和排名也较好，创新产出的得分为 0.387，排名位列第 36 位。从分项指标来看，科技产出情况包括的两项三级指标中，专利申请授权量、企业商标拥有量得分分别为 0.147 和 0.207，排名分别位于第 51 和第 58 位。产业产出情况包含的三项三级指标中，矿产资源开发综合利用产值占 GDP 的比重排名处于全国领先水平，排名第 2 位；第三产业增加值占 GDP 的比重相对靠前，为第 45 位；但是不可忽略的是矿产资源开发年税金占财政收入的比重非常靠后，仅排名位于第 111 名。这说明长治市在矿产资源开发年税金占财政收入比重方面需要大力加强。

长治市在创新绩效方面取得的成效较为落后，得分为 0.375，排名第 102 位，拉低了总体创新指数排名。从分项指标来看，2014 年全员劳动生产率指标得分为 0.223，排名为第 84 位，比较靠后；能源消费弹性系数的排名为第 14 位；单位 GDP 能耗排名为第 61 位；单位 GDP 矿石开采量排名为第 108 位。说明长治市在创新绩效方面整体水平较差，尤其是在全员劳动生产率和单位 GDP 矿石开采量方面需要加强改善。

（5）政策建议

从指标评价结果来看，长治市的主要问题在于创新绩效方面，其次是创新环境较差。为此，建议在未来应加强对矿产资源以及能源的开发和利用，积极改进开发生产技术，将先进生产技术更快更好地投入到实际生产过程中，从而降低单位 GDP 能耗和单位 GDP 矿石开采量；加强人员的培训、激励以及优化配置，提高全员劳动生产率，从而加强创新成果转化和提升创新绩效。营造良好的创新环境，加强长治市宏观经济环境、创新市场环境和基础设施环境建设，适度增加私营经济所占比例，降低私营经济从业门槛。同时还应增加创新的资金投入，从而补缺创新驱动发展中的短板，推动城市创新发展。

在未来转型发展中应注意发挥改革创新在经济社会发展各领域各环节的重要作用，全面实施创新驱动战略：

提升企业自主创新能力。发挥企业主体地位并加大对企业创新的支持力度，培育更多有创新能力的新企业。建设更多的企业技术中心、工程技术研究中心和院士博士硕士工作站。发挥中小企业的活力优势。引导企业开展各类技术创新活动，形成一批专、精、特、强的科技型中小企业，通过企业个体的成长和群体的壮大，不断增强全市经济活力和后劲。支持企业自主将科技成果转化为商业成果，积极调动社会各方力量参与成果转化与推广。

全面加强产学研合作。鼓励校企合作，并发挥高校和科研机构对于企业的积极作用，互相合作更好地促进成果转化，做到优势互补。依托其高新技术开发区建设一批科技创新孵化平台。完善长治技术交易市场服务体系建设，健全技术市场管理机制，搭建科技成果展示、技术交易、信息服务和技术对接服务平台，为吸引、集聚和激发科技创新提供服务支撑。

加快产业转型升级。把科技创新落实到产业转型升级上，落实到产业高端发展上，落实到与经济的融合发展上。聚焦新兴产业如高端装备制造、生物制药、节能环保、新能源新材料等并加强关键共性技术研发，更好地提升产业核心竞争力。集中力量开展煤炭及煤炭伴生资源研究，积极申报科技攻关项目，延伸煤制油、甲醇深加工、粗苯深加工、合成氨深加工，努力提高煤炭附加值，推动传统产业向价值链高端攀升。

6.2.4 晋城市

（1）城市概况

晋城市坐落于山西省的东南部，东靠太行山，南靠中原，西与黄河相接，北通幽燕，区位优势明显且交通便利，是山西省通往中原的重要枢纽。多条交通干线通过晋城与各地连接：太焦、侯月铁路纵贯本境，晋焦高速、长晋高速、晋阳高速、207 国道、省道与县道、乡道交织成网。2015 年晋城年全市生产总值为 1040.2 亿元，按可比价格计算，比 2014 年增长 3.3%。三次产业增加值分别为 49.2 亿元，576.3 亿元和 414.7 亿元。在第三产业中，金融保险业增加值为 63.9 亿元，增长率为 10.0%；交通运输、仓储和邮政业增加值达 69.6 亿元，增长了 8.7%；批发和零售业增加值是 60.2 亿元，下降了 2.0%；住宿和餐饮业增加值达到 28.6 亿元，增长 5.3%；营利性服务业增加值是 40.8 亿元，增长 3.5%。晋城市人均地区生产总值是 44994 元，相当于 7243 美元[①]。

晋城市矿产资源十分丰富，包括煤、煤气层、锰铁矿、铝土矿、铜、锌、金、

---

① 晋城市 2015 年国民经济和社会发展统计公报。

银、大理石、水晶石等数十种矿产资源。尤其是煤和铁的储量十分可观，享有"煤铁之乡"的美誉。晋城市煤炭资源主要是无烟煤，储量占山西省的 1/2 多，约占全国无烟煤储量的 1/4 以上。晋城市含煤面积为 5350 平方公里，是全市总面积的 56.4%，煤的总储量是 808 亿吨，其中已探明储量的有 271 亿吨。晋城煤炭优点众多，如含硫量小，发热量高，可选性好。其所产块炭外表晶莹且光亮，燃烧无烟无味，享有"白煤、香煤、兰花炭"的美誉，曾作为英国皇室的壁炉专用煤，销往全国 20 个地区并出口英国、日本、韩国、东南亚、西欧等国家和地区。2001 年在晋城的沁水县南部发现并探明了沁水煤层气田，这一大型油气田目前已探明储量为 1000 亿立方米[①]。

（2）创新发展概况

"十二五"期间，晋城市抓科技创新方面，强调企业的主体地位和主导作用，并发展一系列的高科技产业。加大产学结合与协作，尤其关注高科技在清洁能源方面的应用，致力于开发环保型的核心产品[②]。

2015 年，晋城市组织实施 38 项各类科技项目（其中 3 项为国家级、19 项为省级、16 项为市级）。在国家级项目中，2 项列入国家星火计划，1 项是国家火炬项目。在省级项目中，1 项列入省级国际科技合作项目，3 项是星火计划，1 项为农业攻关计划，3 项农村技术承包计划，2 项社会发展计划，1 项中小微企业成果推广，2 项"首台套"新产品，2 项专利推广实施资助，2 项科技重大专项，2 项软科学。全年全市有 916 件专利申请量，263 件有效发明专利拥有量，完成 4 项省级科技成果鉴定。全年新认定 10 家国家高新技术企业，6 家民营科技企业，1 家省级企业技术中心，1 家省级科技企业孵化器。到 2015 年末，全市共有 34 家高新技术企业，60 家民营科技企业，11 家省级创新型企业，2 家省级创新型试点企业，1 家国家级企业技术中心，13 家省级企业技术中心，4 家省级工程技术研究中心，3 个省级重点实验室，1 家省级科技企业孵化器[③]。

在"十三五"规划中，晋城市将继续坚持创新带动经济发展。提升企业创新主导作用和主体地位，加大高科技的研发和推广力度，推动工业质的变化。将技术与自主创新相结合，不断提高产业的科技含量，更好的推进工业和产业结构转型升级。鼓励企业进行核心技术的培育，并增强企业的自主知识产权能力和品牌推广，促进企业的转型升级。坚持以园区为平台推动集群发展。加大力度发展并壮大一批著名品牌和具有国际竞争力的大企业、大集团，带动和吸引配套产业集聚，加快产业集群化发展[④]。

---

① 晋城市人民政府网。
② 晋城市国民经济和社会发展第十三个五年规划纲要。
③ 晋城市 2015 年国民经济和社会发展统计公报。
④ 晋城市国民经济和社会发展第十三个五年规划纲要。

（3）得分结果

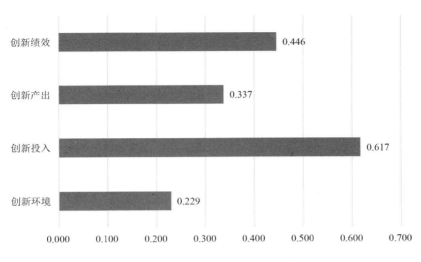

图 6.2.7 晋城市一级指标得分结果

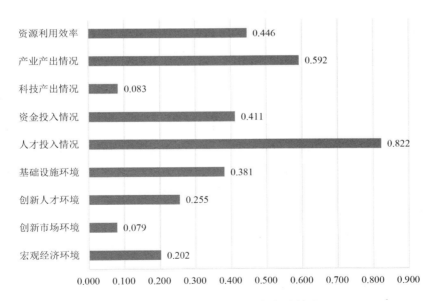

图 6.2.8 晋城市二级指标得分结果

（4）创新评价

晋城市在 116 个资源型城市中创新指数排名第 55 位，排名中等。晋城市在创新投入方面的成效表现相对突出，得分为 0.617，排名为第 15 位。其次为创新产出，得分为 0.337，排名为第 44 位。相比而言，创新环境和创新绩效表现较差，得分分别为

0.229 和 0.446，排名分别为第 102 位和 94 位，落后于全国平均水平。总体来看，创新环境与创新绩效拉低了总体创新指数的排名。

在创新环境方面，晋城市位列全国所有资源型城市的第 102 位。分项来看，晋城市宏观经济环境、创新市场环境、创新人才环境和基础设施环境得分分别为 0.202、0.079、0.255、0.381，其排名分别位于所有资源型城市的第 81 名、第 116 名、第 82 名和第 49 名。在各分项指标中，晋城市基础设施环境相对其他方面较好，宏观经济环境与创新人才环境较弱，但创新市场环境处于倒数第一位，这大幅度的拉低了整体创新环境的排名。因此，晋城市在创新市场环境方面有很大的进步空间，同时要继续提升其他方面的竞争力。

在创新投入方面，晋城市得分为 0.617，排名位列第 15 位，对总体创新指数排名的贡献最大。可见，晋城市在创新投入方面表现较为优异。其中，人才投入情况得分为 0.822，位列第 17 位；资金投入情况的得分为 0.411，位列第 34 位。相对于其他资源型城市来说，晋城市的资金投入与人才投入较为均衡，尤其是人才投入方面比较突出。

在创新产出方面，晋城市的得分和排名也比较靠前，创新产出的得分为 0.337，排名位列第 44 位。从分项指标来看，科技产出情况包括的两项三级指标中，专利申请授权量、企业商标拥有量得分分别为 0.014 和 0.145，排名分别位于第 98 和第 66 位。产业产出情况包含的三项三级指标中，2014 年矿产资源开发综合利用产值占 GDP 的比重指标排名为第 3 位；第三产业增加值占 GDP 的比重和矿产资源开发年税金占财政收入的比重，分别为第 47 名和第 112 名。由此可以看出，需进一步加强产业结构调整和提升科技产出成果，从而推动晋城市在创新产出方面取得更好的成绩。

晋城市在创新绩效方面取得的成效较为落后，得分为 0.446，排名第 94 位。从分项指标来看，2014 年全员劳动生产率指标得分为 0.172，排名为第 96 位；能源消费弹性系数和单位 GDP 能耗的排名分别为第 9 名和第 36 名；但单位 GDP 矿石开采量的排名相对靠后，为第 103 位。这说明晋城市需要努力提升创新绩效水平，尤其是在全员劳动生产率和单位 GDP 矿石开采量这两方面。

（5）政策建议

从指标评价结果来看，晋城市的创新发展水平表现一般，主要问题在于创新环境方面，其次是创新绩效也较低。为此，建议在未来应着重加强创新环境的营造，尤其加强宏观经济环境、创新市场环境以及创新人才环境的建设。加强创新成果转化和提升创新绩效，改进生产技术与生产管理，提高全员劳动生产率以及矿石开采经济效益，从而推动城市创新发展。

在未来转型发展中应注意强调改革创新对于经济社会各领域各环节发展的重要意义。强调 6 个发展："创新发展、转型发展、集群发展、开放发展、融合发展、绿色发展"，并优化空间布局，形成廊带经济、板块发展、园区集聚、周边辐射的现代工业发展格局。将互联网科技及大数据与传统行业相结合，带动传统行业的发展并催生新兴业态。加强企业与高等院校、科研院所的合作，加强成果共享，优势互补，建立紧密的产业技术创新联盟，为创新晋城奠定良好的基础。在体制方面，创新相关体制机制，采取多种途径培育并留住人才，充分利用资源来发展创新。

6.2.5 朔州市

（1）城市概况

朔州市，坐落于山西省的北部，位于雁门关外和内外长城之间。1989 年朔州市建立，辖两区四县，总面积达 1.06 万平方公里。朔州区位优越明显，交通十分便利。向东和首都北京的距离约 500 公里，向南于省城太原距离更短，约 220 公里，北边距离呼和浩特市大约为 260 公里。多条交通线路经过朔州。北同蒲铁路、大运高速公路、208 国道和 206 省道纵贯南北，荣乌高速公路横穿东西，神朔、朔黄铁路和 109 国道经过境内，县乡公路四通八达。2015 年朔州全年全市的生产总值为 901.1 亿元，按可比价格计算，比 2014 年下降了 2.3%。其中，三次产业增加值分别为 55.5 亿元，406.3 亿元和 439.3 亿元[①]。

朔州矿产资源十分丰富，煤电产业的发展历史悠久，实力雄厚。已探明的矿产资源有 30 多种如煤炭、石灰岩、高岭土、铁矿石、铝矾土、长石、石英等。煤炭储量高达 420 多亿吨，占全省六分之一。煤系分布面积是 1603 平方公里，占全市总面积的 15%。朔州是我国重要的动力煤基地。尤其是煤炭生产、洗选、运输能力，均达到 2 亿吨以上，位居全省第一。2015 年朔州市原煤产量高达 1.82 亿吨。此外，朔州还是我国重要的电力工业基地，风电装机容量是全山西省第一。除了以上矿产资源的利用，在绿色能源方面，朔州被评为全国工业绿色转型试点城市、全国工业固废综合利用示范基地和资源综合利用"双百"示范基地，朔州年消化工业固废达 3000 万吨以上，综合利用率高达 63% 以上。冶金、化工、制药、建材等工业也有较好的基础。全年全市一次能源生产折标准煤 1.3 亿吨，下降 10.01%；二次能源生产折标准煤是0.94 亿吨，下降 16.6%[②]。

（2）创新发展概况

"十二五"期间，朔州市大力驱动创新发展。设立企业研发资金加强企业的主体地位和主导作用。在金融方面，新增了多家银行分支机构，全市共有 18 家银行业机构，金融机构存贷比由 20% 提高到 50%；山阴农信社改制成功，城区和平鲁区正在

---

① 朔州市 2015 年国民经济和社会发展统计公报。

② 朔州市人民政府网。

推进。在体制机制方面，创新地方金融发展机制。启动农村信用社改革，山阴县农信社改制方案获国家银监会批准。加强企业与高校和科研机构的合作，优势互补，成果共享。加强以煤基科技、固废综合利用、特色现代农业为重点的科技攻关。保障科技投入，严格实施市级财政科研项目和资金管理办法，提升科技资金使用绩效。2015 年朔州全年全市共受理 246 件各项专利申请量，119 件专利拥有量。全市技术市场共签订 8 份技术合同，成交金额为 9694 万元。全年全市共取得 10 项省级以上科技成果，获得 129 万元的省级以上资助[①]。

在朔州市"十三五"规划中，朔州市将继续围绕创新来发展，不断推进理论、制度、科技、文化等各方面的创新，引领创新成为新风尚和新常态；同时注意发展循环经济，把优质特色农业作为重要品牌，坚持经济结构的全面转型，使发展的质量更好、效益更高、结构更优。将创新运用于生态和民生这两大短板，营造良好的创业创新环境，激发全社会的创业热情，促进经济发展。充分利用各类工业园区或闲置厂房、楼宇等来建设各种创业基地。强化企业的知识产权意识并完善融资平台，加强对创新企业的保护和支持。加强创业创新培训的举办，实施"互联网 + 小微企业"相结合，积极组织各种大赛如创业创新大赛、创客大赛、创新成果和创业项目展示推介、创业大讲堂、创业沙龙、创业训练营等丰富多彩的创业创新活动，在全社会形成良好的创业氛围，激发大众创业、万众创新的激情和活力[②]。

（3）得分结果

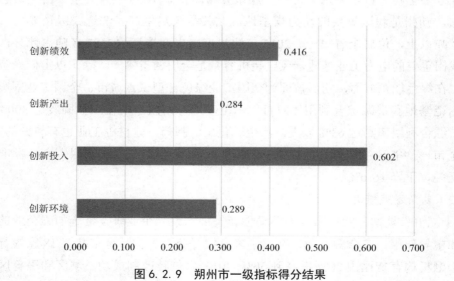

图 6.2.9　朔州市一级指标得分结果

---

① 朔州市 2015 年国民经济和社会发展统计公报。
② 朔州市国民经济和社会发展第十三个五年规划纲要。

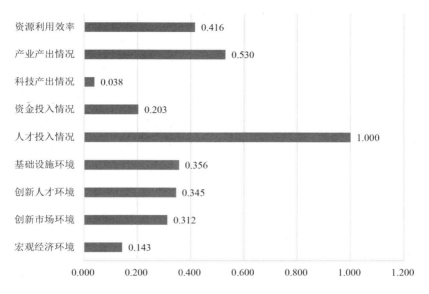

图 6. 2. 10　朔州市二级指标得分结果

（4）创新评价

朔州市在 116 个资源型城市中创新指数排名第 61 位，排名中等靠后。朔州市在创新投入方面的成效表现相对突出，得分 0.602，排名第 17 位；其次是创新产出，得分 0.284，排名为第 64 位；相比而言，创新环境和创新绩效得分分别为 0.289 和 0.416，分别位于第 74 位和 96 位，排名较靠后，这一定程度上拉低了朔州市创新指数的总体评价排名。

在创新环境方面，朔州市位列全国所有资源型城市的第 74 位，可见朔州市在创新环境方面表现较为靠后。分项来看，宏观经济环境、创新市场环境、创新人才环境和基础设施环境得分分别为 0.143、0.312、0.345、0.356，其排名分别位于所有资源型城市的第 99 名、第 61 名、第 61 名和第 64 名。在宏观经济方面，朔州市位居较靠后，创新市场环境、人才环境和基础设施环境方面相对较好。说明朔州市首先需要进一步改善宏观经济环境，提供良好的创新环境。

在创新投入方面，朔州市得分为 0.602，排名位列第 17 位，对总体创新指数排名的贡献率最大。从分项指标来看，人才投入情况得分为 1.000，位列第 1 位；资金投入情况的得分为 0.203，位列第 90 位。相对于其他资源型城市来说，朔州市的资金投入与人才投入相差很大，说明朔州市比较注重人才的培养但是创新资金的投入太少，从而拉低了创新投入的水平，这也说明了朔州市在创新资金投入方面有待进一步的完善。

在创新产出方面，朔州市的得分和排名处于中等偏下水平，创新产出的得分为 0.284，排名位列第 64 位。从分项指标来看，科技产出情况包括的两项三级指标中，专利申请授权量、企业商标拥有量得分分别为 0.029 和 0.046，排名分别位于第 88 和第 99 位。产业产出情况包含的三项三级指标中，矿产资源开发综合利用产值占 GDP 的比重指标的排名非常靠前，为第 9 位；第三产业增加值占 GDP 的比重相对靠前，为第 26 位；矿产资源开发年税金占财政收入的比重非常靠后，为第 113 位，说明在创新产出方面朔州市各分项指标之间差距较大，在今后朔州市应重视对矿产资源开发年税金占财政收入比重、科技产出情况的改善。

朔州市在创新绩效方面取得的成效较为落后，得分为 0.416，排名第 96 位，拉低了总体创新指数的排名。从分项指标来看，2014 年全员劳动生产率指标得分为 0.632，排名为第 22 位，比较靠前；能源消费弹性系数的排名为第 105 名，非常靠后；单位 GDP 能耗的排名为第 66 位，表现中等；单位 GDP 矿石开采量排名为第 113 位，倒数第四。说明朔州市在创新绩效方面整体水平较差，尤其需要加强能源消费弹性系数以及单位 GDP 矿石开采量两方面的改善。

（5）政策建议

从指标评价结果来看，朔州市的主要问题在于创新绩效方面，其次是创新环境较差，需要在这两方面进行改善以提高创新指数排名。为此，建议在未来应加强对矿产资源以及能源的开发和利用，积极改进或开发节能技术，降低能源消耗，提高能源经济效益，加强创新成果转化，在全社会营造良好的创新环境，从而推动城市创新发展。

在未来转型发展中应注意把改革创新贯穿于经济社会发展各领域各环节，全面实施创新驱动战略：

人才培养方面，建设一支适应经济社会发展需要的科技创新人才队伍。引进国内外优秀人才，并完善人才评价和任岗机制体制，采取措施激发人才的动力和能力，为社会经济发展做贡献。

企业方面，充分发挥企业在创新中的主导作用和主体地位。加强对企业自主知识产权的教育并鼓励企业要增强科研投入，以技术结和产品结构的不断优化来促进产业结构转型升级，实现科研项目与产品发展、企业需求对接，加快科技成果向现实生产力转化。要深化产学研合作，释放创新能量，促进企业和高校研究所的合作，优势互补，成果共享，培育新机制。

发挥园区在创新过程的引领作用。充分利用好园区的载体优势，以项目聚人才、用人才促创新，让"八大工业园区"，"科技创新创业园区"成为科技创新的主阵地。

发挥政府在科技创新中的引导作用。政府要在全社会营造适合创业的良好氛围，打造以"孵化器＋加速器＋产业基地"为模式的一条龙产业孵化体系，善于发掘人才，并为其提供平台。同时，要大力促进融资平台建设，为创业者提供更多的机会。

6.2.6　晋中市

（1）城市概况

晋中是位于山西省下辖的一个地级市，地处山西省中部，东靠太行山，西与汾河相邻，北和省会太原市接壤，南和长治市、临汾市相连，东北和阳泉市毗邻，西南和吕梁市相连，晋中是山西省的铁路和公路枢纽之一。晋中是晋商故里，晋商历史600年，曾创造许多经济奇迹，在西方学者眼中堪比犹太商人。2015年，晋中市全年全市生产总值是1046.1亿元，比2014年增长了6.4%。其中，三次产业增加值分别为106.6亿元，457.4亿元和482.1亿元[①]。

晋中市矿产资源十分丰富，截止到2005年，晋中已发现65种燃料，包括矿产、金属矿产、非金属矿产、矿床97个，矿点、矿化点400余个，开采点443个。已探明具体储量并被列入《山西省矿产资源储量表》的矿产资源有13种，分别是煤炭、石膏、水泥用灰岩、电石用灰岩、玻璃用砂岩、耐火黏土、铁矿、铝土矿、钛铁矿、铬矿、硫铁矿、石榴子石、水泥配料用黏土。晋中市的优势矿种有十余种，包括煤炭、石膏、水泥用灰岩、电石用灰岩、玻璃用砂岩、耐火黏土、铁矿、铝土矿和未查明工业储量数的白云岩（含制镁用）、硫铁矿、含钾页岩、玄武岩、石榴子石及石灰（砂）岩。此外，晋中煤炭种类较全，资源丰富，有极大的优势。全市除太谷、祁县、榆社3县因埋藏深，未产煤外，其余8个县区市均有煤炭产出。按地理位置划分，东部与北部为沁水煤田（北部）区；西南部属霍西煤田（北部）区。晋中市含煤面积是12582.93平方公里，占全市总面积的76.71%，预测储量为1082.15亿吨，占全省总量的比重为16.32%。截止到2003年底，已查明资源储量是230.47亿吨，占全省查明资源量的8.68%。2015年，晋中市规模以上工业企业原煤产量达到8824.5万吨，比2014年下降2.1%；发电量193.0亿千瓦时，下降了7.2%；焦炭产量为1060.7万吨，下降5.3%；粗钢产量166.5万吨，增长率为9.2%[②]。

（2）创新发展概况

晋中市在"十二五"期间积极推动产业转型。晋中市的主攻方向是煤电一体

---

① 晋中市2015年国民经济和社会发展统计公报。
② 晋中市人民政府网。

化、农业现代化、旅游集团化、业态新型化。创新机制推动煤炭产业升级。加快煤炭"六型"转变，推进煤炭管理体制、监管方式改革，切实减轻企业负担，引导鼓励企业签订长期供需协议，提升煤炭附加值，扩大就地转化能力。晋中市完善税收稽查监管机制和产销信息共享平台，从而更好地促进煤炭营销。2015 年全年晋中市有 992 件专利申请受理量，比 2014 年增长 4.1%；其中 304 件为发明专利申请受理量，增长了 11.4%。全年全市有 713 件专利授权量，增长了 35.0%；309 件为有效发明专利拥有量，比上年增长 12.0%。2015 年末累计认定晋中的高新技术产业企业有 59 家，比 2014 年增加 21 家，创造高技术产业的总产值为 51.6 亿元，比上年增长 14.8%[①]。

在晋中市"十三五"规划中，顺应国家推进"能源革命"，推进大众创业、万众创新，实施"一带一路"和"中国制造 2025"、"互联网 +"行动计划，为发展提供了难得历史机遇。晋中市不断推进理论、制度、科技、文化等各方面创新、更好地为促进经济发展提供动力。充分发挥金融，民营企业等各方面优势，推进产业、业态、模式、管理和体制创新，夯实创新基础，推进经济结构转型发展与升级[②]。

（3）得分结果

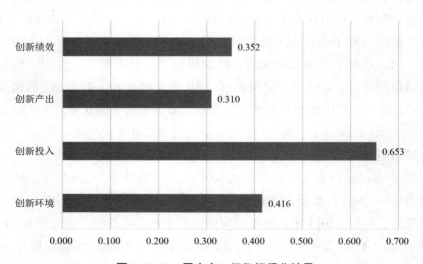

图 6.2.11　晋中市一级指标得分结果

---

①　晋中市 2015 年国民经济和社会发展统计公报。
②　晋中市国民经济和社会发展第十三个五年规划纲要。

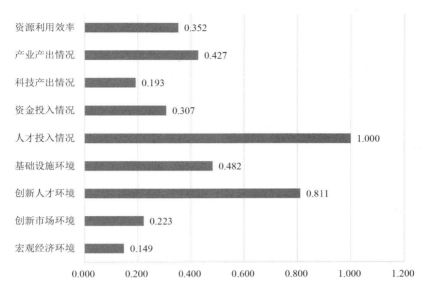

图 6.2.12　晋中市二级指标得分结果

（4）创新评价

晋中市在 116 个资源型城市中创新指数排名第 44 位，居于中上游水平。晋中市在创新投入方面的成效表现相对突出，得分 0.653，排名第 8 位。其次是创新环境和创新产出，得分分别为 0.416 和 0.310，排名分别为第 26 位和 53 位。相比之下，创新绩效的排名非常靠后，得分为 0.352，位于第 105 位，这较大程度上拉低了晋中市创新指数的总体评价得分和排名。

在创新环境方面，晋中市位列全国所有资源型城市的第 26 位，可见晋中市在创新环境方面表现较好。从其各项指标来看，晋中市宏观经济环境、创新市场环境、创新人才环境和基础设施环境得分分别为 0.149、0.223、0.811、0.482，排名分别位于全国所有资源型城市的第 97 名、第 93 名、第 3 名和第 20 名。在宏观经济和创新市场环境方面，晋中市均位居后列，但是创新人才环境和基础设施环境方面表现较好。说明晋中市需要进一步改善宏观经济环境和创新市场环境，从而为推动创新发展提供更好的环境基础。

在创新投入方面，晋中市创新投入的得分为 0.653，排名位列第 8 位，对总体创新指数排名的贡献率最大。分项指标中，人才投入情况得分位列第 2 位，资金投入情况的得分为 0.307，位列第 61 位。相对于其他资源型城市来说，晋中市的资金投入与人才投入排名相差较大，比较注重人才的培养但是创新资金的投入较少，从而拉低了创新投入指标的整体排名，这也说明了晋中市在创新资金投入方面有待进一步的完善。

在创新产出方面，晋中市的得分为 0.310，排名位列第 53 位。从分项指标来看，科技产出情况包括的两项三级指标中，专利申请授权量、企业商标拥有量得分分别为 0.096 和 0.280，排名分别位于第 57 和第 49 位。产业产出情况包含的三项三级指标中，2014 年晋中市三次产业所占比重分别是 9.92: 47.45: 42.63，第三产业占 GDP 的比重较高，因此该指标排名较为靠前，为第 17 位；矿产资源开发综合利用产值占 GDP 的比重排名在全国处于中等偏上水平，为第 32 位；但矿产资源开发年税金占财政收入的比重非常靠后，为第 103 名，这较大程度上拉低了创新产出的总体排名。

晋中市在创新绩效方面取得的成效较为落后，得分为 0.352，排名第 105 位，这较大程度地拉低了总体创新指数的排名。从分项指标来看，2014 年全员劳动生产率指标得分为 0.215，排名第 88 位，比较靠后；单位 GDP 矿石开采量排名第 102 位，仍比较靠后；能源消费弹性系数的排名是第 40 位；单位 GDP 能耗的排名是第 88 位。说明晋中市在创新绩效方面整体水平不高，尤其应在单位 GDP 矿石开采量、全员劳动生产率和单位 GDP 能耗方面做出改善和提升。

（5）政策建议

从指标评价结果来看，晋中市的主要问题在于创新绩效方面，其次是创新产出较低。为此，建议在未来首先应加强创新成果转化和提升创新绩效，加强对矿产资源以及能源的开发和利用，积极开发节能技术，降低生产能耗，提高能源利用的经济效益，加快生产技术的改进与生产管理的改善，从而降低单位 GDP 矿石开采量和单位 GDP 能耗；注重员工的培训以及奖励措施，充分提升劳动生产率；其次，政府应推动城市转型和产业结构调整，降低对资源型行业的依赖程度。

在未来转型发展中应注意把改革创新融于经济社会发展各领域各环节，全面实施创新发展战略：

实施人才强市战略。深入实施《晋中市中长期人才发展规划纲要（2010—2020年）》，在人才政策方面，推动人才体制发展，采取完善的奖惩措施充分调动人才的积极性，并营造竞争的氛围。坚持人才培养与引才并举，组织实施"市委联系高级专家"、"551 计划"等重大人才工程，培养和引进一批"高精尖缺"创新创业人才。鼓励优秀人才参与到企业、高校、科研院所之间的流动，从而更好地学习知识积累经验。在奖惩方面，完善以政府为主导，以用人单位和社会力量奖励为主体的人才奖励体系。制定完善支持创新型小微企业、创新型人才成长政策体系。

加快开发区建设。加快形成结构优化、布局合理、功能互补、特色突出、区域平衡、绿色生态的开发区和各类产业集聚区发展格局。把晋中经济技术开发区发展成为多功能且综合性强的国家级经济技术开发区。

积极促进资源能源节约以及资源的高效利用。加大清洁煤技术的推广，同时加快可再生能源的开发利用，从而降低资源消耗度。对于浪费资源、污染环境的企业坚决淘汰，摒弃落后的生产技术。

6.2.7 运城市

（1）城市概况

运城位于山西的西南部，北靠吕梁山与临汾相接，向东靠中条山和晋城、河南济源接壤，向西向南与陕西渭南、河南三门峡及洛阳隔黄河相望。运城有着"盐运之城"的美誉，是中华文明的重要发祥地之一。运城市的总面积为14233平方公里，是山西省总面积的9%，其中运城市平原区面积为8621平方公里（含100平方公里盐池面积），占总面积的60.6%；运城的山丘区面积为5204平方公里，占总面积36.6%；滩地和水面面积共408平方公里，占总面积的2.8%。2015年全年运城全市生产总值为1201.6亿元，比2014年增长5.0%。其中三次产业增加值分别为197.2亿元，496.7亿元和507.7亿元。第三产业中，交通运输、仓储和邮政业总额达到85.4亿元，增长率为10.9%；批发和零售业总额为93.6亿元，增长了5.0%；金融业为59.3亿元，比上年增长4.7%；房地产业是40.6亿元，下降了2.0%。第一产业增加值占全市生产总值比重为16.5%，对经济增长贡献率为13.2%；第二产业增加值占全市生产总值比重为41.3%，对经济增长贡献率为54.0%；第三产业增加值占全市生产总值的比重为42.2%，对经济增长的贡献率为32.8%。

运城地区地质构造极为复杂，矿产资源十分丰富，列入山西省矿产储量表的有21种，包括煤、铁、金、银、铜、铝、锌、铅、钴、钼、芒硝、岩盐、白钠镁矾、卤水、熔剂灰岩、灰岩、黏土、磷、长石、玻璃石英砂岩、重晶石等。其中，有约54种具有开采价值，铜、铅、镁（镁盐、白云岩）、芒硝、石灰岩、大理石、硅石等矿产资源具有极大优势。优势矿种自北向南为"二点一线"式分布，其中河津市下化乡一带及平陆与垣曲交界处一带的煤矿和石灰岩、白云岩与中部盐湖区三路里至万荣县三文一带的白云岩，灰岩构成"二点"；南部铜、铁等呈线状分布；单矿种分布相对而已比较集中，铜矿是运城市最大的矿业支柱，储量占全省的93.99%，分布于垣曲县和闻喜县的接壤地区；晋城市的石灰石资源丰富，主要分布地为河津市龙门山－西皑口－魏家院一带，适合露天开采[①]。

（2）创新发展概况

运城市在"十二五"期间出台了多个方案包括信息化、高技能人才培训基地建设、国家创新驱动发展战略运城行动计划等，政府各部门的专业性和对专业化的认识

---

① 运城市人民政府网。

明显提高，工作能力不断增强。此外，运城市还加强与中科院北京分院、西北工业技术研究院、西北工业大学等科研院所的合作，优势互补，成果共享。发挥企业的主导作用和主体地位，一些企业如大运、阳光、亚宝、银光等在新能源汽车研发、焦化行业环保技术升级、生物医药开发、高精密复杂铸件研发等多个方面发挥技术引领作用。在融资方面，落实好产业引导基金如工业集群化、农业现代化、新型城镇化、文化旅游产业以及"万众创业"等，进一步健全并完善企业应急转贷专项资金和信贷风险补偿基金等，引导更多社会资本为经济发展注入活力[①]。

　　在"十三五"规划期间，运城市始终坚持创新促进经济发展，主要经济指标增速高于全省甚至全国平均水平。产业结构不断优化升级，传统产业得以优化，新兴接替产业也逐渐形成规模，第三产业比重不断提高。此外，消费对经济增长的贡献明显加大。在思维转变方面，要做到突破内陆地区保守落后和狭隘封闭的思维模式，做到互利共赢，共谋合作，主动对接国家"一带一路"战略和京津冀协同发展区，积极主动融入关天经济区和中原经济区，开辟出一条内陆地区开放发展的新路。在研发经费上，要切实实施研发经费按比例逐年提高的政策，以主导产业为中心，建立健全各类专业研究机构；强化企业的主导作用和主体地位，以大中型企业为中心建立技术研发中心；在奖励措施方面，加强对科研人员的分红激励和股权，并引进优秀的科研人才，促进资源共享；加强同国内高校、科研院所和高端研发团队的协作，成果共享，优势互补[②]。

　　（3）得分结果

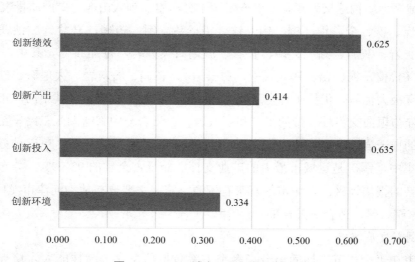

图 6. 2. 13　运城市一级指标得分结果

---

① 运城市 2015 年国民经济和社会发展统计公报。
② 运城市国民经济和社会发展第十三个五年规划纲要。

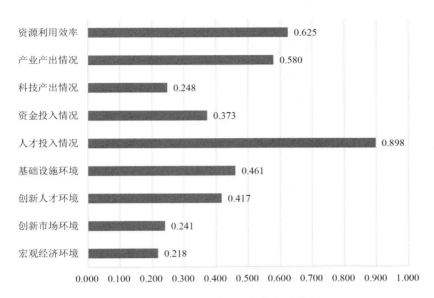

图 6.2.14　运城市二级指标得分结果

（4）创新评价

　　作为 116 个资源型城市中创新指数排名第 21 位的城市，运城市在创新投入方面的成效表现非常突出，得分 0.635，排名第 12 位；创新产出次之，得分 0.414，排名为第 33 位。相比之下，创新环境和创新绩效的排名比较靠后，得分分别为 0.334 和 0.625，分别位于第 50 位和 52 位，这一定程度上拉低了运城市创新指数的总体评价得分和排名。

　　在创新环境方面，运城市位列全国所有资源型城市的第 50 位，可见运城市在创新环境方面处于中等水平。分项来看，宏观经济环境、创新市场环境、创新人才环境和基础设施环境得分分别为 0.218、0.241、0.417、0.461，其排名分别位于所有资源型城市的第 71 名、第 84 名、第 41 名和第 25 名。在宏观经济和创新市场环境方面，运城市位居较靠后，创新人才环境和基础设施环境方面相对较好。说明运城市总体创新环境居于中等水平，但还需要进一步加大对宏观经济环境和创新市场环境的改善力度，从而提供良好的创新环境。

　　在创新投入方面，运城市得分为 0.635，排名位列第 12 位。对总体创新指数排名的贡献率最大。其中，人才投入情况得分为 0.898，位列第 11 位；资金投入情况的得分为 0.373，位列第 44 位。因此，可以看出运城市比较注重人才的培养和创新资金的投入，但资金投入相对较少。总体水平虽较好，但也有进步的空间。

在创新产出方面，运城市的得分和排名较好，创新产出的得分为 0.414，排名位列第 33 位。从分项指标来看，科技产出情况包括的两项三级指标中，专利申请授权量、企业商标拥有量得分分别为 0.000 和 0.473，排名分别位于第 111 和第 32 位。产业产出情况包含的三项三级指标中，矿产资源开发综合利用产值占 GDP 的比重指标的排名相对靠前，为第 33 位；2014 年运城市三次产业占 GDP 的比重分别为 16.41：41.34：42.25，第三产业增加值所比重较高，排名相对靠前，为第 20 位；矿产资源开发年税金占财政收入的比重非常靠前，为第 13 名。由上可知，运城市在创新产出方面整体水平较好，但需要努力提升专利授权量等科技成果产出水平。

运城市在创新绩效方面取得的成效不突出，得分为 0.625，排名第 52 位，拉低了总体创新指数的排名。从分项指标来看，2014 年全员劳动生产率指标得分为 0.248，为第 78 位，比较靠后；能源消费弹性系数的排名为第 2 名，单位 GDP 能耗的排名为第 78 位，单位 GDP 矿石开采量排名第 55 位。说明运城市在创新绩效方面整体水平不高，尤其是在全员劳动生产率和单位 GDP 能耗方面。

（5）政策建议

从指标评价结果来看，运城市的主要问题在于创新绩效方面，其次是创新环境较差。为此，建议在未来应加强对宏观经济环境的改善，尤其应注意改善创新市场环境，适度增加私营经济比例，提升经济发展活力，从而为运城市创新发展提供良好的环境基础。同时应注意加强创新成果转化和提升创新绩效，改善对矿产资源以及能源的开发和利用，降低单位 GDP 矿石开采量和单位 GDP 能耗，还应注意加强人员的培训、激励和优化配置，提升全员劳动生产率，从而补缺创新驱动发展中的短板，推动运城市城市创新发展。

在未来转型发展中应注意把改革创新融于经济社会发展的各领域各环节，全面实施创新发展战略：

创造有利于创业的社会环境。鼓励公平竞争，实现科技、制度、文化创新的统一和协同发展。强化企业创新的主导作用和主体地位，同时企业要加大研发力度，推动创新链和产业链的深度融合。以科技创新为中心制定并细化措施和工作方案，并且确保其有效落实。建立健全促进科技创新的工作机制，明确各相关部门的职责。

坚持以改革推动社会发展，落实中央关于全面深化改革的决策部署，以解决问题为出发点，并突出关键领域和环节。

人才强市迈出新步伐。大力培养与引进创新型优秀人才，让创新成为发展常态、社会风尚，贯彻到党委、政府一切工作中。

6.2.8 忻州市

（1）城市概况

忻州市地处山西省的北中部，东靠太行山，西与黄河相邻，南和太原、阳泉、吕梁相接，北和朔州、大同相邻，是山西省唯一一个横跨省际东西的市。忻州市南北长约170公里，东西宽约245公里，总面积达到2.515万平方公里，占全省总面积的1/6，在全省面积排名第一位。忻州市辖14个县（市、区）、191个乡镇（办事处）、4888个行政村。历史上，忻州曾是著名的晋察冀、晋绥两大革命根据地中心腹地，也是许多老一辈革命家的故乡（高君宇、续范亭、徐向前、薄一波等），是一块红色热土。2015年，忻州全市生产总值为681.2亿元，比2014年增长2.4%。其中，第一产业增加值为63.7亿元，比上年下降了7.0%，占生产总值的比重9.4%；第二产业增加值是304.5亿元，增长率为1.1%，占生产总值比重的44.7%；第三产业增加值是313.0亿元，增长率为6.3%，占生产总值的比重45.9%[①]。

在资源方面，忻州市耕地面积为949.6万亩，其中水浇地面积为199.3万亩，林地为908万亩，天然牧草地占地1048万亩，人工草地为300万亩。地下矿产资源丰富，50余种矿产具有工业开采价值。其中，煤炭探明储量和保有储量分别为207.2亿吨和200.1亿吨，铁矿探明储量是15.9亿吨、保有储量为15.02亿吨，此外，钼、金、铝土、金红石、高岭岩、白云石、大理石等保有储量在全省所占比重居于所有矿产的前位。地热田总面积是32.3平方公里。2015年，全年全市一次能源生产折标准煤产量为5410万吨，增长率为10.4%；二次能源生产折标准煤是1618万吨，比上年下降了2.4%[②]。

（2）创新发展概况

在"十二五"期间，忻州市坚持创新驱动发展。忻州市2014年设立了全市第一支私募股权投资基金（首期募集资金2.3亿元）；同时，鼓励民间资本进入金融领域，设立小额贷款公司110家，村镇银行4家、农商行2家，共吸收民间资本17.1亿元。强化企业技术创新的主导作用和主体地位，累计培育1家国家级企业技术中心、15家省级企业技术中心、77家市级企业技术中心，认定20家高新技术企业。一批技术创新成果成功实现产业化，成为忻州科技品牌，如同脉冲式旋流澄清净水装置、环保型煤粉锅炉、无模密封件等。促进各类主体公平参与市场竞争，同等受到法律保护，在

---

① 忻州市2015年国民经济和社会发展统计公报。
② 忻州市人民政府网。

全社会形成利于创新创业的良好环境[①]。

在"十三五"规划中，忻州市将进一步推动创新发展。突出创新引领，把创新作为引领发展的第一动力，把人才作为支撑发展的第一资源，把加大科技投入作为第一指标，把创新摆在发展全局的核心位置。不断推进体制、科技、文化、管理等各方面创新。积极推进"互联网＋"、"文化＋"、"生态＋"等创新发展新模式，拓展发展新空间。积极实施创新带动经济发展，加大科技财政、企业、社会投入，强调企业技术创新的主体地位和主导作用。扩大大中型企业研发机构的覆盖面，扶持一批科技小巨人企业，推动创新跨领域、跨行业发展，并加快政产学研深度融合。鼓励和推动规模以上企业与省级以上高校、科研院所结成创新利益共同体，重点支持以企业为主承担重大科技专项等创新项目，促进创新成果资本化、产业化。建立创新人才服务保障制度，借助忻州籍两院院士等优秀人才资源优势，引进一批国家级高层次科技人才。充分发挥忻州师范学院、忻州职业技术学院等院、校、所的人才智力优势，深入开展乡土科技人才行动计划，在各个领域切实加大对乡土科技人才发现、培养、使用和关心的力度，充分发挥乡土科技人才的特色优势，促进科技创新在基层生产一线全方位进行[②]。

（3）得分结果

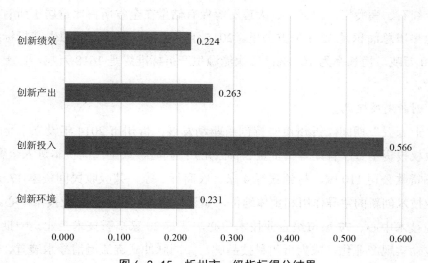

图 6.2.15　忻州市一级指标得分结果

---

① 忻州市 2015 年国民经济和社会发展统计公报。
② 忻州市国民经济和社会发展第十三个五年规划纲要。

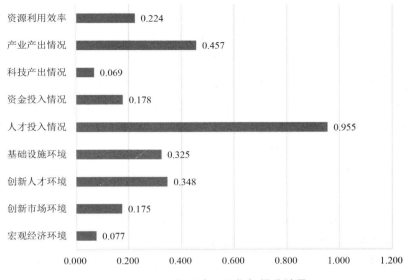

图 6.2.16   忻州市二级指标得分结果

（4）创新评价

作为 116 个资源型城市中创新指数排名第 101 位的城市，忻州市在创新投入方面的成效表现相对突出，得分为 0.566，排名第 25 位；创新产出次之，得分为 0.263，排名为第 74 位。相比之下，创新环境和创新绩效的排名非常靠后，得分分别为 0.231 和 0.224，分别位于第 100 位和 116 位，这很大程度上拉低了忻州市创新指数的总体评价得分和排名。

在创新环境方面，忻州市位列全国所有资源型城市的第 100 位，可见忻州市在创新环境方面表现非常靠后。分项来看，宏观经济环境、创新市场环境、创新人才环境和基础设施环境得分分别为 0.077、0.175、0.348、0.325，其排名分别位于第 115 名、第 108 名、第 60 名和第 74 名。在宏观经济和创新市场环境，忻州市位居较靠后，创新人才环境和基础设施环境方面相对较好，但也处于中等偏后的水平。说明忻州市需要进一步改善宏观经济环境、创新市场环境、创新人才环境及基础设施环境，为推动创新发展提供良好的环境基础。

在创新投入方面，忻州市得分为 0.566，排名位列第 25 位，对总体创新指数排名的贡献较大。分项指标中，人才投入情况得分为 0.955，位列第 8 位，非常靠前；资金投入情况的得分为 0.178，位列第 102 位，较为靠后。相对于其他资源型城市来说，忻州市的资金投入与人才投入相差很大，说明其比较注重人才的培养但是创新资金的投入太少，从而拉低了创新投入的整体水平，这也说明了忻州市在创新资金投入方面有进一步的改善，需要加大创新资金投入力度。

在创新产出方面，忻州市得分为 0.263，排名位列第 74 位。从分项指标来看，科技产出情况包括的两项三级指标中，专利申请授权量、企业商标拥有量得分分别为 0.063 和 0.075，排名分别位于第 73 和第 90 位。产业产出情况包含的三项三级指标中，矿产资源开发综合利用产值占 GDP 的比重指标的排名较为靠前，为第 22 位；2014 年忻州市第一、二、三产业占 GDP 的比重分别为 9.55 : 47.54 : 42.91，第三产业增加值占 GDP 的比重较高，因此排名较为靠前，为第 14 位；但矿产资源开发年税金占财政收入的比重落后于全国平均水平，为第 104 名。由上可知，在创新产出方面，忻州市应注重矿产资源开发年税金占财政收入比重的改善，同时还应努力提升科技成果产出水平。

忻州市在创新绩效方面取得的成效非常落后，得分为 0.224，排名第 116 位，倒数第一，很大程度上拉低了总体创新指数的排名。从分项指标来看，2014 年全员劳动生产率指标得分为 0.158，为第 100 位，较为靠后；能源消费弹性系数的排名为第 109 名，排名非常靠后；单位 GDP 能耗的排名为第 82 位，处于中下等水平；单位 GDP 矿石开采量则居于倒数。这说明忻州市在创新绩效方面整体水平很差，各个分项指标均有待于加强，需要大力改善。

（5）政策建议

从指标评价结果来看，忻州市的主要问题在于创新绩效方面，其次是创新环境较差。为此，建议在未来应加强创新成果转化和提升创新绩效，加强对资源以及能源的开发和利用，积极改进开发节能技术，降低资源能耗，从而降低单位 GDP 能耗和能源消费弹性系数；进一步加强城市转型和产业转型，降低经济增长对矿产资源行业的依赖程度，从而大幅度降低单位 GDP 矿石开采量；还应注重加强人员的培训、提高激励机制并优化配置，提升劳动生产率。加强宏观经济环境、创新市场环境、创新人才环境及基础设施环境建设，为创新发展营造良好的环境基础。

在未来转型发展中应注意改革创新对于经济社会发展各领域各环节的重要意义，全面实施创新驱动战略：

人才培养方面，引进高端行业及新兴行业领军人才，重点培养和引进一批具有创新能力的中青年科技创新创业人才和重点领域创新团队。

充分发挥企业在创新中的主导作用和主体地位。增强企业的自主创新能力和自主知识产权教育。强调企业要增强科研投入和科技投入，以技术结构、产品结构的不断优化促进产业结构转型升级，加强科研项目与产品发展、企业需求的对接融合，加快科技成果转化成现实生产力。要深化产学研合作，优势互补，成果共享，促进技术与资本的结合，努力构建务实高效、互利共赢、优势互补、开放灵活的产学研合作新机制。

6.2.9　临汾市

（1）城市概况

临汾市地处山西省的西南部，东靠太岳山，与长治、晋城相邻；西与陕西省隔黄河相望；北始于韩信岭，和临汾、吕梁相连接；南与运城市毗邻。总面积达到 20275 平方公里，占全省的 13%。临汾地理位置重要，自古便是兵家必争之地。临汾市市地形轮廓大体呈"凹"字形分布，中间平川，四周环山，全境分三大地形单元：山地、丘陵、盆地。2015 年，全年全市生产总值达到 1161.1 亿元，比 2014 年增长了 0.2%。其中，三次产业增加值分别为 91.0 亿元，563.4 亿元和 506.7 亿元[1]。

临汾市矿产资源十分丰富。目前已探明 38 余种矿种，其中 2 种燃料矿产、12 种金属矿产、24 种非金属矿产；此外，煤、铁、石膏、石灰岩、白云岩、膨润土、花岗石、大理石、油页岩、耐火黏土等在省内甚至全国均占重要地位，矿产资源在全省 11 个市中位居第二位，综合优势度为 0.73。煤炭是全市最大的矿产资源，已探明储量为 398 亿吨，占山西省全省的 14%。主要煤种有主焦煤、气肥煤、贫煤、瘦煤、无烟煤等。铁矿是临汾市第二大矿产资源，总储量达到 4.2 亿吨，其中磁铁矿储量为 1.8 亿吨，矿含量高，是全省富矿的 70% 以上。大理石储量达 1.5 亿立方米，石英石储量为 2000 万吨，石膏的远景储量为 234 亿吨，被誉为"有千种用途黏土"的膨润土分布在该市永和县、大宁县和吉县。2011 年，全市原煤产量 4813 万吨，占全省 5%；焦炭产量 1920 万吨，占全省 21.2%；生铁产量 1053.7 万吨，占全省 27.96%；钢产量 864.4 万吨，占全省 24.77%；钢材产量 943 万吨，占全省 27.99%[2]。

（2）创新发展概况

临汾市在"十二五"期间，大力推动创新发展。制定并实施《国家创新驱动发展战略临汾行动计划》和《临汾市低碳创新行动计划》，2014 年全市有 28 家高新技术企业，271 件有效专利拥有量，实施 46 项国家和省级科技项目、53 项市级。"千人百县"服务基层活动扎实推进。澳坤生物公司是第一家临汾市地方企业在全国股权转让系统上市，该市有 100 家企业在省股权交易中心挂牌。2015 年全年全市受理专利申请 1205 件。受理发明专利申请 570 件，比上年增长 17.04%。全市累计认定省级高新技术企业 33 家；省级技术中心 20 家，市级企业技术中心 49 家；省民营科技型企业 114 家[3]。

在临汾市"十三五"规划中，积极推进创新、协调、绿色、开放、共享、廉洁和安全发展，以"百里汾河生态经济带"建设为统揽，以转方式、调结构、增效益、提

---

① 临汾市 2015 年国民经济和社会发展统计公报。
② 临汾市人民政府网。
③ 临汾市 2015 年国民经济和社会发展统计公报。

速度为基点，通过改革创新主动适应经济发展新常态。通过改善传统产业不足，发展新兴产业，促进产业转型升级，从而推进经济社会持续健康发展，确保到 2020 年实现地区生产总值和城乡居民人均收入比 2010 年翻一番。"百里汾河生态经济带"建设向纵深推进，发展空间格局得到优化。传统产业核心竞争力不断增强，新兴接替产业形成规模，文化旅游业做大做强，服务业比重持续提高。农业现代化迈上新台阶。新型城镇化建设如城市功能和服务能力得到显著增强，户籍人口城镇化率明显提高[1]。

（3）得分结果

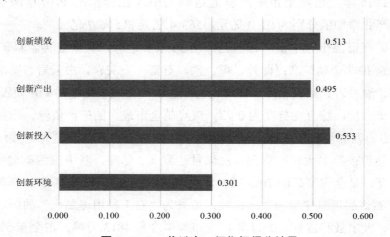

图 6.2.17　临汾市一级指标得分结果

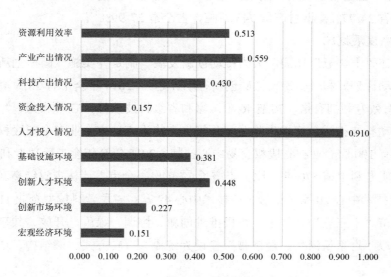

图 6.2.18　临汾市二级指标得分结果

---

[1] 临汾市国民经济和社会发展第十三个五年规划纲要。

（4）创新评价

临汾市在116个资源型城市中创新指数排名第92位，排名较靠后。临汾市在创新产出方面的成效表现相对突出，得分0.495，排名第18位；创新投入次之，得分0.533，排名为第31位。相比较之下，创新环境和创新绩效的排名相对靠后，得分分别为0.301和0.513，分别位于第65位和85位，这一定程度上拉低了临汾市创新指数的总体评价得分和排名。

在创新环境方面，临汾市位列全国所有资源型城市的第65位，可见临汾市在创新环境方面表现居于中下游水平。从创新环境的各项分项指标评分结果来看，临汾市各项指标的排名相差较大，宏观经济环境、创新市场环境、创新人才环境和基础设施环境得分分别为0.151、0.227、0.448、0.381，其排名分别位于所有资源型城市的第96名、第91名、第36名和第50名。无论是在宏观经济还是市场环境方面，临汾市均位居后列。创新人才环境和基础设施环境两个方面表现相对较好，居于中上等水平。这说明临汾市今后需要大力改善宏观经济环境和创新市场环境，从而为城市创新发展提供良好的环境基础。

在创新投入方面，临汾市创新投入的得分为0.533，排名位列第31位。分项来看，人才投入情况得分为0.910，位于全国所有资源型城市第10位；资金投入情况的得分为0.157，位列第107位。相对其他城市，临汾市的资金投入与人才投入在排名方面相差很大，说明其比较注重人才的培养但是创新资金的投入较少，从而拉低了创新投入的整体水平，这也说明了临汾市在创新资金投入方面有待进一步的完善。

在创新产出方面，临汾市的得分和排名相对较好，创新产出的得分为0.495，排名位列第18位，对总体创新指数排名的贡献率最大。从分项指标来看，科技产出情况包括的两项三级指标中，专利申请授权量、企业商标拥有量得分分别为0.669和0.214，排名分别位于第10和第57位。产业产出情况包含的三项三级指标中，矿产资源开发综合利用产值占GDP的比重排名非常靠前，为第12位；第三产业增加值占GDP的比重的排名在全国处于中上等水平，为第42位；但矿产资源开发年税金占财政收入的比重非常靠后，为第98名，这说明临汾市应注意降低矿产资源开发年税金占财政收入比重，且加大力度发展第三产业。

临汾市在创新绩效方面取得的成效较为落后，得分为0.513，排名第85位，拉低了总体创新指数的排名。分项来看，2014年全员劳动生产率指标得分为0.265，排名为第76位，比较靠后，能源消费弹性系数的排名为第47名，单位GDP矿石开采量排名为第86位，单位GDP能耗的排名为第77位。说明临汾市在创新绩效方面整体水平较差，尤其是在全员劳动生产率、单位GDP矿石开采量和单位GDP能耗方面。

（5）政策建议

从指标评价结果来看，临汾市的主要问题在于创新绩效方面和创新环境方面较低。为此，建议在未来应加强对矿产资源以及能源的开发和利用，创造良好的创新环境，加强创新成果转化和提升创新绩效，从而推动城市创新发展。

在未来转型发展中应注意改革创新融合于经济社会发展各领域各环节，全面实施创新发展战略：

积极推动质量技术创新。充分发挥临汾下辖地区如侯马市、翼城县、襄汾县、侯马开发区的传统铸造优势，抓好质量，积极发展特色铸造产业和装备制造业。积极推动临汾市电动汽车的发展，以建设沃特玛新能源汽车核心技术产业园为机会，加大质量创新。

创造有利于创业的社会环境。鼓励公平竞争，实现科技、制度、文化创新的统一和协同发展。强化企业创新的主导作用和主体地位，同时企业要加大研发力度，推动创新链和产业链的深度融合。以科技创新为中心制定并细化措施和工作方案，并且确保其有效落实。建立健全促进科技创新的工作机制，明确各相关部门的职责。

充分发挥企业在创新中的主导作用和主体地位。增强企业的自主创新能力和自主知识产权教育。强调企业要增强科研投入和科技投入，以技术结构、产品结构的不断优化促进产业结构转型升级，加强科研项目与产品发展、企业需求的对接融合，加快科技成果转化成现实生产力。要深化产学研合作，优势互补，成果共享，促进技术与资本的结合，努力构建务实高效、互利共赢、优势互补、开放灵活的产学研合作新机制。

6.2.10 吕梁市

（1）城市概况

吕梁地处山西省的中部西侧，因吕梁山脉由北向南纵贯全境而得名。西隔黄河同陕西榆林相望，东北与省会太原市相连，东部、东南部分别和晋中、临汾接壤。土地面积达到 2.1 万平方公里，占全省面积的 13.5%，耕地面积是 788 万亩。1971 年 5 月，国家组建吕梁地区，2004 年 7 月，正式撤地设市。2015 年，全年全市生产总值是 955.8 亿元，相比 2014 年下降了 4.7%。三次产业增加值分别为 53.5 亿元，544.5 亿元和 357.8 亿元。三次产业变化分别为下降 9%，下降 7.6%，增长 2.9%[①]。

---

① 吕梁市 2015 年国民经济和社会发展统计公报。

　　吕梁市资源丰富，优势明显。已探明矿产资源达 40 多种，煤、铁、铝资源储量大且品位高。全市含煤面积达 1.14 万平方公里，占总面积的 54.3%，保有储量是 420 多亿吨。4 号主焦煤储量达 114 亿吨，被誉为"国宝"。铁矿石保有储量达到 13 亿吨，占全省的 34.6%。铝土矿保有储量是 6.49 亿吨，占全省的 45.7%。2015 年，吕梁市原煤产量为 11556.7 万吨，洗煤 9308.3 万吨，焦炭 1570.2 万吨，生铁 388.5 万吨，钢材 295.4 万吨，白酒 62231.7 千升。煤炭产业方面，吕梁全市共有 135 个煤矿，产能 1.97 亿吨，煤炭产业工业增加值占全市的 48.5%。焦炭产业方面，共有 36 户企业，产能 4500 万吨，占到全省的 1/4，全国的 1/10，尤其是孝义梧桐、汾阳三泉、交城夏家营、离石大土河四个园区，产能占总量的 90%，是全国优质出口基地和焦炭生产。冶炼产业共有 80 户企业，其中，全市最大的两户钢铁企业，中阳钢厂形成 400 万吨产能、文水海威正在技改形成 300 万吨产能，"十三五"末，全市粗钢产能控制在 1000 万吨以内。电力工业，现有 65 户企业，总装机容量 1007 万千瓦，其中 58 个运行企业，总装机容量 490 万千瓦；5 个在建企业，总装机容量 315 万千瓦。吕梁市大力发展铝精深加工，形成 1300 万吨氧化铝、200 万吨电解铝、200 万吨铝材产能，新增工业产值达到 500 亿元，建成全国重要的铝工业基地。新兴产业，方面有 17 户高新技术企业，并与国防科技大学共建军民融合协同发展研究院，"天河二号"超级计算中心投入运行，"吕梁一号"微纳卫星成功发射升空，目前正在引进华为公司建设大数据中心[①]。

　　（2）创新发展概况

　　吕梁市在"十二五"期间鼓励高新技术产业的发展。出台相关政策进行扶持，2014 年全年减免高新技术企业税费约为 1000 万元。全市有 50 项自行研究课题，引进 110 项消化吸收科技成果，煤沥青基等新技术得到长足发展。新增有效 31 件发明专利，新培育 7 户高新技术企业，新增 2 亿元税收。加强与国防科技大学合作。转型综改试验区建设稳步推进，"1231"年度目标任务基本得以实现。特别是兴县肖家洼煤矿铁路专用线等 30 个重大项目全部开工，完成 369 亿元金额的投资，建成投产 11 个。市县两级政府机构改革基本完成。深化行政审批制度改革，累计取消和下放 28 项审批事项，精简 291 项市级审批事项，压缩近五分之四承诺时限，单一事项审批时限得以控制到 5 个工作日。以重点领域和关键环节为中心，初步建成透明、统一、规范的公共资源交易市场。加大招商引资力度，签约 186 个项目，得 713 亿元到位资金[②]。

---

① 吕梁市人民政府网。
② 吕梁市 2015 年政府工作报告。

　　在"十三五"规划期间，吕梁市坚持以创新带动发展，加大高新技术、新能源、新材料等新兴接替产业的发展。通过大力普及科技知识，提高全民的科技素质。突出企业技术主导作用和主体地位，培育一批省市级企业研发中心，构建一批产业技术创新战略联盟，开展产学研协同创新，优势互补，成果共享。采取措施促进农民增收，如深化与省农科院的合作，使一批成熟农业科研成果落地吕梁。在国防科技方面，通过深化与国防科大的合作，加大军民融合协同创新研究院"一院三基地"建设力度，从而推动高性能云计算、应用微纳卫星、无人机系统和能源互联网产业化，建成卫星AIS 数据接收中心和全球船舶动态监视中心，将吕梁建设成为国家军民融合示范市。加快培育科技型中小企业和高新技术企业，出台激励政策和相关薪酬政策来吸引各类优秀的创新人才，创办领办各类科技型企业，支持离石数字生态科技城、柳林李家湾光电子产业园、孝义高新技术产业园、文水高新技术创业园等成为省级众创空间。政府还应加大财政资金科技投入，使科技创新与经济发展相融合，提升科技对于产业转型的支撑引领[①]。

　　（3）得分结果

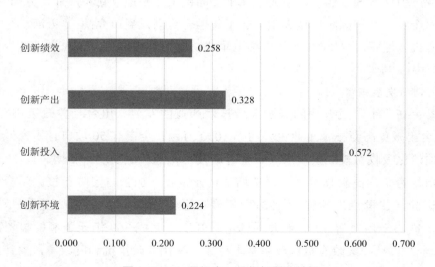

图 6.2.19　吕梁市一级指标得分结果

---

① 吕梁市国民经济和社会发展第十三个五年规划纲要。

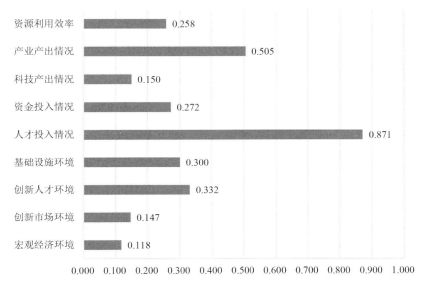

图 6. 2. 20　吕梁市二级指标得分结果

（4）创新评价

吕梁市在 116 个资源型城市中创新指数排名第 91 位，排名靠后，在创新发展情况上还有待改进。吕梁市在创新投入方面的成效表现相对突出，得分 0.572，排名第 21 位；创新产出次之，得分 0.328，排名为第 48 位。相比之下，创新环境和创新绩效的排名非常靠后，得分分别为 0.224 和 0.258，分别位于第 104 位和 114 位，这两项指标很大程度上拉低了吕梁市创新指数的总体评价得分和排名。

在创新环境方面，吕梁市位列全国所有资源型城市的第 104 位，可见吕梁市在创新环境方面表现非常靠后。分项来看，宏观经济环境、创新市场环境、创新人才环境和基础设施环境得分分别为 0.118、0.147、0.332、0.300，其排名分别位于第 107 名、第 111 名、第 67 名和第 81 名。无论是在宏观经济还是创新市场环境方面，吕梁市排名均非常靠后，创新人才环境和基础设施环境方面相对较好，但也处于中等偏下的位置。这说明吕梁市首先需要进一步改善宏观经济环境和创新市场环境，加大创新人才环境和基础设施的投入，从而为创新发展提供良好的环境基础。

在创新投入方面，吕梁市创新投入的得分为 0.572，排名位列第 21 位，对总体创新指数排名的贡献率最大。分项指标中，人才投入得分为 0.871，位列所有资源型城市的第 14 位；资金投入情况的得分为 0.272，位列第 69 位。因此，吕梁市的资金投入与人才投入相差较大，比较注重人才的培养但是创新资金的投入较少，资金投入拉低了创新投入的排名水平，这也说明了吕梁市在创新资金投入方面有待进一步的改善。

在创新产出方面，吕梁市的得分和排名也相对较好，创新产出的得分为 0.328，排名位列第 48 位。分项来看，科技产出情况包括的两项三级指标中，专利申请授权量、企业商标拥有量得分分别为 0.004 和 0.282，排名分别位于第 106 和第 47 位。产业产出情况包含的三项三级指标中，矿产资源开发综合利用产值占 GDP 的比重指标的排名非常靠前，为第 4 位；第三产业增加值的比重处于中下等水平，为第 85 位；矿产资源开发年税金占财政收入的比重严重落后于平均水平，为第 114 名。专利申请授权量、第三产业增加值占 GDP 的比重、矿产资源开发年税金占 GDP 的比重三项指标拉低了吕梁市创新产出的排名，可见吕梁市在这三方面需要加强，应大力发展第三产业，同时努力提升专利申请量和授权量。

吕梁市在创新绩效方面取得的成效非常落后，得分为 0.258，排名第 114 位，拉低了总体创新指数的排名。从分项指标来看，2014 年全员劳动生产率指标得分为 0.212，排名为第 89 位，能源消费弹性系数的排名为第 107 位，单位 GDP 能耗的排名为第 72 位，单位 GDP 矿石开采量排名为第 115 位，这几项均落后于全国平均水平。由上可知，吕梁市在创新绩效方面整体水平不高，尤其是在能源消费弹性系数与单位 GDP 矿石开采量方面。

（5）政策建议

从指标评价结果来看，吕梁市的主要问题在于创新绩效方面，其次是创新环境较差，需要在这两方面进行改善。为此，建议吕梁市在未来应注重提升能源利用效率，降低能耗，提高能源转换的经济效益，降低能源消费增长速度，从而降低单位 GDP 能耗和能源消费弹性系数；其次加强对矿产资源的可持续开发和利用，还应注重加强城市转型和产业结构升级调整，发展第三产业，降低吕梁市对高耗能和资源型行业的依赖，加强创新成果转化和提升创新绩效。营造良好的创新氛围，大力加强宏观经济环境、创新市场环境、创新人才环境和基础设施环境建设，更好地推动城市创新可持续发展。

在未来转型发展中应注意改革创新对于经济社会发展各领域各环节的重要意义，全面实施创新发展战略：

以国家战略性新兴产业发展规划为中心，结合产业转型升级的需求，充分发挥政府主导作用以及企业的主体作用，加强对科技领域的关注，全面推动各类创新要素加速向新兴产业集聚，有力推动新兴产业的发展。

加大对科研的资金投入来带动经济发展。发展企业的自主知识产权意识，加强对核心技术和关键技术的掌握，以及提高共性技术和配套技术，从而更好地促进经济社会转型跨越发展。

聚集整合创新资源，吸引创新型优秀人才、项目、技术和资本等各种要素，使引才、引智、引资、引项目四位一体。开展产学研合作，成果共享，优势互补。完善相关的政策体系，吸引各类优秀人才向主导产业集聚。

6.3　内蒙古

6.3.1　包头市

（1）城市概况

包头工业意义重大，是内蒙古自治区最大的工业城市，也是全国 20 个最适宜发展工业的城市之一。有"稀土之都"、"草原钢城"的美誉。包头拥有内蒙古最大的稀土加工、钢铁、装备制造业和铝业的企业，也是国家和内蒙古重要的原材料、稀土、能源、新型煤化工和新型装备制造业的基地，投资环境方面，包头是全国 50 优城市。包头市内拥有 9 个旗县区和 1 个高新技术产业开发区（国家级稀土），其总面积达两万多平方公里。包头作为我国少数民族地区之一，是最早建设的一座工业城市，工业特色包括稀土、钢铁制造、冶金、机械制造、军工等。2015 年包头市实现生产总值 3781.9 亿元，比 2014 年增长 8.1%。其中，三次产业增加值分别为 101.1、1830.6 和 1850.2 亿元，占全市生产总值的比重分别为 2.7%、48.4% 和 48.9%，第三产业比重第一次超过第二产业[①]。

包头市蕴藏有 54 种矿产资源如煤炭、铁、稀土等，有储量大、种类多、品位高、易于开采、分布集中等特点。白云鄂博矿山是金属共生矿山，在世界范围内都十分罕见。目前包头市铁的探明储量达到 10 亿多吨，铌的总储量在全国居于第一位。此外稀土的储量品位高、生产成本低，含量巨大，我国 91.6% 的稀土总储量都属于此，占目前世界范围内已探明储量的 54.2%，有"稀土之乡"的美誉。一批具有地方特色的工业企业不断发展并壮大。其中包钢不仅是少数民族地区最大的钢铁联合企业，也是国家大型钢铁企业之一。这几年来，随着城市化与工业化的发展，包头市形成了六大产业板块工业围城的格局，东部铝业、西部钢铁稀土、北部机械、南部铝业化工、东南和西北电厂[②]。

（2）创新发展概况

近年来，包头市以创新带动发展，努力抓好一批研究院的发展，如北大包头创

---

① 包头市 2015 年国民经济和社会发展统计公报。

② 包头市人民政府网。

新研究院、浙大包头工业技术研究院、中科院包头稀土新材料研发中心建设。支持 15 个重大科技项目如北重、一机等，加快一批中试基地建设的发展如铝产品深加工，煤制烯烃深加工等，完成北大包头创新研究院科技成果转化达到 10 项以上。在农业方面，加强农业科技创新，打造中科院以及中国农大 2 个产学研示范基地。在人才建设方面，推进人才强市工程，引进并培养一批创新团队、领军人才和学术技术带头人[①]。

2015 年包头市 R&D（研究与开发）经费投入高达 52 亿元，比 2014 年增长了 21%；高新技术产业产值达到 1050 亿元，增长率为 11%；全年有 2341 件申请专利，比上年增长 34%；有 1577 件专利授权量，增长 27.1%，均居自治区第一位。此外，包头建立并完善企业自主创新激励机制，加强企业创新体系建设。年末拥有 9 家国家级企业技术（工程）中心；90 家国家高新技术企业，其中 7 家为年内新增；有 124 家市级以上创新型（试点）企业，其中 2 家国家级创新型（试点）企业。全年共签订 35 项各类技术合同，技术合同成交金额达到 2.0 亿元，其中 1.9 亿元技术交易额。2015 年一机集团"特种车辆及其传动系统智能制造实验室"和包头稀土院"白云鄂博稀土资源研究与综合利用重点实验室"实现了自治区国家重点实验室零的突破，晋升成为国家重点实验室[②]。

"十三五"规划期间，包头市委确定了"6521"战略定位（即"六个基地"、"五个中心"、"两个屏障"和"一个支点"）。撰写了《深化科技体制改革加快创新型城市建设》调研报告，加强了科技创新软科学课题研究。包头市在十三五规划纲要中提出：产业定位方面要建成六个基地：稀土新材料基地、新型煤化工基地、清洁能源输出基地、新型冶金基地、现代装备制造基地和绿色农畜产品精深加工基地。在区域定位方面，提出建成五个中心：区域性创新创业中心、区域性新型产融结合中心、区域性物流中心、区域性文化旅游中心和区域性消费中心。发展大数据产业，把"互联网+"行动计划与传统产业相连接，形成具有包头特点和优势的科技创新驱动体系。人才培养方面，发挥创新人才带动引领作用，目标是到 2020 年，高层次专业技术人才达约 8 万人，高层次企业管理人才达到 1000 人左右，高技能人才总量达到约 18 万人，有科学素质的公民比例达到 10% 以上[③]。

---

① 包头市 2015 年政府工作报告。
② 包头市 2015 年国民经济和社会发展统计公报。
③ 包头市国民经济和社会发展第十三个五年规划纲要。

（3）得分结果

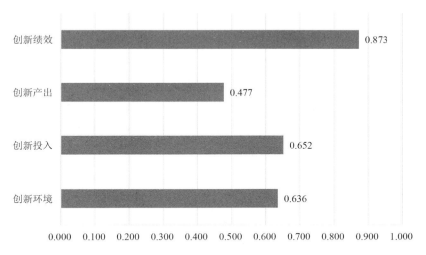

图 6.3.1　包头市一级指标得分结果

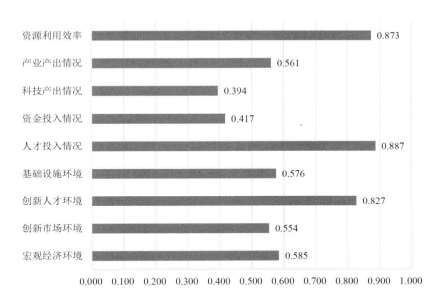

图 6.3.2　包头市二级指标得分结果

（4）创新评价

作为 116 个资源型城市中创新指数排名第 4 位的城市，包头市在创新环境和创新绩效方面的成效表现非常突出，分别位于第 1 位和第 3 位，创新投入次之，排名为第 9 位。相比之下，创新产出的排名相对靠后，位于第 22 位，这一定程度上拉低了包头市创新指数的总体评价得分。

在创新环境方面，包头市位列全国所有资源型城市的第 1 位，可见包头市在创新环境方面取得了突出的成效，对总体创新指数排名的贡献率最大。分项来看，包头市各项指标的得分均不错，宏观经济环境、创新市场环境、创新人才环境和基础设施环境得分分别为 0.585、0.554、0.827 和 0.576，分别位于全国第 4 名、第 7 名、第 2 名和第 5 名。包头市拥有 18 万多人各类专业技术人员，64 家国家及自治区研发机构，10 个国家和自治区级重点实验室。360 吨电动轮矿用车、百米高速重轨、第四代核能系统高温气冷堆核燃料等一批科技成果具有国际领先水平，是国家第一批 20 个创新型试点城市之一[①]。无论是在宏观经济、市场环境、人才环境还是基础设施方面，都有着很好的环境基础。

在创新投入方面，包头市得分为 0.652，排名位列第 9 位。其中，人才投入情况得分为 0.887，位列第 12 位；资金投入情况的得分为 0.417，位列第 33 位。相比其他城市，包头市的教育支出和财政科技支出占财政支出的比重均较小，2014 年上述两者的比重分别为 16.9%、44.6%，从而导致资金投入情况在所有资源型城市中排名相对其他方面来说较为靠后，这是影响包头市创新指数得分的短板。

在创新产出方面，包头市的得分和排名相对较低，创新产出的得分为 0.477，排名位列第 22 位。从分项指标来看，科技产出情况包括的两项三级指标中，专利申请授权量、企业商标拥有量得分分别为 0.245 和 0.532，排名分别位于第 35 和第 25 位。产业产出情况包含的三项三级指标中，矿产资源开发年税金占财政收入的比重指标的排名处于中上水平，为 48 位；由于包头市第三产业增加值占 GDP 的比重较高，因此该指标的排名非常靠前，为第 2 名；但与此同时，由于矿产资源开发综合利用产值占 GDP 的比重排名非常靠后，为倒数第 6 名，从而拉低了创新产出所占名次。

包头市在创新绩效方面取得的成效突出，排名第 3 位。近年来，包头市一直大力推进产学研一体化，通过引进知名院校在包头设立研发机构，加快科技成果转化为经济价值，高铁用轨、大口径无缝钢管、大吨位矿用车等一批产品研发成功，创新驱动作用越来越大，新的增长点不断涌现[②]。从分项指标来看，2014 年全员劳动生产率的值为 890307.590 元 / 人，排名非常靠前，为第 1 位；单位 GDP 矿石开采量的排名也较为靠前，为第 19 名；但单位 GDP 能耗和能源消费弹性系数的排名相对靠后，分别为第 48 位和第 79 位。

---

① 包头市人民政府网。
② 包头市 2015 年政府工作报告。

（5）政策建议

从指标评价结果来看，包头市的主要问题在于创新产出方面，其次是创新投入相对较低。为此，建议在未来应加强利用科技技术进步来不断降低单位 GDP 能耗和能源消费弹性系数，同时应注意创新的人财物投入，加强创新成果转化和提升创新绩效，由于包头市的教育支出占财政支出的比重、财政科技支出占财政支出的比重较小，排名较为靠后，因此尤其应加大创新的资金投入力度，补缺创新驱动发展中的短板，从而推动城市创新发展。

作为再生型资源城市之一，包头市已经成功地实现城市转型，并且创新驱动发展方面也取得了很好的成绩，创新指数在所有 116 个地级市中排名第 4 位，在未来发展中应注意加快推进科技创新、产业创新、金融创新、信息化创新和机制体制创新：

发挥企业创新主体作用。强化企业（特别是中小企业）的主导作用主体地位，加大对企业技术创新的扶持，鼓励企业增加科研经费，加快形成一批具有国际竞争力的拥有专利产品和领先技术的企业。

发挥产学研平台作用。加强与国内知名科研机构和院校合作，优势互补，成果共享。建立科技研发机构、技术转移中心以及各类研发平台。加强与其他称城市的技术交流和合作，推动跨区域跨行业协调创新。

发挥创新人才支撑作用。出台相关政策促进人才的引进，加强激励机制和薪酬保障，开放引才和自主培养相结合，同时高端引领、整体开发相补充，推进"草原英才"和"鹿城英才"工程的建设，培养一批创新型企业家和高技能人才队伍。

6.3.2 乌海市

（1）城市概况

乌海市位于中国内蒙古自治区西部，是一座新兴工业城市。乌海市位于黄河上游，东和鄂尔多斯高原相邻，南隔河与宁夏石嘴山市相望，西与阿拉善草原相接，北和肥沃的河套平原相靠。乌海市是华北与西北的结合部，也是沿黄经济带和"宁蒙陕甘"经济区的结合部的中心。1958 年，随着包兰铁路、包头钢铁公司等国家重点项目的实施，乌海地区开始大规模开发建设。1976 年，原乌达和海勃湾两个县级市合并，成立了乌海市，辖区包括海勃湾、乌达、海南 3 个县级行政区和滨河新区管委会，总面积达到 1754 平方公里，少数民族众多，一共有有蒙、汉、回、满等40 个民族。乌海市城镇化率96%，全国排名位于第四位。2015 年，乌海市实现地区生产总值609.82 亿元，比 2014 年增长 7.5%，其中三次产业增加值分别为 4.74亿元，367.77 亿元和 237.31 亿元。按常住人口计算，乌海市人均 GDP 为 109877元，比 2014 年增长 7.3%，折合 17645 美元。三次产业结构由 2014 年的 0.8∶63.9∶35.3

调整为 0.8：60.3：38.9[①]。

乌海市境内资源十分丰富，有"乌金之海"的美称。矿产资源如优质焦煤、煤系高岭土、石灰岩、铁矿石、石英砂、白云岩等优势众多，如储量大、品位好、易开采、相对集中配套、工业利用价值高。其中，优质焦煤是国家重要的焦煤基地，在内蒙古已探明储量占 75%；石灰石远景储量高达 200 亿吨以上，煤系高岭土储量为 11 亿吨以上。潜在的经济价值估计为 4000 亿元以上。地理位置对乌海市的资源带来一系列优势。乌海市处于黄河上游中段，西河贺兰山和乌兰布和沙漠相接，东和桌子山山脉相依，黄河穿过乌海市，特殊的地质条件造就了丰富的美石资源[②]。

（2）创新发展概况

近年来，乌海市加强创新驱动发展，关注主导产业的转型升级，引进了一批拥有先进工艺和核心技术的重大项目。乌海市将"互联网+"的乌海市创客空间与大宗商品交易基地相结合，发挥更大的经济价值。充分发挥政府投资的引领作用，聚集整合社会资金并分类使用，资金的使用效益发挥到最大限度。2015 年年末乌海市共有 1 所普通高等院校。全年毕业生 853 人，比上年减少 282 人；在校生 3536 人，比上年增加 715 人；专任教师 228 人，比上年增加 9 人。年末全市有一所中等职业技术培训学校，4221 个在校生；其中 1669 人毕业；专任教师有 187 人。2015 年，全市取得 21 项自治区科技成果。年末全市共有 4 个公共图书馆，总藏书数量为 60.04 万册[③]。

在十三五规划纲要中，乌海市提出大力提高创新水平。以本市经济社会发展的现实需求为出发点，用科技创新作为引领，带动产业、企业、产品、市场、管理、品牌和商业模式的多方面创新。加强企业掌握自主知识产权和核心技术的能力，并强化科技与经济相结合、创新成果和创新产业相结合、创新项目和现实生产力相结合、创新劳动和收入分配相结合，从根本上用科技进步带动经济发展。强化企业创新主导作用和主体地位，培养一批优秀的带头企业并引导其主动成为技术创新决策、研发投入、科研组织和成果转化的主体。支持产学研结合，促进资源利用项目从产品低端化向高附加值产品转变、从规模"散而小"向集中化和规模化管理转变。建立土地、税收、环保、资金、补贴等完善创新扶持政策。加强知识产权保护，引进一批创新型人才带动发展。构建完善的相关科技人才评价机制来调动科研人员科技创新的积极性、主动性和创造性。大力发展互联网经济，为传统产业注入活力，为新型产业提供机遇，同时加强互联网安全保障机制建设，确保信息安全，减少经济损失。用大数据促进产业转型，发展辐射乌海及周边地区的云计算数据中心产业及相关服务业。加快政府数据

---

①　乌海市 2015 年国民经济和社会发展统计公报。

②　乌海市人民政府网。

③　乌海市 2015 年国民经济和社会发展统计公报。

的开放共享，并提高对生产经营数据的开发利用，从而提高企业市场竞争力。最后，推进"智慧工业园区"的建设，有效提升园区企业经济效益[①]。

（3）得分结果

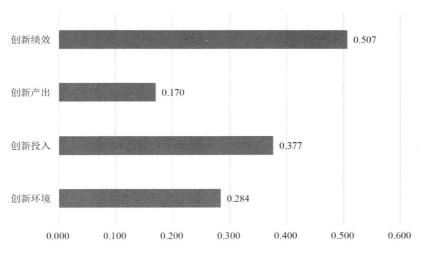

图 6.3.3　乌海市一级指标得分结果

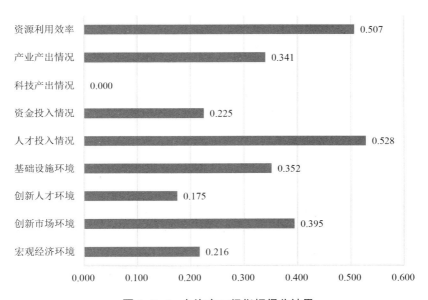

图 6.3.4　乌海市二级指标得分结果

---

① 乌海市国民经济和社会发展第十三个五年规划纲要。

（4）创新评价

乌海市在 116 个资源型城市中创新指数排名第 97 位，创新环境、创新投入、创新产出和创新绩效四项一级指标的得分分别为 0.284、0.377、0.170、0.507，排名分别位于第 78、67、105、86 位，这说明乌海市的整体创新情况有待改善。

在创新环境方面，乌海市位列全国所有资源型城市的第 78 位，处于中游偏下水平。从创新环境的各项分项指标评分结果来看，乌海市各项指标的得分较不均衡，宏观经济环境、创新市场环境、创新人才环境和基础设施环境得分分别为 0.216、0.395、0.175、0.352，分别位于 75、31、102、67 位，其中创新市场环境得分较为理想，而创新人才环境却在 100 名之外，其中每万人在校大学生数得分位于第 77 位，矿产资源开发技术人员排名为第 96 位，这说明乌海市急需改善创新人才环境，加大人才引进力度。同时乌海市的宏观环境因素等落后于全国平均水平，贸易开发度程度低等是亟待解决的问题。

在创新投入方面，乌海市得分为 0.377，排名位列第 67 位。其中，人才投入情况得分为 0.528，位列第 42 位；资金投入情况的得分为 0.225，位列第 80 位，细分看来，其中教育支出占比得分为 0.045，排名为 109 位，财政科技支出比重较好，位列全国第 27 位，可以看出，影响乌海市创新投入得分的最大短板是教育支出过于薄弱，未来乌海市需要大力提升教育投资水平。

在创新产出方面，乌海市的得分和排名最低，创新产出排名位列第 105 位。分项来看，科技产出情况包括的两项三级指标中，专利申请授权量、企业商标拥有量得分分别为 0.000 和 0.000，排名分别位于第 112 和第 111 位。产业产出情况包含的三项三级指标中，矿产资源开发年税金占公共财政收入的比重、矿产资源开发综合利用产值占 GDP 的比重、第三产业占 GDP 的比重三项的得分分别为 0.708、0.002、0.480，其排名分别位于第 83 名、第 104 名、第 59 名。可以看出，乌海市的矿业发展层级有限，经济附加值较低，仍然停留在粗加工的生产水平，第三产业的发展也有待加强，同时需要大力提升科技成果产出水平。

乌海市在创新绩效方面排名也相对较低，得分为 0.507，排名第 86 位。从分项指标来看，全员劳动生产率、能源消费弹性系数、单位 GDP 能耗、单位 GDP 矿石开采量得分分别为 0.853、0.629、0.000、0.441，其排名分别位于全国所有资源型城市的第 10 名、第 74 名、第 111 名和第 95 名。可以看出，乌海市除全员劳动生产率指标排名较为理想外，其余几项都存在着较大的提升空间。

（5）政策建议

从指标评价结果来看，乌海市的主要问题在于创新产出方面，其次是创新绩效和创新环境。为此，建议在未来应加强利用科技技术进步来不断降低单位 GDP 能耗和能源消费弹性系数，重视第三产业的发展，降低城市经济增长对资源型产业的依赖程度，加快产业结构更快更合理地调整，重视矿产资源综合开发技术方面的有关创新，提高矿产资源的综合开发利用率。其次应注意创造良好的创新市场环境，只有建立一个成熟、公平的市场环境才可能更好地推动创新型城市的发展。

具体来看，应积极推进重点领域改革。掌握好政府与市场的关系，建立相关制度如行政权力清单、市场准入负面清单和监管清单制度。做到政府工作公开化，全面公开政府部门工作流程、时限和责任。在审批方面，改革行政审批制度，优化并联审批程序，清理行政审批事项和行政事业性收费项目，使行政效率得以提高。

增强自主创新能力。加强产学研合作，利用企业研发中心和研究院平台，加快推动科技成果转化。此外，开展一系列应用技术研究，如新材料、新能源、节能环保领域。紧抓产品质量，加快建设氯碱化工产品质量检验中心。人才培养方面，充分发挥院士专家工作站作用，加大专业人才培养力度，加强互联网与城市管理相结合，提高管理效率。

推动传统产业新型化，推动传统产业向中高端迈进。继续发挥煤焦化工、氯碱化工两大产业规模和成本优势，促进资源的精深加工和产业链的延伸，推动煤、电、化及相关产业一体化，完善配套产业与下游产品。提高焦炭就地转化能力，更好的实现由以焦为主转变为以化产为主，减少并摆脱对钢铁产业的过度依赖。拓展优化氯碱化工，以推进 PVC 精深加工为中心，推动氯碱产业向集群化、精细化、高端化发展。

6.3.3　赤峰市

（1）城市概况

赤峰市是内蒙古自治区的一个地级市和省域副中心城市，地处内蒙古东南部，位于蒙冀辽三省区相接处，是蒙东辽西冀北地区（旧热河地区）的经济中心和区域中心城市。全市总面积为 9 万平方公里，下辖三区、七旗、二县。赤峰以蒙古族、汉族为主，是一个多民族城市，也是内蒙古人口第一的大市。2015 年赤峰市实现地区生产总值 1861.27 亿元，比 2014 年增长 8.1%。其中三次产业增加值为 276.96 亿元、882.59 亿元和 701.72 亿元。人均生产总值达 43269 元，增长率为 8.2%，折合为 6949 美元。从产业结构看，三次产业比例由上年的 15.4:48.4:36.2 调整为 14.9:47.4:37.7，三次产业结构对经济增长的贡献率为 7.1%、58% 和 34.9%，分别拉动经济增长 0.6、4.7 和 2.8 个百分点 [①]。

---

① 赤峰市 2015 年国民经济和社会发展统计公报。

　　赤峰市资源丰富，是国家重要的能源及有色金属基地和黄金产地。赤峰市已发现 70 余种各类矿产，有千余处矿产地，金属矿主要有铁、铬、锰、铜、铅、锌、钴、钨、锡、钼、金、铌等；其中铁、铬有探明储量的工业矿床，铁矿产地 168 处，矿石储量达到 1.191 亿吨，主要分布在克旗、敖汉旗、宁城县、松山区和巴林左旗。克旗黄岗梁铁矿石储量高达 1.08 亿吨，占赤峰市探明储量的 90% 以上。赤峰市有 170 处铜矿，储量为 20 万吨，主要是林西县大井子铜矿。钨矿在敖汉旗和克旗分布较多，截至 2010 年，哈力海吐钨矿是自治区唯一的钨矿床，位于敖汉旗。赤峰市的贵重金属矿主要包括金矿、银矿和铂、钯矿，而非金属矿主要有萤石、水晶石、冰洲石、硫、沸石、石灰石、大理石、硅石、玄武岩、珍珠岩、膨润土、鸡血石。赤峰市非金属矿主要包括燃料矿（主要有煤、泥炭和油页岩）和其他非金属矿。元宝山煤田储量占赤峰市总储量的 79%。

　　（2）创新发展概况

　　近年来，赤峰市加大科技发展。赤峰·中国北方农业科技成果博览会较为成功，进入了全国农高会序列。赤峰还组建了赤峰有色金属工业技术研究院。在清洁能源方面，赤峰积极推动清洁能源、新型化工、冶金、医药等的技术发展和自主知识产权发展。在融资方面，赤峰多样化创新投融资方式，降低社会融资成本，并积极鼓励民间资本的参与，大力支持优秀的中小企业通过多种途径如创业板、中小企业板、新三板等进行股权和上市融资。规范担保、再担保机构及小额贷款公司的发展，维护金融秩序稳定。除了注重引资，也注重人才的引进，吸引优秀人才的回归，提高人才工作水平[①]。

　　2015 年，赤峰学院全年招收 3430 名学生，12100 个在校学生，2936 个毕业生；三所高等职业院校（内蒙古交通职业技术学院、内蒙古工业职业技术学院和赤峰职业技术学院）全年招收 2931 名学生，8311 名在校学生，毕业生人数达 2640 人；赤峰市的 43 所中等职业学校全年招收 11622 名学生，其中在校学生 35919 人，毕业生人数为 17987 人。全年鉴定 23 项科技成果。年内签订 117 项技术合同，合同成交额达到 9315.25 万元[②]。

---

① 赤峰市 2015 年政府工作报告。
② 赤峰市 2015 年国民经济和社会发展统计公报。

（3）得分结果

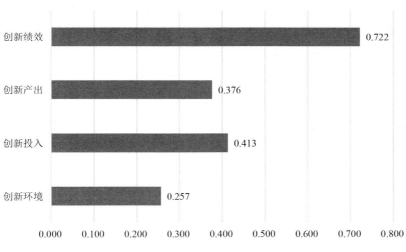

图 6.3.5 赤峰市一级指标得分结果

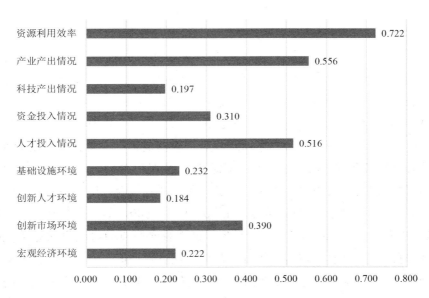

图 6.3.6 赤峰市二级指标得分结果

（4）创新评价

赤峰在 116 个资源型城市中创新指数排名第 40 位，其创新环境、创新投入、创新产出和创新绩效四项一级指标的得分分别为 0.257、0.413、0.376、0.722，排名分别位于 90、55、39、21 位，创新环境这一指标在一定程度上拉低了赤峰市创新指数的总体评价排名，而创新产出与创新绩效排名较为理想。

在创新环境方面，赤峰市位列全国所有资源型城市的第 90 位，与总体排名的 40 位相比较为靠后，说明赤峰市的创新环境欠佳。进一步，从创新环境的各项分项指标评分结果来看，赤峰市宏观经济环境、创新市场环境、创新人才环境和基础设施环境得分分别为 0.222、0.390、0.184 和 0.232，其排名分别位于所有资源型城市的第 67 名、第 35 名、第 100 名和第 96 名，反映出赤峰市的创新人才环境和基础设施环境尤需改善。其中每万人在校大学生数、矿产资源开发技术人员占比排名均为全国第 85 位，排名均较靠后。基础设施中，固定资产投资、基础设施密度等方面有待提高。近年来，赤峰市在基础设施环境建设方面也做出了努力，2014 年中心城市框架进一步拉大，建成区面积为 105 平方公里，赤峰市人口达到百万，城市功能不断加强和完善。新建改造供热、供气、给排水管网总长度为 160 公里，新增供热能力 360 万平方米，建成 10 万吨再生水利用工程；在交通基础设施建设方面，机场快速路、友谊大桥、大板桥均建成通车，解放街西通和广场路、银河路改造工程完成，城镇基础设施建设完成投资 39 亿元①。

在创新投入方面，赤峰市在 116 个资源型城市中位于中游水平，位列 55 名。具体来看，赤峰市人才投入情况与资金投入情况得分分别为 0.516 和 0.310，排名分别为 44 和 59，其中人才投入情况稍好。细分看来，其中教育支出占比得分为 0.794，排名第 35 位，但财政科技支出占比较不理想，得分为 0.058，位于全国第 96 位。

在创新产出方面，赤峰市的得分和排名在全国居于中上游水平，创新产出排名位列第 39 位，对总体创新指数排名的贡献率相对较大。从分项指标来看，科技产出情况包括的两项三级指标中，专利申请授权量、企业商标拥有量得分分别为 0.069 和 0.313，排名分别位于第 71 和第 43 位。产业产出情况包含的三项三级指标中，矿产资源开发年税金占公共财政收入的比重、矿产资源开发综合利用产值占 GDP 的比重、三次产业占 GDP 的比重得分分别为 0.561、0.597、0.500，其排名分别位于全国所有资源型城市的第 96 名、第 11 名、第 50 名。这说明赤峰市的财政收入对矿业的依赖性较大，同时矿业发展层级较高，取得了较高的经济附加值。但是赤峰市的第三产业发展水平较为一般，未来可进一步推进经济结构转型，加快第三产业发展，同时还应注意提升科技成果产出水平。

赤峰市在创新绩效方面取得的成效较好，排名第 21 位，在 4 项一级指数排名中位次最高。创新绩效包含的三级指标中，全员劳动生产率、能源消费弹性系数、单

---

① 赤峰市 2015 年政府工作报告。

位 GDP 能耗、单位 GDP 矿石开采量指标的得分分别为 0.637、0.684、0.823、0.759，排名分别位于第 20 名、第 49 名、第 43 名和第 65 名。其中全员劳动生产率排名较为靠前，是拉高创新绩效排名的最主要因素。未来需要大力推进资源型产业的升级优化，引进先进科学技术，改进生产流程，降低单位 GDP 能耗，提升资源利用效率。

（5）政策建议

从指标评价结果来看，赤峰市的主要问题在于创新环境方面，其次是创新投入较低。为此，建议在未来应加强创造良好的创新环境，增加创新投入。因此首先应努力加强宏观经济环境创新人才环境和基础设施环境建设，为赤峰市创新发展提供良好的环境基础；其次应增加创新人财物投入，由于财政科技支出占比排名很不理想，因此尤其因增加政府财政科技支出，从而补缺创新驱动发展中的短板，推动赤峰市城市创新发展。

作为再生型资源城市之一，赤峰市已经成功地实现城市转型，并且创新驱动发展方面也取得了很好的成绩，在未来转型升级进程中应注意加快推进科技、产业、金融、信息化和机制体制创新。

提高科技引领发展水平。发挥技术的领先作用，完善产学研相结合并加强科技成果转化为商业价值，促进产业从低端向中高端迈进。在有色金属冶炼加工、新能源、现代煤化工、绿色农畜产品加工、现代医药等领域加大科技投入，促进企业转型发展。加强区域性合作，面向京津冀等人才科技聚集区，大力开展产学研合作，建设示范基地和新成果转化基地。在体制方面，深化科技体制改革，加快去行政化，推动政府职能从研发管理转变为创新服务，加强建设科技服务平台和科技研发创新投入。

6.3.4　鄂尔多斯市

（1）城市概况

鄂尔多斯（汉意为"众多的宫殿"）是祖国北疆内蒙古西南部的地级市，西、北、东三面被黄河环绕，南通过古长城与晋、陕、宁三省区相接。鄂尔多斯市辖七旗一区和康巴什新区，总面积为 8.7 万平方公里。2015 年鄂尔多斯市地区生产总值达到4226.1 亿元，扣除价格因素，比 2014 年增长了 7.7%。分产业看，三次产业增加值分别为 99.0 亿元，2400.0 亿元和 1727.1 亿元。三次产业增长率为 3.3%，8.0% 和 7.5%，三次产业增加值比例调整为 2.3: 56.8: 40.9 [①]。

鄂尔多斯市自然资源富集，享有得天独厚的"羊、煤、土、气"（羊绒、煤炭、

① 鄂尔多斯市 2015 年国民经济和社会发展统计公报。

稀土、天然气）资源，素有"羊煤土气风光好"的美誉。羊绒制品产量约占全国的 1/3、世界的 1/4，是名副其实的中国绒城、世界绒都。鄂尔多斯高原的阿尔巴斯白山山羊驰名中外，其羊绒光泽好洁白柔软、纤维长、净绒率高，是山羊绒中的佼佼者，在国际上享有"开司米"绒的美称。此外，鄂尔多斯拥有丰富的煤炭和天然气资源，是国家新型能源化工基地，可承接来自上海市的能源、化工、装备制造等先进产业的转移，资源互需、成果共享，产业互补。煤炭方面，2015 年生产煤炭数量为 6.3 亿吨，销售煤炭量达到 5.4 亿吨，就地转化煤炭 0.9 亿吨，预计至 2020 年该数值可以达到 3.5 亿吨左右[①]。

（2）创新发展概况

近年来，鄂尔多斯努力促进创新发展，用创新推动资源转化和经济发展。鄂尔多斯市被确定为全国首批生态文明先行示范区和国家资源型经济创新发展综合改革试点，被自治区确定为主要污染物排污权有偿使用和交易试点。在科技教育发展方面，努力提高科技成果转化。2015 年，全市共取得 48 项各类科技成果，比上年下降了 2.0%。全年提交 828 件专利申请，比上年增长 20%，其中，550 件授权专利，增长 26%。15 项技术合同认定登记，成交金额 1955 万元，分别增长了 36.4% 和 33.5%。年内新认定 8 家企业为国家级高新技术企业，4 家自治区级企业研究开发中心，2 家自治区级工程技术研究中心，9 家自治区院士专家工作站。

鄂尔多斯市在十三五规划纲要中提出：要使市场在资源配置中起决定性作用，坚持创新的主体地位，鼓励人才引进，营造有利于创业的良好氛围。争取到 2020 年，园区工业产值占全市工业总产值比重达到 60% 以上。推动园区布局由点状分散转向块状集群优化，构建中心城区新兴产业引领核、沿黄河能源化工产业带、南部化工产业带的"一核两带"空间布局。创新发展金融服务业。构建多层次的金融组织服务体系，推进国家开发银行、渤海银行、平安银行等大型商业银行设立分支机构；加快壮大鄂尔多斯银行、农商银行等本地金融组织，完成全市农村信用社改制工作，力争组建 1—2 家民营银行。加强资本市场建设，推动有条件的本地企业上市融资，推动中小企业通过"新三板"、自治区股权交易中心挂牌融资，目标是到 2020 年，有 7 家境内外上市公司，10 家"新三板"挂牌企业[②]。

---

① 鄂尔多斯市人民政府网。
② 鄂尔多斯市国民经济和社会发展第十三个五年规划纲要。

（3）得分结果

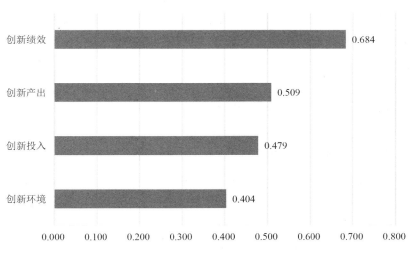

图 6.3.7 鄂尔多斯市一级指标得分结果

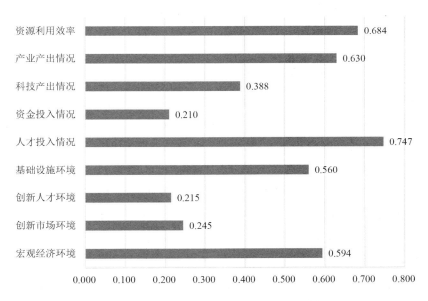

图 6.3.8 鄂尔多斯市二级指标得分结果

（4）创新评价

鄂尔多斯在 116 个资源型城市中创新指数排名第 15 位，其在创新环境、创新投入、创新产出和创新绩效四项一级指标的得分分别为 0.404、0.479、0.509、0.684，分别位于 30、41、15、33 位，其中创新产出表现较为突出，创新投入则在一定程度上拉低了创新指数的总体排名。

在创新环境方面，鄂尔多斯市位列全国所有资源型城市的第 30 位，低于该市创新指数总体排名，但在 116 个资源型城市中仍属于上游水平。分项来看，鄂尔多斯市的宏观经济环境、创新市场环境、创新人才环境和基础设施环境得分分别为 0.594、0.245、0.215 和 0.560，排名分别位于第 3 名、第 81 名、第 92 名和第 8 名。鄂尔多斯市的 4 项指标排名两极化差异很大，宏观经济环境和基础设施环境非常优越，而创新市场环境和创新人才环境处于中下游水平。说明鄂尔多斯市的经济基础和基础设施环境很好，有着较大的经济发展潜力，而创新市场环境与人才环境需要进一步改善。进一步细分看来，其城镇私营和个体从业人员占比得分较低，为 0.256，位于第 85 位，非国有矿山比重为第 62 位，说明鄂尔多斯的民营经济发展不足，导致经济潜力十分有限。同时，其人才培养和引进机制也存在着一定的缺失，其中每万人大学生数排名第 89 位，技术人员占比位于第 60 位，人才不足导致创新驱动力难以得到提升。

在创新投入方面，鄂尔多斯市的得分和排名相对较低，创新投入的得分为 0.479，排名位列第 41 位，这一定程度上拉低了总体创新指数的排名。其中，人才投入情况得分为 0.747，位列第 26 位；资金投入情况的得分为 0.210，位列第 87 位，细分看来，其中教育支出占比得分仅为 0.043，排名第 110 位，科技支出比重得分为 0.035，排名 103 位。相对于其他资源型城市来说，鄂尔多斯市的人才投入情况具有一定的优势，但资金投入过于薄弱，导致创新能力难以得到驱动。

在创新产出方面，鄂尔多斯市的得分为 0.509，排名位列第 15 位。具体来看，科技产出情况包括的两项三级指标中，专利申请授权量、企业商标拥有量得分分别为 0.075 和 0.673，排名分别位于第 67 和第 17 位。产业产出情况包含的三项三级指标中，矿产资源开发年税金占财政收入的比重指标的排名为第 115 位，第三产业增加值占 GDP 的比重较高，排名为第 31 名，这说明鄂尔多斯的经济结构较为合理，以 2015 年为例，全市三次产业增加值比例调整为 2.3∶56.8∶40.9，产业结构有效改善[1]。同时其矿业的发展层级达到了较高的水平，矿产资源开发综合利用产值占 GDP 的比重排名第 5，值得继续保持。

鄂尔多斯市在创新绩效方面得分为 0.684，排名第 33 位。分项来看，全员劳动生产率排名为第 2 位，处于前端地位；其能源消费弹性系数的排名为第 12 名，排名也很靠前；但单位 GDP 矿石开采量排名为第 116 位，这很大程度地拉低了创新绩效的排名；单位 GDP 能耗的排名为第 1 位，可以看出鄂尔多斯的能源利用效率很高，这有利于经济的可持续发展。

---

[1]　鄂尔多斯市 2015 年国民经济和社会发展统计公报。

（5）政策建议

从指标评价结果来看，鄂尔多斯市的主要问题在于创新投入方面。为此，建议在未来应加强创新的人财物投入，加强创新成果转化和提升创新绩效。

具体来看，实施科技创新工程。坚持围绕产业链部署创新链，建立市级财政投入机制，实施"科技重大专项计划"，重点解决不同煤种气化、二氧化碳循环利用、煤炭分质分级利用、节能降耗、高盐水处理、煤矸石资源化利用等关键技术难题。鄂尔多斯应以清洁能源、煤化工、先进制造、新材料、农畜产品加工等优势产业为中心，促进科技发展，推动产业向高端化、产品终端化转型。

提升产业园区创新能力。鼓励产学研结合，加强园区对优势特色产业的科技研发，从而提升园区的产业竞争力。促进园区科技招商，大力引进先进科技成果、中小型科技企业。

强化企业创新主体地位。加强对企业研发机构建设资金的扶持投入，支持企业建设自主技术研发平台，引导企业承担各类科技计划项目，尽快形成一批拥有自主知识产权的产品和技术。

加强产学研协同创新。组建鄂尔多斯技术转移联盟，建立全市科技需求动态数据平台，推动国内外新技术、新成果实现产业化。健全产学研协同创新机制，以重大关键技术为突破口，联合申报国家重大科技攻关和产业化项目，推动科技项目向产业化延伸。实施特聘科技专家进园区（企业）计划。

大力推进万众创新。以创新创业促进大学生就业。出台支持"众创空间"发展的政策，建成一批众创空间，组建全市众创空间联盟共享导师、培训、投资等创业资源。在全社会营造良好创业氛围，鼓励社会各机构举办创业相关的公益活动如创业沙龙，推动创新与创业、线上与线下、孵化与投资相辅相成。此外，政府应为小微创新企业和个人创新提供更好的服务平台，提高服务的便利化和开放化，降低成本并完善服务。

6.3.5　呼伦贝尔市

（1）城市概况

呼伦贝尔市位于内蒙古自治区东北部，下辖旗市区共 14 个，总面积约 26.2 万平方公里，相当于四川省总面积的二分之一。2001 年 10 月 10 日，呼伦贝尔撤盟设市，并将政府驻地定于海拉尔区。呼伦贝尔市有滨洲铁路等多条铁路和 111 国道、301 国道、绥满高速公路经过。2012 年 7 月 9 日入选国家森林城市，市境内的呼伦贝尔草原是世界四大草原之一，被称为世界上最好的草原。呼伦贝尔市有 8 个国家级一、二类通商口岸，其中满洲里口岸是中国最大的陆路口岸。2015 年全市地区生产总值

（GDP）实现 1595.96 亿元，按可比价计算增长 8.1%；该地区人均 GDP（与常住人口相比计算）为 63131 元（合 1.0138 万美元），可比价增长 8.2%。其中，第一产业增加值 263.66 亿元，增长 3.8%；第二产业增加值 710.81 亿元，增长 8.5%；第三产业增加值 621.48 亿元，增长 9.3%。三次产业结构比例由上年的 17.2：45.6：37.2 调整为 16.5：44.6：38.9[①]。

呼伦贝尔市具有丰富的自然资源和多样的土地类型：全市土地总面积 3.8 亿亩，土地类型囊括 8 大类，二级分类共 42 种类型，耕地土壤以肥沃、自然肥力高的黑土，暗棕壤，黑钙土和草甸土为主。在煤炭资源方面，呼伦贝尔市的探明储量是辽宁、吉林、黑龙江三省总和的近两倍。另外，呼伦贝尔全市探查到的各类矿产达四十余种，矿点 370 多处。其中 57 处矿点已探明，主要有煤炭、石油、铁、铜、铅、锌、钼、金、银、铼、铍、铟、镉、硫铁矿、芒硝、萤石、重晶石、溴、水泥灰岩等。呼伦贝尔草原位于大兴安岭以西，由牧业四旗 —— 新右旗、新左旗、陈旗、鄂温克旗和海区、满市及额尔古纳市南部、牙克石市西部草原组成。呼伦贝尔草原由东向西呈规律性分布，地跨森林草原、草甸草原和干旱草原三个地带。该地多为天然草场，仅东部地区约占本区面积的 10.5% 为森林草原过渡地带。在呼伦贝尔草原上，多年生草本植物是组成植物群落的基本生态性特征，草原植物资源约 1000 余种，隶属 100 个科 450 属[②]。

（2）创新发展概况

近年来，呼伦贝尔市坚持搞活市场，靠市场培育新增长点；抓实创新，靠新理念、新方法培育新产业；放宽政策，营造大众创业、市场主体创新的良好环境。呼伦贝尔市坚持以改革创新增强发展动力、释放发展活力，并在商事制度改革方面成效显著。同时在相关单位的指导下，呼伦贝尔市编制完成了新型城镇化发展规划和城乡体系规划，为扶持中小企业发展、健全工作机制制定了中小企业投资方向指导目录；建立中小企业融资、担保、创业和服务平台；实施创新驱动战略，打造呼伦贝尔科技创业孵化基地，加快县域生产力促进中心机构建设。同时，搞好协同创新，实施农牧林业种子工程；推动各级各类教育全面协调发展，重点抓好义务教育基本均衡县创建工作，高度重视民族教育，加快完善现代职业教育体系，推进高等学校转型发展，实现扎兰屯职业学院秋季招生[③]。

在科技与教育方面，2015 年，呼伦贝尔市鉴定科技成果 13 项，签订各类技术合同 31 项，合同成交金额 15950.70 万元，增长 13.7%。目前，呼伦贝尔市有普通高等学校 4 所，2015 年全市招收普通本、专科学生 5353 人，增长 12.5%。学生结构方

---

① 呼伦贝尔市 2015 年国民经济和社会发展统计公报。
② 呼伦贝尔市人民政府网。
③ 呼伦贝尔市 2015 年政府工作报告。

面，呼伦贝尔市高等学校普通本、专科在校学生数 17339 人，增长 9.6%；成人本科、专科在校生 6250 人，增长 16.7%；普通高中 28 所，招收学生 12490 人，下降 3.5%，在校学生数 39738 人，下降 5.0%[①]。

呼伦贝尔市在十三五规划纲要中提出：明确创新指导发展、创新引领发展、创新推动发展的理念，努力抓住主体、平台、机制、专项等关键环节，实施区域创新、产业技术提升、骨干龙头企业"强壮"、科技型中小企业培育、科技人才创新等工程，建立健全科技创新体系，推动创新能力提升，实现要素驱动、投资驱动向创新驱动的转变。强化企业主体地位：重点加强对企业创新的支持，推进产业技术创新战略联盟建设，在重点领域突破一批影响产业发展的核心关键技术，实施一批重大科技专项的研究计划，为尽快解决技术制约瓶颈，促进产业链升级提供优质土壤。发挥科技创新投资引导基金作用，推动企业围绕市场需求不断开发新产品、新技术和新工艺，培育形成以技术、标准、品牌、质量为核心的新优势。引导创新型骨干企业承担国家级、省级重大科技专项，争取一批具有前沿性、创新性原始科学技术成果。全面推进全纳教育，保证残疾儿童少年义务教育入学率达 90% 以上；积极支持高校转型升级；贯彻中央的民族政策，优先重点发展民族教育，坚持落实国家和自治区民族教育工作会议的各项精神及要求[②]。

（3）得分结果

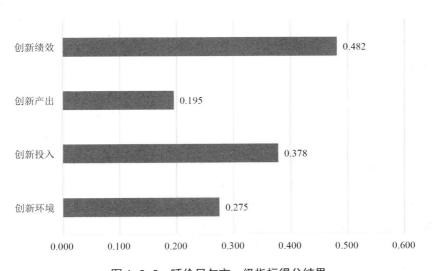

图 6.3.9 呼伦贝尔市一级指标得分结果

---

① 呼伦贝尔市 2015 年国民经济和社会发展统计公报。
② 呼伦贝尔市国民经济和社会发展第十三个五年规划纲要。

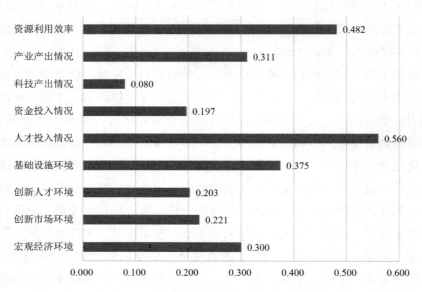

图 6. 3. 10　呼伦贝尔市二级指标得分结果

（4）创新评价

呼伦贝尔市在 116 个资源型城市中创新指数排名第 99 位，属于较为靠后水平。呼伦贝尔市在创新环境、创新投入、创新产出和创新绩效四项一级指标的得分分别为 0.275、0.378、0.195、0.482，分别位于 82、66、97、91 位，呼伦贝尔市各项指标排名均处于所有资源型城市的中下游水平，其中创新产出和创新绩效两项处于劣势。

在创新环境方面，呼伦贝尔市位列全国所有资源型城市的第 82 位，处于较为靠后水平。从创新环境的各项分项指标评分结果来看，呼伦贝尔市各项指标的得分均不理想，宏观经济环境、创新市场环境、创新人才环境和基础设施环境得分分别为 0.300、0.221、0.203 和 0.375，其排名分别位于所有资源型城市的第 42 名、第 95 名、第 94 名和第 53 名。其中创新市场环境和创新人才环境的排名劣势尤为明显，三级指标中，每万人在校大学生数得分排名位于第 67 位，技术人员占比位列 92 位，说明呼伦贝尔市需要加大人才引进力度。同时，其创新市场环境也需要改进，其中非国有矿山比重排名第 95 位，反映出呼伦贝尔的民营经济发展仍然受到了一定的阻碍，从而导致经济潜力不足。

在创新投入方面，呼伦贝尔市的得分和排名相对较低，创新投入的得分为 0.378，排名位列第 66 位。其中，人才投入情况得分为 0.560，位列第 39 位；资金投入情况的得分为 0.197，位列第 93 位，细分看来，教育支出占比非常低，得分为 0.107，位于第 103 位，相对而言财政科技支出占比较好，排名第 53 位。由上可知，呼伦贝尔市的人才投入情况较好，位于上游水平，但资金投入欠缺，尤其是教育投入过少，从而拉低了创新投入指标的排名。

在创新产出方面，呼伦贝尔市的得分和排名也相对较低，创新产出的得分为0.195，排名位列第97位。从分项指标来看，科技产出情况包括的两项三级指标中，专利申请授权量、企业商标拥有量得分分别为0.011和0.142，排名分别位于第101和第69位。产业产出情况包含的三项三级指标中，矿产资源开发年税金占公共财政收入的比重、矿产资源开发综合利用产值占GDP的比重、第三产业占GDP的比重这三项指标得分分别为0.388，0.075，0.547，其排名分别位于第101名、第45名、第46名。其中，第三产业占比较高，说明呼伦贝尔市处于产业转型时期，产业结构有明显改善。同时，其矿业的生产层次尚可，具备一定的经济附加值。

呼伦贝尔市在创新绩效方面得分为0.482，排名第91位，也处于滞后水平。分指标来看，全员劳动生产率、能源消费弹性系数、单位GDP能耗和单位矿石开采量这四项指标得分分别为0.429、0.605、0.938、0.146，其排名分别位于第45名、第87名、第10名和第106名。反映出呼伦贝尔市的资源利用效率过低，经济资源化的特征明显，生产流程耗能过多，导致能源消费增速过快。

（5）政策建议

从指标评价结果来看，呼伦贝尔市的整体创新能力在116个资源型城市中非常落后，其主要问题在于创新产出和创新绩效方面，创新环境和创新投入也有待改善。为此，建议在未来应加强创新的人财物投入，加强创新成果转化和提升创新绩效。应该加快推进城市转型，给予民营经济足够的发展空间，创新驱动发展，加快技术创新，金融创新，大力推进第二产业的优化升级，同时加快发展第三产业，优化产业结构，从而提高创新产出，补缺创新驱动发展中的短板。

具体来看，教育方面，在重视民族教育的基础上，推动各级各类教育全面协调发展，重点抓好义务教育基本均衡县创建工作，加快完善现代职业教育体系，推进高等学校转型发展。实施创新驱动战略，打造呼伦贝尔科技创业孵化基地，加快县域生产力促进中心机构建设。文化方面，在加快现代公共文化服务体系建设的同时，加大非物质文化遗产保护力度，并完成自治区和市本级地面数字电视工程建设任务，同时突出科技创新的引领作用。

推进创新平台建设。加快培育一批拥有自主知识产权的科技型中小企业、高新技术企业、创新型（试点）企业等，打造一批产业创新中心和创新集聚地。加快全国创新驱动助力工程示范市建设，积极组建各类研发平台，健全创新发展载体，提升创新发展支撑能力。密切同国家科研院所及重点大学的合作，加快工程技术研究中心、企业技术中心、重点实验室等研发平台的建设活动。

6.4　辽宁

6.4.1　鞍山市

（1）城市概况

鞍山市总面积 9252 平方公里，因南部屹立的一座马鞍型山峰得名，现辖海城市、台安县、岫岩满族自治县和铁东、铁西、立山、千山四个城区。地理位置上，鞍山市北距沈阳近 90 公里，南距大连 270 公里，地处环渤海经济区腹地，是辽宁中部城市群与辽东半岛开放区的重要连接带，是沈大黄金经济带的重要支点。交通方面，长大铁路、沈大高速公路纵贯鞍山南北，京沈高速公路、秦沈高速铁路客运专线同样途经鞍山。经过 60 多年的建设发展，鞍山奠定了比较雄厚的工业基础。近年来，以鞍钢为代表的鞍山产业结构不断优化，特别是鞍钢克服了金融危机的影响，加快技术改造，推进兼并重组，成功进入世界 500 强，并正在向精品钢基地迈进。2015 年，鞍山全市生产总值为 2349.0 亿元，按可比价格计算，比上年增长 3.0%。其中，第一产业、第二产业和第三产业增加值分别为 136.5、1116.9 和 1095.6 亿元，三次产业增加值占全市生产总值的比重分别为 5.8%、47.5% 和 46.7%[①]。

鞍山市矿产资源丰富，目前已探明有铁、菱镁矿、滑石矿等 51 种矿产，且储量大、种类多。在数量方面，鞍山市目前已探明铁矿储量 100 亿吨，占全国的四分之一；滑石矿探明储量 6000 万吨，是全国三大产地之一，储量居世界之首。其中，岫岩县更因盛产岫玉而享有"中国玉都"的美称。在新时代背景下，鞍山产业结构不断优化，地方工业以增量调结构，全面打造菱镁新材料、钢铁深加工、化工新材料、装备制造、光电五大产业集群；加快推进服务业集聚区建设，引进一批国际知名商业企业进驻。除此之外，鞍山正在利用其得天独厚的旅游资源，打造全新的中国优秀旅游城市。鞍山旅游资源类型较全，分布较广，拥有世界第一玉佛、亚洲著名温泉、国家名胜千山、中华宝玉之都和祖国钢铁之都五大旅游品牌。其中，以"钢铁是怎样炼成的"为主题的鞍钢工业旅游，更是全国首批工业旅游示范点。

（2）创新发展概况

近年来，鞍山坚持创新驱动，坚持调整存量、做优增量并举，加快经济发展方式转变，优化产业结构，推进产业转型升级。

一方面，鞍山市鼓励全民创业、万众创新并制定了相关扶持政策，另一方面坚持

---

① 鞍山市 2015 年国民经济和社会发展统计公报。

实施科技创新引领升级的战略,双线并行激发科技创新活力。目前,鞍山市正积极行走在创新型城市建设的道路上,多项举措同时实施:全面融入沈大国家自主创新示范区和沈大高新技术产业带,充分释放高新区发展潜能,建设国家自主创新示范区;全力推进鞍海城市带国家级蓝天科技工程可持续发展实验区建设;将"智慧鞍山"建设纳入全市中长期发展战略,积极申报"国家智慧试点城市"。另外,鞍山特别重视产权的保护、企业的扶持及人才的引进:搭建科技创新综合服务平台,建设国家知识产权示范市;强化企业技术创新主体地位,鼓励企业进行技术改造,培育一批创新型企业;广泛吸引一批科技创新、专业技能等高端人才来鞍创业发展,加强科技人才队伍建设[1]。

2015年年末,鞍山全市拥有省级以上高新技术企业119户,比上年增加19户。规模以上工业企业高新技术产品增加值121.9亿元。全年受理专利申请3197件,增长2.6%;授权专利2287件,增长20.9%。签订技术合同104项,技术合同登记金额8.0亿元,技术合同成交金额8.0亿元[2]。

进入"十三五",鞍山全面深化改革:一方面,在正确处理好政府、市场、社会三者关系的基础上,加快体制机制创新,重点深化行政体制、经济社会等领域改革,营造有利于创新发展的市场环境和保障制度,发挥市场在资源配置中的决定性作用,同时配合政府与社会的力量[3]。

(3)得分结果

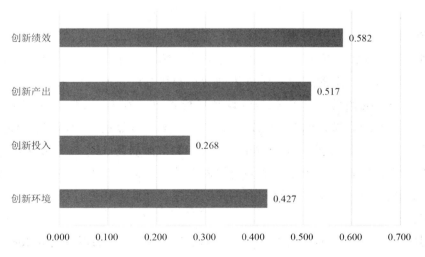

图6.4.1　鞍山市一级指标得分结果

---

① 鞍山市2015年政府工作报告。
② 鞍山市2015年国民经济和社会发展统计公报。
③ 鞍山市国民经济和社会发展第十三个五年规划纲要。

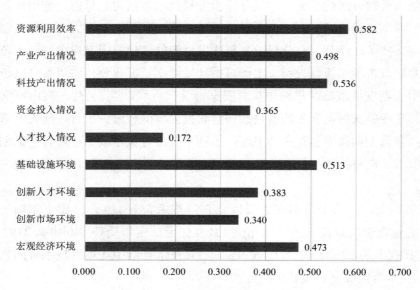

图 6.4.2　鞍山市二级指标得分结果

（4）创新评价

　　作为 116 个资源型城市中创新指数排名为 38 名的城市，鞍山市排名处于中等偏上位置，鞍山市在创新环境和创新产出方面的成效表现较好，排名分别为第 21 位和第 14 位，其次为创新绩效，排名为第 64 位。创新投入在所有资源型城市中排名很靠后，仅位于第 91 位，这一定程度上拉低了鞍山市创新指数的总体评价得分和排名。

　　在创新环境方面，鞍山市位列全国所有资源型城市的第 21 位，可见鞍山市在创新环境方面取得了一定的成效，对总体创新指数排名的贡献率较大。从各分项指标评分结果来看，宏观经济环境和基础设施环境得分分别为 0.473 和 0.513，其排名分别位于所有资源型城市的第 15 名、第 17 名，排名较靠前。创新市场环境得分为 0.340，排名为 48 名。创新人才环境得分为 0.383，排名为 52。鞍山市受东北老工业基地结构性矛盾的掣肘，缺乏改革创新的内在动力，创新创业环境不佳，创新机制亟待完善，以创新引领和支撑的发展模式还在建立之中。因此，鞍山市仍面临着严峻的挑战。

　　在创新投入方面，鞍山市的得分和排名很低，创新投入的得分为 0.268，排名位列第 91 位，拉低了其创新指数的排名。其中，人才投入情况得分为 0.172，位列第 98 位，处于较低水平；资金投入情况的得分为 0.365，位列第 46 位，处于中等偏上水平。从三级指标来看，鞍山市每万人教师数、教育支出占财政支出的比重得分均不理想，2014 年上述指标的排名分别位于第 98 位、第 111 位，从而导致人才投入情况、资金投入情况在所有资源型城市中排名较为靠后，这是影响鞍山市创新指数得分的短板。

在创新产出方面，鞍山市创新产出的得分为 0.517，排名位列第 14 位，对总体创新指数排名的贡献率相对较大。从分项指标来看，科技产出情况包括的两项三级指标中，专利申请授权量、企业商标拥有量得分分别为 0.498 和 0.569，排名分别位于第 15 和第 19 位。产业产出情况包含的三项三级指标中，矿产资源开发年税金占财政收入的比重指标的排名处于中下水平，为 71 位；鞍山市第三产业增加值占 GDP 的比重较高，2014 年该比重达到 43.94%，因此该指标的排名非常靠前，为第 10 名；但与此同时，由于矿产资源开发综合利用产值占 GDP 的比重排名非常靠后，为 102 名，从而一定程度上拉低了创新产出所占名次。

鞍山市在创新绩效方面，得分和排名也相对较低，创新绩效的得分为 0.582，排名位列第 64 位，对总体创新指数排名的贡献率相对较小。从分项指标来看，单位GDP 矿石开采量、单位 GDP 能耗指标排名较为靠后，分别位于第 70 名和第 87 名；而对于其余两项指标而言，全员劳动生产率、能源消费弹性系数的排名分别位于第50 位、第 44 位，排名都不靠前，从而得到的创新绩效排名在所有城市中位于中偏下水平。

（5）政策建议

从指标评价结果来看，鞍山市的主要问题在于创新投入方面，其次是创新绩效的成果较低。为此，建议在未来应加强创新的人财物投入，加强创新成果转化和提升创新绩效，应注重推动鞍山市技术水平的提升来降低单位 GDP 能耗和单位 GDP 矿石开采量，摆脱经济发展对能源以及矿产资源的过度依赖。鞍山市应补缺创新驱动发展中的上述短板，从而推动城市创新发展。

作为再生型资源城市之一，鞍山市正处于城市转型的过渡期，并且创新驱动发展方面仍有很大的前进空间。

具体来看，在科技创新方面：加快推进高新区国家级科技成果转化服务示范基地建设，有效解决鞍山地区科技资源相对不足问题，为重点产业发展培育一批有较强竞争力的优势项目和高新企业后备队伍；积极建设国家自主创新示范区，努力提升高新区自主创新能力和产业竞争力，探索适合鞍山科技创新新模式，形成可推广的经验，全面发挥高新区在全市科技创新工作中的龙头和带动作用；设立面向全市的国家科技成果转化服务示范基地综合信息服务平台，以全国科技成果库为支撑，充分挖掘和筛选出适合鞍山发展、技术较成熟、市场前景广阔、实用性强并可迅速转化为生产力的优秀科技成果、技术和专家人才，提供给市内企业选用。

在创新环境的营造方面：建立专业化孵化载体，围绕电子信息等产业发展，整合上下游相关科技服务产业，建设起点高、产业功能齐、人才队伍全、服务配套强的孵化园区；建立适合青年创业的良好氛围，举办特色创新创业活动，吸引风险投资，制定专门的创业指导服务措施。建立适合小微企业发展的创新环境，探索建设封闭的创业园区，破除一切体制机制障碍，创业初期在政策允许范围内，除涉及安全等重大问题外，免除税收等各类检查。

在人才储备及引进方面：加快人才制度改革，建立涵盖人才培养、引进、使用、管理、保障、评价、激励等环节的制度体系。全面推进重大人才项目，培育高端科技人才、行业领军人才，持续实施"千人兴业"计划。加强各类人才培养使用，着力发现和培养青年科技人才、专门人才、创业人才。实施更开放的人才引进政策，进一步完善高端人才服务平台建设。深化智力支持行动，建立高端人才智力服务经济发展的长效机制。建立政府宏观调控、市场公平竞争、中介提供服务、人才自主选择的人才流动配置机制，形成鼓励人才向基层流动、到一线创业的政策导向。

6.4.2　抚顺市

（1）城市概况

抚顺市，地处辽宁东部，与吉林接壤，市区位于浑河冲积平原上，三面环山，是一座美丽的带状城市。抚顺有着悠久的工业历史，是一座依煤而兴、因石油而发展的老工业城市，曾以"煤都"蜚声海内外。抚顺有着 100 多年的煤矿开采历史，煤炭开采高峰期曾占全国总产量的 1/10，被誉为"共和国燃料供应部"；新中国第一桶页岩油，第一吨铝、镁、硅、钛，第一吨特种钢，第一台机械式挖掘机均产自抚顺。并且，在大庆油田发现之前，抚顺炼制的页岩油曾是新中国的主要油料来源，占全国石油产量的 30%-50%。经过一个多世纪的建设，抚顺现已发展成为以石化工业为主导，以国有大型企业为骨干，体系较为完备、门类较为齐全的国家重要能源和原材料生产基地，集中了一批关系国计民生和国家安全的基础产业。同时，抚顺又是我国最大的军工航天特殊钢生产基地和世界最大的石蜡生产基地、亚洲最大的合成洗涤剂原料生产基地。2015 年全市完成地区生产总值 1216.5 亿元，按可比价格计算，比上年增长 2.0%。其中第一产业实现增加值 98.0 亿元，增长 4.4%；第二产业增加值 594.5 亿元，下降 1.6%；第三产业增加值 524.0 亿元，增长 7.1%。三次产业占生产总值的比重为 8.0：48.9：43.1。人均地区生产总值为 58555 元，增长 2.4%[①]。

除矿产资源外，抚顺市还拥有丰富的水力资源和森林资源。全市矿产资源有金

---

① 抚顺市 2015 年国民经济和社会发展统计公报。

属、非金属、煤矿 3 大类矿产资源 34 种，总量约 54.97 亿吨，保有总量约 43.32 亿吨，主要矿产有煤、铁、铜、锌、铅、金、银、镍、铂、钯、硫化铁等。其中，红透山铜锌矿的规模和储量居全省前列。全市主要河流有浑河、太子河、清河、柴河、富尔江和柳河等，可利用水域面积达 6667 公顷。全市水资源总量约 39.82 亿立方米，总供水量约 16.5 亿立方米，水资源人均占有量 1530 立方米。抚顺大伙房水库每年为沈阳、大连等省内 7 座城市提供 26 亿立方米的生产生活用水。抚顺的森林资源更加得天独厚，生长着野生植物 133 科 970 种、野生动物 63 科 242 种。其中，有经济价值的植物近 300 种，珍禽异兽近 150 种。全市林业用地面积 81.4 万公顷，占全市土地总面积的 72.2%；有林地面积 76.5 万公顷，森林覆盖率达 67.92%，森林绿化率 68.9%，活立木蓄积量 6953 万立方米，位居全省第一位。

（2）创新发展概况

近年来，抚顺积极贯彻中央、省提出的战略部署和要求，努力适应经济发展新常态，大胆探索、顽强拼搏、开拓创新，有效应对新旧动力转换带来的压力和城市转型带来的挑战。这也使得抚顺城乡面貌发生了深刻变化，城市转型速度得到进一步加快。2015 年全市高新技术产品增加值完成 135.4 亿元，下降 7.2%。技术市场共登记技术合同 301 份，技术合同成交额 11.9 亿元，其中技术交易额 3.0 亿元。6 项科技成果获省级以上科技进步奖，47 项科技成果获市级科技进步奖。当年申请专利 1122 项。专利申请授权 615 项，其中发明 107 项[①]。

"十三五"期间，新常态下抚顺的发展思路更加明晰。省委提出了同步实施"创新驱动、改革驱动、市场驱动、开放驱动"战略要求，指出了在"传统产业转型升级、战略性新兴产业、现代服务业、新型城镇化、转变农业发展方式、发展民营经济"六个方面培育和壮大新的增长点。同时，市委为抚顺未来五年转型振兴指出了前瞻规划，提出了建设"绿色抚顺、健康抚顺、美丽抚顺"，打造"老工业城市转型发展先行区、生态文明建设示范区、产业区域协作配套区"的安排部署。另外，在经济发展方面，配合新一轮东北振兴和"一带一路"、中蒙俄经济走廊、中韩自贸区的建设，以及京津冀协同发展、长江经济带建设等国家战略同步实施，沈阳经济区国家新型工业化综合配套改革实验上升为国家战略，特别是积极参与沈阳全面创新改革试验和国家级沈抚新区的申请设立，将为沈抚同城化注入强大动力，必将充分释放抚顺的发展动能[②]。

---

① 抚顺市 2015 年国民经济和社会发展统计公报。
② 抚顺市国民经济和社会发展第十三个五年规划纲要。

（3）得分结果

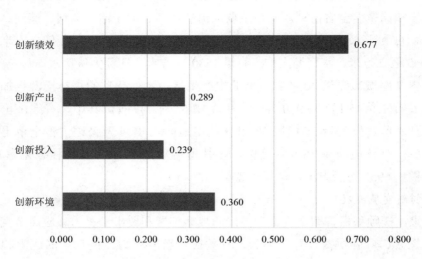

图 6.4.3　抚顺市一级指标得分结果

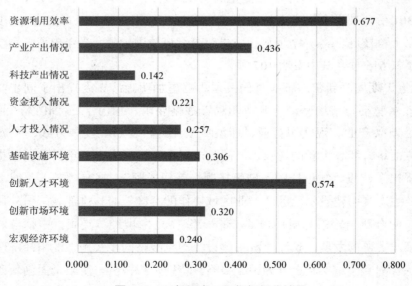

图 6.4.4　抚顺市二级指标得分结果

（4）创新评价

抚顺市在 116 个资源城市中创新指数排名为第 65 位，处于中下等水平。抚顺市在创新绩效上表现较为理想，排名为第 37 名；其次是创新环境和创新产出，排名分别为第 41 和第 62 名；而创新投入的排名与前几项相差较大，排名为 92 名，这一定程度上拉低了抚顺市的创新指数排名。

在创新环境方面抚顺市在 116 个城市中排第 41 名，得分为 0.360。其中宏观经济环境排名 59，得分为 0.240，细分来看，抚顺市的地区生产总值和人均 GDP 较高，说明抚顺市的经济发展水平不错，但是另一方面抚顺市的贸易开放度较低，仅位于第 92 名；创新市场环境排名 56，得分 0.320；创新人才环境排名 18，得分 0.574；基础设施环境排名 79，得分 0.306，说明抚顺市的交通设施、娱乐设施、便民设施等建设不到位，需要加强。

在创新投入方面抚顺在 116 个城市中排名 96，得分为 0.239，是四项一级指标中排名最低的一项。其中人才投入情况排名 91，得分 0.257，说明抚顺市需要加强创新型人才队伍的建设；资金投入情况排名 83，得分 0.221，在其包含的三级指标中，教育支出占财政支出的比重、财政科技支出占财政支出的比重两项指标得分均较低，从而导致抚顺市资金投入情况很不理想。

在创新产出方面抚顺市排名处于中下游，为 62 名，得分 0.289。从分项指标来看：科技产出情况包括的两项三级指标中，专利申请授权量、企业商标拥有量得分分别为 0.088 和 0.191，排名分别位于第 61 和第 60 位。产业产出情况包含的三项三级指标中，矿产资源开发年税金占公共财政收入的比重得分 0.860，排名 61；矿产资源开发综合利用产值占 GDP 的比重得分 0.040，排名 61，可以看出抚顺市的矿产资源开发和利用需要做出进一步的提升；第三产业占 GDP 的比重较靠前，得分 0.604，排名 36，说明抚顺市第三产业发展水平较好。

在创新绩效方面抚顺排名较靠前，为 37 名，得分 0.677。从各分项指标来看：全员劳动生产率排名 41，得分 0.464；能源消费弹性系数排名 24，得分 0.733；单位 GDP 能耗排名 71，得分 0.672；单位 GDP 矿石开采量排名 37，得分 0.869，由上可知，抚顺市的能源利用效率较低。

（5）政策建议

抚顺创新指数在 116 个资源城市中排名 65，从指标评价结果来看，抚顺市的主要问题在于创新投入方面，其次是创新产出。

首先，抚顺市应当积极推进科技创新、企业创新和金融创新，通过科技、企业创新促进城市转型。如：进一步提高科技创新基础能力，围绕关键领域进行技术革新，巩固基础性、前沿性技术和共性技术平台建设，促进产业技术水平提升。争取国家重大科技基础设施、重要科研机构和重大创新能力项目落户抚顺，加快推进重大创新平台建设，支持石化、煤炭、特钢等科研院所在重点学科和关键产业技术领域的研发，加快促进科技成果转化生产力；完善企业创新机制，强化企业创新主体地位，实施提升企业技术创新能力行动计划和创新型中小企业成长扶持计划，加快构建以企业为主体、市场为导向、产学研结合的技术创新体系；积极探索金融与创新驱动发展新模式，形成支持创新创业的多元化投融资体系。此外，建议抚顺在未来多注重对教师队伍的培养以及教师人才的引进，改善教师待遇，吸引更多的人从事教育事业；其次是增加财政在教育、科技支出上的比重，政府投资或牵头企业联合投资科研项目，给科研人员相应的经济资助与生活保障，同时聘请高精尖学者前来参与合作。在创新产出方面，抚顺市应对矿产资源的利用方式进行创新性研发，以提高抚顺矿产资源综合开发利用率，将有限的矿产资源转化为更多的价值；同时抚顺还应继续加大力度发展第三产业，促进抚顺产业结构更快更好地调整。

抚顺还应该继续扩大开放，鼓励外向型经济发展，支持相关项目建设。同时，深入挖掘产业、资源和区位优势，策划包装一批产业升级、城市转型等重点项目。创新招商方式，优化投资环境，继续"走出去"、"请进来"，力争在引进战略投资者、建设牵动性大项目上实现新突破。

6.4.3　本溪市

（1）城市概况

本溪市位于辽宁省东南部，北与沈阳抚顺相连，西与辽阳鞍山相接，南邻丹东，东邻吉林的通化市，地理位置优越，交通十分便利。本溪下辖两县四区：本溪满族自治县、桓仁满族自治县、平山区、明山区、溪湖区、南芬区，还有一高新技术产业开发区。本溪是一座历史悠久、文化深厚的老工业基地，曾以"煤铁之城"扬名中外。近年来，市委、市政府紧跟时代步伐，提出了坚决依托三大产业，把本溪建设成钢都、药都和枫叶之都，全国优秀旅游城市、国家森林城市、国家园林城、国家卫生城和全国环保模范城（即"三都五城"建设）的目标，让本溪的自然山水、地域文化与现代工业完美结合，使本溪焕然一新。2015 年本溪地区生产总值达 1164.62 亿元，按可比价格计算，比上年增长 3.6%。其中，第一产业增加值 67.0 亿元，增长 3.7%；第二产业增加值 599.1 亿元，增长 1.6%；第三产业增加值 498.52 亿元，增长 6.8%。三次产业增加值结构由上年的 5.4∶54.8∶39.8 调整为 5.8∶51.4∶42.8。全年人均地区生产总值 67652 元，比上年增长 3.8%[①]。

由于矿产资源丰富，本溪被誉为"地质博物馆"，更是中国著名的、以产优质焦煤、低磷铁、特种钢著称的钢铁城市。本溪市已发现铁、铜、锌、石膏、大理石等矿产八大类 45 种，其中铁矿石已探明储量 27 亿吨以上，石灰石矿（水泥）储量 2.1 亿吨，溶剂石灰（冶金）储量 1.3 亿吨。特别是在本溪南芬露天铁矿，由于该地的铁矿

---

① 本溪市 2015 年国民经济和社会发展统计公报。

石具有低磷低硫低杂质等优点，用此铁矿炼出的铁被誉为"人参铁"。本溪的大台沟铁矿是迄今为止发现的世界上最大的单体铁矿，南芬区思山岭铁矿为我国新近发现的世界级大型铁矿床之一。近年来，本溪市紧握沈阳经济区上升为国家新型工业化综合配套改革试验区的机遇，加速推进绿色钢都整体开发建设。目前，桥北和东风湖钢铁深加工产业园已入驻规模以上企业近百户。依托雄厚的工业基础和资源优势，本溪正在全力打造中国钢都。

（2）创新发展概况

近年来，本溪市加速推进创新驱动发展战略。在科技领域，2015年，本溪全市有科学研究开发机构8个；年内有3项成果获省科技进步奖：其中，二等奖1项，三等奖2项；受理专利申请589件，比上年增长55.8%，授权专利283件，比上年增长59.8%。另外，全市有国家级高新技术企业25家，国家级工程技术研究中心1家，省级工程技术研究中心20家，市级企业技术研究开发中心32家，省级重点实验室2家，市级重点实验室6家。全年规模以上工业企业实现高新技术产品产值357.95亿元，比上年下降50.14%，实现高新技术产品增加值97.86亿元，比上年下降43.35%。全市高新技术产品增加值占GDP比重为8.4%，比上年下降7.4个百分点。

在"十三五"期间，本溪市着眼于"七个驱动"的共同发力，即让创新、改革、市场、开放、服务、人才、主体这七大要素充分发挥作用，全面实施"1355"创新驱动发展战略，助推经济社会快速发展。"1"是指将本溪建设成为数字化健康城市的目标；"3"是指加快绿色钢都、中国药都、枫叶之都建设，促进三都建设提质升级；"5"是指实施企业做强做优、人才引进培养、金融活力创新、创新平台建设以及药都创新示范工程五大重点任务；"5"是指实施强化组织领导、工作机制、政策落实、舆论宣传和考评督导五大保障措施。另一方面，通过实施"331"工程，激发企业创新活力，充分发挥企业在创新驱动中的主体作用，提升全市产业发展水平。在人才培养与引进方面，为了缓解重点领域和支柱产业人才紧缺状况，本溪积极打造以院士专家工作站、博士后创新实践基地、高新技术产业园区等创新创业基地建设为主的人才引进平台和以开展高层次人才培养、职业教育、国际化优质教育为主的人才培养平台，着力引进该市经济社会发展急需的国内外领军型企业人才、创新型科技人才、高素质专家型人才，引进"985工程"、"211工程"院校的优秀大学生作为储备人才。同时，本溪政府加大本地人才培养力度，加快推进重要紧缺人才培养本土化进程，充分发挥人才在创新驱动中的根本性作用，夯实创新驱动根基。大力落实"233"工程，破解企业发展融资难题，支持创新驱动发展[①]。

---

① 本溪市创新驱动实施方案（2015年—2020年）。

（3）得分结果

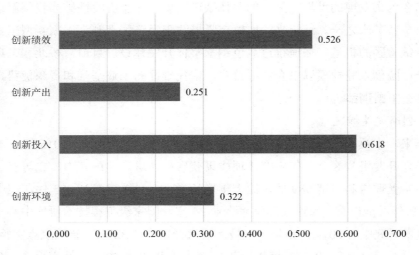

图 6.4.5　本溪市一级指标得分结果

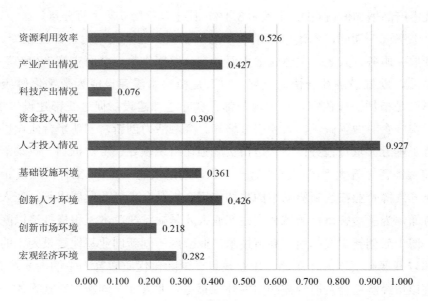

图 6.4.6　本溪市二级指标得分结果

（4）创新评价

本溪在 116 个资源城市中创新指数排名为 45 名，处于中上游水平。本溪在创新投入方面较为突出，取得了第 13 名的好成绩；其次是创新环境，排名为第 56 名；创新产出和创新绩效表现较差，排名分别为第 80 和第 81 名。

在创新环境方面，本溪得分为 0.322，排名 56。从创新环境的各项分指标来看，宏观经济环境得分 0.282，创新市场环境得分 0.218，创新人才环境得分 0.426，基础设施环境得分为 0.361，排名分别为 51、96、39、62。可看出创新市场环境对于本溪市的创新环境造成了一定程度的影响。本溪市第三产业的多元化较为落后，私营企业的数量尚可，但仍需继续加强。在基础设施方面，本溪市应当大力加强基础设施现代化建设，通过完善综合交通枢纽功能、构筑清洁能源保障体系、建设集约高效智慧城市、完善城市综合管理系统等措施完善本溪的基础设施环境。

在创新投入方面，本溪取得了第 13 名的好成绩，得分为 0.618。从创新投入的两项分指标来看，人才投入情况得分为 0.927，排名为第 9 名，这说明本溪市十分注重人才的培养；资金投入得分为 0.309，排名为 60，这主要是受限于本溪市教育支出占财政支出的比重。教育支出占财政支出的比重得分为 0.123，排第 107 名，而财政科技支出占财政支出的比重为 0.514，排第 25 名，可见本溪市人才投入和资金投入较不均衡，教育支出的不足是影响本溪创新资金投入排名的主要因素。

在创新产出方面，本溪得分为 0.251，排第 80 名。从各项分指标来看，科技产出情况包括的两项三级指标中，专利申请授权量、企业商标拥有量得分分别为 0.067 和 0.084，排名分别位于第 72 和第 88 位。产业产出情况包含的三项三级指标中，矿产资源开发年税金占公共财政收入的比重得分为 0.714，排名为 82；矿产资源开发综合利用产值占 GDP 的比重得分为 0.055，排名 56；第三产业占 GDP 的比重得分为 0.669，排名 27，这是对创新产出排名贡献最大的因素，这一定程度上得益于本溪是一座优秀旅游城市。本溪拥有中国全部的景系、景类和大多数的景型，本溪市先后被国家旅游局批准为"中国优秀旅游城市"，另外还可以看出，本溪市的资源开发利用程度尚可，但在科技成果产出方面需要不断地加强和提升。

在创新绩效方面，本溪得分 0.526，排名 81，是四个创新一级指标中排名最低的。从各项分指标来看，全员劳动生产率、能源消费弹性系数、单位 GDP 能耗、单位 GDP 矿石开采量得分分别为 0.345、0.723、0.514、0.615，排名分别为 61、28、90、83。在上述 4 项三级指标中，能源消费弹性系数排名较为靠前，但由于单位 GDP 能耗和单位 GDP 矿石开采量的排名均较为靠后，从而拉低了创新绩效指标的排名。由上排名可知：本溪市全员劳动生产率不高，单位 GDP 能耗较大，经济发展对矿石开采依赖程度较高，这些都一定程度上拉低了创新绩效的得分和排名。

（5）政策建议

从指标评价结果来看，本溪市的主要问题在于创新绩效，其次是创新产出。因此，本溪在未来发展过程中应注意将高新技术与生产技术的改进以及降低能源消耗更多地结合在一起，积极发展高新技术产业，降低对矿石开采业的依赖，促进产业结构调整，本溪市应该大力发展第三产业，其中，规范房地产业市场并引导开发需求导向型的特色地产可以有效提升城市环境和带来经济增长。其次是积极改善本溪创新市场环境与基础设施环境，加大对私营企业以及个体经济的政策扶持以及贷款优惠，促进本溪市非公有经济的发展，加大力度完善本溪基础设施设备，完善优化交通运输网络系统，增加本溪市物流货物运输能力。注重资源的循环利用，提高矿产资源开发综合利用产值。从而补缺创新驱动发展中的短板，推动本溪市城市创新发展。

　　作为成熟型城市之一，在未来本溪市应加强科技支撑和创新驱动，着力提升产业层次推动传统产业改造升级，延长产业链，提高产品附加值。发展战略性新兴产业。牢牢把握成长性、竞争性、市场性发展方向，注重培育总部经济、医疗器械、生物医药、先进装备、新材料新能源、信息技术等新兴产业，提升产业层次和产品科技含量。强化科技人才支撑。注重培养引进创业创新领军人才，引导企业加大专利申报、技术研发、人才引进、品牌建设等方面的投入力度，用更加优惠的政策吸引科技研发人才和高技能人才，从而提升科技创新能力。

6.4.4　阜新市

（1）城市概况

　　阜新，其名源自俗语"物阜民丰，焕然一新"。阜新市位于辽宁省西北部，下辖两县五区、一个国家级高新技术产业开发区、氟化工和皮革两个省级产业园区。作为共和国最早建立起来的能源基地之一，阜新"因煤而立、因煤而兴"。作为曾经拥有亚洲最大的露天矿——海州露天矿和亚洲最大的发电厂——阜新发电厂的城市，阜新 60 多年来已累计产煤 7 亿吨，发电 2000 多亿千瓦时，有着"煤电之城"的美称。进入 21 世纪，阜新迈上了经济转型之路，成为全国首个资源型城市经济转型试点市，辽宁省实施"突破辽西北"战略的重点地区、沈阳经济区的重要成员。经过十余年转型实践，阜新培育了煤化工、新型能源、铸造、板材家居、新型材料和玛瑙等多个重点产业集群，多元化产业格局逐渐形成。2015 年，全市地区生产总值是 542.1 亿元，根据可比价格计算，同比上年下降 4.8%。其中，第一产业的增加值为 118.3 亿元，下降了 3.5%；第二产业的增加值为 212.3 亿元，下降了 9.3%；第三产业的增加值为 211.5 亿元，增长了 0.4%。三次产业增加值比重由上年的19.7:44.7:35.6 调整为 21.8:39.2:39.0。人均地区生产总值 30420 元，按可比价格计算，比上年下降 4.4%[①]。

---

① 阜新市 2015 年国民经济和社会发展统计公报。

　　阜新市矿产资源丰富，初步探明有矿藏 38 种，矿产地 228 处。其中煤的储量较大，资源储量达 10 亿多吨。石灰石、珍珠岩、膨润土、花岗岩的储量也十分丰富，萤石、硅砂、沸石的储量居辽宁之首，黄金储量尤其可观。截至 2015 年底，阜新市各类矿山企业 251 家，开采矿种 20 种，其中主要开发利用的矿产有煤、铁、金、砖瓦用黏土、建筑用安山岩、建筑用花岗岩。全市矿山企业从业人员 41566 人，年产矿石量 1686.89 万吨，工业总产值 60.15 亿元。阜新具有 100 多年的煤炭开采历史。50 多年来，全市已累计产煤 6.5 亿吨，发电 1700 亿千瓦时。全市已形成了煤炭、电力、电子、纺织、建材、机械、轻工、医药、化工、食品等多门类一体化的工业体系，发展了一批骨干企业和重要产品。然而，作为百年老矿，阜新的煤炭资源逐步消耗，累计报废主体矿井不断增多，出现了"矿枯城竭"的现象。另外，由于长期的煤炭开采，造成矿区大面积沉陷，居民住房受损。目前，由于煤炭行业产能过剩、价格下跌、需求萎缩，矿区非煤产业的发展不足，以及不合理的地区产业结构、较低的经济总量、质量效益低等长期累积问题，阜新经济运行进入了"非常困难时期"[①]。

　　（2）创新发展概况

　　近年来，阜新市大力推行创新驱动发展战略。2015 年，共取得各项科研成果 105 项，其中，国内领先 1 项，国内先进水平 15 项，省内先进 69 项。有 105 项科研成果得到推广应用。全市规模以上工业高新技术产品增加值 32.3 亿元。

　　面对经济发展新特征、新规律、新要求，阜新市政府紧跟时代步伐，积极创新工作举措，主动作为。一方面，围绕稳定增长，制定了支持国家级高新区发展、促进经济增长、促进投资增长、工业企业倍增计划等政策举措。另一方面，围绕破解难题，阜新实施了"政银保"金融创新、融资渠道拓宽、推行市场化运作、高层次人才平台搭建等创新举措。"十三五"期间阜新市还将深入实施创新驱动战略，加快创新步伐。培育发展新动力，优化劳动力、资本、土地、技术、管理等要素配置，激发创新创业活力，推动大众创业、万众创新。大力实施创新驱动发展战略，推动经济发展进入到创新驱动、内生增长的轨道[②]。

（3）得分结果

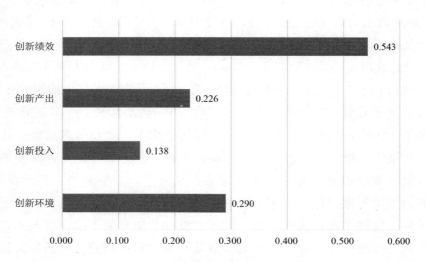

图 6.4.7　阜新市一级指标得分结果

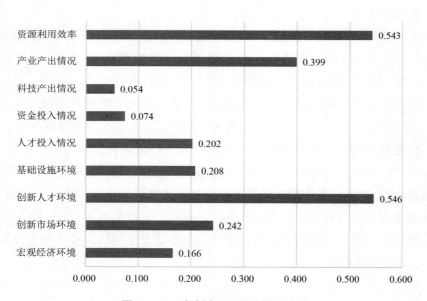

图 6.4.8　阜新市二级指标得分结果

（4）创新评价

阜新在 116 个创新城市中创新指数排名 107，处于靠后的位置，说明阜新的城市创新发展较为落后。阜新的各项创新指标排名都处于中下游的位置，其中排名最高的是创新环境，排名为 73，其次是创新绩效和创新产出，排名分别为 80、90，排名最低的是创新投入，为 109 名，处于倒数的位置。

在创新环境方面，阜新得分 0.290，排名 73。从创新环境的各项分指标来看，创新环境的各项分指标排名差距较大，存在着不平衡。其中创新人才环境对创新环境排名的贡献最大，其得分分别为 0.546，排名为 25，这得益于阜新有着庞大的在校大学生群体。而创新市场环境、宏观经济环境和基础设施环境得分分别为 0.242、0.166、0.208，排名分别为 83、92、101。阜新市的地区生产总值不高，对外贸易开放程度也处于较低的水平，另一方面阜新的基础设施密度、货运总量、公共图书馆藏书量等基础设施建设较少。

在创新投入方面，阜新得分 0.138，排名 109。从各项分指标来看，阜新市的人才投入指标得分为 0.202，排名为第 95 名，资金投入得分为 0.074，排名为 115 名。从中可以看出，阜新市的创新人才队伍建设不力，创新资金投入较少，在未来阜新市应注重提升创新人才投入和创新资金投入水平。

在创新产出方面，阜新得分 0.226，排名 90。从各项分指标来看，科技产出情况包括的两项三级指标中，专利申请授权量、企业商标拥有量得分分别为 0.058 和 0.050，排名分别位于第 78 和第 97 位。产业产出情况包含的三项三级指标中，矿产资源开发年税金占公共财政收入的比重、矿产资源开发综合利用产值占 GDP 的比重、第三产业占 GDP 的比重得分分别为 0.876、0.048、0.470，排名分别为 56、58、61，皆处于中游位置，说明阜新市的矿产资源开发情况尚可，第三产业发展状况平稳。

在创新绩效方面，阜新得分 0.543，排名为 80。从各项分指标来看，全员劳动生产率、能源消费弹性系数、单位 GDP 能耗、单位 GDP 矿石开采量得分分别为 0.188、0.685、0.661、0.748；排名分别为 93、48、75、67。可以看出除能源消费弹性系数以外，阜新市其余几项的排名均不理想，这反映出阜新市劳动生产率不高，单位 GDP 能耗和单位 GDP 矿石开采量较高。

（5）政策建议

作为衰退型城市之一，阜新矿产资源开发进入衰退过程，产业效益下降，产业结构较为单一，资源产业萎缩，替代产业尚未形成，经济总量不足，地方财力薄弱；而阜新市的城市转型与创新发展也举步维艰，在 116 个资源城市中创新指数排名仅为 107。从指标评价结果来看，阜新市的主要问题在于创新投入，其次分别为创新产出、创新绩效和创新环境。

创新投入方面，阜新市在未来发展过程中应注意加大对创新发展的投入力度，加大对教育财政支出的比重，同时也应加大财政科技支出比重，改善阜新市科研技术人员的待遇和福利情况，加大对科研人员的培养力度，给予高校和科研院所更多的自主权，给予创新领军人才更大人财物支配权、技术路线决策权。对于创新型人才，在鼓励弘扬奉献精神的同时，实行以增加知识价值为导向的分配政策，提高科研人员成果转化收益分享比例。同时，鼓励企业开展基础性前沿性创新研究，重视技术创新；组织实施一批国家重大科研项目，在重大创新领域组建一批国家实验室。积极提出并牵头组织国际大科学计划和大科学工程。深化科技体制改革，引导构建产业技术创新联盟，推动跨领域跨行业协同创新，促进科技与经济深度融合。加强技术和知识产权交易平台建设，建立从实验研究、中试到生产的全过程科技创新融资模式，促进科技成果资本化、产业化。

基础设施方面，阜新市应该规划桥梁建设，完善基础设施、绿化美化等配套工程。将地下管网改造作为一项重要民生保障工程，开展供热管网改造攻坚年活动，改造供热管网，提高城市供热主管网保障能力；改造老旧住宅小区；推进城市燃气危旧管网改造；巩固老旧小区管网改造成果。实施城市道路改扩建、街路整治、雨水收集工程。在垃圾回收方面，辽西危废处置中心投入使用，并启动市垃圾处理厂三期工程，新建污泥处理池。在交通运输方面，巴新铁路通车，启动通辽连接京沈客专彰武段快速铁路前期工作，配合京沈客专、辽西北供水、锦阜高铁路建设。

6.4.5　盘锦市

（1）城市概况

盘锦市地处辽宁省西南，位于辽河三角洲的中心地带。盘锦 1984 年 6 月建市，目前全市总人口 144 万人，户籍人口 129 万人，区域总面积 4063 平方公里。2015 年全年地区生产总值 1267.9 亿元，按可比价格计算，比上年增长 4.6%。其中，第一产业增加值 121.1 亿元，增长 4.5%；第二产业增加值 684.0 亿元，增长 4.0%，第三产业增加值 462.8 亿元，增长 5.5%。三次产业增加值占地区生产总值的比重分别为9.5%、54.0% 和 36.5%。人均地区生产总值 88141 元，按可比价格计算，比上年增长4.6%，按年均汇率折算为 14151 美元 [①]。

盘锦是"石化新城"，缘油而建、因油而兴，是中国最大的稠油、超稠油、高凝油生产基地，辽河油田总部所在地。辽河油田自 20 世纪 60 年代初开始勘探开发，累计探明石油地质储量 24 亿吨，天然气地质储量 2028 亿立方米。40 多年来，盘锦市累计生产油气当量 4 亿吨以上，2009 年以来产量保持在 1000 万吨左右。油气资源的勘探开发带动了石化产业的崛起，使得盘锦成为辽宁两大石化基地之一，石化及精细化工成为全省第一个千亿级产业集群，同时油气钻采装备、天然气装备、自升式钻井平台等装备制造业取得重要进展。同时，盘锦市的湿地资源较为丰富，为盘锦市带来了

---

① 盘锦市 2015 年国民经济和社会发展统计公报。

丰富的旅游资源[①]。

（2）创新发展概况

近年来，盘锦市积极推进产业结构优化升级，产业实力竞争力不断增强，同时科技创新能力也不断提高。以盘锦大连理工大学为支撑的产学研协同创新体系不断完善，大学科技园挂牌运行。2015 年，盘锦全年专利申请 1093 件，比上年增加 202 件，其中发明专利申请 296 件，增加 51 件；授权专利 748 件，增加 36 件。科技成果 58 项，比上年增加 1 项，其中省级科技成果 9 项。高新技术企业 35 家，比上年增加 3 家。企业工程技术研发中心 62 个，比上年增加 22 个，其中，省级企业工程技术研发中心 19 个。签订技术合同 391 项，成交额 7.8 亿元。全年规模以上工业企业高新技术产品增加值按可比价计算比上年增长 11.8%[②]。

盘锦市大力创新体制机制，首先复制了上海自贸区模式，积极探索建立新的投资和服务贸易管理体制。启动金融中心建设工程，加快金融机构集聚和融资平台建设。全面加强与国内外发达地区的交流合作，借助周边城市的资源发展新区，把新区加快建设成为高端要素的集聚区、辽宁沿海开发开放的示范区。创建全省乃至全国有影响力的创业之城。推进创业孵化基地、政策体系、服务体系建设，以优质的生活环境、市场环境、政务环境，广泛吸引各地区、各行业创业者来新区投资兴业，打造辽宁创新创业的新高地[③]。

（3）得分结果

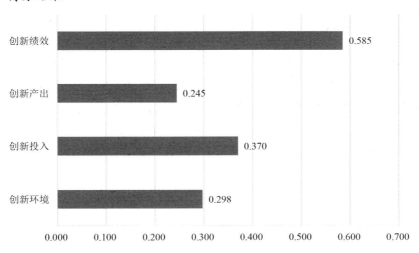

图 6.4.9　盘锦市一级指标得分结果

---

① 盘锦市人民政府网。
② 盘锦市 2015 年国民经济和社会发展统计公报。
③ 盘锦市 2015 年政府工作报告。

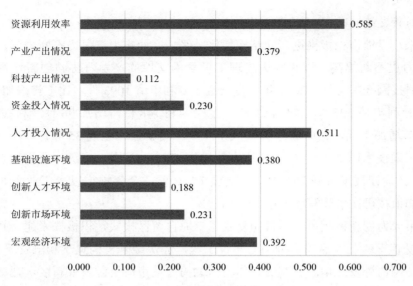

图 6. 4. 10　盘锦市二级指标得分结果

（4）创新评价

盘锦市在 116 个资源城市中创新指数排名 76，处于中等靠后的位置。其中创新环境得分 0.298，排名 69；创新投入得分 0.370，排名 69；创新产出得分 0.245，排名 83；创新绩效得分 0.585，排名 63。可以看出，4 项一级指标排名皆处于中后游位置。

在创新环境方面，盘锦市得分 0.298，排名 69。从各项分指标来看，盘锦市创新环境四个分指标之间排位差距较大。其中宏观经济环境得分 0.392，排名 23，是 4 项分指标中对创新环境得分贡献最大的因素；其次是基础设施环境，得分 0.380，排名 51；而创新市场环境与创新人才环境表现较差，其得分分别为 0.231，0.188，排名分别为 89 和 97。创新市场环境得分不高主要原因在于城镇私营和个体从业人员占就业人员的比重得分仅为 0.215，排名 94，而创新人才环境得分低的主要原因在于在校大学生人数、矿产资源开发技术人员占比两项指标的表现均较差。

在创新投入方面，盘锦市得分 0.370，排名 69。从各项分指标来看，人才投入与资金投入差距较大。其中人才投入的得分是 0.511，排名 45，资金投入的分是 0.230，排名 78，处于 116 个资源型城市的中下游位置，资金投入得分低的主要原因在于盘锦教育支出占财政支出的比重得分为 0.000。

在创新产出方面，得分 0.245，排名 83，处于中下游位置。从各项分指标来看，科技产出情况包括的两项三级指标中，专利申请授权量、企业商标拥有量得分分别为 0.077 和 0.144，排名分别位于第 66 和第 67 位。产业产出情况包含的三项三级指标中，盘锦市矿产资源开发综合利用产值占 GDP 的比重得分为 0.062，排名 51；第三产业占 GDP 的比重得分为 0.417，排名 67，这说明盘锦市还需要在推动产业转型方面继续努力，近年来盘锦市大力推进城市转型和产业转型，以旅游业为例，盘锦通过旅游专列、高铁冠名"红海滩号"等举措扩大宣传，加强景区建设，完善景区服务功能，使得湿地旅游持续火爆，2014 全年旅游企业营业收入增长 11%。

在创新绩效方面盘锦市得分为 0.585，排名 63。从各项分指标来看，除单位 GDP 能耗外，其余几项指标表现均不太理想。盘锦市单位 GDP 能耗得分 0.878 分，位于 23 位。全员劳动生产率得分仅为 0.162，位于全国 99 位；单位 GDP 矿石开采量位于第 62 位；能源消费弹性系数得分为 0.673，位于全国第 54 位。由上可知，单位 GDP 能耗对盘锦市创新绩效的排名贡献度最大，但总体来说盘锦市的创新绩效仍然需要大幅提升。

（5）政策建议

指标评价结果来看，盘锦市的主要问题在于创新产出，其次是创新环境、创新投入和创新绩效。从这几方面来看，盘锦市在未来发展中首先应注重产业转型升级，大力推动盘锦市第三产业的发展，从而降低经济增长对高能耗行业和资源型行业的依赖程度；其次应注重加大对创新发展的资金投入，重视教育发展，增加财政教育支出的比重，促进教学质量的提升，提高财政科技支出的比重，培养优秀的科研人员与科研团队；再次应大力加强盘锦市创新市场环境与创新人才环境的建设，为该市创新发展提供良好的环境基础；最后应加快科技与生产发展的结合，促进盘锦生产技术的提升，降低单位 GDP 矿石开采量和能源消费弹性系数，注重人员的培训、激励和优化配置，提高盘锦市全员劳动生产率。

作为再生型城市之一，盘锦市在城市转型与创新发展上取得的成果并不理想，在 116 个资源城市中创新指数仅排名 93 位。盘锦市在未来的发展中应加大对创新的投入，建设良好的创新环境。依靠技术创新，发展盘锦市高新技术产业，确立高新技术产业在盘锦市经济发展中的先导地位，着力培养高新技术支柱产业即推进高新技术对传统产业的改造，是构建盘锦市新的经济优势的必由之路。

深入实施创新驱动战略。主动承接中关村等高新技术产业转移，打造以盘锦大连理工大学、曙光计算机为龙头的辽东湾高新技术产业园区，以中蓝电子为龙头的兴隆台科技产业园。建设一批高水平的协同创新平台和研发转化基地，抓好陆海研究院、忠旺实验室、和运研究院等研发机构发展，加快科技孵化器建设，提高科技成果转化率。围绕产业链部署创新链，集中科技专项资金，支持一批重大科技项目，支持专利发明和关键技术攻关，增强自主创新能力。探索设立新兴产业创业投资引导基金，推动创业创新和产业升级。

6.4.6　葫芦岛市

（1）城市概况

葫芦岛市位于辽宁省西南部，与大连、营口、秦皇岛、青岛等市构成环渤海经济圈，扼关内外之咽喉，是中国东北的西大门，为山海关外第一市，也是 1990 年 1 月新建立的省辖市。据核算，2015 年全年地区生产总值 720.2 亿元，按可比价格计算，比上年增长 0.1%。其中，第一产业增加值 104.5 亿元，增长 7.7%；第二产业增加值 296.3 亿元，下降 4.4%；第三产业增加值 319.4 亿元，增长 3.0%。地区生产总值三次产业构成为 14.5:41.1:44.4。人均地区生产总值 28176 元，比上年增长 0.6%[①]。

葫芦岛市拥有富饶的矿藏和物产。葫芦岛有四大资源值得称道：地下矿藏资源，储有包括钼、铅、锌、石油、天然气在内的近 30 多个品种与近 1000 处地下矿藏，且储量丰富；山区林果资源，目前拥有果园总面积 195 万亩，各种果树 5800 万株，其中前所果树农场更有"亚洲第一大果园"的美誉，现已成为我国北方重要果品出口基地之一；沿海滩涂资源，拥有 237 公里海岸线，滩涂 13.4 万亩，盛产鱼、虾、贝类等各种海产品；海底油气资源，石油、天然气的储量十分可观，渤海石油勘探局 9 个钻井平台有 5 个在这一带作业，已依托开采出来的天然气建成一个现代化大型化肥厂—锦天化，并在绥中海域发现一处全国最大的海上油气田。除此之外，葫芦岛还拥有实力雄厚的沿海工业：现有大型企业 18 家，其中特大型企业 3 家 —— 炼油化工总厂、渤船重工和锦西化工总厂，已形成以石油化工为主体，以冶金、建材、机械、造船和发电为重点的门类齐全，轻重并举的工业格局。

（2）创新发展概况

"十二五"期间，葫芦岛抓住新一轮东北振兴机遇，深化改革、扩大开放，突出创新驱动。建立产学研协同创新机制，推进"龙湾硅谷"和"海岸中关村" 2 个科技成果转化基地建设。改进高新技术企业扶持措施，孵化科技型中小企业，推动高新技术企业倍增发展。加快结构调整，加速城区老工业区搬迁改造和独立矿区整体搬迁改造，深化与央企、民企、沪企"辽宁行"合作项目对接，推进 3000 亿元产值新型石化产业基地建设，促进传统优势产业向价值链高端延伸。

---

① 葫芦岛市 2015 年国民经济和社会发展统计公报。

在葫芦岛市政府的支持下，2015 年葫芦岛全年专利申请 934 件，比上年增长 53.9%，其中发明专利申请 161 件，增长 13.3%；授权专利 703 件，增长 80.7%；有效发明专利 370 件，增长 15.6%。评出市政府科学技术奖 53 项，其中科学技术功勋奖 4 项，科学技术进步奖 49 项，其中一等奖 20 项、二等奖 22 项、三等奖 7 项。全年高新技术产品产值实现 106.4 亿元，比上年增长 15.5%；高新技术产品增加值实现 22.9 亿元，增长 14.2%[①]。

"十三五"期间，葫芦岛市加快构建自主创新体系，使科技创新成为全市结构调整、转型升级的驱动源泉。力争到 2020 年，构建起与产业发展相适应、创新资源高效集成的自主创新体系。鼓励大众利用"互联网＋"创业创新。将"互联网＋"作为在新常态下经济增长新引擎，鼓励利用"互联网＋"对制造业、农业及社会其他行业实现链接，并以此为平台，实现创新与创业相结合、线上与线下相结合、孵化与投资相结合，积极为广大创业创新者提供良好的工作空间，运用现代的互联网通信技术进行创业创新。全市科研投入占地区生产总值的比重翻一番，每万人发明专利拥有量达到 1.81 件。战略性新兴产业主营业务收入占规模以上工业企业主营业务收入比重达到 20% 以上。科技创新成为驱动全市经济社会发展的主导因素，葫芦岛成为辽西有较大影响力的创新区域[②]。

（3）得分结果

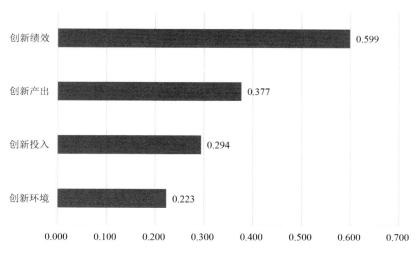

图 6.4.11　葫芦岛市一级指标得分结果

---

① 葫芦岛市 2015 年国民经济和社会发展统计公报。
② 葫政发〔2016〕32 号葫芦岛市人民政府关于印发葫芦岛市科技创新驱动发展实施方案的通知。

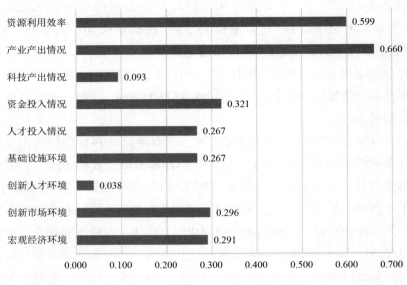

图 6.4.12　葫芦岛市二级指标得分结果

（4）创新评价

葫芦岛在 116 个资源城市中创新指数排名为 79，处于中下游的位置，说明葫芦岛市有较大的创新提升空间。从各项分指标来看，四项指标之间排名差距较大。其中葫芦岛创新环境得分 0.223，排名 105，排名靠后；创新产出较为理想，得分 0.337，在 116 个资源城市中排名 38；创新绩效得分 0.599，排名 57；创新投入得分 0.294，排名 89。

在创新环境方面，葫芦岛得分 0.223，排名 105。从各项分指标来看，创新人才环境得分仅为 0.038，排名 113，处于倒数位置，这是由于葫芦岛在校大学生人数少、矿产开发技术人员比重低。宏观经济环境和创新市场环境情况尚可，得分分别为 0.291 和 0.296，排名分别为 47 和 65；基础设施环境得分为 0.267，排名为 90。宏观经济环境方面，葫芦岛市的对外贸易开放程度尚可，但是其地区生产总值较为落后。基础设施方面，葫芦岛市的基础设施密度较小，有待加强。

在创新投入方面葫芦岛得分 0.294，排名 89，处于中后游的位置。从各项分指标来看，葫芦岛市人才投入得分为 0.267，排名 89。资金投入得分 0.321，排名 55，这主要归功于财政科技支出占财政支出的比重得分为 0.412，排名 36，说明葫芦岛市的财政科技支出较高，政府较为重视。

在创新产出方面葫芦岛得分 0.377，排名 38。是四项分指标中对创新指数排名贡献最大的因素。从各项分指标来看，科技产出情况包括的两项三级指标中，专利申请授权量、企业商标拥有量得分分别为 0.034 和 0.146，排名分别位于第 87 和第 65 位。产业产出情况包含的三项三级指标的成绩都不错，矿产资源开发年税金占公共财政收入的比重、矿产资源开发综合利用产值占 GDP 的比重、第三产业占 GDP 的比重，得分分别为 0.951、0.368、0.801，排名分别为 27、16、18。

在创新绩效方面葫芦岛得分 0.599，排名 57。从各项分指标来看，主要归功于葫芦岛能源消费弹性系数表现较好，该指标得分为 0.746，排名 21；单位 GDP 矿石开采量表现也较好，得分为 0.883，排名 33；存在的不足是葫芦岛单位 GDP 能耗较高，得分为 0.715，排名 65，可见葫芦岛经济增长对能源消耗的依赖程度较高，葫芦岛市需要加快转变发展方式，向节约型经济发展转变。

（5）政策建议

从指标评价结果来看，葫芦岛市的主要问题在于创新环境，其次是创新投入方面。从这两方面来看，葫芦岛在未来的发展中应注意创新环境的建设，尤其是创新人才环境与基础设施环境的投资与建设。葫芦岛市应加强对教育的重视程度，提高教学质量，例如对家庭困难的生源设立补助项目。重视对矿业行业技术人员的培养，建立相应的鼓励机制，积极引进优秀矿产资源开发技术人才，壮大矿产资源开发技术人才队伍。其次是加强重大基础设施建设。高标准、高水平建设现代基础设施网络，统筹现代交通运输方式，强化城区之间、城市之间的快速高效连接，构建现代综合交通体系。促进绿色能源增效和转型升级，加快徐大堡核电等重点项目实施，强化城乡电网建设。加强水利基础设施建设，推进重点输供水工程，完善水资源保障体系。加快宽带网络综合信息基础设施建设。积极稳妥推进公共服务领域政府和社会资本合作模式，建立功能完备的现代基础设施体系。

葫芦岛市应大力实施创新驱动发展战略。强化企业创新主体地位，形成以高新技术企业为重点、科技型企业为龙头、创新型中小微企业协同发展格局。围绕支柱产业和新兴产业发展重大技术需求，加快推进共性、专业、综合服务三类创新平台建设。发展多层次的科技成果交易市场，加速建立多元化的创新创业投入体系。加快科技体制机制创新，完善科技创新资金分配、科技成果转化激励等制度。此外，加强高素质创新创业人才队伍建设。坚持人才资源是第一资源，适应发展需求，努力造就一批在关键领域掌握前沿核心技术、拥有自主知识产权的创新型领军人才和高水平创新团队，着力培养一线创新人才和青年科技人才，加大重点领域急需紧缺专门人才开发力度。

6.5　吉林

6.5.1　吉林市

（1）城市概况

吉林市位于吉林省中部，是吉林省第二大城市，也是中国唯一省市同名城市。全市面积 27120 平方公里。因清朝康熙皇帝东巡吉林市写下的《松花江放船歌》中有"连樯接舰屯江城"诗句，吉林市又有"北国江城"的美称。吉林市，作为中国特大城市之一，以其丰富的自然资源、优越的区位优势、充裕的人力资源、雄厚的产业基础、高效优质的服务和广阔的发展空间，赢得海内外客商纷纷前来投资兴业。2015年，实现地区生产总值 2455.2 亿元，比上年增长 6.4%。其中，第一产业完成增加值 252.6 亿元，增长 5%；第二产业完成增加值 1116.5 亿元，增长 6.5%；第三产业完成增加值 1086.1 亿元，增长 6.8%。三次产业结构的比例关系由上年的 10.4:46.9:42.7 调整为 10.3:45.5:44.2，第三产业比重提升 1.5 个百分点，产业结构进一步优化。全市人均生产总值达到 57506.1 元[1]。

吉林市有着丰富的矿产资源，境内发现各类矿产资源 82 种，其中镍、钼等 8 种矿产储量居中国前 10 位。吉林市工业基础雄厚，是中国"一五"期间国家重点建设的老工业基地。经过多年发展，特别是改革开放 30 多年的发展，形成了石化、汽车、冶金、能源、农产品加工、非金属矿产等传统产业体系，碳纤维、装备制造、生物产业、基础电子及电力电子等新型产业体系[2]。

（2）创新发展概况

吉林市"十二五"期间积极扶持战略性新兴产业，加快建设华微 8 英寸智能芯片等 100 个项目，培育科技"小巨人"企业 144 户，使得 100 种新产品实现规模化生产，战略性新兴产业产值占规模工业比重上升 4.3 个百分点。2015 年，吉林市科技工作成效显著。投入资金 3035 万元，重点组织实施了 139 个科技攻关及产业化项目，有 32 个项目转化为现实生产力。深入贯彻落实《关于加快提升科技创新能力的实施意见》，提供支持补助资金共 1462.1 万元，支持补助项目 366 项。期间，重点推进了 100 个投资 3000 万元以上战略性新兴产业项目，战略性新兴产业实现产值 1094 亿元，同比增长 7.2%。全年共列入省级以上科技计划项目 310 项，争取资金 1.1 亿元。全年专利申请量达 2178 件，同比增长 7.7%。组织推荐省科技奖 73 项，获奖 45 项。利用科技大市场平台发布项目 377 项。技术合同交易额达 8268 万元。为科技型中小企业协调融资 15 亿元，贴息 438 万元[3]。

在"十三五"规划中，吉林市将紧扣转型升级主线，坚持创新与继承并重，着力构建具有较强竞争力和支撑力的现代产业发展新格局。培育发展六大新兴产业；发挥资源优势，抢占制高点，努力发展以电子信息制造、电子商务、云计算、软件服务外

---

[1] 吉林市 2015 年国民经济和社会发展统计公报。

[2] 吉林市人民政府网。

[3] 吉林市 2015 年国民经济和社会发展统计公报。

包为支撑的信息产业，以特种纤维及复合材料、新型有机化工材料、新型金属材料和新型无机非金属材料为核心的新材料产业，努力打造辐射东北、面向全国的新兴特色产业集聚区。

（3）得分结果

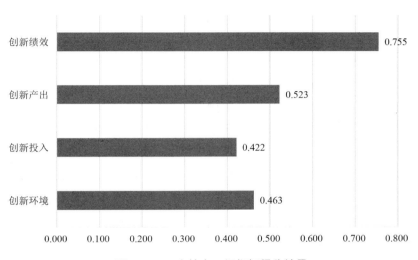

图 6.5.1 吉林市一级指标得分结果

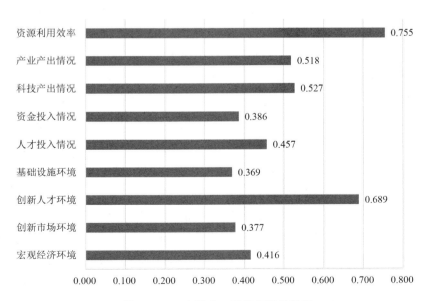

图 6.5.2 吉林市二级指标得分结果

（4）创新评价

吉林市在 116 个资源城市中创新指数排名为 14，排名靠前，吉林市有着不错的创新发展情况。从各项指标来看，其中最为突出的是创新产出，得分为 0.523，排名 13；其次是创新绩效和创新环境，得分分别为 0.755 和 0.463，排名均为 16；相较之下吉林市创新投入并不十分理想，得分 0.422，排名仅为 53。

在创新环境方面，吉林市得分 0.463，排名 16。从各项分指标来看，对创新环境排名贡献率最大的两项是创新人才环境和宏观经济环境，得分分别为 0.689 和 0.416，排名分别为 10 和 19，创新人才环境得分高主要是由于吉林市在校大学生人数多。其次是创新市场环境，得分 0.377，排名 36。基础设施环境拉低了创新环境的排名，得分 0.369，排名 57。吉林市需要采取一定措施对创新市场环境进行改善，着力构建现代产业格局，在新型产业基地建设上实现新突破，让创新环境帮助创新型人才发挥最大能力，建设创新吉林市。

在创新投入方面，吉林市得分为 0.422，排名为 53，这是影响吉林市创新指数得分的主要制约因素。从各项分指标来看，吉林市人才投入和资金投入得分分别为 0.457、0.386，排名分别为 52、38 名，资金投入排名较为靠前，人才投入处于中游位置，从而导致吉林市在创新投入指标的排名不高。在资金投入方面，吉林市在教育支出方面不占优势，教育支出占财政支出的比重指标排名为 87 名，排名较为靠后，但财政科技支出占财政支出的比重排名较为靠前，为 21 名，由此得到的资金投入情况排名处于中上游位置。

在创新产出方面，吉林市排名不错，得分 0.523，排名 13。从各项分指标来看，科技产出情况包括的两项三级指标中，专利申请授权量、企业商标拥有量得分分别为 0.454 和 0.594，排名均位于第 18 位。产业产出情况包含的三项三级指标，贡献最大的是第三产业占 GDP 的比重，指标得分为 0.808，排名 16；矿产资源开发年税金占公共财政收入的比重得分为 0.935，排名也较为靠前，为第 36 名。而主要的制约因素是矿产资源开发综合利用产值占 GDP 的比重，得分为 0.029，排名 67 位，说明吉林市的矿产资源综合开发利用有待提高。

在创新绩效方面，吉林市成绩较为理想，得分 0.755，排名为 16。从各分指标来看，全员劳动生产率较高为吉林市带来了较好的创新绩效，其得分为 0.746，位于全国第 14 位；其次是单位 GDP 矿石开采量，得分为 0.892，排名 32；单位 GDP 能耗指标得分为 0.762，排名位于第 54 名，排名较为居中；但吉林市能源消费增速加快，能源消费弹性系数得分为 0.511，排名为第 102 名，排名非常靠后，因此，可以看出该指标是拉低创新绩效排名的主要影响因素。

（5）政策建议

从指标结果评价来看，吉林市在创新投入方面存在较大的问题。从这方面来看，建议吉林市在未来的发展中注重对创新的投入问题。加大对创新的政府财政支出，重视教育，加大财政教育支出的比重，壮大教师队伍，培养优秀的教师人才，改善教师的待遇情况，吸引更多的人进入教师行业；其次是应注重提升资源的使用效率和资源的循环利用效率，不断降低能源消费弹性系数和提升矿产资源开发综合利用产值，从而补缺创新驱动发展中的短板，推动吉林市城市创新发展。

作为成熟型城市之一，吉林市资源开发处于稳定阶段，资源保障能力较强，经济社会发展水平较高，在其城市转型与创新发展过程中亦取得了较好的成果，在116个资源型城市中创新指数排名为14。吉林市在未来的发展过程中，应积极推进科技创新、金融创新。

增强创新驱动能力。努力打造"双创"样板城市。树立人才优先的理念，探索完善吸引人才、培养人才、集聚人才的体制机制，建立健全人才激励保障机制。深化科技体制改革，完善科技成果激励分配机制，建立健全市场导向机制，促进技术创新，加快科技成果产业化，构建高水平创新平台，在高新北区高标准建设吉林市科技创新城，推进东北电力大学国家级大学科技园等平台建设。充分利用域外创新资源，扩大科技开放合作。实施知识产权战略，提高专利产业化水平，全方位推进产品创新、品牌创新、产业组织创新、商业模式创新。

抓好支柱产业升级。完善基础化工产业链，围绕"上量"，提高整车产能。与此同时，加大新兴产业的引进力度，让吉林市的支柱产业在发挥作用的同时能够同时为吉林带来更大的创新活力，尤其是新材料及先进装备等新型产业将会为吉林市的创新环境注入新的力量，为吉林市的创新发展提供良好的环境基础。

6.5.2 辽源市

（1）城市概况

辽源市位于吉林省中南部，地处长白山余脉与松辽平原的过渡带，因东辽河发源于此而得名，地理概貌为"五山一水四分田"。辽源全市面积5140平方公里，城市建成区面积46平方公里。辽源市2015年实现地区生产总值750.06亿元，按可比价格计算，比上年增长7.0%。其中，第一产业增加值60.81亿元，增长5.3%；第二产业增加值433.21亿元，增长6.6%；第三产业增加值256.04亿元，增长8.4%。三次产业比重为8.1:57.8:34.1，分别比上年下降0.5、0.6和上升1.1个百分点。一、二、三产业对经济增长的贡献率分别为6.3、55.4和38.3%，拉动GDP增长0.4、3.9和

2.7 个百分点。2015 年全年人均地区生产总值为 61836 元，增长 7.5%[①]。

辽源自然资源丰富，特别是矿产资源。截至 2015 年底，全市境内已发现各类矿产 33 种，其中有查明资源储量的 16 种，矿产地 155 处。查明资源储量并已列入矿产资源储量表的矿产有 12 种、矿产地 96 处，主要为煤、铁、铜（伴生矿）、铅、锌、金、银（伴生矿）、泥炭、水泥用石灰岩（大理岩）、硅灰石、陶瓷土、伊利石等。但目前，生态基础较好辽源市已经成为典型的煤炭资源枯竭型城市[②]。

（2）创新发展概况

近年来，辽源市大力实施创新驱动发展战略。2015 年辽源全市共申报国家、省各类科技计划项目 149 项，批准 89 项，项目批复率为 59.7%，共争取国家、省支持资金 5185 万元，争取省级专利资金补贴项目 32 项。全年专利申请量为 189 件，其中发明 48 件，授权量达 123 件，其中发明专利授权量为 19 件。国家可持续发展实验区获批建设。同时，全市拥有孵化器及创新中心数量较为可观[③]。

未来几年，辽源将牢牢抓住政策机遇，以"四个全面"战略布局为引领，以全面转型升级为主线，以如期全面建成小康社会为目标，加快实现创新、协调、绿色、开放、共享发展，系统实施创新驱动、市场牵动、项目带动、开放联动战略，着力推动新型工业化、新型城镇化、农业现代化和信息化深度融合，统筹推进经济、政治、文化、社会、生态文明和党的建设，努力把辽源建设成为国家资源型城市转型示范市。

"十三五"期间，实施"互联网＋"行动计划。因靠近大连期货交易所，辽源利用该优势，发展分享经济，加快互联网的创新成果与经济社会各领域深度融合，促进技术进步、效率提升和组织变革。围绕先进制造、现代农业、金融服务、信息惠民、高效物流、社会治理等领域，推进实施"互联网＋"重大工程，加快发展基于互联网的医疗、健康、养老、教育、社会保障、能源、环保等新兴服务，推动移动互联网、物联网、云计算、大数据、空间地理信息集成等新一代信息技术的创新应用，推进产业组织模式和商业模式创新，促进新业态、新经济高效有序发展。未来，辽源市将更多依靠科技进步、劳动者素质提高和管理创新驱动，加快产业高端化、规模化、集群化、园区化发展。

---

① 辽源市 2015 年国民经济和社会发展统计公报。
② 辽源市人民政府网。
③ 辽源市 2015 年国民经济和社会发展统计公报。

（3）得分结果

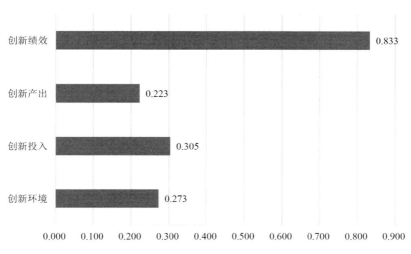

图 6.5.3　辽源市一级指标得分结果

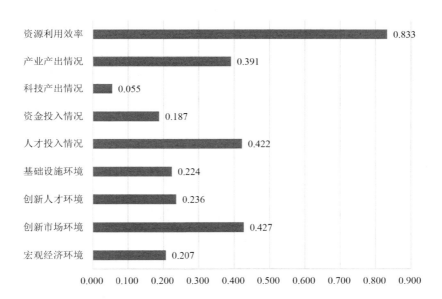

图 6.5.4　辽源市二级指标得分结果

（4）创新评价

辽源市在 116 个资源城市中创新指数排名为 53，处于中游的位置。从各项指标来看，辽源市 4 项创新一级指标之间差距较大，创新绩效成绩最突出，贡献最大，其余三项之间差距不大，都处于中后游位置。其中创新绩效得分为 0.833，排名第 7 位；

创新环境得分 0.273，排名 85 位；创新投入得分 0.305，排名 85 位；创新产出得分 0.223，排名 91 位。

在创新环境方面，吉林市得分为 0.273，排名 85，是制约辽源市创新指标得分的因素之一。从各项分指标来看，最为突出的是创新市场环境，得分 0.427，排名为 24；其余三项之间排名差距较小，宏观经济环境、创新人才环境、基础设施环境得分分别为 0.207、0.236、0.224，排名分别为 78、85、98。其中基础设施环境是制约创新环境的最大因素，主要在于辽源市城镇化程度较低，公路建设里程也较短，货运总量指标排名不占优势等。

在创新投入方面，辽源市的得分为 0.305，排名 85 位，这也是制约辽源创新指数排名的因素之一。从各项分指标来看，人才投入情况比资金投入情况要好。人才投入情况得分为 0.422，排名为 60；资金投入情况得分为 0.187，排名 97。资金投入的主要制约因素为教育支出占财政支出的比重，该指标得分为 0.417，排名 84。

在创新产出方面，得分为 0.233，排名 91，这仍是制约辽源创新指标排名的主要因素。从各项分指标来看，科技产出情况包括的两项三级指标中，专利申请授权量、企业商标拥有量得分分别为 0.005 和 0.101，排名分别为第 105 位和第 18 位。产业产出情况包含的三项三级指标，辽源市矿产资源开发年税金占财政收入的比重得分为 0.988，位列全国第 11 位，贡献最大；其次是矿产资源开发综合利用产值占 GDP 的比重，该指标得分为 0.060，排名 53；第三产业占 GDP 的比重得分为 0.345，排名 77。由于第三产业在辽源市的生产总值中占的比例较低，2014 年该比重为 33.00%，因此该指标的排名较为靠后。由上可知，专利申请授权量和第三产业占比是拉低创新产出排名的主要影响因素。

在创新绩效方面辽源成绩非常突出，得分 0.833，排名第 7 位。从各项分指标来看，4 项三级指标的排名均较为靠前。全员劳动生产率、能源消费弹性系数、单位 GDP 能耗、单位 GDP 矿石开采量指标得分的数值都较大，分别为 0.703、0.768、0.918、0.942，排名分别为 16、17、14、17 位。

（5）政策建议

从指标评价结果来看，辽源市的主要问题在于创新产出，其次在于创新环境和创新投入。因此，建议辽源市在未来的发展中首先是加快辽源市宏观经济环境、创新人才环境、基础设施环境建设，尤其应注重完善市内基础设施，加快辽源市城镇化进程，加快交通运输网络体系建设；其次应注意加大对创新的资金投入，加大财政教育支出的比重，重视教育，加大对教师队伍的培养和训练，改善教师待遇情况，吸引辽源市内更多的人从事教育行业，加大财政科技支出的比重，扩大对科研项目投资及加大政策扶持力度，支持科技创新，积极引进高尖端人才，促进学术交流的科研进展；

再次应加快城市转型和产业转型，努力提升第三产业所占比重，同时应注重加强资源的循环利用，努力提升矿产资源开发综合利用产值。

作为衰退型城市之一，辽源矿产资源开发进入衰退或枯竭过程，在城市转型和创新发展方面辽源取得了不错的成果，在 116 个资源城市中排名 53。在未来的发展中辽源应注意加大对创新的投入以及创新环境的建设问题。突出科技创新核心地位，引领带动产业创新、企业创新、市场创新、产品创新、管理创新，推动形成以创新为主要引领和支撑的经济体系。

着力加强和创新社会管理。着眼于人民群众的根本利益，加强基层服务管理体系建设，探索具有辽源特色和时代特征的社会管理创新模式。建立健全群众利益保障、社会矛盾化解、公共安全防控、重大决策社会稳定风险评估机制，不断提高社会管理科学化水平。切实加强法制建设，维护社会公平正义，打造平安辽源、法治辽源、活力辽源、和谐辽源。

增加教育建设投入，加大教育建设力度，在推进高等教育的同时，努力做好学前教育推进工程，尽量实现乡镇公办中心幼儿园的全覆盖。大力规范和发展民办学前教育。保证辽源市每万人的大学生数保持增长状态。建设文化惠民工程。

完善科研评价制度，加大对科技工作者的绩效激励。组建以企业为主导的产业技术创新战略联盟，实施重大关键共性技术协同攻关，力争在重点领域取得突破。完善创新要素供给，建立从实验研究、中试到生产的全过程科技创新融资模式，促进科技成果资本化、产业化，加强知识产权保护，改进新技术、新商业模式准入管理，提升知识、技术和管理的效益。

建设科技创新平台，完善科技创新体系。着眼巩固现有基础、提升支撑能力，打造一批高端创新研发平台。依托高校、科研院所和企业，积极参与国家大科学工程建设。建立技术交易市场等创新服务平台，推动创新成果与企业有效对接。注重引进和联合开发，推动大学科技园和科技企业孵化器、孵化基地的建设。积极利用域外创新资源，支持骨干企业在发达地区设立研发机构。

6.5.3　通化市

（1）城市概况

通化市坐落于长白山腹地，位于吉林省东南部。全市面积约 1.56 万平方公里，总人口 230 万，市区人口 50 万。通化地理位置独特，地处东北亚经济圈中心地带，鸭绿江国际经济合作带的核心区，与朝鲜隔鸭绿江相望，边境线长 203.5 公里，是我国最东端推进"一带一路"战略、实现陆海联通互动的重要连接带，是东北东部大通道的重要枢纽，是吉林省向南开放的重要窗口，拥有公路、铁路国家级口岸各一处，开放空间巨大①。2015 年全市实现地区生产总值（GDP）1034.45 亿元，按可比价格计算，增长 7.2%。其中，第一产业实现增加值 92.62 亿元，增长 4.5%；第二产业实现增加值 532.82 亿元，增长 7.9%；第三产业实现增加值 409.01 亿元，增长 6.7%。人均 GDP 达到 46671 元，增长 7.5%。产业结构得到进一步优化。三次产业比例为 9.0∶51.5∶39.5。第一、二、三产业对经济增长的贡献率分别为 4.9%、61.2%、33.9%②。

通化市坐拥丰富的矿产资源。该市矿产地质储量较大，非金属矿、有色金属、黑色金属和建筑材料等都有较大储量。截至 2012 年，已经探明的矿种已达 50 余种，具有工业价值且已开发的主要矿种有：煤、铁、铜、铅、锌、金、镍、石膏、硼、石墨、云母、火山渣等矿，其中镍保有储量约占吉林省的 23.00%；火山渣远景储量约为 5 亿—6 亿吨；大理石花岗岩建筑装饰材料储量 10 亿立方米左右。通化拥有鲜明的产业特色与活跃的民营经济，一方面，以吉林省最大的钢铁企业通钢为代表的传统矿业进入发展的平稳期，另一方面，以玄武岩、石墨、钾长石等矿产为基础的战略性新兴产业发展迅猛③。

（2）创新发展概况

通化市在近几年先后被评为全国创新能力百强市、知识产权试点市、智慧城市试点市，吸引了一批投资兴业的资金与创新创业的人才。2015 年，通化市全年共申报省各类科技计划项目 111 项，已列入省各类科技计划项目 91 项，共获得资金支持 5765 万元。向省复审、重新认定高新技术企业 6 户，全市国家级高新技术企业达到 31 户。石油化被认定为国家火炬计划重点高新技术企业，全市重点高新技术企业 4 户。全年共推荐省级科技进步奖 10 项，有 9 个项目获奖，其中二等奖 3 项，三等奖 6 项。全年专利申请量 359 件，授权 233 件，其中：发明专利申请 82 件，授权 43 件④。

2016 年通化市采取实施创新驱动，建立以高校院所为依托的产业技术创新联盟，重点建设省级以上特色产业示范基地，加快建设国家重点实验室、企业技术中心和中试中心、院士和博士后工作站等服务平台，培育创客空间等新型孵化器，科技进步贡献率由 50% 提高到 55%，初步实现将通化市建成东北东部区域创新极和重要的科研基地、实践基地、科技成果转化基地。支持民营企业完善现代企业制度，加强技术创新、管理创新、商业模式创新。推动创新发展。申报 60 项国家和省科技专项，筹建产业创新联盟和医药研发及中试中心，用好市科技成果交易中心和省科技大市场，加快院士工作站和科技企业孵化器建设，与中关村和"十四校两所"搞好产学研用合作对接，推进重大科技成果转化。创新金融服务，积极引进各类金融机构，大力发展产业金融，开展好"助保金

① 通化市人民政府网。
② 通化市 2015 年国民经济和社会发展统计公报。
③ 通化市人民政府网。
④ 通化市 2015 年国民经济和社会发展统计公报。

池"、"缴税贷"、"税易贷"等业务,支持银行扩大信贷投放规模,新增贷款达到110亿元。大力培养和引进领军型企业人才、创新型科技人才和高素质专家型人才,加大应用型、复合型、技能型人才培养和引进力度。重视企业家队伍建设,尊重企业家、关心企业家,努力让所有企业家和创业者在通化大地上都有施展才华、发展事业的广阔天地[①]。

（3）得分结果

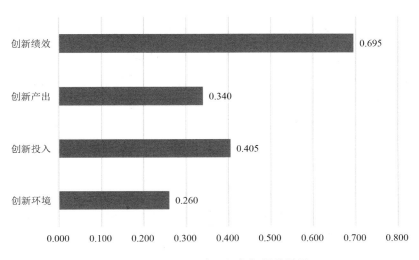

图 6.5.5　通化市一级指标得分结果

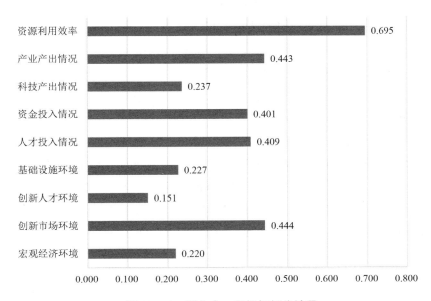

图 6.5.6　通化市二级指标得分结果

---

① 通化市 2016 年政府工作报告。

（4）创新评价

通化在 116 个资源城市中创新指数排名为 46，处于中上游。从各项指标来看，通化市创新绩效得分为 0.695，排名为 31，排名较为理想；其次为创新产出，得分为 0.340，排名 43；创新投入得分为 0.405，排名 56；相比之下，创新环境表现较差，该指标得分 0.260，排名 87，是通化创新指数得分的主要制约因素。

在创新环境方面，通化得分 0.260，排名 87。从各项分指标来看，分指标数据之间存在着不平衡。创新市场环境贡献最大，得分 0.444，排名 18；其次是宏观经济环境，得分 0.220，排名 70，导致宏观经济环境得分低的主要问题是通化市实际利用外资得分仅为 0.056；再接着是基础设施环境，得分 0.227，排名 97；创新环境得分最大的制约因素是创新人才环境，得分 0.151，排名 104，而导致创新人才环境得分低的主要原因是矿产资源开发技术人员占比得分仅为 0.135，排名 101。

在创新投入方面通化得分 0.405，排名 56，处于中游位置。从各项分指标来看，资金投入排名高于人才投入，资金投入得分为 0.401，排名 36；人才投入得分 0.409，排名 65。其中人才投入中的每万人教师数得分为 0.409，排名 65；资金投入主要得益于财政科技支出占财政支出的比重，得分为 0.796，排名 11，说明通化市政府较为重视科技创新发展状况。

在创新产出方面通化市得分 0.340，排名 43。从各项分指标来看，科技产出情况包括的两项三级指标中，专利申请授权量、企业商标拥有量得分分别为 0.074 和 0.385，排名分别位于第 69 位和第 34 位。产业产出情况包含的三项三级指标中，虽然创新产出的最大制约因素是矿产资源开发综合利用产值占 GDP 的比重，该指标得分为 0.002，排名 106；其余两项指标的得分和排名情况则较为理想，其中，矿产资源开发年税金占公共财政收入的比重得分 0.958，排名全国第 22 位，第三产业占 GDP 的比重成绩也不错，得分为 0.598，排名 38，较为靠前。

在创新绩效方面，通化得分 0.695，排名 31，是对创新指数贡献最大的因素。从各项分指标来看，能源消费弹性系数、单位 GDP 能耗、单位 GDP 矿石开采量得分都较高，分别为 0.732，0.884，0.925，排名分别为 25，20，21，这说明通化经济发展过程中能源消耗情况较好，能源利用效率较高，但同时通化市在改善劳动生产效率方面应作出努力。

（5）政策建议

从指标评价结果来看，通化市的创新环境方面具有较大的问题。建议通化在未来应加快对外贸易的发展，提高对外资的实际利用度；其次是完善基础设施设备，完善市内交通运输网络体系的建设，提高货运总量，扩大市图书馆藏书数量；积极培养市内矿产资源技术人才,同时引进高尖端技术人员进行交流学习,提高矿产资源科技人才的待遇水平,吸引更多的人从事该行业;注重加强资源的循环利用,提升矿产资源开发综合利用产值;还应注重加强人员的培训、激励和优化配置,提升全员劳动生产率。

通化作为再生型城市之一,基本摆脱了对自然资源的过度依赖,经济社会开始进入良性发展轨道,并在城市转型与创新发展上取得了一定的成效,在未来的发展中通化应注意加强创新环境的建设,优化创新系统,建立体现创新价值的政策机制,营造鼓励创新的社会氛围,促进科技与经济的深度结合。完善科技管理机制、知识创新和中介服务、协同创新体系;建设创新平台,加快基础性、前沿性技术和共性技术平台建设,全面提升高端创新研发能力,有效支撑发展模式转变和产业优化升级;提高创新能力,发挥高校和科研所基础作用,推进原始创新、集成创新和引进吸收消化再创新,全方位提升自主创新能力,加快科技成果本地转化。

6.5.4 白山市

(1)城市概况

白山市位于吉林省东南部,由于地处自然风景秀丽的长白山西侧,而获"立体资源宝库"、"长白林海"、"人参之乡"等美称。土地肥沃,森林、矿产、山珍土特产和旅游资源十分丰富,这些都给白山带来了广阔的开发前景。森林资源方面,白山市是中国的主要木材产区之一,全市有林地面积 14761 平方公里,境内森林覆盖率达 83%,人均森林蓄积量 167 立方米,相当于全国人均森林蓄积量的 19 倍。另外,联合国"人与生物圈"长白山自然保护区有 60% 的面积在白山市。白山市是东北"三宝"——人参、貂皮、鹿茸角的故乡,古老茂密的原始森林为野生动植物提供了优越的繁衍生息的条件。2015 年,白山全市实现地区生产总值(GDP)690.2 亿元,按可比价格计算,比上年增长 7.1%。其中,第一产业实现增加值 62.3 亿元,增长 5.3%;第二产业实现增加值 393.8 亿元,增长 7.3%;第三产业实现增加值 234.0 亿元,增长 7.3%。人均 GDP 达到 54854 元,增长 7.9%。三次产业比例为 9.0:57.1:33.9,工业占 GDP 比重为 54.2%[①]。

白山市矿产资源丰富,该地区已发现煤、铁矿石、石英砂、硅石、滑石、硅藻土、膨润土、石膏、水晶浮石、火山渣、大理石、高岭石、玛瑙、铅、锌、铜、镁、金、锑、银、磷等金属和非金属矿 100 多种,占全省发现矿产的 73%。目前已探明储量的有 36 余种,矿产储量大、品位高,成矿条件好。白山矿产资源开发前景十分广

---

① 白山市 2015 年国民经济和社会发展统计公报。

阔，境内临江市硅藻土产品远销亚太地区，江源区、八道江区是全国 60 个重点产煤县。白山境内有鸭绿江、松花江两大水系，并有 55 条流域面积在 100 平方公里以上的鸭绿江、松花江、浑江等较大河流。另外，著名的白山电站和云峰电站的主要库区均坐落于白山市境内，全市多年平均水资源总量 80.25 亿立方米，水资源人均占有量是全国人均占有量的 2.7 倍，水能理论蕴藏量 106.1 万千瓦，可开发水能资源量 84.2 万千瓦。白山有多处矿泉、温泉，神奇独特的长白山矿泉水可以制作各种各样的上佳饮料，开发利用的潜力相当可观。现已发现矿泉水近 200 处，每日可开采量 20 万立方米。

（2）创新发展概况

2015 年白山全市国内专利申请量 259 件，授权量 134 件，同比增长 11.7%。其中，发明专利申请量 99 件，授权量 29 件；实用新型专利申请量 126 件，授权量 75 件；外观设计专利申请量 34 件，授权量 30 件。全市列入 2015 年度省科技发展计划项目共计 49 项，获吉林省科技进步三等奖 2 项。2015 年，抚松"吉林白山国家农业科技园"获国家批准，为白山产业结构升级提供科技项目支撑 ①。

在"十三五"规划中，白山市全面深化改革，加快体制机制创新。一方面，深化经济体制改革，构建各种所有制经济依法平等使用生产要素体制，改革税收制度，健全有利于推进基本公共服务均等化和主体功能区建设的公共财政体系，大力推进金融创新，加强担保体系建设，加大基础设施和社会发展领域投融资市场化改革力度，促进投资主体多元化和资金筹措方式市场化。另一方面，推进创新驱动战略，坚持技术创新和制度创新双轮驱动，加快推动大众创业、万众创新，充分发挥创新对经济社会发展的引领作用。加强创新体系建设，突出发展民营经济，强化人才队伍建设。推进城乡信息化建设。实施"互联网＋"行动计划，推进长白山云数据基地建设。加快网络升级改造，推进白山"宽带中国"示范城市建设，完善通信服务机制，推进产业组织、商业模式、供应链、物流链创新，使"互联网＋"成为经济发展核心引擎。

---

① 白山市 2015 年国民经济和社会发展统计公报。

（3）得分结果

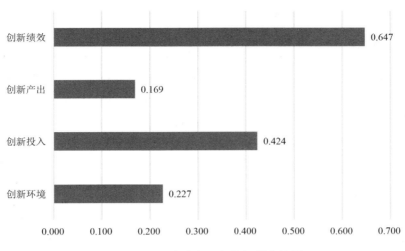

图 6.5.7　白山市一级指标得分结果

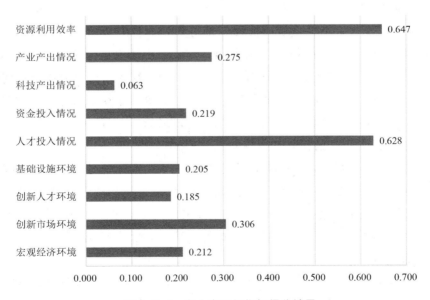

图 6.5.8　白山市二级指标得分结果

（4）创新评价

白山市在 116 个资源城市中创新指数排名为 84，处于中下游的位置，从各项分指标来看，各项指标之间差异较大。其中创新绩效最为突出，得分为 0.647，排名 44，是各项指标中贡献最大的因素；其次是创新投入，得分 0.424，排名 52；创新环境和创新产出表现较差，得分分别为 0.227 和 0.169，排名分别为 103 和 106，这两项均是制约创新指数排名的主要因素。

在创新环境方面，创新市场环境表现一般，得分 0.306，排名 63；宏观经济环境、创新人才环境、基础设施环境这几项得分和排名都较低，得分分别为 0.212、0.185、0.205，排名分别为 76、99、103。基础设施环境是制约创新环境的主要因素。基础设施环境中最大的制约因素货运总量，该指标数得分为 0.000，白山市的公共服务供给不足，公路、铁路、机场、能源、水利等基础设施建设滞后。

在创新投入方面，白山市得分为 0.424，排名为 52。从各项分指标来看，白山市人才投入情况好于资金投入情况。白山市人才投入得分为 0.628，排名 33，说明白山市在培养和吸引人才方面做出了较大的努力；资金投入得分为 0.219，排名为 84，资金投入主要受限于 R&D 经费支出和教育支出占财政支出的比重，两项指标得分分别为 0.010 和 0.399，排名分别位于第 99 和 89 位，可以看出白山市的 R&D 经费支出和教育支出尚且不够。

在创新产出方面，白山市得分为 0.169，排名 106，是制约创新指数得分的主要因素。从分项指标来看，科技产出情况包括的三级指标中，专利申请授权量得分为 0.000，排名位于第 113 名；企业商标拥有量得分为 0.120，排名位于 76 名，因此可以看出白山市在专利申请方面尤为需要加强。产业产出情况包含的三项指标排名都不太理想。矿产资源开发年税金占公共财政收入的比重、矿产资源开发综合利用产值占 GDP 的比重、第三产业占 GDP 比重的得分分别为 0.684、0.004、0.300，排名分别为 86、99 和 81。其中最大的制约因素是矿产资源开发综合利用产值占 GDP 的比重，可以看出矿产资源的利用产值不高，有待加强。

白山市的创新绩效指数为 0.647，排名 44，是各项指标中对创新指数贡献最大的因素。从各项分指标来看，全员劳动生产率、能源消费弹性系数、单位 GDP 能耗和单位 GDP 矿石开采量指标分别得分 0.367、0.622、0.874 和 0.790，排名分别为 57、78、25 和 58，因此，除单位 GDP 能耗指标外，其余指标排名均不太理想。

（5）政策建议

从指标评价结果来看，白山市的主要问题在于创新产出和创新环境。从这两方面来看，建议白山市在未来发展中应注重提升科技成果产出水平，将科技进步更多地运用到矿产资源开发利用中，提高矿产资源开发利用效率与经济效益。研发高科技含量、高附加值产品，打造硅、镁、铁、硅藻土四大产业链条，加快建设新材料产业园区，创建国家级战略性新兴产业示范区。其次是加大力度发展第三产业，尤其是高新技术产业、信息业、金融业，调整产业结构促进经济发展。同时，应注重基础设施环境和创新人才环境的建设,为白山市创新发展提供较好的环境基础。

在重视教育发展的基础上,提高教学质量,注重创新人才的培育。明确人才优先发展战略,统筹推进党政人才、企业经营管理人才、专业技术人才、高技能人才、农村实用人才和社会工作人才队伍建设,落实全民科学素质行动计划,优化人才结构。围绕科技创新、产业创新和管理创新,加快引进高精尖人才和实用型人才,实施十项重大人才工程,营造人才创业创新宽松环境。完善人才流动机制、人才评价体系和人才激励机制,形成广纳人才的制度体系。改革事业单位和国有企业人才管理制度,鼓励人才自由流动和兼职兼业,形成有利于各类人才干事创业的社会环境。另外,白山市应该有效推进科技体制机制改革,健全科研管理机制,优化整合科技资源和科技计划项目。推动企业科技创新,建立完善企业创新激励机制,落实企业新建研发中心省级、市级经费支持政策。打造科技创新服务平台,提升科技创新条件,实施科技型企业培育计划,扩大科技服务效应。

最后,白山市应因地制宜,在不破坏白山自然环境前提下,加强基础设施建设,完善白山交通运输网络体系。推进供水、供热、物业改造和气化白山工程,稳步实施城区老工业区和独立工矿区的搬迁改造。完成征地及部分路基、桥涵、隧道工程,三条干线公路以及市综合交通运输枢纽前期工作。积极推进铁路项目。加快水利基础设施的建设,完成矿泉湖水利枢纽主体工程。

6.5.5 松原市

（1）城市概况

作为吉林省中部城市群重要的支点城市,松原位于吉林省、黑龙江省、内蒙古自治区三地结合部,是东北和蒙东地区重要的交通枢纽和物流集散地。"中国北方经济增长四小龙"指的便是包括松原在内的包头、呼和浩特、鄂尔多斯四地。2015年松原市全市实现地区生产总值1680.3亿元,按可比价格计算,比上年增长6.3%。其中,第一产业增加值285.0亿元,增长5.1%;第二产业增加值745.1亿元,增长5.6%;第三产业增加值650.2亿元,增长8.0%。全市人均GDP达到60385元,比上年增长7.3%。三次产业的结构比例为17:44.3:38.7,对经济增长的贡献率分别为12.2%、44.7%和43.1%[①]。

松原市具有丰富的自然资源与矿产资源。全市已探明石油储量10.64亿吨、天然气储量1295亿立方米、油页岩储量774.5亿吨、二氧化碳储量1000亿立方米,同时陶粒页岩、硅砂、天然碱、泥炭、膨润土、矿泉水等矿产资源的储量较大。松原粮食

---

① 松原市 2015 年国民经济和社会发展统计公报。

储藏丰富，水资源充足，并因此渔业发达，电力充足。目前，为了保证松原资源的合理利用效率维持在高水平上，各大公司及自营区均努力在最大限度上利用资源，当下的松原已形成了油气开采和化工、农产品加工和食品、商贸和旅游三大主导产业协调并进的发展格局[①]。

（2）创新发展概况

"十二五"期间，松原市面临着创新发展能力较弱的发展困境。在高新技术方面，松原科技成果转化率不到30%，企业高层次、高技术人才短缺，自主创新能力较弱。全市规模以上工业企业中，高新技术企业仅有4户。除了中省直企业外，地方企业没有独立的研发机构[②]。2015年，松原国内专利申请量371件，授权量201件，分别比上年增长84%和62%。其中，发明专利申请量102件，增长143%；发明专利授权量17件，增长112%。全年市级科学技术奖33项，其中，一等奖4项；二等奖13项，三等奖16项。有5项科研成果获得省科技奖励[③]。

"十三五"期间，松原将紧紧围绕中央"四个全面"战略布局，紧紧把握国家振兴东北的重大机遇，树立牢固的创新、协调、绿色、开放、共享的发展理念。同时，利用改革开放提供的强大动力，在把创新摆在更加突出位置的前提下，深入实施科教兴市和人才强市战略，充分发挥科技第一生产力和人才第一资源作用，不断增强自主创新能力。另外，切实推进四大领域的创新——转型创新、产业创新、企业创新和科技创新，构建良好创新环境，把创新精神贯穿于经济社会发展的全过程，激发全市各方面、各领域创造性开展工作，推动全市发展由粗放型增长向创新型驱动转变，在创新中谋求实现后发赶超，建设创新松原。创新科技体制机制。建立完善"舟桥机制"，加强技术和知识产权交易平台建设，建立从研究实验、中试到生产的全过程科技创新融资模式，促进科技成果资本化、产业化。建立并完善普惠性创新支持政策体系，特别是加大金融支持和税收优惠力度。进一步深化科技体制改革，完善科技成果激励分配机制，提高科技人员成果转化收益比重，拓宽创新成果利益分享渠道。探索地方与科研单位共建转化中心新模式，健全科学高效、公开透明的科研项目和资金管理机制。探索企业主导、院校协作、多元投资、军民融合、成果分享的新模式，构建产业技术创新联盟；开展地方与科研单位建立产学研协同创新机制试点，带动相关研究院所、高校、企业共同参与，促进科技成果就地转化。加强知识产权保护[④]。

---

① 松原市人民政府网。
② 松原市国民经济和社会发展第十三个五年规划纲要。
③ 松原市2015年国民经济和社会发展统计公报。
④ 松原市国民经济和社会发展第十三个五年规划纲要。

（3）得分结果

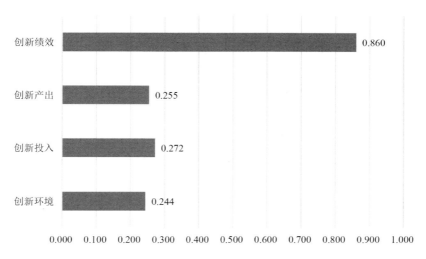

图 6.5.9　松原市一级指标得分结果

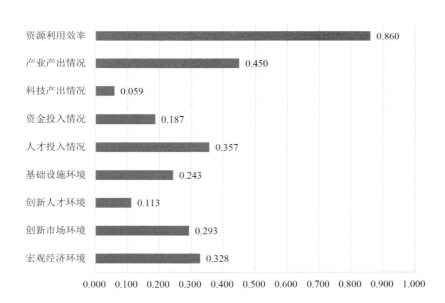

图 6.5.10　松原市二级指标得分结果

（4）创新评价

松原市在 116 个资源型城市中创新指数排名为 54，处于中上游的位置，说明松原创新发展情况较理想，但仍有较大的提升空间。从各项指标来看，数据呈现"一高三低"的态势。其中创新绩效最为突出，得分为 0.860，排名为 5，是所有一级指标中对创新指数贡献最大的因素。其次是是创新产出，得分 0.255，排名 79。接着是创新投入，得分 0.272，排名 90。松原创新指数最大的制约因素是创新环境，得分为 0.244，排名 96。

在创新环境方面，松原得分为 0.244，排名为 96，这在一定程度上拉低了创新指数的排名。从各项分指标来看，各项指标数据参差不齐。其中宏观经济环境贡献最大，得分为 0.328，排名为 30，这主要归功于资源储采比得分为 0.612，排名为 17；创新人才环境和基础设施环境的排名均很不理想，两项指标得分分别为 0.113 和 0.243，排名分别为 108 和 94，其中，创新人才环境对应的两项分指标得分都不高，每万人在校大学生数指标得分为 0.000，矿产资源开发技术人员占比得分也只有 0.270，排名 88。创新市场环境排名居中，该指标得分为 0.293，排名为 66，可以看出松原市宏观经济环境较理想，但需要在基础设施环境、创新市场环境和创新人才环境三方面做出努力。

在创新投入方面，松原得分为 0.272，排名 90。从各项分指标来看，松原市的人才投入与资金投入排名都不高，两项指标得分分别为 0.357，0.187，排名则分别为 75 和 98。松原在"财政科技支出占财政支出的比重"这一指标上得分为 0.000，可见其成为制约资金投入方面的主要因素。

在创新产出方面，松原得分为 0.255，排名 79，处于中下游的位置。从各项分指标来看，科技产出情况包含的两项三级指标中，专利申请授权量和企业商标拥有量得分分别为 0.018 和 0.097，排名分别为 95 和 84，因此可以看出松原市在这两方面都需要加大努力。产业产出情况包含的三项三级指标中，矿产资源开发年税金占公共财政收入的比重、矿产资源开发综合利用产值占 GDP 的比重、第三产业占 GDP 的比重得分分别为 1.000，0.024，0.559，排名分别为 1，70 和 43，三个指标中矿产资源开发综合利用产值对创新产出制约较大，松原市应提高矿产资源综合利用率。

在创新绩效方面，松原得分为 0.860，排名为 5，排名非常靠前，说明松原市在创新发展过程中取得很好的成效。从各项分指标来看，全员劳动生产率得分为 0.852，排名 11，说明松原劳动生产率较高；能源消费弹性系数得分为 0.619，排名 81，说明松原市能源消耗增速较快；单位 GDP 能耗得分为 0.861，排名 28；单位 GDP 矿石开采量得分为 1.000，排名 1。由上可知，除能源消费弹性系数外，松原市在其余 3 项三级指标中表现均较好，从而得到的创新指数在样本城市中排名非常靠前。

（5）政策建议

从指标评价结果来看，松原市主要问题在于创新环境，其次是创新投入和创新产出。从这几个方面来看，建议松原市未来的发展中改善人才创新发展的环境，重视教育发展，提高教学质量，对家庭困难生源设立基金进行帮助；其次应大力加强基础设施环境和创新市场环境的建设，从而为松原市创新发展提供良好的环境基础；再次注意增加对创新发展的资金投入，加大财政教育支出的比重，加大财政科技支出的比重，除了政府投资外，政府还可与企业进行科研合作，引入企业资金；同时还应注意加强资源的循环利用，提升矿产资源开发综合利用产值，注重提升科技成果产出水平，从而补缺创新驱动发展中的短板，推动松原市城市创新发展。

作为成长型城市之一，松原在城市转型与创新发展上有着很大的进步空间与可能，在116个资源型城市中创新指数排名为54。松原在未来的发展中应注意对创新发展的资金投入问题以及对人才培养环境的建设。另外，应更加明确科技创新的核心地位，引领带动产业创新、企业创新、市场创新、产品创新、管理创新，推动形成以创新为主要引领和支撑的经济体系。

坚持信息化引领，抓住"中国制造2025"和"互联网＋"行动计划的机遇，大力发展云计算、大数据、量子通信、电子商务等新业态，在信息技术层面大力推进产业组织、商业模式、供应链、物流链等方面的各类创新。将信息化作为转型发展的重要手段，着力推动信息化与三次产业融合发展，切实提升社会治理、政府管理、公共服务信息化水平，深化信息技术在各领域广泛应用。

完善技术创新市场导向机制，探索建立新的机制，使得市场成为技术创新项目和经费分配、评价成果的决定因素。推进企业、高校和科研机构在创新链、产业链等方面有机融合，支持共建产学研联合体。在推进技术交易中心建设的基础上，建立多层次技术交易平台，不断促进科技成果资本化、产业化。探索企业主导、院校协作、多元投资、军民融合、成果分享的新模式，构建产业技术创新联盟；开展地方与科研单位建立产学研协同创新机制试点，带动相关研究院所、高校、企业共同参与，促进科技成果就地转化，加强知识产权保护。

改革开放，创新发展。一方面，坚定不移将创新摆在更加突出的位置之上，利用改革开放带来的强大动力，深入实施科教兴市和人才强市战略，充分发挥科技第一生产力和人才第一资源作用，不断增强自主创新能力。另一方面，切实推进转型创新、产业创新、企业创新和科技创新，将创新精神贯穿于经济社会发展的全过程，构建良好创新环境，激发全市各方面、各领域创造性开展工作，推动全市发展由粗放型增长向创新型驱动转变，在创新中谋求实现后发赶超，建设创新松原。

6.6 黑龙江

6.6.1 鸡西市

（1）城市概况

鸡西市坐落于黑龙江省东南部，北与七台河市相连，西、南与牡丹江市接壤，东、东南与俄罗斯以乌苏里江和松阿察河为界相隔。鸡西1957年建市，总面积2.25万平方公里，辖密山市、虎林市、鸡东县与鸡冠区、恒山区、滴道区、城子河区、梨树区、麻山区共6个区，46个乡镇，459个村，户籍总人口185.9万人，其中农业人口67.2万人，有汉、满、朝鲜、回、蒙古等23个民族。鸡西有农垦牡丹江分局及所属的大型国有农场12个，有东方红、迎春2个森工林业局，有大型国有企业龙煤集团鸡西分公司（原鸡西矿务局）和沈煤集团鸡西盛隆公司。2015年，全市实现地区生产总值（GDP）514.7亿元，按可比价计算，比上年增长4.1%。其中，第一产业增加值187.5亿元，增长6%；第二产业增加值133.6亿元，增长3.3%；第三产业增加值193.6亿元，增长3.6%。三次产业结构比例为36.4:26:37.6。第一、二、三产业对GDP增长的贡献率分别为40.8%、32.1%和27.1%。人均地区生产总值28222元，增长5.7%[①]。

鸡西矿产资源丰富。已探明矿产资源54种，已开发利用20多种，主要有煤炭、石墨、硅线石、钾长石和镁等。已探明煤炭地质储量64亿吨，约占全省的三分之一，年生产能力3600万吨。石墨远景储量8.5亿吨（探明储量5.4亿吨），居亚洲第一，其中一半以上为大鳞片晶质石墨，年产量20万吨左右，约占全国总产量的五分之二。2014年，鸡西被中国矿业联合会命名为"中国石墨之都"，是黑龙江省首座国家级矿业名城。硅线石查明矿石量3800万吨；钾长石查明矿石量1.7亿吨；大理岩查明储量5.7亿吨。

（2）创新发展概况

鸡西市在过去"十二五"期间充分发挥石墨资源优势和产业特色优势，积极引进和整合集成国内外创新主体和要素，以科技资源为动力推动各种生产要素和创新资源的集聚进程，大力发展特色鲜明、结构合理、体系完整、环境友好和市场竞争力强的石墨产业集群，培育了一批国内知名的石墨高新技术企业和品牌，加速推动石墨产业进入创新驱动发展轨道。争取国家项目支持，"高纯石墨制备技术"项目成功列入国家科技支撑计划，5户石墨重点企业承担了其中四个子课题，获得经费支持2000万

---

① 鸡西市2015年国民经济和社会发展统计公报。

元。经过精心组织实施，项目取得了全面进展，顺利通过国家科技部的验收。其中，奥宇石墨集团自主研发的"超精细球形石墨技术"获得国家发明专利；贝特瑞石墨产业园的球形石墨成球率由40%提高至80%；富翔石墨有限公司的石墨绿色选矿含碳量由89%提高至95%。开展高端技术合作。依托中汇石墨制品有限公司，与哈尔滨工业大学教授赵连城创新团队联合申报了"省级光电信息材料与器件院士工作站（石墨烯）"。中汇石墨制品有限公司与哈尔滨工业大学教授赵连城创新团队合作的"天然石墨烯提取及传感器制作"项目，已经被国家科技部列入了2017年项目申报指南，同时被列为省石墨烯三年行动计划重点支持方向[①]。2015年全市有科学研究开发机构5个。全年共取得重大科技成果16项。

在"十三五"规划纲要中，鸡西市准备在石墨产业方面引进大型企业集团，发挥技术与资金双重优势，大力推进技术创新、产品创新和营销模式创新，加快超硬材料、蓄能材料、密封材料、传导材料、耐火材料、防腐防辐射材料、净化筛分材料七大产业链的发展。计划到2020年，鸡西市石墨新材料产业产值实现600亿元的突破，国内市场占有率将超过60%。在加快发展石墨深加工产业的同时，鸡西还将打造石墨人才培养基地、石墨市场交易基地、石墨标准制定基地、石墨技术研发基地，不断引领鸡西石墨产业向闭合发展、高端方向发展，将鸡西打造成资源配置最优、产业链条最长、产业规模最大、研发能力最强的"中国石墨之都"[②]。

（3）得分结果

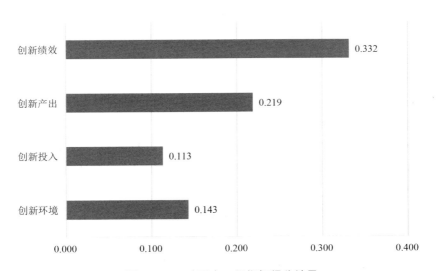

图 6.6.1　鸡西市一级指标得分结果

---

①　黑龙江省科技厅网。
②　鸡西市人民政府网。

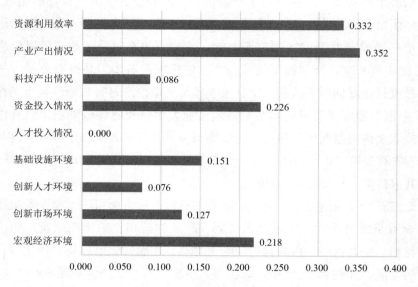

图 6.6.2　鸡西市二级指标得分结果

（4）创新评价

鸡西市在 116 个资源型城市中创新指数排名第 114 位，位于倒数第三，鸡西市创新发展情况非常差。从数据排名来看，鸡西市各项创新指标均非常靠后。其中创新产出与其他三个指标相比相对较好，得分为 0.219，排名第 93 位；而创新环境、创新投入和创新绩效排名均非常靠后，得分分别为 0.143、0.113、0.332，分别位于第 114 位、第 111 位和 109 位。

在创新环境方面，鸡西市得分为 0.143，位列全国所有资源型城市的第 114 位，可见鸡西市在创新环境方面表现非常靠后。从创新环境的各项分项指标评分结果来看，宏观经济环境、创新市场环境、创新人才环境和基础设施环境得分分别为 0.218、0.217、0.076、0.151，其排名分别位于所有资源型城市的第 72 名、第 113 名、第 111 名和第 111 名。在创新市场环境、创新人才环境和基础设施环境方面，鸡西市位居非常靠后，宏观经济环境方面也不理想。说明鸡西市总体创新环境相对较差，需要在宏观经济、市场环境、人才环境和基础设施环境方面加大改善力度，从而为创新发展提供良好的环境基础。

在创新投入方面，鸡西市得分为 0.113，排名位列第 111 位。其中，人才投入情况得分为 0.000，位列第 111 位；资金投入情况的得分为 0.226，位列第 79 位。相对于其他资源型城市来说，鸡西市的资金投入与人才投入非常少，所以使得创新投入的排名非常靠后，尤其是人才投入总体水平很差。

在创新产出方面，鸡西市的得分和排名表现较差，创新产出的得分为0.219，排名位列第93位。从分项指标来看，科技产出情况包含的两项三级指标中，专利申请授权量和企业商标拥有量得分分别为0.061和0.108，排名分别位于第74位和第80位。产业产出情况包含的三项三级指标中，矿产资源开发综合利用产值占GDP的比重指标的排名居于中等，为第55位，第三产业增加值占GDP的比重排名为第56位；矿产资源开发年税金占财政收入的比重较为靠后，为第90名。由上可知，鸡西市应注意改善矿产资源年税金占财政收入比重，同时努力提升科技成果产出水平。

鸡西市创新绩效得分为0.332，排名第109位。从分项指标来看，2014年全员劳动生产率得分为0.038，排名为第109位，能源消费弹性系数的排名为第101名，单位GDP能耗的排名为第109位，单位GDP矿石开采量排名为第84位。说明鸡西市在创新绩效方面整体水平非常差，在这四个方面均需加以改善。

（5）政策建议

从指标评价结果来看，鸡西市在创新发展方面存在的问题比较严重，创新环境、创新投入和创新绩效是拉低鸡西市创新指数的几个主要因素，因此，建议在未来首先加强宏观经济环境、创新市场环境、创新人才环境和基础设施环境方面的建设，从而为鸡西市创新发展提供较好的环境基础；其次应加强创新的人才投入，加强推进人才培养和引进，加大创新的资金投入力度；最后应注重提高资源利用效率，加快城市转型和产业转型升级，降低高能耗产业所占比重，从而降低单位GDP能耗和能源消费弹性系数，降低经济增长对资源型行业的依赖程度，同时还应优化人员配置，加强经济投入，提升劳动生产率，从而弥补创新驱动发展中的短板，推动城市创新发展。

在未来发展中应注意把改革创新贯穿于经济社会发展各领域各环节，全面实施创新驱动战略。

发挥政府资金的引导和放大作用。利用工业投资基金、股权投资基金、基础设施投资基金等政府性投资基金，吸引各类金融资本参与设立天使、创业、产业等投资基金。在竞争性领域中，某些由于市场失灵而出现的特定问题，其解决方法应由直接支持项目改为更多采用股权投资、融资担保、风险补偿等市场化方式。鼓励企业采取上市（挂牌）、发行债券和利用政策性融资担保平台等方式，加大资本市场的融资力度，构建多元化融资体系。规范政府投资行为，建立科学的政府投资决策机制。

加快培育壮大创新主体。凭借大专院校、科研院所、骨干企业等研发力量，构建产学研结合的科技创新体系。深化科技体制改革，加快培育创新型领军企业，推动企业真正成为技术创新决策、研发投入、科研组织和成果转化的主体。实施省级重点新产品开发鼓励计划，通过对研发过程和科技项目的补助和间接投入等方式，支持企业增强自主创新能力。

增强企业自主创新能力，支持企业引进高端人才。不断提升市县两级生产力促进中心、科研所的服务水平。加快科技服务业发展，建设科技中介服务机构和企业，强化服务科技成果转移转化、科技招商融资、创业孵化的能力。

6.6.2 鹤岗市

（1）城市概况

鹤岗市位于黑龙江省东北部，地处小兴安岭向三江平原过渡地带，北与俄罗斯隔黑龙江相望，东南临松花江与佳木斯接壤，西屏小兴安岭与伊春为邻，处于黑龙江、松花江、小兴安岭"两江一岭"围成的金三角区域，因"鹤立高岗"而名。鹤岗距省城哈尔滨 589 公里。全市面积约 1.5 万平方公里，下辖六个行政区和萝北、绥滨两个边境县，人口 110 万，其中市区人口 70 万，城镇化率为 84%[①]。2015 年实现地区生产总值（GDP）266 亿元，按可比价格计算，比上年增长 4%。第一产业增加值 93.8 亿元，增长 0.9%。第二产业增加值 79.4 亿元，增长 2.8%。第三产业增加值 92.8 亿元，增长 8.5%。三次产业比重为 35.3:29.8:34.9[②]。

鹤岗是一座典型的因煤而兴的资源型城市。1918 年，鹤岗第一个煤矿开工，至今已有近百年的开采历史。鹤岗煤炭、石墨、粮食、木材等重要自然资源十分丰富：煤炭地质储量 26 亿吨，曾是全国四大煤矿之一，盛产优质动力煤、化工煤；石墨储量 10.26 亿吨，品位高、开发条件优良，居世界前列、亚洲第一，年产石墨 30 万吨，产量占全国的 1/3，出口占全国的一半。同时，鹤岗还有陶粒页岩、硅石等 30 余种非金属矿产资源。鹤岗拥有黑土良田 800 多万亩，粮食年产量达 90 亿斤，其中优良稻米加工 650 多万吨，约占黑龙江全省的 1/5；林地面积 66 万公顷，城市森林覆盖率达 70%。此外，鹤岗水资源丰沛，除黑龙江、松花江两江以外，还有 126 条中小河流、10 个大中型水库和众多湖泊，盛产"三花五罗"、鲟鳇鱼等 20 余种水产资源和黑木耳、猴头、人参、蓝莓等 40 多种山林产品。鹤岗旅游资源丰富，拥有大界江、大森林、大冰雪、大湿地、大农业、大矿山、大石林，原生态保存完好。鹤岗有 3 个国家级原始森林公园、国家矿山地质公园，以及黑龙江流域博物馆、名山旅游名镇、太平沟黄金古镇、金顶山石林、苇场湿地等风景区，市区有"五湖一河"滨水景区。其

---

① 鹤岗市人民政府网。
② 鹤岗市 2015 年国民经济和社会发展统计公报。

中，龙江三峡更是黑龙江省十大旅游景区之一[①]。

（2）创新发展概况

鹤岗市在过去"十二五"期间大力推进科技型新兴产业项目，积极实施"全省千户科技型企业三年行动计划"。期间，新增科技型企业 48 户，无糖型安神宁口服液等 5 个项目列入省科技计划，经纬糖醇公司被认定为国家高新技术企业，秀泉科技氧化法清洁制浆、鹏程科技轨道交通吸音板、吉阳新能源光伏电站等项目开工建设。

在"十三五"规划中，鹤岗市将加大力度抓好科技创新。推动全民创新创业。解决社会创新创业活力不足的问题，打造"双创"平台，加大政府创业资金投入力度，市、县区两级都要成立"双创"中心，加快创业孵化基地、企业创新基地、科技企业孵化器、"互联网+"应用平台等创新创业平台建设，引导各类新兴业态入驻平台。要培育"双创"主体，突出抓好青年创业，持续推进科技人员、大学生、农民、城镇转移就业职工 4 支队伍创新创业，使之逐步成为支撑鹤岗发展的重要力量。要鼓励企业与高校、科研院所开展协同创新，组建产业技术创新战略联盟。要培养"双创"人才，实施"人才兴市"战略，建立健全人才培养选拔、评价使用、流动配置机制，坚持引进和培养并重，加快人才队伍建设[②]。

（3）得分结果

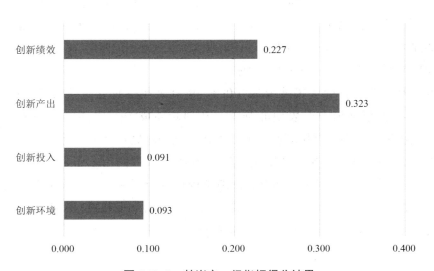

图 6.6.3　鹤岗市一级指标得分结果

① 鹤岗市人民政府网。
② 鹤岗市 2017 年政府工作报告。

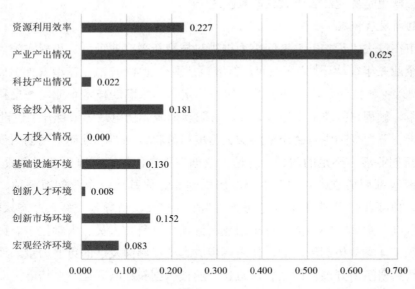

图 6.6.4　鹤岗市二级指标得分结果

（4）创新评价

作为 116 个资源型城市中创新指数排名第 116 位的城市，鹤岗市排名倒数第一。鹤岗市的创新产出排名第 50 位，处于中等位置，但是在创新环境，创新投入和创新绩效方面排名均非常靠后，分别位于第 115 位、第 114 位和 115 位，这较大程度上拉低了鹤岗市创新指数的总体评价得分和排名。

在创新环境方面，鹤岗市得分为 0.093，位列全国所有资源型城市的第 115 位，可见鹤岗市在创新环境方面表现非常差。从创新环境的各项分项指标评分结果来看，宏观经济环境、创新市场环境、创新人才环境和基础设施环境得分分别为 0.083、0.152、0.008、0.130，其排名分别位于所有资源型城市的第 114 名、第 100 名、第 116 名和第 114 名。在宏观经济环境、创新市场环境、创新人才环境及基础设施环境方面，鹤岗市排名都非常靠后，这说明鹤岗市总体创新环境相对较差，需要在宏观经济、市场环境、人才环境和基础设施环境方面加大改善力度，从而推动创新环境的不断改善。

在创新投入方面，鹤岗市得分为 0.091，排名位列第 114 位。其中，人才投入情况得分为 0.000，位列第 112 位；资金投入情况的得分为 0.181，位列第 100 位。资金投入情况包含的 3 项三级指标中，R&D 经费支出、教育支出占财政支出的比重和财政科技支出占财政支出的比重排名分别位于第 108 名、第 78 名和第 76 名。相对于其他资源型城市来说，鹤岗市的资金投入与人才投入情况均不理想，这说明鹤岗市对人才培养的重视程度不够，资金投入也相对较少，总体水平较差，进步的空间很大。

在创新产出方面，鹤岗市的得分和排名相对较好，创新产出的得分为0.323，排名位列第50位，该指标对创新指数排名的贡献率最大。从分项指标来看，科技产出情况包含的两项三级指标中，专利申请授权量和企业商标拥有量得分分别为0.003和0.039，排名分别位于第108位和第101位。因此可以看出鹤岗市的科技产出非常落后。产业产出情况包含的三项三级指标中，矿产资源开发综合利用产值占GDP的比重指标得分为0.816，排名比较靠前，为第7位；第三产业增加值占GDP的比重得分为0.337，排名为第78位；矿产资源开发年税金占财政收入的比重得分为0.690，排名为第85名。由上可知，在科技成果产出、第三产业、矿产资源开发年税金占财政收入比重方面，鹤岗市均需要加强。

鹤岗市在创新绩效方面取得的成效非常低，得分为0.227，排名第115位。从分项指标来看，2014年全员劳动生产率的指标得分为0.000，排名为第111位，能源消费弹性系数的排名为第53名，单位GDP能耗的排名为第110位，单位GDP矿石开采量排名为第100位。说明鹤岗市在创新绩效方面整体水平很差，应尤其注意提高全员劳动生产率、降低能耗、提高能源利用效率及经济效益。

（5）政策建议

从指标评价结果来看，鹤岗市在创新环境、创新投入和创新绩效方面的问题均比较严重。为此，建议在未来首先是加强鹤岗市宏观经济环境、创新市场环境、创新人才环境、基础设施环境建设，从而为鹤岗市创新发展提供良好的环境基础；其次应注意加大对创新的人才投入和资金投入，加大财政教育支出的比重，重视教育，加大对教师队伍的培养和训练，改善教师待遇情况，吸引更多的人从事教育行业，加大R&D经费支出和财政科技支出的比重，扩大对科研项目投资及加大政策扶持力度，支持科技创新，积极引进高尖端人才，促进学术交流的科研进展；再次应注重运用科技进步等方式来提升资源利用效率，降低单位GDP能耗和单位GDP矿石开采量，同时应优化人员配置，加大经济投入，提高全员劳动生产率，从而弥补城市创新驱动发展的短板，推动鹤岗市城市创新发展。

在未来发展中应注意把改革创新贯穿于经济社会发展各领域各环节，全面实施创新驱动战略，发挥政府资金的引导和放大作用来增强创新绩效。

一方面，借大专院校、科研院所、骨干企业等研发力量，加快构建产学研结合的科技创新体系，培育并壮大创新主体。深化科技体制改革，加快培育创新型领军企业，推动企业真正成为技术创新决策、研发投入、科研组织和成果转化的主体。另一方面，加快实施省级重点新产品开发鼓励计划，通过研发费用补助、科技服务项目补助和间接投入等方式，支持企业增强自主创新和人才引进的能力。

　　加强发展方针与国家战略的有机衔接，加快建设完善科技创新平台，建设空间环境地面模拟装置等国家大科学工程项目，支持机器人、现代焊接等国家重点实验室加快发展，争取国家在新布局重点实验室。在加快国家创新型城市建设的基础上，争取建设一批国家自主创新示范区。依托企业、高校、科研院所建设国家创新中心、国家工程研究中心、国家工程（重点）实验室、国家企业技术中心等国家级技术创新平台，支持企业自建或与科研院所合作建设省级技术创新平台。鼓励石墨、乳业、马铃薯等国家级产业技术创新战略联盟做大做强，在轨道交通、3D打印技术等具有产业和技术优势领域培育发展新的联盟。整合共享公共科技资源，实现重大科研基础设施、大型科研仪器和专利基础信息资源对社会开放，促进全社会的科技创新。

　　加快科技成果落地产业化，特别是高校和科研院所的应用型成果，国内重点大学和科研院所重大科技成果，国家国防科工局共建院校的科技成果，应尽快转化并推广。完善哈尔滨科技创新城配套功能，鼓励科技园区、高校、科研院所、企业及其他社会力量创建科技企业孵化器，加快众创、众包、众扶、众筹空间发展。加强技术和知识产权交易平台建设。

6.6.3　双鸭山市

（1）城市概况

　　双鸭山市位于黑龙江省东北部地区，地处完达山脉北麓、三江平原腹地。1947年建矿，1956年建市，因市区东北部有两座形似卧鸭的山峰而得名。全市行政区划面积2.25万平方公里，人口151万。辖四县四区：集贤、友谊、宝清、饶河县，尖山、岭东、四方台、宝山区，42个乡镇、415个行政村。双鸭山市拥有国有林场43个，森林覆盖率达40%。双鸭山市自然旅游资源丰富，有三江平原第一峰——七星峰，完达山和青山两座国家级森林公园，国家级东北黑蜂自然保护区；有中国最大的沼泽湿地群——三江平原湿地群，七星河、雁窝岛、挠力河等湿地是三江平原保存最完整、最具原始性和代表性的沼泽性湿地；有七星河、挠力河国家级湿地自然保护区，乌苏里江、千鸟湖、安邦河国家湿地公园，4A级雁窝岛、千鸟湖、安邦河湿地和3A级七星河湿地等国家旅游景区。双鸭山水资源丰沛，境内有1江55条大小河流，水域面积946平方公里。2015年双鸭山市实现地区生产总值（GDP）433.3亿元，按可比价格计算比上年增长3.0%。其中，第一产业增加值165.6亿元，增长3.0%；第二产业增加值98.6亿元，下降3.6%；第三产业增加值169.1亿元，增长8.8%。三次产业结构为38.2:22.8:39，第一、二、三产业对GDP增长的贡献率分别为37.3%、-36.1%、98.8%[1]。

---

[1] 双鸭山市人民政府网。

双鸭山市有着丰富的矿产资源，坐拥双鸭山、集贤、宝清、七星河和双桦五大煤田，煤炭勘探储量117亿吨，占全省总储量的47%，居全省第一。拥有全省最大的磁铁矿，储量1.2亿吨。同时，双鸭山白钨、石墨、矽线石、大理石、玄武岩等矿藏也较为丰富，具有很高的开采价值。域内有9个国有煤矿、2个发电厂、1个钢铁公司，已形成2400万吨煤炭、249万千瓦电力、200万吨钢铁的综合产能，是黑龙江省重要的煤炭、电力和钢铁生产基地。目前，一批大型现代化矿井和煤制芳烃、煤制烯烃、煤间接液化、费托合成油、煤制天然气、煤炭地下气化等煤化工项目正在加快落地生成，向着全国创新型煤化工基地扎实迈进[①]。

（2）创新发展概况

双鸭山市在过去"十二五"期间以提高自主创新能力为核心，促进科技与经济社会发展紧密结合为重点，大力征集并积极组织企业申报国家、省级计划项目，取得了一定成效。2015年全年共获得1000万元国家、省级专项资金。在实施中小微企业培育计划后，双鸭山新增中小微企业200户，科技型企业4家，科技孵化器3家，高新技术成果转化85项。建成现代农业示范带7条、高科技示范园区8个。新增土地流转面积24万亩、农民专业合作社102个，集贤和宝清两县建立了三级土地交易服务体系。"互联网＋农业"加快发展，全市87家农业企业进驻省农业电子商务平台，本土特色农副产品实现在深圳市场和互联网线上销售[②]。

在"十三五"规划中，双鸭山市重点发挥政府资金引导和放大作用，设立产业发展基金、中小微企业担保基金，以扶持产业和企业发展。构建多元化投融资体系，推进政府与社会资本合作PPP项目建设；加快政府债务置换，建立偿债准备金，促进投融资一体化。抢抓国家供给侧结构性改革机遇，推进市场化配置资源机制改革，全力做好向上争取政策工作。加快吴越农业科技园等项目建设；宝清滑膜南瓜子油、东北大自然米糠提取等项目竣工；力争远东150万头生猪屠宰加工、黔牧万头肉牛养殖及加工等项目开工建设。加快建设食品药品产业园区，大力引进国内外知名制药企业，力争在制药产业发展上有突破。推进科技创新。加快科技公共服务平台建设，新建技术创新联盟2个，完成黑龙江煤化工技术研发中心、饶河农业园区省级园区申报工作，加快国家煤及煤深加工产品质量监督检测中心建设。深入落实科技型企业三年行动计划的要求，转化高新技术成果90项，新增规模科技型企业5户。市经济技术开发区科技孵化器投入使用。利用好结构性改革政策，扶持企业技术改造和产品更新，鼓励工人"小改小革、小发明、小创造"。创新人才培养、引进和留住使用机制，围

---

① 双鸭山市人民政府网。
② 同上。

绕重点产业发展需求，加大科技人才、高端人才和创新团队柔性引进力度，大力培养本地实用技术人才，培育新的发展动能 [①]。

（3）得分结果

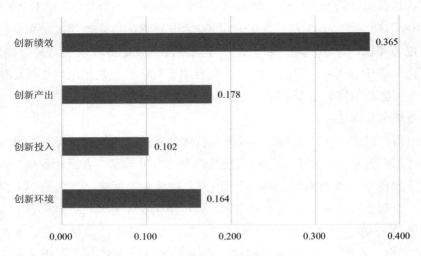

图 6.6.5　双鸭山市一级指标得分结果

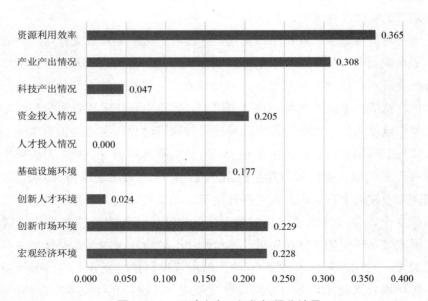

图 6.6.6　双鸭山市二级指标得分结果

---

① 双鸭山市人民政府网。

（4）创新评价

双鸭山市在 116 个资源型城市中创新指数排名第 113 位，倒数第四。双鸭山市在创新环境、创新投入、创新产出和创新绩效四个方面成效均不理想，得分分别为 0.164、0.102、0.178 和 0.365，其排名分别位于所有资源型城市的第 113 名、第 112 名、第 102 名和第 103 名。

在创新环境方面，双鸭山市位列全国所有资源型城市的第 113 位，可见双鸭山市在创新环境方面表现较其他城市来说非常差。从创新环境的各分项指标评分结果来看，宏观经济环境、创新市场环境、创新人才环境和基础设施环境得分分别为 0.228、0.229、0.024、0.177，其排名分别位于所有资源型城市的第 64 名、第 90 名、第 115 名和第 107 名。创新市场环境、创新人才环境和基础设施环境方面，双鸭山市排名均靠后，这说明该市需要加大创新市场环境、人才环境和基础设施环境建设，从而为创新发展提供较好的环境基础。

在创新投入方面，双鸭山市得分为 0.102，排名位列第 112 位，非常靠后。分项指标中，人才投入情况指标得分为 0.000，位列第 113 位；资金投入情况的得分为 0.205，位列第 88 位。相对于其他资源型城市来说，双鸭山市创新人才投入非常少，远远落后于其他城市，资金投入水平也较差。因此在人才投入和资金投入两方面均需进一步加大投资。

在创新产出方面，得分为 0.178，排名位列第 102 位，排名也很靠后。从分项指标来看，科技产出情况包含的两项三级指标中，专利申请授权量和企业商标拥有量得分分别为 0.037 和 0.056，排名分别位于第 86 位和第 96 位，因此可以看出双鸭山市的科技产出相对落后。产业产出情况包含的三项三级指标中，矿产资源开发综合利用产值占 GDP 的比重排名比较靠后，为第 98 位；第三产业增加值占 GDP 的比重排名为第 57 位，排名居中；矿产资源开发年税金占财政收入的比重排名也较为靠后，为第 95 名，这说明双鸭山市应积极改进矿产资源综合开发利用技术，提高矿产资源综合开发利用经济效益。

在创新绩效方面，得分为 0.365，排名第 103 位。从分项指标来看，2014 年全员劳动生产率指标得分为 0.031，排名第 110 位；能源消费弹性系数的排名为第 58 名；单位 GDP 能耗的排名为第 103 位；单位 GDP 矿石开采量排名为第 89 位。这说明双鸭山市在创新绩效方面整体情况不理想，在全员劳动生产率、单位 GDP 能耗、单位 GDP 矿石开采量方面尤其需要做出调整。

（5）政策建议

从指标评价结果来看，双鸭山市在创新环境、创新投入、创新产出和创新绩效四大方面成效排名均很靠后。为此，建议在未来首先应重视对创新环境的改善，加强创新市场环境、创新人才环境和基础设施环境建设；其次是加大对创新发展的资金投入与人才投入，积极培养和引进高端人才，增加 R&D 经费支出、财政教育支出与财政科技支出所占比例；再次应注重资源的循环利用，使矿产资源综合开发利用产值得以提升；最后应加强城市转型和产业转型升级，降低高能耗行业所占比重和经济增长对资源型行业的过度依赖，积极采用节能技术来降低单位 GDP 能耗，加强人员的培训和优化配置，提升全员劳动生产率。总之，在未来发展中应注意把改革创新贯穿于经济社会发展各领域各环节，全面实施创新驱动战略。

增强企业自主创新能力，鼓励企业引进高端人才。不断提升市县两级生产力促进中心、科研所的服务水平。加快发展科技服务业，建设科技中介服务机构和企业，强化服务科技成果转移转化、科技招商融资、创业孵化的能力。

加快实现"互联网+"行动计划，发展物联网技术和应用。实施大数据战略，推进数据汇集和发掘，深化大数据创新应用，建设云计算数据中心集聚地和云计算应用服务基地，构筑经济社会创新驱动发展的新动能。打造中俄"智慧城"，依托互联网和大数据实现中俄产城、经贸、旅游和人文交融，提升中俄合作水平。

6.6.4　大庆市

（1）城市概况

大庆市位于黑龙江省西部，东与绥化市相连，南与吉林省隔松花江相望，西部、北部与齐齐哈尔市接壤。因全市大部分地区地处北温带大陆性季风气候区，因此冬季寒冷有雪，春秋季风多，年平均气温 4.6℃，年均降水量 431.1 毫米。大庆自然资源丰富：全市湿地总面积 32 万公顷，面积在 100 亩以上的湖泊（含水源地、水库、滞洪区）有 258 个；草原总面积 68.9 万公顷，占全市总面积的 32.8%，居全省第 1 位。被誉为"绿色油化之都、天然百湖之城、北国温泉之乡"。2014 年全年实现地区生产总值 4070 亿元，比上年增长 4.5%。其中，第一产业实现增加值 185 亿元，比上年增长 8.5%；第二产业实现增加值 3133 亿元，比上年增长 3.7%；第三产业实现增加值 752 亿元，比上年增长 8%。第一产业增加值占地区生产总值的比重为 4.5%，第二产业增加值比重为 77%，第三产业增加值比重为 18.5%[①]。

大庆有着丰富的石油、天然气等矿产资源与地热资源。其中，石油比重中等，黏度高，属低硫石蜡基型，是理想的石油化工原料，累计探明地质储量 67 亿吨。而天然气资源与石油常常伴生，以甲烷为主，凝析油含量较高，极具工业价值，累计探明储量 2800 多亿立方米。地热资源埋层较浅，出水温度高，水质优良，富含锌、硒、钙等 20 多种对人体有益的微量元素，静态储量达 3000 亿立方米，是国内罕见的大规

① 大庆市 2014 年国民经济和社会发展统计公报。

模地热富集区 [1]。

（2）创新发展概况

在过去"十二五"期间，大庆市在宏观经济增长放缓等大环境的影响下，负重前行。近年来，大庆市紧抓全国云计算产业区域性布局的机遇，适时引入华为东北数据云中心、国裕"创业云＋"等应用项目，带动大数据、互联网＋、现代商贸物流等关联产业快速壮大。加强市校合作，加速科技成果的转化。向高新技术成果产业化要项目和增长点。促进校地校企深度合作，充分挖掘并释放大专院校、科研院所创新潜能，深入实施三百科技型企业三年行动计划，打通科技成果梳理、成立公司、平台孵化、与资本市场合作等关键环节，推动战略新兴和高新技术产业集群发展。向新业态新商业模式要项目和增长点，把握产业发展信息化、专业化以及跨界嵌入特征，丰富新业态，引育新模式，推动产业迈向中高端。深入融合互联网与各产业形态、组织形式，拓展众创、众包、众扶、众筹空间，力促创意生成项目、项目催生企业、企业托起产业。多点增添动能，推动创新发展。抓改革、抓创业、抓环境、抓招商，提高市域内外、体制内外的要素资源利用效率，为供给侧结构性改革增添动能。支持科研人员、大学生和农民开展技术创业、创意创业、投资创业、互联网创业，引导企业转型"二次创业"，培育一批新的供给侧主体。加强产业园区功能建设投入，创新园区和大用户电力、天然气等能源供给方式，调整土地等级，精简归并"五险一金"收缴，推动融资合作和产业基金发展，建立用地"规划圈一次性审批"制度，在降低交易成本的基础上，同时有效保障企业发展的要素资源。落实好市校 150 个具体合作项目；引进中科院长春分院、哈工大新能源和化工等创新平台，市校企共建研发中心或工程技术创新平台 10 个以上；实施好三百科技型企业三年行动计划，新增产值超 500 万元科技型企业 100 家以上 [2]。

十三五期间，要着力提高发展质量和效益，不断提高经济综合实力。大力推动改革创新，构筑加快发展的竞争新优势。地方国企改革、农村改革等重点领域改革落地见效，体制机制创新取得明显效果，对外开放水平不断提高。创新驱动明显增强，民营经济和混合所有制经济快速发展。进一步解放思想、转变观念，把发展的基点放在创新上，把创新的现实意义聚焦到解决大庆转型发展面临的主要困境上，紧紧抓住新一轮东北老工业基地振兴的难得机遇，把发展实体经济作为根本之策，把上项目、扩增量作为"一号工程"，着力完善体制机制，激发创新创业活力，培育发展新动力，构建产业新体系。发挥科技创新在全面创新中的引领作用，通过源头建设、技术升级、成果转化、"互联网＋"等多种路径的配合，强化高新技术对产业发展的支撑和

① 大庆市人民政府网。
② 大庆市 2016 年政府工作报告。

引领，汇集产业结构调整、发展方式转变的新动能，提升产业素质。顺应网络时代大众创业、万众创新的新趋势，拓展众创、众包、众扶、众筹空间，营造良好的创业生态环境，激发全民创造活力，打造经济发展新引擎[①]。

（3）得分结果

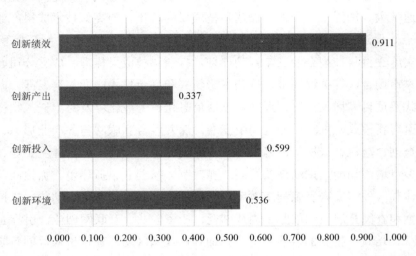

图 6.6.7　大庆市一级指标得分结果

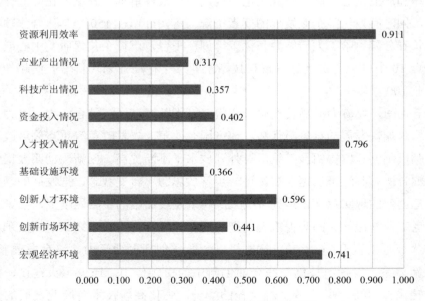

图 6.6.8　大庆市二级指标得分结果

---

① 大庆市人民政府网。

（4）创新评价

作为116个资源型城市中创新指数排名第9位的城市，大庆市在创新绩效方面的成效表现非常突出，排名第1位，创新环境次之，排名为第6位，在这两个方面比许多其他城市有更大优势。相比之下，创新投入和创新产出的排名比较靠后，分别位于第18位和45位，这在一定程度上拉低了大庆市创新指数的总体评价得分和排名。

在创新环境方面，大庆市得分为0.536，位列全国所有资源型城市的第6位，可见大庆市在创新环境方面表现非常突出。从创新环境的各项分指标评分结果来看，宏观经济环境、创新市场环境、创新人才环境和基础设施环境得分分别为0.741、0.441、0.596、0.366，其排名分别位于所有资源型城市的第1名、第20名、第15名和第58名。在宏观经济环境方面位居第一，在创新市场环境和创新人才环境方面，大庆市位居前列；但基础设施环境方面排名相对较差。这说明大庆市总体创新环境表现很好，但需要在基础设施环境方面进一步加大改善力度，以便为创新发展提供更好的环境基础。

在创新投入方面，大庆市得分为0.599，排名位列第18位。分项指标中，人才投入情况得分为0.796，位列第18位；资金投入情况得分为0.402，位列第35位。相对于其他资源型城市，大庆市人才投入和资金投入表现均较好。资金投入情况包含的3项三级指标中，R&D经费支出、教育支出占财政支出的比重、财政科技支出占财政支出的比重指标排名分别位于第15名、第33名和100名，因此，可以看出财政科技支出占比较低是制约创新投入排名的主要因素。

在创新产出方面，大庆市的得分和排名相对较差，创新产出得分为0.337，排名位列第45位，拉低了总体创新指数排名。从分项指标来看，科技产出情况包含的两项三级指标中，专利申请授权量和企业商标拥有量得分分别为0.404和0.314，排名分别位于第20位和第42位，因此可以看出大庆市的科技产出水平还有加强的空间。产业产出情况包含的三项三级指标中，矿产资源开发综合利用产值占GDP比重排名比较靠前，为第35位；第三产业增加值占GDP比重排名为第111位，非常落后；矿产资源开发年税金占财政收入的比重非常靠前，为第2名。由于2014年大庆市第一、二、三产业所占比重分别为4.70∶75.53∶19.76，第三产业所占比重非常低，这说明在今后需要大力调整产业结构，大庆市在第三产业方面应加强。

大庆市在创新绩效方面取得的成效突出，得分为0.911，排名第1位。从分项指标来看，2014年全员劳动生产率指标得分为1.000，排名第3位，优于绝大多数城市；能源消费弹性系数的排名为第93名；单位GDP能耗的排名为第16位；单位GDP矿石开采量排名为第2位。由上可知，大庆市在创新绩效方面整体水平很高，但在能源消费增速方面有待进一步调整。

（5）政策建议

从指标评价结果来看，大庆市的主要问题在于创新产出方面，其次是创新投入也有一定的提升空间。为此，建议在未来应重视第三产业的发展，积极调整地区产业结构，促进城市转型和产业转型升级；提高科技成果的产出水平，加强对专利申请和企业商标的重视程度；改进矿产资源开发技术，提高矿产资源综合开发利用效率及经济效益；最后是加大对创新发展的资金投入，尤其是增加财政科技支出比重，重视科技发展。在未来发展中应注意把改革创新贯穿于经济社会发展各领域各环节，全面实施创新驱动战略：

努力提高自主创新能力。发掘大专院校、科研院所创新潜能，在石油化工、新材料、装备制造等领域建立一批有学科影响力的研发平台，引导相关产业提升核心竞争力。明确并强化企业创新主体地位和主导作用，推动企业技术中心和工程技术研究中心建设，鼓励企业积极参与国家、省级重大科技专项，开展技术研发和行业标准制定。支持企业联合大专院校、科研院所组建产业技术创新战略联盟，努力构建产学研用相结合的科技创新体系。

加快推进科技成果落地转化。支持科技型中小企业发展，重点培养壮大一批企业，形成一批具有较强竞争力的创新型企业。加强科技成果转化平台的建设，推广科技企业新型孵化方式，提供科技信息查询、技术评估、科技成果交易以及转移配套服务，促进科技成果资本化、产业化。

不断完善创新服务体系。加快科技资源共享服务平台建设，强化从实验研发、中试到生产全过程的技术支持服务。健全科技投融资服务平台，构建多元化投融资服务体系。加强技术和知识产权交易平台建设，提升知识产权创造水平，加大知识产权保护力度。

建设并完善创新激励机制。落实各项关于科技成果使用、处置、收益等的激励政策，提高科研人员成果转化收益分享比例，让科技人员在创新活动中得到合理回报。

深度融合互联网与经济社会。支持基于互联网的各类创新，大力推进"互联网＋"行动计划，发展物联网技术和应用。实施信息惠民工程和大数据战略，依托华为、国裕等企业，促进云计算创新发展，培育信息产业新业态。

6.6.5　伊春市

（1）城市概况

伊春市以汤旺河支流伊春河得名，位于黑龙江省东北部，犹如一颗璀璨明珠，镶嵌在小兴安岭山麓万绿丛中。伊春东连美溪区，南部和西部与乌马河区毗邻，北接友好区，距离省会哈尔滨 306 公里。伊春市总面积 39017 平方公里，森林覆盖率达到

87%，在全国处于领先地位，是名副其实的"天然大氧吧"和"避暑胜地"，空气中负氧离子含量平均每立方厘米达 1.57 万个，是都市的数十倍甚至上百倍。河流主要有汤旺河和伊春河，土壤以黑质土为主，土质肥沃。2015 年，全年全市实现生产总值 2481966 万元，比上年下降 2.7%。其中，第一产业增加值 1065602 万元，增长 0.5%；第二产业增加值 463395 万元，下降 16.3%；第三产业增加值 952969 万元，增长 5.3%。第一、第二、第三产业增加值占全市生产总值的比重分别为 42.9∶18.7∶38.4。全市人均生产总值 20413 元，比上年下降 1.9%[①]。

伊春市位于伊春—延寿多金属成矿带北段，矿产资源丰富。20 世纪 50 年代起，我国开始进行地质调查评价及勘查航磁、航放测量，区域重力、区域地质调查等基础性地质工作，又从 70 年代开始了区域性、基础性、公益性地质工作，此后陆续发现了乌拉嘎金矿、西林铅锌矿、大西林铁矿、浩良河大理岩矿等矿产地，并开发建设了一大批矿山企业，这些在伊春市经济社会发展过程中发挥了重要的支撑作用。进入新世纪，伊春市明显加大了对于地质勘查的投入资金，地质勘查进程明显加快，加之商业性社会资本大量涌入，伊春市地质勘查活动呈现出蓬勃的生机。经过多年的勘查，伊春市已发现矿产有铁、铅锌、金、银、铜、钼、钨、锑、锡、煤、水泥用大理岩、膨润土、麦饭石、矿泉水等 45 个矿种，探明资源储量的有 36 种。根据伊春地区现有的地质、地球物理、地球化学和矿产勘查等多方面资料的综合研究，该区可望发现 2-3 个中型以上规模的矿床，预测资源量：金为 160 吨，铜为 400 万吨，铅锌 80 万吨，钼 200 万吨，灰岩 5 亿吨。

（2）创新发展概况

在过去"十二五"期间，伊春市坚持以市场化为导向，建立健全促进创新的配套机制。在发挥市场需求对创新激励和拉动作用的基础上，进一步强化政策引导和激励措施。并按照企业创新和产业创新发展规律和需求，结合伊春市产业和经济发展的实际情况，积极实施创新培育和扶持政策。注重制度环境建设，完善知识产权的行政管理和保护，强化知识产权的司法保护，保护好创新的积极性。深入实施专利、名牌和商标战略，把知识产权创造、管理、保护与运用贯穿技术创新的全过程。2015 年全市共有科研机构 5 个，组织实施科技计划项目 37 项，其中国家级科技项目 2 项，争取经费 200 万元，省级科技项目 11 项，争取经费 484 万元，市本级科技项目 24 项，科技经费 182.2 万元。全年共取得省级科技成果 2 项，省级科技进步奖 2 项，市级科技成果 22 项。全年申请专利 539 项，授权专利 364 项。技术合同交易

---

① 伊春市 2015 年国民经济和社会发展统计公报。

额 13 万元[①]。

在伊春市"十三五"规划中，伊春将全面推进创新驱动型城市的建设。一方面，充分发挥伊春开放、生态、资源、政策等优势方面，切实强化创新导向，大力培育创新主体，积极弘扬创新文化，不断健全创新机制，着力优化创新环境，把创新的要求体现落实到经济、政治、文化、社会建设和生态文明建设各个方面，努力把伊春打造成创新驱动型试点城市。另一方面，需要更加重视人才在创新中的作用，大力培养和引进创新人才。加快建设企业研发机构，完善博士后工作站、企业孵化器等创新载体，完善有利于各类高端人才在伊春创业创新的良好环境；创新人才评价、使用、激励和管理机制，强化应用导向和业绩导向，形成人尽其才的体制机制。特别的，引进与培养一批创新创业领军人才，以点带面，在有效整合创新资源和创新要素的基础上协同创新。通过推动创新主体间的深度合作，打破资源壁垒，有效促进科技与经济深度融合，显著提升创新能力和效率，是当代科技创新的重要形式。运用协同创新来克服科技资源相对贫乏的约束，要把协同创新作为一项战略性工作常抓不懈，进一步突出开放式发展[②]。

（3）得分结果

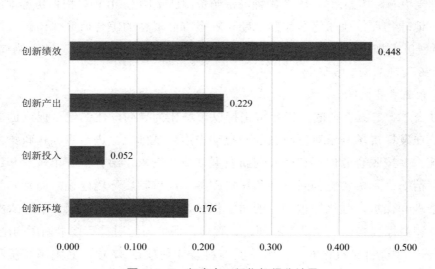

图 6.6.9　伊春市一级指标得分结果

---

① 伊春市 2015 年国民经济和社会发展统计公报。
② 伊春市人民政府网。

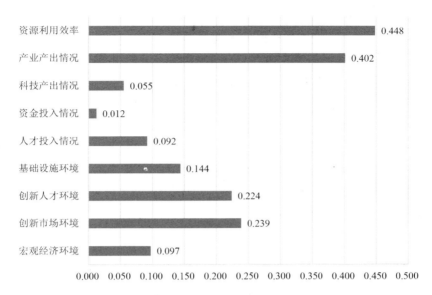

图 6.6.10 伊春市二级指标得分结果

（4）创新评价

伊春市在 116 个资源型城市中创新指数排名第 112 位，排名非常靠后。伊春市在创新环境、创新投入、创新产出和创新绩效方面表现均非常差，得分分别为 0.176、0.052、0.229 和 0.448，分别位于第 112 位、第 116 位、第 89 位和 93 位。

在创新环境方面，伊春市位列全国所有资源型城市的第 112 位，可见该市在创新环境方面表现非常差。从创新环境的各项分项指标评分结果来看，宏观经济环境、创新市场环境、创新人才环境和基础设施环境得分分别为 0.097、0.239、0.224、0.144，其排名分别位于所有资源型城市的第 111 名、第 87 名、第 89 名和第 112 名。伊春市创新环境包含的四项指标排名均较为落后，从而得到的伊春市总体创新环境很不理想。

在创新投入方面，伊春市得分为 0.052，排名位列第 116 位，倒数第一。分项指标中，人才投入情况得分为 0.092，位列第 104 位；资金投入情况的得分为 0.012，位列第 116 位。相对于其他资源型城市来说，伊春市的资金投入与人才投入得分都非常低，所以排名均很靠后，尤其是资金投入方面，在所有样本城市中排名倒数第一，使得总体创新投入水平很差。

在创新产出方面，伊春市的得分和排名在 116 个资源城市中居于靠后位置，创新产出的得分为 0.229，排名位列第 89 位。从分项指标来看，科技产出情况包含的两项三级指标中，专利申请授权量和企业商标拥有量得分分别为 0.018 和 0.089，排名分别位于第 96 位和第 86 位，可以看出伊春市应加大力度提升科技成果产出水平。产业产出情况包含的三项三级指标中，矿产资源开发综合利用产值占 GDP 的比重排名居于中等偏后，为第 87 位；第三产业增加值占 GDP 的比重排名为第 65 位；矿产资源开发年税金占财政收入的比重很靠前，为第 9 名。因此，伊春市在矿产资源开发综合利用产值和第三产业发展方面均需要加强。

伊春市在创新绩效方面排名也不理想，位于第 93 名。从分项指标来看，2014 年全员劳动生产率的指标得分为 0.000，位于第 112 位；能源消费弹性系数的排名为第 83 名；单位 GDP 能耗的排名为第 76 位；单位 GDP 矿石开采量排名为第 77 位。说明伊春市在创新绩效方面整体水平不理想，尤其是在提高全员劳动生产率方面需得到大力改善，在能源消费增速、单位 GDP 能耗和单位 GDP 矿石开采量方面均应采取适当的措施加强。

（5）政策建议

从指标评价结果来看，伊春市在创新环境、创新投入、创新产出和创新绩效方面的问题均很突出。为此，建议伊春在未来应积极改善创新环境，尤其是宏观经济环境和基础设施环境，完善基础设施设备，健全伊春市交通网络系统；其次，加大对创新发展的资金投入与人才投入，扩大 R&D 经费支出比重，努力培养和引进人才；注重人员的培训、激励和优化配置，提升全员劳动生产率，积极改进生产技术与管理，提高能源和资源利用效率，加快推动产业转型和城市转型，降低高能耗行业所占比重，从而降低能源消费弹性系数、单位 GDP 能耗和单位 GDP 矿石开采量；同时还应注重循环利用自然资源，努力提升矿产资源开发综合利用产值。在未来发展中应注意把改革创新贯穿于经济社会发展各领域各环节，全面实施创新驱动战略。

牢牢把控伊春市创新体系建设的基本方向和原则，以"市场为导向、企业为主体、产学研用相结合"，认清形势，破除林区思维定式，加强创新驱动的顶层设计和系统性规划，建立涵盖制度、技术、管理和服务创新在内的区域创新体系。

强化企业的创新主体作用，建立创新组织体系，使企业真正成为开发投入、技术创新活动和创新成果应用的主体。推动人才、资金等创新要素向企业富集，真正意义上提高企业创新动力与能力，逐渐形成以市场为导向、企业为主体、产学研用紧密结合的创新组织系统。

建立与产业结构优化升级相适应的产业创新体系。结合伊春市不同产业的各自特征，分类优化重点产业技术创新，加强各类资源整合，加快省级高新园区、现代产业集聚区和特色产业基地建设，构建产业发展的基础性创新平台，并注重公共技术平台的专业化和市场化运行。

重点发展新技术改造和新产品开发，构建大企业主导的传统产业创新体系。依靠科技创新和技术进步，全面改造提升传统产业。目前，伊春市产业集中度不高，骨干企业规模偏小，应通过对骨干企业产品、工艺和关键设备的高新技术改造，来降低生产成本，提高产业利润率。鼓励企业做产品链延伸，进一步开发附加值高、行业带动作用大的新产品，实现与新兴产业的有效融合，做大做强现有骨干企业。

以加快成果转化和产业链拓展为重点，构建小企业主导的新兴产业创新体系。鼓励企业联系自身特点及优势，与科研院所、高校联合组建技术研发平台和产业技术创新战略联盟，培植一批拥有自主知识产权的核心专利、名牌产品、驰名商标和技术标准，抢占行业技术和市场制高点。认真落实扶持政策，进一步拓宽融资渠道，重点推介一批竞争力强、成长性好的创新型企业通过各种渠道上市融资，改善投融资环境，形成多元高效的创新投入体系。

6.6.6　七台河市

（1）城市概况

七台河市位于黑龙江省东部的张广才岭与完达山脉两大山系衔接地带，东连双鸭山市，南接鸡西市、牡丹江市，西通哈尔滨市，北邻佳木斯市、鹤岗市。七台河市总面积 6223 平方公里，地处低山丘陵区，总的地势为东南高，西北低，由东南向西北逐渐倾斜。2015 年全市地区生产总值（GDP）实现 212.65 亿元，按可比价格计算，比上年增长 4.1%，从产业构成看：第一产业增加值完成 34.22 亿元，比上年增长 7.5%；第二产业增加值完成 78.22 亿元，比上年增长 3.4%，其中，全部工业增加值 75.59 亿元，比上年增长 3.6%；第三产业增加值完成 100.21 亿元，比上年增长 4.1%。三次产业结构为 16.1∶36.8∶47.1。人均地区生产总值 2.48 万元，比上年增长 9.4%[①]。

七台河市矿产资源丰富，特别是煤炭资源。七台河市是中国三大保护性开采煤田之一，煤田总面积 9800 平方公里，主要出产主焦煤、三分之一焦煤，煤质具有低硫、低磷、中高灰、高发热量、高黏结性等特点，开发建设 50 多年来，七台河共为国家贡献煤炭 6 亿多吨，是全国重要的煤炭和电力生产基地，东北最大的优质焦煤和焦炭生产基地，黑龙江省唯一的无烟煤生产基地。同时，石墨资源储量丰富，初步探明储量 4.6 亿吨，均为大鳞片石墨，品位高，平均品位 13%，最高达 40%。黄金探明储量 11 吨，分布在东部老柞山。大理岩探明储量 1.395 亿吨，分布在勃利县通天林场。石墨探明储量 2.93 万吨，分布在勃利县双河、佛岭。膨润土探明储量 16.9 万吨，分布于勃利县西山。现有石场主要分布于北山一带，东部山区有零星分布。砂场主要分布于倭肯河下流和桃山水库上游流域。

---

① 七台河市 2015 年国民经济和社会发展统计公报。

（2）创新发展概况

近年来，七台河市大力推进创新发展。2016 年，七台河市科技工作以增强自主创新能力，推进科技成果转化落地为重点，在推动科技成果转化、优化科技创新环境等方面加大工作力度，取得了一定成效。全市有黑龙江省勃农兴达机械有限公司等 5 户国家级高新技术企业；1 家省级科技企业孵化器；2 户省级工程技术研究中心；5 个市级民办科研机构。科技工作在区域经济和社会发展中的地位和作用不断加强，呈现出良好的发展态势 [①]。

在"十三五"规划中，七台河市积极配合"互联网＋"专项行动战略部署，坚持应用互联网现代技术武装现代农业，实现所有绿色有机食品企业及其产品质量可追溯源头，并且大宗粮食作物实现流向可追踪、质量可追溯。畜牧业产地检疫、动物检疫网络出证基本实现全覆盖，初步普及远程诊断与技术托管模式。另一方面，七台河正培育发展战略性新兴产业，全力推进生物发酵产业园建设，借助哈工大等科研院所在微生物发酵领域的先进技术，把生物发酵产业作为全市重点的新兴战略性产业培育和扶植。有序推进石墨资源开发，做大超导电型石墨烯 / 磷酸铁锂正极材料产业，实现石墨烯及其衍生产品规模化、专业化、产业化。大力发展风力、秸秆、煤层气、光伏发电等绿色能源，推进锂电池等高效储能产品。开发推广高效节能锅炉、高效节能电机等高效节能技术装备及产品。扶持垃圾发电项目建设。实施人才强市战略为核心。人才资源方面，完善人才政策体系，完善并落实《七台河市人民政府关于加强人才队伍建设的若干政策意见》，切实加大引进和培育人才力度，创新引才方式，进一步加大柔性引才力度。其次，优化人才发展环境，替人才解决后顾之忧，探索技术职称评聘新思路，建立人才创业创新保障机制。加大人才投入力度，设立专项经费，用于人才的培养、使用、奖励，促进人才潜能发挥，增加市级拔尖人才津贴待遇，对新认定的国家或省级重点实验室、工程中心、企业技术服务中心，给予一定的资金支持。另外，七台河正尝试激发全民创业创新热情 —— 通过引领大众创业，统筹城乡就业，进一步推动全民创业，改善就业结构，力争到"十三五"期末，实现城镇新增就业 3 万人，促进 2.25 万名城镇下岗失业人员实现再就业，帮助 0.75 万就业困难人员实现再就业，把城镇登记失业率控制在 4.5% 以内 [②]。

---

① 七台河市人民政府网。
② 七台河市国民经济和社会发展第十三个五年规划纲要。

（3）得分结果

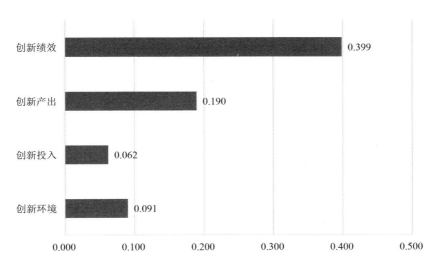

图 6.6.11 七台河市一级指标得分结果

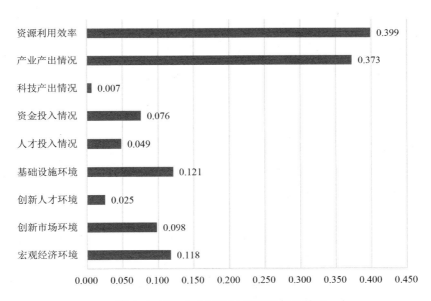

图 6.6.12 七台河市二级指标得分结果

（4）创新评价

七台河市作为 116 个资源型城市中创新指数排名第 115 位的城市，排名为倒数第二。4 项一级指标中，创新绩效得分为 0.399，排名第 98 位；创新产出次之，得分

0.190，排名为第 99 位，均较靠后。相比之下，创新环境和创新投入处于倒数位置，表现更差，得分分别为 0.091 和 0.062，位于第 116 位和第 115 位。由于 4 项一级指标表现均较差，因此得到的七台河市创新指数的排名非常靠后。

在创新环境方面，七台河市得分为 0.091，位列全国所有资源型城市的第 116 位，因此，与其他样本城市相比，七台河市在创新环境方面表现非常差。从创新环境的各项分项指标评分结果来看，宏观经济环境、创新市场环境、创新人才环境和基础设施环境得分分别为 0.118、0.098、0.025、0.121，其排名分别位于第 108 名、第 115 名、第 114 名和第 115 名。即无论是宏观经济环境、创新市场环境、创新人才环境还是基础设施环境方面，七台河市排名均非常靠后，这说明七台河市总体创新环境非常差，需要加大各方面创新环境的建设，全面改善创新环境基础。

在创新投入方面，七台河市得分为 0.062，位列第 115 位，排名倒数第二，这说明七台河市在创新投入方面的表现也非常差。分项指标中，人才投入情况得分为 0.049，位列第 108 位；资金投入情况的得分为 0.076，位列第 114 位。与其他资源型城市相比，七台河市的资金投入与人才投入排名均非常靠后，说明人才投入和资金投入总体水平较差，需要重视创新投入，全方面加大投资。

在创新产出方面，七台河市得分为 0.190，排名位列第 99 位。从分项指标来看，科技产出情况包含的两项三级指标中，专利申请授权量和企业商标拥有量得分分别为 0.014 和 0.000，排名分别位于第 99 位和第 112 位。因此七台河市的科技产出水平非常差，应加强对科技产出情况的重视。产业产出情况包含的三项三级指标中，矿产资源开发综合利用产值占 GDP 的比重指标的排名非常靠后，为第 112 位；2014 年七台河市第一、二、三产业所占比重分别为 14.58∶40.69∶44.73，第三产业增加值占 GDP 的比重较高，因此该指标的排名非常靠前，为第 8 位；矿产资源开发年税金占财政收入的比重排名靠后，为第 105 名。因此，七台河市应改进矿产资源综合开发利用方式和技术，提高矿产资源综合开发利用经济效益；其次是改善矿产资源开发年税金占财政收入比重。

七台河市在创新绩效方面的得分为 0.399，排名第 98 位。从分项指标来看，2014 年全员劳动生产率指标得分为 0.000，排名第 113 位；能源消费弹性系数的排名为第 11 名；单位 GDP 能耗的排名为第 98 位；单位 GDP 矿石开采量排名为第 91 位。说明七台河市在创新绩效方面整体水平较差，全员劳动生产率低，资源消耗强度较大，七台河市应改进能源利用方式，降低能耗，改进矿石开采技术，提高矿石开采经济效益。

（5）政策建议

从指标评价结果来看，七台河市的主要问题在于创新环境与创新投入，其次是创新产出和创新绩效。为此，建议在未来应重视对宏观经济环境、创新市场环境、创新人才环境和基础设施环境的改善，创建良好的宏观经济环境、加强基础设施设备建设、完善市内交通网络系统、增加私营经济所占比例等；其次是加大对创新发展的资金投入与人才投入，积极培养和引进尖端人才，增加 R&D 经费支出、财政教育支出与财政科技支出所占比例；再次应注重提升科技成果产出水平，运用科技进步等方式来提升矿产资源综合开发利用产值；最后应重视对人员的激励、培训和优化配置，提升全员劳动生产率，注重提升能源和矿产资源的利用效率，从而降低单位 GDP 能耗和单位 GDP 矿石开采量水平。总之，在未来发展中应注意把改革创新贯穿于经济社会发展各领域各环节，全面实施创新驱动战略。

提高科技创新能力。增加科技投入，健全研发机构，加强以企业为主体的科技研发力量并努力提高企业关键技术、工艺及新产品的研发能力。加快建设产学研相结合的技术创新体系，重点加大新能源、新材料等领域技术研发。支持大中型企业独立组建或与高校、科研机构联合组建研发机构，提升宝泰隆煤化工和勃农兴达公司等企业的自主创新能力。建设并完善旨在促进科技发展的政策体系，强化支持企业创新和科技成果产业化的财税金融政策，保持财政科技经费投入稳定增长。建立知识产权管理制度，完善科技成果评价奖励制度，加强科研诚信建设，为创新营造公平良好的环境与氛围。

积极与高等院校和科研院校进行多领域合作，加快煤化工技术成果转化。把发展电力产业作为实现劣质煤、洗中煤等低热值燃料就地转化、增值的重要措施。探索企业购电新模式，加强电力基础设施建设，统筹国网、局域网建设，搞好电力规划设计，提高电力外送能力。

积极响应创业就业优惠政策，开展职业技能培训、创业技能培训。加强政策服务力度，扶持、培育新型孵化器投入运营，完善创业孵化服务，强化技术支撑。统筹扶持各类小微企业资金，扶持企业发展。设立政府创业基金，加大对大众创业、万众创新扶持力度。

6.6.7 牡丹江市

（1）城市概况

牡丹江市坐落于黑龙江省东南部，是黑龙江省东部最大的中心城市，下辖宁安、海林、穆棱、东宁 4 市和林口县及东安、西安、爱民、阳明 4 城区。牡丹江全市总面积 4.06 万平方公里，总人口（人口部分含绥芬河）276.4 万人，其中市区 96.8 万人。牡丹江市沿边近海，距离日本海的直线距离只有 228 公里，且生态环境良好。在海洋性和大陆性气候的共同作用下，牡丹江四季分明，春可采摘、夏可避暑、秋可观山、冬可玩雪，特别是与哈尔滨相比，牡丹江的冬天寒而不冷，温情脉脉，夏天热而不酷，清爽宜人，所以获"塞外江南"、"鱼米之乡"的美誉 ①。2015 年，全市实现地区生产总值 1186.3 亿元，同比增长 6.8%（含绥芬河为 1318.4 亿元，同比增长 6.6%）。其中第一产业完成增加值 220.8 亿元，同比增长 6.9%；第二产业完成增加值 454.4 亿元，同比增长 5.9%；第三产业完成增加值 511.1 亿元，同比增长 7.6%。三次产业结构比例为 18.6:38.3:43.1（含绥芬河为 16.8:35.6:47.6）；人均地区生产总值 44913 元，同比增长 6.8%（含绥芬河为 47468 元，同比增长 6.6%）②。

牡丹江拥有较为丰富的矿产资源：探明储量矿产 41 种，其中可大规模开发利用的达 31 种。水能、风能蕴藏量丰富，是中国北方风电之乡、黑龙江"北电南输"载能基地，俄远东地区木材、铁矿石等资源大量经绥芬河、东宁口岸出口到我国。旅游资源丰富，有 450 多处包括镜泊湖、中国雪乡、唐渤海国遗址在内的景区景点。全市野生植物达 2000 多种，经济植物 500 多种，被誉为黑龙江省"天然植物基因库"。野生食用菌和山野菜有木耳、蘑菇等 80 多种，年蕴藏量 10 万吨，年商品量 1.2 万吨。有动、矿、植物药材资源 126 科 260 种，其中，名贵药材有山参、田鸡、鹿茸、麝香、熊胆等十余种，是黑龙江省道地药材的主产区之一，蕴藏量占全省 19%③。

（2）创新发展概况

近年来，牡丹江市积极推动企业改造升级、加快企业技术创新、发展外向型工业，使得"老字号"转型升级取得新突破，迸发新活力，全市工业经济维持持续的增长态势。2016 年，为了推动"老字号"实现破茧蝶变，焕发新生，牡丹江市进一步推动企业改造升级。一方面，在工业发展专项资金中列支 1000 万元，对列入计划并达到标准的技改项目实行"事后奖补"。期间，推进包括恒丰纸业纸机研发、首控石油气柴油国 V 质量标准脱硫在内的技改项目 53 个。另一方面，牡丹江市加快企业技术创新。宁安粮油大型湿法超细玉米生全粉成套设备生产线、通用石油 TJG- 原油在线计量装置、合金工具大型钨合金模具通过了省新产品新技术专家鉴定，填补了行业的国内空白。此外，牡丹江市大力发展外向型工业。主动对接了国家"一带一路"战略，积极融入"龙江丝路带"建设，依托绥芬河 - 东宁重点开发开放试验区成功获批的政策机遇，扩大对俄、日、韩开放与合作。目前，牡丹江物流保税中心正在加快建设当中，中韩国际合作示范区也正稳步推进，新开通的东宁 - 符拉迪沃斯托克 - 釜山集装箱汽海联运专线，也为打造外向型工业奠定了坚实基础。这些标志着牡丹江市

---

① 牡丹江市人民政府网。
② 牡丹江市 2015 年国民经济和社会发展统计公报。
③ 牡丹江市人民政府网。

"老字号"已经踏上发展振兴的新征程[①]。

在"十三五"规划纲要中,牡丹江市坚持创新发展,努力将城市建设得更有活力、更有实力。未来五年,创新在经济社会发展中的核心地位不会动摇,并将进一步增强全市的创新能力和创富能力。着力发展8个重点产业,积极发展4个新兴产业,力争打造5个百亿级产业,初步建成创新要素集聚、创业体系完备、政策环境优越的创新型城市。积极发展包括新材料、新能源、机器人、信息产业在内的新兴产业,力争打造医药、食品、装备、林木林纸、旅游5个百亿级产业;更加注重一二三产业融合发展,优化"粮经饲药菌"结构,实现境内、境外、林下"三个千万亩",走生态绿色有机、特色高效精品农业发展道路。深入实施创新驱动战略,激发创新活力,大力推进"大众创业、万众创新",积极落实省"千户科技型企业三年行动计划",2020年初步建成创新要素集聚、创业体系完备、政策环境优越的创新型城市。创新发展体制机制,推动政府信息化、网络化、集成化、后台化改革,构建政府、市场、社会、国际综合公共服务平台,在产业集聚、创新驱动、人才吸引、要素整合、市场活跃上,构建优良服务环境,成为面向东北亚的服务高地、成本洼地、产业集聚地[②]。

（3）得分结果

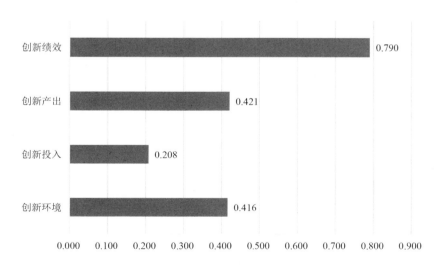

图 6.6.13　牡丹江市一级指标得分结果

---

① 黑龙江省人民政府网。
② 牡丹江市人民政府网。

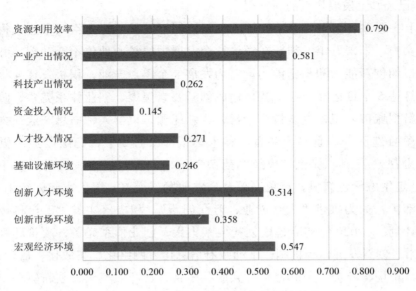

图 6.6.14　牡丹江市二级指标得分结果

（4）创新评价

牡丹江市在 116 个资源型城市中创新指数排名第 34 位，排名较为靠前，说明牡丹江市创新发展情况较为理想。在四项一级指标中，牡丹江市在创新绩效方面的成效表现非常突出，得分 0.790，排名第 9 位，创新环境和创新产出次之，得分分别为 0.416 和 0.421，排名分别为第 24 名和第 32 名。相比之下，创新投入排名不太理想，得分 0.208，位于第 101 位。

在创新环境方面，牡丹江市得分 0.416，位列全国所有资源型城市的第 24 位，可见牡丹江市在创新环境方面表现较为靠前。从创新环境的各项分项指标评分结果来看，宏观经济环境、创新市场环境、创新人才环境和基础设施环境得分分别为 0.547、0.348、0.514、0.246，其排名分别位于第 6 名、第 44 名、第 27 名和第 91 名。在宏观经济环境方面，牡丹江市名列前茅，创新人才环境和创新市场环境排名次之，但基础设施环境较差。说明牡丹江市总体创新环境相对较好，今后需要加大基础设施环境方面的建设，从而为牡丹江市提供更好的创新环境基础。

在创新投入方面，牡丹江市得分为 0.208，排名位列第 101 位。分项指标中，人才投入情况得分为 0.271，位列第 88 位；资金投入情况得分为 0.145，位列第 108 位。相对于其他资源型城市来说，牡丹江市的资金投入与人才投入均较少，人才投入和资金投入总体水平较差，需要进一步加大投资力度。

在创新产出方面，牡丹江市的得分和排名处于上游位置，创新产出的得分为

0.421，排名位列第 32 位。从分项指标来看，科技产出情况包含的两项三级指标中，专利申请授权量和企业商标拥有量得分分别为 0.123 和 0.388，排名分别位于第 53 位和第 33 位。因此可以看出牡丹江市的科技产出水平还有加强的空间。产业产出情况包含的三项三级指标中，矿产资源开发综合利用产值占 GDP 的比重排名比较靠后，为第 110 位；第三产业增加值占 GDP 的比重排名为第 3 位，2014 年牡丹江市第一、二、三产业所占比重分别为 16.12:37.19:46.68，第三产业所占比重较大，因此该指标的排名也非常靠前；矿产资源开发年税金占财政收入的比重排名也很靠前，为第 15 名。由上可知，在未来牡丹江市应注重提升矿产资源开发综合利用产值。

牡丹江市在创新绩效方面取得的成效非常靠前，得分为 0.790，排名第 9 位。从分项指标来看，2014 年全员劳动生产率指标得分为 0.597，为第 24 位，优于大多数城市；能源消费弹性系数的排名为第 64 名；单位 GDP 能耗的排名为第 18 位；单位 GDP 矿石开采量排名为第 10 位。这说明牡丹江市在创新绩效方面整体水平很好，但仍需注意改进生产技术与生产管理，注重提升能源利用效率，降低能源消费弹性系数。

（5）政策建议

从指标评价结果来看，牡丹江市的主要问题在于创新投入方面。为此，建议在未来的发展中应重视对创新发展的投入，尤其是人才投入与资金投入，牡丹江市应重视人才的培养和人才的引进，扩大 R&D 经费支出、教育财政支出和财政科技支出所占比重。注重提升资源和能源利用效率，提高矿产资源开发综合利用产值和降低能源消费弹性系数。注重加强基础设施建设，进一步完善创新环境基础。牡丹江市在未来发展中应注意把改革创新贯穿于经济社会发展各领域各环节，全面实施创新驱动战略。

努力实现战略性新兴产业和高新技术产业化的增量突破。联系资源禀赋和产业基础，在航天航空、高端装备制造、新能源、新材料、生物医药、新一代信息技术等战略性新兴产业领域发掘并培育新的增长点。充分发挥卫星地面接收站、陆地光纤进出境端口等战略资源的独特优势，集合冷凉资源适中、电力资源富集等相对优势，在卫星遥测遥感数据开发应用、云计算及大数据中心建设和应用方面，与相关部委、科研机构、龙头企业合作，打造大数据加工及服务外包产业基地。

在高端装备制造上，充分利用并发挥与中科院、哈工大、哈工程等的合作基础，形成机器人、医疗设备产业集群和产品集成；引进战略合作者，做强做大北方工具机器人、太敬机器人、低温等离子等龙头企业。落实省"千户科技型企业三年行动计划"，内扶外引培育有规模科技型企业，增加孵化机构，促进高新技术产业增加值增长。

万众创新要增量。一方面，在人才方面，鼓励科技人员创新创业，吸引科技人员面向市场与企业结合、与资本结合；推动大学生创新创业，鼓励大学、科研院所兴办孵化器和创客空间，盘活大学周边厂房和办公楼为大学生提供创业空间，鼓励企业、农业经济组织与大学生合作。另一方面，充分利用互联网整合资源的优势，打通产业、协同创新、聚合要素、促进流通的作用，大力推动"互联网＋"行动计划，在农业、制造业、旅游、物流、传统商贸、金融、医疗、教育、传统媒体及文化产业、国际交流等方面加大应用和推广力度，催生新产业、新业态、新商业模式、新生产方式、新生活方式。

不断完善创新服务体系。加快建设科技资源共享服务平台，强化从实验研发、中试到生产全过程的技术支持服务。加快科技投融资服务平台的完善进程，构建多元化投融资服务体系。加强技术和知识产权交易平台建设，提升知识产权创造水平，加大知识产权保护力度。建设并不断完善创新激励机制，落实科技成果使用、处置、收益等激励政策，提高科研人员成果转化收益分享比例，让科技人员在创新活动中得到合理、合适的回报。

6.6.8　黑河市

（1）城市概况

黑河市位于黑龙江省西北部，地处中国东北边陲，素有"欧亚之门"的美称。黑河市面积 68726 平方公里，以黑龙江主航道中心线为界，与俄罗斯远东第三大城市——阿穆尔州首府布拉戈维申斯克市隔江相望，是中俄边境线上唯一一对规模最大、规格最高、功能最全、距离最近的对应城市，最近处相距仅 750 米。2015 年，地区生产总值 447.8 亿元，同比增长 7.1%。其中，第一产业增加值 216.4 亿元，增长 7.8%。第二产业增加值 67.9 亿元，增长 3.8%；在第二产业中工业增加值 53.9 亿元，增长 3.2%。第三产业增加值 163.5 亿元，增长 7.8%。三次产业占 GDP 比重分别为48.3%、15.2% 和 36.5%[①]。

黑河市拥有十分丰富的矿产资源，大兴安岭、黑河、伊春铁多金属产业带穿越境内。目前，市域内发现黑色、有色、贵重、稀有等金属矿产及能源、化工原料、冶金辅料、稀散元素等非金属矿产，种类达 95 种，现已查明储量的有 37 种，分别占全省的 72.5% 和 48%、全国的 53.9% 和 24.2%；发现矿产地 600 余处，其中探明储量 73 处，主要矿产资源潜在经济价值约 10000 亿元以上。现探明铜、钼、钨、

---

① 黑河市 2015 年国民经济和社会发展统计公报。

沸石等16种资源储量，均居全省首位。其中，多宝山铜矿为东北地区最大的铜矿，翠宏山铁多金属矿为全省第二大铁矿。已探明煤炭资源储量9.6亿吨。另外，铂族金属、硫铁矿、珍珠岩等特色矿产资源储量也相对较高，为省内其他地市少见[①]。

（2）创新发展概况

黑河市在过去"十二五"期间着重激发大众创业和万众创新的热情与活力，强化了政府引导扶持，并在此基础上坚持发挥企业的主体作用，举办了首届青年创新创业大赛，为大学生创业搭建梦想平台。黑河小微企业科技创业园、黑河市大学生创业孵化基地、爱辉区创青国际中俄青年创业中心、合作区双子城创客空间等创业平台如雨后春笋在黑河蓬勃兴起，吸引了一大批本土和外地青年投身创业热潮。构建了生态产业新体系，挖掘了生态资源宝贵价值，推进了生态工业、生态农业、生态林业、生态旅游的协调并进发展，培育并壮大了农产品深加工、高品质畜牧业、绿色食品产业，大力发展了绿色低碳循环经济，培育生态产业发展新模式，用生态优势助推经济发展。打破对传统发展路径的依赖，打造全新的创新发展引擎，实施"互联网+"战略，推进理念、制度、管理和科技层面的创新，实现发展动能的转换。推进供给侧结构性改革，将发展方向锁定新兴领域，发展现代服务业，打造新的经济增长点。积极探索其他领域与互联网融合发展，加速提升创新能力[②]。

在"十三五"期间，黑河市将在强化科技创新的同时，深入实施创新驱动发展战略，积极构建科技创新体系，大力引进科研机构、大院名校共建创新载体，鼓励其在黑河设立技术转移中心、中试基地、试验中心和数据中心。大力支持企业研发机构建设，强化产学研用结合，加速科技成果和专利技术转化。继续实施"全省千户科技型企业三年行动计划"，大力引进科技人才、科技成果、科技项目和科技资金，力争培育科技型企业35户，确保实现三年100户的目标，形成新的增长动能。加快黑河进出口加工园、北安经济开发区以及嫩江、孙吴、五大连池、逊克经济开发区等园区的基础设施建设，提升承载能力，推进园区产业发展与城镇建设对接，推进产城融合发展。做大扶强大众创业、万众创新的企业孵化平台，使工业园区成为全市城镇化和工业化的助推器，形成定位准确、布局合理、运作良好、效益突出、环境优良的产业科技和制度创新的试验区，成为承接产业转移的重要载体和助推全市经济发展的重要引擎[③]。

---

① 黑河市人民政府网。
② 黑河市2016年政府工作报告。
③ 黑河市人民政府网。

（3）得分结果

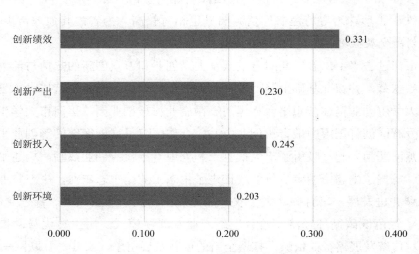

图 6.6.15　黑河市一级指标得分结果

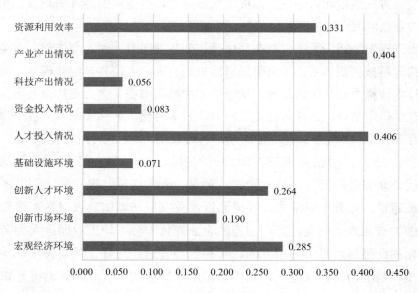

图 6.6.16　黑河市二级指标得分结果

（4）创新评价

黑河市在 116 个资源型城市中创新指数排名 111 位，排名靠后。从各项指标来看，黑河市的创新指数四项一级指标总体水平靠后，创新环境、创新投入、创新产出和创新绩效排名分别位于第 110 位、第 94 位、第 87 位和第 110 位。

在创新环境方面，黑河市得分 0.203，位列全国所有资源型城市的第 110 位，可见黑河市在创新环境方面表现很靠后。从创新环境的各项分项指标评分结果来看，宏观经济环境、创新市场环境、创新人才环境和基础设施环境得分分别为 0.285、0.190、0.264、0.071，其排名分别位于第 49 名、第 102 名、第 79 名和第 116 名。在创新人才环境方面，黑河市排名较为靠后；宏观经济环境相对较好，排名中等偏上；但创新市场环境和基础设施环境表现均较差，尤其是基础设施环境，在 116 个资源型城市中排倒数第一。因此，这说明黑河市总体创新环境相对较差，需要在创新市场环境、人才环境和基础设施环境方面加大改善力度，以提供良好的创新环境。

在创新投入方面，黑河市得分为 0.245，排名位列第 94 位。其中，人才投入情况得分为 0.406，位列第 66 位；资金投入情况的得分为 0.083，位列第 113 位。因此，黑河市的在资金投入与人才投入方面排名存在着一定差距，而且资金投入很靠后，使得总体创新投入水平较差，进步的空间很大。

在创新产出方面，黑河市得分为 0.230，排名位列第 87 位。从分项指标来看，科技产出情况包含的两项三级指标中，专利申请授权量和企业商标拥有量得分分别为 0.048 和 0.063，排名分别位于第 83 位和第 94 位，可以看出黑河市的科技产出水平较差。产业产出情况包含的三项三级指标中，矿产资源开发综合利用产值占 GDP 的比重排名比较靠前，得分 0.173，为第 30 位；第三产业增加值占 GDP 的比重得分为 0.481，排名为第 58 位；矿产资源开发年税金占财政收入的比重排名则较为靠后，得分 0.680，为第 87 名。说明黑河市应注重产业结构调整，需要努力提升第三产业所占比重和降低资源型行业所占比重。

黑河市在创新绩效方面取得的成效非常靠后，得分为 0.331，排名第 110 位。从分项指标来看，2014 年全员劳动生产率指标得分为 0.000，排名为 114 位；能源消费弹性系数得分为 0.689，排名为第 43 名；单位 GDP 能耗的得分为 0.000，排名为第 112 位；单位 GDP 矿石开采量得分 0.714，排名为第 73 位。说明黑河市在创新绩效方面整体水平很差，尤其需要在全员劳动生产率和单位 GDP 能耗方面做出调整。

（5）政策建议

从指标评价结果来看，黑河市在创新环境、创新投入、创新产出和创新绩效几个方面均存在着较大的问题。为此，建议在未来应加强对创新环境的投资，加大创新资金的投入力度，加强创新成果转化和提升创新绩效，营造良好的创新环境，不断提高私营经济所占比例，增加经济活力，从而推动城市创新发展。应注重运用科技技术进步等方式提高资源利用效率，降低单位 GDP 能耗和单位 GDP 矿石开采量，同时加强人员的培训、激励和优化配置来提升全员劳动生产率。加强创新市场环境、创新人才环境和基础设施环境建设，从而为创新发展提供较好的环境基础。应重视教育以及人才的培养，积极引进高尖端技术人员，加大 R&D 经费支出，加大财政对创新发展的投入力度，尤其是加大教育财政支出、财政科技支出作占比例。同时还应注重加快城市转型和产业转型，大力发展第三产业，降低经济发展对资源型行业的依赖程度，努力提升城市创新成果产出水平。

在未来发展中应注意把改革创新贯穿于经济社会发展各领域各环节，全面实施创新驱动战略。

逐步完善创新体系，密切企业与省内外高校、科研院所等机构合作，围绕新材料、生物医药、绿色食品、节能建材、装备制造等重点领域，共建技术研发中心、重点实验室等研发机构，实施技术研发、科技成果应用转化和高新技术产业化。

鼓励企业引进高端人才，增强企业自主创新能力。加快提升市县两级生产力促进中心、科研所的服务水平。加快科技服务业发展，建设科技中介服务机构和企业，强化服务科技成果转移转化、科技招商融资、创业孵化的能力。

建立完善"苗圃—孵化器—加速器—创业园"创业孵化链条，建设科技企业孵化器和科技产业园区（基地），培育科技型企业，壮大高新技术产业规模。引入和建立科技投融资社会组织和服务机构，搭建科技融资服务平台，健全多元化科技融资服务体系。广泛开展科学技术普及活动，努力营造学科学、用科学和依靠科学技术创新创业的良好社会氛围。实施"网络强市"战略，发展网络经济。

加快落实"互联网＋"行动计划，努力发展物联网技术和应用。实施大数据战略，推进数据汇集和发掘，深化大数据创新应用，建设云计算数据中心集聚地和云计算应用服务基地，构筑经济社会创新驱动发展的新动能。打造中俄"智慧城"，依托互联网和大数据实现中俄产城、经贸、旅游和人文交融，提升中俄合作水平。

6.7　江苏

6.7.1　徐州市

（1）城市概况

徐州地处江苏省西北部，是江苏省下辖地级市。徐州市位于华北平原东南部，有"五省通衢"之称。徐州市不仅是华东地区重要的金融、旅游、医疗、科教、文化、会展中心，同时也是也是江苏省重要的经济中心、商业中心和对外贸易中心，因此徐州是华东地区重要的门户城市。徐州市国土面积达一万多平方公里，其中市区面积达三千多平方公里，是国家"一带一路"重要节点城市，有"中国工程机械之都"的美誉。2015 年，全市实现地区生产总值（GDP）5319.88 亿元，按可比价计算，较上年增长 9.5%。其中，第一产业实现增加值 504.76 亿元，增长 3.5%；第二产业实现增加值 2355.06 亿元，增长 9.8%；第三产业增加值 2460.06 亿元，增长 10.2%。人均 GDP 达 61511 元，较上年增长 9.0%[①]。

作为中国重要的煤炭产地和华东地区的电力基地，徐州资源丰富，且资源组合理，条件优越。其中储量大且品位高的有煤、铁、钛、石灰石、大理石、石英石等 30 多种，煤炭的储量丰富，达 69 亿吨，年产量达 2500 多万吨；铁 8300 万吨；石灰石 250 亿吨；岩盐 21 亿吨；井盐储量为 220 亿吨；除此之外，徐州市还有丰富的钾矿资源，钾的储量约占国内探明储量的 1/5，探明储量达 22 亿吨；徐州的石膏储量是华东地区之首，储量为 44.4 亿吨，年开采能力 500 万吨。依托这些资源，徐州境内建起了许多大型企业，有国有大型企业大屯煤电（集团）有限责任公司、中煤第五建设有限公司等。徐州发电装机容量达 1000 万千瓦。同时，徐州旅游资源丰富，有徐州汉文化景区、龟山汉墓、云龙山风景区、云龙湖风景区等一系列风景名胜，是国家历史文化名城和中国优秀旅游城市之一。

（2）创新发展概况

"十二五"期间，徐州市大力加强创新驱动能力，明显增强了发展内生动力。持续开展振兴徐州老工业基地创新奖评选活动，引导和鼓励各级大胆探索、先行先试，全市上下改革有作为，创新敢担当，在经济、社会、文化、生态和党的建设等领域推出了一系列改革举措，创新型城市建设取得重大进展，激发了创业创新活力，增添了经济社会发展动力。科技创新能力持续增强。2015 年全年重大科技成果转化专项资金项目总投入 5.93 亿元，较上年增长 43.6%。全年新增省级工程技术研究中心 8 家，累计达 157 家；新增 4 家省级以上科技企业孵化器，其中国家级 2 家，年末科技企业孵化器达 36 家，其中国家级 7 家，省级 22 家，在孵企业达 1500 家以上。全市新增省级高新技术企业 74 家，省级高新技术企业总数达 253 家。科技创新成绩明显。全年专利申请受理量 12481 件，专利申请授权量 8599 件；发明专利授权量 1304 件，比上年增长 92.9%，发明专利拥有量 3259 件，比上年增长 55.4%。全市获省级以上科技奖励 17 项，其中国家技术发明奖 1 项，国家科技进步奖 5 项。全市获国家、省级科技计划立项支持 493 项，到位扶持资金达 2.3 亿元。全市科技进步贡献率达 54%，比上年提高 2.9 个百分点[②]。

---

① 徐州市 2015 年国民经济和社会发展统计公报。
② 同上。

进入"十三五"以来，徐州市把发展基点放在创新上，将大力实施创新驱动发展战略，首先是构建促进创新的体制架构，其次是深入推进科教强市、人才兴市战略，除此之外，徐州市将全面推进"大众创业、万众创新"，加快"四个对接"的实现，在建设创新型城市的道路上迈出了坚定的步伐，推动经济社会发展驱动方式的转变，由要素驱动、投资驱动逐渐转变为创新驱动，使创新驱动成为促进经济社会持续健康发展的主要动力。全面增强自主创新能力。强化企业在研发中的主体作用，加快企业研发机构的升级，促进创新的政策、资源、服务及人才等向企业集聚，全面提升工程（技术）研究中心、工程实验室、企业技术中心等创新平台功能，打造一批以徐工、中能为代表的国内国际一流研发机构。努力拓展众创空间。在加强高能级创新创业孵化平台建设上，徐州市的计划是力争 5 年内全市科技企业孵化器的数量、孵化的面积和入驻企业，能够实现"三个倍增"。在产业园区的建设方面，徐州市着重抓好开发区、高新区、大学科技园、大学生创业园等园区基地，努力提高这些基地的创新创业功能，今后，各类园区将成为创新驱动发展的主阵地 [1]。

（3）得分结果

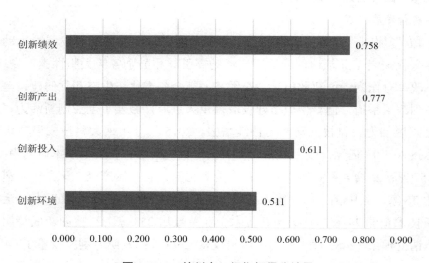

图 6.7.1   徐州市一级指标得分结果

---

[1] 徐州市国民经济和社会发展第十三个五年规划纲要。

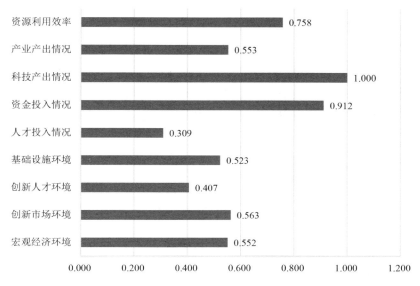

图 6. 7. 2　徐州市二级指标得分结果

（4）创新评价

徐州在 116 个资源型城市中创新指数排名为第 3 位，位置十分靠前，说明徐州创新发展情况十分乐观。从各项指标来看，徐州各项创新一级指标间较为平衡，各项指标都有不错的成绩，其中创新产出最为突出，得分为 0.777，排名第 1，是对创新指数排名贡献最大的因素；其次是创新环境，得分为 0.511，排名 8；创新绩效和创新投入相对靠后，得分分别为 0.758，0.611，排名分别为 15 和 16。

在创新环境方面，徐州得分为 0.511，排名 8。从各项分指标来看，宏观经济环境对创新环境的排名贡献最大，得分 0.552，排名为 5；其次是创新市场环境，得分 0.563，排名 6；再接着是基础设施环境，得分 0.523，排名 14；徐州市创新环境最大的制约因素是创新人才环境，得分是 0.407，排名 46，得分低则是由于其资源型产业技术人员占比过低，该指标得分仅为 0.312，排名 80。因此，今后徐州市应在创新人才环境建设方面做出努力。

在创新投入方面，徐州市得分为 0.611，排名 16。从各项分指标来看，徐州人才投入与资金投入差距较大，其中人才投入得分为 0.309，排名 83；而资金投入得分 0.912，排名 2，其中贡献最大的是 R&D 经费支出，得分为 1.000，排名为 2，其次徐州政府财政支出对科技方面支持力度大，财政科技支出占财政支出的比重较高，得分为 0.920，排名也较高，位于第 8 位。

在创新产出方面，徐州得分为 0.777，排名第一。从各项分指标来看，徐州市科技产出情况得分为 1.000，排名为 1。产业产出情况得分为 0.553，排名为 18，产业产出情况包含的三级指标中，第三产业占 GDP 的比重较大，得分为 0.930，排第 7 位，排名靠前。2014 年徐州市三大产业所占比重分别为 9.54∶45.25∶45.21，第三产业占比相对较高，因此该指标的排名在样本城市中很靠前；矿产资源开发年税金占公共财政收入的比重、矿产资源开发综合利用产值占 GDP 的比重得分分别为 0.947，0.009，排名分别为 30 和 91 位，徐州市矿产资源丰富，但综合开发产值却不高，在这一指标上徐州市有很大的提升空间。

在创新绩效方面，徐州得分 0.758，排名 15。分别看各项分指标，各项指标间在排名上差距不大，全员劳动生产率得分 0.559，排第 27 位；能源消费弹性系数得分 0.717，排第 31 位；单位 GDP 能耗得分 0.845，排第 33 位；单位 GDP 矿石开采量得分为 0.925，排第 22 位。从上述排名可以看出，徐州市全员劳动生产率较高，经济增长对能源和矿产资源的依赖程度较低。

（5）政策建议

从各项指标评价的结果来看，徐州市在创新绩效和创新投入方面的问题相对较大，但这两项指标排名也较为靠前。徐州在未来发展中应注意创新绩效的加强以及对资源利用效率的提高，适度降低能源消费弹性系数，降低单位 GDP 能耗和单位 GDP 矿石开采量；其次是注重对人才的投入，提高对教师人员的待遇与福利，加强对教师职业技能的培养，积极引进高尖端人才，促进徐州学术交流与科研水平的提高；提高对教育的重视程度，平衡教育支出与财政科技支出，增加教育支出占财政支出的比重。

作为再生型资源城市之一，徐州经济和社会发展开始步入良性发展轨道，经济发展对自然资源的依赖性较低。徐州市在创新发展方面取得了很好的成效，在 116 个资源型城市中创新指数排名第 3 位。在未来发展过程中，大力实施创新驱动发展战略，把创新作为发展的基础，构建合适的体制架构，使之促进创新，建立科教强市和人才兴市战略并深入推进，不再把"大众创业、万众创新"当作口号，而是要全面推进，转变经济发展的要素驱动和投资驱动两种方式，使其向创新驱动转变，使创新在驱动经济发展中成为主动力。加快"四个对接"的实现，在建设创新型城市的道路上，迈出坚定的步伐。

以信息化手段推动转型，以"智慧徐州"建设为抓手，深入实施创新驱动战略，将信息技术广泛运用于各项项目建设中去，打造一个名副其实的"智慧徐州"。

深入实施"彭城英才计划"和"创新型企业家培育计划"，大力引进高层次创新创业人才，培养高层次创新创业人才及高水平管理人才，除此之外，高技能实用人才在促进创新中也有很大作用，也应大力引进。与此同时，创新创业团队的引进，也能为提高城市创新能力做出贡献。在引进人才及团队的基础上，应该依托高新区、开发区、大学科技园和工业园区等平台，因地制宜，使这些平台成为创业实训基地、孵化平台。

6.7.2 宿迁市

（1）城市概况

宿迁位于江苏省北部，是江苏省下辖的一个市，也是江苏省最年轻的地级市，是淮沿海经济带、海经济圈、沿江经济带三个区域都能辐射到的地区。宿迁因地处长江三角洲地区，因此也是长三角城市群的成员之一。2015 年，宿迁全年累计实现地区生产总值达 2126.19 亿元，以可比价格来计算，比上年增长 10.0%，人均地区生产总值达到中上等收入国家（地区）水平，达 7000 美元。分三次产业看，第一产业实现增加值 258.11 亿元，增长 3.4%；第二产业实现增加值 1031.33 亿元，增长 10.9%；第三产业实现增加值 836.75 亿元，增长 11.1%。三次产业结构比例为 12.1:48.5:39.4[①]。

宿迁是一个矿产以及水产资源均极为丰富的城市。其中，储量极大的是非金属矿藏，磷矿石、石英砂、蓝晶石、水晶以及黄沙等矿藏已经发现并已开发利用。除此之外，还有云母、铜、金刚石、铁、石油、钾矿石等矿种有待探测和开发利用。同时，宿迁水域面积宽广，达 350 余万亩，淮河、洪泽湖、大运河、骆马湖两湖，沂河三河等三河两湖流过境内，盛产 50 多种水产品，包括螃蟹、银鱼、青虾等。值得一提的是湖水质高，达国家二类标准。宿迁市利用自身拥有的矿产资源及其余资源获得第二产业的发展，同时能够带动宿迁市的多产业经济迅速发展壮大[②]。

（2）创新发展概况

2015 年宿迁以转型升级为关键，增添经济持续健康发展新动能，增强科技创新引领发展能力。新兴产业稳中求进。全市共有智能家电、功能材料、绿色建材以及智能电网等四大新兴产业，这些产业 2015 年共实现产值 357.59 亿元，与上年相比增长了 11.2%。其中，智能家电增长率最高，实现产值 11.83 亿元，增长 184.0%；功能材料次之，实现产值最高为 260.11 亿元，增长 8.7%；绿色建材增长率第三，实现产值 67.21 亿元，增长 13.0%；但是智能电网的产值出现了负增长，智能电网产值为 18.43 亿元，下降 1.0%。高新技术产业增长较快。全市高新技术企业的增长为 14.8%，高于规模以上工业 0.9 个百分点，实现产值 754.67 亿元；高新技术企业产值占规模以上工业总量的 19.8%。科技创新成绩显著。全社会研究与发展（R&D）活动经费占地区生产总值的比重逐年增加，2015 年 R&D 经费支出为 32.05 亿元，占地区生产总值比重为 1.51%，与上年相比提高了 0.16 个百分点。全市新增国家高新技术企业、新认

---

① 宿迁市 2015 年国民经济和社会发展统计公报。

② 宿迁市人民政府网。

定省级科技型中小企业和新增省级企业研发机构分别为 55 家、120 家和 61 家，高新技术企业和省级企业研发机构总数分别达到 184 家和 219 家。全市专利申请量、专利授权量也在数量上和增长率上也取得突破，数量分别达到 9507 件和 5151 件，与上年相比，分别增长 8.2% 和 19.6%。这些包括专利申请量、授权量和 PCT 专利申请量，对于企业，专利申请量为 7792 件，授权量 4282 件，PCT 专利为 9 件[①]。

　　"十三五"期间，宿迁确立了五大发展战略，其中包括产业强市、创新驱动、生态立市、民生优先及城乡协调。这是宿迁指引"十三五"发展、全面建成小康社会的总纲领和总路径，因为它不仅充分体现五大发展理即"创新、协调、绿色、开放、共享"的本质要求，与宿迁的发展实际也是高度契合的。宿迁一直以来就高度重视创新发展，在全国率先探索创新券制度，建成苏北唯一省立项区域产业研发机构 —— 苏北工业技术研究院，在苏北地区中的企业专利授权量中，宿迁稳居第二，这对于经济社会的快速发展起到了有力的推动作用。宿迁市提出实施"创新驱动"战略，要求把创新驱动作为引领发展的第一动力、把创新作为宿迁发展的最大法宝，突出企业主体地位，完善产业创新体系，对于理念、科技、制度、文化以及工作，都要大力推动创新。政策要放宽、市场要开放、主体要放活，鼓励创业，以带动就业、鼓励创新，以促进发展；鼓励发展众创、众包、众扶、众筹等模式，积极营造创新创业良好氛围，推动大众创业、万众创新，让创新成为宿迁发展最强劲引擎[②]。

　　（3）得分结果

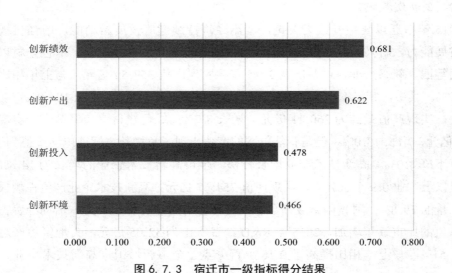

图 6.7.3　宿迁市一级指标得分结果

① 宿迁市 2015 年国民经济和社会发展统计公报。
② 宿迁市人民政府网。

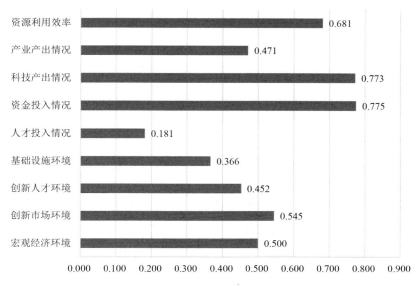

图 6.7.4 宿迁市二级指标得分结果

（4）创新评价

宿迁在 116 个资源城市中创新指数排名为 12，排名靠前，这说明宿迁的创新发展情况比较乐观，但也还有上升空间。从各项指标来看，其中创新产出最为突出，得分为 0.622，排名第 7 位，对宿迁市创新指数排名贡献最大；创新环境次之，得分为 0.466，排名为第 14 名。创新投入、创新绩效这两项指标较为落后，得分分别为 0.478，0.681，排名分别为 43 和 35。

在创新环境方面，宿迁得分为 0.466，排名 14。分别看各项分指标，其中创新市场环境贡献最大，得分为 0.545，排名 9；其次是宏观经济环境，得分 0.500，排名 10；接着是创新人才环境，得分 0.452，排名 34；最后是基础设施环境，得分 0.366，排名 59，制约基础设施环境排名的主要因素是宿迁的货运总量和每百人公共图书馆藏书数量低。因此，宿迁市应加强基础设施环境和创新人才环境建设，从而为推动宿迁市创新发展提供更好的环境基础。

在创新投入方面，宿迁得分为 0.478，排名 43。宿迁人才投入与资金投入排名差距较大，其中人才投入得分仅为 0.181，排名 97，十分靠后，主要在于宿迁每万人教师数过少；资金投入得分和排名都较高，得分为 0.775，排名为第 7 位，其中财政科技支出占财政支出比重也较高，得分为 1.000，教育支出比重得分也高达 0.992。

在创新产出方面，宿迁得分 0.622，排名 7。分别看各项分指标，科技产出情况排名为第 7 名，而产业产出情况排名为第 39 名。科技产出情况包含的两项三级指标中，专利申请授权量和企业商标拥有量得分分别为 1.000 和 0.566，排名分别位于第 2 位和第 20 位。产业产出情况包含的三项三级指标中，矿产资源开发年税金占公共财政收入的比重得分和排名都最高，得分为 1.000，排第 3 位；矿产资源开发综合利用产值占 GDP 的比重得分为 0.020，排名 75；第三产业占 GDP 的比重得分 0.628，排名 33。从得分结果来看，宿迁市矿产资源开发综合利用产值没能达到理想的效果，在未来的发展中，宿迁应注意改善矿产资源利用方式，使矿产资源开发综合利用产值得到提高。这不仅需要提高资源的生产开发和利用能力，保证宿迁市的资源在现有技术水平上能够尽可能达到最大利用效率，同时还可以通过加大研发投入，从而运用技术进步等方式来提升资源利用效率。

在创新绩效方面宿迁得分为 0.681，排名 35。分别看各项分项指标，全员劳动生产率、能源消费弹性系数、单位 GDP 能耗和单位 GDP 矿石开采量得分分别为 0.337，0.628，0.717，1.000，排名分别为 55，75，63 和 3。从数据中可看出除单位 GDP 矿石开采量指标外，宿迁在其余几个方面都有很大的上升空间，如运用科技技术进步等方式来提升劳动生产率，提高能源利用效率，通过这一系列的努力提升宿迁的创新绩效水平。

（5）政策评价

从各项指标评价结果来看，宿迁市在创新投入和创新绩效方面都有较大的提升空间。在未来的发展过程中，宿迁市应注重加强人才投入力度，提高人才的待遇、福利，积极引进高尖端精英人才，并增加教师队伍的就业人数，提高宿迁的教育水平；与此同时，由于宿迁市能源消费弹性系数较高，单位 GDP 能耗较高，全员劳动生产率较低，在未来资源和能源的利用效率都应注意提高。

作为再生型城市之一，宿迁市在创新发展方面取得的成效较好，在 116 个资源型城市中创新指数排名第 12 位。在未来的发展中，应深入实施创新驱动战略，围绕建设国家创新型试点城市，创新发展理念，创新制度使之适合创新发展，对于机制、科技及文化，也要促进创新。

增强科技创新引领发展能力。把创建国家创新型试点城市作为总领，对产业和企业，进一步提高其自主创新能力，从而加快创新驱动发展的步伐。强化载体平台建设。鼓励境内外高校院设立技术转移机构和成果产业化基地，推进科技创新资源向宿迁集聚、成果在宿迁转化。

加大教育投入力度，启动重点学校建设，保证更多的学生能够就近入学，培养新的一批创新型人才，为宿迁市的创新事业发展注入新的活力。同时，鼓励社会人士及在校学生等运用自身的创造力进行创新建设，鼓励进行专利申请，并争取通过最好最有意义的项目。

加大力度使科技扶持政策更加优化,将科技创新资源聚集起来,促进科技成果转化为产品;探索采用风险补偿方式来撬动金融资本,从而加大对产业发展支持力度的方式。在项目建设上吸收市场资源。深化投资领域审批制度改革,减少投资办理环节,拓宽社会投资领域,创新投资合作方式,通过市场换投资、设备换投资等模式,吸引更多项目落户宿迁。

6.8 浙江

6.8.1 湖州市

（1）城市概况

湖州市与无锡、苏州隔湖相望,是浙江省北部的一个城市,湖州市因环湖而得名,环太湖地区的城市中,它是唯一因环湖而得名的。作为一座江南古城,湖州市具有2300多年的历史,自然景观优美,历史人文景观众多。自古以来,湖州就被称为丝绸之府,鱼米之乡和文化之邦。除此之外,湖州还被称为南太湖明珠。2015,湖州市全年实现地区生产总值（GDP）2084.3亿元,按照可比价来计算,与上年相比增长了8.3%。分别看三大产业,第一产业增加值122.4亿元,增长1.7%;第二产业增加值1026.7亿元,增长6.5%,其中工业增加值较高,为926.2亿元,增长了6.3%;第三产业增加值935.1亿元,增长率最高为11.9%。三次产业结构比例为5.9:49.2:44.9。按户籍人口计算,人均GDP达到79025元,增长8.1%,折合12688美元;按常住人口计算的人均GDP为70899元,增长7.7%,折合11383美元[1]。

湖州矿产资源较为丰富,蕴藏的矿藏有煤、铁、石灰石等,其中煤资源丰富,长广煤矿处于与安徽省交界处,是省内最大的原煤基地。此外,湖州市还有丰富的自然资源,全市水资源丰富,年平均总量为37.18亿立方米,这促进了淡水渔业的发展,有2.2万公顷的水面供渔业发展。有47种矿藏已经发现,有23种已初勘,这些矿藏主要是非金属矿,包括方解石、石英砂岩、黄沙、建筑石、硅灰石、膨润土、石灰岩、萤石、煤、石煤等。木本植物也比较丰富主要有桑、松、杉、竹、茶、果树等,在全国十大"毛竹之乡"中,它位列之首。陆生脊椎动物等动物资源约300种,其中包括珍稀动物有扬子鳄、金钱豹、梅花鹿,此外,还有畜禽饲养品种有50多种。境内动物资源的重点是淡水鱼,有102种之多。

---

[1] 湖州市2015年国民经济和社会发展统计公报。

（2）创新发展概况

2015年湖州发展活力及科技创新能力都不断加强，这得益于突出改革统领、加大创新驱动的举措。2015年全年专利申请量21822项，比上年增长9.7%；专利授权量16653项，比上年增加3974件，增长31.3%，其中发明专利1647项，比上年增加947项，增长135.3%。全年经认定登记的技术成交项目240项，比上年减少38.3%；技术成交金额28394万元，比上年增长43.4%。全市年末拥有省级高新技术研究开发中心223家，比上年增加35家；拥有国家级高新技术企业450家，增加73家。全年获市级以上政府奖的科技成果68项，其中省级23项。全年列入国家级火炬项目45项，比上年增加7项[①]。

在"十三五"规划中，湖州市坚持把创新摆在发展全局的核心位置，争创国家创新型城市和国家知识产权强市，构筑创新驱动新优势，提升完善区域创新体系。发展活力更加激发。创新型城市建设成效明显，新增人才资源总量20万人，研究与试验发展经费支出相当于生产总值比重提高到2.85%以上，发明专利授权量年均增长10%以上，努力进入创新型城市行列。大众创业、万众创新氛围日益浓厚，全社会创新潜能和创业活力得到有效释放。体制机制创新持续推进，重要领域和关键环节改革取得决定性成果。"引进来"与"走出去"齐头并进，开放型经济水平全面提升[②]。

（3）得分结果

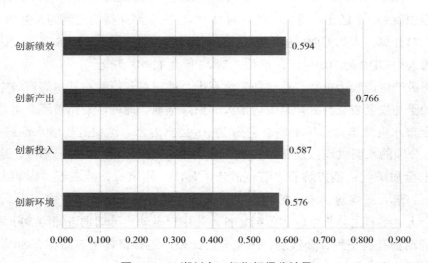

图6.8.1   湖州市一级指标得分结果

---

① 湖州市2015年国民经济和社会发展统计公报。
② 湖州市国民经济和社会发展第十三个五年规划纲要。

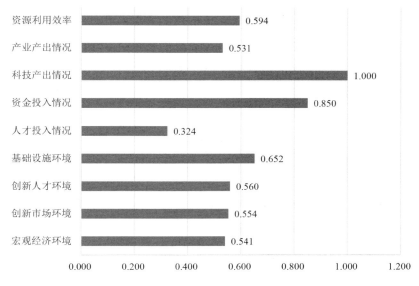

图 6.8.2 湖州市二级指标得分结果

（4）创新评价

湖州在 116 个资源城市中排名第 7，位置非常靠前，表明湖州创新发展取得了很好的成效。从各分项指标来看，其中创新产出最为突出，得分为 0.766，排名为 2；其次是创新环境和创新投入，得分分别为 0.576 和 0.587，排名分别为 4 和 19，对湖州创新指数制约较大的是创新绩效，得分为 0.594，排名 59。

在创新环境方面，湖州市取得的成效突出，创新环境得分 0.576，排名 4，说明湖州市拥有有利于科技创新、经济创新的良好土壤。从各项分指标来看，其中对创新环境排名贡献最大的是基础设施环境，得分 0.652，排名 2，其次是宏观经济环境和创新市场环境，得分分别为 0.541 和 0.554，排名分别为 7 和 8，相比之下，湖州创新人才环境排名相对靠后，得分为 0.560，排名 20，而制约湖州市创新人才环境的主要因素是湖州每万人高校在校学生数所占比重较小，该指标得分为 0.348，排名第 43 位。

在创新投入方面，湖州市资金投入得分为 0.850，排名 3，处于 116 个资源型城市的前列，湖州市 R&D 经费支出较为靠前，排名为第 9 名，且湖州政府在财政上对教育、科技的支持力度较大，湖州财政科技支出占财政支出的比重得分为 1.000，排名为 2，教育支出占财政支出比重也较为靠前，得分为 0.853，排第 27 位。而湖州在人才投入方面仅得分 0.324，排名 79，这是由于湖州市教师资源较少，每万人教师数这一指标得分仅为 0.324，说明湖州市在人才投入方面需要不断加强。

在创新产出方面，湖州得分为 0.766，排名 2。从各项分指标来看，科技产出情况包含的两项三级指标中，专利申请授权量和企业商标拥有量排名均为第 3 名，可见湖州市非常重视科技产出水平。产业产出情况包含的三项三级指标中，矿产资源开发综合利用产值占 GDP 的比重得分为 0.042，排名 60，说明湖州市矿产资源利用率不够高；但湖州在第三产业占 GDP 的比重方面取得了不错的成果，该指标得分为 0.813，排名 15；矿产资源开发年税金占公共财政收入的比重表现也较好，该指标得分为 0.958，排名 21 位。

在创新绩效方面，湖州得分 0.594，排名 59，虽处于中游位置，但确实是制约湖州创新指数排名的最大因素。分别看各项指标，全员劳动生产率、能源消费弹性系数、单位 GDP 能耗和单位 GDP 矿石开采量得分均不是很理想，得分分别为 0.423，0.657，0.767，0.616，排名分别为 48，61，53，82。从中可以看出，湖州市的劳动生产效率尚可，经济发展中对能源的依赖程度尚可，但对矿产资源的依赖程度较高，各个方面均存在着较大的改进空间。

（5）政策评价

作为成熟型城市之一，湖州市在创新发展方面较为成功，在 116 个资源型城市中创新指数排名第 7 位。从指标评价结果来看，湖州的主要问题在于创新绩效方面。在未来的发展过程中应注重改善生产技术与管理，积极研发高新技术并将其应用于生产过程中，提高劳动生产率，提高市内最低工资标准，改善工人待遇，提高其生产积极性；其次是积极研发改进能源利用方式，减少能源浪费，降低生产过程中的能耗成本与环境污染，提高经济效益，积极改进矿石开采方式，降低开采成本，将高新技术与矿石产品生产相结合，要努力延长矿石产品产业链，使矿石产品附加值得到提高。

湖州在未来的发展过程中应更加注重科技创新在生产过程中的运用，提高经济效益，积极推动科技创新、人才创新等。

激发企业创新活力，扶持科技型中小微企业。强化人才、技术、风险资本等各方面支撑，为科技型中小微企业发明创造、创新发展提供优质环境。重点激励"双高"企业。大力培育高新技术企业、创新型企业，鼓励企业加大科技投入，围绕重点产业开展技术攻关，承担实施一批重大科研项目。

推进创新平台建设，加快新兴科研机构建设。推动高校、科研机构与企业加强产学研协同创新，形成创新利益共同体，继续大力引进名院名校和国内外创新资源共建创新载体。优化创新平台布局。充分利用各类创新资源，全力打造区域内具有较大影响力、较强创新力和集聚力的科技城。做大做强国家级、省级高新区，努力成为创新驱动发展引领区和深化科技体制改革试验区。

加强创新人才队伍建设，全力打造领军型创新创业团队。深入实施"南太湖精英计划"，加快国家、省"千人计划"专家、省领军型创新创业团队引进培养，扎实推进院士专家工作站建设，加快集聚一批高层次领军型人才和团队。完善人才激励政策机制，健全面向科技人才的投融资政策和创业孵化机制。推进科技计划体系、科研人员评价制度、科技成果使用处置和收益管理改革，提高科研人员成果转化收益分享比例。

优化创新创业环境，营造优越的众创环境。以创业促进创新，完善创新创业扶持政策，通过增强创新创业制度供给，优化要素配置，激发创新创业活力，积极营造尊重创造、勇于创新、宽容失败和公平竞争的创新创业氛围。深化科技体制改革。改革科技管理体制，强化创新政策与相关政策的统筹协调。落实高新技术企业税收优惠、企业研发费用加计扣除等政策，推动全社会加大研发投入。建立覆盖创新全过程的科技创新融资模式，促进科技成果资本化产业化。

6.9　安徽

6.9.1　淮南市

（1）城市概况

淮南是安徽省中北部的一座城市，它地处长江三角的洲腹地，且位于淮河之滨，被称为"中州咽喉，江南屏障"、"五彩淮南"，淮南处于沿海城市群，是其重要节点，处于经济圈，是重要成员之一。淮南市总面积达五千多平方公里，下辖 5 区 2 县。常住人口在 2015 年年末已达到 239.7 万人，与上年相比增加 2.2 万人。作为安徽省重要的科研教育中心，到 2015 年末，淮南市拥有普通高等院校 6 所，在校大学生的数量达 7.24 万人。淮南是作为中国能源之都、华东工业粮仓，是安徽省重要的工业城市，1984 年，国务院将淮南评为 13 个较大城市之一，淮南市获得过许多荣誉，包括中国优秀旅游城市、国家园林城市、中国最佳投资城市、中国最具幸福感城市、全国绿化模范城市、全国百个宜居城市、国家首批试点智慧城市等。初步核算，2015 年全年实现地区生产总值（GDP）770.6 亿元，按可比价格来算，与上相比年增长了 2.8%。其中，第一产业增加值最低，增加值 69.2 亿元，增长 4.2%；第二产业增加值最高，增加值为 398.0 亿元，但增长率最低，为 0.5%；第三产业增加值 303.4 亿元，增长率最高，为 7.4%。按常住人口计算，人均 GDP 达 32298 元，折合 5186 美元。三次产业结构比例由上年的 8.5：55.8：35.7 调整为 9.0：51.6：39.4，其中工业增加值占 GDP 的比重为 43.8%。全社会劳动生产率 55861 元／人[①]。

---

① 淮南市 2015 年国民经济和社会发展统计公报。

　　淮南市地下煤炭和石油资源较为丰富，储量较大的是淮南煤田，其远景储量为 444 亿吨，已经探明的为 180 亿吨，占安徽省煤储量的 70%，更是占华东地区煤储量的 32%，依托丰富的煤资源，淮南市的煤炭开发历史悠久，从明朝中叶开始，当地政府就已经开始开采煤。1952 年，也就是新中国成立后，淮南兴建了第一座煤矿，到 2011 年，淮南已成为中国 13 个亿吨煤炭基地之一，煤炭产量已突破亿吨。除此之外，依托煤炭工业，淮南市的电力工业也随之发展，到 2009 年底，淮南发电总量已达到 460 亿千瓦以上，发电装机容量也增加到 1000 万千瓦。不仅如此，在未来，淮南市的火电资源依旧持续发展，预计 2020 年发电装机容量将提高到 2000 万千瓦时[①]。

　　（2）创新发展概况

　　近几年淮南强化改革创新，使得发展活力不断增强，并持续增强科技创新能力。全面启动了省级创新型城市试点。2015 年年末，全市高新技术企业数量达到 81 家，高新技术企业实现总收入持续增加，到 2015 年年末达到 106.7 亿元。高新技术产品 31 个。科研机构 73 个。科技人员 17680 人。全年专利申请量 3305 件，比上年增长 7.9%；专利授权量 2413 件，增长 16.5%。全年有 18 项科技成果取得省部级以上鉴定；1 项成果获得省科技进步奖一等奖，3 项获得二等奖，6 项三等奖。年末分别拥有国家级研究院、国家级工程技术中心、国家级重点实验室以及国家级工程实验室各 1 家，国家级企业技术中心及省级实验各 2 家；省级市级工程技术研究中心分别有 27 个和 50 个，市级重点实验室，共有 2 个；此外，淮南市还有 78 家国家级、省、市创新型（试点）企业[②]。

　　"十三五"期间，创新被淮南市摆在发展全局的核心位置，创新驱动发展战略得到深入实施，大众创业、万众创新得到大力推动。淮南市积极推动城市转变，推动资源型向生态型、创新型转变。加快构建区域创新体系，对《创新驱动发展工程》将深入实施，企业的创新主体地位和主导作用将进行强化，高新技术企业和创新型企业倍增计划将加快实施，打造一批创新型龙头企业，以引领产业高端发展。对科技型中小企业，支持其健康发展。加速"1+3+7"科技企业孵化器的建设，加强公共科技服务平台建设，重点推进国家级研发服务平台建设，其中包括国家煤化工质检中心、煤炭开采国家工程研究院、煤矿瓦斯治理国家工程研究中心等煤工业研发平台。推进国家级工程（技术）研究中心、企业技术中心的建设，努力建成一批高水准的技术中心。扩大市属高校自主权，科研院所自主权，让创新领军人才有更大的支配权，能够更加自主地支配人财物技术路线，对科技金融模式也要加强创新，围绕创新链部署资金

---

① 淮南市 2015 年政府工作报告。
② 淮南市 2015 年国民经济和社会发展统计公报。

链，加强建设技术和知识产权交易平台，建立新的科技创新模式，使其能够贯穿实验研究、中试到生产的全过程，促进科技成果转化为资本、产业 [①]。

（3）得分结果

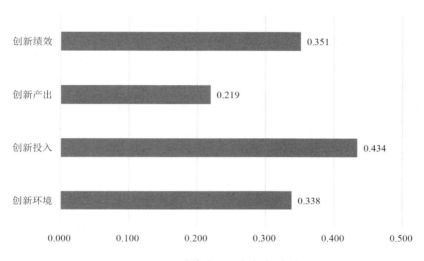

图 6.9.1 淮南市一级指标得分结果

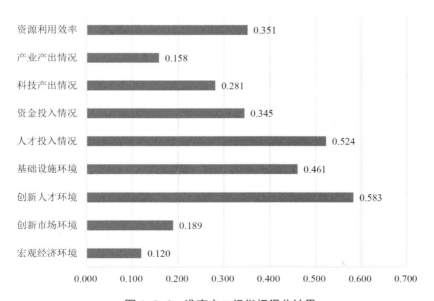

图 6.9.2 淮南市二级指标得分结果

---

① 淮南市人民政府网。

（4）创新评价

淮南市在 116 个资源型城市中排名 96，处于下游位置，这说明淮南市在创新发展方面尚有很大的进步空间。从各项分指标来看，其中创新环境情况不错，得分 0.338，排名 49；其次是创新投入，得分 0.434，排名 50；创新产出得分为 0.219，排名 92；最大的限制因素是创新绩效，得分 0.351，排名 106，各项创新指标不高的成绩使得淮南综合创新指数得分低。

在创新环境方面，淮南市得分 0.338，排名 49。从各项分指标来看，其中创新人才环境表现最为突出，创新人才环境得分为 0.583，排第 17 位；基础设施环境次之，基础设施环境得分 0.461，排第 24 位，虽然这两项分指标的成绩理想，但该市宏观经济环境以及创新市场环境情况很差。淮南宏观经济环境得分为 0.120，排名 106，说明淮南市的经济发展程度较差，与此同时资源开采遇到了瓶颈。创新市场环境得分为 0.189，排名 103，处于 116 个资源型城市中的下游位置，主要原因在于淮南市非国有矿山数所占比重得分为 0.000，淮南市在今后的发展中应注意适度放松政府对地方矿产资源的管制。

在创新投入方面，淮南市得分 0.434，排名 50，说明淮南市对于创新发展投入水平一般。从各项分指标来看，淮南市人才投入与资金投入情况排名差距不大，其中人才投入得分为 0.524，排名 43，资金投入得分为 0.345，排名 50。而资金投入包含的三级指标中，教育支出占财政支出的比重得分仅为 0.295，排名 97，这说明淮南市没能深化教育综合改革，在完善教育管理方面的能力也有所缺陷，将来应加大该市的教育支出水平。

在创新产出方面，淮南得分为 0.219，排名 92，这说明淮南市在创新产出方面急需进行改善。从各项分指标来看，科技产出情况包含的两项三级指标中，专利申请授权量和企业商标拥有量得分分别为 0.466 和 0.114，排名分别位于第 17 位和第 77 位。因此可以看出淮南市的科技产出水平尤其是企业商标拥有量方面还有较大的提升空间。产业产出情况包含的三项三级指标中，其中最主要的制约因素是矿产资源开发年税金占公共财政收入的比重，该指标得分为 0.108，排名 109；其次是矿产资源开发综合利用产值占 GDP 的比重，得分为 0.008，排名 92，这说明淮南市矿产资源开发综合利用率不高。另外，第三产业占 GDP 比重得分为 0.382，排第 73 位，这说明淮南市还需要大力加强第三产业的发展，加快推动产业转型和城市转型。

在创新绩效方面，淮南得分 0.351，排名 106。从各项分指标来看，制约淮南创新绩效的主要因素是全员劳动生产率和单位 GDP 矿石开采量，这两项指标得分分别为 0.104 和 0.169，排名均为第 105 位。单位 GDP 能耗得分为 0.745，排名 56，这说明淮南市的能源消耗强度尚可，但仍有改进的空间。能源消费弹性系数得分为0.644，排名为70，可见淮南市能源消费增速较快，在今后应加强能源的综合利用水平。

（5）政策建议

作为成熟型城市之一，淮南在城市创新发展方面面临的困难较大，在116个资源城市中创新指数排名仅为96名，处于下游的位置。从指标评价结果来看，淮南市在创新发展过程中的主要问题在于创新绩效，其次是创新产出。总体而言，淮南市矿产资源综合开发利用效率较低，在未来发展中应注重提高，从而提升矿产资源开发所带来的经济效益，同时应大力发展第三产业，加快推进城市产业转型升级；其次应注重人员的培训、激励和优化配置，努力提升全员劳动生产率水平，注重运用科技进步等方式来降低生产能耗与生产成本，提高淮南市矿石开采的经济效益。

具体来看，淮南市应该坚持"四煤"发展思路，即立足煤、延伸煤、不唯煤、超越煤，使产业发展增效升级，对于非煤产业，要加大力度，力争其比重稳步提升，特别是现代服务业，应做到实现量增质优。对于县区的发展，引导其立足产业基础、区位条件和资源禀赋。使产业集中提升，首位度提升。对于淮河以北地区，支持其立足煤电化产业链，力求做到做精做优，提升配套水平，对于农业和乡村旅游业，因地制宜地谋求发展。加快战略性新兴产业以及现代服务业的发展，提升新型城镇化水平，主要是产城一体、旅城一体。对于县区，要完善其发展科学评价体系，在政绩考核中，提升园区发展、工业经济、城乡建设等的权重，激发县区发展，使其充满动力和活力，形成淮河两岸发展新格局，使整体联动、互补。

此外，淮南市应该积极推进科技创新、信息创新，坚持创新发展，着力增强发展内生动力创新是引领发展的第一动力。对于整个产业，要通过重点发展现代信息技术、现代煤化工、现代医药、现代装备制造、光电新能源等新兴产业，来实现转型升级。通过专项资金引导、扩大基金投入、强化要素保障、创新体制机制等政策措施，引导企业、资金、技术、人才等资源加速集聚，立足性新兴产业，使发展新格局不断加快。实施创新发展战略，拓宽研发经费投入渠道，鼓励企业联合发展，并建立相应机制。对高新区科技研发中心、淮南新能源研究中心及科技研发孵化平台等建设，要围绕新技术、新机制。促进各种创新主体协同、多种要素相互联动、多个领域共同合作。使发明专利申请量提高、拥有量提高、转化率也提高。加快将淮南建立成全国智慧型城市、省级创新型城市，力争再一次在获得全国科技进步先进城市的称号。

6.9.2 马鞍山市

（1）城市概况

马鞍山市位于安徽省东部，与南京接壤，是安徽省下辖的地级市，总面积四千多平方公里，是安徽省和江苏省交汇地区，马鞍山市是沪浙苏皖长江三角洲地区城市群成员之一、长江经济带沿线城市成员之一、在南京都市圈核心城市中，马鞍山是核心成员；在皖江城市带承接产业转移示范区中，它是门户城市。马鞍山市获得全国文明城市、全国科技兴市试点城市、皖南国际旅游文化示范区和首批国家信息消费城市等称号。近几年来，全市主动适应经济发展新常态，紧紧围绕经济转型升级的目标，在国家"稳增长、调结构、促升级"等战略指引下，攻坚克难，使得经济在平稳中保持较快增长，结构不断优化。2015 年，马鞍山市全年实现地区生产总值 1365.3 亿元，按可比价格来算，与上年相比，增长了 9.2%。其中第二、第三产业分别增长了 818.6 亿元和 467.2 亿元，增长得较多。规模以上工业增加值取得的成绩也较为明显，为 603.99 亿元[①]。

马鞍山市属于资源再生型城市，矿产资源丰富，区域分块情况较为明显。马鞍山市素有"钢城"之称，铁矿储量尤其丰富，已探明储量超 16 亿吨，其中 10 亿吨随时可供开采。马鞍山市的矿床主要为大众型矿床，有多达 5 处矿址，储量为亿吨以上多为磁铁矿石，其特点是易选。在马鞍山郊区的向山、马山地区，集中分布着总储量为 2.62 亿吨的硫铁矿，约占安徽省的总量的一半以上。依托这些资源，自新中国成立以来，马鞍山市就建立以钢铁工业为主的工业体系，成立了马鞍山钢铁公司等大型钢铁公司。但是近年来，随着矿山资源枯竭，马鞍山市面临着一系列严重问题，包括环境破坏、产业结构单一等，为解决这些问题，城市转型势在必行。除了铁矿以外，马鞍山市的有色金属及贵金属矿产主要有铜矿、铜金矿和金矿及伴生银，规模小且分散。马鞍山市范围内非金属矿累计查明储量为 127129 万吨，保有资源储量 117181 万吨。主要为冶金、建材、化工原料及其他非金属矿产。

（2）创新发展概况

马鞍山是安徽省首批创新型试点城市之一。2015 年全年新培育科技企业成果显著，培育科技小巨人企业 50 家，有 7960 件项目成功申请专利，与上年相比，增长了 27.7%。承担实施省级以上科技计划项目 51 项，新增院士工作站 2 家，新引进高层次科技人才团队 6 家。高新技术产业取得明显成效，2015 年的产值为 800 亿元，同比增长 5%。大力培育发展高新技术企业 256 家、高新技术产品 1311 个。马鞍山市有各类高等院校 6 所，包括安徽工业大学等。国家级科研院所 3 所，

---

① 马鞍山市 2015 年国民经济和社会发展统计公报。

中钢马鞍山矿山研究院是其中之一，马鞍山还有 4 个国家级工程（技术）研究中心，2 个国家重点实验室，4 个院士工作站，1 个国家级企业技术中心，1 个国家钢铁及制品质量监督检验中心，10 个博士后科研工作站，1 个国家高新技术创业服务中心，1 个国家示范生产力促进中心。作为国家新材料高新技术产业化基地、国家知识产权试点城市、全国创业型城市试点市，全市专业技术人员占比较高，为每万人 820 人、授权发明专利数 1.6 件，在全国同等规模城市中，马鞍山市居前列。

马鞍山市为实现"十三五"时期发展目标，努力破解发展难题，厚植并立足发展优势，牢固树立"创新、协调、绿色、开放、共享"五大发展理念。创新是引领发展的第一动力。创新要摆在发展全局的核心位置，对体制、科技、管理、文化等各方面，都要推进创新，推动经济发展的驱动模式创新，由投资驱动向全要素综合驱动转变、使由规模速度型增长转变为质量效益型增长。进一步强化创新在全市发展全局中的核心地位，把创新贯穿于经济社会发展的全过程和各方面，大力推进理论创新、制度创新、科技创新、文化创新等各方面创新，使创新这个推动发展的主引擎释放更为强劲的动力[1]。

（3）得分结果

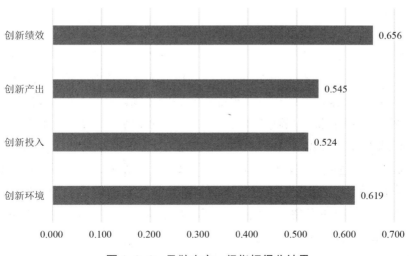

图 6.9.3　马鞍山市一级指标得分结果

---

[1]　马鞍山市国民经济和社会发展第十三个五年规划纲要。

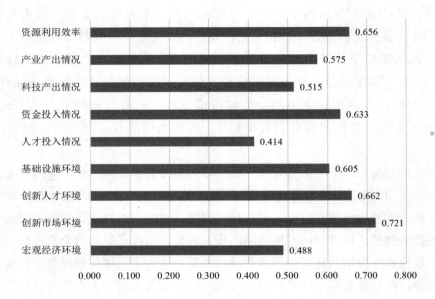

图 6.9.4　马鞍山市二级指标得分结果

（4）创新评价

马鞍山市创新发展成效较高，在 116 个资源城市中排名第 10，非常靠前。从各项指标来看，虽然马鞍山 4 项创新一级指标都表现良好，但指标之间差距较大。其中创新环境与创新产出表现突出，得分分别为 0.619、0.545，排名分别为 2 和 11；创新投入与创新绩效表现较好，其得分分别为 0.524、0.656，排名分别为 33 和 41。

在创新环境方面，马鞍山得分为 0.619，排名为 2，名列前茅。从各项分指标来看，创新环境各项分指标差距较小，也都有不错的成绩。其中马鞍山宏观经济环境得分 0.488，排名 12；创新市场环境得分 0.721，排名为 2；创新人才环境得分 0.662，排名 11；基础设施环境得分为 0.605，排名为 3。这得益于马鞍山市较好的基础设施条件，长江大桥建成通车，宁安高铁正式通车，马鞍山进入高铁时代。随着合马高速、滁马高速相继运营投入，跨江发展、融入长三角的快捷通道已经被打通。到"十二五"末，全市建成裕溪河大桥、205 国道、314 省道、226 省道一期等一批国省干线，总建成里程达到 196.5 公里。

在创新投入方面，马鞍山得分为 0.524，排名 33，这在一定程度上拉低了马鞍山市创新指数的排名。创新投入的两项分指标间有一定差距，人才投入远低于资金投入。其中资金投入得分 0.633，排名 12。这主要得益于马鞍山发展方式实现新转变，全面增强了科技创新能力，成功获批省级创新型试点城市，全社会研发经费投入逐渐增加，2015 年占 GDP 比重达 2.5%，比 2010 年提升近 1 个百分点；人才投入得分和排名一般，得分 0.414，排第 62 位，由于马鞍山每万人教师数量得分较低，这在一定程度上拉低了创新投入得分和排名。

在创新产出方面，得分为 0.545，排名 11。从各分项指标来看，科技产出情况包含的两项三级指标中，专利申请授权量和企业商标拥有量得分分别为 0.703 和 0.344，排名分别位于第 7 位和第 38 位。因此可以看出马鞍山市比较注重科技成果产出水平，但还有加强的空间。产业产出情况包含的三项三级指标中，矿产资源开发年税金占公共财政收入的比重处于中下水平，矿产资源开发综合利用产值占 GDP 的比重较高，排名较为靠前，但第三产业占 GDP 的比重得分和排名较低，上述三项指标得分分别为 0.858，0.627，0.292，排名分别为 62，10，84。因此，可以看出马鞍山市在矿产资源综合开发利用方面表现较为突出，但是产业结构对马鞍山市来说还是较为落后。自改革开放以来，马鞍山大力发展第二产业，马鞍山的经济得到快速的发展，对矿产资源的利用效率在日益提高，但是由于马鞍山长期以来的经济结构已经定型，其第三产业很难进行大规模的转变，导致第三产业在 GDP 中的占比较低，例如，2014 年马鞍山市第一、二、三产业结构比为 5.78: 62.34: 31.88，第二产业占比较高，约是第三产业占比的两倍。

在创新绩效方面，马鞍山得分 0.656，排名 41。分别看各分项指标，全员劳动生产率、能源消费弹性系数、单位 GDP 能耗和单位 GDP 矿石开采量得分分别为 0.798，0.592，0.531，0.632，排名分别为 12，91，89，81。由此可知，马鞍山市的劳动生产率较高，但是由于产业结构主要以第二产业为主，高能耗行业所占比重较大，导致马鞍山市的经济发展对能源和矿产资源等的依赖程度较高，由此导致能源消费弹性系数、单位 GDP 能耗和单位 GDP 矿石开采量均较高。

（5）政策建议

从指标评价结果来看，马鞍山的主要问题在于创新投入与创新绩效方面。从这两个方面来看，马鞍山在未来的发展过程中应注意增加人才投入，增加 R&D 经费支出，增加财政教育支出的比重，重视市内教育发展情况，积极引进尖端人才，促进马鞍山的学术交流与学术研究发展；其次是加强科技研发改进能源消耗模式，降低生产过程中的能源消耗与环境污染情况，降低能耗成本，提高经济效益，从而使马鞍山市的能源消费弹性系数和单位 GDP 能耗降低；再次马鞍山市应注重城市转型和产业转型，大力发展第三产业，促进产业结构向合理化和高级化方向发展，从而降低经济增长对资源型行业的依赖程度，使单位 GDP 矿石开采量降低。

作为再生型城市之一，马鞍山在 116 个资源城市中创新指数排名第 10 位，在城市创新发展中取得了很好的成绩。为了在创新驱动发展中取得更好的成绩，进一步优化经济结构，提高经济发展的质量和效益势在必行。同时要深化对外开放程度，提高科技创新水平，对于三大产业，传统产业进行改造提升，注重战略性新兴产业的培育和发展，加快第三产业尤其是现代服务业的发展。

利用工业创新发展使经济倍增，在信息化的引领下，大力发展新模式、新产业、新技术及新业态，对于工业总量，也要促进其扩张，对于产业质态，也要促进提升，将马鞍山市打造成长三角地区重要的、先进的制造业基地。突出科技创新，提升产业质态。争创国家创新型试点城市，并以之为抓手，以产业化创新为重点，大力推动全面创新。继续实施科技创新券制度，引导企业加大研发投入，深化产学研协同创新，支持重点企业牵头组建产业研究院和技术创新联盟，加快科技成果转化和产业化。

大力引进科技中介服务机构，完善创业孵化服务链条，推进专利权、商标权质押融资，探索开展科技保险工作，意识到发挥产业投资资金的引导作用，加强与各类风险投资基金合作，依托各类风险投资基金促进中小企业的发展。

6.9.3　淮北市

（1）城市概况

淮北市是华东中部的一座城市，位于安徽省北部，处于苏、鲁、豫、皖四省交界处，淮北作为是国家煤炭基地，煤炭资源丰富，煤炭工业是经济的主导。初步核算，2015 全年淮北市实现地区生产总值（GDP）760.4 亿元，按可比价格计算，与上年相比，增长了 4.4%。其中第一产业增加值较低，为 59.3 亿元，增长 4.4%；第二产业增加值最大，为 460.9 亿元，增长 2.6%，第三产业增加值 240.2 亿元，增长率最大，为 9%。按常住人口计算，人均生产总值 35057 元（折合 5641 美元）。"十二五"时期，全市生产总值年均增长 9.7%，其中第一产业年均增长 4.6%，第二产业年均增长 10.2%，第三产业年均增长 9.7%；三次产业结构比例由 2010 年的 8.8 : 64.6 : 26.6 调整为 2015 年的 7.8 : 60.6 : 31.6[①]。

淮北市矿产资源丰富。有 56 矿产和 488 个矿产地，在这些矿产地中，大型的有 20 处，中型的有 13 处，小型的多达 455 处。在已发现的 56 种矿产中，已查明的有 16 种，储量较大的有金、煤、高岭土、铜、铁、水泥用灰岩等。分别居全省第 2、4、6、2、6、1 位。最具优势的是煤炭资源，远景储量为 350 亿吨，达 80 亿吨。淮北矿区已成为中国重要的煤炭和精煤生产基地，其特点是煤种齐全、矿床规模较大、煤质优良、储量丰富、分布广泛、综合效益凸现。

（2）创新发展概况

2015 年淮北在市政府的努力下，着力深化改革开放，不断增强发展活力。破解难题时，不故步自封，坚持改革创新扩大开放，促进发展。淮北对城市建设管理体制机

---

① 淮北市 2015 年国民经济和社会发展统计公报。

制也进行创新。在升级转型，结构调整方面，淮北市都取得了积极成效，科技作为支撑，作用不断增强。2015 年全年新认定国家高新技术企业 18 家，全市规模以上高新技术企业达到 80 家，占规模以上工业企业的比重为 10%；全年高新技术产业实现产值 467.3 亿元，增长 2.7%，增加值 116.3 亿元，增长 3.3%。申报国家星火计划项目 1 项、火炬计划项目 1 项、"一带一路"国际科技合作项目 1 项，获批省科技计划项目 18 项。获省科技进步二等奖 3 项、三等奖 2 项。全年共签订各类技术合同 85 项，技术合同成交总额 2.55 亿元。全年专利申请量与授权量分别为 2481 件和 1112 件，其中发明专利申请量与授权量分别为 1661 件和 299 件，分别比上年增长 37% 和 147%。"十二五"时期，全市专利申请量与授权量累计分别达到 10855 件和 6213 件，分别是"十一五"时期的 10.3 倍和 10.4 倍[①]。

淮北市在"十三五"规划中提出，要谋划打造中国碳谷•绿金淮北国家创新驱动试验区，并围绕这个目标实行四大创新，构建四大创新体系。通过加强政府、科研院所、高校和企业的协同创新，淮北将打造一批技术创新的平台，真正做到招商引资、招才引智和招源引智。在深入贯彻落实省委、省政府加快调结构转方式促升级"4105"行动计划中，淮北市紧紧围绕推动创新发展，将建设创新型城市作为目标，把深化科技体制机制改革作为发展的动力，主要实施"六大创新工程"，加速推动以科技创新为核心的全面创新，力求实现科技与大众创业、万众创新深度融合，推动淮北经济增长动力实现新转换，在新常态下实现新发展，努力为加快转型发展、建设精致淮北提供有力科技支撑。

（3）得分结果

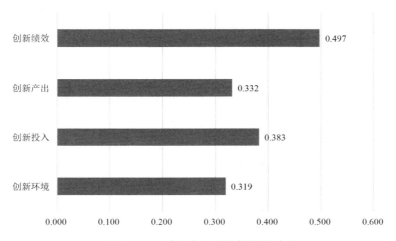

图 6.9.5　淮北市一级指标得分结果

---

① 淮北市 2015 年国民经济和社会发展统计公报。

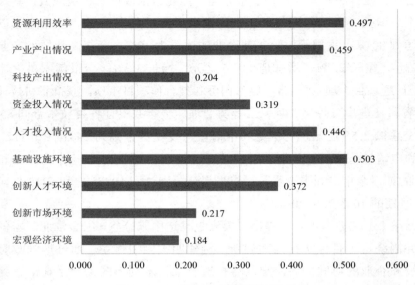

图 6.9.6　淮北市二级指标得分结果

（4）创新评价

淮北市在 116 个资源城市中创新指数排名 69，处于中后游的位置，说明淮北市尚需在创新发展上加大力度。从各项创新指标来看，创新环境得分为 0.319，排名 59；创新投入得分 0.383，排名 64；创新产出得分 0.332，排名 46；创新绩效得分 0.497，排名 89。

在创新环境方面，淮北得分 0.319，排名 59，说明淮北市的创新环境存在一定的问题。从各项分指标来看，淮北基础设施环境建设较好，得分 0.503，排名 18；其次是创新人才环境，得分 0.372，排名 55；接着是宏观经济环境，得分 0.184，排名 87，主要由于淮北市的地区生产总值不高，对外贸易开放程度一般；淮北创新环境最大的制约因素是创新市场环境，得分为 0.217，排名 98，原因是矿山企业的私营化程度很低。

在创新投入方面，淮北市得分为 0.383，排名 64。从各项分指标来看，淮北人才投入与资金投入排名情况相同。其中人才投入得分 0.446，排名 56，资金投入得分 0.319，排名 56，在资金投入当中，财政科技支出占财政支出比重得分和排名相对靠前，R&D 经费支出次之，但财政教育支出占财政支出比重得分和排名则较为靠后，上述三项三级指标的排名分别为第 32、50 和 85 位。总体来看，淮北市在创新人才、创新资金投入方面都有较大的提升空间。

在创新产出方面，淮北市得分为 0.332，排名 46。从各项分指标来看，科技产出情况包含的两项三级指标中，专利申请授权量和企业商标拥有量得分分别为 0.309 和 0.110，排名分别位于第 30 位和第 78 位。因此可以看出淮北市的科技产出水平还有加强的空间。产业产出情况包含的三项指标中，矿产资源开发年税金占公共财政收入的比重排名较低、矿产资源开发综合利用产值占 GDP 的比重在三者中排名最高、第三产业占 GDP 的比重排名较低，三者得分分别为 0.379，0.755，0.151；排名分别为 102，8，97，可以看出呈一高二低的态势。由此可知，淮北市的服务业发展还很不成熟，尚处于探索阶段，对于整体经济的贡献较少，在今后应加快产业结构的调整升级，大力推动第三产业的发展。

在创新绩效方面，淮北市得分为 0.497，排名 89。分别看各项指标，全员劳动生产率排名较低、能源消费弹性系数排名中上、单位 GDP 能耗排名靠前、单位 GDP 矿石开采量排名靠后，四项指标得分分别为 0.174，0.690，0.886，0.452，排名分别为 94，41，19，92。因此，可以看出淮北市的经济发展对矿产资源的依赖程度较高，劳动生产效率不高，应在创新发展中注意改进生产技术和提高劳动生产率水平。

（5）政策建议

作为衰退型城市之一，淮北市在创新发展方面也存在着较大的问题，在 116 个资源城市中创新指数排名 69。从指标评价结果来看，淮北的主要问题在于创新绩效，与此同时，在创新环境、创新投入和创新产出三方面也存在着较大的提升空间。淮北在未来的发展中，首先应改进生产技术与生产管理，提高淮北市全员劳动生产率和降低单位 GDP 矿石开采量；其次应加大人才投入与资金投入力度，增加 R&D 经费支出，重视市内教育发展情况，积极引进尖端人才，促进学术交流与学术研究发展，提高对教育的重视程度，增加教育支出占财政支出的比重；最后应注重产业结构的调整升级，大力发展高新技术产业和第三产业，降低经济增长对资源型行业的过度依赖，从而加快推动产业转型和城市转型。

具体来看，淮北市应该开展精准招商，这项工作要瞄准重点地区、领域和企业进行，引导外来投资的投资方向，使他们将资金更多地投向新型煤化工、装备制造和铝基新材料等重点产业，抓好产业延链补链招商，提升招商引资产业，使其符合度和投资强度达标。抓园区提升促集聚，立足省级开发园区，加快其建设。重视临涣工业园基础设施配套建设，通过积极推动园区与大企业合作，使煤化工产业规模变大，质效提高。

另外，淮北市在未来的发展中应注重创新环境方面的改善以及提高生产发展中的经济效益。不仅要调整存量，也要关注增量的优化，进一步强化创新在驱动发展中的作用，将创新作为发展的引擎。依靠创新发展，培育工业竞争新优势。改造提升传统产业。将信息化和工业化融合在一起，对于传统产业，要加快其改造，包括技术创新改造、技术改造等，同时在产品、管理及商业模式上，都要加强创新。对于市矿关系，强调共赢。煤电、煤化联产等项目，共同实施。对新型煤化工合成材料产业，要积极推进其基地建设，使煤电化产业链不断延伸。大力提升自主创新能力。实施"科技提升园区、产学研协同创新、科技型企业培育"等行动计划，深化产学研平台的合作，让高校与科研院所为发展提供助力，对工程技术研究中心建设、企业技术中心建设等都要做到抓好做好。为了实现经济结构调整和促进新兴产业发展，更加要重视人才在发展中的作用，加大创新人才培养和引进。

6.9.4　铜陵市

（1）城市概况

铜陵市，别名定陵、义安，安徽省辖市，位于安徽省中南部、长江下游，是长江经济带重要节点城市和皖中南中心城市。2016 年 6 月，铜陵市被国家发改委纳入长江三角洲城市群发展规划。2015 年，铜陵市全年实现生产总值（GDP）721.3 亿元，按可比价计算，增长 10.1%。其中第一产业增加值 13.2 亿元，增长 4.2%；第二产业增加值 493.2 亿元，增长 9.9%；第三产业增加值 214.9 亿元，增长 11.3%。按常住人口计算，全年人均生产总值实现 97471 元（折合 15649 美元），与上年相比，增加了 279 元，全社会劳动生产率的值为 150333 元 / 人，与上年相比增加了 197 元。三大产业增加值在地区生产总值中的比例逐渐优化，由 2014 年的 1.8∶71.2∶27 调整为 1.8∶68.4∶29.8，工业增加值占地区生产总值比重为 63.3%[①]。

铜陵市探明的稀有金属矿种 30 余种，其中铜、黄金、白银和石灰石储量全省第一，硫铁矿储量华东第一、全国第二；农产品种类齐全，白姜、丹皮是国家地理标志保护产品，枞阳媒鸭、枞阳黑猪获得国家地理标志认证商标，优质淡水鱼、大闸蟹、粮棉油产量丰富，素有"八宝之地"、"鱼米之乡"的美誉。铜陵是"中国古铜都，当代铜基地"，新中国第一个铜工业基地建于铜陵，第一炉铜水、第一块铜锭出自铜陵，第一支铜业股票发自铜陵，安徽省首个千亿元企业来自铜陵。建市 60 年来，始终坚持工业强市战略，逐步形成了以铜、化工为主导，电子信息、装备制造、节能环保等齐头并进的产业发展格局，是全国八大有色金属工业基地之一，也是全国重要的硫磷化工基地、国家级电子材料产业基地、长江流域重要的建材生产基地。现有千亿元以上企业 1 家，百亿元企业 2 家，上市公司 6 家，工业化率达 60.3%。铜陵有色公司是全国第一、世界第二的电解铜生产企业，精达公司是全国第一、世界第三的特种电磁线生产企业[②]。

（2）创新发展概况

近年来铜陵市加快创新驱动发展的进程，努力建设成为省级创新型试点城市，在

---

① 铜陵市 2015 年国民经济和社会发展统计公报。
② 铜陵市人民政府网。

鼓励创新的过程中，强化企业的主体地位，2015年铜陵市国家高新技术企业、国家级创新型企业、省级创新型企业、省级创新型试点企业的数量都在增加，分别达到了133家、2家、11家和22家，省级工程技术研究中心、省级实验室、院士工作站、省级以上科技孵化器、生产力促进中心的数量也分别达到了29个、2个、3个和5个。有107个项目获批省级以上科技项目，获得了上级资助资金4618.3万元上级资助资金。在不断促进创新的过程中，铜陵市获得了许多奖项，其中有国家科学技术进步奖二等奖2项、安徽省科学技术进步奖（其中二等奖1项、三等奖4项）5项。同时，也获得了许多专利，共1409件，包括发明专利249件、外观设计43件、实用新型1117件，铜陵市为促进创新发展，投入了许多研发经费，其占地区生产总值的比例，在全省都是领先的。

　　"十三五"规划中，铜陵市为确保全面建成小康社会，综合考虑未来的发展趋势，确立了发展的目标、条件和要求，以及创新、协调、绿色、开放、共享的发展理念，目的是实现更高质量、更加公平、更可持续、更有效率的发展，打造"四个富有"新铜陵。同时对于新产业，大力推进其发展，加速集聚企业、资金、技术、人才等要素资源，立足铜基新材料产业，重点加快其发展，推动精细化工、电子信息、新能源汽车及零部件、智能制造等替代产业快速增长，发展节能环保、生物制药与健康、绿色食品加工、文化创意与旅游等新兴产业，努力将铜陵建成铜基新材料产业集聚发展基地，提高在国内外的知名度，推动市级战略性新兴产业集聚发展基地的建设，包括电子信息、城市矿产、智能装备光伏光电等形成铜陵经济发展新支柱。

　　（3）得分结果

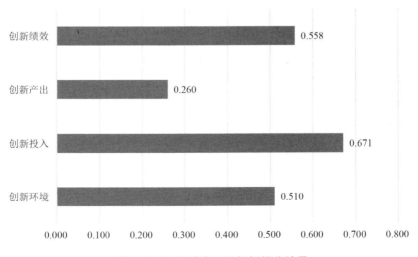

图6.9.7　铜陵市一级指标得分结果

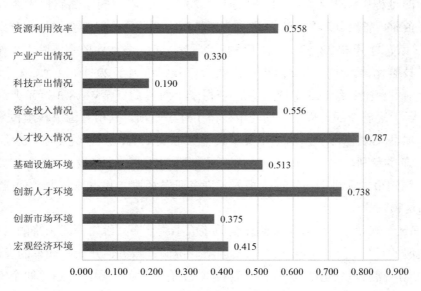

图 6.9.8　铜陵市二级指标得分结果

（4）创新评价

铜陵在 116 资源城市中创新指数排名为 23，处于较为靠前的位置，说明铜陵的创新发展情况较为乐观。从铜陵各项创新指标来看，排名呈现出两高两低的特点，其中，创新投入排名最高，得分为 0.671，排名为 7；其次是创新环境，得分为 0.510，排名为 9；接着是创新绩效，得分 0.558，排名 74；最后是创新产出，得分 0.260，排名 75。

在创新环境方面，铜陵得分为 0.510，排名 9，位置靠前，对铜陵创新指数排名有较大贡献。从各项分指标来看，铜陵市创新环境各项分指标间排名差距较大。其中创新人才环境表现最好，得分为 0.738，排名为 4；其次是基础设施环境，得分 0.513，排名 16；接着是宏观经济环境，得分 0.415，排名 20；最后是创新市场环境，得分 0.375，排名 41。铜陵创新人才环境得分高主要归功于每万人在校大学生数，该指标得分为 1.000；创新市场环境得分较低的原因在于两项分指标得分均不理想，其中，城镇私营和个体从业人员占就业人员的比重得分为 0.397，排第 65 位；非国有矿山数所占比重得分为 0.505，排 99 位，铜陵市在将来应加大扶持地方私营企业力度，在税务上可以进行适当减免，保证地方私营企业能够将更多的利润投入到扩大再生产中去。在资金上为经济困难的企业提供一定程度的贷款担保，帮助有前途的企业渡过难关。

在创新投入方面，铜陵得分为 0.671，排名 7，位置靠前，可看出铜陵市政府十分重视创新投入力度。从各项分指标来看，铜陵市人才投入与资金投入并重，其中人才投入得分为 0.787，排名 21；资金投入得分为 0.556，排名 17，在资金投入中铜陵市政府更偏向于财政科技支出，在未来铜陵应增加 R&D 经费支出和教育支出，平衡其与财政科技支出的比例。

在创新产出方面，铜陵市得分为 0.260，排名 75，是铜陵市各项一级指标中排名最低的一项。从各项分指标来看，科技产出情况包含的两项三级指标中，专利申请授权量和企业商标拥有量得分分别为 0.323 和 0.069，排名分别位于第 29 位和第 93 位。可见铜陵市的科技产出水平尤其是企业商标拥有量方面还有较大的提升空间。产业产出情况包含的三项指标中，矿产资源开发年税金占公共财政收入的比重、矿产资源开发综合利用产值占 GDP 的比重以及第三产业占 GDP 的比重得分分别为 0.613，0.376，0.057；排名分别为 93，15，108。从数据中可看出，铜陵对于矿产资源综合开发利用效果不错，但值得注意的是，铜陵第三产业的发展远远不够，例如，2014 年铜陵市三大产业结构比为 1.76: 71.26: 26.98，可以看出第三产业比重不高，远远低于第二产业，从而导致第三产业占比指标的排名非常靠后。

在创新绩效方面，铜陵得分为 0.558，排名 74。从各项分指标来看，铜陵全员劳动生产率排名较高，能源消费弹性系数和单位 GDP 能耗的排名处于中游，但单位 GDP 矿石开采量的排名比较落后，上述四项指标的得分分别为 0.550，0.678，0.731，0.379；排名分别为 28，52，60，99。由上可知，除全员劳动生产率指标外，铜陵市在其余几项指标方面均不占优势，原因在于铜陵市第二产业和资源型行业所占比重很高，从而导致经济增长对能源消耗和矿产资源开采的依赖程度较高。

（5）政策建议

从指标评价结果来看，铜陵市的主要问题在于创新产出和创新绩效两方面。由于铜陵市经济发展对第二产业的依赖程度很高，因此，今后应加快城市转型和产业转型，促进铜陵市产业结构高级化和合理化，大力发展第三产业，从而降低经济增长对高耗能和资源型行业的依赖程度，同时还应注重提升科技成果产出水平；其次应注重运用科技进步等方式来促进发展，提升能源利用效率，降低能源消费增速，从而降低能源消费弹性系数和单位 GDP 能耗。

作为衰退型城市之一，铜陵在城市创新发展方面较为成功，在 116 个资源型城市中排名 23。在未来的发展中应更加注重科技创新、产业创新、信息机制创新，通过在科技、在产业以及在信息上的创新保证铜陵市的健康稳定发展，保证铜陵市创新地位的稳定。

依托产学研平台，努力把中科院皖江新兴产业技术发展中心办好，探索创新新模式，注重技术转让协同创新和科技金融的结合。积极鼓励创新，使全民都参加到创新中来，在引进创新人才的同时培养创新人才，用股权激励科技创新，并扩大试点，加强科技创新团队和行业领军人才的引进。加强知识产权创造、运用与保护。协调战略性新兴产业的发展，对于铜基新材料产业，要努力增强其核心竞争力，对于先进装备制造、节能环保、新能源和文化创意等产业，努力做大做强，将企业、产业等组团，促进共同发展、共同进步。大力发展生产性服务业，即研发设计、科技服务、节能环保服务等；加快建设大型商业综合体，使现代服务业聚集起来，从而使商贸服务业辐射功能扩大；培育新型业态，包括电子商务、服务外包等行业，将健康服务业、医养等结合起来，促进其一体化发展，将养老服务业于社会力量联合在一起，引导社会力量参与其中，对文化、旅游、体育等产业，促进其融合发展。积极培育新兴消费热点，鼓励信息消费，旅游休闲等娱乐，房地产的发展关系重大，要促进其平稳发展。

6.9.5　滁州市

（1）城市概况

滁州，位于苏皖交界地区，在安徽省的最东部，作为六朝古都南京的江北门户，它与南京主城隔江相望，由于地理位置的关系，安徽省要向东向发展，滁州是必经之地，是桥头堡。滁州盛产水稻、小麦、鱼虾、油菜等农产品，是国家重要的商品粮基地。滁州还盛产许多著名土特产，著名的有作为中国四大贡菊之首的滁菊、来安花红、南谯贡茶（西涧春雪）等，除了茶类，明光绿豆、凤阳花生也是著名特产。滁州盛产大闸蟹，女山湖蟹、花园湖和高邮湖等地盛产的大闸蟹非常著名，此外还有银鱼、梅市梅鱼等水产，雷官板鸭和天长芡实等也很有名气，此外，滁州盛产天长甘露饼、琅琊酥糖、炉桥桥尾、恒裕酱品、厂酥笏牌等传统特色食品。初步测算，2015年，滁州全年实现生产总值（GDP）1305.7 亿元，与上年相比增长了 9.9%，增速也有所提高，提高了 0.5 个百分点，比全省高 1.2 个百分点，发展效果非常显著，经济总量和增速与全身其他城市相比，均居第五位。其中，第一产业增加值 221.5 亿元，增长 4.3%；第二产业增加值 694.9 亿元，增长 10.7%；第三产业增加值 389.3 亿元，增长 11.5%。三次产业比为 17.0:53.2:29.8。工业化率为 46.8%，人均 GDP 达 32634元（折合 5240 美元），比上年增加 2816 元[1]。

滁州蕴藏着丰富的动物资源和植物资源，盛产次生林木、竹、中药材等。在矿产资源方面，优势矿产是非金属矿。石英、岩盐、芒硝、石膏、玄武岩、石油等非金属矿储量惊人，居华东之冠；同时，岩盐矿、石膏矿不仅是滁州市的优势矿产，

---

[1]　滁州市 2015 年国民经济和社会发展统计公报。

也是安徽省唯一的大型岩盐、石膏矿床；花岗岩、大理石、膨润土、钾长石、绢云母等在全省乃至全国占有重要地位，开发价值极高。滁州全市非金属矿产资源具有较高的优势，多种矿产占据安徽省全部或大部分储量，其特点是丰富，种类多，且储量大，部分矿产华东，甚至全国占比很高，有重要位置。其中优势矿产石英岩储量保守估计约100亿吨，居华东之冠。开发前景较广的特色非金属矿有绢云母、凹凸棒石黏土等。

（2）创新发展概况

近年来，创新驱动发展战略在滁州市得到大力实施。2015年，滁州市全面推动创新的、绿色的、健康的发展，坚持以提高发展质量和效益为中心，不断强化创新驱动，不仅稳增长、转方式，还努力调结构、促改革、防风险、惠民生。加快建立新的技术创新体系，以企业为主体、市场为导向、使产学研相结合。2015年年末，全市共有各类专业技术人员比上年增长3.2%，人数达到6.4万人；在科技企业中，有547家是民营的，比上年末增加35家；省级工程技术研究中心27家；在规上企业中，建立包括国家级2家、省级六十多家等企业技术中心221家，与上年相比，增加了18家技术中心；比上年增加30家了国家高新技术企业，达到175家，全年有63项科技成果获省部级以上科技成果，其中有科技进步奖2项；专利申请数也在增加，比上年增加了973件，达到8571件，专利授权数比上年增加296件，达到3349件，其中发明专利增加量比较多，增加531件，数量达到772件，全年高新技术产业产值占规模以上工业总产值达到47.3%，为1195.9亿元[①]。

进入"十三五"以来，创新驱动作用被滁州市进一步强化。深入实施创新驱动发展工程，以建设创新型城市为抓手，开展系统性、整体性、协同性创新改革试验，发挥科技创新在全面创新中的引领作用。推进大众创业、万众创新。对民营经济提升工程深入实施，推广"勇于争先、勤于创业、善于服务、精于出新"的经验，大力营造新的制度环境，促进大众创业，万众创新，营造适合创新的市场环境、社会环境，使充满活力的市场主体更多。支持新型孵化器建设，形成一批集融技术、风投、培训、服务于一体的创客空间、创新工场。加强加快建设大学生创业园、中小企业创业园、农民工创业园。加快人才高地建设。统筹推进各类人才队伍建设，将人才高地建设工程深入实施，利用产业链的发展，打造人才链，认识到人才是创新发展的智力支持，积极引入人才。加速优秀企业家的培养和引进，以提高企业核心竞争力，对高层次企业经营管理人才和高技能人才两类人才努力培养造就。将人才引进的范围扩大到海内外，集聚一批高层次创新创业人才，突出"高精尖缺"导向，引进高层次创业创新人

---

① 滁州市2015年国民经济和社会发展统计公报。

才。在人才资源开发和引进工作中，要发挥政府的导入作用，政府要鼓励、支持。优化创新人才评价、激励机制，营造促进人才发展的优良环境，弘扬鼓励创新、宽容失败的创新文化。

（3）得分结果

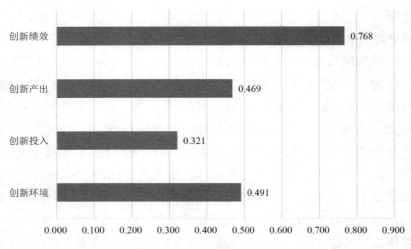

图 6.9.9　滁州市一级指标得分结果

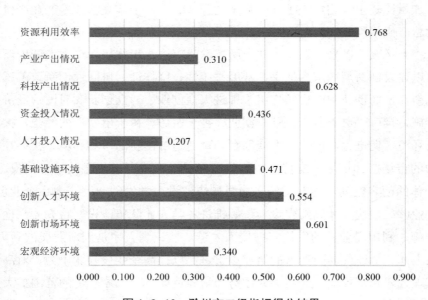

图 6.9.10　滁州市二级指标得分结果

（4）创新评价

滁州市在 116 个资源型城市中创新指数排名 16，处于较为靠前的位置，说明滁州创新发展有着不错的成绩。从各项创新指标来看，滁州创新指标之间差距较大，其中创新投入指标为主要制约因素，得分为 0.321，排名为 80；创新环境、创新绩效和创新产出的排名均较为靠前，三项指标得分分别为 0.491、0.768 和 0.469，排名分别为 11、13 和 24。

在创新环境方面，滁州得分为 0.491，排名为第 11 位，说明滁州市拥有比较良好的创新环境。综合来看，滁州城镇私营和个体从业人员占就业人员的比重较高，贸易开放程度较高，同时还拥有较为便利的交通环境等。从各项分指标来看，滁州市创新环境各分项指标排名均比较靠前，其中创新市场环境表现最为突出，得分为 0.601，排名为 5；其次是基础设施环境，得分 0.471，排名 22；创新人才环境得分和排名也不错，得分 0.554，排名 23；宏观经济环境得分 0.340，排名 28。

在创新投入方面，滁州得分为 0.321，排名 80，处于较为靠后的位置。从各项分指标来看，滁州在资金投入方面的情况好于人才投入。其中资金投入得分为 0.436，排名 28；人才投入得分为 0.207，排名 94。资金投入情况包含的三级指标中，财政科技支出占财政支出的比重得分和排名都较高，得分为 0.557，排名 19，其次是 R&D 经费支出，得分为 0.291，排名为 26，但教育支出占财政支出的比重较少，得分为 0.464，位列 76 名，这说明滁州市今后应从教育入手，增加该市的教育投入水平。

在创新产出方面，滁州市得分为 0.469，排名 24。从各项分指标来看，科技产出情况包含的两项三级指标中，专利申请授权量和企业商标拥有量得分分别为 0.700 和 0.562，排名分别位于第 9 位和第 22 位。这说明滁州市在科技产出方面成效突出，比较注重科技创新。产业产出情况包含的三项指标中，矿产资源开发年税金占公共财政收入的比重、矿产资源开发综合利用产值占 GDP 的比重、第三产业占 GDP 的比重得分分别为 0.933，0.060，0.142；排名分别为 37，52，99。从中可看出滁州市矿产资源综合开发利用产值不高，且滁州第三产业发展尚且不足，今后在这两方面需要作出努力。

在创新绩效方面，滁州得分为 0.768，排名 13，排名靠前。从各项分指标来看，全员劳动生产率、能源消费弹性系数、单位 GDP 能耗、单位 GDP 矿石开采量得分分别为 0.700，0.672，0.827，0.848，排名分别为 17，55，42，45。从中可看出，滁州市全员劳动生产率较高，矿产资源消耗、能源消耗处于中游的位置，说明滁州市在能源和矿产资源消耗方面有一定的改进空间。

（5）政策建议

滁州在 116 个资源型城市中创新指数排名 16。滁州市的主要问题在创新投入方面，在今后的创新发展中应注意：

首先，滁州市应进一步推动城市转型和产业转型升级，在未来的发展中应注意加大力度发展第三产业，如利用滁州地理位置的优越性，可发展交通运输业及旅游业等产业，注重信息科技的发展，大力发展如信息传输、计算机服务和软件业等产业，加快产业结构调整。重点突破电子商务，全力发展文化创意，高度重视房地产业，加快推进服务业发展提速、比重提高、层次提升。电子商务上，坚持政府推动、市场运作、企业主体、典型示范，着力培育电子商务平台。文化创意上，积极谋划，引进人才，生成一批创意产业项目。物流业上，加快重点项目建设。滁州市还应将创新应用于矿产资源综合利用中，创新开发方式，提高矿产资源开发利用率，提高矿产资源开发的经济效益。

接着是增加政府财政对教育的支出，提高教师福利和待遇，提高教师职业对应届毕业生的吸引力，积极引进尖端人才，促进学术交流，增强滁州教师人员水平与滁州文化创新能力。推动教育优先发展。打破传统办学模式，开展多种形式的合作办学，加大教育投入，优化教育布局。认真实施特殊教育提升计划。加快职教大市建设。

6.9.6　宿州市

（1）城市概况

宿州，简称"蕲"，别称蕲城、宿城，安徽省辖市。宿州位于长三角城市群、中原经济区，是这两处的重要节点，作为安徽省东北部的一个城市，是安徽区域中心城市之一，是省内重要的交通枢纽同时也是省文明城市。2015 年全年宿州市生产总值（GDP）1235.83 亿元，增长 8.9%。其中，第一产业增加值 268.3 亿元，增长 4.7%；第二产业增加值 506.5 亿元，增长 8.5%；第三产业增加值 461.0 亿元，增长 11.7%。三次产业结构比为 21.7:41.0:37.3。人均生产总值 22415 元，比上年增加 1785 元。全员劳动生产率 33141 元 / 人，比上年增加 2374 元 / 人 [①]。

宿州市矿蕴藏着丰富的矿产资源，有 28 种矿产已被发现，有 17 种矿产已经探明储量，有 11 种现已开发利用。宿州市的矿产资源主要以非金属矿产为主，有保有储量大，主要矿产地分布集中的优势。其特点：矿产种类多，潜在价值大。水泥用灰岩、铁、铅、白云岩、煤、硬质高岭土等矿产已查明储量。煤炭白云岩、瓷石、石灰岩、煤层气、硬质高岭土、铁等为大宗矿产；石油、石灰岩类观赏石、金刚石、铜、

---

① 宿州市 2015 年国民经济和社会发展统计公报。

含钾类岩石、天然气、石膏、金、铅、矿泉水等具有找矿前景。宿州市矿产的特点是分布广、优势矿产储量大、煤、煤层气储量大、居全省前列，位居全省第一的有白云岩、大理石（饰面用灰岩）、耐火黏土、瓷石储量也较可观。宿州市充分利用自身资源优势，大力发展各项工业的同时也积极推动产业向具有创新活力的第三产业转型。

（2）创新发展概况

近年来随着宿州市大力实施创新驱动发展战略，宿州经济发展迈上新台阶，发展新动力不断培育，大众创业、万众创新的生动局面已经形成。2015年全年研究与试验发展（R&D）经费比上年增长了将近三分之一，支出4.21亿元，增长28.4%。全年高新技术企业增加量可观，新增企业23家，达到62家。包括发明专利申请量1015件在内的专利申请量为2430件。市级以上科技计划项目41个。全市各类科技成果42项。全市包括省级以上工程技术研究中心12个在内的省级以上研发机构18个。省级院士工作站6个①。

"十三五"期间，全面创新改革试验在宿州展开。有利于创新驱动发展的新机制、新的增长点不断形成。创新驱动制度体系建设将更加完善，积极推广股权激励政策，使科技成果使用权、处置权、收益权得到保障，加强企业和高校院所合作，促进高校院所科研人员与企业之间双向流动。建立创新驱动财税制度，建立企业研发投资的扩大、技术成果政策并完善，将固定资产加速折旧实施范围扩大，促进企业研发投资的扩大、技术成果应用和设备的更新。对于科技管理体制、要深化改革，为鼓励创新驱动发展，建立起适合的评价机制，推动政府职能转变，使其角色从研发管理向转变创新服务。推动大众创业、万众创新。对创业创新主体，落实和完善收费与参与到创新中来。积极培育创客之星。充转企等扶持政策、激发其活力、草根能人等参与到创业创新中来，科技企业孵化器。便利化、开放式的众创空间。加快打造新的创业创新平台，即电子商务创业园，大学生创业园。大学生村官创业示范基地、农民创业基地等。将政府创业创新服务平台建立起来，并使之更加健全。同时大力发展第三方服务、提供法律、知识产权、财务、咨询、检验检测认证、技术转移等服务，支持初创企业。完善创业投融资服务体系、吸引社会资本广泛参与双创②。

分利用高校等资源、行业领军企业、行业领军人员、科研人员、大学生、人才等

———

① 宿州市2015年国民经济和社会发展统计公报。
② 宿州市人民政府网。

（3）得分结果

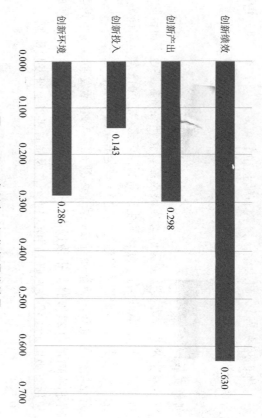

图 6.9.11　宿州市一级指标得分结果

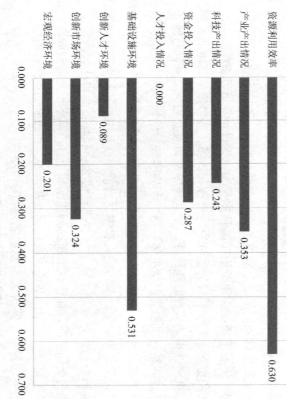

图 6.9.12　宿州市二级指标得分结果

（4）创新评价

宿州在 116 个资源型城市中创新指数排名为 94，位置处于下游，今后宿州还需加大创新发展的力度。从各项创新指标来看，宿州各项指标皆处于中后游的位置。其中创新环境得分为 0.286，排名 76；创新投入得分为 0.143，排名为 107；创新产出得分为 0.298，排名为 58；创新绩效得分为 0.630，排名 49。

在创新环境方面，宿州市得分为 0.286，排名 76，处于中下游位置。从各项分指标来看，其中基础设施环境最为理想，得分为 0.531，排名为 12；其次为创新市场环境，该指标得分为 0.324，排名为 55；宏观经济环境与创新人才环境则表现较差，其得分分别为 0.201，0.089，排名分别为 82 和 110。创新人才环境指标不理想主要在于其每万人在校大学生数、矿产资源开发技术人员占比较低，两项指标得分分别为 0.063，0.124，排名分别位于第 96 和 102 名。

在创新投入方面，宿州市得分 0.143，排名 107，处于下游，是宿州创新指数最大的制约因素。从各项分指标来看，宿州的人才投入与资金投入差距甚远，人才投入情况得分为 0.000，排名 114；资金投入情况得分为 0.287，排名 65，其中 R&D 经费支出排名 78，教育支出占财政支出的比重、财政科技支出占财政支出的比重两者排名相差不大，分别位于第 56 和 59 名。因此，可以看出人才投入情况较差是制约宿州市创新投入排名的主要影响因素。

在创新产出方面，宿州得分为 0.298，排名 58，处于中游。从各项分指标来看，科技产出情况包含的两项三级指标中，专利申请授权量和企业商标拥有量得分分别为 0.215 和 0.270，排名分别位于第 41 位和第 50 位。因此可以看出宿州市的科技产出贡献不大，还有待加强。产业产出情况包含的三项指标中，矿产资源开发年税金占公共财政收入的比重、矿产资源开发综合利用产值占 GDP 的比重、第三产业占 GDP 的比重得分分别为 0.793，0.000，0.455；排名分别为 74，113 和 64。从中可看出，虽然宿州市的矿产资源较为丰富，但矿产资源综合开发利用率非常低，在所有样本城市中排名处于倒数位置，在今后宿州市应注重矿产资源综合开发技术的引进和利用。

在创新绩效方面，宿州市得分为 0.630，排名 49，处于中上游位置。从各项分指标来看，全员劳动生产率得分 0.344，排第 63 位；能源消费弹性系数得分 0.639，排第 72 位；单位 GDP 能耗得分 0.847，排第 31 位；单位 GDP 矿石开采得分 0.770，排名为 61。因此，除单位 GDP 能耗表现较好外，其余 3 项三级指标的得分及排名均不太理想。

（5）政策建议

从指标评级结果来看，宿州创新发展中创新投入较低，其次是创新环境较差。建议宿州首先应加大对教师人员的培养或引进，增加教师福利，改善教师待遇，减轻教师人员的生活负担，吸引宿州更多的人从事教育行业；其次是创新研发矿产资源综合开发技术，使矿产资源利用率提高，使矿产资源经济效益增加；再次应加强宏观经济环境与创新人才环境建设，为宿州市创新发展提供良好的环境基础；最后应加强城市转型和产业转型，大力发展第三产业和高新技术产业，降低高能耗和资源型行业所占比重，从而降低能源消费弹性系数和单位 GDP 矿石开采量，还应注意加强人员的培训、激励和优化配置，提升全员劳动生产率。

作为成熟型城市之一，宿州在城市创新发展方面表现较差，在 116 个资源型城市中排名 94。在未来的发展中，宿州应积极推进科技创新、产业创新、信息创新等，实施创新驱动发展战略，使用"三重一创"建设的思路，使发展新动力增强，核心竞争力增强，利用持续创业创新，使经济发展不断迈上新台阶。

在人才投入方面，宿州市深入实施"十百千万"人才引进工程，加大创新创业人才引进培养力度，充分激发各类人才创造活力。尽可能让更多的拥有创造力的人获得所需要的教育资源支持，教师团队可以适当扩招，保证每一个学生都能得到老师的指导，走出一条新的发展道路，建设一个创新宿州。

构建产业新体系。充分发挥市场的主导作用，认识到企业的主体作用，积极拓展发展空间，让产业之间的良性互动实现，使他们共赢发展，加快形成现代产业新体系，以现代服务业为支撑、战略性新兴产业为先导、将先进制造业作为主体、现代农业为基础的，努力实现结构优化和动力转换。

拓展创业创新的动力空间。建立并完善创新驱动制度体系，利用股权激励、加强知识产权保护等方法，激励创新人员。使企业和科研院所的人才之间进行流动，进一步促进创新。同时要改革科技管理体制，推动政府职能转变，从研发管理转变为创新服务，建立创新驱动发展评价机制。

扩大创业创新的主体空间。将企业、人才、政策、金融、平台等连成"五位一体"的链条，引进人才的同时培养人才，激发使创业创新主体更加有活力。充分利用行业领军企业，建设众创空间。同时发挥科技企业孵化器、高校等资源，使众创空间成本低、便利化、全要素、开放式。加快打造创业示范基地，包括电子商务创业园、大学生创业园、大学生村官创业示范基地、农民创业基地等。

6.9.7　亳州市

（1）城市概况

亳州市是一座历史悠久的古城，隶属安徽省，被称为药都，是全球最大的中药材集散中心和价格形成中心。总面积八千多平方公里，位于安徽省西北部，东边紧邻淮北市和蚌埠市，西边连着河南省周口市，南边与阜阳市接壤，北边与河南省商丘市紧临，地理位置优越，位于中原经济区、长三角城市群，是其成员城市。近几年来，亳州市积极贯彻国家"调结构、转方式、促升级"的战略方针，逐步优化产业结构，坚持协调发展，坚持工业强市战略，实现了经济的快速增长。2015 年，亳州完成生产总值 942.6 亿元，按可比价格计算，比上年增长 9.1%。分产业看，第一产业、第二产业和第三产业增加值分别为 195 亿元，370.2 亿元，377.4 亿元。三次产业结构比例为 20.7 : 39.3 : 40.0，人均 GDP 18771 元 ①。

亳州自然资源较为丰富，作为全国重要的商品粮、优质畜产品、商品用材林和蔬菜生产基地之一，有丰富的生物资源，全市土地总面积截至 2013 年达到 852258 公顷，其中包括 707929 公顷农用地和 124790 公顷建设用地，但有 19539 公顷土地未利用。除此之外，亳州市还拥有丰富的地下煤炭和石油资源，累计查明资源储量 57 亿吨，有 47.23 亿吨是煤炭。全市水资源总量达 26.56 亿立方米。有 400 多个中药材品种，达 52.28 千公顷中药材种植面积。

（2）创新发展概况

近年来，亳州市大力实施创新驱动发展战略。2015 年末亳州各类专业技术人员总数达到了 5.7 万人，比上年增长 5.6%。有 21 家省级以上工程（技术）研究中心，全市高新技术产业增长了 11.1%，增加值 76.1 亿元。全年有 2297 件项目受理专利申请，1196 件获得授权。全年的科技成果中，有 13 项获得省部级以上科技成果。主要科技成果有：安徽瑞福祥食品有限公司"多酶分步酶解法生产可溶性小麦水解蛋白"、安徽济人药业有限公司"中药配方颗粒生产工艺、质量标准研究与产业化"、利辛县人民医院"基层医院经皮肾镜取石术的临床研究与应用"等。

在"十三五"期间，亳州市深入实施科教兴市、人才强市战略，以推动科技创新为核心，统筹推进制度、文化等方面创新。重点领域和关键环节的改革持续深化，发展的活力和动力不断增强。亳州市围绕贯彻落实五大发展理念，提出亳州"十三五"时期的重点任务，概括起来就是"5 个大力推进、5 个新"：大力实施创新驱动发展战略，优化创新资源配置，激发创新活力，着力推进以科技创新为核心的全面创新，加速科技与经济深度融合，塑造依靠创新驱动、发挥先发优势的引领型发展，推动产业结构优化升级。实施科技创新基础工程。提升创新能力，建设一批研发中心，培育一批创新型企业，转化一批科技成果，研发一批创新产品。积极参与省创新企业百强计划，引导企业增加授权专利，加大研发投入，提高创新能力。推动企业工程（技术）研究中心的建立，同时重点（工程）实验室，企业技术中心的建设也要进行扶持。深入推进人才强市战略。深入实施人才高地建设工程，加强人才发展体制改革和政策创新，利用产业链，打造人才链，建设各类人才队伍建设，推进人才强市进程。在人才强市过程中，突出"高精尖缺"导向，主要致力于发现、培养、集聚高层次创新人才、企业家人才、科技领军人才等稀缺的高技能人才队伍。围绕重点产业、重点行业等，深入实施高层次人才引进工程，特别是对急需紧缺人才要大力度引进。深入实施

---

① 亳州市 2015 年国民经济和社会发展统计公报。

大学生、外出务工人员返乡创业工程。使人力资本配置优化，清除障碍优化人才流动性。建立和完善人才评价激励机制和服务保障体系，营造有利于人人皆可成才和青年人才脱颖而出的社会环境，健全有利于人才向基层流动的政策体系 [①]。

（3）得分结果

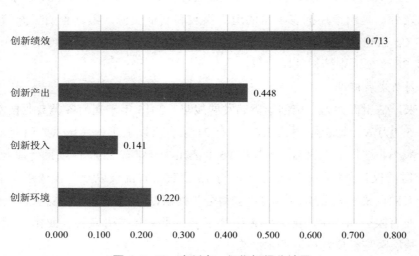

图 6.9.13　亳州市一级指标得分结果

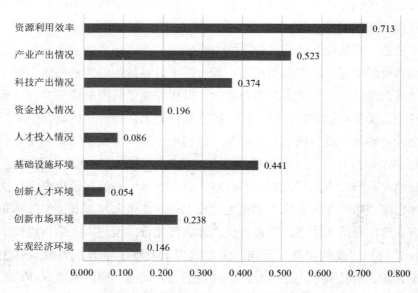

图 6.9.14　亳州市二级指标得分结果

[①]　亳州市人民政府网。

（4）创新评价

亳州在 116 个资源型城市中创新指数排名为 72，处于中下游的位置。从亳州各项创新指标来看，各项指标之间差距较大，呈现出两高两低的特点。其中创新产出和创新绩效较为理想，得分分别为 0.448，0.713，排名分别为 27 和 24。创新环境与创新投入得分和排名都比较靠后，得分分别为 0.220、0.141，排名分别为 106 和 108，都处于下游的位置，也是制约亳州创新指数排名的主要因素。

在创新环境方面，亳州得分为 0.220，排名 106。从各项分指标来看，制约亳州创新环境得分的主要因素是宏观经济环境、创新市场环境和创新人才环境，其得分分别为 0.146，0.238，0.054，排名分别为 98，88 和 112。宏观经济环境方面，亳州市的贸易开放度不高，在全国资源型城市中位于中下游，从较为落后的地区生产总值也可看出亳州市的经济发展有待加强。创新人才环境方面，可以看出当地学生高等教育接受程度不高，矿产资源开发的核心技术人员占比也不高，今后在这些方面都需要大力改进和提升。

在创新投入方面，亳州市得分为 0.141，排名 108。分别看各项指标，亳州市人才投入与资金投入情况皆不理想，其中人才投入得分为 0.086，排名 105，资金投入为 0.196，排名 94。说明亳州市在教育、科技、人才方面的投入均较少，从而得出的创新投入排名非常靠后。

在创新产出方面，亳州得分为 0.448，排名 27，排名较为理想，是对亳州创新指数贡献较大的因素之一。从各项分指标来看，科技产出情况包含的两项三级指标中，专利申请授权量和企业商标拥有量得分分别为 0.187 和 0.543，排名分别位于第 44 位和第 23 位。因此可以看出亳州市科技产出水平整体上处于中上游位置。产业产出情况包含的三项指标中，亳州市矿产资源开发年税金占公共财政收入的比重、矿产资源开发综合利用产值占 GDP 的比重、第三产业占 GDP 的比重分别为 0.929，0.202，0.610，排名分别为 39，28 和 35。从中可看出三项指标之间较为平衡，其中亳州市的矿产资源利用状况良好，开发较为合理，其第三产业发展也较好，说明亳州市的产业结构调整取得一定的成效。

在创新绩效方面，亳州得分为 0.713，排名 24，处于较靠前的位置，也是对亳州创新指数贡献较大的因素之一。从各项分指标来看，全员劳动生产率、能源消费弹性系数、单位 GDP 能耗、单位 GDP 矿石开采量得分分别为 0.399，0.618，0.917，0.946；排名分别为 51，82，15，16。从中可看出亳州市经济发展过程中能源消费增速过快，对矿石开采的依赖程度较高，未来的发展中亳州市应注意在这两方面进行改进。

（5）政策建议

亳州市作为成熟型城市之一，资源开发处于稳定阶段，资源保障能力较强。但在创新发展中还存在着不足，亳州市在 116 个资源型城市中排名 72，在未来发展中应注重创新环境的建设和增加创新投入。具体来看，亳州市首先应加强宏观经济环境、创新市场环境和创新人才环境建设，从而为创新发展提供良好的环境基础；其次，应加强对创新驱动发展的重视程度，增加创新人才和创新资金投入力度，从而补缺创新驱动发展中的短板，推动城市创新发展。

　　创新投入方面，亳州市应该提升创新能力，建设一批研发中心，培育一批创新型企业，转化一批科技成果，研发一批创新产品。对于科学仪器设备资源，鼓励企业共享共用。为将科技成果转化为产品，要支持各类科技创新（创业）孵化器建设。在"众创空间"建设中，鼓励多元资本参与。推动产学研合作。建立博士后工作站、院士工作站等创新平台，引进一流专家技术人才。用政策保障鼓励人才创新，首先是高等学校、科研院所和企业创新人才，要鼓励其双向交流。其次是重视教育，加大对市内中小学的财政支出比重，改善校园环境，对家庭困难生员给予一定鼓励补助，完善市内职业技术学校机制，同时改善教师人员待遇情况，加强对教师队伍的培养与训练，积极引进优秀人才，为教育事业吸引更多的人才；最后是增加财政科技支出的比重，重视科技发展与科技创新，更多地将科研成果转化为实际生产力，促进亳州产业结构调整与经济发展。

6.9.8　池州市

（1）城市概况

　　池州市是安徽省西南部的一座城市，位于长江南岸，是重要的滨江港口城市，同时也是中国第一个国家生态经济示范区。在八千多平方公里的土地上分布着两区三县城，分别是贵池区、九华山风景区和东至县、石台县、青阳县。池州生态环境优美。素以生态闻名，有"天然大氧吧"之称。市域内森林覆盖率近 60%，大气环境质量稳居全省前列，主要河流水质均在优、良以上，空气中的负氧离子含量是国家标准的 35 倍，主城区建成区绿化覆盖率达 43.4%、绿地率 38.4%，环境质量在中东部地区首屈一指，非常适宜人居，是国家森林城市、国家园林城市，国家绿色生态示范城区，2013 年荣获"中国人居环境奖"。2015 年，池州市全市生产总值 554.7 亿元，增长 8.5% 左右；其中，第一产业、第二产业和第三产业增加值分别为 70.6、251.3 和 222.8 亿元，三次产业增加值占全市生产总值的比重分别为 12.7%、45.3% 和 40.2%，第三产业落后于第二产业 [①]。

　　池州物产资源富集。素称"江南鱼米之乡"，是国家重要的商品粮、优质棉、出

---

① 池州市 2015 年国民经济和社会发展统计公报。

口茶叶、茧丝绸和速生丰产林基地。旅游资源丰富,境内拥有国家重点风景名胜区、国家 5A 级旅游区、中国四大佛教名山之一、国家森林公园九华山,被誉为华东"动植物基因库"的国家级自然保护区、野生动植物保护区牯牛降,被誉为"中国鹤湖"的国家级湿地珍禽自然保护区升金湖等名山名水,各类景区景点 300 多个,是中国优秀旅游城市。矿产资源富集,已探明的矿产资源有四十余种,其中铅、锌、锑、锰等有色金属矿藏的储量居安徽首位,特别是石灰石、方解石、白云石等非金属矿品位高、储量多、开发加工潜力大,为华东地区之首,已初步形成了非金属矿新材料、有色金属新材料、化工、机械装备、电子信息等具有池州特色的产业[①]。

（2）创新发展概况

近年来,池州市大力推动创新驱动发展战略。2015 年,围绕产业链,池州市积极部署创新链,形成以人为本、产学研用一体、企业主体的技术创新体系,推动科技和产业深度融合,2015 年全年高新技术产业产值获得可喜的增长成果,产值 282.3 亿元,比上年增长 22.4%,其中高新技术产业增加值 66.9 亿元,增长了 21.1%。到年末全市有 46 家高新技术企业,其中有 12 家是当年认定的省级创新型试点企业,新增 4 家国家知识产权优势企业。省级企业技术中心有 6 家是新认定的,有 5 家新组建省级工程技术研究中心相继组建,有院士工作站省级备案 1 家。分别有 1 个项目荣获省科技一等奖、三等奖,安徽省优秀专利奖项目 2 个。有 1 个团队列入全省高层次科技人才创新创业团队。全年申请专利量在上年的基础上也有所增加,申请 3594 件,比上年增长 30.4%,包括其中发明 1776 件,增长 41.9%。有 1614 件获得专利授权,增长 42%,203 件发明专利,增长 227.4%。全年 3 项成果被鉴定为省级科技成果,技术市场成交项目 36 个,成交额 3725 万元,比上年增长 14.7%[②]。

"十三五"规划中,池州市计划围绕产业链,部署创新链,完善技术创新体系,做到以人为本、企业主体、产学研用一体系,将推动科技和产业深度融合,力争新增 10 家省级高新技术企业、1 家国家级工程技术中心、8 家省级企业技术研发机构,使发明专利授权量增长 15% 以上,创建具有本地特色的商标,包括 1 件中国驰名商标、10 件省著名商标、2 个省名牌产品,努力使战略性新兴产业产值、高新技术产业增加值增幅在全市平均水平之上。加速人才引进市场化建设,加快培育一批管理团队、创新团队、资本运作团队。

---

① 池州市人民政府网。
② 池州市 2015 年国民经济和社会发展统计公报。

（3）得分结果

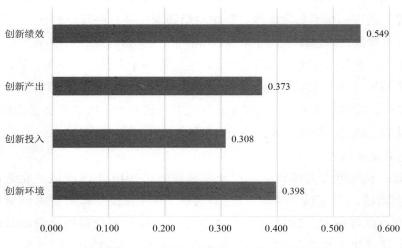

图 6.9.15　池州市一级指标得分结果

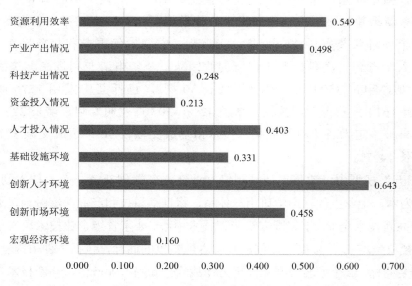

图 6.9.16　池州市二级指标得分结果

（4）创新评价

池州市在 116 个资源城市中创新指数排名为 56，处于中游的位置，说明池州在创新发展方面取得了一定的成果，但有很大的进步空间。从池州市各项创新指标来看，创新环境与创新产出的排名相对较好，两项指标得分分别为 0.398，0.373，排名分别为 33 和 41 名；创新投入与创新绩效表现较差，其得分分别为 0.308，0.549，排名分别为 84 和 79 名，这两项指标是拉低池州市创新指数排名的主要原因。

在创新环境方面，池州市得分为 0.398，排名 33，排名较为靠前。从各分指标来看，创新市场环境和创新人才环境排名靠前，得分分别为 0.458 和 0.643，排名分别为 16 和 12，这两项指标对创新环境排名的贡献较大；但宏观经济环境和基础设施环境均处于中下游位置，得分分别为 0.160 和 0.331，排名分别为 95 和 72，其中，池州市的地区生产总值较低，说明池州市的经济发展水平总体不高，造成了较大的影响。

在创新投入方面，池州得分为 0.308，排名为 84。从各项分指标来看，池州人才投入排名高于资金投入。其中人才投入得分为 0.403，排名 68，说明池州市的人才发展机制不够完善，相关政策措施不够到位。资金投入得分为 0.213，排名 86，处于中下游位置，其中，池州市的 R&D 经费支出、教育财政支出与科技财政支出都不高，需要重视和加以改进。

在创新产出方面，池州得分为 0.373，排名为 41，处于中上游位置。从各项分指标来看，科技产出情况包含的两项三级指标中，专利申请授权量和企业商标拥有量得分分别为 0.242 和 0.253，排名分别位于第 36 位和第 52 位，因此可以看出池州的科技产出水平还有加强的空间。产业产出情况包含的三项指标中，矿产资源开发年税金占公共财政收入的比重、矿产资源开发综合利用产值占 GDP 的比重、第三产业占 GDP 的比重得分分别为 0.846，0.153，0.661，排名分别为 63，34，28。从数据中可看出，池州的第三产业发展不错，这从池州大力发展现代物流、科技、设计、信息等生产性服务业，对于第三方物流企业也积极引进这些方面可以看出。另外，池州市的矿产资源综合开发利用水平也较为理想。

在创新绩效方面，池州得分为 0.549，排名 79。分别看各项指标，池州市全员劳动生产率、能源消费弹性系数、单位 GDP 能耗、单位 GDP 矿石开采量得分分别为 0.588，0.601，0.638，0.416；排名分别为 26，88，79，97。从数据中可看出，池州全员劳动生产率较高，但能耗增速和能耗强度偏高，今后仍需注重降低能耗。

（5）政策建议

作为成熟型城市之一，池州市在资源开发利用较为稳定的情况下城市创新方面取得的成果尚可，在 116 个资源型城市中排名 56 位。从指标评价结果来看，池州市的主要问题在于创新投入与创新绩效。

首先，建议池州在未来的发展中增加对创新发展的资金投入，增加对教育和科技的财政支出，支持科技创新，鼓励申报和引进国家"千人计划"、"万人计划"和省"百人计划"、"特支计划"、"115"等产业创新团队，实施企业家创新创业能力提升工程。加强技能人才培训。其次是将科研成果更快更好地转化为实际生产力，提高劳动生产率，积极研发创新能源利用新方式，提高能源利用率，在企业生产过程中，特别要注意降低能源消耗，从而提高经济效益，为了降低环境污染的风险，推荐使用清洁能源；对矿石的开发利用方式进行创新，使矿产资源的附加值增加，从而提高矿石开采的经济效益；对第三产业的发展，主要注重如高新技术产业、旅游业等行业，促进城市产业结构转型。

池州市在未来的发展过程中还应注意对创新的资金投入与提高创新的经济效益、降低生产能耗的问题，积极推进科技创新、信息创新、政府管理创新。完善产业配套，对电子信息产业集群的发展，要提高速度；突出发展先进装备制造业，强化龙头带动。对新材料、新能源、节能环保和新型化工产业等行业要积极发展，抢占产业发展制高点。改造提升传统优势产业。对智能制造大力发展，在研发、设计、生产等环节，促进信息技术的渗透，推动生产方式转变，使其向柔性、智能、精细等方面转变。对传统产业进行绿色化改造，支持绿色清洁生产。化解过剩产能，在化解的过程中注重运用市场机制、经济手段、法治等方法。

6.9.9 宣城市

（1）城市概况

宣城，是安徽省东南部的一座城市，位于中部地区，同时承接东部地区，是两个地区产业和资本转移的前沿阵地，位于皖苏浙交汇区，是这个地区的区域中心城市，东南沿海沟通内地的重要通道。2015 年全年生产总值（GDP）971.5 亿元，按可比价格计算，比上年增长 8.2%。分产业看，第一产业实现增加值 121.3 亿元，增长 4.2%；第二产业增加值 486.3 亿元，增长 7.7%；第三产业实现增加值 363.8 亿元，同比增长 10.6%。按照年均常住人口计算，人均生产总值 37610 元（折合 6038 美元），比上年增加 1884 元。三次产业结构比例由上年的 12.9:51.4:35.7 变化为 12.5: 50.0: 37.5，第三产业比重比上年提高 1.8 个百分点[①]。

宣城市已发现各类矿产 55 种（含亚种），其中能源矿产煤和石煤 2 种，金属矿产有铜、钨、钼等 10 种，非金属矿产有石灰岩、方解石、萤石、花岗岩等 42 种，水气矿产有矿泉水，分布于全市 330 个矿区。非金属矿产种类多，以水泥用灰岩资源最为丰富。优势矿产为水泥用灰岩、化工用灰岩、方解石；正在开发利用的主要矿产是水泥用灰岩、方解石、普通萤石、煤、建筑石料用灰岩和砖瓦用黏土等；特色矿产有珍珠岩、水晶、沸石、叶蜡石、硅灰石等；潜力矿产资源为花岗岩、铜矿、金矿、钨

---

① 宣城市 2015 年国民经济和社会发展统计公报。

矿、钼矿。域内矿产资源分布相对集中，能源和非金属矿产主要受古生代地层控制，金属矿产受主干断裂和中生代岩浆岩控制。石灰岩主要分布于广德县、宣州区、泾县、宁国市，方解石主要分布于泾县，萤石分布于绩溪县、旌德县、宁国市、广德县和郎溪县，铜、钨、钼、铅、锌等金属矿产分布于宣州区、绩溪县、宁国市和泾县，绩溪县、宁国市和泾县域内钨、钼矿资源潜力较大 ①。

（2）创新发展概况

2015 年宣城全面深化改革开放，坚持有质量、有效益、可持续的发展，创新的驱动更加突出，为推动新常态下的新发展，确保"十二五"圆满收官，宣城市采取了有效的科学手段。2015 年宣城高新技术产业取得增长，增长了 17%，总产值 584.6 亿元。3404 件项目完成发明专利申请，获得 339 件授权，全市每万人口中，发明专利拥有量达 2.84 件。41 家企业被认定为高新技术企业，108 项国家和省科技计划项目获批。分别有 2 项项目获国家、省科技奖，获省专利奖 6 项 ②。

在"十三五"规划中，宣城市坚持创新发展，增强引领发展的新动能。创新是引领发展的第一动力。深入实施创新驱动发展战略，在发展全局中，一定要把创新放在核心位置，让科技与经济深度融合，不断推进、科技创新、体制创新、文化创新、管理创新等各方面创新，在释放新需求的同时，更加重视提高产品质量和供给侧结构性改革，加快构建更具竞争力的现代产业体系。系统推进全面改革创新。加快构建产业技术创新体系，以企业为主体、以高等院校为依托的。加速形成一批具有核心自主知识产权的关键技术和产品，实施产业技术升级工程，组织实施一批科技重大专项和科技攻关项目，加速主导产业技术水平和核心竞争力的提升。企业要努力提升自主创新能力，实施创新主体也就是企业的推进工程。促进创新人才聚集，建立企业科技人才队伍。加强科技服务平台建设，加快建设抓好合肥工业大学宣城研究院和皖江禽产业研究院两大公共技术研发平台建设，以骨干企业为依托，完善科技资源向全社会开放共享的运行机制建立完善一批行业工程（技术）研究中心和产品检验检测中心。鼓励全社会发明创造，组织创新创业大赛，使大众都参加到创新中来。打造十大创业基地，培育百名创业典型，征集千个创业项目，新增万人创业就业 ③。

---

① 宣城市人民政府网。
② 宣城市 2015 年国民经济和社会发展统计公报。
③ 宣城市人民政府网。

（3）得分结果

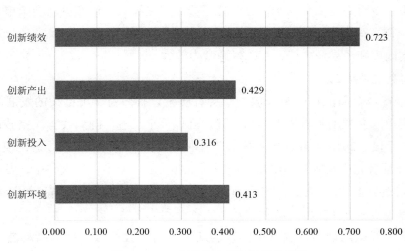

图 6.9.17　宣城市一级指标得分结果

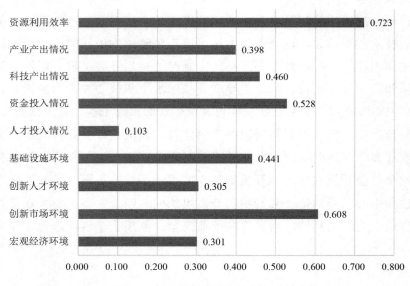

图 6.9.18　宣城市二级指标得分结果

（4）创新评价

宣城市在 116 个资源型城市中创新指数排名为 30，排名较为靠前，说明宣城市创新发展取得了一定的成效。从各项创新指标来看，呈现"三高一低"的态势。"三高"

是创新环境、创新产出与创新绩效，其得分分别为 0.413、0.429 和 0.723，排名为 29、30 和 20，对宣城创新指数排名贡献较大；"一低"为创新投入，其得分为 0.316，排名为 82，这在一定程度上拉低了宣城市创新指数的排名。

在创新环境方面，宣城市得分为 0.413，排名为 29，处于靠前的位置。从各项分指标来看，各项分指标间差距较大，其中创新市场环境最为突出，得分为 0.608，排名 4，是对宣城创新环境排名贡献最大的因素；其次是基础设施环境与宏观经济环境，得分分别为 0.441 和 0.301，排名为 31 和 40；而创新人才环境是制约宣城市创新环境排名的主要影响因素，得分为 0.305，排名 71。而导致宣城市创新人才环境得分较低的主要原因是每万人在校大学生人数，该指标得分仅为 0.021，排名为 105。

在创新投入方面，宣城得分为 0.316，排名 82，处于中下游的位置。从各项分指标来看，宣城人才投入与资金投入之间存在着不平衡的情况，资金投入远大于人才投入，人才投入得分 0.103，排名 103；而在资金投入方面，得分为 0.528，排名为 20，资金投入包含的三级指标中，宣城市 R&D 经费支出得分为 0.160，政府财政科技支出占财政支出比重得分为 1.000，教育财政支出比重得分为 0.399，上述三项指标的排名分别为第 42 名、第 2 名和第 88 名。因此，这说明宣城市政府是重视创新资金投入的，但还需注意各项指标间的平衡，如若能适当增加 R&D 经费支出和教育支出的比例，或提高教师人员的福利或收入，增加宣城的教师人数，也许能提高这一指标的排名。

在创新产出方面，宣城得分为 0.429，排名 30，处于较为靠前的位置。从各项指标来看，科技产出情况包含的两项三级指标中，专利申请授权量和企业商标拥有量得分分别为 0.610 和 0.323，排名分别位于第 12 位和第 41 位，可见宣城市在科技成果产出方面取得了较好的成效。产业产出情况包含的三项指标中，宣城矿产资源开发年税金占公共财政收入的比重、矿产资源开发综合利用产值占 GDP 的比重、第三产业占 GDP 的比重得分分别为 0.907、0.022 和 0.477，排名分别为 47、73 和 60。因此，可以看出宣城市矿产资源开发的综合利用效益不高，在转变发展方式的过程中应加快第三产业的发展，促进产业结构的调整升级。

在创新绩效方面，宣城得分为 0.723，排名 20，处于靠前的位置。从各项分指标来看，宣城全员劳动生产率、能源消费弹性系数、单位 GDP 能耗、单位 GDP 矿石开采量得分分别为 0.772、0.678、0.810 和 0.637，排名分别为 13、51、46 和 80。从数据中可看出宣城市全员劳动生产率高，但还需要在能源消耗和矿石开采量方面进行调整，从而进一步提升宣城市创新绩效水平。

（5）政策建议

从指标评价结果来看，宣城市问题主要在创新投入方面。因此，建议宣城在未来的发展中应注重人才投入，改善教师人员的待遇情况，吸引宣城更多的人选择教师这一行业，同时平衡 R&D 经费支出、财政教育支出与财政科技支出，加大教育和研发方面的支出水平；进一步改进矿产资源的开发利用方式，提高宣城市矿产资源利用率与经济效益，增加矿产资源产品的附加值，同时注重和加快第三产业的发展，降低经济增长对资源型行业和高耗能行业的依赖程度，从而推进该市产业结构不断优化升级，降低能源消费弹性系数和单位 GDP 能耗水平。

作为成熟型城市之一，宣城资源开发处于稳定阶段，在创新发展方面取得了较好的成绩，创新指数在 116 个资源型城市中排名 30。作为现阶段我国能源资源安全保障的核心区，经济社会发展水平较高，资源保障能力强。高效开发利用资源、提高资源型产业技术水平及延伸产业链条，都是宣城市未来发展中应该注意的问题。加快形成一批资源深加工龙头企业，加快产业集群。积极寻找一批支柱产业的替代产业，推进产业结构升级。为解决生态环境的治理难题，切实做好矿山地质环境治理和矿区土地复垦，让企业自己分担环境治理成本。提高城镇化质量，对基础设施建设，民生事业及社会事业等，基本公共服务水平及城市功能，加大建设力度，使其更加完善。

大学科技园和科技企业孵化器在创新中有很重要的作用，要加快建设。加强企业，院校及科研平台的合作，同时引进省外研究机构，设立分支机构，共建科技企业孵化器、重点实验室、工程技术中心、研发中心、中试基地，技术转移或转化中心、使国家、省部、市的科技资源能够得到共享，同时依托高等院校，科研院所，依托它们的重点学科研发机构、重点实验室、重点科研项目以及创新基地建设，通过科技转化为生产力，促进生产力的发展。

积极引进国外已有的知识产权，并鼓励它们带技术、带资金、带项目到宣城市进行投资，政府大力支持其创办科技型生产企业，引进人才团队建设现代服务企业，同时注意高层次创新人才的引进。建立一批创新创业基地，并依托开发区（园区），企（事）业单位引进人才。企业要加强院士工作站、工程技术研究中心、博士后科研工作站等科技平台建设，引导高层次创新创业人才向一线聚集，重点培养一批符合产业发展需要的高层次人才等。

6.10 福建

6.10.1 三明市

（1）城市概况

三明市位于福建省中部，全市面积两万多平方千米。东、西、南、北四个方向与福州市、江西省、泉州市、南平市相连，西南与龙岩市相连。三明林业资源丰富，是全国集体林业综合改革试验示范区，拥有海峡两岸（三明）现代林业合作实验区，被誉为福建"绿色宝库"，同时也是全国四个活立木蓄积量超过1亿立方米的设区市之一。2015年，全年实现地区生产总值1713.05亿元，比上年增长8.5%。其中，第一产业增加值252.08亿元，增长3.7%；第二产业增加值875.16亿元，增长8.7%；第三产业增加值585.80亿元，增长10.2%。人均地区生产总值67978元，比上年增长8.1%。第一产业增加值占地区生产总值的比重为14.7%，第二产业增加值比重为51.1%，第三产业增加值比重为34.2%。全市地区生产总值年均增长11.1%，其中第一、第二、第三产业年均分别增长4.4%、14.4%和8.8%。三次产业结构比例由2010年的17.3:49.2:33.5调整为2015年的14.7:51.1:34.2[①]。

三明市矿产资源较丰富，但由于地质构造差异，矿产资源分布不均。煤矿主要分布在大田、永安、清流、将乐等地，且品种单一；铁矿主要分布在大田、永安等地；金矿主要分布在尤溪、泰宁、建宁一带；铅、锌、铜、硫铁矿主要分布在大田、尤溪、永安、将乐一带；钨矿分布在宁化、清流等地；重晶石分布在永安、明溪等地；石灰岩主要分布在永安、大田、清流、将乐、宁化、三元等地；萤石主要分布在将乐常口、明溪胡坊、清流余朋。矿业经济中占重要地位的矿种有：无烟煤、铁矿、重晶石、铅锌矿、金矿、钨矿、石灰岩、大理岩等，已探明相当的储量，矿石质量好，已大量开采。截至2015年底，全市已发现各类矿产79种，其中探明储量的矿产49种，主要有：煤、铁、铅、锌、钨、锡、金、银、石灰岩、重晶石、萤石、钾长石、高岭土、硫铁矿、蓝宝石等。探明储量的矿区中，大型矿床6个，中型矿43个，已开发利用的矿产43种。全市各类在册矿山企业504家，矿山从业人数13880人，2015年产矿石量2294.71万吨，原矿总产值21.59亿元左右[②]。

[①] 三明市2015年国民经济和社会发展统计公报。
[②] 三明市人民政府网。

（2）创新发展概况

近年来，三明市积极加快创新驱动发展战略。R&D经费支出不断增加，2015年达到15.52亿元，比上年增长10.0%，占全市生产总值的0.96%。全市分别有24个和54个项目列入国家级、省级计划项目。其中1个国家火炬计划项目、23个国家星火计划项目、1个省科技重大专项、7个省区域发展项目。国家高新技术企业，共有42家，其中有11家是新认定的。新增了包括4家国家级知识产权优势企业在内的10家省级知识产权优势企业，省级知识产权优势企业的数量达到29家。省级创新型试点企业新增了6家，国家创新型试点企业共有2家、省级创新型企业共38家、省级创新型试点企业共46家，省级科技型企业共有316家，其中新增88家。省级实验室新增了2家，累计至今共有5家；省级（企业）工程技术研究中心新增了2家，累计至今共有36家；省级企业技术中心、市级企业技术中心分别共有20家和44家，其中新增了1家省级企业技术中心和4家市级企业技术中心；此外，建立了20家科技型企业孵化器、15家众创空间，并且获得了10家省科技厅备案科技孵化器。2015年度，获得了7项的省科学技术进步奖；此外，全市组织企业参加第四届中国创新创业大赛暨第三届福建省创新创业大赛，其中二等奖1家、三等奖3家。全市共有2952件专利申请，2651件专利授权，与上年比分别增长了15.3%和67.0%。其中，308件的发明专利申请，83件发明授权。全年登记的技术合同共计51项，这些技术合同的成交金额合计7835万元。并且三明高新技术产业开发区升级成为国家级高新区，三明农业科技园获得批准成为国家级农业科技园区①。

根据十三五规划指出：要增强创新创业活力。除了创新驱动发展格局在加快形成，自主创新能力也在进一步增强，而且科技进步对经济发展的贡献率持续上升，这些都有利于大众创业、万众创新的制度环境以及政策体系基本建立，新技术、新产业、新产品、新业态、新商业等模式蓬勃涌现，发展动力加快转换。到2020年，高新技术产业增加值占地区生产总值比重达到12%。促进传统产业高端化发展。开展新一轮技术改造提升工程，推动500家以上规模企业实现"机器换工"，建成1个智能化制造装备产业园区，广泛应用数控技术和智能装备，加快汽车及机械装备、冶金及压延、林产加工、纺织等传统产业转型升级，争取到2020年时，四大传统产业的产值规模达到4000亿元。发展创意产业，不仅要支持闽台（永安）文化创意产业园、泰宁丹霞文化产业园、宁化客家文化园等省、市重点园区建设，还要支持境内外领军文化企业参与设立各类文化产业基金。推进文化创意与设计公共服务平台建设，培育

---

① 三明市2015年国民经济和社会发展统计公报。

一批具有创意和特色的中小微文化企业 [①] 。

（3）得分结果

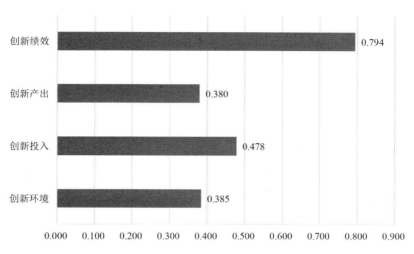

图6.10.1　三明市一级指标得分结果

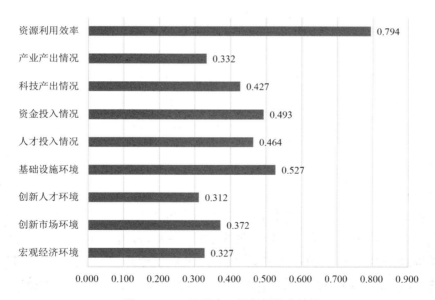

图6.10.2　三明市二级指标得分结果

（4）创新评价

在116个资源型城市中，作为创新指数排名第18位的城市，三明市在创新环境、

[①]　三明市国民经济和社会发展第十三个五年规划纲要。

创新投入、创新产出、创新绩效四项一级指标的得分分别为 0.385、0.478、0.380、0.794，分别位于 35、42、37、8 位，其中创新绩效表现突出，对创新指数的总体排名贡献较大。

在创新环境方面，三明市位列全国所有资源型城市的第 35 位，处于中上游水平。从创新环境的各项分级指标评分结果来看，三明市宏观经济环境、创新市场环境、创新人才环境和基础设施环境得分分别为 0.327、0.372、0.312 和 0.527，其排名分别位于所有资源型城市的第 31 名、第 42 名、第 68 名和第 13 名。其中创新人才环境的排名处于中下游水平，这一项拉低了总体创新环境的排名，排名较高的是基础设施环境，说明三明市整体基础设施环境良好，但需要在人才引进方面加大力度。

在创新投入方面，三明市的得分为 0.478，排名位列第 42 位，在一定程度上拉低了总体创新指数的排名。其中，人才投入情况得分为 0.464，位列第 50 位；资金投入情况的得分为 0.493，位列第 22 位。可见人才投入与资金投入状况之间存在着一定的差异，人才投入情况较为一般而资金投入情况位置靠前，因此三明市需要加大人才引进力度和培养力度。

在创新产出方面，三明市的得分为 0.380，排名位列第 37 位，该指标也在一定程度上拉低了总体创新指数的排名。从各个分项指标来看，科技产出情况包含的两项三级指标中，专利申请授权量和企业商标拥有量得分分别为 0.350 和 0.497，排名分别位于第 25 位和第 28 位，因此可以看出三明市的科技成果产出水平较高，但还有加强的空间。产业产出情况包含的三项指标中，矿产资源开发年税金在公共财政收入中占的比重、矿产资源开发综合利用产值占 GDP 的比重、第三产业占 GDP 的比重得分分别为 0.870、0.013、0.317，这三项的排名分别位于第 58 名、第 81 名、第 80 名。可以看出矿产资源开发综合利用产值占 GDP 的比重、第三产业占 GDP 的比重排名均较低，在今后需要调整产业结构，加强矿产资源的综合开发利用。

三明市在创新绩效方面取得的成效突出，得分为 0.794，排名第 8 位。从分项指标来看，位于第 4 名、第 100 名、第 83 名和第 42 名的分别为全员劳动生产率、能源消费弹性系数、单位 GDP 能耗、单位 GDP 矿石开采量。可见三明市的劳动生产率较高，但能源利用效率很低，能源消费弹性系数和单位 GDP 能耗指标排名均很靠后。

（5）政策建议

从指标评价结果来看，三明市总体创新水平表现较为突出，在今后应注重创新环境的建设，增加创新投入力度，提升创新产出水平。具体来看，应进一步改进矿产资源的开发利用方式，除了增加矿产资源产品的附加值以及提高三明市矿产资源利用率与经济效益，同时还应注重和加快第三产业的发展，从而推进该市的城市转型和产业转型升级，降低经济增长对高能耗行业和资源型行业的依赖程度；同时应注意加大人才的引进力度和培养力度，加强三明市创新人才环境建设；另外，三明市还应注重运用科技进步等方式来提升能源利用效率，从而降低能源消费弹性系数和单位 GDP 能耗水平。

具体地说，应该努力提升基础创新能力。围绕产业链规划创新链，新建设并且提升一批国家和省级重点实验室、工程技术研究中心、院士专家工作站、企业技术中心和行业技术开发基地，加强产学研结合的中试基地和共性研发平台建设，构建开放共享互动的创新网络。引进国内外知名大学、科研院所、大型企业在三明市设立研发机构，推进创新型城市、可持续发展试验区、三明高新技术产业开发区建设，增强自主创新辐射带动能力。

激发企业创新活力。强化企业创新主体地位和主导作用，提高大中型工业企业研发机构覆盖面，培育一批科技小巨人企业、高新技术企业和创新型企业。应该对以承担重大科技专项等创新项目为主的企业予以支持。加强普惠性财税政策对企业创新的支持，进一步落实研发费用加计扣除、固定资产加速折旧等政策。此外，三明市还应推动设备更新和新技术应用。提高技术创新在国有企业经营业绩考核中的所占的比例。

健全创新服务体系。三明市应当加快发展研发设计、创业孵化、科技咨询等科技服务业，创造一批具有竞争优势的科技服务业集群。强化产学研协同创新，对以企业为主导、产学研合作的产业技术创新战略联盟应鼓励构建。提升6·18虚拟研究院等一批科技创新公共服务平台，推动各级各类创新平台向全社会开放，促进公共研发和科技成果转化。

加快产业人才集聚。加大海西三明生态工贸区"111"业人才集聚工程的实施力度。以产业和特色产业发展需要为重点，强化与清华大学、北京大学、厦门大学等高校的校地合作，依托院士专家工作站、博士后工作站、创新实践基地开展政产学研合作，共建产业研究院、科技企业孵化器等新型研发机构。支持市内高职院校根据企业人才需求，优化专业设置，通过委托培养、定向培养等方式，与企业联合培养本土技能型实用人才。

6.10.2　南平市

（1）城市概况

南平市俗称"闽北"，处于福建省的北部，武夷山脉北段，位于福建、浙江、江西三省的交界处，它的辖区面积为 2.63 万平方公里，占福建省面积的五分之一，有着中国南方的典型"八山一水一分田"特征。2010 年，福建省南平市申报的"建窑建盏烧制技艺"，入选第三批国家级非物质文化遗产名录，同时南平也是福建省茶、果、食用菌、畜禽、淡水鱼、烤烟、油料等重要产区。2015 年，全年地区生产总值达到 1339.51 亿元，按可比价格计算，较上年增长 9.1%。其中，第一产业实现的增加值是 289.23 亿元，较上年增长 4.5%；第二产业实现了 578.16 亿元的增加值，增长 8.6%（其中工业实现的增加值为 428.05 亿元，增长 8.2%）；实现的第三产业的增加值为 472.12 亿元，增长 12.3%。人均地区生产总值达到 5.09 万元，相比上年增长了 8.7%。三次产业结构比例由上年的 22.0∶44.1∶33.9 调整为 21.6∶43.2∶35.2[①]。

在南平境内已知矿产已经达到 50 多种，其中有 30 多种矿产已经探明储量，如铜、铅、锌、玻璃、金、银、珍珠岩、磷矿等。另外，南平境内多种多样的森林植被为动物栖息繁衍提供了基本条件。全市有近百种高等动物兽类，22 科，46 属，约占全国高等动物兽类的四分之一；鸟类约有 400 种，占全国鸟类三分之一多，两栖类有 33 种；山溪鱼类 33 种；昆虫 31 个目，200 多科，2000 多种。

（2）创新发展概况

南平市近年来加快推进创新驱动发展战略。2015 年，全市全年在规模以上的工业企业研究与试验发展（R&D）经费支出预计为 15.61 亿元，相比上年增长 36.5%，占全市 GDP 的 1.2%。全市新认定了 11 家高新技术企业，有 51 家企业通过了省级科技型企业备案，2 家申报了省级企业工程技术研究中心，2 家认定为省企业重点实验室等。到 2015 年，全市的省级科技型企业累计 172 家、44 家创新型（试点）企业、32 家高新技术企业、38 家省级（企业）工程技术研究中心、4 个省级企业重点实验室、高校重点实验室 2 个。专利的申请量和授权量都在稳定上升，2015 年全市申请的专利达到 2798 件，同比增长 66.8%；专利授权 1863 件，同比增长 53.8%；累计拥有 415 件发明专利，每万人口拥有的发明专利量是 1.56 件，与上年末相比增加 0.42 件。南平市获得批准成立的南平市国家可持续发展实验区是全省第二家设区市的国家可持续发展实验区[②]。

根据十三五规划指出：要坚持转型创新。要推动大众创业，万众创新就需要把发展基点放在创新上。要转变经济发展方式，可以把加快产业转型升级作为主要重点，以此来增加产业核心竞争力，提高可持续发展能力，促使经济社会发展的驱动因素转变，使得三次产业在更高的层次上能够协调发展。创新创业活力增强，自主创新能力进一步增强，到 2020 年高新技术产业增加值占 GDP 的比重达 12%。

---

① 南平市 2015 年国民经济和社会发展统计公报。
② 同上。

（3）得分结果

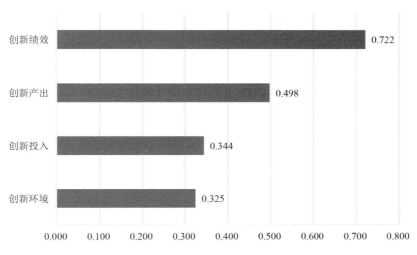

图 6.10.3 南平市一级指标得分结果

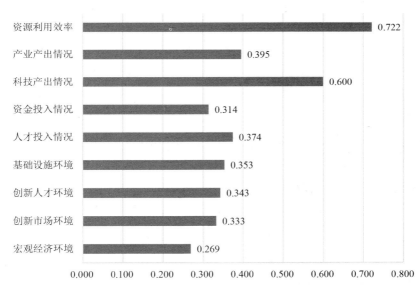

图 6.10.4 南平市二级指标得分结果

（4）创新评价

南平市在 116 个资源型城市中创新指数排名第 29 位，处于上游水平。南平市在
创新环境、创新投入、创新产出和创新绩效 4 项一级指标的得分分别为 0.325、0.344、
0.498、0.722，排名分别位于 53、74、17、22 位，其中创新产出和创新绩效两项排名

较为靠前，对创新指数的总体贡献较大，而创新环境和创新投入排名则相对靠后。

在创新环境方面，南平市位列全国所有资源型城市的53位，是限制总体创新水平的主要因素之一。从创新环境各项指标评分结果可以看出，南平市宏观经济环境、创新市场环境、创新人才环境和基础设施环境得分分别为0.269、0.333、0.343和0.353，其排名分别位于所有资源型城市的第54名、第51名、第62名和第66名。可以看出创新环境四项指标排名均处于中游位置，南平市今后应加大创新环境建设力度。

在创新投入方面，南平市的得分和排名表现较差，创新投入的得分为0.344，排名位列第74位，拉低了总体创新指数的排名。其中，人才投入情况得分为0.374，位列第74位；资金投入情况的得分为0.314，位列第58位。与其他资源型城市相对比，南平市的R&D经费支出、教育支出所占比重和财政科技支出所占比重都不突出，三项三级指标的排名分别位于第81、第47和55名。因此，在未来南平市应该加强对城市创新的重视程度，增加创新的人才投入和资金投入。

在创新产出方面，南平市的得分和排名靠前，创新产出的得分为0.498，排名位列第17位，该指标对总体创新指数的排名贡献最大。从各个分项指标来看，科技产出情况包含的两项三级指标中，专利申请授权量和企业商标拥有量得分分别为0.260和0.909，排名分别位于第32位和第8位。因此可以看出南平市对科技成果产出较为重视，并且取得了较好的成效。产业产出情况包含的三项指标中，矿产资源开发年税金占公共财政收入的比重、矿产资源开发综合利用产值占GDP的比重、第三产业占GDP的比重三项指标得分分别为0.974、0.046、0.386，其排名分别位于第16名、第59名、第72名。可见南平市的矿产资源开发综合利用产值占GDP的比重较低、第三产业占比较低，在这两方面都有较大的提升空间。

南平市在创新绩效方面取得的成效较突出，得分0.722，排名第22位。从分项指标反映出，全员劳动生产率排名为第19名、能源消费弹性系数排名为第34名、单位GDP能耗排名为第97名、单位GDP矿石开采量排名为第9名。因此，可以看出南平市的全员劳动生产率较高，单位GDP矿石开采量较少，能源消费增速方面表现较好，但单位GDP能耗较高，需要在这方面做出改进。

（5）政策建议

从指标评价结果来看，南平市的主要问题在于创新投入和创新环境方面。因此建议在未来南平市首先应注意提升创新人才投入和资金投入力度；并且进一步改进开发利用矿产资源的方式，提升矿产资源产品的附加值，提高矿产资源利用率，扩大经济效益，还要注重并且加快第三产业的发展，以此来推进南平市的城市转型和产业转型升级；加强宏观经济环境、创新人才环境、创新市场环境与基础设施环境建设，从而为南平市创新发展提供良好的环境基础；注重运用科技进步等方式来提升能源利用效率，降低单位 GDP 能耗，从而补缺创新驱动发展中的短板，推动南平市创新发展。

具体来看，应实施高层次人才创业创新培养和引进工程，营造宽松良好的人才发展环境，尤其是要加强对优秀人才发现、培养、使用力度，施行更为开放的人才智力引进政策，建设产业创业创新团队，重点培养引进技术创新能力强、引领作用显著的领军人才。围绕主导产业、优势产业、新兴产业的发展，培养和引进一批在重点领域能突破关键技术、带动产业升级、实现成果转化的高层次创新型人才和优秀团队。

市场经济下创新的主题是企业还有企业家，创造能使企业平等竞争的制度是政府最需要做的，要充分利用"结构调整"这一基础性的催生发展动力，进一步激发来自民间资本和企业家的创新动能。"十三五"期间，要进一步强调改革红利，向市场放权、给企业松绑、营造更加宽松便利的环境等，推动民间资本、民营经济发展和企业家精神复苏。面对转型，要科学设计创新规划、创新考核目标，让企业家在广阔的市场中去探索、去试验。

为增强科技支撑，南平市需加快以企业为主体、市场为导向、产学研结合的技术创新体系的构建。落实国家、省节能环保等绿色技术推广目录，加强清洁生产、资源节约、能源替代、污染防治等技术推广应用。鼓励高等院校、科研院所、企业建设各类研究中心和技术中心等生态技术创新平台，建立和完善一批低碳生态技术服务平台和成果转化平台。

在基础设施方面，南平市需要加快公共设施建设。首先，为完善核心区城市骨干路网，南平市全线开工快速通道、轨道交通以及景观慢道工程。在加快市民广场、建房建设的同时，开工建设新区学校、森林生态博物院、山体公园一期、文化中心、博物馆、建房、森林公园、医院等项目，与此同时，极力完善公共服务配套设施，并然有序地引导人口、城市功能配套以及发展要素全面向核心区集聚。

6.10.3　龙岩市

（1）城市概况

龙岩市，又称闽西，是位于福建西部的一个内陆临海城市，地处于闽粤赣三省的交界处，且龙岩市作为海峡西岸经济区延伸两翼、对接两洲、拓展腹地的交通枢纽与重要通道，东临厦门、漳州，南靠广东梅州，西依江西赣州，北接三明。在距龙岩市区的城东约 2 公里处的翠屏山麓，恰有一处喀斯特溶洞，而此洞因为它的岩纹似龙从而得名"龙岩洞"，龙岩市的市名就是由此而来，值得一提的是，龙岩市是中国唯一的一个以"龙"字命名的地级市。龙岩市分别由古龙岩州以及新中国成立后来属的部分也就是古汀州辖地组成。2015 年，全年实现了地区高达 1738.45 亿元的生产总值，按照可比价格计算出，较之上年增长了 8.9% 的生产总值。其中，第一产业、第二产业、第三产业增加值分别为 200.92 亿元、914.82 亿元、623.02 亿元，同时按照可比价格计算，较之上年分别增加了 3.9%、9.0%、10.2%；同时人均地区生产总值也较上年增长了 8.2%，达到了 66864 元。三次产业结构比例由 2010 年的 13.0∶53.3∶33.7 调整为 2015 年的 11.5∶52.7∶35.8[①]。

龙岩市探明到的金、铜、铁、高岭土等 16 种矿产的储量居于全省首位，并且迄今为止已探明到共计 64 种的矿物种类。马坑铁矿是华东第一大铁矿；与此同时，中国第二大铜矿是紫金山铜矿；东宫下高岭土矿也被誉为中国四大优质高岭土矿之一，颇有价值。同时，这里不仅水力资源十分丰富，而且拥有 214.5 万的水能理论蕴藏量，并且其中约 188.1 万千瓦的蕴藏量都是可开发的。因为龙岩市的森林覆盖率高达 77.9%，所以龙岩市被评为了福建的三大林区之一，且居于福建省的首位。

（2）创新发展概况

近年来，龙岩市不断强化创新驱动发展。2015 年，全市开始正式启动和实施市本级科技计划项目，共计 76 个，并且分别新增了 1 家省级重点实验室和 4 家省级（企业）工程技术研究中心，从而累计至今共有 5 家（其中有 1 家国家级）的省级重点实验室和 26 家的省级（企业）工程技术研究中心。同时龙岩市新认定了 20 家的高新技术企业、经过复审通过了 3 家、由此累计达 71 家；新增了 7 家的省级创新型企业、累计达 32 家（其中有 1 家国家级的创新型企业）。年度牵头完成的科技成果共获得了 11 项的省科技奖、27 项的市科技奖（其中 3 项一等奖，6 项二等奖，18 项三等奖）。全市分别受理了 4673 件的专利申请（其中 1190 件发明专利）以及 2745 件专利授权（其中 159 件发明专利），与上年相比分别增长了 80.1% 和 53.7%，同时每万人口发明专利达到了 2.282 件的拥有量，与此同时，龙岩市获得多项奖项，例如 1 项第十七届中国专利优秀奖，1 项一等，2 项三等共计 3 项的年度省专利奖，2 项 1 等、8 项二等、15 项三等共计 25 项的市专利奖，全年共有 10 技术合同被登记，全市技术合同成交金额 1255.06 万元。中国驰名商标中有 17 项商标都为龙岩市所有，并且不但有 236 件商标都被认定成为福建省的著名商标，还有 327 件商标也被认定成为龙岩市的知名商标。全市拥有地理标志商标 23 件。全市虽然拥有 74 项"福建省名牌"，但是却没有国家地理标志保护产品。全市采用国际标准注册的只有 1 家企业的产品，其中有 1 项产品使用国际标准注册；0 项产品使用采标标志。在龙岩市总共 7 家的法定计量检测

---

① 龙岩市 2015 年国民经济和社会发展统计公报。

机构中，分别只有 1 个产品质量检验机构以及 1 个工业生产许可证审查技术中心。在龙岩市一年有高达 7.8 万台（件）的强制检定计量器具，约 8624 台（件）的安全检测特种设备[①]。

根据十三五规划指出：坚持创新引领原则。坚持将创新放在发展全局的核心位置，鼓励体制创新、技术创新以及商业模式创新，推进大众创业、万众创新，最终将龙岩市建设成为一个创新型城市。坚持无中生有、有中生新，推广智能技术，发展新兴产业，促进产业向创新驱动型转变，积极推进"四大融合"（产业融合、产城融合、内外融合、实虚融合）。与此同时延伸产业链、衍生新产品、拓展新服务，大力推进产业结构向中高端迈进，完美打造一个升级版的龙岩产业。坚持将创新摆在发展全局的核心位置，持续增强发展内生动力，同时将理论创新、制度创新、科技创新、文化创新等各方面创新进行不断地推动，推动全方位自主创新，坚持需求导向和产业化方向，集聚高端创新要素，全面推进大众创业、万众创新，通过多种渠道将创新创业资金投入进行推动，进一步强化对接，例如创新同创业、科技同经济、创新成果同产业、创新项目同现实生产力以及研发人员创新劳动同其利益收入等的对接，以科技创新推动经济社会发展。截止到 2020 年，总的 R&D 经费支出在 GDP 中达到了 1.8% 的比重，并且每万人口发明专利达到了 4.5 件的拥有量。

（3）得分结果

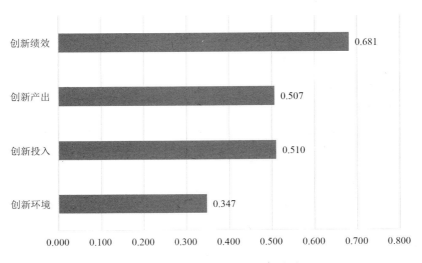

图 6.10.5　龙岩市一级指标得分结果

---

① 龙岩市 2015 年国民经济和社会发展统计公报。

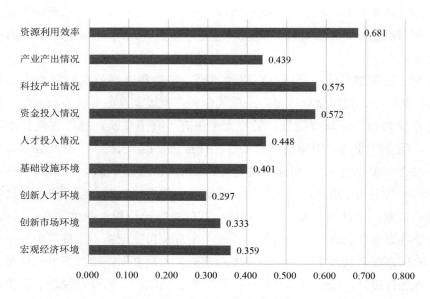

图 6.10.6　龙岩市二级指标得分结果

（4）创新评价

在 116 个资源型城市中，作为创新指数排名第 17 位的城市，龙岩市在创新环境、创新投入、创新产出和创新绩效四项一级指标的得分分别为 0.347、0.510、0.507、0.681，分别位于 43、38、16、36 位，其中创新产出表现最为突出，而创新环境稍有逊色。

在创新环境方面，龙岩市位列全国所有资源型城市的第 43 位，处于中上游水平，拉低了总体创新指数的排名。由创新环境各项分项指标的评分结果得知，龙岩市宏观经济环境、创新市场环境、创新人才环境和基础设施环境得分分别为 0.359、0.333、0.297 和 0.401，排名分别位于所有资源型城市的第 26 名、第 50 名、第 73 名和第 41 名。其中创新人才环境和创新市场环境排名相对靠后，拉低了创新环境的整体水平，因此，在未来龙岩市应注重创新人才环境的建设，此外企业私营化程度也有待加强。

在创新投入方面，龙岩市的得分和排名较为理想，创新投入的得分为 0.510，排名位列第 38 位。其中，人才投入情况得分为 0.448，位列第 54 位；资金投入情况的得分为 0.572，位列第 16 位。可见龙岩市人才投入情况比较逊色，而资金投入排名位置靠前，这与创新人才环境的评价结果相一致，因此，龙岩市需要加大人才引进力度和加快对本地人才的培养，从而提升创新投入指数的得分和排名。

在创新产出方面，龙岩市的得分和排名较高，创新产出的得分为 0.507，排名位列第 16 位，对总体创新指数的排名贡献率最大。由分项指标得知，科技产出情况包含的两项三级指标中，专利申请授权量和企业商标拥有量得分分别为 0.397 和 0.735，排名分别位于第 21 位和第 13 位，因此可以看出龙岩市的科技成果产出水平较高。产业产出情况包含的三项指标中，矿产资源开发年税金占公共财政收入的比重、矿产资源开发综合利用产值占 GDP 的比重、第三产业占 GDP 的比重指标得分分别为：0.745、0.273、0.411，其排名分别位于第 81 名、第 20 名、第 69 名。可以看出矿产资源的利用效率较高，但龙岩市需要加快第三产业的发展，推动产业结构的转型升级。

龙岩市在创新绩效方面得分为 0.681，排名第 36 位，排名较为靠前。从分项指标反映出，全员劳动生产率位于第 15 名、能源消费弹性系数位于第 39 名、单位 GDP 能耗第 30 名、单位 GDP 矿石开采量位于第 90 名。可见除单位 GDP 矿石开采量指标外，龙岩市在其他几项指标方面表现均较好。

（5）政策建议

从指标评价结果来看，龙岩市的主要问题在于创新人才环境与创新人才投入，在未来需要加大人才引进力度和培养力度。同时，还应加快推进城市转型和产业转型，大力发展第三产业，从而降低经济增长对高耗能行业和资源型行业的依赖程度，降低单位 GDP 矿石开采量，从而补齐城市创新驱动发展中的短板，推动龙岩市城市创新发展。

具体地说，应该推进科技创新载体建设。强化开发区的创新载体作用。以国家级龙岩经济技术开发区（高新区）为载体，加快整合和构建一批重大创新基地，明确各级各类开发区的发展定位，切实发挥开发区"创新驱动"的集聚、辐射和带动作用。强化高校院所的创新支撑作用，积极引导在岩高校院所改革评价机制，探索建立股权激励制度，创新科技成果转化激励机制。发挥各类研究院等创新载体作用。

加快推进科技体制改革。完善行政部门之间沟通协调机制，建立健全科技项目公平竞争机制，保证科技项目管理公平、公正、公开，加强科研项目资金管理和监督。建立现代创新性企业制度，需要对改制后的科研院所进行引导，加快其"去行政化"的脚步。综合运用"拨投贷补奖买"等方法，构建主要由市场决定技术创新项目、经费分配等的机制体系。切实加大对科普经费的投入，进一步推进基层的科普工作。

引进和培养高层次人才。加大施行人才强市战略的力度，将产业发展人才需求作为重点，积极地引进并培养高层次产业人才。强化实施"引进高层次创业创新人才"、"市特支人才"遴选工程，简化引进高层次人才的评价认定程序，加大对用人主体的引才激励，加快推进产业急需紧缺人才聚集。制定健全人才培养的计划，培养一支具有战略眼光、开放式思维、创新能力以及强烈社会责任感的企业家和企业技术经营管理人才队伍。完善"人才、项目、基地、队伍"四位一体的整体推进机制，围绕重要创新方向，重点培育一批领军人才、青年骨干和优秀科研团队。对人才激励政策机制要进行创新，在建立健全高端人才留用机制的同时，积极实施高技能人才培养工程，加大对高技能人才队伍建设力度。

6.11　江西

6.11.1　景德镇市

（1）城市概况

景德镇市，别名"瓷都"，为江西省地级行政区（市）。地处于江西省东北，西北和安徽省东至县交界，南边与万年县相邻，西边与鄱阳县接壤，东北方向靠着安徽省祁门县，东南放和婺源县相连接。占地总面积 5256 平方公里，是黄山、怀玉山余脉以及鄱阳湖平原的过渡地带。处于皖（安徽）、浙（浙江）、赣（江西）三省交界处，是浙赣皖重要的交通枢纽中心城市之一。景德镇的陶瓷在全世界有着很高的声誉，历史上是一个官窑之地。在民国时期，被誉为全国四大名镇之一，与广东佛山、湖北汉口以及河南朱仙并称。景德镇市现管理乐平市、浮梁县、珠山区、昌江区还有景德镇市的高新技术开发区。截至 2015 年，全年实现的地区生产总值共计 772.06 亿元，较上年增长 8.6%。其中，第一产业的增加值为 57.22 亿元，同比增长 3.6%；第二产业的增加值为 437.58 亿元，同比增长 8.9%；第三产业的增加值为 277.25 亿元，同比增长 8.8% 在地区生产总值中第一、第二、第三产业的增加值所占的比重分别为 7.4%、56.7%、35.9%。非公有制经济的增加值达到 433.90 亿元，与上年相比增长 8.9%，在地区生产总值中所占的比重为 56.2%[①]。

景德镇主要矿产包括瓷石、高岭土、煤、沙金、铜、大理石等，其中最具特色的矿产是瓷石、高岭土和煤炭。景德镇的高岭土在国际陶瓷界都有影响；作为江西省三大产煤区之一的，它所拥有煤炭资源也是十分的丰厚，主要分布在乐平市。在陶瓷工业中，高岭土是一种非常重要的原材料，景德镇瓷器之所以能够代表中国陶制品的高端水平以及上等品质并且影响中国以及全世界，与景德镇高品质的高岭土有着极大的关系。高岭土在国际上的通用学名—Kaolin 就是来源于鹅湖镇高岭村边的高岭山。

（2）创新发展概况

近年来，景德镇市为了加快推动传统产业的转型升级，以企业技术创新作为主体，不仅产学研需要协同创新，管理和商业模式也要进行创新。对于企业技术创新决策、

---

① 景德镇市 2015 年国民经济和社会发展统计公报。

投入以及成果转化的主体地位需要大大强化力度，与此同时也要提高科技协同创新水平；为加快科技与金融相融合的脚步，需要加强科技创新平台的建设；大力支持地方申报国家级产学研联盟试点，对乐平工业园区申报省级高新技术开发区予以支持。

根据十三五规划指出：必须改革开放创新局面。重要领域作为改革取得明显成效，走在全省前列改革的若干领域应该作为改革的"试验田"和先行区。进一步提升参与国际经济合作竞争的能力和水平，基本构建起开放型经济体系。为加快提高企业的技术装备水平和创新发展能力，应积极争取国家和民间资本的投入，同时还应增加陶瓷工业技术改造。积极建设产学研一体化，持续深入同国内外陶瓷科研机构的合作，建立更加健全的科技成果激励机制，进而促使科技成果的本地转化。围绕智能制造、智慧旅游、电子商务等重点领域，积极实施"互联网+"行动，进一步使得网络经济与实体经济相互协同互动。公共服务线上与线下紧密结合。促进以互联网为基础的产业组织、商业模式、供应链和物流服务等各类创新，培养新兴业态和新增长点，从根本上建立具有网络化、智能化、服务化、协同化特色的"互联网+"产业生态体系。使互联网在社会服务领域充分发挥它的高效率，方便快捷优势，建立新的政府服务模式，提升服务资源的利用效率，建设面向公众的一体化在线的公共服务体系。加强互联网创新要素、创新体系和创新理念与实体经济对接应用，形成网络化协同分工新格局，激励基于互联网的资源整合，创新以发展分享为主的经济模式。引导大型互联网企业向小微企业和创业团队开放创新资源，各类创新主体利用互联网，建立开放式创新联盟。

（3）得分结果

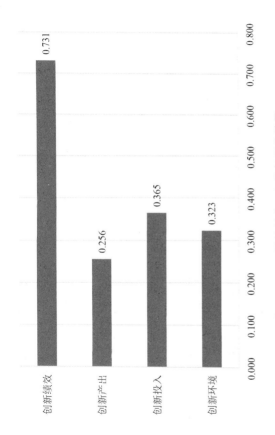

图 6.11.1 景德镇市一级指标得分结果

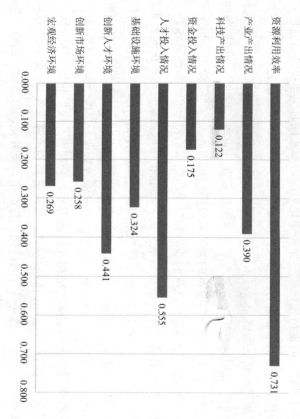

图 6.11.2　景德镇市二级指标得分结果

资源利用效率　0.731
产业产出情况　0.390
科技产出情况　0.122
资金投入情况　0.175
人才投入情况
基础设施环境　0.324
创新人才环境　0.441
创新市场环境　0.555
创新市场环境　0.258
宏观经济环境　0.269

（4）创新评价

景德镇市在 116 个资源型城市中创新指数排名第 49 位，处于中上游水平。景德镇市的四项一级指标——创新环境、创新投入、创新产出和创新绩效的得分分别为 0.323、0.365、0.256、0.731，排名分别位于 54、70、77、18 位。其中创新绩效一项排名较为靠前，对创新指数的贡献较大，但是创新投入和创新产出的排名处于中游偏下水平。

在创新环境方面，景德镇市位列全国所有资源型城市的 54 位，从创新环境的分项指标评分结果可以看出，景德镇市的创新市场环境、创新人才环境和基础设施环境，创新市场环境、创新人才环境和基础设施环境得分分别为 0.269、0.258、0.441 和 0.324，这四项指标在所有资源型城市中的排名分别为第 76 名、第 37 名和第 75 名。其中创新人才环境排名相对较为靠前，而宏观经济环境、创新市场环境与基础设施环境均处于中下游水平。

在创新投入方面，景德镇市的得分和排名相对较低，创新投入的得分为 0.365，排在位列第 70 位，在一定程度上拉低了总体创新指数的排名。其中，人才投入情况，得分为 0.555，位列第 40 位；资金投入情况得分为 0.175，位列第 103 位。其他资源投入情况来说，景德镇市的资金投入情况很不理想，处于低层次水平，今后需要加大在研发经费、教育事业方面的公共财政支出。

在创新产出方面，景德镇市的得分和排名也相对较低，科技创新、教育事业方面的得分和排名为 0.256，排名位列第 77 位。从分项指标反映出，科技产出情况包含的两项三级指标中，专利申请授权量和企业商标拥有量得分分别为 0.098 和 0.144，排名分别位于第 56 位和第 68 位，因此可以看出景德镇的科技产出水平处于中游位置，还有较大的提升空间。产业产出情况包含的三项指标中，矿产资源开发年税金占公共财政收入的比重、矿产资源开发综合利用产值占 GDP 的比重、第三产业占 GDP 的比重指标得分分别为 0.989、0.002、0.413，其排名分别位于第 10 名、第 105 名、第 68 名。可见景德镇的矿产资源综合利用效率很低，第三产业的发展水平也不高。

景德镇市在创新绩效方面取得的成效显著，得分 0.731，排名第 18 位。各个分项指标反映出，全员劳动生产率位于第 58 名、能源消费弹性系数位于第 46 名、单位 GDP 能耗位于第 7 名、单位 GDP 矿石开采量位于第 14 名。可见景德镇市单位 GDP 能耗和单位 GDP 矿石开采量表现很好，但在全员劳动生产率和能源消费弹性系数两方面则有很大的提升空间。

（5）政策建议

从指标评价结果来看，景德镇市的主要问题在于创新产出和创新投入较低，其次是创新环境较差。因此在未来景德镇市首先应注重资源的循环利用，提升矿产资源利用效率，加快推动城市转型和产业转型，大力发展第三产业，进而使产业结构更合理化、高级化，提高景德镇市创新产出成果和科技产出成果水平；其次，应加强景德镇市的创新人财物投入，由于资金投入情况很不理想，因此尤其是应加强创新的资金投入力度；最后应加强宏观经济环境、创新市场环境与基础设施环境建设，为景德镇市创新发展提供良好的环境基础。

具体地说，应理顺政府、企业和市场之间的关系，充分发挥市场在技术研发方向、路线选择和各类创新资源配置中的导向作用。整体落实高新技术企业认定、所得税减免优惠还有企业研发费用加计扣除三项政策，应用财政奖补机制来激励和引导企业加大对研发的投入。积极引导规模以上的企业建设研发机构，对骨干企业、科技型企业所建设的一批高水平的研究机构予以优先支持。

持续推进景德镇高新技术产业开发区建设，加快国内外知名企业以及科研、设计、检测等实体研发（设计）机构的集聚。带领企业、高校院所和民间金融机构等不同的投资主体共同参与和推动科技企业孵化载体建设。

加快实行国内外智力项目引进等一系列重大人才工程，尤其是应该重点引进一批掌握了关键核心技术、可以带动产业发展的创业创新领军人才和团队。加强地方拔尖领军人才培养选拔，抓好拔尖人才、百千万人才、"赣鄱英才 555"等工作，完善统分结合、梯次衔接、政策配套的人才培养体系。

不仅要形成创业光荣、创新可贵的价值观，还要积极培育大众创业、万众创新的社会生态。实施和完善激励劳动者自主创业的扶持政策，统一全面计划并且安排支持小微企业和创业创新的各类资金，强化信贷扶持和担保贷款扶持，引导创业投资、天使投资等风险投资投向创业创新领域和企业。对于中小企业的公共服务平台和服务机构的建设给予支持，同时还应为刚刚创立的企业提供法律、知识产权以及技术转移等方面的服务。为促使社会力量投入创新创业，鼓励购买服务。

依靠"互联网＋"等新技术新模式，构建成本低、更便利、要素全的开放式众创平台。激励各种孵化器和创业基地加速与互联网进行融合创新，推进创客空间、创新工场等一系列新型众创空间发展。积极开发政府和公益机构支持、企业帮扶、个人之间相互扶持等多种方式，帮助小微企业和创业者发展。鼓励通过互联网平台向社会募集资金，积极开展实物众筹，稳步推进股权众筹，规范发展网络借贷，拓展创业创新投融资新渠道。

在基础设施建设方面，强化基础保障能力。加快浯溪口大坝主体工程的建设进度，以此来保障汛前具备挡水条件和第一台机组具备安装条件。并且按照时间节点推动九景衢铁路建设。在防洪工程吕蒙堤段需要完成主体工程建设任务，在瓷都大桥至观音阁段需要完成堤后城市道路工程。完成 206 国道大中修。加快洋湖水厂搬迁、樟树坑引水工程的建设进度。开工建设飞虹大桥及飞虹大道。

6.11.2 萍乡市

（1）城市概况

萍乡市，是江西省的一个地级市，地处于江西省西部，与湖南省相邻。东边西边南边北边分别与宜春、湖南醴陵、吉安、湖南浏阳相邻。与长株潭紧靠，与长珠闽对接，是江西省对外开放的西大门。得名于其古代的一种水面浮生植物萍草。萍乡不仅是江西区域中心城市之一，而且是中国首批内陆开放城市、国家卫生城市。作为湘赣核心区域和龙头城市，有"湘赣通衢"、"吴楚咽喉"之称。作为有着 1700 多年历史的文化古城，在近代史上，萍乡不仅是中国工人运动策源地、秋收起义策源地，而且还是中国少年先锋队诞生地，是红领巾的摇篮。2015 年，全年实现的生产总值共计 912.39 亿元，较上年增长 8.9%。其中，第一产业的增加值为 62.83 亿元，同比增长 4.0%，对经济增长的贡献率为 2.8%；第二产业的增加值为 517.29 亿元，同比增长 8.4%，对经济增长的贡献率为 63.1%；第三产业的增加值为 332.27 亿元，同比增长 11.0%，对经济增长的贡献率为 34.1%。人均生产总值 48133 元，增长 8.3%。经济结构进一步优化。三次产业结构调整为 6.9∶56.7∶36.4，第三产业占比同上年相比较提高 2.2 个百分点[①]。

---

① 萍乡市 2015 年国民经济和社会发展统计公报。

萍乡主要拥有的矿产资源有煤、铁、钼、钨、铝、高岭土、花岗岩、矿泉水等 36 种，各种非金属矿产资源的开发潜力都是十分广阔的。萍乡市已经探明的矿藏有煤、铁、高岭土瓷土等矿产资源，煤炭的远景储量可以到 8.52 亿吨，铁矿储量有 6760 万吨，优质石灰石有 67 亿吨。萍乡市是一个以煤立市的城市，历史记载，在 1898 年时，清末邮政大臣盛宣怀在安源创办萍乡煤矿，在 1908 年是又创办了当时中国的第一个股份合资企业 —— 汉冶萍公司，并且修筑了株萍铁路（至安源），该公司重要的组成部分萍乡煤矿，是江南最早采用西法机器生产、运输、洗煤、炼焦的煤矿，1916 年时产出原煤 95 万吨、焦炭 25 万吨，被赞誉为"江南煤都"[①]。

（2）创新发展概况

近年来，萍乡市积极实施科技创新战略，国家创新型试点城市建设取得明显成效。成功获批成为"国家火炬计划粉末冶金特色产业基地"和"国家电瓷高新技术产业化基地"。加速建设市科技创新中心，打造一个综合性的区域共享服务平台。加速粉末冶金产业科技园建设。增进与高校、科研院所和央企的交流合作，提高产业核心竞争力。引入并培养一批科技领军人才、科技企业家和创新团队。到 2015 年年末，拥有 14 家省工程（技术）研究中心。全年有 2 项科技成果通过省级科技主管部门鉴定，9 项新产品，55 项成果。全年受理专利申请 1411 件，增长 63.5%；授权专利 771件，增长 125.4%。全年的技术市场合同成交金额累计共有 34500 万元。高新技术产业的增加值为 173.8 亿元，同比增长 3.7%，占生产总值的比重为 19.0%[②]。

根据十三五规划指出：萍乡市的核心是提高自主创新能力，将创建国家创新型城市作为载体，推动资金链引领创新链、创新链支撑产业链、产业链带动就业链，把萍乡建设成为具有创新创业活力的城市。培育转型创新新动力。围绕提前全面建成小康社会这个目标，千方百计向投资、消费、出口增添创新动力。增添新动力，应当将项目建设放在首位。在项目建设方面始终不放松，项目来拉动投资，从而促进消费，进而促进出口，以此来不断提升经济总量和经济发展质量及效益，进一步推动经济转型升级发展。重点突出投资在转型创新中的关键作用。努力争取国家和省级政策性项目支持，加强招商引资项目建设，对投资结构进行优化，并且挖掘新的经济发展空间。对投资方式进行创新，引领投资向战略性新兴产业、科技创新、生态环保等领域倾斜，用大项目来带动大投入，大投入实现大发展。持续不断地加强消费对转型创新的拉动作用。顺应个性化、多样化的消费趋势，完备促进消费政策，扩大住房、积极培育旅游、文化等消费热点，开展新型消费业态，推动城乡消费结构升级，以此来实现

---

① 萍乡市人民政府网。
② 萍乡市 2015 年国民经济和社会发展统计公报。

消费向智能、绿色、健康、安全方向的转变，推动消费潜力转化成发展新动力。加快培育出口竞争新优势。利用好"一带一路"战略机遇，深入实行优进优出战略，增进与国际产能分工合作，推动优势企业、产品、技术、品牌、质量和服务升级，积极培育新的比较优势，将萍乡建设成一个转型升级示范城市。

（3）得分结果

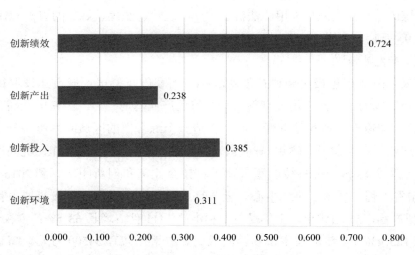

图 6.11.3   萍乡市一级指标得分结果

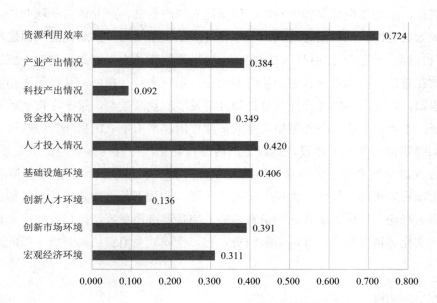

图 6.11.4   萍乡市二级指标得分结果

（4）创新评价

萍乡市在 116 个资源型城市中创新指数排名第 51 位，处于中游水平。萍乡市在创新环境、创新投入、创新产出和创新绩效四项一级指标的得分分别为 0.311、0.385、0.238、0.724，排名分别位于 61、63、85、19 位，其中创新绩效一项排名较为靠前，对创新指数排名的贡献率较大，创新环境和创新投入的排名次之，相比之下，创新产出排名处于中游偏下。

在创新环境方面，萍乡市位列全国所有资源型城市的 61 位，说明萍乡市的创新环境情况一般。从创新环境的各个分项指标评分结果可以看出，萍乡市宏观经济环境、创新市场环境、创新人才环境和基础设施环境得分分别为 0.311、0.391、0.136、0.406，其排名分别位于所有资源型城市的第 35 名、第 33 名、第 106 名和第 39 名。可以看出萍乡市的创新人才环境很不理想，排名非常靠后。

在创新投入方面，萍乡市的得分和排名不理想，创新投入的得分为 0.385，排名位列第 63 位。其中，人才投入情况得分为 0.420，位列第 61 位；资金投入情况的得分为 0.349，位列第 49 位。因此，萍乡市的人才投入情况不太理想，有待进一步提升。

在创新产出方面，萍乡市的得分和排名情况较差，创新产出的得分为 0.238，排名位列第 85 位，这在一定程度上拉低了总体创新指数的排名。从分项指标来看，科技产出情况包含的两项三级指标中，专利申请授权量和企业商标拥有量得分分别为 0.052 和 0.128，排名分别位于第 81 位和第 74 位。可见萍乡市科技产出水平并不理想，应注重这方面创新和技术的投入。产业产出情况包含的三项指标中，矿产资源开发年税金占公共财政收入的比重得分为 0.962，矿产资源开发综合利用产值占 GDP 的比重、第三产业占 GDP 的比重得分分别为 0.010、0.406，上述三项指标的排名分别为第 19 名、第 88 名、第 70 名。可以发现，萍乡市的矿产资源综合开发利用效率是比较低的；此外，第三产业的占比不大，萍乡市需要加强第三产业的发展。

萍乡市在创新绩效上取得了显著的成绩，得分为 0.724，排名位于第 19 位。从各个分项指标可以看出，全员劳动生产率位于第 35 名、能源消费弹性系数位于第 26 名、单位 GDP 能耗位于第 44 名、单位 GDP 矿石开采量位于第 28 名。说明萍乡市的创新绩效整体水平不错，各项三级指标的排名均较为理想。

（5）政策建议

从指标评价结果来看，萍乡市的主要问题在于创新产出、创新投入与创新环境方面。在未来首要任务就是加快城市转型和产业转型，优化升级产业结构，提高 GDP 中第三产业的比重，还应加强资源的循环利用，增加矿产资源开发综合利用产值，从而提升萍乡市创新产出水平；其次应注重加强创新的人财物投入，由于人才投入情况不太理想，因此应尤为加大创新人才投入强度；加强萍乡市创新人才环境建设，加大创新人才培养和引进力度，力求为萍乡市创造良好的创新环境。

具体地说，萍乡市应该着重培育和扶持创新主体，激励并且带领企业持续开展研发活动，创造更多拥有自主知识产权的创新成果。激励并且带领企业与科研机构、高等院校进行深度合作，建立以企业为主导、产学研相结合的产业技术创新战略联盟。推动重大技术攻关，积极引领创新资源整合集聚，以提升传统产业和培育新兴产业为重点，发展一批重大技术攻关，争取在优势产业领域和核心环节能够取得重大突破。加快科技成果转化。推动科技与产业相融合，促使科研成果资本、产业、市场化。

强化创新平台建设。重点建设有着区域影响力的科技创新中心。依靠国家经济技术开发区、赣湘开放合作试验区、科技创新园区平台，强化创新链与产业链的对接和协同，创造出更多具有国内影响力的创新中心。建设并且健全一些省部级重点实验室、工程实验室和技术研究中心以及企业技术中心，与以产权作为纽带、以项目作为依托的协同创新体进行联合建设，创造出一批创新平台、团队以及成果转化基地。

完善科技创新投入机制。使各级政府科技投入制度完善，落实政府科技创新引导基金，做好战略性新兴产业引导的基金平台，激励企业主体完善创新投入制度，促使企业加大对科技创新的投入。

推动大众创业万众创新。健全创新创业公共平台。对萍乡市和周边地市高校、科研院所的优势资源加以充分利用，对接各种科技企业孵化器和小企业创业基地，提现行业领军企业和创业投资机构等社会力量的作用，探索并且推广创客空间、创新工场等一系列新型孵化模式，建设一批成本低、更便利、要素全的开放式众创空间。

6.11.3　新余市

（1）城市概况

新余市地处于江西省的中部偏西以及浙赣铁路的西段，全境东西最长处及南北最宽处分别为 101.8 公里、65.2 公里，东接樟树市、新干县，西依宜春市袁州区，南邻吉安市青原区峡江县，北毗上高县、高安市。新余市荣获了多项称号，如中国唯一的国家新能源科技城、在全国首批仅 8 个的"全国节能减排财政政策综合改革示范市"，新余市更是其中之一，国家"城市矿产"示范基地、中国新能源之都、全国卫生城市，还有中国十大最具安全感城市、全国双拥模范城市、中国最具竞争力 100 强城市、中国最具海内外影响力城市等等，并且全国社会治安综合治理优秀市以及三届"长安杯"城市的荣称已经连续获得了五届。在 2015 年，新余市全年地区达到了 946.80 亿元的生产总值，较之上年增长了 8.5%。其中，第一产业达到 55.95 亿元的增加值，增长率为 3.6%；第二产业、第三产业的增加值分别为 527.93 亿元和 362.92 亿元，较之上年分别增加了长 8.3% 以及 9.6%。人均生产总值 81357 元，增长 8.2%。

第一产业、第二产业、第三产业分别为经济增长提供了 7.2%、16.1% 和 76.7% 的贡献率。三次产业结构比例调整为 5.9:55.8:38.3[①]。

新余市渝水区的矿产资源种类极为繁多，并且大量的矿产资源都是有开采价值的，其中有色金属矿主要有铁、金、铜、锰等，而非金属矿有石灰石、硅灰石、硅石、瓷土等多达三十余种。在渝水区中品质优良、分布广泛的石灰石，主要集中在白水岭矿区地带，东起欧里石灰石厂，西至内昌坊，南邻槐树下、哲村一带以及北达瑶皋里、外昌坊，东西南北分别长约 3km、宽约 1.5km，且 4.5km 的勘查面积。同时渝水区的硅灰石分布也十分广泛，其主要集中在新余蒙山地带，因为有公路可以进出矿区，所以开采十分的便利。由江西省地矿局属下的赣西地质大队勘察的地质详查报告可以得知，处于新余蒙山南部的硅灰石形成矿带，其总储量 C+D 级高达 1895 万吨，并且它的品质极佳，居全国第一，它的特点有纯度高、晶体粒粗大等。

（2）创新发展概况

近年来，新余市为了加快创新驱动发展战略的实施，2015 年全年研究与试验发展（R&D）经费支出为 9.5 亿元，占 GDP 比重为 1.00%，比上年下降 0.02 个百分点。在最后年末的时候拥有了 1 个国家工程技术研究中心和 10 个省工程技术研究中心。并且新余市全年通过了 17 项由省级科技主管部门鉴定认同的科技成果。全年受理专利申请 1947 件，增长 63.1%；授权专利 1307 件，增长 79.8%。与此同时高新技术产业达到 93.76 亿元的增加值，其比重占地区生产总值高达 9.9%[②]。

根据十三五规划指出：要促进科技创新驱动。在加大对科技协同创新工程的实施力度的同时，促进科技与经济和创新成果与产业的对接，全面提升在经济增长和产业升级中科技创新的贡献度。强化企业创新主体地位。对高新技术企业、创新型企业以及科技型中小企业进行大力培养，推动规模以上的工业企业研发机构、科技活动使其全面覆盖。鼓励支持由企业与高校、科研机构共同建立研发中心或者院士（博士后）工作站，不断加强产学研协同创新，最终形成创新利益共同体。不论是国家（省）级重大科技项目，还是重大创新领域国家（省）级实验室都须积极争取落户。健全鼓励科技创新的体制机制。加大力度对科技服务体系进行建设，科技创新、公共服务平台以及科技孵化器建设等也要重点支持。在完善科研成果转移转化的激励机制的基础上进行创新，在不断探索的同时试行科研成果处置权、股权激励等政策。加大对自主创新的扶持力度，并且对知识产权实行更强而有力的运用和保护。推进大众创业万众创新。为使创新创业成为推动新余发展的新引擎，不仅需要放宽政策、放开市场、放

---

① 新余市 2015 年国民经济和社会发展统计公报。
② 同上。

活主体，还需要对众创、众包、众扶、众筹进行全面推进。加快建设人才强市。首先必须坚持党管人才原则，其次深入地实施人才优先发展战略，贯彻落实新余 2010—2020 年的人才发展规划，加快地对人才管理改革试验区的建设进行推进，从而进一步完美打造出一方人才创新高地 [1]。

（3）得分结果

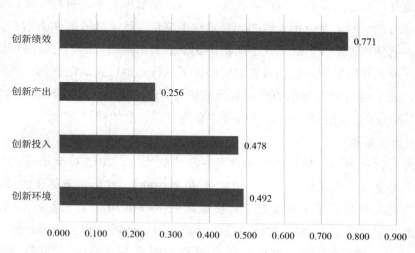

图 6.11.5　新余市一级指标得分结果

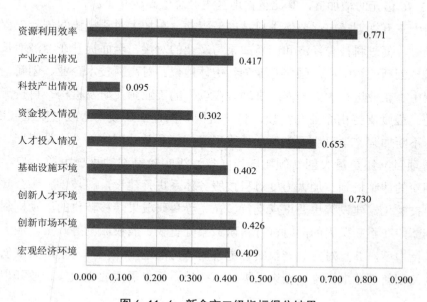

图 6.11.6　新余市二级指标得分结果

---

① 新余市国民经济和社会发展第十三个五年规划纲要。

（4）创新评价

新余市在 116 个资源型城市中创新指数排名第 24 位，位置靠前。其中，新余市四项一级指标的得分分别为：创新环境 0.492、创新投入 0.478、创新产出 0.256 和创新绩效 0.771，排名分别位于 10、44、78、12 位，其中创新环境与创新绩效排名很靠前，对创新指数的排名贡献较大，其次为创新投入，而表现最差的是创新产出，该指标的排名相对靠后。

在创新环境方面，新余市位列全国所有资源型城市第 10 名。由创新环境的各项分项指标的评分结果分析，新余市宏观经济环境、创新市场环境、创新人才环境和基础设施环境得分分别为 0.409、0.426、0.730、0.402，在所有资源型城市的排名中占据了第 21 名、第 26 名、第 5 名以及第 40 名的位置。其中，宏观经济环境、创新人才环境和创新市场环境都处于上游水平，但基础设施排名略为靠后。由此可得，新余市的基础设施建设还有待于提升。

在创新投入方面，新余市的得分和排名相对较低，创新投入的得分为 0.478，排名位列第 44 位，在一定程度上拉低了总体创新指数的排名。其中，人才投入情况得分为 0.653，位列第 30 位；资金投入情况的得分为 0.095，位列第 62 位。因此，新余市需要加大研发经费支出，加强在科技创新、教育事业方面的公共财政支出水平。

在创新产出方面，新余市的得分和排名也相对较低，创新产出的得分为 0.256，排名位列第 78 位，拉低了总体创新指数的排名。从分项指标来看，科技产出情况包含的两项三级指标中，专利申请授权量和企业商标拥有量得分分别为 0.144 和 0.050，排名分别位于第 52 位和第 98 位。因此可以看出新余市的科技产出水平还有加强的空间。产业产出情况包含的三项指标中，矿产资源开发年税金占公共财政收入的比重得分为 0.943、矿产资源开发综合利用产值占 GDP 的比重得分为 0.029、第三产业占 GDP 的比重得分为 0.496，并分别占据了第 32 名、第 66 名、第 51 名的位置。因此，可以看出新余市在第三产业占 GDP 的比重方面不太理想，且矿产资源开发综合利用率也不高。

新余市在创新绩效方面取得的成效显著，得分 0.771，排名第 12。由各项分项指标分析，全员劳动生产率、能源消费弹性系数、单位 GDP 能耗、单位 GDP 矿石开采量排名分别为第 9 名、第 106 名、第 67 名和第 26 名。这说明新余市的劳动生产率很高，单位 GDP 矿石开采量较低，但能源利用效率较低，导致能源消费弹性系数和单位 GDP 能耗排名均不理想，尤其是能源消费弹性系数，该指标排名非常靠后。

（5）政策建议

从指标评价结果来看，新余市的主要问题在创新产出和创新投入方面。因此，在未来首先应努力提升新余市的科技成果产出水平，同时应注意加快城市转型和产业转型，促进产业结构的优化升级，提高第三产业占 GDP 的比重，还应加强资源的循环利用，增加矿产资源开发综合利用产值，从而提升新余市创新产出水平；其次还应加大对创新发展的重视程度，提升创新的资金投入水平；最后还应通过技术进步等方式来提升能源利用效率，降低该市的能源消费弹性系数和单位 GDP 能耗水平，从而补缺创新驱动发展中的短板，推动新余市城市创新发展。

新余市应当积极推动对人才结构的调整。坚持以人才引领产业的原则，而人才须以产业进行聚集，明确突出"高精尖缺"导向，并且为更大力度地引进高层次、创新型、高技能的人才，需要采取更加开放的人才引进政策。创新人才工作体制机制也是当下新余市需要完成的任务。对人才评价的激励机制进行不断完善，遵循市场发现、认可最后再到评价的程序，促进人才服务向市场化、社会化进行发展。建立及完善人才服务保障机制，对人才培养、引进等政策措施进行落实，使来得了、留得住、流得动、用得好成为创新创业人才的基准。推动"互联网+"行动计划。特别是重点推进"互联网+"智能制造、智慧旅游、普惠金融、高效物流、电子商务和绿色环保等重大工程，从而将新余市培育发展成新产业、新业态、新模式的一个城市。

至于基础设施方面，为了实现城乡规划管理的一体化，必须理顺其管理体制。对城乡规划的编制体系进行完善，正式启动城市总规实施评估以及修编工作，同时需要在交通信号灯和标志标线的设置上不断完善，城区的公共停车泊位也适当的有了增加。为了解决新余市的群众居住环境不良、生活不方便的问题，需要注重完善和管理城市细节，加大对供气管网的改造力度，同时实施配电网"手拉手"工程。而在完成廖家江改道一期工程的建设以及贯早江排水渠的改造之后，城市的内涝问题迎刃而解。完善高铁新区基础设施。对城乡路网体系进行不断完善，在欧里至东岳庙公路以及人和至洞村连接线的两个工程中，加快建设速度，正式启动欧里至双林公路的改造工程，最终完成各项养护大中修工程如上吉线、石镇线、樟排线等；推进城乡客运一体化。

6.11.4　赣州市

（1）城市概况

赣州，江西省下辖地级行政区（市），简称"虔"，也称"赣南"，处于江西省的南部，赣州不仅是江西省的南大门，更是江西省的一个面积最大、人口最多和下辖县市也最多的地级市。赣州作为江西省的省域副中心城市，不仅拥有三个国家级经济技术开发区，还有全省第一个综合保税区。赣州至今荣获多个美誉，如全国稀有金属产业基地与先进制造业基地、区域性综合交通枢纽、赣粤闽湘四省通衢区域性现代化的中心城市等。江西省重点培育以及发展的三大都市区，赣州都市区理所当然地位列其中。在 2015 年，赣州市全年地区达到了 7973.81 亿元的生产总值（GDP），较之上年有了 9.6% 的增长。其中，第一产业、第二产业和第三产业的增加值分别为 295.56 亿元、870.46 亿元以及 807.85 亿元，较之上年分别增长了 4.1%、9.8% 和 11.4%。三次产业结构比例由 2014 年的 15.3∶45.8∶38.9 调整至 2015 年的 15.0∶44.1∶40.9[①]。

作为中国重点有色金属基地之一的赣州，一直以来都有"世界钨都"、"稀土王国"的美誉。在已发现的 60 多种矿产中，包含了 10 种有色金属，10 种稀有金属，4 种黑色金属、2 种放射性金属，25 种非金属以及 4 种燃料等。经过勘查探明发现以上矿产中有工业储量的为钨、锡、稀土、铋、锂、铷、锆、铁、钛、煤、白云岩、石灰岩等接近 20 余种。此外，还发现赣州市有 80 余处的大小矿床，1060 余处的矿点以及 80 余处的矿化点。值得一提的是，赣州市拥有大概值 3000 多亿元潜在经济价值的矿产储量。中国在境内首次发现矿物有砷钇矿、黄钇钽矿。世界首次发现的新矿物——赣南矿，来源于 1983 年，国际矿物协会新矿物以及矿物命名委员会经过严谨的审查通过并且正式确认。

（2）创新发展概况

近年来，赣州市对创新驱动发展战略进行大力推进。加快建设科技创新体系，在巩固企业创新主体地位的同时，将创新要素向企业进行引导从而集中凝聚。充分发挥国家级科技创新平台带动支撑作用以及专院校和科研院所人才支撑作用，包含了以对国家离子型稀土资源进行高效开发利用为核心的工程技术研究中心和脐橙工程技术研究中心等，在加速凝聚科技要素和企业协同创新的同时对产学研用的一体化进行推进，以及促进创新的成果运用转化。当今时代，技术与金融的结合显得相当重要，科技创业投资对基金的引导作用应得到充分的发挥，科技型企业也应当对开展技术创新融资进行支持。为给科技创新提供牢靠的人才保障，必须建立和完善科技型人才的引进、培养、使用以及管理机制。2015 年，全年研究生教育招生达到了 1040 人，其余有 2927 人的在校研究生，748 人的毕业生。与此同时，2.70 万人的普通高等教育招生，8.86 万人的在校学生，2.24 万人的毕业生。包含中等专业和职业学校在内的各类中等职业教育招生达到 3.25 万人，其余有 5.51 万人的在校学生，2.74 万人的毕业生。赣州市全年通过了 51 项经过国家和省市鉴定认可的科技成果，其中有 12 项之多都达到国内先进水平。荣获 6 项省级科技成果奖和 37 项地区科技成果奖。受理专利申请 5731 项，批准授权专利 4354 项[②]。

十三五规划指出：要坚持改革创新。加大对创新驱动战略的实施力度，并且在加快科技创新、业态创新、产品创新以及管理创新的同时，不断增强自主创新能力。充

---

① 赣州市 2015 年国民经济和社会发展统计公报。
② 同上。

分发挥科技创新的引领作用并对其进行强化，着力构建一个全新的技术创新体系，其中以企业作为主体，市场成为导向以及政产学研用相结合，最终全面提升在经济发展方面科技进步的贡献力。推动重点领域创新突破。坚持以战略和前沿为导向，将创新和提升实体经济实力两者紧密结合，紧紧环绕产业链进行精密的布局创新，对于事关全局的关键技术需要集中力量加大对它的研发力度，计划与实施重大科技专项行动计划，极力争取在部分领域技术水平在国际上处于领先水平的同时，重点产品也达到国内领先或者是国际先进水平。以稀土钨新材料、新能源汽车以及高端装备制造等重点产业为中心，充分发挥钨与稀土采冶以及深加工技术国家地方联合工程研究中心、以对国家离子型稀土资源进行高效开发利用为核心的工程技术研究中心等创新平台的作用，在高性能硬质合金、高性能稀土磁性材料、新能源汽车关键零部件等领域取得创新突破。紧紧围绕农业科技创新，力争在脐橙、油茶精深加工等方面取得重大的创新突破。完善创业创新政策环境。树立创业光荣、创新可贵的价值取向，营造勇于探索、敢为人先、鼓励创新、宽容失败的社会环境。深化商事登记等相关领域制度改革，为创业者提供统一规范、宽松便捷的准入环境。加强人才队伍建设。重点培养高层次人才与急需紧缺人才，将持续增强创业创新能力作为明确的导向，对品质优秀且快速适应经济社会发展的广大人才队伍加快培养。实施"红土地人才计划"，强化企业家、专业技能人才、本土实用人才培养，建立完善政府智库、工程师资源库、企业高级经营管理人才库，最终不仅打造成一支拥有高水平的领军人才队伍，也是一支善于管理的经营人才队伍，更是一支拥有素质的产业工人队伍，统一全面地筹划推进对党政人才、社会工作人才、哲学社会科学等人才队伍的建设。

（3）得分结果

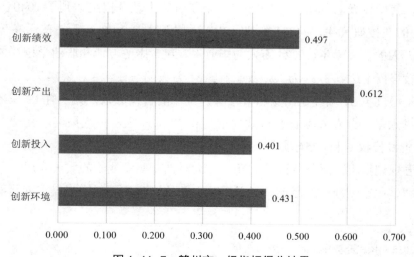

图 6.11.7　赣州市一级指标得分结果

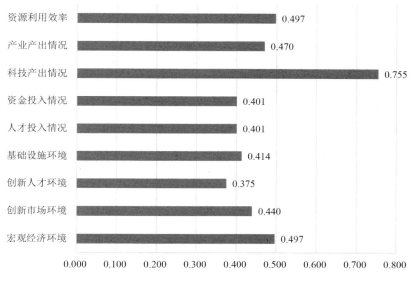

图 6. 11. 8　赣州市二级指标得分结果

（4）创新评价

赣州市在 116 个资源型城市中创新指数排名第 27 位，处于上游水平。赣州市在创新环境、创新投入、创新产出和创新绩效四项一级指标的得分分别为 0.431、0.401、0.612、0.497，分别位于 19、57、9、90 位，其中创新环境和创新产出两项排名较为靠前，对创新指数排名的贡献较大，创新投入次之，而创新绩效一项排名处于下游水平，从而拉低了创新指数的排名。

在创新环境方面，赣州市位列全国所有资源型城市的 19 位，优于总体创新指数排名。由创新环境的各项分项指标的评分结果来分析，赣州市宏观经济环境、创新市场环境、创新人才环境和基础设施环境得分分别为 0.497、0.440、0.375、0.414，其排名分别位于所有资源型城市的第 11 名、第 21 名、第 53 名和第 36 名。其中宏观经济环境排名很靠前，而创新人才环境表现相对较差，创新环境状况总体较为优异。

在创新投入方面，赣州市的得分和排名相对较低，创新投入的得分为 0.401，排名位列第 57 位，属于中游水平。其中，人才投入情况得分为 0.401，位列第 70 位；资金投入情况的得分为 0.401，位列第 37 位。相对于其他资源型城市来说，可以看出赣州市资金投入情况较好，但是其人才投入不够多，缺少对人才的培养和引进。

在创新产出方面，赣州市的得分为 0.612，排名位列第 9 位，对总体创新指数排名的贡献率最大。从分项指标来看，科技产出情况包含的两项三级指标中，专利申请授权量和企业商标拥有量得分分别为 0.488 和 0.997，排名分别位于第 16 位和第 7 位。

因此可以看出赣州市的科技产出水平较高，两项三级指标的排名均很靠前。产业产出情况包含的三项指标中，矿产资源开发年税金在公共财政收入中的占比得分为 0.919，矿产资源开发综合利用产值在 GDP 中的占比得分为 0.065，第三产业在 GDP 中的占比得分为 0.629，其分别占据了第 43 名、第 48 名、第 32 名的排名。可以看出赣州市矿产资源开发和利用效率还不错，第三产业占比较高，说明赣州市的产业结构升级工作取得了较好的成效。

赣州市在创新绩效方面表现很不理想，得分 0.497，排名第 90。由分项指标得知，全员劳动生产率、能源消费弹性系数、单位 GDP 能耗、单位 GDP 矿石开采量分别位于第 71 名、第 111 名、第 26 名和第 72 名。说明赣州市的劳动生产率较低，其经济发展对于矿产资源的依赖程度较大，能源消费增速过快。

（5）政策建议

从指标评价结果来看，赣州市的主要问题在创新绩效和创新投入。因此，建议在未来赣州市应注重运用科技进步等方式来提升能源和资源的利用效率，从而降低能源消费系数和单位 GDP 矿石开采量，同时还应注重人员的培训、激励和优化配置，提升全员劳动生产率水平；其次应注重加强创新的人财物投入，由于赣州市资金投入情况较好但人才投入情况较差，因此尤其应加大人才投入力度，加强赣州市人才的培养和引进力度。

具体来看，应注重全方位扩大人才引进。完善人才引进优惠政策，健全人才引进工作机制，加大引才引智力度，积极引进国外、境外、省外和市外各类人才和智力，将赣南籍在外的高端人才吸引而来。不断加强与国家"创新人才推进计划"、"千人计划"、和省"赣鄱英才 555 工程"、"百千万人才工程"等重大人才工程对接，采取柔性引才方式，大力引进具有国际国内行业领先水平的高端人才。

营造良好的人才发展环境。创新人才发现、评价和使用机制，完善人才流动、激励、保障制度和留住人才的政策体系，构建有利于创业创新的人才发展政策体系。打破创新人才自由流动的体制机制障碍，促进人才在不同性质单位和不同地域之间自由流动，鼓励人才兼职兼业，用好用活各类人才。全方位保障人才可以通过知识、技术、管理等多项创新要素参与利益分配，从而得以强化对人才的物质激励和精神激励。积极发展人力资源服务业，完善人才服务保障体系，着力解决好引进的重点高层次人才的配偶就业和子女入学等问题。

大力推进科技协同创新。整合用好已有创新平台资源和市内外科技资源，加快组建一批重点实验室、工程研究中心、企业技术中心、科技企业孵化器、产业技术联盟、产学研平台、科技金融服务平台，最终成功打造一批协同创新平台以及成果转化基地，创建与设立赣南科学院科技协同创新中心，加大对国家级、省级高新区的建设力度，改善科技创新的基础条件。与此同时，企业与科研院所、高等院校进行紧密相间的科研合作，共同建设实验室、研发中心、博士后实践基地等载体。

强化企业创新主导作用。将各种创新要素向企业进行引导从而使其聚集，积极促进企业真正成为技术研发以及成果应用转化的主体。加大力度培育创新型企业，全面实施科技型和高新技术企业"双倍增"工程，同时一批高新技术企业被新增认定。鼓励大企业、大集团针对核心关键技术进行重点攻关，使自主知识产权和核心竞争力的形成速度得到进一步提升，最终培育出一批科技创新领军企业。

优化科技创新环境。为了形成在创新活力竞相迸发与创新成果高效转化的同时创新价值也能得到充分体现的政策机制和体制架构，必须深化科技体制的改革。加大对研发的投入，让财政科技投入机制更加完善，对科技专项和基金管理分别进行强化和引导。全面贯彻落实普惠性创新支持政策，加大在财税、金融方面的支持力度。实行严格的知识产权保护制度。将成果转化激励机制进行完善，使科技成果与市场对接的双向互动以及良性循环能够得以实现。在大力引进国内外先进科技成果后对其积极推动进行转移转化。

6.11.5 宜春市

（1）城市概况

宜春地处江西省的西北部，下辖袁州区、樟树市、丰城市等 10 个县市区以及明月山温泉风景名胜区、宜阳新区和宜春经济技术开发区 3 个特色区；占地总面积为 1.87 万平方公里，约占全省面积的 1/9；总人口为 600 万，在江西省排在第三位。自汉代建县以来，迄今已有 2200 多年的历史。2015 年全年实现的地区生产总值为 1621.02 亿元，与上年相比增长 9.5%。其中：第一产业实现的增加值为 236.04 亿元，同比增长 4%；第二产业实现的增加值为 848.6 亿元，同比增长 10%；第三产业实现的增加值为 536.38 亿元，同比增长 11.6%。三次产业结构调整为 14.6:52.3:33.1[1]。

宜春市市内矿产资源极其丰富，有金属矿产 24 种和非金属矿产 29 种。主要有：有色金属（含贵金属）、黑色金属、建筑材料及冶金辅助矿产等，并且有着极大的优势，以稀有金属为例，它有钽、铌，还有非金属矿产中的煤炭、石灰岩和建筑材料矿产等。其中，宜春四一四矿藏被誉为世界上最大的锂云母矿，因其开采量在世界占比 70% 以上，其中有锂、钽、铌、铷、铯等多种贵重金属。钽资源储量 16119 吨，占全国的 19.06%，占世界的 12.43%。同时能源矿市内原煤储量位列全省第一，占全省储存量的 45.34%，也就是 6.09 亿吨。全市共有 182 处煤炭生产矿井，大量分布在市内 7 个县市

---

① 宜春市 2015 年国民经济和社会发展统计公报。

区，34个乡镇中，而主要分布在浙赣铁路两侧和锦江流域一带。值得一提的是，市内的煤炭资源不仅储存量极为丰富，而且品种也是十分齐全，多种多样。根据预测，全市境内有高达6.86亿吨的煤炭资源量，占全省预测煤炭资源量的比重为49.89%[①]。

（2）创新发展概况

近年来，宜春市实施创新驱动战略。在2015年，全市国有企事业单位拥有包括具中级以上职称36907人在内，总计72948人的各类专业技术人员。宜春市全年达到总数30个的省级科技创新平台，其中有7个是新增的；分别争取到143项省级以上科技项目和1.02亿元科技经费；67项科技成果和重点新产品通过鉴定的同时，103项省级科技成果也通过了登记；受理了90项技术合同的登记，最终达到2.2亿元的合同成交金额；专利申请3348件、授权2033件[②]。

根据十三五规划指出：坚持自主创新、重点跨越、支撑发展以及引领未来的方针，为转变经济发展方式，同时须将科技进步和创新作为重要支撑将科技成果向现实生产力方向进行转化。推动重点领域创新突破。整个城市发展的核心战略为自主创新，并对宜春市的经济、科技、教育以及社会发展的各个方面进行全面贯穿。在大力提升全市科技综合实力的同时，贯彻落实对宜春科技创新示范区的建设。大力发展新科技产业，如锂电新能源、生物医药、新材料等，大量引进和精心培育使用高新技术嫁接改造食品、化工等传统产业，使高新技术产业的比重能够得到提升，极力争取在产业共性和核心关键技术上能够取得重大突破，具有自主知识产权和品牌的产品开发价值极高，调整产业结构和转变发展方式的速度都须逐渐加快。完善科技创新体制机制。全面落实普惠性财税支持政策和企业研发费用加计扣除政策，在经过探索后建立政策性科技担保公司以及科技保险公司。因知识产权的重要性，须严格实行完善的知识产权保护制度，建设知识产权侵权查处快速反应机制后对其不足的地方加以补充，知识产权奖励政策的完善也会有极大的激励作用。加大对创新产品的首购、订购政策的支持力度。建立一个完整的科技合作机制，其中以政府为导向、企业为核心、高校和科研院所起支撑作用，重点突出企业在科研合作机制中的主体地位，对企业主导产业技术研发创新的体制机制进行不断完善。建立健全鼓励企业创新的政策体系，引导企业加大创新投入，鼓励大企业、大集团开展基础性前沿性创新研究，与产业体系紧密结合，最终打造一批协同创新平台、团队以及成果转化基地。在加强商标品牌建设的同时，将品牌提升作为推动对象，最终引导和支持企业开发一批具有自主知识产权和自主品牌的产品[③]。

---

① 宜春市人民政府网。
② 宜春市2015年国民经济和社会发展统计公报。
③ 宜春市国民经济和社会发展第十三个五年规划纲要。

（3）得分结果

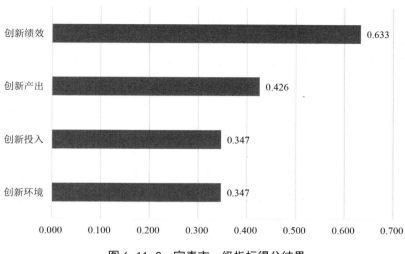

图 6.11.9　宜春市一级指标得分结果

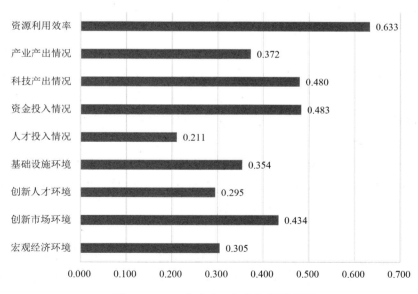

图 6.11.10　宜春市二级指标得分结果

（4）创新评价

宜春市在 116 个资源型城市中创新指数排名第 42 位，处于中上游水平。宜春市创新环境、创新投入、创新产出和创新绩效四项一级指标的得分分别为 0.347、0.347、0.426、0.633，分别位于 44、73、31、48 位，除创新投入外，其中各项排名差距不大，大致均处于中上游水平。

在创新环境方面，宜春市位列全国所有资源型城市的 44 位。由创新环境的各项分项指标的评分结果得知，宜春市宏观经济环境、创新市场环境、创新人才环境和基础设施环境得分分别为 0.305、0.434、0.295、0.354，其排名分别位于所有资源型城市的第 38 名、第 22 名、第 74 名和第 65 名。其中宏观经济环境和创新市场环境排名较为靠前，而创新人才环境和基础设施环境则相对较差。

在创新投入方面，宜春市的得分和排名相对较低，创新投入的得分为 0.347，排名位列第 73 位，这在一定程度上拉低了总体创新指数的排名。其中，人才投入情况得分为 0.211，位列第 93 位；资金投入情况的得分为 0.483，位列第 24 位。相对于其他资源型城市来说，宜春市的人才投入处于低层次水平，而资金投入位于前列，说明宜春市虽然在创新方面投入较多资金，但是人才引进措施需要改善，可以提供更多人才吸引机会，提高本市的人才素质水平。

在创新产出方面，宜春市的得分和排名则相对较高，创新产出的得分为 0.426，排名位列第 31 位，对总体创新指数排名的贡献率最大。从分项指标来看，在科技产出情况方面，专利申请授权量、企业商标拥有量得分分别为 0.254 和 0.684，排名分别位于 34 和 16 位，两项三级指标的排名均较理想。产业产出情况方面，矿产资源开发年税金占公共财政收入的比重得分为 0.950，位于第 28 名；矿产资源开发综合利用产值占 GDP 的比重得分为 0.110，位于第 40 名；第三产业占 GDP 的比重得分为 0.256，位于第 86 名。可见矿产资源开发综合利用产值占 GDP 的比重较为理想，但第三产业占 GDP 的比重比较低，说明宜春市的产业结构仍有待改善和提升。

宜春市在创新绩效方面相对排名略为靠后，得分为 0.633，位于第 48 名。从分项指标来看，全员劳动生产率、能源消费弹性系数、单位 GDP 能耗、单位 GDP 矿石开采量分别位于第 66 名、第 77 名、第 51 名和第 49 名。可见宜春市的能源和资源利用效率不太理想，全员劳动生产效率也急需提高。

（5）政策建议

从指标评价结果来看，宜春市的主要问题在创新投入、创新绩效和创新环境。因此，在未来首先应加强创新人财物投入，由于宜春市在人才投入情况的排名很不理想，因此在未来尤其应加大该市的创新人才投入力度；同时还应注意加快城市转型和产业转型，促进产业结构的优化升级，提高第三产业占 GDP 的比重，从而提升宜春市创新产出水平；为使宜春市创新发展能够得到优良的环境基础，应再次加强对本市创新人才环境和基础设施环境的建设；应注重运用科技进步等方式来提升能源和资源的利用效率，促进能源消费弹性系数、单位 GDP 能耗和单位 GDP 矿石开采量得以降低，与此同时，还应注重对人才的培训、激励和优化配置，将全员劳动生产率提升更高一阶的水平。

具体来看，应大力实施人才强市战略，对人才发展环境进行改良。出台创新人才引进的相关鼓励政策，健全科研奖励报酬制度，完善科技成果转化激励机制。建立和完善人才服务保障体系，使重点引进的高层次人才的配偶和子女的就业、入学等问题能够得到高效率的解决。优化人力资本配置，建立宜春市科技精英联谊会，为优秀科技人才搭建学术交流平台。实施"百千万人才引进工程"、"优秀民营企业家素质提升工程"、"电商人才培养计划"、"创新创业筑巢引凤工程"、"市学科带头人培养支持计划"等，对于目前急需紧缺专门技术领军人才和高层次管理人才，需要进行有针对性的引进，盲目引进只会浪费资源。充分发挥院士工作站、博士后工作站、国家级和省级技术中心等的作用，积极引进和培育创新人才。

创新驱动。深入实施科技创新"六个一"工程。在不断对招贤引智机制进行完善的同时，大力加强对特色新型智库、国家陶瓷产品质量监督检验宜春分中心以及省级锂电产品质检中心的建设。加大小微企业支持力度。为形成一个"人人创新、万众创业"的全新局面，须竭力营造出鼓励探寻、允许失误、包容失败的干事创业氛围。

产业结构方面，宜春市应该使产业集聚拉动。对自身优势有明确的认识，各地将2—3个产业集群作为重点培育对象，与此同时将建材、食品、化工等打造成为千亿产业作为目标，为之拼搏奋斗。为拉动产业集聚，可以加强对项目的建设，最终使经济总量得以发展壮大。

6.12 山东

6.12.1 淄博市

（1）城市概况

淄博的地理位置位于中国华东地区、山东省中部，地处黄河三角洲高效生态经济区、山东半岛蓝色经济区两大国家战略经济区与省会城市群经济圈的重要枢纽，南依沂蒙山区与临沂相邻，北临华北平原与东营、滨州相接，东接潍坊，西与省会济南接壤，西南与泰安、莱芜相连。作为一座组群式城市，淄博城镇化率居山东省第三位，为国务院批准的"较大的市"和山东半岛经济开放区城市，是山东省的区域性中心城市、山东半岛的城市群核心城市之一和省会城市群的经济圈次中心城市。2015 年实现生产总值（GDP）4130.2 亿元，按可比价格计算，这一数据比上年增长 7.1%。互联网和相关服务业、商务服务业、科学研究和技术服务业等新兴服务业也迎来较快发展，产业结构进一步优化。三次产业比例由上年的 3.5、55.8、40.7 调整为 3.5、

54.0、42.5。全年实现第一产业增加值为 144.9 亿元，增长 4.3%；第二产业增加值为 2228.8 亿元，增长 6.8%；第三产业增加值为 1756.5 亿元，增长 7.8%。人均生产总值达 89235 元，比上年增长了 6.5%，按年均汇率折算为 14330 美元 / 人 [①]。

　　淄博市矿产资源较为丰富，现已发现矿产达 50 种（含亚矿种），其中已探明储量的矿产 28 种（含亚矿种）。已探明矿床（区）157 处（含 10 处共生矿产地），其中大型矿床有 14 处、中型矿床有 50 处、小型矿床有 93 处。耐火黏土、煤、铁、铝土矿等重要矿产主要集中分布在中部地区，矿产资源聚集度较高。保有资源储量占全省同类矿产资源储量 10% 以上的矿种达 11 种，铁矿、铝土矿（伴生钴、镓）及石灰岩、耐火黏土等矿产在全省具有明显优势，其中镓矿（伴生）、陶粒用黏土和二氧化碳气等矿产资源的保有资源储量集中分布在淄博市。淄博市有丰富的石油和天然气资源。市内高青油田东西长约 6.2 公里，南北长约 9.3 公里，面积达 58 平方公里，该油田共发现 7 套含油层系，含油断块 14 个，面积达 10.5 平方公里，储量为 1469 万吨。金家油田面积达 110 平方公里，共 5 个含油层总厚度 10 米—28 米，其固定含油面积 22.7 平方公里，埋深 200 米—1100 米，储量 3171 万吨。另外，还有高青县的花沟气田等 [②]。

　　（2）创新发展概况

　　最近几年，淄博市大力推进创新驱动发展战略。2015 年，科技事业蒸蒸日上。全年取得重要科技成果达 262 项，相较上年增加了 20 项。其中，农业领域达 20 项，工业领域达 210 项，医疗卫生领域达 32 项。达到国内、国际领先先进水平的科技成果数分别为 236 项和 26 项。全市获得省以上科学技术奖共 11 项，包含国家科学技术奖 2 项。全年签订技术合同共 366 项，技术合同成交金额达 21 亿元，比上年增长了 24.4%。全市的国内发明专利申请量达 3928 件，相较上年增长了 1.7%。发明专利授权量 1163 件，增长 71.8%。其中有效发明专利密度达 7.8 件 / 万人，增长了 33.7%。PCT 国际专利申请 57 件。该市创新平台加快建设。充分发挥城市的国家新材料高新技术产业化基地和国家生物医药、先进陶瓷、泵类、功能玻璃特色产业基地等比较优势，着重培育高新技术企业，年内通过认定的企业达 61 家，高新技术企业总数达 251 家。全面推进科技创新平台建设。含氟功能膜材料国家重点实验室正式获批建立，实现了国家级重点实验室建设为零的突破，同时省级以上的重点实验室（工程实验室）达 19 个。该市全年新建院士工作站 5 家，总数已达 71 家。新获批组建了 12 家山东省示范工程技术研究中心。全市市级以上工程（技术）研究中心以及企业技术中心达 959 家，包括省级研究中心和技术中心 251 家，国家级 13 家。全市对科技人才的

---

① 淄博市 2015 年国民经济和社会发展统计公报。

② 淄博市人民政府网。

培养、奖励力度不断加大。通过淄博英才计划评选出了首批19位淄博创新创业英才。另有4人入选山东省泰山产业特聘专家、13人入选泰山产业领军人才①。

　　根据十三五规划指出：淄博市要以重点项目为牵引。要集中力量开展100个重点技改项目、60个战略性新兴产业项目，建立起24条高新技术产业创新链，集中力量推进国家战略性新兴产业的区域集聚发展试点，加快推进传统产业改革发展，新兴产业增速发展。争取到2020年，基本实现由增长动力向创新驱动转换。以优势企业为支撑。鼓励骨干企业借由上市挂牌、兼并重组等路径，通过整合市场优势资源，实现增长补短，做大做强，大力解决淄博企业"大而不强，强而不大"的问题，促进支撑区域创新发展和产业集群集聚的支柱力量的培植；制定详而有效的措施支持齐鲁石化、山铝、淄矿、新华等中央和省属国有企业深化体制改革，发展混合所有制经济，集中力量发展一批投资规模大、技术含量高、环境友好的好项目、大项目；进一步落实支持小微型企业发展的政策措施，大力推动民营经济发展。三是以园区为载体。通过制定出台全市重点产业功能区的建设发展规划、专业化产业基地推进方案以及"飞地经济政策"，集中培植一批百亿级、千亿级产业集群和特色园区。加快推动招商引资的方式转变，增强对引进人才、技术和创新团队的重视，把"给优惠政策"转变为"搭创业平台"和创造国际化工作环境②。

　　（3）得分结果

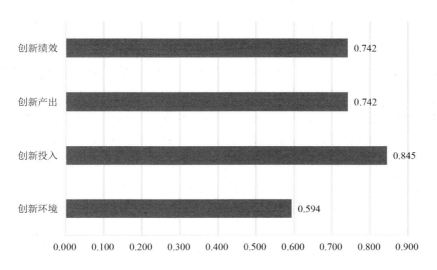

图 6.12.1　淄博市一级指标得分结果

---

① 淄博市 2015 年国民经济和社会发展统计公报。
② 淄博市国民经济和社会发展第十三个五年规划纲要。

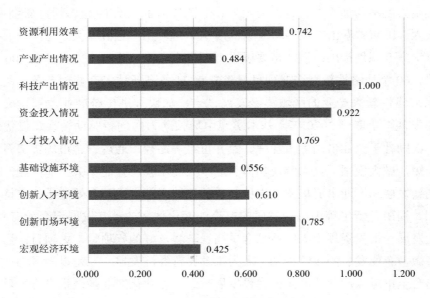

图 6.12.2　淄博市二级指标得分结果

（4）创新评价

淄博市的创新指数位列 116 个资源型城市中的第 1 位，这说明该市在创新发展方面表现最为突出。具体来看，淄博市在创新环境、创新投入、创新产出和创新绩效四项一级指标的得分分别为 0.594、0.845、0.742、0.742，排名分别位于 3、2、3、17位，其中各项排名均处于上游水平，创新绩效相对而言排名较低。

在创新环境方面，淄博市位列全国所有资源型城市的第 3 位。根据创新环境的各分项指标评分结果，淄博市宏观经济环境、创新市场环境、创新人才环境和基础设施环境得分分别为 0.425、0.785、0.610、0.556，其排名分别位于所有资源型城市的第17 名、第 1 名、第 14 名和第 9 名。其中宏观经济环境和创新人才环境排名相对较为靠后，而创新市场环境和基础设施环境均名列前茅。

在创新投入方面，淄博市的得分和排名均靠前，创新投入的得分为 0.845，排名位列第 2 位。其中，人才投入情况得分为 0.769，位列第 24 位；资金投入情况的得分为 0.922，位列第 1 位。相对于其他资源型城市来说，淄博市的人才投入情况次于资金投入状况，在今后淄博市需要提升创新人才投入水平。

在创新产出方面，淄博市得分为 0.742，排名位列第 3 位。从分项指标来看，在科技产出情况方面，专利申请授权量、企业商标拥有量得分分别为 1.000 和 1.000，排名均位于第 4 位。产业产出情况方面，第三产业占 GDP 的比重、矿产资源开发年税金占公共财政收入的比重、矿产资源开发综合利用产值占 GDP 的比重这三项指标得分依次为 0.716、0.937、0.018，其排名分别位于第 22 名、第 34 名、第 78 名。可见矿产资源开发综合利用产值占 GDP 的比重相对于其他城市较低，第三产业占比较高，说明淄博市的产业结构良好，第三产业发展势态良好。

淄博市在创新绩效方面得分 0.742，排名第 17。从分项指标来看，全员劳动生产率、能源消费弹性系数、单位 GDP 能耗、单位 GDP 矿石开采量的分别位列第 31 名、第 19 名、第 45 名和第 23 名。由上可知，各项指标的排名均较好，但在单位 GDP 能耗方面也有一定的改进和提升空间。

（5）政策建议

从指标评价结果来看，淄博市的创新发展情况十分优异，在所有样本城市中排名为第 1 名。其中创新绩效一项相对较为落后，在今后应注重提升能源利用效率，加强科技投入，以改善单位 GDP 能耗，与此同时，还应注重对人才的培训、激励和优化配置，进一步提升全员劳动生产率，从而提高淄博市创新绩效水平；最后，还应进一步改进矿产资源的开发利用方式，提高淄博市矿产资源利用效率与经济效益，增加矿产资源产品的附加值，从而提高淄博市创新产出水平。

进一步具体来看，淄博市要坚持大力推进创新驱动发展战略。全方面推进技术创新、管理创新、产品创新、市场创新和商业模式创新，增强转型发展活力。一是加速高新技术产业化。坚持"创新要实"，通过企业主体地位的加强，新材料等开放式中试基地的建设，支持创新型中小企业利用多层次资本市场上市挂牌融资，大力引进和发展风险投资、创业投资，链接资本市场与创新市场的对接通道，加速推进科技成果资本化、市场化发展。二是提高区域创新功能。支持淄博高新区加快建设国家创新型科技园区，通过完善鼓励高新区创新成果扩散的政策，增强区域创新的辐射带动功能。建设好技术创新的公共服务平台、打造创新孵化器和创新创业苗圃，提高企业协同创新、集成创新能力，强化地区的知识产权保护，营造有利于大众创业、万众创新的制度环境和社会环境。三是强化人才支撑。加强企业家队伍体系的培训，培养高素质企业家群体。全面开展淄博英才计划，加强与国家以及省外专局的合作，积极引进"千人计划"专家等高层次人才。充分发挥山东理工大学的智力支撑作用，积极推进全市职业教育发展和校企合作、国际合作办学，为大规模创新发展提供人才保障。

6.12.2 枣庄市

（1）城市概况

枣庄是位于山东省南部的一个地级市。东靠临沂，西邻微山，南依徐州，北接邹城。截至 2016 年 2 月，枣庄总面积达 4563 平方公里，常住人口共 394 万，行政区划有辖市中区、薛城区、峄城区、山亭区、台儿庄区和滕州市。枣庄是著名的煤矿城市。2009 年被批准成为国务院政策支持的东部地区唯一的转型试点城市，2013 年又被国务院列为中国老工业城市的重点改造城市。2015 年全市实现生产总值（GDP）2031.00 亿元，按可比价格计算，比上年增长 7.1%，是 2010 年的 1.5 倍，"十二五"期间，年均增长 9.6%。2015 年，第一产业增加值为 154.11 亿元，增长了 4.0%；第二产业增加值为 1070.19 亿元，增长了 6.7%；第三产业增加值为 806.70 亿元，增长了 8.3%。三次产业结构由 2010 年的 8.6、60.1、31.3 调整为 7.6、52.7、39.7[①]。

枣庄市境内已发现矿种达 57 种，其中包含已查明资源储量的矿种 12 种。其中，煤炭保有量达 171771 万吨，铁矿石保有量达 4178 万吨，铜矿石保有量达 98 万吨，铝土石保有量达 164 万吨，石膏保有量达 44258 万吨，水泥用灰岩保有量达 224981 万吨，磷保有量达 9008 万吨，耐火黏土保有量达 892 万吨，熔剂用灰岩保有量达 183 万吨，水泥用黏土保有量达 550 万吨，电石用灰岩保有量达 531 万吨，饰面用花岗岩保有量达 394 万平方米。

（2）创新发展概况

最近几年，枣庄市大力推进创新驱动发展战略。2015 年，科技事业健康发展。枣庄高新区已创建成为国家级高新区。全市获得省科技进步奖三等奖 1 项，共评出市科技进步奖 120 项。新认定的高新技术企业有 21 家，复审通过 9 家；首批认定的科技型中小企业达 142 家。鲁南技术市场技术贸易项目登记 604 项，技术交易额达 7.09 亿元，增长了 10%。全市创新平台建设进一步加强。全年新增省级示范工程技术研究中心 1 个；枣庄高新区阳光生产力创客工场获准得到首批省级众创空间认定；峄城国家农业科技园区获得科技部批准；国家火炬滕州市玻璃精深加工特色产业基地科技部评审通过；滕州市、市中区、薛城区和峄城区省级农业科技园的建设得到省科技厅认定。人才队伍建设有序推进。愚公机械的宋峰被评选为科技部创新创业人才；新认定的山东省泰山产业领军人才有 5 人；实施山东省西部经济隆起带基层科技人才支持计划 17 个；实施"枣庄英才"集聚工程，拟定了首批"枣庄英才"24 人。引进了"千人计划"、泰山学者等高层次人才共 12 名。高新技术产业不断发展。全市规模以上高新技术企业 256 家，工业总产值实现额为 702.97 亿元，增长了 7.9%，占规模以上工业总量的比重达到 19.83%，比上年提高了 1.02 个百分点。科技创新能力增强。专利申请 3973 件，增长 31%。全年发明专利申请首次超过千件，发明专利申请量共 1170 件，增长了 47%。专利授权量达 2446 件，增长了 47%；发

---

① 枣庄市 2015 年国民经济和社会发展统计公报。

明专利授权量为 179 件，增长了 23%。企业已成为专利创造新主体，工业企业的专利申请达 2128 件，占比 54%；专利授权达 1341 件，占比 55%。新增 PCT 国际专利申请 2 件，累计国际专利申请已达到 10 件，截至目前已获得美国、日本、加拿大等国外专利授权 5 件 [①]。

　　根据十三五规划指出：到 2020 年，全市各级各类孵化器数量将达到 20 家，毕业企业将达到 300 家以上。枣庄将利用国家自主创新示范区、大学科技园、商贸企业集聚区等现有资源条件，探索并推广创客空间、创新工厂等新模式。通过实施弹性学制，改革学籍学业管理制度，放宽学生修业年限，允许学生调整学业进程、保留学籍休学创新创业等政策，鼓励大学生创新创业。农村地区则通过支持农民网上创业，促进"互联网+"和电子商务的发展，学习并推广"淘宝村"的发展经验，建设一批"电商示范村"。到 2020 年，枣庄计划建成 3D 打印技术应用研究中心等一批高端项目，"十三五"期间将在枣庄英才集聚工程的引领下，面向海内外引进和培养 100 名创新创业领军人才。同时计划每年至少培养 1000 名"金蓝领"，扩大高级技师的数量规模 [②]。

　　（3）得分结果

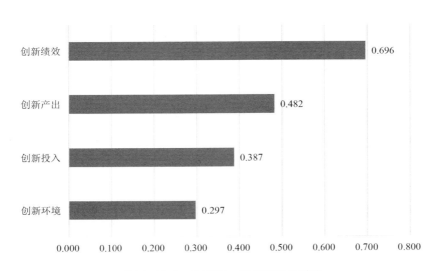

图 6.12.3　枣庄市一级指标得分结果

---

① 枣庄市 2015 年国民经济和社会发展统计公报。
② 枣庄市国民经济和社会发展第十三个五年规划纲要。

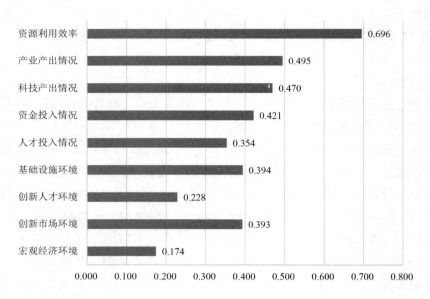

图 6. 12. 4　枣庄市二级指标得分结果

（4）创新评价

枣庄市在 116 个资源型城市中创新指数排名第 31 位，处于中上游水平。枣庄市在创新环境、创新投入、创新产出和创新绩效四项一级指标的得分分别为 0.297、0.387、0.482、0.696，分别位于 71、62、20、30 位，其中创新环境与创新投入两项较为落后，创新产出与创新绩效均处于中上游水平。

在创新环境方面，枣庄市位列全国所有资源型城市的 71 位，这较大程度地拉低了总体创新指数的排名。根据创新环境的各项分项指标评分结果，枣庄市宏观经济环境、创新市场环境、创新人才环境和基础设施环境得分分别为 0.174、0.393、0.228、0.394，其排名分别位于所有资源型城市的第 91 名、第 32 名、第 87 名和第 45 名。其中宏观经济环境和创新人才环境两项排名均处于下游水平，说明枣庄市应在这两方面进行改善和提升。

在创新投入方面，枣庄市的得分为 0.387，排名位列第 62 位，落后于总体创新指数排名。其中，人才投入情况得分为 0.354，位列第 76 位；资金投入情况的得分为 0.421，位列第 30 位。相对于其他资源型城市来说，枣庄市的人才投入情况并不理想，今后应增加人才方面的投入。

在创新产出方面，枣庄市的排名则相对较高，创新产出的得分为 0.482，排名位列第 20 位，对总体创新指数排名的贡献率最大。从分项指标来看，在科技产出情况方面，专利申请授权量、企业商标拥有量得分分别为 0.368 和 0.562，排名分别位于

24 和 21 位。产业产出情况方面，矿产资源开发年税金占公共财政收入的比重、矿产资源开发综合利用产值占 GDP 的比重、第三产业占 GDP 的比重三项指标得分分别为 0.772、0.244、0.595，其排名分别位于第 77 名、第 23 名、第 40 名。可见枣庄市矿产资源开发综合利用产值占 GDP 的比重较高，第三产业占比也较高，但枣庄市需要在矿产资源开发年税金占公共财政收入的比重方面进行改善。

枣庄市创新绩效得分为 0.696，位列第 30 位，排名相对较好。从分项指标来看，全员劳动生产率、能源消费弹性系数、单位 GDP 能耗、单位 GDP 矿石开采量的排名分别位于第 42 名、第 23 名、第 29 名和第 54 名。可见，枣庄市在全员劳动生产率和单位 GDP 矿石开采量方面都有进一步的提升空间。

（5）政策建议

从指标评价结果来看，枣庄市在创新环境和创新投入两方面尤需改善。在未来枣庄市首先应加强宏观经济环境和创新人才环境建设，从而为该市创新发展提供良好的环境基础；其次应加强创新的人财物投入，尤其应加强人才投入力度，加强对人才的培养和引进；最后应加强人员的培训、激励和优化配置，提升全员劳动生产率水平，同时还应进一步推进产业结构的转型升级，提升资源的利用效率，降低单位 GDP 矿石开采量水平，从而补缺枣庄市创新驱动发展中的短板，推动城市创新发展。

具体来看，枣庄市应加快推动创新驱动发展战略实施。进一步发挥科技对经济社会发展的引领和支撑作用，更多依靠人才资源、技术进步推动经济增长。突出建立企业创新主体地位，积极创建高层次的创新平台。发挥城市产业技术的协同创新中心作用，深化同高等院校、科研院所的合作，围绕重点产业开展创新专项计划，突破一批关键技术，增强产业、企业、产品的核心竞争力。通过抓好科技企业孵化器建设，打造科技成果转化基地，助推新兴产业发展。

加强中小企业公共服务平台建设，大力推进个转企、规下转规上、规上转股改、股改企业挂牌上市，出台鼓励大众创业与万众创新的帮扶政策，让更多"创客"脱颖而出，促进民营经济繁荣发展。实施英才集聚工程，突出产业发展、科技创新、教育医疗等重点领域，引进培养创新创业领军人才，为转型发展提供强有力的智力支撑。

6.12.3 东营市

（1）城市概况

东营市是山东省地级市，建立于 1983 年 10 月，现为黄河三角洲的中心城市。位于山东省东北部、黄河入海口的三角洲地带。东营市作为中国第二大石油工业基地胜利油田的崛起地，被评为中国"六大最美湿地之一"。东营市的区位优势明显，东临渤海，与日本、韩国隔海相望，北依京津唐经济区，南靠山东半岛经济区，向西辐射广大内陆地区，是环渤海经济区的重要枢纽、山东半岛城市群的重要组成部分，处于连接中原经济区与东北经济区、京津唐经济区与胶东半岛经济区的枢纽位。2015年，全市实现生产总值（GDP）达 3450.64 亿元，按可比价格计算，比上年增长了6.9%。其中，第一产业实现增加值为 117.75 亿元，增长了 4.1%；第二产业增加值为2230.61 亿元，增长了 6.6%；第三产业增加值为 1102.28 亿元，增长了 7.9%。从产业结构看，第一产业的增加值占 GDP 的比重 3.4%，与 2014 年基本持平；第二产业的增加值占 GDP 的比重 64.7%，较 2014 年下降了 1.9 个百分点；第三产业的增加值占 GDP 的比重 31.9%，较 2014 年提高了 1.9 个百分点。人均生产总值达 163938 元，增长了 6.3%，按年均汇率折算为 26327 美元[①]。

东营市矿产资源主要有石油、天然气、卤水、煤、地热、黏土、贝壳等。胜利油田已找到不同类型油气田 81 个，累计探明石油地质储量 54.08 亿吨。2014 年，在东部探区发现第 81 个油田 —— 三合村油田，实现连续 6 年每年发现一个新油田。东营区域地下卤水储量 11.89 亿立方米，深层盐矿主要分布在东营凹陷地带，探明岩盐资源量 1097 亿吨。2014 年，全市加快岩盐探矿权公开出让进程，完成征收矿产资源补偿费 8.06 亿元。煤的发育面积约 630 平方公里，主要分布于广饶县东北部、河口区西部，探明煤资源量 61.8 亿吨。地热资源主要分布在渤海湾南新户、太平、义和、孤岛、五号桩地区及广饶、利津部分地区，分布面积约 5655 平方公里，探明地下热水资源量 3447 亿立方米，是全省地热资源最丰富的地区，近年全市年开采量约为 660万立方米。2014 年，市矿产资源储备与勘查开发有限责任公司取得全市 4 个地热探矿权，总勘查面积 397.67 平方公里[②]。

（2）创新发展概况

近年来，东营市大力推动创新驱动发展战略的实施。2015 年科技创新能力不断提升。国家大学科技园园区的建成区设施面积已达 27 万平方米。全年"生态谷"新增入园机构 57 家，园区机构总数已达 330 家。新认定的高新技术企业达 20 家，新认定的市级科技型企业达 63 家。科技银行的试点工作取得突破进展，已获批组建科技支行，全年共有 23 家科技型企业批准获得科技贷款 3.49 亿元，财政贴息达 166.43 万元。规模以上的工业高新技术产业实现产值达 4644.71 亿元，增长了 5.5%，占规模以上工业总产值的比重为 35.0%，比年初提高了 0.4 个百分点。全市的"千人计划"

---

① 东营市 2015 年国民经济和社会发展统计公报。
② 东营市人民政府网。

特聘专家总数已有 7 名，6 家企业已获批设立"泰山学者"岗位。科研服务体系建设得到稳步推进。2015 年末，全市工程技术研究中心有 50 家，其中国家级工程技术研究中有 1 家，省级示范工程技术研究中心有 8 家；全市院士工作站有 13 家，博士后工作站有 9 家；省级企业重点实验室有 5 家。全市的众创空间场地面积发展到 10.14 万平方米，入驻的企业的创业团队数量达 607 家；全市各类孵化园面积达到 76.1 万平方米，在孵企业有 879 家。全市获山东省科技进步奖共 7 项，其中一等奖 1 项。同时获山东省技术发明奖共 1 项。2015 年新增境内注册商标 2085 件，增长 22.3%。马德里国际注册商标新增申请量 107 件。截至 2015 年末，全市共有驰名商标 32 件，山东省著名商标 92 件。全年发明专利申请量 1318 件，发明专利授权量 309 件，有效发明专利量 1004 件，专利密度 4.82 件 / 万人 [1]。

在十三五期间，东营市深入推进实施创新驱动发展战略。充分发挥科技创新在全面创新中的引领带动作用，大力增强创新要素的承载能力和聚集能力，突出集成创新、原始创新和引进消化吸收再创新，支持引领性、标志性、颠覆性的技术开发项目实施，实施一批重大的科技项目，争取抢占科技制高点。推动政府职能由研发管理向创新服务转变。抓住列为科技创新服务体系建设试点城市的机遇，推动政产学研结合，营造勇于探索、鼓励创新、宽容失败、褒奖成功的创新生态。拥护优势产业的科技创新，加快推进新能源、新材料、生物医药、智能制造等领域的核心技术。针对瓶颈的制约问题，设计系统性的技术解决方案。贯彻落实企业的研发费用在税前加计扣除等优惠政策，推动设备更新和新技术应用。强化对中小企业的创新扶持力度，拉动科技型中小微型企业的发展。深化科技体制改革。成立推进科技创新工作委员会，统筹规划、协调推进全市创新驱动发展战略的实施。引导和构建产业技术创新联盟，面向全球引进各种创新要素资源，推动协同创新、开放创新。强化技术和知识产权交易的平台建设，完善和优化科学技术创新的融资模式，构建科技金融相关专营机构，鼓励社会发展风险投资基金和股权投资基金，促进相关科技成果资本化、产业化。加快构建具有普惠性的创新支持政策体系，加大对科技创新的金融支持和税收优惠力度。加强知识产权保护、开发和利用 [2]。

---

[1]　东营市 2015 年国民经济和社会发展统计公报。
[2]　东营市国民经济和社会发展第十三个五年规划纲要。

（3）得分结果

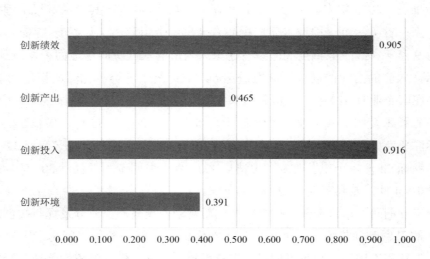

图 6.12.5　东营市一级指标得分结果

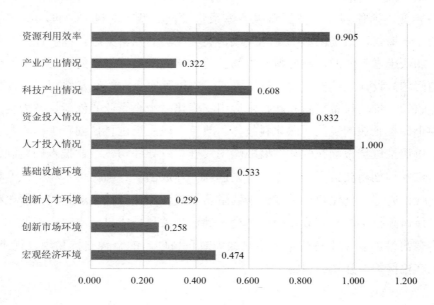

图 6.12.6　东营市二级指标得分结果

（4）创新评价

东营市在 116 个资源型城市中创新指数排名第 2 位，名列前茅。创新环境、创新投入、创新产出和创新绩效四项一级指标的得分分别为 0.391、0.916、0.465、0.905，排名分别位于 34、1、25、2 位，其中创新环境和创新产出处于中上游水平，而创新投入与创新绩效则分列第 1、2 位。

在创新环境方面,东营市位列全国所有资源型城市的 34 位,落后于总体创新指数排名。根据创新环境的各项分项指标评分结果,东营市宏观经济环境、创新市场环境、创新人才环境和基础设施环境得分分别为 0.474、0.258、0.299、0.533,其排名分别位于所有资源型城市的第 14 名、第 77 名、第 72 名和第 11 名。其中创新市场环境和创新人才环境排名较为靠后,这是拉低创新环境排名的主要影响因素。

在创新投入方面,东营市的得分和排名名列前茅,创新投入的得分为 0.916,排名位列第 1 位。其中,人才投入情况得分为 1.000,位列第 3 位;资金投入情况的得分为 0.832,位列第 4 位。相对于其他资源型城市来说,东营市的人才投入情况与资金投入状况差别不大,在未来应注重保持现有的人才投入和资金投入强度。

在创新产出方面,东营市的得分和排名也相对较低,创新产出的得分为 0.465,排名位列第 25 位,拉低了总体创新指数的排名。从分项指标来看,在科技产出情况方面,专利申请授权量、企业商标拥有量得分分别为 0.702 和 0.523,排名分别位于 8 和 26 位。产业产出情况方面,矿产资源开发年税金占公共财政收入的比重、矿产资源开发综合利用产值占 GDP 的比重、第三产业占 GDP 的比重三项指标得分分别为 1.000、0.000、0.202,其排名分别位列第 4 名、第 114 名、第 92 名。可见矿产资源开发综合利用产值占 GDP 的比重相较其他城市较低,第三产业占比也较低,例如,2014 年东营市第一、二、三产业的比重分别为 3.38: 66.60: 30.02,第二产业占有较高比重,为第三产业比重的 2.219 倍,这说明东营市今后需在产业结构的调整和升级方面多下功夫。

东营市在创新绩效方面得分为 0.905,排名第 2,名列前茅。从分项指标来看,全员劳动生产率、能源消费弹性系数、单位 GDP 能耗、单位 GDP 矿石开采量的排名分别位于第 5 名、第 66 名、第 41 名和第 4 名。因此,东营市在能源消费弹性系数与单位 GDP 能耗方面有较大的改进空间。

(5)政策建议

从指标评价结果来看,东营市在创新发展方面已经取得了十分优异成绩,创新指数排名第 2 位,但在创新环境和创新产出方面尚有一定的提升空间。因此,在未来东营市首先应加强创新市场环境和创新人才环境建设,从而为该市创新发展提供较为良好的环境基础;其次应注重加强城市转型和产业转型,大力推动第三产业的发展,从而降低经济发展对第二产业和资源型行业的依赖程度,还应加强资源的利用效率,有效提高矿产资源的开发综合利用产值,从而提升创新产出的成效;再次应注重运用科技技术进步等方式来提升能源利用效率,有效降低能源消费弹性系数与单位 GDP 能耗,从而补齐东营市创新驱动发展中的短板,推动城市创新发展。

具体来看，东营市要着重发展科技园区。推动省级服务业综合改革试点的提速发展，着力提升大学科技园建设水平；以胜利科技创新园区为载体，打造高端石油装备创新创业基地；加强县域科技园区的构建，争取形成创新创业聚集区。着力增强科技研发能力。加强可持续发展研究院的创新能力培养，狠抓国家采油装备工程技术研究中心建设，推动国家电子陶瓷材料工程中心和有色金属、绿色化工产业技术研究院等平台构建加速发展。着力改革科技体制机制。人才作为创新驱动的核心要素，要深入贯彻落实重点人才工程，例如"黄河三角洲学者"、"金蓝领"培训，完善和优化人才引进、培养、使用和激励机制，争取形成高端人才。加强针对知识产权的运营和维护，积极推进国家知识产权示范城市建设。

完善区域创新体系。坚持需求导向和产业化方向，创新体制机制，加大科技投入，加强扶持服务，推进技术研发、成果转化、交流合作、企业孵化等平台建设，构建以黄河三角洲可持续发展研究院、黄河三角洲现代农业研究院、国家大学科技园为支柱，以国家采油装备工程技术研究中心等若干国家和省、市级研发平台为骨干，以中试基地、生产力中心、检验检测中心、科研仪器共享平台等创新服务组织为基础的创新服务体系。全方面发展众创、众包、众扶、众筹等新模式，全面推进大众创业和万众创新。积极引进具有鲜明特色的高水平大学和科研院所及其分支机构。支持和促进胜利经济开发区创建石油装备产业的国家级高新区。

强化企业在创新中的主体地位和主导作用。鼓励企业加大研发投入，支持城市骨干企业构建产业技术研究院、重点实验室、技术研发中心，鼓励其研发具有自主知识产权的核心技术，争取培育一批具有国际竞争力的创新型领军企业。

6.12.4　济宁市

（1）城市概况

济宁市地处山东省西南部，鲁苏豫皖四省交接地带。济宁的气候属暖温带季风气候，面积为 1.1 万平方公里，人口为 808.19 万人。济宁地区拥有悠久的历史文化，是东夷文化、华夏文明、儒家文化、水浒文化以及运河文化的重要发祥地之一。是儒家创始人至圣孔子、亚圣孟子、复圣颜回、史家左丘明的故土。元明清时代，京杭大运河的通航促进了济宁商品经济的繁荣，推动济宁成为重要的工商业城市。2015 年全市实现地区生产总值（GDP）4013.12 亿元，按可比价格计算，比上年增长 8.4%。其中，第一产业增加值 454.19 亿元、增长 4.1%；第二产业增加值 1896.13 亿元、增长 7.6%；第三产业增加值 1662.8 亿元、增长 10.7%。三次产业对 GDP 增长贡献率分别为 4.8%、48.5% 和 46.7%。三次产业结构比例为 11.3∶47.3∶41.4，与上年相比，第二产业下降 1.8 个百分点，第三产业提高 1.8 个百分点。人均 GDP 为

48529元（按2015年平均汇率折算为7792美元），比上年增加2316元，按可比价格计算，增长7.8%[①]。

济宁市矿产丰富，已发现和探明储量的矿产达70多种。其矿产资源以煤为主，其次为石灰石、石膏、重晶石、稀土、铁矿石、铜、铅等。济宁地区的含煤面积有4826平方公里，占济宁市总面积的45%，据估计储量达1500米以上的区域为178亿吨，集中分布于兖州、曲阜、邹城、微山等地。经勘探预测，济宁市的煤储量达260亿吨，约占山东省的50%，是全国重点开发的八大煤炭基地之一。济宁市的主要含煤地层大都在10层以上，可采厚度约10米。位于微山县塘湖乡郗山的稀土矿，已探明的大小矿脉有60余条，地质储量达1275万吨，其储量在国内仅次于内蒙古的白云鄂博矿。铁矿分布于汶上县李官集和泗水县北山，铜矿分布在泗水县境内北孙徐和小富庄，铅矿分布于汶上县毛村。

（2）创新发展概况

近年来济宁市深入实施创新驱动战略。2015年全市实施省级以上科技计划项目150项，争取资金1.26亿元。"济宁国家惠普软件产业国际创新园"被认定为国家国际科技合作基地，济宁高新技术创业服务中心获国家科技创业孵化链条建设示范单位，邹城省级农业科技园区晋升为国家级农业科技园区。取得重要科研成果248项，获国家科学技术奖3项，省级科学技术奖5项。全年共申请专利8699项，其中发明专利2005项。新认定国家级高新技术企业66家、达到277家，新增科技企业孵化器面积20.6万平方米、达到160万平方米。全市拥有国家重点实验室3个，国家国际科技合作基地2家，国家农业科技园区2家，国家科技企业孵化器3家，省级以上工程技术研究中心71家，新建院士工作站6家、增至55家。科技金融取得突破。全年投资科技企业10家，新增专利质押贷款5.8亿元；发放"科技创新券"，推进大型科学仪器设备协作共享，全市入网仪器原值5.5亿元，预约创新券4028单。规模以上工业高新技术产业实现产值1562.92亿元，增长12.44%，占规模以上工业总产值的比重为28.87%，比年初提高1.20[②]。

在"十三五"期间，济宁市全方位推动创新驱动发展战略的实施，加快构建国家创新型城市。发挥全面创新中科技创新的引领作用，加强全市的自主创新、集成创新和消化吸收再创新。增强企业作为创新主体的地位，并构建以企业为核心的协同创新体系，全面支持企业与科研机构、高等院校、上下游企业、行业协会等共同建设技术创新战略联盟和研发平台。通过鼓励企业参加国家重大自主创新计划，争取在生物医

---

① 济宁市2015年国民经济和社会发展统计公报。
② 同上。

药、信息技术、新材料、新能源等核心领域和关键环节取得长足突破。促进企业全面创新，全方位推进企业的产品创新、品牌创新以及产业组织创新和商业模式创新。支持"国家纺纱技术工程研究中心"等创新载体建设。鼓励济宁高新区争取成为国家自主创新示范区。加强科技创新平台建设。创新载体布局围绕产业链展开，推动创建创新公共服务平台、推动提升创新研发平台、实施产业化平台增量、科技资源共享平台推广行动计划，有序推进各级创新载体实现高效利用、开放共享、互联互通，鼓励国家公共检测检验服务平台示范区的建设发展。强化技术和知识产权交易平台的建设，推进创新成果转化。积极探索创新企业新型孵化模式，争取建设一批低成本、全要素、开放式的众创空间。深化科技体制改革。全力推动政府职能由研发管理向创新服务职能的转变。建立具有普惠性的创新支持政策体系，发挥金融支持创新作用。争取将科研人员的成果转化收益比例显著提高，完善和优化成果转化和激励机制。推动知识产权领域改革深化开展，加强对知识产权的保护[①]。

（3）得分结果

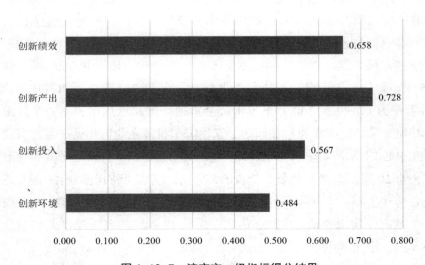

图 6.12.7　济宁市一级指标得分结果

---

① 济宁市国民经济和社会发展第十三个五年规划纲要。

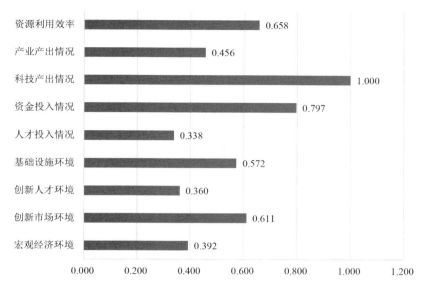

图 6.12.8 济宁市二级指标得分结果

（4）创新评价

作为 116 个资源型城市中创新指数排名第 8 位的城市，济宁市在创新环境方面得分 0.484，位列第 12 名，创新投入方面得分 0.567，位列第 24 名，创新产出方面得分 0.728，位列第 5 名，创新绩效方面得分 0.658，位列第 40 名。因此，济宁市整体排名不错，但创新绩效方面排名相对较低。

在创新环境方面，济宁市位列全国所有资源型城市的第 12 位，在 116 个城市中位于上游水平，从创新环境的各项分项指标评分结果来看，宏观经济环境、创新市场环境、创新人才环境和基础设施环境得分分别为 0.392、0.611、0.360 和 0.572，其排名分别位于所有资源型城市的第 22 名、第 3 名、第 58 名和第 6 名。因此，济宁市宏观经济环境、创新市场环境和基础设施环境均位于前列，尤其是创新市场环境和基础设施环境排名非常突出，而创新人才环境则相对欠缺。说明济宁市下一步应该重点加大人才培养和引进力度。

在创新投入方面，济宁市得分为 0.567，排名位列第 24 位，这一定程度上拉低了总体创新指数的排名。其中，人才投入情况得分为 0.338，位列第 77 位；资金投入情况的得分为 0.797，位列第 5 位。相对于其他资源型城市来说，济宁市的资金投入情况较好，但人才投入不足，这再次说明了济宁市应把人才培养和引进作为下一步经济工作和创新发展工作的重中之重。

在创新产出方面，济宁市的得分和排名优异，创新产出的得分为 0.728，排名位列第 5 位。从分项指标来看，在科技产出情况方面，专利申请授权量、企业商标拥有量得分分别为 1.000 和 1.000，排名均为第 5 位。产业产出情况方面，矿产资源开发年税金占公共财政收入的比重、矿产资源开发综合利用产值占 GDP 的比重、第三产业占 GDP 的比重得分分别为 0.655、0.170 和 0.660，其排名依次位列第 91 名、第 31 名、第 30 名。这说明济宁市第三产业占比较高，近年来该市在产业结构调整方面取得了积极进展，同时，该市在矿产资源开发综合利用产值方面表现也较好，但在矿产资源开发年税金占公共财政收入的比重方面需要进行改善。

济宁市在创新绩效方面得分 0.658，位列第 40 名，在四项一级指标中排名表现最差。根据分项指标，全员劳动生产率、能源消费弹性系数、单位 GDP 能耗、单位 GDP 矿石开采量依次位列第 40 名、第 32 名、第 52 名和第 68 名。可见相对于其他城市，单位 GDP 能耗和单位 GDP 矿石开采量较高，在这两方面需要做出一定的改进。

（5）政策建议

从指标评价结果来看，济宁市的主要问题在于创新人才投入、创新人才环境和创新绩效方面。为此，建议在未来应注重高素质人才培养和引进，加强济宁市创新人才环境建设，从而为该市创新发展提供良好的环境基础；其次，应注重创新人财物投入力度，尤其应加强济宁市创新人才的投入水平；最后，加快推进产业转型和城市转型，减少经济增长对资源型行业的依赖程度，从而降低单位 GDP 矿石开采量，同时还应注重运用科技进步等方式来提升城市能源利用效率，降低单位 GDP 能耗水平，从而补缺创新驱动发展中的短板，推动济宁市创新发展。

具体来看，努力提升企业的创新发展能力。通过企业创新"331"工程，指引企业加大对科技研发的投入、支持引导企业建立研发机构，与科研院所展开密切的战略合作，通过承担国家、省重大科技专项，加快核心关键技术的攻坚突破，增强企业的核心竞争力。

提升平台研发服务水平。加快公共创新服务平台建设，例如国家纺纱工程技术研究中心、山东科学院济宁分院、工业机器人智能应用技术研究院、华大基因济宁分院等，在发展中依托中科院计算所济宁分所、深圳先进技术研究院济宁分院、鲁南工程技术研究院等行业平台，凝聚高端人才，推动科技创新成果的孵化，形成新动力以支持重点产业转型升级。

抓好高层次人才培养引进。贯彻落实海外人才引进"511"计划和国内人才集聚"百千万"工程，通过对"鲁西科学发展高地人才支持计划"的启动，凝聚国家千人计划专家和泰山学者等高层次领军人才和团队赴济宁市创新创业。招商引资和招才引智并重发展，用项目凝聚人才，以人才支撑项目，使人才、项目、产业的实现互促共进。优化引才、用才和留才政策，落实企业的股权和期权等激励机制。加强高新区的人才管理改革试验区建设，发挥"人才联盟"作用，着力人才公共服务平台的构建，推动人才服务绿色通道的搭建，为鲁西科学发展高地的打造提供智力基础。

6.12.5 泰安市

（1）城市概况

泰安为山东省下辖地级市，是泰山所在地。位于山东省中部，南北宽约93.5千米，东西长约176.6公里。城市依山建于泰山脚下，山城一体。泰安由泰山得名，"泰山安则四海皆安"，有国泰民安之寓意，泰安是自古以来的"鬼都"，作为华东地区重要的对外开放旅游城市，北距省会济南市约66.8千米，南至三孔圣地曲阜市约74.6千米，恰为山东省"一山、一水、一圣人"旅游热线的中点。2015年，全市实现生产总值（GDP）为3158.4亿元，按可比价格计算，比上年增长了8.1%，全年增速基本保持稳定。第一产业增加值为269.1亿元，增长了4.1%；第二产业增加值为1461.8亿元，增长了7.2%；第三产业增加值为1427.5亿元，增长了9.9%。三次产业结构由上年的8.7:47.6:43.7调整为8.5:46.3:45.2[①]。

泰安的矿产资源石膏矿储量居亚洲之冠，是中国石膏、自然硫和花岗石的主要产地；泰山花岗石因"稳如泰山"、"重于泰山"寓意，是北京人民大会堂、天安门广场、人民英雄纪念碑等中国著名建筑的主要建材。除此之外，全市水能资源丰富，可开发利用水电站达195余处，可分为水库水电站、河道水电站、渠道水电站3种类型，总装机容量可达2万千瓦，开发潜力大。已发现全市温泉地热资源共4处，地处市郊区的桥沟温泉为现有最大面积地热资源区，面积达8.5万平方米，水深约0.5—8米，混合水温约41℃—49℃，水质清晰且无臭、无味、无毒，等级为一级。

（2）创新发展概况

近年来泰安市大力推动创新发展战略。科技创新实现突破。2015年研究与试验的发展投入额达67.0亿元，较上年增长了11.8%，投入额占GDP比重超过全省的平均水平。全年发明申请1954项，授权327项。全年共107项科技成果分别获国家、省、市级科技进步奖，其中，1项成果获国家二等奖，6项成果斩获山东省科技进步奖（一等奖，二等奖，三等奖格2项，3项，1项），获奖总数位列全省第4名，力博科技、华鲁锻压两家企业共同获得山东省科技进步一等奖，再次实现新突破。省企业重点实验室累计达到7家，其中新组建的有3家；省级示范工程中心累计达到17家，其中新认定的有8家；省级农业科技园累计达到3家，其中新认定的有2家；市级产业技术创新战略联盟累计达到32家，其中新增4家；科技孵化器累计达到17家，其中新增

---

① 泰安市2015年国民经济和社会发展统计公报。

6 家。市级以上创新平台达到 341 家。全年共引进"千人计划"等高层次人才 15 人，新培育了 45 家市级产业技术研究院 4，目前市级产业技术研究院累计达到 75 家[1]。

　　根据十三五规划指出：泰安市要把发展基点放在创新上，把创新作为引领发展的第一动力，把经济增长动力转到依靠创新驱动发展上，推动创新贯穿经济社会发展的各方面和全过程，激发全社会的科技创新活力和创造潜能，使创新成为全市推动经济社会发展的活水源头。提高企业自主创新能力。继续贯彻落实"1351"工程，对符合条件的企业建设工程实验室、工程技术研究中心、博士后工作站和企业技术中心加大支持力度，鼓励更多企业依附全省、全国乃至全球的智力和科技资源提高创新能力。支持企业加强与高校的合作，例如山东科技大学、山东农业大学等，推动以企业为主导的产业技术创新联盟建设，联合创新活动围绕产业发展需求开展，推动创新资源加速向骨干企业、优势产业、重点领域集聚。争取到 2020 年，培育高新技术企业累计达 160 家。加大对企业创新的扶持。综合应用项目、平台、金融、人才等政策，支持行业骨干企业开展基础性、前沿性创新研究，着力培育一批有国际竞争力的创新型领军企业。针对科技型中小企业出台认定条件和标准，实施支持措施，推动科技型中小企业的创新主体建设。完善和优化企业研发费用加计扣除政策，扩大企业固定资产的加速折旧范围，激励企业进一步增加研究开发投入。通过政府采购、重大设备首台（套）等对自主创新产品的倾斜政策，协助创新型企业得到快速成长[2]。

　　（3）得分结果

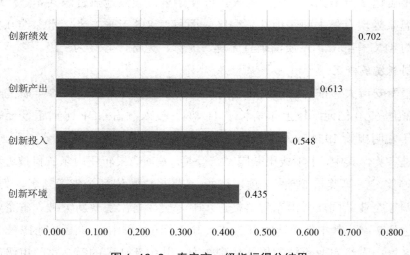

图 6.12.9　泰安市一级指标得分结果

① 泰安市 2015 年国民经济和社会发展统计公报。
② 泰安市国民经济和社会发展第十三个五年规划纲要。

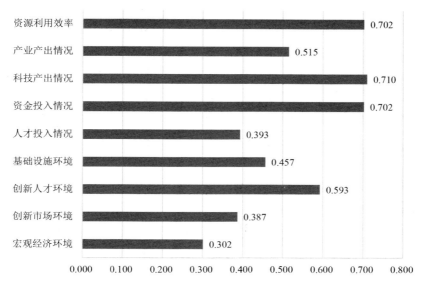

图 6. 12. 10　泰安市二级指标得分结果

（4）创新评价

泰安市在 116 个资源型城市中创新指数排名第 11 位，处于上游水平。创新环境、创新投入、创新产出和创新绩效 4 项一级指标的得分分别为 0.435、0.548、0.613、0.702，排名分别位列第 18、28、8、28 位，其中各项排名均处于中上游水平，尤其是创新产出指标表现较为突出。

在创新环境方面，泰安市位列全国所有资源型城市的 18 位，落后于总体创新指数排名。依据创新环境的各分项指标评分结果，泰安市宏观经济环境、创新市场环境、创新人才环境和基础设施环境得分分别为 0.302、0.387、0.593、0.457，其排名分别位于所有资源型城市的第 39 名、第 36 名、第 16 名和第 27 名，因此，可以看出泰安市各项指标排名均较好。

在创新投入方面，泰安市的得分为 0.548，排名位列第 36 位，落后于总体创新指数排名。其中，人才投入情况得分为 0.393，位列第 71 位；资金投入情况的得分为 0.702，位列第 11 位。相对于其他资源型城市来说，泰安市的人才投入情况次于资金投入状况，未来泰安市需要进一步提升创新人才投入水平。

在创新产出方面，泰安市的得分为 0.613，排名位列第 8 位，对总体创新指数排名的贡献率最大。从分项指标来看，在科技产出情况方面，专利申请授权量、企业商标拥有量得分分别为 0.598 和 0.812，排名分别位于 14 和 11 位，因此，泰安市在科技成果产出方面表现均较好。产业产出情况方面，矿产资源开发年税金占公共财政收入的比重、矿产资源开发综合利用产值占 GDP 的比重、第三产业占 GDP 的比重三项指标得分分别为 0.846、0.036、0.857，其排名分别位列第 64 名、第 63 名、第 11 名。可见矿产资源开发综合利用产值在 GDP 中占有较低比重，今后应注重提升矿产资源的综合开发利用水平；同时，第三产业占比较高，说明泰安市的产业结构良好，第三产业发展势态较好。

泰安市在创新绩效方面得分 0.702，位列第 28 名。依据各分项指标，全员劳动生产率、能源消费弹性系数、单位 GDP 能耗、单位 GDP 矿石开采量分别位列第 49 名、第 60 名、第 9 名和第 44 名。可见，除单位 GDP 能耗指标表现较为突出外，泰安市在其余几方面均有较大的改进和提升空间。

（5）政策建议

从指标评价结果来看，泰安市的主要问题在于创新投入和创新绩效两方面，尤其是人才投入方面的问题。为此，建议在未来应加大人才的培养和引进力度；加强资源的综合开发利用，提升矿产资源综合开发利用产值；注重城市转型和产业转型，降低高耗能行业和资源型行业所占比重，推动产业结构向合理化和高级化方向发展，从而降低能源消费弹性系数和单位 GDP 矿石开采量水平；注重人员的培训、激励和优化配置，进一步提升全员劳动生产率，从而补缺创新驱动发展中的短板，推动泰安市城市创新发展。

具体来看，应优化全市科技创新的平台。依附泰安农高区、泰安高新区等国家级开发区，着力建设省级自主创新示范区，推动全市产业的转型升级和发展，积极构建具有泰安特色的"塔型"创新体系，建设由海内外高层次人才、国内外高校优势学科与创新平台和科研院所研发力量共同构成的"塔尖"，由泰安市科学技术研究院平台组成的"塔体"，以市域内行业骨干企业、企业技术研究院和众创空间为基础共同组成"塔基"。

大力推进万众创新。立足全市优势领域，促进推进机制和共享机制创新发展，加速构建由科技文献服务、科学数据共享、仪器设施共用、试验基地协作、专业技术服务、技术转移服务、行业检测服务、创业孵化服务和管理决策支持等多系统组成的研发公共服务平台。强化科技资源共享，在全市范围内依托山东省大型仪器协作网，推动市域内有条件企业、高校、科研院所对社会开放重大科研基础设施、大型科研仪器资源等，提供基础性、应用性、共享性、多样性的技术为万众创新支撑和服务。

积极推动协同创新。加快推进神农智谷大数据中心、泰山云谷互联网产业园等建设，摸索形成以企业为主导的委托研发、组建联合实验室、成立合资公司以及技术入股、技术许可、技术转让等多种合作模式的战略联盟，推动成果转化和关键技术等的协同创新，提高创新要素的资源集成与共享水平。积极推动众创空间发展，打造低成本、便利化、全要素以及开放式服务平台。开展多层次宽领域的国际科技合作，推动开放协同创新水平的提高。

6.12.6 莱芜市

（1）城市概况

莱芜古称嬴、牟，历来是兵家必争之地，春秋时期在这里发生过"长勺之战"，解放战争时期华东野战军曾在此发动了著名的"莱芜战役"。莱芜境内资源富集，尤以煤、铁储量丰富，矿冶历史源远流长，曾是全国重要的冶铁中心。目前，莱芜已经发展成为以钢铁为主导的新兴工业城市，是山东钢铁生产和深加工基地、"国家新材料产业化基地"。莱芜盛产生姜、大蒜、蜜桃等农产品，是"中国生姜之乡"、"中国花椒之乡"和"中国黄金蜜桃之乡"。莱芜自然风光优美，城市建设日新月异，是"国家卫生城市"、"国家园林城市"和"中国优秀旅游城市"，六次荣获"全国双拥模范城"称号。2015 年，全市共实现生产总值（GDP）665.83 亿元，按可比价格计算，比上年增长了 6.6%。其中，第一产业增加值为 52.72 亿元，增长了 3.4%；第二产业增加值为 344.16 亿元，增长了 6.6%；第三产业增加值为 268.95 亿元，增长了 7.1%。人均 GDP 达到 49377 元，比上年增长了 5.8%。三次产业结构比例由上年的 7.7:54.3:38.0 调整为 7.9:51.7:40.4，服务业的增加值占总 GDP 的比重相比上年提高了 2.4 个百分点①。

莱芜市目前已发现矿产资源共 55 种，其中探明储量的矿产共 22 种，矿产地多达 113 处。其矿产主要有铁、煤、铜、金、花岗岩、石灰岩、白云岩、稀土、辉绿岩、玄武岩、建筑石材、天然石英砂、矿泉水等矿种。煤炭已探明储量约 43113.6 万吨，是山东省重要的煤炭基地。铁矿石已探明储量约 46393.19 万吨，储量列华东地区之首。

（2）创新发展概况

近年来，莱芜市大力推动创新驱动发展战略的实施，并获得了丰硕的科技创新成果。2015 年全年共承担实施省级以上科技计划项目共 44 项，无偿资金共争取 4851 万元；全市全年获省级以上科技进步奖 1 项。全年发明专利申请量共 448 件，相较上年增长了 2.3%；授权量达 223 件，增长了 27.4%。年末全市有效发明专利拥有量为 646 件，比上年增长了 40.1%。现有省企业科技创新平台共 45 个，其中工程技术研究中心共 22 个，院士工作站共 14 个，重点实验室有 2 个，产业技术联盟有 4 个，国际技术合作平台共 3 个。全年共签订技术合同量为 145 项，相关技术合同成交额达 6.58 亿元，较上年增长了 17.1%。高新技术产业得到快速发展。全年新增省级高新技术企业共 11 家，年末累计达到 66 家。全市高新技术产业全年实现产值共 336.24 亿元，增长了 12.14%，

---

① 莱芜市 2015 年国民经济和社会发展统计公报。

工业产值占规模以上工业总产值的比重达 19.85%，较年初提高了 1.15 个百分点 ①。

"十三五"期间，莱芜市贯彻落实改革创新政策。把创新摆在发展全局的核心位置，构建有利于创新发展的环境和体制机制，善于用创新的思维、改革的手段、市场的办法破解难题，激发市场活力和社会创造力。大力推进科技创新。在全面创新中充分发挥发挥科技创新的引领作用，通过与产业发展的有机链接，促进科技创新成果加快转化为现实生产力。应用技术研究得到加强，集成创新以及引进消化吸收再创新得到强化。积极推动重点领域创新，在关键设备、新材料、应用技术、重要零部件（元器件）、先进工艺等领域掌握一批核心技术。组织实施一批重大科技专项。强化企业创新主体地位。加大对企业技术创新、关键技术开发的支持力度，抓好科技型中小企业培育，加快形成一批具有核心竞争力的创新型领军企业。加强创新平台建设。积极与高校及科研院所开展合作，构建产学研用有机结合的产业技术创新战略联盟，加快建设一批高水平重点实验室、相关院士研究分院（工作站）、工程（技术）研究中心以及工程实验室和企业技术中心。大力发展标准经济。强化标准意识，把标准化理念贯穿到政府服务、产业发展、城乡建设、公共服务、社会治理、生态文明建设等各领域，扩大标准经济覆盖。强化标准引领，引导行业企业积极寻标、对标、提标、达标，鼓励各类市场主体参与标准制订，推动发展提效升级。推进标准的贯彻实施，促进一批标准化项目的形成。着力实施品牌战略，争取形成一批在全国全省有深远影响的著名品牌 ②。

（3）得分结果

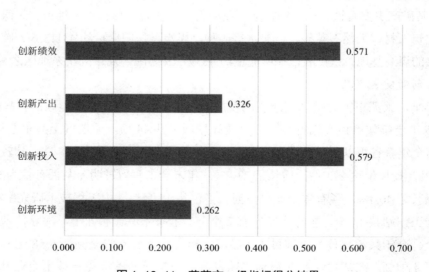

图 6.12.11　莱芜市一级指标得分结果

① 莱芜市 2015 年国民经济和社会发展统计公报。
② 莱芜市国民经济和社会发展第十三个五年规划纲要。

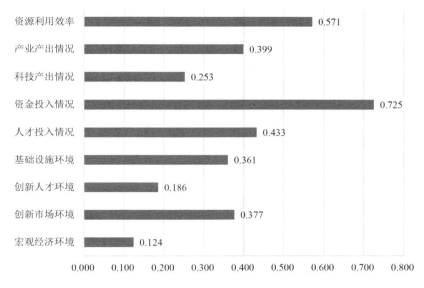

图 6.12.12　莱芜市二级指标得分结果

（4）创新评价

莱芜市在 116 个资源型城市中创新指数排名第 43 位，处于中上游水平。其中，创新环境、创新投入、创新产出和创新绩效四项一级指标的得分分别为 0.262、0.579、0.326、0.571，排名分别位于 86、20、49、67 位，其中创新投入一项表现较为突出，处于上游水平，其次为创新产出指数，而另外两项则处于中下游水平。

在创新环境方面，莱芜市位列全国所有资源型城市的 86 位，远落后于总体创新指数排名。从创新环境各项分项指标评分结果来看，宏观经济环境、创新市场环境、创新人才环境和基础设施环境得分分别为 0.124、0.377、0.186、0.361，其排名分别位于所有资源型城市的第 103 名、第 40 名、第 98 名和第 63 名。其中创新市场环境处于中上水平，基础设施环境处于中游水平，而宏观经济环境和创新人才环境排名则较为靠后。

在创新投入方面，莱芜市的得分和排名都较为靠前，创新投入的得分为 0.579，排名位列第 20 位，高于总体创新指数的排名。其中，人才投入情况得分为 0.433，位列第 57 位；资金投入情况得分为 0.725，位列第 9 位。相对于其他资源型城市来说，莱芜市的人才投入情况次于资金投入状况，在今后莱芜市还需要大力提升人才投入水平。

在创新产出方面，莱芜市得分为 0.326，排名位列第 49 位。从分项指标来看，在科技产出情况方面，专利申请授权量、企业商标拥有量得分分别为 0.380 和 0.137，排名分别位于 23 和 70 位。产业产出情况方面，矿产资源开发年税金占公共财政收入的比重、矿产资源开发综合利用产值占 GDP 的比重、第三产业占 GDP 的比重三项指标得分依次为 0.704、0.062、0.584，其排名分别位列第 84 名、第 50 名、第 41 名。这说明莱芜市在矿产资源开发年税金占公共财政收入的比重指标方面需要做出改进。

莱芜市在创新绩效方面得分为 0.571，排名第 67 位。根据各分项指标，全员劳动生产率、能源消费弹性系数、单位 GDP 能耗、单位 GDP 矿石开采量的排名分别位列第 67 名、第 63 名、第 92 名和第 50 名。由上可知，4 项指标的排名均不突出，尤其是单位 GDP 能耗指标排名较为靠后。

（5）政策建议

从指标评价结果来看，莱芜市的主要问题在于创新环境和创新绩效，其次是创新产出，需要从这三个方面着手，提高创新能力水平。首先应加强宏观经济环境、创新市场环境、创新人才环境和基础设施环境建设，从而为莱芜市创新发展提供良好的环境基础；其次应注重运用科技进步等方式来提升能源和资源的利用效率，从而降低能源消费弹性系数、单位 GDP 能耗和单位 GDP 矿石开采量，还应注重加强人员的培训、激励和优化配置，提升全员劳动生产率水平；最后应注重提升科技成果产出水平，同时应加强城市转型和产业转型，进一步提升第三产业所占比重，降低经济增长对资源型行业的依赖程度，提升创新产出水平，从而补缺创新驱动发展中的短板，推动莱芜市城市创新发展。

具体来看，全市应加快传统产业的改造。发挥基础条件好、技术积累厚、市场渠道广等优势，大力推进技术改造、研发设计、品牌提升和产业链整合，开创创新型、效益型、集约型以及生态型的经济发展道路。

促进新兴产业规模化发展。重点扶持新材料、电子信息、新能源与节能环保、生物与医药等新兴产业，打造上中下游密切衔接、配套完善、具有核心知识产权支撑的新兴产业体系，培育形成新的经济支柱。

加强运用现代信息技术与产业发展深度融合，构建以信息化为创新导向要素的发展新形态。贯彻"互联网＋"行动计划，通过推广应用物联网、云计算以及大数据等技术，推动分享经济发展，促进服务远程化、生产智能化、经营网络化。

创新投资融资机制，完善优化政府投资管理体制，放宽市场准入限制，完善社会资本进入和退出机制建设，积极推动政府与社会资本开展合作，有效推动社会资本参与重点领域建设。大力推动企业的多元融资，加快上市挂牌节奏。鼓励天使投资、私募股权投资、风险投资、创业投资等股权投资基金的发展。

6.12.7　临沂市

（1）城市概况

临沂，山东省地级市，地处山东省东南部，临近黄海，东接日照，西靠枣庄、济宁、泰安，北连淄博、潍坊，南依江苏。位于长三角经济圈与环渤海经济圈结合点，地处鲁南临港产业带、海洋产业联动发展示范基地、东陇海国家级重点开发区域和山东西部经济隆起带的叠加区域，临沂总面积达 17191.2 平方公里，是山东省地理面积最大的辖市。临沂市名因临沂河得名，古称"琅琊"。临沂作为中华文明的重要发祥地之一具有悠久历史。秦时属琅琊郡和郯郡。近代中共在临沂地区建立了沂蒙革命根据地，后于 1945 年 8 月在莒南县大店镇成立山东省政府。1994 年 12 月，经国务院获批，地级临沂市建立。曾获"全国文明城市"、"中国最佳文化生态旅游城市"、"中国十佳生态宜居典范城市"、"中国最具投资价值十大城市"、"中国大陆最佳商业城市"、"世界滑水之城"等荣誉称号。2015 年，全市实现生产总值共 3763.2 亿元，增长 7.1%。其中，第一产业增加值为 346.5 亿元，增长了 4.5%；第二产业增加值为 1687.1 亿元，增长了 6.5%；第三产业增加值为 1729.6 亿元，增长了 8.4%。三次产业增加值占比为 9.2:44.8:46，第三产业在三次产业中所占比重同比提高了 1.5 个百分点[①]。

截至 2015 年 6 月，临沂共发现矿产资源 84 种，其中白云岩储量居中国第一位，石膏、金刚石、石英砂岩储量居第二位。兰陵铁矿总储量达 18 亿吨，可采面积达 10.61 平方公里。该区矿石质量优，岩性为磁铁石石英岩。矿石成分主要为石英、角闪石和磁铁矿及少量的黑云母，矿石结构呈粒状变晶，构造为块状。区域矿石中有较大矿物颗粒，属易选矿石。除此之外，临沂共发现地热异常区共 49 处，总面积达 1417.85 平方公里，据估计远景地热资源总量达 5.4×10^{18}J，相当于 1.84 亿吨标准煤的产热量。

（2）创新发展概况

近年来，临沂市大力实施创新驱动发展战略。2015 年全市共建设国家级工程技术研究中心 2 家、省级 37 家，国家级企业重点实验室 3 家、省级 12 家，国家技术创新战略联盟 1 家、省级 3 家、市级 8 家，国家科技创新产业基地 5 家，国家农业科技园区 1 家、省级 8 家、市级 76 家，国家级科技企业孵化器 2 家、省级 1 家、省级众创空间 4 家，孵化面积 75 万平方米；国家国际技术转移中心 1 家、国家国际科技合作基地 1 家、省国际科技合作研究中心 16 家。全年共申请发明专利 3197 件、授权 609 件，同比增长 105.2%、25.8%；获国家技术发明二等奖 1 项、国家专利金奖 1 项、山东省科技进步一等奖 1 项，其他省级以上科技奖励 7 项。创建成国家知识产权强县工程示范区 1 个、国家知识产权保护规范化市场培育单位 1 个、山东省第二批知识产权

---

① 沂市 2015 年国民经济和社会发展统计公报。

示范企业 2 个 ①。

　　"十三五"期间，临沂市以国家目标和战略需求为导向，针对国际科技前沿，构建了一批高水平国家实验室。能源、生命、地球系统以及环境、材料、粒子物理和核物理、空间、天文、工程技术等科学领域和部分多学科交叉领域国家重大科技基础设施建设加快发展，依附现有先进设施构建综合性的国家科学中心。依托科研院所、企业、高校建设一批国家技术创新中心，大力推动企业技术中心建设。鼓励高校、科研院所开放科研基础设施和创新资源。贯彻落实"双创"行动计划，积极发展面向大众、服务中小微型企业的低成本、便利化以及开放式服务平台，打造一批"双创"示范基地和城市。加强信息资源的整合，面向企业释放专利信息资源和科研基地。鼓励和支持大型企业建立技术转移服务平台，为创业者提供相关技术支撑服务。完善创业培育体系，打造创业服务与创业投资相结合、线上与线下相结合的开放式的服务载体。发挥政府创业投资引导基金的作用。促进人才结构战略性调整，凸显"高精尖缺"的导向，通过重大人才工程，发现、培育、集聚战略科学家、社科人才、科技领军人才、企业家人才以及高技能人才队伍。培养一批讲政治、懂专业、善管理、有国际视野的党政人才。发现、支持青年优秀人才通过院校创新型人才培养模式的改革，引导人才培养链与产业链、创新链有机链接的推动建立 ②。

　　（3）得分结果

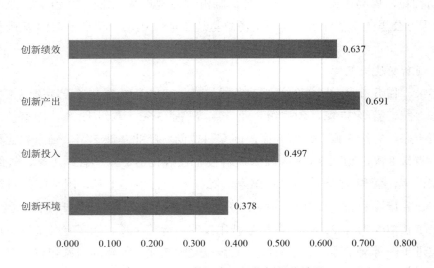

图 6.12.13　临沂市一级指标得分结果

---

① 临沂市 2015 年国民经济和社会发展统计公报。
② 临沂市国民经济和社会发展第十三个五年规划纲要。

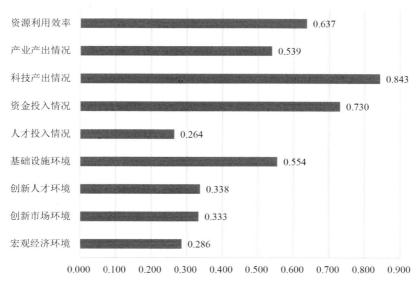

图 6. 12. 14　临沂市二级指标得分结果

（4）创新评价

临沂市在 116 个资源型城市中创新指数排名第 13 位，处于上游水平。临沂市在创新环境、创新投入、创新产出和创新绩效 4 项一级指标的得分分别为 0.378、0.497、0.691、0.637，排名分别位列第 37、40、6、46 位，其中创新产出表现非常突出，而创新环境、创新投入和创新绩效排名则相对靠后。

在创新环境方面，临沂市位列全国所有资源型城市的 37 位，得分为 0.378，落后于总体创新指数排名。根据创新环境的各项分项指标评分结果，临沂市宏观经济环境、创新市场环境、创新人才环境和基础设施环境得分分别为 0.286、0.333、0.338、0.554，其排名依次位列第 48 名、第 49 名、第 63 名和第 10 名。其中创新人才环境排名较为靠后，而基础设施环境则名列前茅。

在创新投入方面，临沂市得分为 0.497，排名位列第 40 位，拉低了总体创新指数的排名。其中，人才投入情况得分为 0.264，位列第 90 位；资金投入情况的得分为 0.730，位列第 8 位。相对于其他资源型城市来说，临沂市的人才投入情况次于资金投入状况，在未来临沂市还需要进一步提升创新人才投入水平。

在创新产出方面，临沂市的得分为 0.691，排名位列第 6 位，对总体创新指数排名的贡献率最大。从分项指标来看，在科技产出情况方面，专利申请授权量、企业商标拥有量得分分别为 0.669 和 1.000，排名分别位于第 11 和 6 位。产业产出情况方面，矿产资源开发年税金占公共财政收入的比重、矿产资源开发综合利用产值占 GDP 的比重、第三产业占 GDP 的比重三项指标得分依次为 0.947、0.010、0.884，其排名分别位列第 29 名、第 86 名、第 9 名。可见矿产资源开发综合利用产值占 GDP 的比重相对于其他城市较低，第三产业占比较高，说明临沂市的产业结构良好，第三产业发展势态较好。

临沂市在创新绩效方面得分 0.637，排名第 46 位。根据分项指标，全市全员劳动生产率、能源消费弹性系数、单位 GDP 能耗、单位 GDP 矿石开采量的排名分别位列第 54 名、第 62 名、第 74 名和第 35 名。可见，除单位 GDP 矿石开采量排名较好外，临沂市在其余几项指标方面均需要进一步的改善和提升。

（5）政策建议

从指标评价结果来看，临沂市需要在创新环境、创新投入和创新绩效方面做出改善。为此，建议在未来首先应加强宏观经济环境、创新市场环境和创新人才环境建设，从而为临沂市创新发展提供良好的环境基础；其次，应加大创新投入力度，由于临沂市的人才投入情况远落后于资金投入状况，因此在未来应尤其加强该市的创新人才投入水平；再次，应加强创新成果转化和提升创新绩效，注重人员的培训、激励和优化配置，从而提升全员劳动生产率水平，在提高能源利用效率时应注重运用科技进步等方式，要着力降低能源消费弹性系数和单位 GDP 能耗水平；最后应加强资源的综合利用效率，提升矿产资源开发综合利用产值，从而补缺创新驱动发展中的短板，推动临沂市创新水平的不断提升。

具体来看，在全面创新中应发挥科技创新的引领作用，加强原始创新、集成创新以及引进消化吸收再创新，完善优化科技创新孵化体系，狠抓一批国家级、省级工程技术研发中心以及重点实验室、园区孵化器、对外合作交流项目建设和科技型企业培育建设，着力自主创新能力的提高，使"临沂制造"向"临沂创造"转变。

大力培育智慧产业。加快工业化与信息化的相互融合，促进以智慧产业为代表的新型产业繁荣发展。贯彻实施"互联网＋"行动计划，推动智慧建筑产业以及电子商务、地理空间信息产业、智慧金融等城市信息服务业发展，推进智慧乡村、智慧生态、智慧农业和智慧旅游等的建设。

加大政府对创新发展资金投入和政策支持，积极推动具有普惠性的创新支持体系构建。加快国家级知识产权试点城市建设，开展有关知识产权优势企业培养行动。发展众创、众包、众扶和众筹空间，激发创新活力，凝聚大众智慧。

6.13　河南

6.13.1　洛阳市

（1）城市概况

洛阳是中华人民共和国成立后设立的新兴重工业城市，也是中国第一个五年计划重点建设的工业城市之一。洛阳有 7 个苏联援华的重点项目，一些与军工相关的重工业在全国占有领先地位。洛阳市下辖有 6 个区 8 个县 1 个县级市，总面积达一万五千多平方公里。经过 60 年的建设发展，洛阳市基本形成了较为完备的工业体系，工业经济对全市经济增长的贡献率高达 74%。装备制造业、能源电力也、石油化工业、新材料业、硅光伏业及光电业等五大支柱产业产量占规模以上工业总量的比重达 71.5%，而新能源、生物医药、节能环保、电子信息等战略性新兴产业也呈快速发展趋势势。洛阳市作为首批公布的历史文化名城，同样是中部地区重要的工业城市。2015 年全市实现生产总值共3508.8 亿元，同比增长了 9.2%。其中，第一产业增加值为 236.4 亿元，增长了 5.0%；第二产业增加值为 1740.7 亿元，增长了 8.9%；第三产业增加值为 1531.7 亿元，增长了10.3%。2015 年，全市增长呈现两个鲜明特点：一是经济增长呈现逐季回升态势，第一至第四季度累计增长分别为 7.1%、8.1%、8.9%、9.2%；二是第三产业拉动力明显，全市全年第三产业增速达 10.3%，分别高出一、二产业 5.3 和 1.4 个百分点[①]。

洛阳能源资源丰富，境内已探明矿产资源达 76 种，其中黄金产量居全国第三位；钼矿储量居全国首位，为世界三大钼矿之一。此外，洛阳作为重要的电力能源基地，总装机容量占河南省总容量的五分之一；管道天然气建设已延伸至县域和产业聚集区。水资源总储量达 28 亿立方米，是北方地区少有的富水城市。洛阳市有丰富的旅游资源，现有 5A 级景区共 5 家，4A 级景区共 12 家，3A 级景区共 11 家。洛阳作为新中国重点建设的老工业基地，现拥有洛阳石化、中信重工、一拖集团、中铝洛铜、洛玻集团、中硅高科、万基控股、伊川电力等众多具有较强市场竞争力的大型企业[②]。

（2）创新发展概况

洛阳市政府始终坚持创新是率先发展的第一动力，将创新发展摆在全局核心位置，加快现代创新体系和创新型城市的建设，发展出一条从科技强到产业强、经济强的新道路。洛阳不仅是国家创新型试点城市、全国科技进步先进市和国家知识产权的

---

① 洛阳市 2015 年国民经济和社会发展统计公报。
② 洛阳市人民政府网。

示范城市，也是我国新材料产业国家高技术产业基地和重要的科技研发基地。创新创业活力竞相迸发。"十二五"期间，五年累计投入科研经费 249.5 亿元，是"十一五"的 2.2 倍；新增研发机构 685 家，是"十一五"的 3.4 倍；专利申请量 3.65 万件，是"十一五"的 3.4 倍。国家重点实验室达到 7 个、占全省的 50%；获得国家科技奖励 26 项，占全省的 24.5%。高铁轴承、载人潜水器关键设备等一批核心技术实现突破。与中科院等合作成立了一批新型研发机构。培育引进"两院"院士 30 名、中原学者 7 名。洛阳大学科技园升格为国家级大学科技园。洛阳市荣膺首批国家知识产权示范城市，连续荣获"全国科技进步先进市"称号。各类众创空间蓬勃兴起。创业担保贷款发放量连续三年排全国地级市第一[①]。

在"十三五"规划中，洛阳市提出着力实施创新驱动战略。把创新作为引领发展的第一动力，坚持走"以用为核心"的产学研融合发展道路，强化企业创新主体地位，完善创新生态系统，构建大众创业、万众创新蓬勃发展的环境氛围，吸引更多高层次人才集聚洛阳，加快建设人尽其才、才尽其用的人才高地和"白领"城市。坚持把创新摆在发展全局的核心位置，通过构建现代创新体系、现代产业体系、现代市场体系，发挥科技创新在全面创新中的引领作用，推动发展由主要依靠要素投入向更多依靠创新驱动转变，拓展产业发展空间，创造新需求新供给，加快实现发展动力转换，提高发展质量和效益[②]。

（3）得分情况

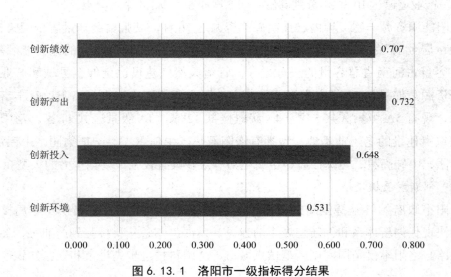

图 6.13.1　洛阳市一级指标得分结果

---

① 洛阳市 2016 年政府工作报告。
② 洛阳市国民经济和社会发展第十三个五年规划纲要。

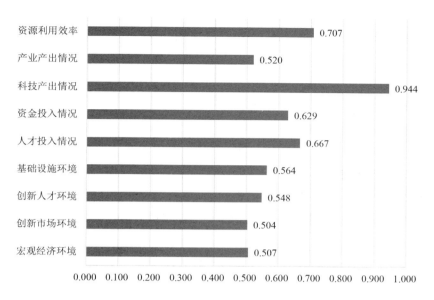

图 6.13.2 洛阳市二级指标得分结果

（4）创新评价

洛阳市在 116 个资源型城市中创新指数排名第 5 名，整体表现非常突出。其中，创新环境、创新投入和创新产出表现突出：创新环境得分 0.531，位列第 7，创新投入得分 0.648，位列第 10，创新产出得分 0.732，位列第 4，相比之下，创新绩效表现不够突出，得分 0.707，位列第 26 位。

在创新环境方面，洛阳市位列全国所有资源型城市的第 7 位，可见洛阳市在创新环境方面取得了突出的成效。根据创新环境的各项分项指标评分结果，洛阳市的各项指标排名并不十分均衡：宏观经济环境、创新市场环境、创新人才环境和基础设施环境得分分别为 0.507、0.504、0.548 和 0.564，其各项排名分别位于所有资源型城市的第 9、第 11、第 24 和第 7 名。其中创新人才环境排名相对靠后，主要原因在于其包含的资源型产业技术人员占比得分为 0.405，位列全国第 58 位。总体看来，洛阳市的创新环境情况很好，但是在创新人才环境方面有着一定的提升空间。

在创新投入方面，洛阳得分为 0.648，排名 10。其中全市人才投入得分为 0.667，排名 28，资金投入情况得分为 0.629，排名 13。根据分项指标得分和排名，洛阳市的资金投入情况中，R&D 经费支出排名为 13 位，教育支出占财政支出的比重排名为 41，财政科技支出占财政支出的比重位列 15；而人才投入情况中，洛阳市的教师数量位列 28。由此看来，洛阳市政府比较注重 R&D 经费支出和财政科技支出，但在人才和教育方面的投入力度还不够大，拉低了创新投入的评分和排名。

在创新产出方面，洛阳市的得分得分 0.732，排名位列全国所有资源型城市的第 4 位，对洛阳市创新只收排名贡献率最大。从分项指标来看，在科技产出情况方面，专利申请授权量、企业商标拥有量得分分别为 1.000 和 0.894，排名分别位于 6 和 9 位，两项指标表现均很突出。产业产出情况方面，矿产资源开发年税金占公共财政收入比重排名 67，得分 0.843；矿产资源开发综合利用产值占 GDP 的比重得分为 0.121，位列 38 位；第三产业占 GDP 比重得分为 0.770，排名 21，即洛阳市第三产业在 GDP 中所占比重相对较高。然而，矿产资源开发综合利用产值占 GDP 的比重并不高，排名略微落后，说明洛阳市的矿业附加值不高，生产过程比较粗放，从而在一定程度上拉低了创新产出的得分和排名。

洛阳市在创新绩效方面排名相对其他 3 项一级指标来说较低，排名为 26 位。从分项指标来看，全员劳动生产率排名 29，得分 0.540；能源消费弹性系数得分 0.945，排名 10；单位 GDP 能耗位列 86，得分 0.550；单位 GDP 矿石开采量排名 41。其中反映的主要问题在于，单位 GDP 能耗过高，说明洛阳市的经济增长对高资源、高耗能产业的依赖性较重，不利于经济的可持续发展，亟须进一步推进产业结构升级和优化。

（5）政策建议

从指标评价结果来看，洛阳市的主要问题在于创新绩效方面，建议在未来应加强对各大创新型项目的监管监督力度，鼓励创新人员在项目中有更好的表现，要加大教育投入，培养更多创新人员，加大人才投入，吸纳更多高精尖学者来提升创新成果的质量和效率，也要搭建好科研与市场之间的桥梁，推动科技创新成果的加速转化以提升全市创新绩效。同时注重资源的节约利用和降低经济增长对高能耗行业的依赖程度，加快经济转型升级，从而降低单位 GDP 能耗和单位 GDP 矿石开采量。

作为再生型资源城市之一，洛阳市在城市转型和创新发展方面取得了不错的成绩，创新指数在 116 个地级市中排名第 5 位，在未来发展中应积极推进信息创新、科技创新以及金融创新。

全市应坚持工业转型和融合发展，构建中原经济区重要增长极的战略支撑。推动优势产业链、战略性新兴产业集聚发展，促进工业结构向产业链和价值链的进化转变，加快将洛阳市建设为先进制造业大市。以推动传统优势产业高端化为目标，贯彻实施机器人和智能装备产业的攻坚计划，带动轴承、齿轮、控制系统等智能装备产业的全面发展，推动"洛阳制造"向"洛阳智造"转型；通过企业生产设备的数字化改造，发展一批智能化工厂和数字化车间；把握好有色金属产业的延链和补链，推进石油化工业与新型煤化工业的融合发展。在战略性新兴产业规模化的引领下，逐步形成完备的电子信息产业体系。推动龙头企业产业集群、优势产业集群培育工程以加快园区特色产业集群化。

加强与国内知名院校和科研机构合作，结合当地的自然资源和产业的特点，开展因地制宜地产业技术创新工作。推动企业与科研协调性发展，发挥企业创新主体作用和社会责任，对科研人员提供经济支持，引导和鼓励企业增加科研经费投入，加快相关专利产品和技术的开发和设计。继续开展"河洛英才计划"，为洛阳市的创新产业提供坚实的人才基础和动力。

6. 13. 2　平顶山市

（1）城市概况

平顶山是河南省下辖地级市，现已成为以能源和原材料工业为主体，煤炭、钢铁、纺织、电力、化工等工业综合发展的新兴工业城市，作为能源原材料工业基地对国家有重要意义。平顶山市自然环境优越。其自然气候属暖温带大陆性季风气候，全年雨量充沛，气候温和，四季分明，无霜期长，适宜多种农作物和动植物的生长，平顶山市凭借其悠久的历史文化被誉为"国家园林城市"和"中国优秀旅游城市"。平顶山辖区共4区4县和1个县级市，总面积达六千多平方公里。2015年，全市实现生产总值共1335.4亿元，按可比价格计算，较上年增长了6.1%。其中，第一产业完成增加值共130.0亿元，增长了4.7%；第二产业完成增加值共710.9亿元，增长了5.4%，其中工业完成增加值为646.1亿元，增长了5.4%；第三产业完成增加值共494.6亿元，增长了7.9%。全市人均生产总值达33104元，同比增长了5.8%。一、二、三产业结构由上年的10.0:54.8:35.2变化为9.7:53.2:37.1[①]。

平顶山市有丰富的自然资源，较好工业基础，现已查明各类矿产达57种。其中原煤总储量达103亿吨，因此有中原煤仓之称；铁矿总储量达6.64亿吨，是全国十大铁矿区之一；钠盐预测总储量为2300亿吨，盐田的开发及深加工是目前河南省的重要产业。此外，平顶山市有丰富水资源，建立大型水库共4座，总容量达20亿立方米。平顶山煤业（集团）有限责任公司作为全国第二大统配煤矿，年产原煤共1800万吨。一些具有地方特色的企业也依托丰富的自然资源不断发展壮大，平顶山市现已基本形成以煤炭、纺织、机械、化工电力、钢铁、建材、食品等为主体产业的工业体系[②]。

（2）创新发展概况

近年来，平顶山市大力推动创新驱动的发展，把握科技与经济紧密结合的核心，在全面创新的基础上加速推进科技创新。2015年末，全市拥有各类专业技术人员15万人。科技创新能力有新的增强，全年共申请专利2444项。获市级以上科技进步

---

①　平顶山市2015年国民经济和社会发展统计公报。

②　平顶山市人民政府网。

奖 107 项，其中省级 10 项，国家级 1 项。全市各级各类学校总数 2137 所，教职工 59746 人，在校生人数 88.4 万人；中等专业学校 12 所，在校生 2.4 万人[①]。

在"十三五"规划中，平顶山市提出坚持创新发展，培育转型新动力。实施创新驱动战略，发挥科技创新在全面创新中的引领作用，以市场需求为引导，推动自主创新和开放创新"双提升"，努力建设创新型城市。坚持改革推动，强化市场导向，集成落实政策，完善服务体系，营造创新创业氛围，搭建创新创业转化孵化平台，激发全社会创新创业活力，形成想创、能创、众创的生动局面，打造发展新引擎。完善创新服务体系，集成政策措施，整合创新资源，推动人才、信息、技术、资本集聚，构建集多元化孵化主体、专业化创新服务、市场化创新资本的复合创新生态系统，促进创新要素共生共助、聚合裂变。把科技开放合作摆在更加突出的位置，坚持引进来与走出去相结合，积极主动融入全球创新网络，加大引技引智力度，吸纳省内外创新资源，弥补科技创新能力不足短板。努力引进海外科技资源，支持跨国公司和国外知名高等院校、科研机构在平顶山市建立研发中心，加强与中国科学院、上海交大、郑州大学等高等院校、科研机构的合作与交流，鼓励和支持其在平顶山市建立研发、成果转化基地，开展科技创新活动。大力支持企业引进国内外先进技术，提高自主创新能力。鼓励中国平煤神马集团、平高集团、圣光集团等企业通过开展海外并购、设立研发中心、购买专利技术增强创新能力。推进军民科技融合发展[②]。

（3）得分结果

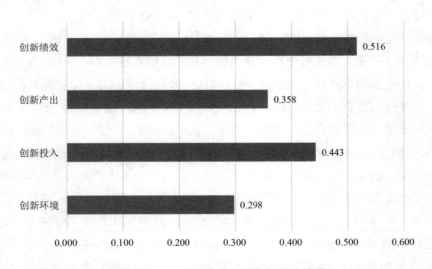

图 6.13.3　平顶山市一级指标得分结果

① 平顶山市 2015 年国民经济和社会发展统计公报。
② 平顶山市国民经济和社会发展第十三个五年规划纲要。

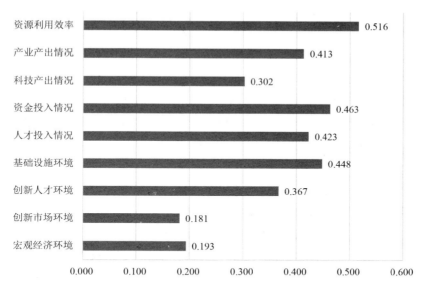

图 6.13.4 平顶山市二级指标得分结果

（4）创新评价

平顶山市在 116 个资源型城市中创新指数排名居中，位列 57 名。其在创新投入的得分为 0.443，排名第 49 位；创新产出得分为 0.358，排名第 42 位；在创新绩效和创新环境两方面的排名均不理想，创新绩效得分为 0.516，位列 83，创新环境得分为 0.298，位列 70。因此，可以看出，平顶山市各项指标均不突出，尤其是创新绩效和创新环境排名较为靠后。

在创新环境方面，平顶山市表现很不理想，得分为 0.298，排第 70 位。从分项得分和排名看，平顶山市的基础设施环境尚可，得分为 0.448，位列全国第 29；其次为创新人才环境，得分为 0.367，排名第 57；宏观经济环境得分为 0.193，排名全国第 84；创新市场环境情况很差，得分为 0.181，位列第 105 名。可见，宏观经济环境、创新人才环境和创新市场环境这三个方面是平顶山市创新环境的短板，平顶山市存在着经济基础不理想、创新人才相对缺失、民营经济发展受阻的问题。

在创新投入方面，平顶山市得分 0.443，排名 49，在 116 个资源型城市中处于中上游水平。根据分项得分，平顶山市人才投入得分为 0.423，排名第 59。全市资金投入情况较好，得分为 0.463，位列第 26 名，其中，R&D 经费支出得分为 0.345，排名为 22 位；教育支出占财政支出的比重得分为 0.778，位列全国第 39 位；财政科技支出占比得分为 0.328，位列全国第 47 位。相对来说，平顶山市的人才投入比较缺失，所以均衡资金投入与人才投入是平顶山市在创新投入决策中较为重要的一环。

平顶山市的创新产出得分为 0.358，排名第 42 位，处于中上游水平。从三级指标上看，在科技产出情况方面，专利申请授权量、企业商标拥有量得分分别为 0.259 和 0.342，排名分别位于 33 和 39 位，两项排名均较好。产业产出情况方面，平顶山市的矿产资源开发年税金占公共财政收入的比重得分为 0.838，排名 68；矿产资源开发综合利用产值占 GDP 比重得分为 0.088，位列 44，说明平顶山市的矿业综合开发利用发展到了一定的层次；第三产业占 GDP 的比重得分为 0.493，排名第 52 名。从排名上看，科技产出对创新产出的排名贡献较高，而产业产出三级指标则在一定程度上拉低了创新产出的排名。

平顶山市在创新绩效上排名较差，得分 0.516，排第 83 名。从分项得分上看，能源消费弹性系数得分为 0.792，位列 15 名，排名较靠前。但其余几项指标的排名均不理想，平顶山市的单位 GDP 矿石开采量得分为 0.719，位列 71；单位 GDP 能耗排名较低，位列第 94 位；全员劳动生产率得分较低，为 0.195，排名 91。因此，可以看出，平顶山市在全员劳动生产率、单位 GDP 能耗和单位 GDP 矿石开采量方面均存在着较大的提升空间。

（5）政策建议

从指标评价结果来看，平顶山市整体位于 116 个资源城市的中游，急需补齐的两大短板是创新环境和创新绩效。为此，建议在未来应加强宏观经济环境、创新人才环境和创新市场环境建设，为平顶山市创新发展提供较好的环境基础；由于平顶山市全员劳动生产率、单位 GDP 能耗及单位 GDP 矿石开采量的排名较低，因此应注重加强人员的培训及人员的优化配置，提升全员劳动生产率水平，注意利用科技技术进步等方式来不断降低单位 GDP 能耗和单位 GDP 矿石开采量。弥补创新驱动发展中的短板，从而推动平顶山市整体的创新发展。

作为成熟型城市之一，平顶山市在创新发展方面表现平平，在未来应该加快城市转型速度，创新驱动发展，加快技术创新，金融创新，为其发达的工业提供源源不断的动力。

强化企业创新主体地位。统筹利用各种创新资源，提升原始创新、集成创新和引进消化吸收再创新的能力。扩大企业在创新决策和组织模式中的自主权，建立高层次、常态化企业技术创新咨询制度，推动政府职能从研发管理向创新服务转变。鼓励企业增强技术研发能力，实施大中型企业省级研发机构全覆盖行动，支持企业建立省级以上工程（技术）研究中心、工程实验室、企业技术中心、企业重点实验室等研发机构，培育建立国家级企业技术中心。

大力培育创新型企业。发挥大中型企业创新骨干作用，支持领军企业加大核心技术和关键技术攻关力度，积极推动中国平煤神马集团进入国家自主创新领军企业试点，支持平高集团等大型企业建设高水平研发中心，形成一批领军型创新企业。激发中小微企业创新活力，形成一批拥有自主知识产权和知名品牌、具有核心竞争力的科技型中小企业。推动产学研协同创新。完善企业与科研院所、高等院校产学研合作工作机制，促进创新主体和创新资源深度融合。支持企业与国内外同行、大型央企、科研院所、高等院校深度合作，选择关联度高、带动性强、发展前景好、具有一定比较优势的产业领域，建立以利益为纽带、网络化协同合作的产业技术创新战略联盟，开展跨行业跨领域协同创新，突破产业发展的核心技术。

　　同时，平顶山市需要改善创新人才环境，均衡资金投入与人才投入，加强创新创业人才培养引进，深入实施全民技能振兴工程和技能人才回归工程，从国内外引进创新人才，健全培养选拔机制、流动配置机制以及激励保障等机制，为市级科技创新杰出人才的培育和创新型科技团队的建立而努力。

6.13.3　鹤壁市

（1）城市概况

　　鹤壁市地处河南省北部，得名于"仙鹤栖于南山峭壁"。全市共有辖浚县、淇滨区、淇县、山城区、鹤山区5个行政区和1个国家经济技术开发区、1个市城乡一体化示范区、4个省级产业集聚区，总面积达两千多平方公里。鹤壁市是全国地掷球的训练基地，也是全球最大的金属镁基地。2015年全年全市生产总值共713.23亿元，比上年增长了8.0%。其中，第一产业增加值为61.85亿元，增长了4.1%；第二产业增加值为471.41亿元，增长了7.4%；第三产业增加值为179.97亿元，增长了12.0%。三次产业结构为8.7:66.1:25.2[①]。

　　鹤壁市拥有丰富矿产资源，已探明包括煤炭、瓦斯气、水泥灰岩、白云岩、石英砂岩、耐火黏土在内等30多种矿藏，其矿藏易开发、地域组合良好、品位高。已探明煤炭储量17.4亿吨，电力总装机容量220万千瓦，加上在建的2×60万千瓦鹤淇电厂，将来装机总容量340万千瓦；金属镁的原料白云岩储量7.1亿吨，品位高、杂质少；水泥灰岩储量3.1亿吨，新型干法水泥年产能400万吨。水资源总量15.41亿立方米，其中年可利用水量7.73亿立方米，盘石头水库总库容6.08亿立方米。耕地158万亩，其中基本农田135万亩，粮食总产稳定在110万吨以上，人均畜牧业产值、肉蛋奶产量等指标连续20多年居全省首位[②]。

（2）创新发展概况

　　近年来，鹤壁市在科技创新驱动能力方面显著增强。"十二五"期间鹤壁市创业创

---

① 鹤壁市2015年国民经济和社会发展统计年报。
② 鹤壁市人民政府网。

新热情高涨，市场主体增长 86%、注册资本增长 438.5%。科技创新全面深化，与全国 49 家科研院校、12 家省级以上学会协会建立了合作关系，建成省级以上创新研发平台 67 家，荣获国家科技进步一等奖 1 项、省部级科技进步奖 27 项。成功创建国家可持续发展试验区、全国创新驱动助力工程示范市等。"互联网+"、电子商务、休闲旅游、新型物流等新业态快速发展，第三产业完成增加值占生产总值的比重由 18% 提高到 25.2%。高新技术产业增加值占规模以上工业增加值的比重由 3.8% 提高到 29.9%，煤炭行业占比由 19.8% 下降到 8.3%，能源资源型产业偏重状况得到持续改善[①]。

进入"十三五"以来，鹤壁市把创新摆在发展全局的首要位置，制定鼓励创新的政策体系，推动大众创业、万众创新，使创新在全社会蔚然成风。突出发展科技服务业，重视科技金融对创新的支撑作用，积极培养技术经纪人队伍，完善技术交易市场，加快建设各类科技孵化器、加速器。通过德州高新区的建设，促进培育生物技术等战略性新兴产业的加快发展，使创新引擎协同发展。德州创新谷在生态科技城的启动建设，将打造一流环境的城市创新新高地。支持德州学院等驻德高校发挥自身优势，开展技术研发和成果转化。支持企业在研发中心、技术合作、创新联盟的建设开展和组建等方面做出努力。抓住人才这个关键要素，全面落实人才政策"黄金 30 条"，千方百计吸引各类科研人员、专业技能人才、高校毕业生、归国留学生、外国专家等汇聚德州，坚持"政策吸引人才、平台凝聚人才、产业振兴人才、环境留住人才"，加快人才公寓建设，加快引入国际学校、国际医院，建立服务高端人才的长效机制，努力建设鲁北人才改革试验区。

（3）得分结果

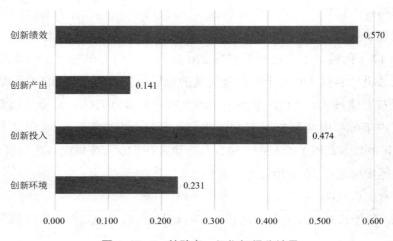

图 6.13.5　鹤壁市一级指标得分结果

---

① 鹤壁市 2016 年政府工作报告。

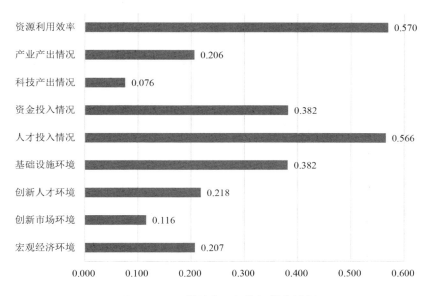

图 6. 13. 6　鹤壁市二级指标得分结果

（4）创新评价

作为 116 个资源型城市中创新指数排名第 88 位的城市，鹤壁市排名比较落后。其中，创新环境得分是 0.231，排名 101；创新投入得分 0.474，排名 45；创新产出得分 0.141，位列 113；创新绩效得分 0.570，排名 68。可以看出，各项指标排名比较不均衡，其中创新环境和创新产出是制约鹤壁市创新发展的主要短板。

在创新环境方面，鹤壁市的排名仅为 101 名。从分项得分看，宏观经济环境得分 0.207，位列 77，三级分项中鹤壁市地区生产总值位列 84，人均国内生产总值排名 48，贸易开放度为第 76 名，实际利用外资额为 22 名，资源储采比为 99 名，其主要问题在于经济总量较小、贸易开放度不高、资源储采比较低，从而拖累了经济的整体发展和活力。创新市场环境得分 0.116，排名 114，三级分项的城镇私营和个体从业人员占就业人员比重得分为 0.239，排名 88，非国有矿山数所占比重得分 0.214，排名 108，反映出鹤壁市的民营经济发展空间非常不足，受阻严重，导致整体经济缺乏活力和潜力。创新人才环境得分为 0.218，排名 91，三级分项中，每万人在校大学生数得分为 0.212，排名 56，矿产资源开发技术人员占比得分 0.228，排名 94，人才缺失也是拉低鹤壁市创新能力的一大原因。鹤壁市基础设施环境尚可，得分 0.382，排名 48。在 4 个二级指标中，鹤壁市在基础设施环境方面排名最高但仍然处在中上游水平，而最短板是创新市场环境，拉低了创新环境的整体排名。

在创新投入方面，鹤壁市得分 0.474，在 116 个城市中排名 45，是鹤壁市 4 项一级指标中排名最高的一项。观察单项得分，鹤壁市在人才投入情况方面得分为 0.566，位列 37。资金投入情况得分为 0.382，排名 42，其包含的三级指标中，教育支出占财政支出的比重得分为 0.923，排名 16，对提高创新投入排名的贡献最大；财政科技支出占财政支出的比重得分为 0.294，排名 50；R&D 经费支出得分为 0.034，排名 83。相对来说，鹤壁市在科技资金和 R&D 经费支出两方面表现较为薄弱，未来鹤壁市可以加大对科技事业的投资和扶持，提升 R&D 经费支出水平，以此来驱动创新发展和经济增长。

在创新产出方面，鹤壁市得分为 0.141，位列 113，排名非常落后。从三级指标来看，在科技产出情况方面，专利申请授权量、企业商标拥有量得分分别为 0.061 和 0.090，排名分别位于 75 和 85 位。产业产出情况方面，矿产资源开发年税金占公共财政收入的比重得分 0.803，排名为 72；矿产资源开发综合利用产值占 GDP 的比重得分 0.004，排名为 100 名；第三产业占 GDP 的比重得分为 0.000，排第 112 位。由此可见，鹤壁市在创新产出方面表现非常不理想，其科技成果产出水平较低，经济对矿业的依赖性依旧较深，而且矿业发展层级低，综合利用产值低下，第三产业发展程度很差，经济的重型化、资源化特征明显，不利于经济的可持续发展。

在创新绩效方面，鹤壁市的排名 68，位于中下水平，从三级指标上观察，全员劳动生产率得分 0.203，排名 90；能源消费弹性系数得分 0.630，排名为 73；单位 GDP 能耗得分 0.666，排名 73；单位 GDP 矿石开采量得分 0.847，排名 46。说明鹤壁市的经济发展过分依赖能源消耗，全市劳动效率低下。

（5）政策建议

从指标评价来看，鹤壁市创新指数排名较为靠后，为 88 名。在创新环境和创新产出两个方面尤其薄弱。鹤壁市在资源型城市分类中属于成熟型城市，今后应该加快城市转型速度，给予民营经济足够的发展空间，创新驱动发展，加快技术创新，金融创新，大力推进第二产业的优化升级，同时加快发展第三产业，优化产业结构，为鹤壁市的创新发展奠定良好的环境基础，从而提高创新产出，补全创新驱动发展中的短板。

突出科技创新引领。把握创新这一引领发展的第一动力，狠抓主体、机制、平台和专项等关键环节，实施区域创新、产业技术提升、骨干龙头企业"强壮"、科技型中小企业培育、科技人才创新等工程，促进科技创新的体系完善和创新能力的整体提升，实现由要素投资驱动为主向创新驱动为主的转变。强化企业主体地位。进一步扶持企业创新，巩固建设产业技术创新战略联盟，在重点领域通过实施重大科技专项突破一批影响相关产业发展的关键核心技术，一方面消除技术制约，一方面促进产业链升级。发挥科技创新投资引导基金作用，推动企业围绕市场需求不断开发新产品、新技术和新工艺，培育形成以技术、标准、品牌、质量为核心的新优势。引导创新型骨干企业承担国家级、省级重大科技专项，争取一批具有前沿性、创新性原始科学技术成果。建立一批拥有自主知识产权的高新技术企业、科技型中小企业和创新型（试点）企业等，努力构建一批产业创新中心，创新集聚地。

推进创新平台建设。加快全国创新驱动助力工程示范市建设，积极组建各类研发平台，健全创新发展载体，提升创新发展支撑能力。通过与国家科研院所的合作和与重点大学的合作，建设企业技术中心、工程技术研究中心、重点实验室等科研平台。

6.13.4　焦作市

（1）城市概况

焦作市是华夏民族早期活动的中心区域之一，现存遗址包括仰韶文化、裴李岗文化和龙山文化，其为中国太极拳的发源地。焦作地理位置位于黄河南北通道及晋豫两省要冲处，是豫西北地区自古以来重要的物资集散地。焦作市下辖有 4 个区 4 个县，总面积达四千多平方公里[①]。2015 年全市地区生产总值达 1943.37 亿元，比上年增长了 8.8%。其中：第一产业增加值为 136.74 亿元，增长了 4.2%；第二产业增加值为 1182.93 亿元，增长了 9.2%；第三产业增加值为 623.71 亿元，增长了 8.6%。人均生产总值达到 55080 元。三次产业结构由上年的 7.4∶61.8∶30.8 变化为 7.0∶60.9∶32.1，第三产业比重相较上年提高了 1.3 个百分点[②]。

焦作市现查明矿产资源共 40 余种，约占全省全部已发现矿种的 25%，其中包括已探明储量的煤炭、铝矾土、石灰石、耐火黏土、硫铁矿等 20 多种，其中煤质为单一的优质无烟煤的煤田保有储量达 32.4 亿吨，是化工业和钢铁工业的理想原料；耐火黏土已探明储量达 4686.9 万吨，占全省现有储量的 9.5%；以磁铁矿为主的铁矿保有储量达 2726 万吨，工业储量达 740.6 万吨；硫铁矿保有储量达 3475.5 万吨；石灰石大量且广泛分布，工业储量达 33 亿吨，远景储量达 100 亿吨；此外，焦作还有铜、石英、大理石、铝、铁、锌、磷、锑等矿产资源。解放初期，依托丰富的矿产资源，焦作着重发展以煤矿为主的工业，现基本形成以能源、化工、机械、冶金、建材工业为主，轻纺、食品、医药等工业部门综合发展的工业行业结构，全市国民经济的骨干产业也在此基础上形成。焦作的工业发展呈多层次、多样化特点。全市拥有 37 个行业大类，包括非金属矿物制品、蒸汽、热水生产与供应、电力、化学原料及化学制品制造、橡胶制品、有色冶炼及压延加工、专业设备制造、煤炭采造等。基本形成较完备工业体系，产品种类齐全且在市场上占有优势地位。如机电行业的重型矿山机械、电缆、制动器、造纸机械、农机及汽车轴件、影视灯具；冶金建材行业的耐火材料、

---

① 焦作市人民政府网。
② 焦作市 2015 年国民经济和社会发展统计公报。

铝锭、水泥；化工行业的轮胎、化肥、纯碱、乙炔炭黑、聚氯乙烯；轻纺行业的化学纤维、日用陶瓷、服装、医用纱布等产品在全省全国市场有较高知名度和地位，其较强的市场竞争力已成为带动焦作经济发展的主要力量。

（2）创新发展概况

近年来，焦作市创新能力不断增强，尤其科技创新的驱动能力大力增强。科技强市战略和创新体制机制的坚持实施和完善，财政杠杆的综合利用，有效加速了动力转换，带来显著的创新驱动效应。创新券和科技贷款贴息等制度得到贯彻落实。2015 年全年全市共取得省级科技进步奖达 19 项。申请专利 3061 件，比上年增长 16.0%；授权专利 2013 件，增长 17.3%。达成技术合同 110 项，涉及成交额共 0.48 亿元。25 项省级科技项目获准立项[①]。

进入"十三五"以来，"互联网 +"等新一轮科技革命以及产业变革正蓬勃兴起，产业转移仍将持续，在这样的契机下，焦作市实施创新驱动，引进培育新的产业支撑力量，焦作市的创新发展即将进入新的阶段。以科技强市形成创新驱动引擎。健全科技创新体制机制建设和科技投入使用绩效建设，通过焦作特色自主创新体系的构建促进科技引领力和创新驱动力。大力推进协同创新。把握开放合作这一创新重点，引导企业加强与行业龙头、高等院校、科研院所和国家级自主创新示范区合作对接，促进高科技成果高科技项目的引进和落地，通过创新战略联盟的组建、科技前沿技术和先进适用成果转化的加快应用，积极促进创新平台和省级以上高新技术企业的搭建和成立。

（3）得分结果

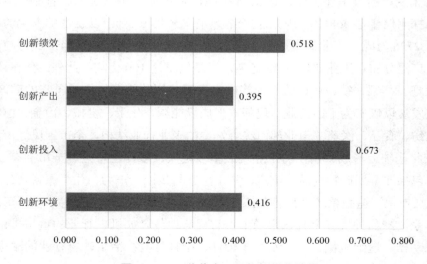

图 6. 13. 7　焦作市一级指标得分结果

---

① 焦作市 2015 年国民经济和社会发展统计公报。

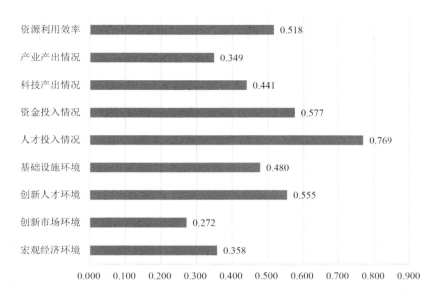

图6.13.8 焦作市二级指标得分结果

（4）创新评价

焦作市的创新指数在全国116个资源型城市中排名第22位，创新能力较好。其在创新环境的得分是0.416，排名25；创新投入得分0.673，排名6；创新产出得分0.395，位列35；创新绩效得分0.518，排名82。其中排名最为突出的是创新投入指标，而创新绩效的排名拉低了整体水平。

在创新环境方面，焦作市的排名为25名，表现较好。从分项得分看，焦作市宏观经济环境得分0.358，位列27，三级分项中地区生产总值位列23，人均GDP排名34，贸易开放度为第26名，实际利用外资额度为第19名，资源储采比排名86，表明焦作市未来可能面临一定程度的资源缺乏危机，亟须加快产业转型升级。创新市场环境得分0.272，排名72，较为落后，三级分项的城镇私营和个体从业人员占就业人员比重得分为0.405，排名62，非国有矿山数所占比重得分0.553，排名94，反映出焦作市的民营经济活力未得到充分的激发，国有经济仍旧比重较高。创新人才环境得分为0.555，排名22，其中每万人在校大学生数位列第8，矿产资源开发技术人员占比位列115。基础设施密度得分0.480，排名7。在四个分项中，焦作市在基础设施环境、创新人才环境、宏观经济环境三方面的排名均较好，而该市的短板为创新市场环境，其拉低了整体创新环境的排名，提示焦作市未来要进一步增强经济活力，加强培养民营经济并放宽对其的管制。

在创新投入方面，焦作市得分0.673，在116个城市中排名6，是焦作市四项一级指标中排名最高的一项。观察单项得分，焦作市在人才投入情况得分为 0.769，位列 23。资金投入情况得分为 0.577，排名 15，其包含的三级指标中，R&D 经费支出得分为 0.327，排名为 24，教育支出占财政支出的比重得分为 0.707，排名 49，财政科技支出占财政支出的比重为 0.721，排名 14。因此，可以看出，教育支出占财政支出的比重排名相对较低，其余指标表现良好，说明焦作市在创新投入上取得了较好的成绩，未来应进一步均衡教育支出和其他方面的支出，加快推动其创新能力的提升。

在创新产出方面，焦作市得分为 0.395，位列 35。从三级指标来看，在科技产出情况方面，专利申请授权量、企业商标拥有量得分分别为 0.380 和 0.496，排名分别位于 22 和 29 位。产业产出情况方面，焦作市在矿产资源开发年税金占公共财政收入的比重得分 0.913，排名为 44；矿产资源开发综合利用产值占 GDP 的比重中得分 0.090，排名为第 43 名；第三产业占 GDP 的比重得分为 0.239，排名 87。由此可见，加快产业转型升级，大力发展第三产业将成为焦作市提升创新产出的必经之路。

在创新绩效方面，焦作市的得分 0.518，排名 82，排名较为靠后。从三级指标上观察，全员劳动生产率得分 0.377，排名 56；能源消费弹性系数得分 0.706，排名为 36；单位 GDP 矿石开采量得分 0.926，排名 20；单位 GDP 能耗得分 0.000，排名 113。能源消费弹性系数和单位 GDP 矿石开采量对创新绩效排名贡献较大，但是全员劳动生产率较低，单位 GDP 能耗较大，说明焦作市整体劳动生产率不高，同时经济发展对能源消耗的依赖性较大，经济重型化、前端化特征明显，不利于经济的可持续发展。

（5）政策建议

从指标评价来看，焦作市总体排名比较理想，处于上游水平，但是创新绩效排名较差，拖累了整体的创新指数排名。建议在未来加强创新成果转化和提升创新绩效，同时应注意利用科技技术进步来不断降低单位 GDP 能耗，弥补短板，从而推动发展。同时，由于焦作市第三产业占 GDP 的比重较低，因此政府应加大对第三产业的关注，大力发展第三产业，优化产业结构。焦作市未来要进一步增强经济活力，加强培养民营经济并放宽对其的管制。

作为衰退型资源城市之一，焦作市在创新驱动发展方面也取得了不错的成绩，创新指数在 116 个地级市中排名第 22 位，在未来发展中应合理推动全市科技创新、金融创新、产业创新、信息化创新和机制体制创新，进一步推动焦作市的经济转型：

有序进行工业转型，在焦作市建设新型工业化。坚持工业强市和转型升级，紧抓十大产业，推动产品高端化、智能化、终端化发展，占领新一轮产业转型升级的领先地位。推动十大产业转型升级，促进产品结构迈向高端。推动智能制造业发展和传统制造业转型升级。紧跟新一轮技术革命步伐，把握工业转型升级的战略重点，积极发展智能制造业。以应用和市场为核心和导向，依托工程机械、矿山机械、汽车及零部件、造纸机械等传统制造业，拓展 3D 打印设备、智能机器人、高档数控机床、智能节能环保装备、自动化成套设备等领域项目的开展，着力推进智能制造业发展。

积极推动自主创新。发挥全面创新中科技创新的引领作用，对接科技和经济、对接创新成果和产业、对接创新项目和现实生产力、对接研发人员创新劳动和其利益收入，加速产学研结合以及技术成果转化，提升各行各业科技创新能力。加强体制机制改革和政策先行先试，集聚高端创新资源，打造在全国具有较强辐射能力和核心竞争力的创新高地。针对传统产业改造升级的关键技术和战略性新兴产业发展的核心技术，建立重大科技专项以突破制约。

激发各机构创新潜力，鼓励技术转化机构在企业与高校和科研机构间的合作建立，认定新型研发机构。推动区域创新资源相互连通和资源共享，引导开展产业技术创新战略联盟和新型产业技术研究院建立工作，形成新的全市产业创新中心和全市创新集聚地。深化全市科技体制改革，推动政府职能由研发管理向创新服务的转变，构建具有普惠性的创新支持政策体系，完善优化科技金融的深度融合机制。扩大创新领军人才的财物支配权和技术路线决策权，提高全市科研人员的科研成果转化收益分享比例。

6.13.5 濮阳市

（1）城市概况

濮阳被中国古都学会命名为"中华帝都"，素有"颛顼遗都"、"帝舜故里"之称，是国家历史文化名城。濮阳位于河南省东北部，成为中原经济区重要出海通道，是豫、鲁、冀省际交会的区域性中心城市。濮阳作为国家的重要商品粮生产基地以及河南省的粮棉油主产区之一，有丰富的石油、盐、天然气、煤等地下资源。先后被评为国家卫生城市、中国优秀旅游城市、国家园林城市、中国人居环境范例奖、迪拜国际改善居住环境良好范例奖、国家历史文化名城、国际花园城市、中国最佳文化生态旅游城市和全国文明城市等[①]。濮阳市辖共 2 个区 5 个县，总面积达四千多平方公里。据核算，2015 年全年全市共实现生产总值达 1333.64 亿元，比上年增长了 9.5%。其中：第一产业增加值为 157.50 亿元，增长了 4.4%；第二产业增加值为 754.49 亿元，增长了 8.9%；第三产业增加值为 421.65 亿元，增长了 12.9%。三次产业结构比例为 11.8:56.6:31.6[②]。

---

① 濮阳市人民政府网。
② 濮阳市 2015 年国民经济和社会发展统计公报。

濮阳的地质条件对油气生成及储存极为有利。现探明的主要矿藏包括石油、煤炭、天然气，还有铁、盐、铝等。相较来说，石油、天然气有较为丰富储量和较好质量，有较高经济价值。根据地质资料，全市最大储油厚度达 1900 米，平均厚度为 1100 米，其中生油岩体积达 3892 立方公里。据探明的生油岩成熟状况和排烃及储盖条件，根据多种测算方法估算，全市拥有的石油远景总资源达十几亿吨，拥有的天然气远景资源量约 2000 亿—3000 亿立方米。本区石炭至二叠系煤系地层分布面积达 5018.3 平方公里，煤储量达 800 多亿吨，初步探明盐矿资源储量达 1440 亿吨。建市以来濮阳把握建设现代化的石化城的总体目标，以油气资源为依托，中原乙烯、中原大化等大型化工企业相继建立。濮阳的强大经济支撑形成以石油化工为主的工业体系。

（2）创新发展概况

近年来，濮阳市牢固树立创新发展理念，立足油气勘探采掘、化工、装备制造、食品、林纸林板及家具等五大传统优势产业，依托龙头企业和发展技术创新，紧抓重大项目建设，产业链得到延伸发展。2015 年全年重点企业研究与试验发展人员 2832 人，经费支出 47225 万元，比上年增长 4.2%。市级以上企业技术中心 68 个，其中省级以上 38 个；市级以上工程实验室（工程研究中心）待批，其中省级以上 3 个。省级以上工程技术研究中心 24 家；市级工程技术研究中心 72 个；市级重点实验室 24 个；国家级创新型（试点）企业 1 家；省级创新型（试点）企业 23 家；市级创新型（试点）企业 33 家。启动实施市重大科技专项 10 个。获得省级以上科技奖励 9 项，市级科技进步奖 40 项。申请专利 1512 件，授权专利 1126 件，分别增长 29.9% 和 43.3%；有效发明专利 422 件，增长 5.0%。签订技术合同 1 份，技术合同成交金额 200 亿元，增长 191.0%[①]。

进入"十三五"以来，濮阳市坚持把创新驱动战略摆在发展的核心位置，形成促进创新的体制架构，激发全社会创新创业活力，加快动力结构转换，推进创新链与产业链对接，着力提高发展质量和效益。全面推进大众创业万众创新。多方培育创新创业主体，拓宽创新创业领域，强化财税、金融、创业投资等政策支持，建立面向人人的公共服务和支撑体系，推动科技人员、高校毕业生、农民工、退役军人、失业人员等主体创新创业。健全鼓励创新的体制机制。支持以企业为主承担重大科技专项等创新项目，建立主要由市场决定技术创新项目和经费分配、成果评价和传导扩散的新机制，建立从实验研究、中试到生产的全过程科技创新融资模式，促进创新成果资本化、产业化。建立健全科技创新激励机制，完善考核评价和利益导向机制。优化财政、金融等政策支持体系，强化普惠性支持创新政策和政府采购的作用，改进对科技

---

① 濮阳市 2015 年国民经济和社会发展统计公报。

型企业的融资服务。完善企业研发费用加计扣除政策，扩大固定资产加速折旧实施范围，推动设备更新和新技术应用。落实中关村国家自主创新示范区有关试点政策，在科技成果处置权、收益权、股权激励等方面探索试验。加强知识产权运用和保护[①]。

（3）得分结果

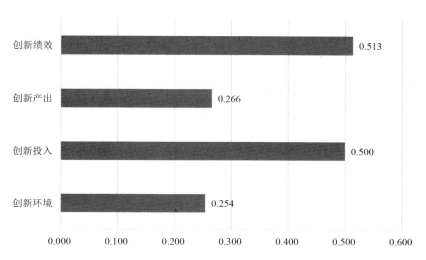

图 6.13.9　濮阳市一级指标得分结果

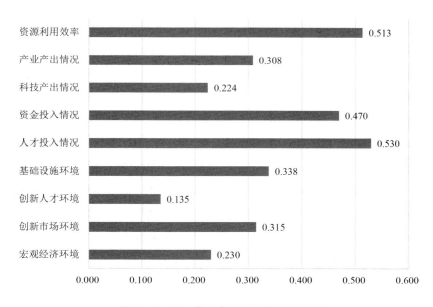

图 6.13.10　濮阳市二级指标得分结果

---

① 濮阳市国民经济和社会发展第十三个五年规划纲要。

（4）创新评价

濮阳市在全国 116 个资源型城市中创新指数排名第 68 位，位于中下游水平。其创新环境的得分是 0.254，排名 91；创新投入得分 0.500，排名 39；创新产出得分 0.266，位列 71；创新绩效得分 0.513，排名 84。其中排名较为理想的是创新投入，而创新环境、创新产出和创新绩效方面的排名拉低了整体创新指数的水平。

在创新环境方面，濮阳市的排名很靠后，位列全国 91 名。从分项得分看，濮阳市宏观经济环境得分 0.230，位列 62，三级分项中濮阳市在地区生产总值位列 49，人均 GDP 排名 63，贸易开放度位列 56 名，实际利用外资额位列第 34 名，资源储采比排名 66，各项表现均不突出，需要全方位的提高。濮阳市的创新市场环境得分 0.315，排名 60，三级分项中城镇私营和个体从业人员占就业人员比重得分为 0.323，排名 74，非国有矿山数所占比重得分 0.560，排名 93，这说明濮阳市私营化程度较低，民营资本进入阻碍较大。创新人才环境得分为 0.135，得分较低，位列第 107，其中每万人在校大学生数得分为 0.015，位列第 107，矿产资源开发技术人员占比得分 0.302，排名 81，因此，创新人才和技术人才缺失是濮阳市面临的一大短板。基础设施环境得分 0.338，排名 70，其中文化、公共交通方面均表现不佳，说明濮阳市还需进一步完善其基础设施建设。

在创新投入方面，濮阳市得分 0.500，在 116 个资源型城市中排名 39，是濮阳市四个创新一级指标中排名最高的一项。观察单项得分，濮阳市人才投入情况得分为 0.530，位列 41 位。资金投入情况得分为 0.470，位列第 25，其中 R&D 经费支出得分为 0.140，排名为 49，教育支出占财政支出的比重得分为 1.000，排名第 3，财政科技支出占财政支出的比重为 0.372，排名 38。由此可知，濮阳市创新投入各项指标表现均较好，但在人才投入、R&D 经费支出、教育支出和科技支出方面也存在着一定的进步空间。

在创新产出方面，濮阳市得分为 0.266，位列 71 位，排名较靠后。从三级指标来看，在科技产出情况方面，专利申请授权量、企业商标拥有量得分分别为 0.158 和 0.283，排名分别位于 48 和 46 位。产业产出情况方面，濮阳市矿产资源开发年税金占公共财政收入的比重得分 0.862，排名为 60；矿产资源开发综合利用产值占 GDP 的比重得分 0.063，排名为 49 名，说明其矿业产品具备一定的附加值。在第三产业占 GDP 的比重上，濮阳市得分为 0.187，排名 94，可见第三产业占比较低是拉低濮阳市创新产出排名的主要原因，濮阳市未来应进一步加强对第三产业的帮扶和支持。

在创新绩效方面，濮阳市的排名也较为靠后，得分 0.513，排名为全国第 84 位。从三级指标上观察，全员劳动生产率得分 0.237，排名 80；能源消费弹性系数得分 0.278，排名为 108；单位 GDP 能耗得分 0.600，排名 84；单位 GDP 矿石开采量

0.866，排名全国 40。说明濮阳市的经济发展对能源的依赖程度较深，同时整体的劳动效率不高，能源利用效率低下，低能耗的生产方式有待提升。

（5）政策建议

从指标评价结果来看，濮阳市的主要问题在于创新环境、创新产出和创新绩效较差。为此，建议在未来应加强创新环境建设，加强创新成果转化和提升创新绩效，进而提高创新产出水平。由于濮阳市第三产业在 GDP 中占比较低，因此要进一步优化产业结构，大力发展第三产业，降低资源型行业所占比重，加快推动城市转型和产业转型升级。同时应注意利用科技技术进步等方式来不断降低单位 GDP 能耗，降低能源消费弹性系数，注重人员的培训、激励和优化配置，推动全员劳动生产率的提升。以此弥补创新驱动发展中的劣势短板。

作为衰退型资源城市之一，濮阳市的创新指数在所有 116 个地级市中排名第 68 位，在未来发展中科技创新、金融创新、产业创新、信息化创新和机制体制创新是需要着力狠抓的部分。

发展壮大自主创新载体。强化企业创新主体地位，大力发展实验室、技术中心、设计中心等创新载体，鼓励发展产业技术联盟、公共创新服务平台等模式，自主创新载体和现代创新体系应得到丰富和巩固。实施省级研发机构大中型企业全覆盖工程，支持企业研发中心改造升级。围绕关键核心技术和系统的研发和集成，依托工程技术研究中心、企业技术中心、重点实验室、工业设计中心及各类科技园区等载体，促进科技成果与经济发展的结合。

组建产业技术创新战略联盟。推动产业技术研究机构和产学研联动配合运行机制的建立完善。构建产业技术联盟，涉及关联度高、发展前景好、带动性强、具有比较优势的产业领域，以骨干企业为龙头，以市场为导向，其他企业、高校、科研院所共同参与，打造产业技术创新共同体，注重核心关键技术突破，促进创新资源高效配置。

营造良好的人才发展环境。完善和优化服务保障体系和人才评价激励机制，营造有利于成才和有助于青年人才脱颖而出的社会环境。通过鼓励和引导企业、科研院所、高校、社会组织、个人等参与人力资源的开发和引进，实现人才的多元化投入体系。健全完善跨区域的人才流动机制，促进人才流动，利用市场在人才资源配置中的决定性作用，促进人才在不同性质单位和不同地域间横向和纵向流动。健全关于人才培养人才开发、人才评价、人才发现和人才选拔任用的机制，形成以工作业绩和创新能力为主要标准的人才评价导向。壮大全市企业家队伍，发挥全市企业家才能，激发全市企业家精神，依法保护全市企业家的财产权和创新收益。

6.13.6　三门峡市

（1）城市概况

三门峡市地处河南省西部，因举世闻名的黄河第一坝 —— 三门峡大坝的建设而逐渐崛起。三门峡市有深厚的历史文化积淀，孕育了华夏文明。位于黄河流域中游、是沟通中原与西北的重要通道，这里交汇华夏文明并孕育出了地域特色显著的崤函文化。三门峡市共辖有 2 个区（湖滨区、陕州区）、2 个县（渑池县、卢氏县）、2 个县级市（义马市、灵宝市）和 1 个经济技术开发区、1 个产业集聚区和市人民政府驻湖滨区。据初步计算，2015 年全市实现生产总值共 1260.55 亿元，按可比价格计算，交 2014 年增长了 3.5%。其中：第一产业增加值为 118.47 亿元，增长了 5.0%；第二产业增加值为 757.67 亿元，增长了 2.3%；第三产业增加值为 384.41 亿元，增长了 7.0%。三次产业结构比例由 2014 年的 9.0∶62.5∶28.5 转变为 9.4∶60.1∶30.5。"十二五"期间，全市生产总值年均增长 9.3%；三次产业结构调整成效显著，第一产业比重提高了 1.4 个百分点，第二产业比重降低了 8.4 个百分点，第三产业比重提高了 7 个百分点[①]。

三门峡市矿产资源极为丰富。目前探明矿藏达 66 种，大型矿床达 12 处、中型矿床达 31 处。其中已探明储量的矿产资源有 50 种，有 33 种已上国家储量平衡表，其带来的潜在经济价值达 2700 亿元；其中资源保有储量居全省前三位的矿产有 31 种。所有矿产中已探明有开采价值达 34 种，已开发利用达 37 种，其中白（铝）、黑（煤炭）、黄（黄金）是三门峡市三大优势矿产资源。黄金储量及产量均位于全国第二位，锌、锑等 15 种矿产达全省之冠；钼、铀、铅等 9 种矿产高居全省第二位，是全省甚至是全国重要的贵金属开发基地和能源开发基地。除此之外，三门峡市还拥有丰富的水能资源。以这些资源为依托，三门峡市建立了一批具有地方特色的企业。全市现有 15 家发电企业，全市装机总容量达 326.55 万千瓦，约占全省总装机容量的 6.5%。其中风电达 2.55 万千瓦，火电达 283 万千瓦，水电达 41 万千瓦。2010 年，全市总发电量达 135.77 亿千瓦时，为全市经济和社会发展提供了充足的电力保障[②]。

（2）创新发展概况

近年来，三门峡市大力增强科技创新驱动能力，大力实施创新驱动战略，强力推进节能减排，努力提高可持续发展能力。2015 年全年组织实施各类科技计划项目 158 个，其中省级以上科技项目 26 个，专项资金 965 万元。年内 7 家企业被批准为高新

---

① 三门峡市 2015 年国民经济和社会发展统计公报。
② 三门峡市人民政府网。

技术企业，共 17 家科技型中小企业得到省级备案，共 1 家企业申报成立省级院士工作站、共两家企业申报成立省级工程技术研究中心并通过认定，苹果、黄金省级产业技术创新战略联盟经省科技厅同意组建，河南省黄金资源综合利用重点实验室通过省科技厅认定。全年全市有 28 项科技成果荣获市级科技进步奖，包括一等奖，二等奖，三等奖各 5 项，10 项，13 项；省级鉴定通过的 5 项科技成果均达到国内领先水平；共 2 项科技成果获得省科技进步奖；共申请专利 678 件，授权 473 件 [①]。

在"十三五"期间，三门峡市提出以"四个全面"战略布局为总引领，全面贯彻创新、协调、绿色、开放、共享五大发展理念，紧紧围绕"一带一路"重要节点城市、黄河金三角区域中心城市、转型发展示范城市、休闲文化城市四大战略定位。不断优化生产、生活、生态三大空间布局，着力实现产业转型升级和中心城区转型两大突破。把创新发展作为关键动力，强化理念、方法、路径创新，培育转型发展新动能。把协调发展作为有力保障，统筹城乡、区域、经济社会协调发展，增强发展的整体效能。把绿色发展作为内在要求，促进产业发展生态化、生态建设产业化，形成人与自然和谐发展新格局。把开放发展作为必由之路，扩大开放招商，深化区域合作，打造内陆开放新高地。把共享发展作为根本目的，推进脱贫攻坚，增进民生福祉，创造幸福和谐新生活 [②]。

（3）得分结果

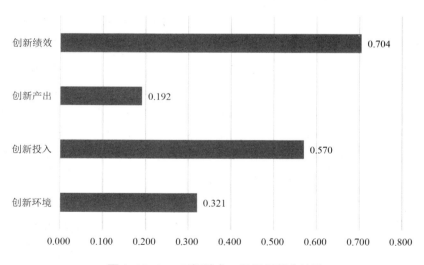

图 6. 13. 11　三门峡市一级指标得分结果

---

① 三门峡市 2015 年国民经济和社会发展统计公报。
② 三门峡市国民经济和社会发展第十三个五年规划纲要。

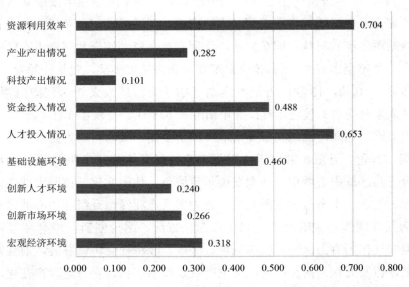

图 6. 13. 12　三门峡市二级指标得分结果

（4）创新评价

作为 116 个资源型城市中创新指数排名第 39 位的城市，三门峡市的创新能力较为理想。其创新环境的得分是 0.321，排名 57；创新投入得分 0.570，排名 22；创新产出得分 0.192，位列 98；创新绩效得分 0.704，排名 27。其中排名较为突出的是创新投入和创新绩效，而创新环境、创新产出拉低了创新指数的整体水平。

在创新环境方面，三门峡市的排名居中，为全国 57 名。从分项得分看，三门峡市宏观经济环境得分 0.318，位列 32，三级分项中三门峡市地区生产总值位列 50，人均 GDP 排名 30，贸易开放度为第 98 名，实际利用外资额为 11 名，资源储采比排名 67，其中最大的短板在于贸易开放度较低，不利于各要素的自由流动。其创新市场环境得分 0.266，排名 73，三级分项的城镇私营和个体从业人员占就业人员比重得分为 0.227，排名 91，非国有矿山数所占比重得分 0.397，排名 104，总体看来，三门峡市的民营经济发展很不理想，导致经济缺乏活力。其创新人才环境得分为 0.240，位列第 84，其中每万人在校大学生数得分为 0.164，位列第 71，矿产资源开发技术人员占比得分 0.347，排名 74，各方面人才缺失也是一个亟待解决的问题。三门峡市的基础设施环境得分 0.460，排名 26，表现较好。

在创新投入方面，三门峡市得分 0.570，在 116 个城市中排名 22，是三门峡市 4 项一级指标中排名最高的一项。观察单项得分，三门峡市在人才投入情况方面得分为 0.653，位列 31。资金投入情况得分为 0.488，位列第 23，资金投入情况包含的三项三级指标中, R&D 经费支出得分为 0.102, 排名 58, 教育支出占财政支出的比重得分为 0.884, 排名第 20, 财政科技支出占财政支出的比重得分为 0.555, 排名 20。总的来说, 三门峡市在人才投入和资金投入方面得分和排名均较为理想, 需要继续保持, 但在 R&D 经费支出方面需要加强。

在创新产出方面, 三门峡市得分为 0.192, 位列 98, 处于下游水平。从三级指标来看, 在科技产出情况方面, 专利申请授权量、企业商标拥有量得分分别为 0.094 和 0.108, 排名分别位于 59 和 79 位。产业产出情况方面, 三门峡市在矿产资源开发年税金占公共财政收入的比重得分 0.846, 排名为 65; 在矿产资源开发综合利用产值占 GDP 的比重中得分 0.057, 排名为 54 名; 对于第三产业占 GDP 的比重, 三门峡市得分为 0.130, 排名 101。可见三门峡市创新产出的各项指标表现均不突出, 尤其是第三产业在 GDP 中所占比例较低是拉低三门峡市的创新产出排名的主要原因。

在创新绩效方面, 三门峡市的位列第 27, 处于上游水平。从三级指标上观察, 全员劳动生产率得分 0.504, 排名 34; 能源消费弹性系数得分 0.792, 排名为 16; 单位 GDP 能耗得分 0.735, 排名第 58 位; 单位 GDP 矿石开采量得分 0.843, 排名 47。因此, 今后应进一步发展环保经济和低能耗产业, 促进产业结构转型升级, 降低单位 GDP 能耗和单位 GDP 矿石开采量。

（5）政策建议

从指标评价结果来看, 三门峡市的主要问题在于创新环境和创新产出。为此, 建议在未来应加强创新市场环境及创新人才环境建设, 从而为三门峡市创新发展提供良好的环境基础。由于三门峡市第三产业在 GDP 中所占比重较低, 因此未来应着力发展第三产业, 通过产业结构优化调整降低经济发展中能源消耗和资源型行业的影响程度, 弥补创新驱动发展中的劣势短板, 促进三门峡市创新发展。

作为成熟型资源城市之一, 三门峡市在创新驱动发展方面也取得了较好的成绩, 创新指数在所有 116 个地级市中排名第 39 位, 在未来发展中应强调科技创新、金融创新、产业创新、信息化创新和机制体制创新。

着力优化产业结构, 开发持续的增长新动力。推动传统工业的转型升级, 大力发展先进制造业, 加快发展终端产品、高端产品, 注重先进制造业比重的提高。改造和提升传统产业, 贯彻落实煤化工、黄金、铝工业等传统产业的技术改造和提升工程, 企业产品结构调整和延长产业链并行, 让传统产业重焕新生。推进新兴产业规模化, 抢抓国家政策机遇, 大力发展汽车零部件、新材料、食品药品等产业, 让新兴产业"新芽长成大树"。加快"两化"融合发展, 信息化带动工业化, 实行信息化建设的示范企业试点工作。建设数字化产业的集聚区推动信息技术在全市工业领域广泛应用。

在加快高新产业发展的基础上继续贯彻创新驱动发展战略。积极培育战略新兴产业，加快生物医药、新材料、电子信息等高新技术产业发展，建好高新企业孵化器，积极创建国家级高新区。推动建立以企业为主体、产学研相结合的创新发展模式，结合自主研发和开放合作。大力发展企业研发中心，构建起比较完善的自主创新体系，推动结构优化升级和经济转型发展。在核心企业中建立行业性技术应用转化为目标的技术创新平台；以培育新兴战略产业为方向，以创新成长型企业为骨干，建设带动性自主研发平台；依托产业集聚区的载体，搭建面向全市中小企业的公共科技服务平台。鼓励和引导全市企业建立研发中心，引导全市社会资源和创新要素面向全市企业，尤其是创新型企业流动。

加快培养各领域高级专家。围绕城市创新体系和产业结构的建设和升级，落实领头人才开发计划，培养和引进一批具有国际先进水平和自主创新能力的科技领、文化领军人才和创新团队。以重大工程项目为载体，充分发挥各领域高级专家的领衔作用，形成以高级专家为核心的创新团队。

6.13.7 南阳市

（1）城市概况

南阳为豫陕鄂的区域性中心城市、是河南省域的次中心城市。是豫西南政治、经济、文化、科教、交通、金融和商贸中心，其城市规模位居河南第三。南阳中心城市近年来相继荣获"中国优秀旅游城市"和"国家园林城市"的称号。南阳市辖共 2 个区 10 个县 1 个县级市，总面积达两万多平方公里。内乡县衙、西峡灌河漂流和卧龙岗武侯祠等旅游资源被批准为国家 4A 级景区。老界岭和恐龙遗迹园等旅游资源被批准为国家 5A 级景区。南阳市近年来经济高速发展，2015 年全市实现生产总值共 2522.32 亿元，比上年增长了 9.2%。其中，第一产业增加值为 404.19 亿元，增长了 4.5%；第二产业增加值为 1153.91 亿元，增长了 8.9%；第三产业增加值为 964.22 亿元，增长了 12.0%。三次产业结构的比例为 16.0:45.8:38.2[①]。

南阳市矿产资源丰富，是中国矿产品最为密集的地区之一，2016 年年末已发现的矿种 84 种，已探明资源储量的矿种 45 种，已开发利用的矿产 45 种。其中，能源矿产 3 种，金属矿产 8 种，非金属矿产 37 种，水气矿产 2 种。2016 年全年新发现大中型矿产地 3 处。南阳独玉为中国四大名玉之一，素有"东方翡翠"之称，探明储量 1.957 万吨，远景 20 万吨，是绝无仅有的天然玉石品种。2016 年，年末共有自然保

---

① 南阳市 2015 年国民经济和社会发展统计公报。

护区 6 个, 其中, 国家级自然保护区 3 个。自然保护区面积 123.34 千公顷。形成以
南召辛夷、西峡山茱萸与天麻、桐柏桔梗、方城裕丹参、内乡黄姜、镇平杜仲、邓州
麦冬、唐河栀子、社旗板蓝根等为主体的十大中药材种植基地。方城裕丹参、桐柏桔
梗、南召辛夷、西峡山茱萸、猕猴桃为国家地理标志产品 [①]。

（2）创新发展概况

近年来, 南阳市牢固树立创新发展理念, 大力实施创新驱动发展战略。2015 年
年末全市硕士学位点 1 个。拥有普通高等学校 6 所, 全年招生数 3.78 万人, 在校
生 10.09 万人, 毕业生 3.35 万人。成人高校 1 所。中等职业技术学校 88 所, 全年
招生数 2.71 万人, 在校生 8 万人, 毕业生 3.24 万人。全年全市科学研究开发机构
184 个, 从事研究与试验发展（R&D）人员 1.79 万人, 研究与试验发展（R&D）人
员经费支出 27.6 亿元。国家级企业技术中心 8 个, 省级企业技术中心 44 个。省级
工程技术研究中心 51 个, 省级重点实验室 3 个, 国家级创新型试点企业 3 家, 省级
创新型试点企业 5 家, 重大科技专项 3 个。全年获得省级科技进步奖 10 项; 专利申
请 4716 件, 授权专利 3230 件; 签订技术合同 165 份, 技术合同成交金额 2716.29
万元 [②]。

进入"十三五"以来, 南阳市深入实施创新驱动发展战略。把创新放在发展全局
的核心位置, 实施创新驱动发展战略, 持续推进"龙腾计划""雁阵计划""金地计
划", 拓展产业发展空间, 提升科技创新驱动力、市场化改革推动力、新需求新供给
拉动力, 全面激发全社会创新活力和创造潜能, 实现发展动力转换, 提高发展质量和
效益, 建设现代产业强市。以推进大众创业万众创新强化活力根基, 以推进科技创新
为核心的全面创新培育动力源泉, 抓好项目、平台、人才、基地、政策等关键环节,
进一步优化创新创业环境, 加快推进国家创新型试点城市建设, 打造富有竞争力的创
新创业活力城市。强化企业自主创新体系建设, 推进产业创新体系建设, 实施"互联
网 +"专项行动, 鼓励大众创业万众创新, 大力推进开放式创新 [③]。

---

① 南阳市人民政府网。
② 南阳市 2015 年国民经济和社会发展统计公报。
③ 南阳市国民经济和社会发展第十三个五年规划纲要。

（3）得分结果

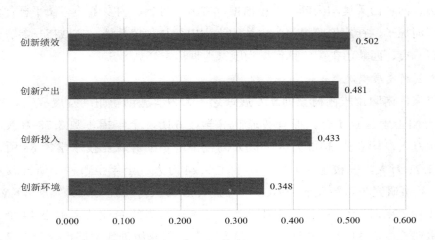

图 6.13.13　南阳市一级指标得分结果

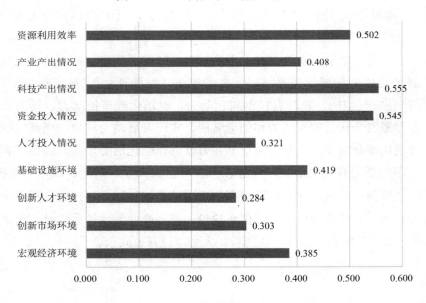

图 6.13.14　南阳市二级指标得分结果

（4）创新评价

南阳市在全国 116 个资源型城市中创新指数排名第 41 位，排名处于中上游位置。其创新环境的得分是 0.348，排名 42；创新投入得分 0.433，排名 51；创新产出得分 0.481，位列 21；创新绩效得分 0.502，排名 88。除创新产出外其余三项指标均不突出，尤其是创新绩效情况不容理想。

在创新环境方面，南阳市的排名为 42 名。从分项得分看，南阳市宏观经济环境得分 0.385，位列 24 名，其包含的三级指标中，南阳市在地区生产总值位列 14 名，人均 GDP 排名 88，贸易开放度为 49 名，实际利用外资额为 24 名，资源储采比为 24 名，全市宏观经济环境总体情况较好，但是人均 GDP 偏低，贸易开放程度也需要进一步提高。创新市场环境得分 0.303，排名 64，对应的三级指标中，城镇私营和个体从业人员占就业人员比重得分为 0.240，排名 87，非国有矿山数所占比重得分为 0.953，排名全国第 15 位。创新人才环境得分为 0.284，排名 77，在其包含的三级指标中，每万人在校大学生数得分为 0.177，排名 65，矿产资源开发技术人员占比得分 0.433，排名 56，也需要进一步提高。基础设施环境得分 0.419，排名 33。在 4 个二级指标中，南阳市的宏观经济环境和基础设施环境较好，但是其短板是创新市场环境和创新人才环境，拉低了整体创新环境的排名。

在创新投入方面，南阳市得分 0.433，在 116 个城市中排名 51 位，位于中游。从单项指标来看，南阳市在人才投入情况得分为 0.321，位列 81 位。资金投入情况得分为 0.545，排名 18，资金投入情况包含的三级指标中，R&D 经费支出得分 0.343，排名为 23，教育支出占财政支出的比重得分为 0.914，排名 17，财政科技支出占财政支出的比重为 0.450，排名 30。相对来说，南阳市在人才投入情况这一项方面表现较为薄弱，合理均衡的人才投入和资金投入可能为南阳市在创新投入这一项得到更高的排名。

在创新产出方面，南阳市得分为 0.481，位列 21 位，在样本城市中处于上游水平。从三级指标来看，在科技产出情况方面，专利申请授权量、企业商标拥有量得分分别为 0.409 和 0.688，排名分别位于 19 和 15 位。产业产出情况方面，南阳市在矿产资源开发年税金占公共财政收入的比重得分 0.932，排名为第 38 位，在第三产业占 GDP 的比重方面，南阳市得分为 0.488，位列 54 名，矿产资源开发综合利用产值占 GDP 的比重得分 0.020，排名较为落后，为 76 名。这说明南阳市对经济结构应做出相应的调整，第三产业虽然得到了一定程度的发展，但是仍然不够，同时矿产资源开发流程可能较为粗放导致附加值不高，资源利用效率低，从而在一定程度上拉低了创新产出指标的排名。

在创新绩效方面，南阳市的排名 88 位，比较靠后。从三级指标上观察，单位 GDP 矿石开采量得分 0.993，排名第 8，排名非常靠前。但其余 3 项三级指标排名均不理想，其中能源消费弹性系数得分为 0.209，排名为 110；全员劳动生产率得分为 0.193，位列 92，需要进一步提高；单位 GDP 能耗得分 0.485，排名 95，这说明南阳市的能源利用效率较低，经济增长对能源消耗的依赖程度较高。

（5）政策建议

从指标评价结果来看，南阳市的创新环境、创新投入和创新绩效都有待提高，特别是创新绩效方面。为此，建议在未来应注意优化产业结构，大力发展第三产业，加强创新的人财物投入，加强创新成果转化和提升创新绩效，应注意利用科技技术进步、提高能源利用效率等方式来不断降低能源消费弹性系数，弥补创新驱动发展中的劣势短板，从而推动南阳市创新发展。

作为再生型资源城市之一，南阳市在创新驱动发展方面表现较好，创新指数在所有 116 个地级市中排名第 41 位，在未来发展中应强调推进科技创新、金融创新、产业创新、信息化创新和机制体制创新。

南阳市创新绩效的排名较为靠后，主要问题在于其全员劳动生产率低、单位 GDP 能耗和能源消费弹性系数较高。在今后应注重提升能源利用效率，降低经济增长对能源的过度依赖和能源消费的过度增长，同时还应注重人员的培训、激励和优化配置，提高全员劳动生产率。

对于创新产出，南阳市的短板在于矿产资源的开发和综合利用产值在 GDP 中占比较低，第三产业的占比处于劣势。这说明南阳市应加强资源的循环利用，提升矿产资源开发综合利用产值，同时应加快城市转型和产业转型，进一步提升第三产业在南阳市 GDP 中所占比重，促进产业结构向合理化和高级化方向发展。

对于创新环境方面，南阳市比较薄弱的环节在于创新市场环境和创新人才环境。所以应鼓励和引导私营企业和个体经济的发展，为创新提供更为宽松的市场环境。在未来还应完善人才培养机制和人才引进机制，一方面注重发掘培养本土人才，一方面加大力度引进海外高层次创新创业人才，加快战略性新兴产业的发展和培育，提高南阳市自主创新能力。

6.14　湖北

6.14.1　黄石市

（1）城市概况

黄石地处长江中游南岸、湖北省东南部，是我国中部地区重要的原材料工业基地和重要的长江港口城市，也是全国资源枯竭的转型试点城市，被誉为中国的"青铜古都"、"水泥故乡"、"钢铁摇篮"、"服装新市"和"劲酒之都"，黄石市现辖有一市一县四个城区和一个国家级经济技术开发区。总面积达四千多平方公里[①]。2015 年，全市地区生产总值 1228.10 亿元，按可比价格计算，比上年增长 5.3%。其中，第一产业增加

---

① 黄石市人民政府网。

值 108.56 亿元，增长 4.9%；第二产业增加值 679.88 亿元，增长 2.2%；第三产业增加值 439.66 亿元，增长 11.2%。三次产业比重为 8.84∶55.36∶35.80，第一产业增加值占 GDP 比重比上年上升 0.22 个百分点，第二产业增加值占 GDP 比重下降 4.01 个百分点，第三产业增加值占 GDP 比重上升 3.79 个百分点。人均 GDP 为 50053 元，增长 0.5%[①]。

黄石境内矿产资源一度非常丰富，素有"百里黄金地，江南聚宝盆"的美誉，自建市以来累计向国家贡献铁矿近 2 亿吨、铜精矿 80 万吨、原煤 6000 万吨、非金属矿 5.6 亿吨，全市目前探明的矿产有能源、非金属、金属、水气 4 大类，共计 76 种，已探明储量的资源有 37 种。其中金、铜、钴、锶、钼、硅灰石等 14 种矿产的探明储量居湖北省首位。铁、铜、石灰石、金、煤等是黄石的优势矿产。以这些资源为依托，地方特色产业得到长足发展。黄石市境内拥有全国十大特种钢企业之一的湖北新冶钢，全国十大铁矿之一的大冶铁矿以及全国三大水泥集团之一的华新水泥，全国六大铜矿之一的大冶有色，全国销量第一、世界销量前三的压缩机生产商东贝，全国十大名牌西服之一的美尔雅和中国保健酒第一品牌、产量最大的劲牌等骨干企业，形成了以建材、能源、黑色金属、有色金属、机械制造、食品饮料、纺织服装、化工医药等 8 个产业为主导的产业集群，全市拥有百亿元企业达 4 家，引进 7 家世界 500 强企业，华新水泥、大冶有色、大冶特钢跻身中国 500 强企业，东贝、华新、锻压分别荣获全国科技进步二等奖。

（2）创新发展概况

近年来，黄石市大力增强科技创新驱动能力，把科学技术和自主创新摆在更加突出的位置，让科技工作在黄石经济社会发展的主战场中发挥更加重要的作用。2015 年黄石市大力推进"双创"工作。全市为打造创新之城、创业之都、创客之家，研究出台"双创"实施意见，"磁湖汇"众创空间也于 2015 年正式运营。2015 年，全市高新技术产业企业 137 家，净增 5 家。实现高新技术产业增加值 156.05 亿元，占 GDP 的 12.7%。预计研究与试验发展（R&D）经费支出 28.12 亿元，增长 8.0%，占 GDP 的 2.3%。安排 89 项市级科技计划项目。全市申请专利总量 3416 件，其中发明专利申请量 1300 件。授权专利总量 1116 件，其中发明专利授权量 102 件。各类中等职业学校 17 所，专任教师 855 人，在校生 14184 人[②]。

"十三五"期间，黄石市积极对接《中国制造 2025》和贯彻"互联网"行动计划，切实履行《振兴黄石制造加快工业转型发展行动计划》，价值链、技术链、产业链关键环节的突破工作加速推进，黄石市产业发展由"黄石制造"向"黄石创造"和"黄

---

① 黄石市 2015 年国民经济和社会发展统计公报。
② 同上。

石智造"升级，致力于产业体系的上中游衔接配套完善，着力建立全国重要的特钢和铜产品精深加工、电子信息产业、生命健康产业基地和节能环保产业基地，打造区域性的先进制造业中心。争取到 2020 年，黄石市建成省级以上创新空间 10 家，将磁湖汇·众创空间打造成全国一流众创空间，使之成为创新之城、创业之都、创客之家。此外，争取每年推动的高校及科研院所科技成果的转化及产业化达 60 项以上[①]。

（3）得分结果

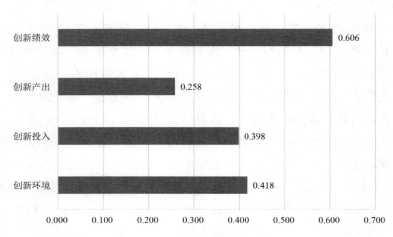

图 6.14.1　黄石市一级指标得分结果

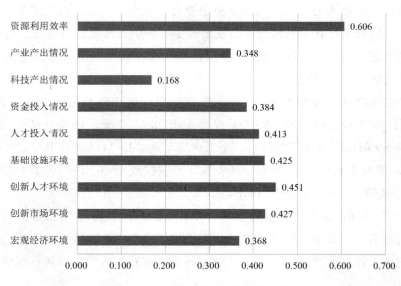

图 6.14.2　黄石市二级指标得分结果

——————————

① 黄石市国民经济和社会发展第十三个五年规划纲要。

（4）创新评价

黄石市在全国 116 个资源型城市中创新指数排名第 48 位，处于中上游水平。其创新环境的得分是 0.418，排名 23；创新投入得分 0.398，排名 59；创新产出得分 0.258，位列 76；创新绩效得分 0.606，排名 54。其中排名较为突出的是创新环境，而创新投入、创新产出和创新绩效方面的排名拉低了整体的创新水平。

在创新环境方面，黄石市位列第 23 名，在 4 项创新一级指标中排名最高。从分项得分看，黄石市宏观经济环境得分 0.368，位列 25，三级分项指标中，黄石市地区生产总值位列 52，人均 GDP 排名 37，贸易开放度为第 14 名，实际利用外资额为 30名，资源储采比排名 69，整体情况较为理想，经济环境较为稳定。其创新市场环境得分 0.427，排名 25，三级分项中，城镇私营和个体从业人员占就业人员比重得分为0.527，排名 42，非国有矿山数所占比重得分 0.856，排名 52，说明其民营经济环境比较宽松，为创新发展提供了空间。黄石市创新人才环境得分 0.451，排名 35，三级指标中，每万人在校大学生数得分为 0.495，排名 26，矿产资源开发技术人员占比得分 0.389，排名 61，相对而言，其职业教育和职业人才的培养可以进一步加强。黄石市基础设施环境得分 0.425，排名 32，其中公共交通、科技发展方面需要进一步提升。

在创新投入方面，黄石市得分 0.398，在 116 个资源型城市中排名 59 位，位于中游。观察单项得分，黄石市人才投入情况得分为 0.413，位列 63。资金投入情况得分为 0.384，排名第 40，其包含的三级指标中，R&D 经费支出得分为 0.383，排名为20，教育支出占财政支出的比重得分为 0.443，排名第 81，财政科技支出占财政总支出的比重得分为 0.338，排名 46。相对来说，黄石市在人才投入和教育支出这两项表现较为薄弱，说明该市在人才培养方面表现相对欠佳，未来应该加大教育的人才和资金投入。

在创新产出方面，黄石市得分为 0.258，位列 76，排名在 116 个城市中处于中下游水平。从三级指标来看，在科技产出情况方面，专利申请授权量、企业商标拥有量得分分别为 0.166 和 0.169，排名分别位于 47 和 61 位。产业产出情况方面，黄石市矿产资源开发年税金占公共财政收入的比重得分 0.785，排名为 75，矿产资源开发综合利用产值占 GDP 的比重得分 0.119，排名为 39 名，说明黄石市矿业开发利用的层级较高，具有较高附加值。但是其第三产业占 GDP 的比重较低，黄石市得分为0.298，排名 83，可见第三产业占 GDP 比重较低是黄石市创新发展中的短板之一，黄石市第三产业的发展应在未来进一步加强。

在创新绩效方面，黄石市的排名 54，位于中游。从三级指标上观察，单位 GDP矿石开采量得分 0.741，排名 69；能源消费弹性系数黄石市得分 0.720，排名为 30；其单位 GDP 能耗得分为 0.686，排名 70，说明其能源利用效率较低；全员劳动生产率得分 0.360，排名第 58，处于中游水平，说明其整体劳动效率不高，需要进一步提升。

（5）政策建议

从指标评价结果来看，黄石市的主要问题在于创新产出方面，其次是创新投入较少和创新绩效较低。为此，建议在未来应加强创新的人财物投入，加强创新成果转化，尤其应加大人才和资金投入力度，同时应注意在未来推动科技发展，大力发展第三产业，优化产业结构，补缺创新驱动发展中的短板，从而推动城市创新发展。

作为衰退型资源城市之一，黄石市在创新驱动发展方面表现一般，创新指数在所有 116 个地级市中排名第 48 位，在未来发展中应着重强调科技创新、金融创新、产业创新、信息化创新和机制体制创新。

加快创新驱动发展。努力申报国家级创新型试点城市。健全产学研合作长效机制，鼓励企业与高校院所共建研发机构，继续抓好科技企业培育工作。通过技成果转化服务和激励机制的优化完善，搭建科技成果信息发布平台和共享平台。推动创新链与产业链融合和建设力度。深入实施知识产权战略，强化企业主体地位，促进知识产权创造运用，加快建设区域品牌，形成一批知名品牌和优势企业。

强化企业科技创新的主体地位。鼓励和支持重点骨干企业大力实施技改项目，充分运用高新技术和先进适用技术改造提升装备水平，积极引导企业参与国内外科技合作和竞争。加快企业研发机构自身建设和与院校及科研院所的合作，在科技攻关、成果转化和技术引进多方面联合推进。

大力推进高新技术发展和技术攻关。把握传统产业高新化主线、高新技术产业化主线和制造业信息化主线，推动具有比较优势的高新技术产业的发展。推进围绕磁湖高新技术开发区的科技园区建设，加快现代农业产业园和科技示范产业园的建设，引导和鼓励技术含量和发展潜力大双高的中小企业凝聚于黄石市的科技园区。

6.14.2　鄂州市

（1）城市概况

鄂州这一湖北省历史文化名城是全国著名的"鱼米之乡"和"百湖之市"，不仅为中国佛教净土宗的发源地，也是驰名中外的"武昌鱼的故乡"，曾被评选为中国优秀旅游城市，是武汉城市圈"全国资源节约型和环境友好型社会（简称'两型社会'）建设综合配套改革试验区"的重要组成部分。鄂州市辖共 3 个区及 2 个经济技术开发区，总面积达一千多平方公里。2015 年，全市完成生产总值共 730.01 亿元，增长了 8.0%。其中：第一产业完成增加值达 84.66 亿元，增长了 5.3；第二产业完成增加值达 422.44 亿元，增长了 7.4%；第三产业完成增加值达 222.91 亿元，增长了 10.3%。按常住人口计算，全年全市人均生产总值达到 68921 元，相较上年净增长 4070 元，增长了 6.27%。三次产业结构由 2014 年的 11.8∶59.3∶28.9 调整为 11.6∶57.9∶30.5[①]。

鄂州地处长江中下游铁铜等多种金属成矿带西部，境内矿产资源丰富，小铁矿点星罗棋布。金属矿产资源主要有铁、铜、钼等，非金属矿产资源有煤、硬石膏、沸石、膨润土、珍珠岩、硫等。现已探明铁矿储量为 2.5 亿吨，居全省第二位。伴随铁矿石的开采，现保留有铜金属量约 21 万吨。现已探明硬石膏矿储量为 3752 万吨，硫矿储量为 226.28 万吨，煤矿总储量为 2784 万吨，膨润土储量为 743 万吨。鄂州动物种类繁多，资源丰富，水产名贵品种较多。全市有鱼类 21 科、106 种，其中鲤科 63 种，占鱼类总数的 60%。其他稀有鱼类在本地也有生长，产于梁子湖的银鱼，畅销国内外。有家禽 10 多种，家畜 20 多种。野生动物有兽类 20 多种，飞禽 40 多种，还有爬行类和虾贝类动物数十种[②]。

（2）创新发展概况

近年来，鄂州市坚持创新发展理念，贯彻落实创新驱动发展的战略。2015 年末，全市高等教育招生 5070 人，在校生 15255 人，毕业生 4200 人；各类中等职业教育招生 2026 人，在校生 4850 人，毕业生 1219 人。科学研究和技术开发取得新成果。全市登记科技成果 13 项，获省级科学技术奖励 4 项，登记技术合同交易额 5.13 亿元；全市发明专利申请达到 562 件，申报国家知识产权示范企业 1 家。省级知识产权示范企业达到 12 家，5 家企业荣获湖北省优秀专利奖。全年全市每万人发明专利拥有量达到 1.44 件[③]。

进入"十三五"以来，鄂州市提出了"增强科技创新力，科技创新必须摆在鄂州发展全局的核心位置"的目标，加快引进创新步伐。加快引进创新步伐。抢抓省委实施"科技成果大转化工程"机遇，吸引一批科技成果和一批科研院所进驻。承接国家工程技术中心、国家级技术创新平台在鄂州落户。加快技术和知识产权交易平台建设，加强知识产权保护。依托物联网、电子商务、生物医药、航空物流等产业，建设一批技术研究中心。推动葛店"中国药谷"和光谷生物城融合发展。强化企业创新主体地位。深入推进"创新型企业培育工程"、"科技型中小企业成长路线图计划"。支持企业建设博士后科研工作站、院士专家工作站，形成一批创新型领军企业。落实企业研发费用加计扣除政策，扩大固定资产加速折旧实施范围，推动设备更新和新技术应用。培育发展新动力。认真落实去产能、去库存、去杠杆、降成本、补短板等供给

---

① 鄂州市 2015 年国民经济和社会发展统计公报。

② 鄂州市人民政府网。

③ 鄂州市 2015 年国民经济和社会发展统计公报。

侧结构性改革任务，创造新供给，释放新需求，加快实现发展动力转换[①]。

（3）得分结果

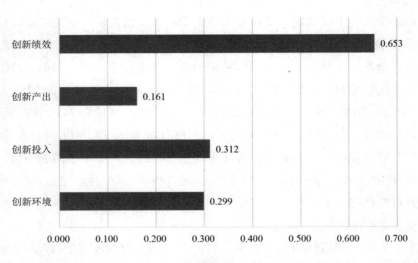

图 6.14.3   鄂州市一级指标得分结果

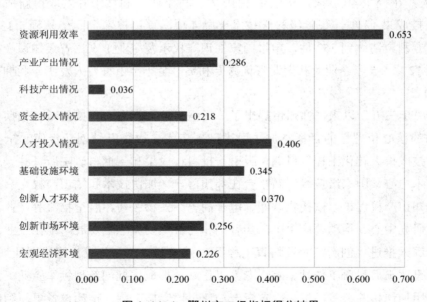

图 6.14.4   鄂州市二级指标得分结果

---

① 鄂州市国民经济和社会发展第十三个五年规划纲要。

（4）创新评价

作为 116 个资源型城市中创新指数排名第 86 位的城市，鄂州市排名比较落后。其创新环境的得分是 0.299，排名 67；创新投入得分 0.312，排名 83；创新产出得分 0.161，位列 108；创新绩效得分 0.653，排名 42。除创新绩效排名尚可之外，其余三项均表现较差，总体创新能力不佳。

在创新环境方面，鄂州市的排名仅为 67 名。从分项得分看，鄂州市宏观经济环境得分 0.226，位列 66，三级分项中，鄂州市地区生产总值排名位列 83，人均 GDP 排名位列第 17，贸易开放度为第 47 名，实际利用外资额为 57 名，资源储采比排名 65，因此，可以看出鄂州市除人均 GDP 外各项宏观经济指标均不突出，表明经济整体发展欠佳。其创新市场环境得分 0.256，排名 79，三级分项的城镇私营和个体从业人员占就业人员比重得分为 0.217，排名 93，非国有矿山数所占比重得分 0.917，排名 28，反映出鄂州市民营经济发展不充分。鄂州市创新人才环境得分为 0.370，排名 56，其中，每万人在校大学生数得分为 0.475，排名 27，矿产资源开发技术人员占比得分 0.223，排名 95，因此，鄂州市对矿业行业技术人员的培育有待提高。基础设施环境得分 0.345，排名 69，也位于中下游水平，尤其在公共交通、科技等方面表现较差，亟待进一步的改善。

在创新投入方面，鄂州市得分 0.312，在 116 个城市中排名 83。根据单项得分，鄂州市人才投入情况得分为 0.406，排名 67。全市资金投入情况得分为 0.218，排名 85，其包含的三级指标中，R&D 经费支出得分为 0.059，排名为 75，教育支出占财政支出的比重为 0.474，排名第 75，全市财政科技支出占财政支出的比重为 0.172，排名 66。各项指标均排名靠后，反映出鄂州市的创新投入情况整体较差，人才投入和资金投入不足，导致其经济缺乏内在驱动力。

在创新产出方面，鄂州市得分为 0.161，位列 108，情况很不理想。从三级指标来看，在科技产出情况方面，专利申请授权量、企业商标拥有量得分分别为 0.027 和 0.045，排名分别位于 91 和 100 位。产业产出情况方面，鄂州市在矿产资源开发年税金占公共财政收入的比重得分 0.896，排名为 49；在矿产资源开发综合利用产值占 GDP 的比重中得分 0.020，排名为 74 名；第三产业占 GDP 的比重鄂州市得分为 0.148，排名 98。可见鄂州市的主要问题在于科技成果产出水平较差，第三产业欠发展，同时作为支柱型产业的矿业发展层次低，附加值不高，拖累了经济的整体效率，也不利于产业转型和可持续发展。

在创新绩效方面，鄂州市的排名 42，相对其余三项一级指标来说较为靠前。从三级指标上观察，单位 GDP 矿石开采量得分为 0.984，排名 11；能源消费弹性系数，鄂州市得分 0.610，排名为 85，这说明鄂州市能源消费增速较快；全员劳动生产率得分 0.286，排名 73，排名也较为靠后；单位 GDP 能耗得分 0.754，排名 55，反映其资源利用效率不够高，同时整体的经济效率较低，可能是由于生产过程较为粗放，科技驱动不足所导致，需要得到进一步的优化升级。

（5）政策建议

从指标评价结果来看，鄂州市除了创新绩效得分相对尚可外，创新环境、创新投入和创新产出的得分和排名均不理想。为此，建议在未来首先应加强鄂州市宏观经济环境、创新市场环境、创新人才环境和基础设施环境建设，加强政府的宏观调控，刺激经济发展，加大创新人才培养和引进力度，力求为鄂州市创造良好的创新环境；其次由于鄂州市的教育支出和财政科技支出占财政支出的比重均较小，排名较为靠后，因此要尤其应加大创新的资金投入力度；再次应注意加快城市和产业转型，促进产业结构的优化调整升级，提高第三产业在 GDP 中占比，同时还应加强资源的循环利用，增加矿产资源开发综合利用产值，从而提升鄂州市创新产出水平；最后应进一步注重科技的驱动力，优化升级第二产业的生产流程，提高资源利用效率，还应加强对人员的培训、激励和优化配置，促进创新成果转化和提升创新绩效，从而补缺创新驱动发展中的短板，推动鄂州市城市创新发展。

作为成熟型资源城市之一，鄂州市在创新驱动发展方面表现较差，创新指数在116 个地级市中排名第 86 位，在未来发展中应强调科技创新、产业创新、金融创新、信息化创新和机制体制创新：

鄂州市要以高端导向为突出点，一方面促进传统产业转型升级，另一方面加快现代产业体系的构建发展。严把新常态下产业形态演化趋势，聚焦新技术、新业态、新产品、新模式，通过增量和存量的做大做优，引领新常态和产业转型发展。

通过科技成果入股分配政策调整，科研单位和科研人员自主权扩大，和科技创新支持体系的创立完善，将科研人员成果转化收益的分享比例提高。坚持或创立以投代奖、以奖代补机制和创新科研成果重奖机制以及公共技术平台运营补偿机制。在全市范围内鼓励创新，宽容是失败。

发挥创新人才支撑作用。实施人才强市战略和人才发展规划，坚持"开放引才、自主培养相结合和高端引领、整体开发相补充"的原则，引进先进科技领军人才和重点产业、重点学科、重大项目创新创业人才弥补发展空缺。

6.15　湖南

6.15.1　衡阳市

（1）城市概况

衡阳是湖南省域的副中心城市，辖 5 个区 4 个县，代管 2 个县级市。衡阳地理位置处于湖南省中南部，地处南岳衡山之南，因山南水北为"阳"而得名；其雅称"雁城"由"北雁南飞，至此歇翅停回"而得。衡阳是中南地区重要工业城市，被国家列为全国加工贸易重点承接地和国家承接产业转移的示范区。衡阳作为全国现代物流的枢纽城市，不仅是中南地区的区域性物流中心，同时连续荣获中国城市信息化 50 强，成为湖南省唯一。截止至 2015 年底，全市常住人口达 733.75 万人，位居全省第2。2015 年，衡阳市实现地区生产总值总额达 2601.57 亿元，按可比价格计算，增长了 8.7%。其中，第一产业实现增加值为 395.84 亿元，增长了 3.6%；第二产业实现增加值为 1161.02 亿元，增长了 7.1%；第三产业实现增加值为 1044.71 亿元，增长了 12.6%。按常住人口计算，全年人均地区生产总值达 35538 元，增长了 7.9%。全市三次产业比为 15.2∶44.6∶40.2[①]。

衡阳市有丰富的矿产资源，现已探明矿产包括有色金属、陶瓷原料、黑色金属、建筑材料以及辅助材料等，因其丰富的有色金属著称于世，被冠以"有色金属之乡"和"非金属之乡"的美誉；已探明有色金属矿包括铅、铜、锌、钨、钛、锡、锑、银等 20 多种，其中已探明的铅锌矿储量达 262 万吨。常宁有世界著名的水口山铅锌矿。其矿藏黑色金属有铁、锰等，其中探明的铁矿石储量达 3709 亿吨。衡阳市矿藏化工原料主要有盐、硫铁、钙芒硝等，其中大理石、盐石、花岗岩、高岭土保有储量达 1580 万吨。已探明辅助材料包括白云石、萤石、硅石等，其中萤石保有储量达 794 万吨。

（2）创新发展概况

近年来，衡阳市科技创新取得显著成效，例如衡变公司荣获国家科技进步一等奖，2015 年全年共完成高新技术产业增加值共 321.87 亿元，增长了 18.8%。全年专利申请量达 4664 件，增长了 52.0%。湖南安邦新农业科技股份有限公司"现代新型职业农民农业技术服务项目"成功入选 2015 年度国家星火计划项目。常宁市通过省科技厅评审成为 2015 年度国家可持续发展实验区，并已上报国家科技部。全年共审

---

① 衡阳市 2015 年国民经济和社会发展统计公报。

核和推荐省级专利战略项目达 20 项，其中衡山县被选为省知识产权示范县、耒阳市被认定为国家知识产权试点城市，共取得省级项目资金共 74 万元[①]。

十三五规划指出：要坚持创新发展。严把加快发展和转型升级的第一动力，将创新摆在衡阳市发展全局的核心位置，通过科技创新、文化创新、制度创新的不断推进，使各类创新主体活力得到激发，用创新引领和支撑衡阳市经济发展和发展动力转换，在全社会形成创新氛围；为把衡阳建设成具有高竞争力和影响力的创新型城市，加速科技成果向生产力的转化，全方面提升自主创新能力和协同创新能力。争取到 2020 年，衡阳高新技术产业实现产值 2500 亿元，提升科技对经济增长的贡献率到 60%；聚焦高端装备、新材料、新能源、电子信息、生物医药等产业在重大科技方面的攻坚克难，着重发展节能环保技术创新和现代农业良繁育种等方面，攻克产业瓶颈制约和关键技术难题，关注企业核心竞争力的提高；解决民生技术难题，促进包括医疗健康、食品安全、公共安全、防灾减灾在内各方面共性技术应用与创新；贯彻落实专利"双百工程"，强调核心技术自主知识产权的拥有量。争取截至 2020 年，每万人口发明专利拥有量达到 3.2 件[②]。

（3）得分结果

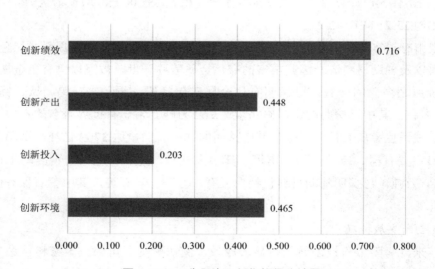

图 6.15.1　衡阳市一级指标得分结果

---

① 衡阳市 2015 年国民经济和社会发展统计公报。
② 衡阳市国民经济和社会发展第十三个五年规划纲要。

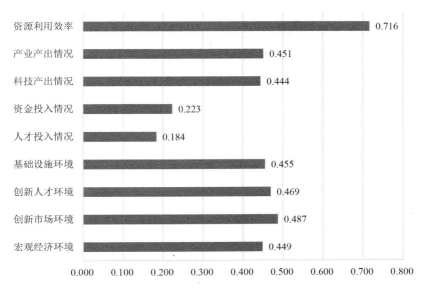

图 6.15.2 衡阳市二级指标得分结果

（4）创新评价

衡阳市作为 116 个资源型城市中创新指数排名第 35 位的城市，在创新环境、创新投入、创新产出和创新绩效四项一级指标的得分分别为 0.465、0.203、0.448、0.716，排名分别位于 15、103、28、23 位，其中创新环境、创新产出和创新绩效三项表现均较好，而创新投入一项排名非常靠后，这大幅拉低了创新指数的总体排名。

在创新环境方面，衡阳市位列所有资源型城市的第 15 位，排名靠前。从创新环境的各项分项指标评分结果来看，衡阳市各项指标的得分均很理想，宏观经济环境、创新市场环境、创新人才环境和基础设施环境得分分别为 0.449、0.487、0.469 和 0.455，其排名分别位于所有资源型城市的第 16 名、第 12 名、第 30 名和第 28 名。因此，可以看出各项环境指数排名均较靠前，这为衡阳市创新发展提供了较好的环境基础。

在创新投入方面，衡阳市的得分和排名很差，创新投入的得分为 0.203，排名位列第 103 位。其中，人才投入情况得分为 0.184，位列第 96 位；资金投入情况的得分为 0.223，位列第 81 位。可见衡阳市人才投入状况与资金投入状况的差异不大，均处于靠后位置。因此，衡阳市需要加大人才的培养力度和引进力度，同时也需要加大资金投入力度。

在创新产出方面，衡阳市的得分和排名为中等偏上，创新产出的得分为 0.448，排名位列第 28 位。依据各分项指标，在科技产出情况方面，专利申请授权量、企业商标拥有量得分分别为 0.340 和 0.539，排名分别位于 27 和 24 位。产业产出情况方面，衡阳市矿产资源开发年税金占公共财政收入的比重、矿产资源开发综合利用产值在 GDP 中占比、第三产业在 GDP 中占比指标得分依次为：0.953、0.024、0.598，其排名分别位于第 25 名、第 68 名、第 39 名。由于衡阳市矿产资源开发综合利用产值在 GDP 中占比排名较差，从而在一定程度上拉低了创新产出的排名。

衡阳市在创新绩效方面取得的成效较为理想，得分为 0.716，排名第 23 位。从分项指标来看，全员劳动生产率、能源消费弹性系数、单位 GDP 能耗、单位 GDP 矿石开采量得分分别为 0.484、0.701、0.737 和 0.951，排名依次位于第 37 名、第 38 名、第 57 名和第 15 名。可见除单位 GDP 能耗指标外，衡阳市其余几项指标的排名均较高。

（5）政策建议

依据标评价结果，衡阳市的主要问题在于创新投入。因此在未来首先应加大创新的人财物投入，需要加大人才的培养力度和引进力度，同时还应加强创新的资金投入水平；其次应提高全市的资源循环利用率，提升全市矿产资源开发综合利用产值；最后应提高能源利用效率，例如提高对科技进步的利用，有效降低单位 GDP 能耗。

具体来看，衡阳市应贯彻落实创新驱动发展战略。引导和鼓励企业加大研发投入，集中财政贴息和专项引导资金。通过全市范围内产学研合作机制的深化推广，鼓励和吸引国家级研发单位和省级研发单位、重点实验室赴衡设立技术转移中心。推动国家输变电装备制造高新技术产业化和国家高品质无缝钢管及深加工高新技术产业化等基地建设，努力形成国家创新型产业集群。强调移动互联网、新材料、电子信息、生物医药等领域的运行模式创新和技术研发创新。

全面提升创新能力。强化企业在创新中的主体地位，在科技创新中充分发挥科技领军人才和企业家的关键作用，建造一批创新型领军企业。鼓励多方共建技术创新战略联盟，坚持产学研合作，推动订单式技术研发和专利协同运用等新技术运用。推进实现军地科技资源开放共享、军民融合创新，军地两用技术的相互转移和联合攻关。注重院士专家工作站和企业博士后科研工作站（流动站）的搭建，以及国家级和省级工程（技术）研究中心、重点实验室、工程实验室、企业技术中心等重大创新平台的搭建。以衡阳国家高新技术产业开发区、衡山科学城、松木经济开发区、南华大学科技园等为依托，鼓励和吸引国内外科研机构、大型企业和知名院校赴衡设立研发中心、技术转移中心和成果转化基地。通过搭建技术交易平台，积极发展技术咨询、技术认定和估价等中介服务，提高科技成果转化速度。

6.15.2　邵阳市

（1）城市概况

邵阳，史称"宝庆"。隶属于湖南省，地理位置处于湘中偏西南；东与衡阳市接壤，南与零陵地区和广西壮族自治区桂林地区为邻，西与怀化地区毗连，北与娄底地区交接，总面积达20876平方公里。总人口达821.37万人。2015年，全市完成地区生产总值额1387亿元，比上年增长了9.6%。其中第一产业完成增加值为299.39亿元，增长了3.6%，第二产业完成增加值为508.05亿元，增长了8.9%，第三产业完成增加值为579.56亿元，增长了12.9%。按常住人口计算，全年全市人均GDP为19100元，相较上年增长了9.2%。三次产业结构比例由上年的21.8:38.2:40.0调整为21.6:36.6:41.8[①]。

邵阳市境内有较为丰富的矿产资源，现已探明的矿藏包括煤、铁、锰、钨、锑、金、银、铅、锌、硫铁、石膏、大理石、辉绿岩、优质石灰岩等多达74种。境内探明矿藏地有644处，其中包括大型矿床达23处，中型矿床达33处，小型矿床达61处。邵阳市非金属矿藏极为丰富且品位极高。石膏矿远景储量达4.4亿吨，工业储量达1.229亿吨，其储量和产量均居全省各地州市前列，其中境内的邵东县现为全国八大石膏矿产地之一。大理石矿和优质石灰岩矿为省内优势矿种；冰洲石矿、硫铁矿、优质白云岩矿在省地位极高。全市煤矿工业现储量达1.417亿吨，远景储量达1.447亿吨。市内金属矿藏主要分布于新邵、邵东、隆回、新宁等县。

（2）创新发展概况

近年来，邵阳市坚持创新发展道路，发展内生动力显著增强：贯彻落实创新驱动战略，在全面创新中发挥科技创新的引领作用，实施"质量兴企、名牌强市"和重大科技创新工程，打造创新发展优势，鼓励发展众创、众包、众扶、众筹新模式和践行大众创业、万众创新，让创新创业在湘中大地竞相迸发、充满活力；与"中国制造2025"湖南行动相对接，全市范围内落实"互联网＋"的行动计划，培育发展战略性新兴产业，构建多点支撑的产业体系。

2015年科技创新持续发力。年末累计高新技术产品生产企业达到335家，相较上年增加了56家，其中56家省科技厅认定的高新企业。全市全部高新企业实现产值额840亿元，相较上年增长了27.1%。全年共申请专利数达2334件，相较上年增加了677件，增长了40.9%，其中发明专利达338件，增长了29.3%，专利授权量达1518件，增长了53.6%。签订技术合同达600项，技术合同成交金额达1.06亿元。财政

---

① 邵阳市2015年国民经济和社会发展统计公报。

科学技术支出达 18170 万元，增长了 19.4%[①]。

在十三五规划中，邵阳市指出创新驱动、集约发展。邵阳始终坚持加快县域经济发展的根本动力，坚持改革创新。提高资源配置效率，充分利用社会市场和政府的相互协调作用。贯彻落实创新驱动发展战略，使创新主体活力增强，使业态创新、产品创新和商业模式创新在科技创新的带动下发展起来。促进集约式的经济发展；大力实施"东拓西提"和"产业融城"的建城策略，建立以智慧、生态、山水、园林为主题的新型城镇创新区。"十三五"时期，邵阳市将继续实施以科技创新为核心、业态创新、产品创新、商业模式创新和体制机制创新协同驱动发展战略；以创新驱动作为产业优化升级的核心动力，以创新创业园为依托，积极构建以企业为主体、以市场为导向、产学研相结合的技术创新体系建设；全市范围深入落实"互联网＋"行动计划，促进其与产业的融合创新；加快商业模式、产品模式、业态和经营方式创新；努力打造大众创业和万众创新，巩固全市创新基础，形成全市创新氛围；合理有效配置人力资源，坚持人才兴县和教育强县；完善和优化创新创业服务体系和扶持政策，着力搭建公共服务平台[②]。

（3）得分结果

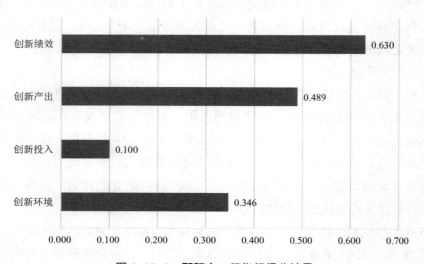

图 6.15.3　邵阳市一级指标得分结果

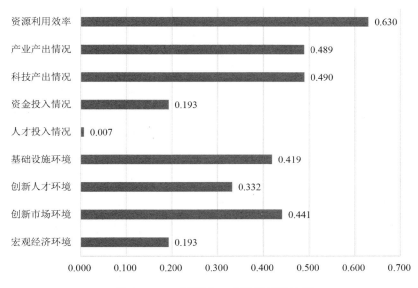

图 6.15.4　邵阳市二级指标得分结果

（4）创新评价

作为 116 个资源型城市中创新指数排名第 64 位的城市，邵阳市在创新环境、创新投入、创新产出和创新绩效四项一级指标的得分分别为 0.346、0.100、0.489、0.630，排名分别位于 45、113、19、50 位，其中创新投入一项排名非常靠后。

在创新环境方面，邵阳市位列全国所有资源型城市的第 45 位，处于中上游水平。依据创新环境的各项分项指标评分结果，邵阳市宏观经济环境、创新市场环境、创新人才环境和基础设施环境得分分别为 0.193、0.441、0.332 和 0.419，其排名分别位于所有资源型城市的第 85 名、第 19 名、第 66 名和第 34 名。其中创新市场环境表现较为突出，但宏观经济环境不理想。

在创新投入方面，邵阳市的得分和排名很差，创新投入的得分为 0.100，排名位列第 113，这较大程度地拉低了总体创新指数的排名。其中，人才投入情况得分为 0.007，位列第 110 位；资金投入情况的得分为 0.193，位列第 95 位。可见人才投入与资金投入情况的排名差异不大，人才投入情况与资金投入情况均不理想，因此，邵阳市需要加大人才的培养和引进力度，提升邵阳市创新资金的投入水平。

在创新产出方面，邵阳市的得分和排名较高，创新产出的得分为 0.489，排名位列第 19 位，对总体创新指数排名的贡献率最大。依据分项指标，在科技产出情况方面，专利申请授权量、企业商标拥有量得分分别为 0.206 和 0.747，排名分别位于 43 和 12 位。产业产出情况方面，邵阳市矿产资源开发年税金占公共财政收入的比重、矿产资源开发综合利用产值在 GDP 中占比、第三产业在 GDP 中占比各项指标得分依次为：0.960、0.034、0.695，其排名分别位于第 20 名、第 65 名、第 23 名。由于矿产资源开发综合利用产值在 GDP 中的占比排名较低，这在一定程度上拉低了创新产出指标的排名。

邵阳市在创新绩效方面取得的成效一般，得分为 0.630，排名第 50 位。从分项指标来看，全员劳动生产率、能源消费弹性系数、单位 GDP 能耗、单位 GDP 矿石开采量分别位于第 74 名、第 42 名、第 22 名和第 57 名。可见邵阳市全员劳动生产率急需提高。

（5）政策建议

从指标评价结果来看，邵阳市的主要问题在于创新投入，其次在于创新绩效和创新环境。建议在未来首先应加强创新的人财物投入，加强推进人才培养和引进，加大创新资金的投入力度；其次应注重提高资源利用效率，加快城市转型和产业转型升级，降低高能耗产业比重，从而降低单位 GDP 矿石开采量，降低经济增长对资源型行业的依赖程度，同时还应注重人员的培训、激励和优化配置，提升全员劳动生产率水平；最后应加强邵阳市宏观经济环境和创新人才环境建设，为邵阳市创新发展提供良好的环境基础，从而补缺创新驱动发展中的短板，推动邵阳市城市创新发展。

具体来看，邵阳市应推动传统和新型产业全方位的创新驱动发展。实施双轮创新驱动战略。通过支持和鼓励机械、食品、轻工、建材等传统优势产业兼并重组和改造升级，加快邵阳市创新发展。促进新能源、新材料、电子信息等新兴产业健康发展，积极培育移动互联网、智能制造等新产业、新业态。发挥企业科技创新主体作用，引导和鼓励社会资本投入科技研发，切实提高科研经费占 GDP 比重。

提升教育发展水平。凝聚职教资源，促进校企和中高职的合作融通。鼓励民营资本投资办学。基本实现全市乡镇及以上级别中小学校教育信息化全覆盖。大力引进先进技术、工业和优秀人才，使创新体系、创新能力得到全面完善优化、以提高县域经济发展中科技进步的贡献率。建议设置多项指标限定和衡量科技进步对经济增长贡献率、研发支出强度、每万人发明专利拥有量等反应研发投入水平、人力资源水平、科技进步水平、教育水平、研发投入的产出贡献率等。

6.15.3　郴州市

（1）城市概况

郴州市地处湖南省东南部，位于南岭山脉和罗霄山交汇处、长江水系和珠江水系分流的地带。"北瞻衡岳之秀，南峙五岭之冲"，自古以来为中原向华南沿岸的

"咽喉"。既是"兵家必争之地",也是"人文毓秀之所"。江西赣州以西,广东韶关以北,湖南永州以东,湖南衡阳、株洲以南,素有湖南的"南大门"之称。郴州东西宽为202公里,现辖1个市2个区8个县,总面积达1.94万平方公里,第六次全国人口普查中郴州市总人口约460万。郴州是全国优秀旅游城市,享有"林中之城,创享之都"的美誉,山地面积约占总面积的75%。别名"福城"和"林城",被认定为国家级湘南承接产业转移的示范区,是湖南对接粤港澳的"南大门"。2015年,郴州市生产总值达2012.1亿元,按可比价格计算,比上年增长了8.5%。其中,第一产业增加值为197.1亿元,增长了3.9%;第二产业增加值为1099.7亿元,增长了7.1%;第三产业增加值为715.3亿元,增长了12.3%。三次产业结构的比重调整为9.7:54.7:35.6。按常住人口统计,全市人均生产总值为42682元,相较上年增长了7.8%[①]。

郴州资源丰富。被称为"中国银都"、"南方重点林区"、"湖南能源基地"。共有有7类矿产资源达70多种,其中钨、钼、铋、微晶石墨的储量居全国第一,铅锌储量分别为第三、第四,矿产资源替在价值额达2656亿元,人均占用量全省第一。该市煤炭储量11亿吨,是华南地区重要的能源供应地;水资源储量170万千瓦,为"联合国"小水电基地之一。森林覆盖率达62%,是湖南重要的林产区。郴州市作为香港农产品供应基地之一,有临武鸭、裕湘面、永兴冰糖橙、桂阳烟、东江鱼、桂东玲珑茶等国内外知名农副产品。郴州市境内有色金属矿探明品种齐全,64种有色金属矿中囊括矿产品多达四十余种,该市主要有色金属的储量达600多万吨,占三分之二的湖南省总储量,被美誉为"中国有色金属之乡"。

（2）创新发展概况

近年来,郴州市全面深化改革,强化创新驱动。把握问题导向、改革重点,在"改革突破年"活动中凭借重点突破拉动全局改革。推进经济体制改革。推进科技创新发展。着力实施创新驱动战略,加快科技创新平台和科技创新体系的建设和完善。强调企业作为创新主体的地位,鼓励中小微型企业技术创新。实施一批重大科技专项,引导产业龙头企业开展重大科技专项项目,实现共性和关键技术攻关。摸索科技成果的评价试点工作,融合发展科技与金融。2015年该市高新技术产业增加值达457.9亿元,按现行价格计算,相较上年增长了12.3%。全市全年取得各类科技成果共31项,其中省部级以上科技成果为5项,市级科技成果奖为31项。郴州市全年专利申请达1835件,其中发明专利申请为459件,相较而言增长了25.1%。授权专利

---

① 郴州市2015年国民经济和社会发展统计公报。

1194 件，增长 15.8%[①]。

根据十三五规划指出：郴州市要改革创新发展，探索经济转型发展新模式。坚持创新作为加快发展的根本动力。把改革创新作为加快发展的根本动力。坚持和完善社会主义市场经济改革方向和市场制度，充分合理利用市场、政府和社会，以提高市场要素公共资源配置的效率以及公平性。贯彻落实创新驱动战略，将业态创新、产品创新和商业模式创新在科技创新的带动下蓬勃发展，制度管理创新协调推进，同时促进经济发展。完成要素到创新驱动的转变，激发各领域的发展活力。改革创新取得新突破。全面落实党中央、省委部署的改革事项，踏实有效的促进全面深化改革各项目标任务按期完成，使制度体系基本达到系统完备、科学规范、运行有效的。注重提高 R&D 经费投入在 GDP 中占比、每万人口发明专利拥有量、高新技术产业增加在 GDP 中占比，重点突出科技进步对经济增长的贡献率等反映研发投入方面、产出方面和贡献等方面的指标[②]。

（3）得分结果

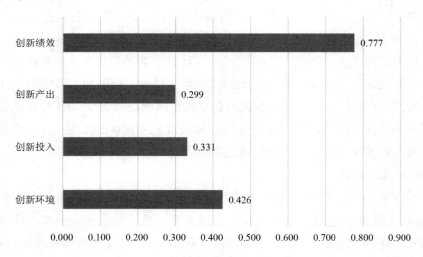

图 6.15.5　郴州市一级指标得分结果

① 郴州市 2015 年国民经济和社会发展统计公报。
② 郴州市国民经济和社会发展第十三个五年规划纲要。

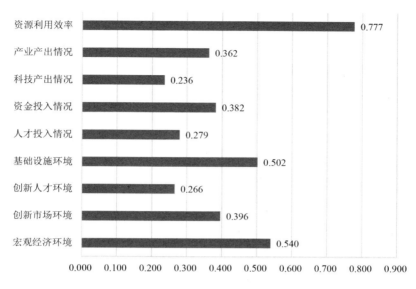

图 6. 15. 6　郴州市二级指标得分结果

（4）创新评价

作为 116 个资源型城市中创新指数排名第 36 位的城市，郴州市在创新环境、创新产出和创新投入、创新绩效四项一级指标的得分分别为 0.426、0.331、0.299、0.777，排名分别位于 22、77、57、11 位，其中创新环境与创新绩效两项高于总体排名，而创新投入与创新产出较为落后。

在创新环境方面，郴州市位列全国所有资源型城市的第 22 位，得分为 0.426，排名居于前列。根据创新环境的各项分项指标评分结果，郴州市宏观经济环境、创新市场环境、创新人才环境和基础设施环境得分分别为 0.540、0.396、0.266 和 0.502，其排名分别位于所有资源型城市的第 8 名、第 30 名、第 78 名和第 19 名。其中宏观经济环境和基础设施环境居于前列，对总体创新环境的排名贡献率最高，创新市场环境排名尚可，但创新人才环境相对落后，说明郴州市的经济基础和基础设施条件较好，民营经济发展空间也较大，但其创新人才培养机制较为落后，成为拖累其创新环境的最大短板。

在创新投入方面，郴州市的得分和排名较低，创新投入的得分为 0.331，排名位列第 77，拉低了总体创新指数的排名。人才投入情况中，每万人教师数得分为 0.279，排名为全国第 87 位；资金投入情况的得分为 0.382，位列第 41 位，其中 R&D 经费支出得分为 0.165，排名为 40，教育支出占比得分为 0.667，排名为 54 位，财政科技支出占比得分为 0.370，排名 39 位。比较而言，人才投入这方面更为薄弱，郴州市未来需要加大人才投入力度，进一步驱动创新能力。

在创新产出方面，郴州市的得分和排名较低，创新产出的得分为 0.331，排名位列第 77 位，也较大程度地拉低了总体创新指数的排名。从分项指标来看，在科技产出情况方面，专利申请授权量、企业商标拥有量得分分别为 0.217 和 0.253，排名分别位于 40 和 53 位。产业产出情况方面，矿产资源开发年税金占公共财政收入的比重、矿产资源开发综合利用产值占 GDP 的比重、第三产业占 GDP 的比重各项得分分别为：0.910、0.013、0.377，其排名分别位于第 46 名、第 83 名、第 74 名。从中可以看出，郴州市的经济发展仍对矿业有一定程度的依赖性，矿业开发的层级较低，第三产业发展非常不充分，经济资源化的特征较为明显。

郴州市在创新绩效方面取得的成效突出，得分为 0.777，排名第 11 位，对总体创新指数的排名贡献率最大。根据分项指标，全员劳动生产率、能源消费弹性系数、单位 GDP 能耗、单位 GDP 矿石开采量的排名分别位列第 18 名、第 29 名、第 32 名和第 34 名。可见，上述 4 项三级指标的排名均较为靠前，从而得到的创新绩效指数排名十分理想。

（5）政策建议

从指标评价结果来看，郴州市的主要问题在于创新投入和创新产出两方面。未来应进一步提升对创新的人财物投入，健全人才培养模式和引进模式；同时推进科技改革，利用先进生产技术优化资源型产业的生产流程，提升资源利用效率，注重资源的循环利用，提升矿产资源开发综合利用产值；还应注重加快城市转型和产业转型，大力发展第三产业，降低经济增长对高耗能行业和资源型行业的依赖程度，通过产业结构向合理化、高级化发展，弥补创新驱动发展中的劣势短板，从而提升郴州市的自主创新能力。

具体来看，应着重提高创新驱动发展的能力。实施科技重大专项工程。鼓励企业通过重大科技专项攻克共性和关键技术难题，在科技与产业竞争中先行一步。促进高新技术产业，和高新技术企业的发展和培育，进一步提高产品高新技术含量。建立健全技术创新的市场导向和技术转移机制，扩大股权和分红激励的试点范围，完善科技成果处置和收益权的管理机制，使其进一步资本化和产业化。探索科技金融结合的有效方式。促进科技资源的优化配置，建立完善科技计划及专项经费的后补助机制。

实施人才强市战略。围绕郴州市经济和社会发展的需求，大力实施"人才强市"战略和"人才引进"计划，通过聘请、合作、参股、咨询等形式，有计划地引进一批创新型人才。逐步完善创业扶持政策和创业服务体系，搭建完善的创新创业公共服务平台。

推进行政管理体制改革。深入推进简政放权和行政审批制度改革，采取动态调整和精简审批事项的手段，标准化行政审批流程，跨部门协同办理重大投资项目，以提高行政审批效率。

6. 15. 4　娄底市

（1）城市概况

娄底市是湖南省重要的省辖地级市，位于湖南地理几何中心，是湖南重要的工业城市，是湖南能源、原材料战略储备基地，娄底市作环长株潭城市群的一个重要的组成部分，享有"湘中明珠"的美誉。娄底是湘博会永久举办地，制造产业基础雄厚，产业发展历史久远。2015 年，全市实现地区生产总值 1291.38 亿元，同比增长 7.6%，其中，第一产业生产总值增加了 189.19 亿元，增长 3.8%；第二产业生产总值增加了 663.12 亿元，增长 5.8%；第三产业生产总值增加了 439.06 亿元，增长 11.9%。按常住人口计算，全市人均 GDP 为 33436 元，增长 7.0%。三次产业结构由上年的 14.5:53.5:32.0 调整为 14.7:51.3:34.0[①]。

娄底市资源丰富，基础雄厚。娄底市是湖南乃至全国的新能源原材料基地，目前已经探明的可供开采的矿藏共计 48 种，已开发的占到 25 种。其中，娄底市的已探明锑矿储量位于世界第一，煤炭、白云石、大理石等非金属矿藏储量也位居湖南之首，娄底市拥有"世界锑都"、"江南煤海"、"现代钢城"、"火电明珠"等美誉。娄底市以冶金、能源、建材、化工、机械等作为该市的五大支柱产业，不仅聚集了华菱涟钢、三一重工、博长股份、大唐华银金电、闪星锑业等 665 家规模以上工业企业，而且目前已经拥有 1000 万吨优质钢、1000 万吨煤炭、1000 万吨水泥的巨大产能，同时娄底市致力于打造汽车零部件及工程机械零部件产业园、三一产业园等产业园区。娄底市运用其丰富的物产资源和良好的产业基础，与广大投资者开展了全面的战略合作，较好地推动了娄底市的创新发展。

（2）创新发展概况

近年来，娄底市坚持创新发展，增强发展内生动力。娄底市坚决实施创新驱动战略，充分发挥科技创新在全面创新中的领导作用，推进"质量兴企、名牌强市"和重大科技创新工程建设，以创新来塑造娄底市的发展优势。大力推进大众创业、万众创新进程，鼓励发展众创、众包、众扶、众筹等新型创新模式，让创新创业在湘江大地上竞相迸发、充满活力。2015 年娄底市全市完成高新技术产业总产值 605.4 亿元，同比增长 3.9%；高新技术产业增加 144.35 亿元，增长 5.6%。全市申请专利共计 1617 件，同比增长 32.2%，其中发明专利申请为 330 件，同比增长 45.4%；全市专利授权

---

① 娄底市 2015 年国民经济和社会发展统计公报。

数量 1002 件，同比增长 12.2%，其中发明专利授权 52 件，同比增长 20.9%[①]。

　　娄底市在十三五规划中指出：要大力实施创新驱动战略。娄底充分发挥其科技创新在整个全面创新中的领导作用，对基础研究进一步加强，着重于原始创新而不是走别人的路，进而推动集成创新和引进消化吸收后再度创新；大力贯彻落实科技型中小企业扶持计划，突出创新在企业中的主体地位和主导作用，扩大科研经费投入内容，灵活运用各项政策、市场手段，促进企业集聚各类创新资源，培育壮大一批新的科技创新领军企业；促进科技成果转化，持续完善科技成果转化体制，健全娄底市技术交易市场，促进创新要素在单位与企业间的高效流动；创建一批新的科技服务平台，重点依托市、县两级产业园区，加快建设成功多层次的企业研发创新中心、技术中心和行业创新中心等平台；鼓励优势产业、重点企业加强与有关高等院校和科研院所的相关科技合作，构建产学研用合作的创新联盟；发展云计算、大数据等技术创新，推行"互联网 +"行动计划进程，推进企业组织、商业模式、供应链等产业链内容进行创新，大力支持基于互联网的各项各类创新；推动大众创业、万众创新，进一步完善政策环境、制度环境和社会公共服务体系，吸引大量科研人员、大学生、境外人才来娄进行创新创业活动，激发全社会创新创业的活力和精神[②]。

　　（3）得分结果

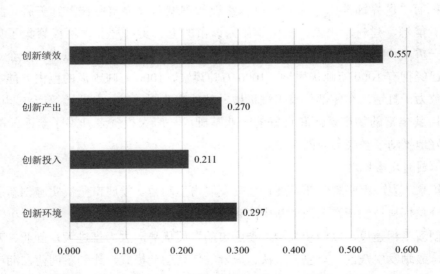

图 6.15.7　娄底市一级指标得分结果

---

① 娄底市 2015 年国民经济和社会发展统计公报。
② 娄底市国民经济和社会发展第十三个五年规划纲要。

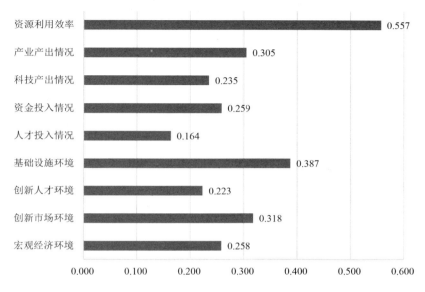

图 6. 15. 8　娄底市二级指标得分结果

（4）创新评价

娄底市在 116 个资源型城市中创新指数排名第 98 位，在创新环境、创新投入、创新产出和创新绩效四项一级指标的得分分别为 0.297、0.211、0.270、0.557，排名分别位于 72、99、66、75 位，由上可知，娄底市 4 项一级指标排名均不理想，存在着较大的提升空间。

在创新环境方面，娄底市位列全国所有资源型城市的第 72 位，在中下游水平。从创新环境的各项分项指标评分结果来看，娄底市宏观经济环境、创新市场环境、创新人才环境和基础设施环境得分分别为 0.258、0.318、0.223 和 0.387，其排名分别位于所有资源型城市的第 58 名、第 58 名、第 90 名和第 46 名。其中创新人才环境排名位于中下游水平，这一定程度上拉低了娄底市创新环境指数的排名，因此娄底市在未来需要在人才引进方面加大力度。

在创新投入方面，娄底市的得分和排名很不理想，创新投入的得分为 0.211，排名位列第 99 位。其中，人才投入情况得分为 0.164，位列第 99 位；资金投入情况的得分为 0.259，位列第 75 位。可见娄底市创新人才投入与资金投入情况均较差。

在创新产出方面，娄底市的得分和排名较差，创新产出的得分为 0.270，排名位列第 66 位。从分项指标来看，在科技产出情况方面，专利申请授权量、企业商标拥有量得分分别为 0.184 和 0.282，排名分别位于 45 和 48 位。产业产出情况方面，矿产资源开发年税金占公共财政收入的比重、矿产资源开发综合利用产值占 GDP 的比重、第三产业占 GDP 的比重各项指标得分分别为 0.770、0.024、0.299，其排名分别位于第 78 名、第 69 名、第 82 名。因此，可以看出衡阳市矿产资源开发综合利用产值占 GDP 的比重较低，第三产业占比也较低，这些均严重影响了娄底市创新产出指标的排名。

娄底市在创新绩效方面得分为 0.557，排名第 75 位。从分项指标来看，全员劳动生产率、能源消费弹性系数、单位 GDP 能耗、单位 GDP 矿石开采量分别位于第 44 名、第 56 名、第 107 名和第 60 名。可见娄底市各项指标排名均不太理想，尤其是在单位 GDP 能耗方面亟须改进。

（5）政策建议

从指标评价结果来看，娄底市创新发展存在的问题比较严重，创新环境、创新投入、创新产出和创新绩效均不理想，因此，建议在未来首先应加强宏观经济环境、创新市场环境、创新人才环境和基础设施环境的建设，为娄底市创新发展提供较好的环境基础；其次应加强创新的人财物投入，加强推进人才的培养和引进，加大创新的资金投入力度；然后应注重加强资源的循环利用，提升矿产资源开发综合利用产值；最后应注重提高资源利用效率，加快城市转型和产业转型升级，降低高能耗产业比重，从而降低单位 GDP 能耗和单位 GDP 矿石开采量，尽可能减少经济增长对资源型行业的依赖，从而补缺创新驱动发展中的短板，推动城市创新发展。

具体来看，应突出重大项目引领。结合"中国制造 2025"、"互联网 +"、生态文明、新型城镇化等重大战略实施，深度开发储备 200 个以上项目，切实积蓄发展后劲。

夯实园区发展平台。简政放权，进一步实现国家级园区拥有市级审批管理权限、省级园区拥有县级审批管理权限，让各级园区在最大的限度上发挥自身能力进行科技创新，着力形成"政府主导、业主开发、政企共建、项目先行"的园区运营模式。推进产城融合，加快"623 工程"建设，促进标准厂房、基础设施与公共平台建设提质，改善园区软硬环境，提升园区的承载力。

强化人才保障。实施人才优先战略和重大人才工程，建立健全更具竞争力的人才吸引制度，以"高精尖缺"为导向，争取能够吸引更多高层次、复合型、创新型、国际化、急需紧缺型的人才，并确定科技领军人才、企业家人才、高技能人才队伍的发现、培育、集聚。积极发挥政府的相关投入所具有的导向作用，鼓励企业、高校、科研院所、社会组织、个人等积极主动地参与到人才资源开发和人才引进计划中去，保证人才数量的充足。进一步完善人才激励机制，人才评价机制和社会服务保障体系，营造一个人人皆可成才，青年人才也可以脱颖而出的社会环境，建立健全一个有利于引导人才向基层流动的社会人才流动体系，保证在各个阶层人才都能大展身手，发挥自身作用。

6.16　广东

6.16.1　韶关市

（1）城市概况

韶关不仅是中国优秀旅游城市、全国双拥模范城，还拥有全国卫生城市、国家园林城市、全国金融生态市和生态文明建设试点地区的称号，韶关市属于广东省历史文化名城、文明城市、卫生城市、园林城市、林业生态市和生态发展区，也是广东省规划建设的区域性中心城市和韶关都市区的核心城市，同时还是全国交通枢纽城市之一。初步核算，2015年韶关市全年生产总值为1150.0亿元，比上一年增长6.2%。其中：第一产业生产总值增加149.5亿元，同比增长4.2%；第二产业增加429.3亿元，较上年增长2.3%；第三产业生产总值增加了为571.2亿元，增长10.3%。三次产业结构为13∶37.3∶49.7。按年均常住人口计算，韶关市人均GDP为39380元，同比增长5.5%，按照2015年平均汇率折算为6323美元[①]。

韶关市拥有较为齐全的矿产资源，而且大多数矿产资源不仅储量较大，而且分度较广。目前已发现的矿产资源种类中，全国有162种，韶关市拥有88种，广东省也仅有117种；已探明储量的矿产资源中，全国有148种，广东省有85种，韶关市有55种。其中多种矿产居全国首列，比如铅、银和锌等资源。同时，韶关市所拥有的铅、锌、铜、钼、钨、铋、锑、汞、铀、砷、煤、稀有、稀土、萤石、石灰岩、白云岩等16种，在广东省占有举足轻重的重要地位。更尤其以有色金属矿产为重，韶关市被誉为"有色金属之乡"。主要矿床类型：以石英脉型和沉积改造型（热液叠加类型）为主的钨矿；矽卡岩型的锡矿；以斑岩型及花岗岩型为主的钼矿；沉积改造型（热液叠加类型）和石英脉型的铋矿；萤石为花岗岩类和石灰岩类两种类型；凡口铅锌矿属沉积改造型；大宝山铁矿属中高温热液充填交代多金属矿床[②]。

（2）创新发展概况

"十二五"期间，韶关市科技体制改革取得新进展，创新驱动更加有力，荣获"国家科技进步考核先进市"以及"产学研结合示范市"的称号，专利申请授权量连续十年居全广东省山区市首位。

---

① 韶关市2015年国民经济和社会发展统计公报。
② 韶关市人民政府网。

2015 年，韶关市全面贯彻落实《广东省人民政府关于加快科技创新的若干政策意见》（粤府〔2015〕1 号），完成了韶关市加快推进科技创新驱动发展 1+N 政策制定工作，组织、动员、策划企业申报各类科技计划项目和专利实施计划项目，争取上级经费支持企业创新。2015 年全年各级各类教育（含技工学校，不含非学历培训）招生12.6 万人，增长 6.0%；在校学生 47.8 万人，下降 1.6%。新增国家高新技术企业 10家、省级工程技术研发中心 5 家，专利申请量、授权量连续 11 年居全省山区市前列。年末拥有省级工程技术研究开发中心 18 家，省市工程中心累计达到 44 家。国家级高新技术企业 39 家，省级民营科技企业 81 家。全年取得科技成果 67 项，其中 3 项获省科技进步奖。全年专利申请 3101 项，专利授权 2107 项；发明专利申请 726 项，发明专利授权 108 项[①]。

进入"十三五"以来，韶关市落实加快创新驱动发展"1+N"政策，大力发展高新技术产业，加快科技成果转化。支持组建产业技术创新联盟，积极发展新型研发机构，大力推动高新技术企业、研发机构落户韶关。

（3）得分结果

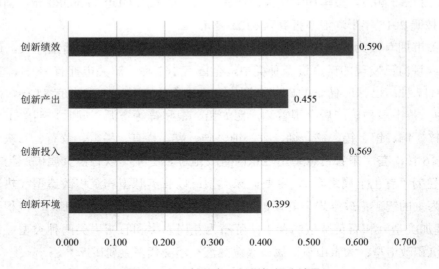

图 6.16.1　韶关市一级指标得分结果

---

① 韶关市 2015 年国民经济和社会发展统计公报。

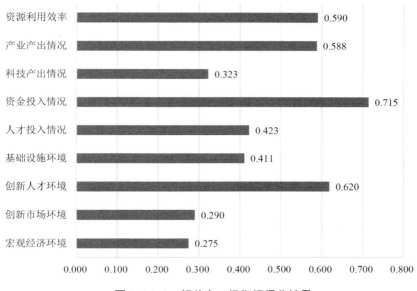

图 6. 16. 2　韶关市二级指标得分结果

（4）创新评价

作为 116 个资源型城市中创新指数排名第 20 位的城市，韶关排名非常靠前。其在创新环境的得分是 0.399，排名 32；创新投入得分 0.569，排名 23；创新产出得分 0.455，位列 26；创新绩效得分 0.590，排名 61。其中创新绩效表现平平，拉低了整体排名。

在创新环境方面，韶关市的排名为 32 名。从分项得分看，韶关市宏观经济环境得分 0.275，位列 52，三级分项中韶关市地区生产总值位列 59，人均 GDP 排名 56，贸易开放度为第 18 名，实际利用外资额为 60 名，资源储采比排名 62，这说明韶关市的经济整体发展情况比较一般。其创新市场环境得分 0.290，排名 68，三级分项的城镇私营和个体从业人员占就业人员比重为 0.330，排名 72，非国有矿山数所占比重得分 0.853，排名 54，暴露出韶关市民营经济发展空间不足的问题，经济缺乏活力。韶关市创新人才环境得分 0.620，排名 13，非常靠前，每万人在校大学生数为 0.386，排名 34，矿产资源开发技术人员占比得分 0.946，排名 7，说明其人才培养机制比较完善，为创新能力的发展提供了动力。基础设施环境得分 0.411，排名 37，其中固定资产投资、公共交通发展相对欠佳，需要进一步加大投入。在四个分项中，韶关市在创新人才环境排名最高，处于全国前列，而韶关市的短板是创新市场环境和宏观经济环境，拉低了创新环境的排名。

在创新投入方面，韶关市得分 0.569，在 116 个城市中排名 23。观察单项得分，韶关市人才投入情况得分为 0.423，位列 58。资金投入情况得分为 0.715，排名 10，其包含的三级指标中，R&D 经费支出得分为 1.000，排名为 6，教育支出占财政支出的比重得分为 0.809，排名 31，财政科技支出占财政支出的比重得分为 0.354，排名 43。总体看来，资金投入情况好于人才投入情况，未来韶关市可以进一步加大创新的人才投入和财政科技支出水平，以提升创新能力。

在创新产出方面，韶关市得分为 0.455，位列 26，排名较为理想。从三级指标来看，在科技产出情况方面，专利申请授权量、企业商标拥有量得分分别为 0.349 和 0.299，排名分别位于 26 和 44 位。产业产出情况方面，韶关市矿产资源开发年税金占公共财政收入的比重得分 0.892，排名为 53，矿产资源开发综合利用产值占 GDP 的比重得分 0.071，排名为 46 名；对于第三产业占 GDP 的比重中，韶关市得分为 1.000，位列第 4。由此可见，韶关市主要优势在于第三产业发展充分，产业结构较为合理。但是矿业在其经济体系中的地位较重，同时矿产矿产资源开发综合利用产值一般，说明其矿业行业的发展层次依旧不够高。

在创新绩效方面，韶关市的排名 61，位于中游。从三级指标上观察，全员劳动生产率得分 0.262，排名 77，说明其整体的劳动效率并不高；单位 GDP 矿石开采量得分 0.896，排名 30；能源消费弹性系数，韶关市得分 0.593，排名为 89；单位 GDP 能耗得分 0.638，排名 80，说明韶关市的能源利用效率较低，由此导致能源消费增速较快，单位 GDP 能耗较高。

（5）政策建议

从指标评价结果来看，韶关市的主要问题在于创新绩效方面。为此，建议在未来应加强创新的人财物投入，加强创新成果转化和提升创新绩效，注重运用科技技术进步等方式来提高能源利用效率，从而降低能源消费弹性系数和降低单位 GDP 能耗，还应注重加强人员的培训、激励和优化配置，提升全员劳动生产率，从而补缺创新驱动发展中的短板，推动城市创新发展。

作为衰退型资源城市之一，韶关市在创新驱动发展方面取得了较好的成绩，创新指数在所有 116 个地级市中排名第 20，在未来发展中应注意：

深入实施创新驱动战略。引导扶持市民创新创业。积极推进科研项目与产业需求的相互对接，努力争取在机械装备制造、电子信息等关键科学技术领域，形成一批优秀的科技成果。同时要积极用好韶关学院的各项创新资源，推进新型研发机构、高新技术企业、科技型企业发展速度加快。尽可能支持组建一批产业技术创新联盟，扎实推进质量招商和招才引智。贯彻实施并落实韶关市所展开的创新人才引进培养工程，积极制定各项产业发展规划，注重预招商的科学规划，建立招商信息库、项目库、专家库和客商库等供以参考。

完善产学研合作机制，形成一个"风险共担、互利互惠、优势互补、共同发展"的长效的产学研合作新机制。以各项项目为纽带，通过技术转让、委托研究、合作开发、共建实验室以及建设技术研究中心、完善人才交流与培训、努力推进信息交流、设备仪器共享、技术服务与咨询等方式，大力推动新技术、新材料、新能源等领域的产学研创新活动发展。

强化企业的科学技术创新作为企业的主体地位的意识，大中型企业尽可能大范围建立健全技术研发机构，对相对重点行业要积极建立行业技术创新中心，同时重点领域要建立产业集群创新平台。韶关市政府需要围绕战略优势产业以及各种新兴产业，建立起一个以企业为主体、高校科研院所联合共建为主要模式的行业技术创新中心，积极开发各项新产品以及新技术，不仅可以为企业提供技术支撑，同时还能提供成熟的工程技术开发成果。

优化人文环境，制定优惠政策，创造有利于科技人才引进、才能施展、大胆创新的环境，激发科技人才的创新精神和创业潜能，充分发挥高校、科研单位和科技人才队伍的自主创新源头和核心作用。

6.16.2　云浮市

（1）城市概况

云浮市地处广东省中西部，位于西江中游以南。东面和肇庆市、江门市、佛山市三市交界，南方与阳江市、茂名市相邻，西面与广西梧州接壤，北临西江与肇庆市的封开县、德庆县隔江相望。云浮市素来有"石材王国"，"硫都"和"石都"等美誉。初步核算，云浮市2015年实现地区生产总值（GDP）710.07亿元，较上年同比增长8.5%。其中，第一产业生产总值增加了为149.83亿元，相对增长4.4%，对GDP增长的贡献率占到9.2%；第二产业生产总值增加了310.33亿元，较上年增长了9.2%，对GDP增长的贡献率达到53.3%；第三产业生产总值增加了249.92亿元，增长9.7%，为GDP增长的贡献了37.5%。三次产业结构为21.1∶43.7∶35.2。2015年全市人均地区生产总值达到28953元，增长7.8%，按平均汇率折算为4648美元[①]。

在矿产资源方面，至2015年底，云浮市发现矿产57种，探明有储量矿产49种，有矿产地和矿点274处。其中矿区71处，包括大型矿床7处，中型矿床25处，小型矿床39处，矿点203处。能源矿产主要有煤、铀、地下热水；金属矿产主要有：铁、锰、钛、钨、锡、铋、铅、锌、铜、金、银、铌、钽、稀土（矿物型）、锆等；非金属矿产主要有：硫铁矿、灰岩、大理岩、白云岩、饰面用大理岩、萤石、矽线石、钾

---

① 云浮市2015年国民经济和社会发展统计公报。

长石、水晶、石棉、云母、磷矿、毒砂、滑石、高岭土、陶瓷土、泥炭等；水气矿产有：地下水、矿泉水。云浮市优势矿产主要是非金属矿，其次是金属矿，先后次序为：水泥灰岩、硫铁矿、矽线石、饰面用大理岩、冶金用白云岩、锰矿、钛矿、铁矿、铅锌、锡、金、银。其中，灰岩（含水泥、电石、熔剂、制碱）探明基础储量1.79亿吨、预测资源量约72亿吨；白云岩探明储量1.6亿吨、预测资源量12.8亿吨；饰面大理岩探明储量233万立方米，预测资源量16129万立方米 [1]。

（2）创新发展概况

近年来，云浮市大力增强科技创新驱动能力。2015年全市共向国家科技部和省科技厅申报省级以上的各类科技计划项目44项，其中国家级1项，省级43项；获批立项共计25项，获得资金支持共计1894.21多万元。云浮市同时还组织主持科技成果鉴定18项，其中省级1项，市级17项；甚至有3项科研成果获得省科学技术奖三等奖。云浮市全市一共认定了高新技术企业达到24家，其中包括1家国家级创新型企业，3家广东省创新型企业，1家广东省创新型（试点）企业；9个支持、培育农村科技合作组织，培训了农民18.95万人次，推广了高达35项先进技术。2015年云浮市共计专利申请916件，比上年增长36.1%，其有113件发明专利申请；645件全年授予专利权，增长了34.4%，其中授予发明专利权45件 [2]。

在"十三五"规划中，云浮市提出创新是引领发展的第一动力。必须把创新摆在事关发展全局的核心位置，通过推进制度创新、科技创新、文化创新等各方面创新，摆脱过多依靠要素投入推动经济增长的路径依赖，切实解决发展动力问题，依靠创新驱动引领发展。坚持创新发展，着力增强跨越赶超新动力。面对经济发展新常态，必须把发展基点放在创新上，从构建产业新体系、转换发展新动力、增创发展新优势等方面入手，推动经济保持中高速增长。加强创新能力建设。加强校企创新能力建设，促进产学研结合，强化知识产权运用和保护，增强服务企业和孵化科技成果的能力，着力打造科技创意谷。围绕实施重大科技专项，加强基础性研究，突破关键核心技术及产业共性技术，推动形成包括基础研究、应用研究、技术研究等完整的科研体系。加快制定一批融入知识产权、发明专利和科技创新成果的先进技术标准，增强标准化与科技协同创新能力。依托云浮高新技术产业开发区和重点产业园区，充分发挥温氏集团技术中心（研究院）、不锈钢产业创新服务中心等创新平台和资源优势，加快形成创新产业集群，发挥创新联动效应 [3]。

---

① 云浮市人民政府网。
② 云浮市 2015 年国民经济和社会发展统计公报。
③ 云浮市国民经济和社会发展第十三个五年规划纲要。

（3）得分结果

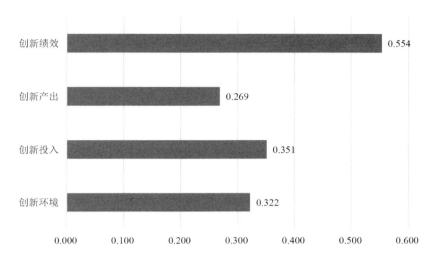

图 6. 16. 3　云浮市一级指标得分结果

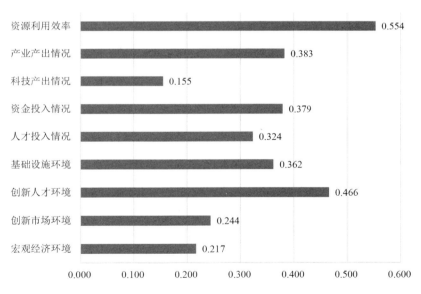

图 6. 16. 4　云浮市二级指标得分结果

（4）创新评价

作为 116 个资源型城市中创新指数排名第 77 位的城市，云浮市各项指标排名相差不大，均不突出。其在创新环境的得分是 0.322，排名 55；创新投入得分 0.351，排名 71；创新产出得分 0.269，位列 68；创新绩效得分 0.554，排名 76。说明云浮市的创新能力需要全方位的提升。

在创新环境方面，云浮市的排名为 55 名，表现平平。从分项得分看，云浮市宏观经济环境得分 0.217，位列 74，在三级分项中，云浮市地区生产总值位列 89，人均 GDP 排名 86，贸易开放度为第 8 名，实际利用外资额为 73 名，资源储采比排名 102，说明云浮市的优势在于贸易开放程度较高，但整体宏观经济环境发展不理想。其创新市场环境得分 0.244，排名 82，三级分项的城镇私营和个体从业人员占就业人员比重得分为 0.465，排名 55，非国有矿山数所占比重得分 0.613，排名 89，反映云浮市的民营经济发展受到了一定程度的阻碍，国有化程度依旧较高。其创新人才环境得分 0.466，排名 31，三级指标中，每万人在校大学生数得分为 0.084，排名 90，矿产资源开发技术人员占比得分 1.000，排名第 2，这说明云浮市技术人员充足但是知识人才培养机制缺失。基础设施环境得分 0.362，排名 60，仍有待进一步提升。

在创新投入方面，云浮市得分 0.351，在 116 个城市中排名 71。观察单项得分，云浮市人才投入情况得分为 0.324，位列 80。资金投入情况得分 0.379，排名 43，其包含的三级指标中，R&D 经费支出得分为 0.064，排名为 72，教育支出占财政支出的比重得分为 0.000，排名非常靠后，财政科技支出占财政支出的比重得分为 1.000，排名第 6，这反映出云浮市在资金投入上的失衡局面。整体而言，云浮市的人才培养机制较为欠缺，忽视了人才投入、R&D 经费投入和教育资金投入，导致其经济发展缺乏内在驱动力。

在创新产出方面，云浮市得分为 0.269，位列 68，从三级指标来看，在科技产出情况方面，专利申请授权量、企业商标拥有量得分分别为 0.089 和 0.219，排名分别位于 64 和 56 位。产业产出情况方面，云浮市矿产资源开发年税金占公共财政收入的比重得分 0.913，排名为 45；在矿产资源开发综合利用产值占 GDP 的比重中得分 0.018，排名落后，为 79 名；对于第三产业占 GDP 的比重，云浮市得分为 0.429，排名 66。由此可见，云浮市需要提升其科技成果产出水平，同时，进一步优化升级矿业行业，开发终端高端产品，提高其附加价值，并大力发展第三产业，促进产业结构向合理化和高级化方向发展。

在创新绩效方面，云浮市的得分为 0.554，排名为 76 位。从三级指标上观察，其单位 GDP 矿石开采得分 0.554，排名 88；能源消费弹性系数得分 0.611，排名为 84；云浮市的全员劳动生产率得分 0.218，排名 87；其单位 GDP 能耗得分较高，排名第 2 位。由上可知，云浮市整体创新绩效不理想，劳动生产率较低，能源消费增速较快，资源利用效率不高，这不利于其经济的可持续发展。

（5）政策建议

从指标评价结果来看，云浮市的各项指标排名均不理想，尤其是人才培养机制上的缺失和资源利用效率的低下拖累了其整体的创新能力。建议在未来应加强创新环境建设和创新人才培养，加强创新成果转化和提升创新绩效，应注意利用科技技术进步等方式来不断提高资源利用效率，降低经济增长对高耗能产业的依赖性，提升第三产业所占比重，推动产业转型升级；加强资源的循环利用，提升矿产资源开发综合利用产值；注重人员的培训、激励和优化配置，提升全员劳动生产率，从而补缺创新驱动发展中的短板，推动云浮市城市创新发展。

作为成熟型资源城市之一，云浮市在创新驱动发展方面表现较差，创新指数在所有 116 个地级市中排名第 77 位，在未来发展中应注意加快推进科技创新、产业创新、金融创新、信息化创新和机制体制创新：

以创新提升竞争力。将企业作为为创新主体、根据市场导向、依托高校院所，大力支持企业建设各项各类科技创新平台，鼓励由社会资本进行科技孵化器组建，实施创新驱动发展，充分激发"大众创业，万众创新"的创新创业活力。积极搭建各项协同创新平台，促进并引导企业与各大高校以及科研院所建立产学研联盟、技术转移中心、大学生实训基地；大力实施"互联网＋"行动计划，促进科技基础条件平台开放共享。

营造创新创业环境。深入推进商事制度改革，探索实行电子营业执照和全程电子化的规范化登记管理，努力简化工商注册手续，进一步降低创新创业门槛。通过各项措施进行知识产权保护的加强，努力整顿规范市场的秩序，构建一个公平公正的市场环境。落实大学生创业引领计划的实施，强化各项职业教育和技能培训，对科技人员离岗创业进行一定程度的鼓励并允许兼职取酬，努力做到完成创新创业主体的激活，推动形成一个大众创业、万众创新的良好局面。

云浮市的人才培养机制较为缺失，未来需要加大对人才的投入，提高教育投入在总体投入的比重，向创新领军人才赋予更大的人财物支配权以及技术路线决策权。将分配政策向以增加知识价值为导向的分配政策转化，努力提高科研人员成果转化收益分享比例，鼓励人才的奉献精神得到弘扬。

同时，云浮市应利用高新技术，减少因技术落后造成的资源浪费，进而提升矿产资源开发综合利用产值和资源利用效率，并大力发展第三产业，提高第三产业在 GDP 中所占比重，不断改善云浮市目前在创新产出的落后地位。

6. 17　广西

6. 17. 1　百色市

（1）城市概况

百色市位于祖国西南，地处广西西部，是广西内陆面积最大的地级市，是全国生态型铝产业示范基地、中国优秀旅游城市、全国双拥模范城、国家园林城市、国家卫生城市。同时，百色也是革命老区、少数民族地区、边境地区、大石山区、贫困地区、水库移民区。全市辖 12 个县（市、区）135 个乡，总面积三万多平方公里[①]。2015 年百色市全市生产总值（GDP）达到 980.35 亿元，较上年增长 8.1%。其中，第一产业增加 169.39 亿元，增长幅度为 4.7%；第二产业增加 511.69 亿元，增长幅度 7.9%；第三产业增加 299.36 亿元，增长幅度 10.4%。三大产业生产总值增加了占地区生产总值的比重分别为 17.3%、52.5% 和 30.5%，对经济增长的贡献率分别为 9.6%、56.1% 和 34.3%。按常住人口计算，人均地区生产总值 27363 元，比上年增长 6.0%[②]。

百色属于矿产资源富集区，并作为中国十大有色金属矿区之一，其中已探明储量铝土矿约占全国的四分之一。2011 年 7 月国家批准设立广西百色生态型铝产业示范基地，不仅是正在崛起的广西新工业基地甚至是中国乃至亚洲重要的铝工业基地，目前铝工业年产能已形成了氧化铝 850 万吨、电解铝 82 万吨、铝加工 210 万吨的生产规模，以及碳素、烧碱、赤泥综合利用等配套产能，铝及配套产业产值占全市工业的"半壁江山"，成为全市第一支柱产业。同时，百色也是广西重要产煤基地之一，其中百色市的锑、铜、石油、煤、黄金、水晶等十多种矿藏名列广西前茅。并拥有丰富的水能资源，可开发利用的水电资源 600 万千瓦以上，是我国"西电东送"的重要基地。

（2）创新发展概况

近年来，百色市牢固树立创新发展理念，大力实施创新驱动发展战略，通过科技创新、体制机制创新"双轮驱动"，在创新百色和区域性创新创业中心建设道路上迈出了坚定的步伐。百色市大力增强科技创新驱动能力，实施千人千村百企科技特派员行动。建立市科技企业孵化器。以百色国家农业科技园区，国际科技合作基地建设为

---

① 百色市人民政府网。
② 百色市 2015 年国民经济和社会发展统计公报。

载体，积极拓展国际、国内科技合作渠道，着力建设中国—东盟（广西百色）现代农业合作示范区和推进厅市科技会商机制。加强科技合作，争取在新型铝基复合材料和新型铝合金材料制备技术研究，以及铝土矿资源开发和节能、环保的电解铝生产技术研究取得重大突破。加大科技投入，增强科技综合实力。

2015 年，百色市加快企业创新平台建设，加快中小企业科技孵化器、科技服务小院的建设进程。积极发展一批"两化"融合试点企业。深入实施质量兴市战略。引进各项先进的适用技术，并加强对再创新能力的消化吸收。努力进行铝工业关键共性技术和新产品开发。加强企业等部门与高校和科研院所的合作，并进一步加快建设中国—东盟（百色）现代农业合作示范区。积极对各类科技计划、专项资金进行整合，形成支持科技创新的强大合力。全年专利申请受理 1761 项，比上年增长 104.1%，其中有 1061 项发明，429 项实用新型，271 项外观设计。同时有 330 项专利申请授权，其中共计 39 项发明，201 项实用新型，90 项外观设计[①]。

进入"十三五"以来，百色市大力推进创新驱动，建立健全技术创新、知识创新、科技服务创新体系。努力推进产教相融合、校企合作。创办好百色、平果大学园区，为百色市的创新发展不断努力[②]。

（3）得分结果

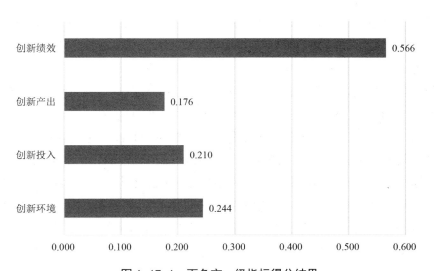

图 6.17.1　百色市一级指标得分结果

① 百色市 2015 年国民经济和社会发展统计公报。
② 百色市 2016 年政府工作报告。

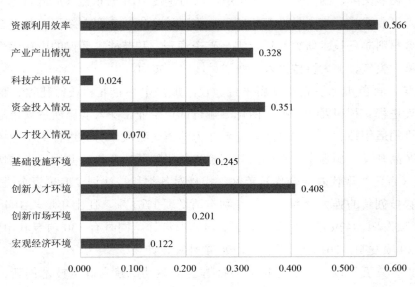

图 6. 17. 2　百色市二级指标得分结果

（4）创新评价

作为 116 个资源型城市中创新指数排名第 108 位的城市，百色市排名非常落后。其创新环境的得分是 0.244，排名 97；创新投入得分 0.210，排名 100；创新产出得分 0.176，位列 103；创新绩效得分 0.566，排名 71。排名较为均衡，但是各项一级指标的排名均处于中下游水平，从而导致整体创新指数的排名非常靠后。

在创新环境方面，百色市的排名仅为 97 名。从分项得分看，百色市宏观经济环境得分 0.122，位列 105，三级分项中百色市地区生产总值位列 69 名，人均 GDP 排名 90 名，贸易开放度为第 44 名，实际利用外资额为 111 名，资源储采比排名 74 名。创新市场环境得分 0.201，排名 101，三级分项的城镇私营和个体从业人员占就业人员比重指标得分为 0.502，排名 48，非国有矿山数所占比重得分 0.443，排名 101。创新人才环境得分 0.408，排名 45，其对应的三级指标中，每万人在校大学生数得分为 0.207，排名 57，矿产资源开发技术人员占比得分 0.688，排名 23。基础设施环境得分 0.245，排名 93。在四个分项中，百色市创新人才环境排名最高但是仍然处在中上游水平，该指标对创新环境的排名贡献率最大。而百色市创新环境的短板是宏观经济环境、创新市场环境和基础设施环境，三项指标的排名均较为靠后，从而拉低了创新环境一级指标的整体排名。

在创新投入方面，百色市得分 0.210，在 116 个城市中排名 100，处于下游水平。观察单项得分，百色市人才投入情况得分为 0.070，位列 106。资金投入情况得分为

0.351，排名 47，其包含的三级指标中，R&D 经费支出得分为 0.035，排名为 82，教育支出占财政支出的比重得分为 0.727，排名 45，财政科技支出占财政支出的比重为 0.364，排名 40。相对来说，百色市在人才投入情况、R&D 经费支出两方面表现较为薄弱，合理均衡人才投入和资金投入可能为百色市在创新投入这一项得到更高的排名。

在创新产出方面，百色市得分为 0.176，位列 103，是百色市四项一级指标中排名最低的一项。从三级指标来看，在科技产出情况方面，专利申请授权量、企业商标拥有量得分分别为 0.013 和 0.035，排名分别位于 100 和 102 位。产业产出情况方面，百色市矿产资源开发年税金占公共财政收入的比重得分 0.891，排名为 54；矿产资源开发综合利用产值占 GDP 的比重中得分 0.109，排名为 41 名；对于第三产业占 GDP 的比重指标，百色市排名为 96。由此可见，加快提升科技成果产出水平、大力发展第三产业、提高矿产资源开发综合利用产值将成为百色市提升创新产出的必经之路。

在创新绩效方面，百色市排名 71，位于中下游。从三级指标上观察，全员劳动生产率得分 0.517，排名 33；能源消费弹性系数，百色市得分 1.000，排名第 3，排名非常靠前；单位 GDP 能耗得分 0.268，排名 108；单位 GDP 矿石开采量 0.590，排名 85。从排名上看，能源消费弹性系数和全员劳动生产率对创新绩效的排名贡献较大，而单位 GDP 能耗和单位 GDP 矿石开采量则是影响创新绩效排名的短板因素。

（5）政策建议

从指标评价结果来看，百色市的在创新环境、创新投入、创新产出和创新绩效的问题都比较多。为此，建议在未来应加强创新环境的建设和增加创新的人财物投入，加强创新成果转化和提升创新绩效，大力发展第三产业，优化产业结构。在今后应注重对当地人才的培养和大量引进高层次人才，同时应注意利用科技技术进步等方式来不断降低单位 GDP 能耗，降低经济发展对矿产资源的依赖程度，提高矿产资源开发综合利用率，补缺创新驱动发展中的短板，从而推动城市创新发展。

作为成熟型资源城市之一，百色市在创新驱动发展方面表现较差，创新指数在所有 116 个地级市中排名第 108 位，在未来发展中应注意加快推进科技创新、产业创新、金融创新、信息化创新和机制体制创新：

发挥企业创新主体作用。强化企业的主体地位和主导作用，加大对企业技术创新的扶持力度，鼓励、引导企业增加科研经费投入，促进企业成为创新决策、研发投入、科研组织和成果转化的主体，提升科技研发的能力。

发挥产学研平台作用。依托广西百色国家农业科技园区、右江民族医学院等具有科研实力的单位，建立博士后科研工作站。在铝、锰、铜、制糖、煤炭、电力、机械、林浆板纸、建材、农产品加工和现代农业等重点领域，重点引进在全国、全区具有广泛影响力的科研技术加大高层次创新创业人才培养、引进和使用力度，加大人才队伍建设力度，培养适应追赶跨越发展所需的创新型、技能型、复合型、紧缺型人才和合格的劳动者。

6.17.2　贺州市

（1）城市概况

贺州市是中国奇石之乡也是中国马蹄之乡，还是全国双拥模范城、中国优秀旅游城市、国家森林城市、广西壮族自治区文明城市。贺州是一个多民族聚居地，境内居住着有汉、瑶、壮、苗、侗、仡佬、回、满、蒙古、土家、黎等 20 多个民族的群众。贺州市下辖 1 个区、2 个县、1 个自治县、1 个管理区，总面积一万多平方公里。2015 年贺州市全年共计实现地区生产总值 468.11 亿元，按可比价格计算，比上年增长 7.6%。从不同产业来看，第一产业生产总值增加了 103.14 亿元，较上年增长了4.6%；第二产业生产总值生产总值增加了为 188.68 亿元，增长 6.6%；第三产业共计增加了 176.28 亿元，年增长率为 11.2%。三大产业的生产总值增加了占地区生产总值的比重分别为 22.03%、40.31% 和 37.66%，对经济增长的贡献率分别为 11%、43.5%和 45.5%。按常住人口计算，人均地区生产总值 23178 元 [1]。

截止到 2013 年年底，贺州市已经发现的矿产资源有煤、铁、锰、钛、钨、锡、铜、铅、锌、锑、钼、金、银、稀土、硫铁矿、砷、磷、水晶、饰面花岗岩、饰面大理岩、水泥用灰岩、白云岩、黏土、陶瓷土、硅灰石、重晶石、钾长石、萤石等有用矿产大约有 60 多种，主要矿产为饰面大理岩、饰面花岗岩、铁矿、钨矿、锡矿、铅锌矿、金矿、银矿、稀土、硅灰石和水泥用石灰岩，矿产地有 97 处。共有 28 种探明储量的矿产（含伴生矿种），其中有 11 处大型矿床，9 处中型，71 处小型。饰面大理石、钨矿、锡矿、稀土矿、硅灰石等探明储量位居广西前列，稀土矿、饰面花岗岩、饰面大理石、硅灰石等保有资源量甚至能够居于广西第一位，同时有较多的热矿泉，能源矿产少，铁锰缺富矿。除此之外，贺州还有丰富的水能资源，主要河流有桂江、贺江、临江、思勤江和富群河等，集雨面积 50 平方公里以上的河流有 80 条。多年以来贺州市的平均水资源总量均有 120.0 亿立方米。依托这些资源，贺州市全市已建成 211 座水电站，总装机容量高达 62.57 万千瓦，占可开发量的72.72%。2005 年 12 月 28 日通过水利部水电农村电气化达标验收，贺州市成为中国第一个水电农村电气化市 [2]。

---

[1]　贺州市 2015 年国民经济和社会发展统计公报。
[2]　贺州市人民政府网。

（2）创新发展概况

近年来，贺州市大力增强科技创新驱动能力，提高成果转化是提高现实生产力水平、促进科技与经济融合、推动创新驱动发展和经济转型升级的重要途径。为积极突破科技成果的转化壁垒，建立起更加完善的科技成果转化长效机制，加快科技成果转化应用的速度，同时要提升科技创新对经济发展的贡献率。

2015年贺州市正式启动了创新驱动发展战略的实施，建设起"引智入贺"工程，聘请了一批国内教育界专家以及市政府经济发展、规划顾问，积极建立起了完善的重大决策专家咨询论证制度。全年自治区安排了34项科学研究与技术开发计划项目，1739万元资助经费，43项市级安排项目，109万元资助资金。全年共计1154件专利申请量，比上年增长6.65%，其中684件发明专利申请量，下降4.06%；全年共有371件授权专利，其中有117件授权发明专利[①]。

进入"十三五"以来，贺州市继续强化科技创新。大力推动"大众创业、万众创新"，深化与中国科学院等科研院所合作，推进碳酸钙研究开发与应用、微波应用技术等重点实验室建设，共建创新驱动基地。加快粤桂县域经济产业合作示范区综合型孵化器等建设步伐。推进贺州国家级农业科技园区和自治区级贺州高新技术产业开发区建设，打造生态科技服务集聚区。

（3）得分结果

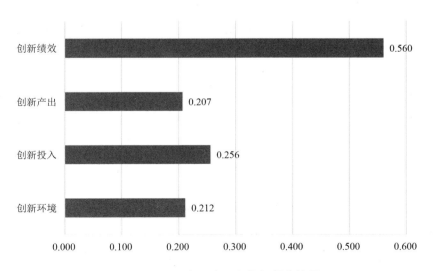

图6.17.3 贺州市一级指标得分结果

---

① 贺州市2015年国民经济和社会发展统计公报。

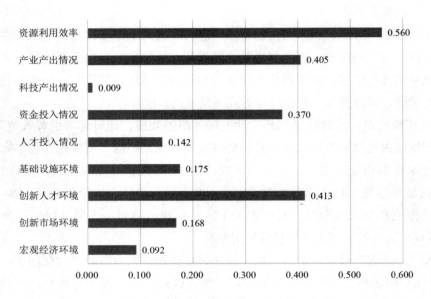

图 6.17.4　贺州市二级指标得分结果

（4）创新评价

作为 116 个资源型城市中创新指数排名第 105 位的城市，贺州市排名非常落后。其创新环境的得分是 0.212，排名 107；创新投入得分 0.256，排名 92；创新产出得分 0.207，位列 95；创新绩效得分 0.560，排名 73。各项指标均排名靠后，说明贺州市的创新能力存在着全方面的问题。

在创新环境方面，贺州市的排名为 107 名，非常不理想。从分项得分看，贺州市宏观经济环境得分 0.092，位列 112，三级分项中贺州市地区生产总值位列 103，人均 GDP 排名 100，贸易开放度为第 82 名，实际利用外资额为 79 名，资源储采比排名 60，说明贺州市整体经济发展欠佳，缺乏效率。其创新市场环境得分 0.168，排名 109，三级分项的城镇私营和个体从业人员占就业人员比重得分为 0.000，排名第 116 位，非国有矿山数所占比重得分 0.938，排名 21，反映出其私营和个体经济发展面临的困境，经济发展缺乏活力。创新人才环境得分 0.413，排名 44，其包含的三级指标中，每万人在校大学生数得分为 0.107，排名 86，矿产资源开发技术人员占比得分 0.840，排名 11，总体看来，矿业行业技术人才情况较好，但高等教育发展亟待提升。其基础设施环境得分 0.175，排名 108，同样非常落后，其中科技、文化、交通等方面均表现较差，需要提升。

在创新投入方面，贺州市得分 0.256，排名 92。观察单项得分，贺州市人才投入情况得分为 0.142，位列 101。资金投入情况得分为 0.370，排名 45，其包含的三级指标中，R&D 经费支出排名为 109，教育支出占财政支出的比重得分为 0.822，排名 29，财政科技支出占财政支出的比重得分为 0.376，排名 37。对比看来，贺州市在 R&D 经费支出和人才投入情况两方面表现非常薄弱，合理均衡人才投入和资金投入可能为贺州市在创新投入这一项得到更高的排名。

在创新产出方面，贺州市得分为 0.207，位列 95，在 116 个城市中处于中下游水平。从三级指标来看，在科技产出情况方面，专利申请授权量、企业商标拥有量得分分别为 0.019 和 0.000，排名分别位于 94 和 113 位。产业产出情况方面，贺州市矿产资源开发年税金占公共财政收入的比重得分 0.966，排名为 18；同时，贺州市在矿产资源开发综合利用产值占 GDP 的比重中得分 0.018，排名落后，为 77 名，对于第三产业占 GDP 的比重，贺州市得分为 0.456，排名 63，由此可见，努力提升科技成果产出水平、加快发展第三产业、提高矿产资源开发综合利用产值将成为贺州市提升创新产出的必经之路。

在创新绩效方面，贺州市的排名 73，位于中下游。从三级指标上观察，贺州市的单位 GDP 矿石开采量得分为 0.677，排名 76；能源消费弹性系数，贺州市得分 0.666，排名为 57；单位 GDP 能耗得分 0.377，排名 105，这说明贺州市的资源利用效率较低，其经济发展对资源仍有一定的依赖性。全员劳动生产率指标表现较好，得分 0.517，排名 32，排名较为靠前。

（5）政策建议

从评价结果来看，贺州市排名位于 105，排名非常靠后，四项一级指标均不理想。建议在未来应加强创新的人财物投入，加强创新成果转化和提升创新绩效，由于贺州市的人才投入非常薄弱，因此尤其应加大创新的人才投入力度，同时应注意加快城市转型和产业转型，不断进行产业结构的优化升级，大力发展第三产业，降低经济增长对高耗能行业和资源型行业的依赖程度，还应加强资源的循环利用，提升矿业的综合开发利用产值，补缺创新驱动发展中的短板，从而推动城市创新发展。

作为成熟型资源城市之一，贺州市在创新驱动发展方面表现落后，创新指数在所有 116 个地级市中排名第 105 位，在未来发展中应注意：

扎实推进创新驱动。全面落实创新驱动发展战略的实施与建设，围绕碳酸钙、新型建筑材料、稀土等相关产业的关键技术建立一个科技攻关平台，重点放在积极推进创新平台建设，加大园区对各大高新企业的培植与扶持力度，推动发展动力向创新驱动型进行转变。深入实施"引智入贺"这一大人才引入工程，通过聘请产业发展专家、争设院士工作站、专利技术入股等多种模式，达到提升产业转型、经济发展的科技创新水平的目标。同时也要大力推进科技进步和创新，着力提升科技创新对经济的驱动作用。贺州市可以积极打造各项产业科技提升工程，重点围绕建设"两个千亿元产业"、发展战略性新兴产业、特色优势农业等产业的重要关键技术，加快推进国家级碳酸钙质量检测中心、产业技术研发中心、工程技术中心等创新平台在贺州市的建设。

实施创新主体培育工程。加快以企业为主导的产学研协同创新机制完善进程，积极引导企业向科技型、高新型、创新型三大方向进行发展，争取能够培育和引进一批具有核心竞争力的高新技术企业，建立起一个新型的创新产业集群。建立完善企业技术中心和高等院校、科研机构交流合作对接机制，鼓励企业与院校共同建设各个研发机构和实验中心。健全完善创业扶持政策，完善对中小微企业技术创新的公共服务平台发展的支持，加快科技企业孵化器建设，创建国家级科技企业孵化器，努力形成大众创业、万众创新的新动力。探索科技金融结合的有效方式，充分发挥政府财政投入的引导作用，重点加强对科技成果转化及创新平台建设的扶持。

围绕产业需求，有针对性地引进一批创新创业团队和领军人才。鼓励通过技术合作、入股参股等方式来贺州市创业就业。实施"众创空间"建设工程，鼓励支持大学生创业，着力打造众创空间贺州模式，引领带动全民创新创业。继续深入实施知识产权战略。

6.17.3　河池市

（1）城市概况

河池市地处广西壮族自治区西北边陲、云贵高原南麓地带，是大西南通向沿海港口的一个咽喉要塞，也是广西实施西部大开发的重点区域之一。河池是一座以壮族为主的多民族城市，素有"六乡之誉"，是中国有色金属之乡、中国水电之乡、世界长寿之乡、世界铜鼓之乡、歌仙刘三姐故乡、红七军和韦拔群故乡。河池市因为其独特的地理位置，是"南昆经济区"和"中国 - 东盟自由贸易区"人流、物流、资金流、信息流这些重要的资源流所聚集交汇的地方。河池下辖 1 区 10 县，总面积三万多平方公里。初步核算，2015 年河池市全市共计实现地区生产总值 618.03 亿元，比上年同期增长 4.5%。其中第一产业增加 140.81 亿元，增长率为 2.2%；第二产业增加 200.01 亿元，增长率为 3.7%；第三产业增加 277.21 亿元，增长率 6.8%。三大产业生产总值增加了分别占地区生产总值的比重为 22.78%、32.36% 和 44.85%，对经济增长的贡献率分别为 9.94%、36.59% 和 53.47%。按常住人口计算，河池市人均地区生产总值为 17841 元，同比增长了 3.8%[①]。

河池是世界上十分罕见的多金属群生富矿区之一，被誉为"矿物学家的天堂"。

---

① 河池市 2015 年国民经济和社会发展统计公报。

全市的 11 个县（市）、区都有不同的矿藏，目前已探明的有色金属有锡、锑、锌、铅、铜、铟等 43 种矿产资源，其中锡金属储量甚至占全国的三分之一，锑和铅锌金属储量位列全国第二，铟的金属储量高达世界第一。河池市下属的南丹县被誉为中国的"锡都"，除此之外，河池市还拥有丰富的水能资源，拥有"水电之乡"的称号。依托这些资源，全市已建成共计 150 座大中小型水电站，总装机容量达到 760 万千瓦，是中国华南的能源中心之一，西部大开发的标志性工程—龙滩水电站就位于河池市天峨县境内，依托这些优势，目前河池市还在全力建设广西生态环保型有色金属产业示范基地。

（2）创新发展概况

近年来，河池市牢固树立创新发展理念，大力实施创新驱动发展战略，通过科技创新、体制机制创新"双轮驱动"，在进行创新河池和建设区域性创新创业中心的道路上迈出了坚定的步伐。河池市科技创新驱动能力进行了大力增强，2015 年年末河池市全市城镇单位共有 5.98 万各类专业技术人员，比上年增加了 0.97 万人。全市有 10 个各类科研所，241 名科研所从业人员，其中 216 名科技活动人员。全年共组织实施 113 项新计划项目，比上年增加 36 项，其中自治区下达项目有 57 项。全年申请 1131 件专利，比上年增加 339 项，其中有 742 件发明专利；全年授权 352 件专利，比上年增加 120 项，其中 76 件为发明专利；年末拥有 150 件发明专利，比上年增加 65 项[①]。

进入"十三五"以来，河池市深入实施创新驱动发展战略。积极发挥科技创新在全面创新中的领导作用，加强对基础的科学研究，强化原始创新、集成创新和引进消化吸收再创新。推进与各个有特色的高水平大学以及各大科研院所建设，鼓励企业开展基础性、前沿性的创新研究，重视创新颠覆性技术。实施一大批国家重大科技项目，在重大创新领域积极推进国家实验室组建工程，积极提出并牵头组织各项国际大科学计划和大科学工程。

---

① 河池市 2015 年国民经济和社会发展统计公报。

（3）得分结果

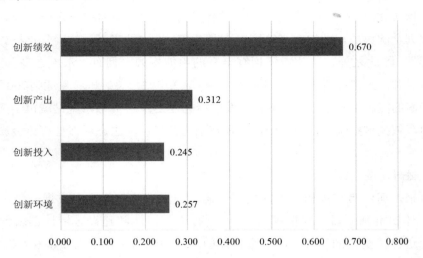

图 6. 17. 5　河池市一级指标得分结果

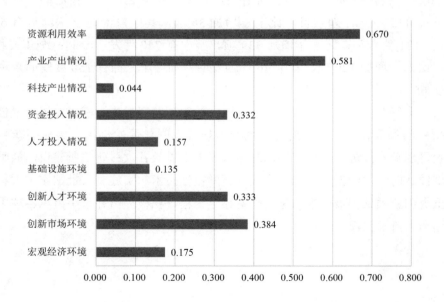

图 6. 17. 6　河池市二级指标得分结果

（4）创新评价

河池市的创新指数在全国第 116 个资源型城市中排名第 81 位，处于中下游位置。其创新环境的得分是 0.257，排名 89；创新投入得分 0.245，排名 93；创新产出得分 0.312，位列 52；创新绩效得分 0.670，排名 38。其中排名较为理想的是创新绩效，其次为创新产出，而创新环境和创新投入则拉低了整体创新指数的排名。

在创新环境方面，河池市的排名为 89 名。从分项得分看，河池市宏观经济环境得分 0.175，位列 90，其中三级分项中河池市人均 GDP 位列 113 位，地区生产总值位列 92，实际利用外资额为 74 名，贸易开放度为第 42 名，资源储采比排名 27。创新市场环境得分 0.384，排名 37，其中，三级分项的城镇私营和个体从业人员占就业人员比重得分为 0.931，排名 8，非国有矿山数所占比重得分 0.892，排名 36。创新人才环境得分 0.333，排名 65，其中，每万人在校大学生数得分为 0.084，排名 91，矿产资源开发技术人员占比得分 0.682，排名 24。基础设施环境得分 0.135，排名 113。在 4 个二级指标中，河池市在创新市场环境排名较为理想，创新人才环境尚可，但需要进一步加强教育投入，培育专业人才。河池市的短板是宏观经济环境和基础设施环境，这两方面拉低了创新环境的排名，亟待提升。

在创新投入方面，河池市得分 0.245，在 116 个城市中排名 93，是河池市 4 项一级指标中排名最低的一项。观察单项得分，河池市人才投入情况得分为 0.157，位列100。资金投入情况得分为 0.332，排名 52，其包含的三级指标中，R&D 经费支出得分为 0.012，排名 97，教育支出占财政支出的比重指标得分为 0.881，排名 22，财政科技支出占财政支出的比重得分为 0.210，排名 63。这说明河池市需要进一步提高财政科技投入和 R&D 经费支出水平，同时，河池市人才投入情况这一项的表现在样本城市中也不占优势，未来需要进一步合理均衡人才投入和资金投入，提高河池市的整体创新驱动能力。

在创新产出方面，河池市得分为 0.312，位列全国第 52 位。从三级指标来看，在科技产出情况方面，专利申请授权量、企业商标拥有量得分分别为 0.026 和 0.060，排名分别位于 92 和 95 位。产业产出情况方面，河池市矿产资源开发年税金占公共财政收入的比重得分 0.625，排名为 92；矿产资源开发综合利用产值占 GDP 的比重得分 0.357，位列 17 名；在第三产业占 GDP 的比重上，河池市得分为 0.826，位列 13名。反映出河池市的优势在于第三产业上，服务业对经济贡献大，具备一定的规模和经济活力，同时，河池市在资源综合开发利用方面也占有优势。但在科技成果产出方面河池市需要大力推进。

在创新绩效方面，河池市的得分为 0.670，排名 38 位，位于中上游水平。从三级指标上观察，全员劳动生产率得分为 0.246，排名 79 位；单位 GDP 矿石开采量 0.695，排名 75，上述两项三级指标的排名均较为靠后。另外两项三级指标能源消费弹性系数和单位 GDP 能耗排名很高，分别为第 4 位和第 3 位，对提高创新绩效排名贡献较大。

（5）政策建议

从指标评价来看，河池市创新能力位于 116 个资源型城市的中下游，在创新环境和创新投入两个方面较为薄弱。河池市应该加快创新驱动发展，加快技术创新，金融创新。加强宏观经济环境和基础设施环境建设，为创新发展提供良好的环境基础。同时应加大人才投入和研发经费的投入力度，积极引入创新型人才，为河池市的创新发展提供更加良好的条件。

作为成熟型资源城市之一，河池市在创新发展方面成效不理想，在 116 个地级市中排名第 81 位，在未来发展中应注意加快推进科技创新、产业创新、金融创新、信息化创新和机制体制创新：

强化企业作为创新主体地位的创新主导作用，努力推进形成一批具有国际竞争力的创新型领军企业，支持科技型中小企业的健康蓬勃发展。建设一批依托企业、高校、科研院所国家技术创新中心，大力推动若干个具有强大带动力的创新型城市和区域创新中心的形成进程。努力对企业研发费用加计扣除政策进行完善，扩大固定资产加速折旧法所实施范围，推动设备的更新和新技术的应用。

深化科技体制改革进程，对产业技术创新联盟构建进行积极引导，大力推动跨领域跨行业之间的协同创新，促进科技与经济的深度交融。加快建设技术和知识产权交易平台，建立从实验研究、中试到生产的全过程科技创新融资模式，促进科技成果的资本化、产业化进程。构建一个普惠性的创新支持政策体系，加大金融支持和对各项税收的优惠力度，进一步深化对知识产权领域改革，加强对知识产权保护措施。

加强高校和科研院所独立性，为创新领军人才赋予更大人财物支配权、技术路线决策权。努力实行以增加知识价值为导向的分配政策，提高科研人员成果转化收益分享比例，鼓励人才弘扬奉献精神。

6.18　四川

6.18.1　自贡市

（1）城市概况

自贡市是四川省辖地级市，是川南区域的中心城市，也是成渝经济圈南部中心城市，享有"千年盐都"，"恐龙之乡"，"南国灯城"，"美食之府"之美誉。自贡自古以来就因产井盐而富商云集，是中国历史上最富庶的城市之一，同时也是抗日战争中捐款额度全国最高的城市。除此之外，自贡还是世界上最早开发利用天然气的地方，是四川境内最早的省辖市之一和工业重镇。自贡市辖 4 区 2 县，总面积四千多平方公里。2015 年全市实现地区生产总值（GDP）1143.11 亿元，按可比价格计算，比上年增长 8.4%。其中，第一产业生产总值增加了 127.96 亿元，增长率 3.8%；第二产业生产总值增加了 664.42 亿元，增长率 8.2%；第三产业生产总值增加了 350.73 亿元，增长率 10.5%[①]。

自贡属矿产资源贫乏地区，矿产资源种类有：岩盐、煤、石灰岩、石英砂岩、膨润土、陶瓷土、高岭土、砖用页岩、矿泉水等 17 种。主要矿种为盐和煤。其中，岩盐资源集中分布在荣县西侧的长山镇一带，是著名的"威西岩盐体"的 1/3；煤炭资源集中分布在北西部的荣县和南东侧的富顺县；石灰岩矿分布在荣县、富顺县、贡井区、大安区境内；石英砂岩主要分布在荣县、富顺县、沿滩区、自流井区；膨润土主要分布在荣县双石镇、贡井区龙潭镇；高岭土集中分布在荣县西北侧的于佳、双古、铁厂镇一带；普通建材类矿产资源、砖瓦页岩广泛分布于全市各区、县境内。已探明的岩盐资源储量 79.3 亿吨；煤炭资源储量 1.7 吨；高岭土矿资源储量 891 万吨；石灰岩矿资源储量 1.07 亿吨[②]。

（2）创新发展概况

近年来，自贡市大力加快科技创新驱动能力建设，并继续贯彻落实"科教兴市"的教学战略，把科技进步和科技创新作为加快经济发展方式转变过程的重要支撑，加快对创新型城市的建设。建立起一个以高新技术骨干企业为基础，以高等院校和科研院所为依托，以企业为主体、市场导向、产学研紧密结合的技术创新体系。依托中昊晨光化工研究院、中橡炭黑研究院、四川理工学院等科研院所以及特色高等院校，创建一批在行业中能够达到领先水平的国家和省级企业技术中心、工程技术研究中心以及重点实验室，重点培育一批新型的创新企业。加强对知识产权保护，努力做到掌握一批拥有自主知识产权的核心技术、关键技术和共性技术，并培养和造就出一批创新团队和领军人物，不仅提升企业的技术水平，还将努力提高企业的核心竞争力。

自贡是国家新材料产业化基地、国家炭黑材料工程技术研究中心、国家盐业企业技术中心、国家盐业标准委员会井矿盐分标准委员会和国家示范生产力促进中心，形成科研设备配套、技术力量较强的多层次科学技术研究与开发体系。2015 年全年共计实施省重点科技项目 84 项，153 项市以上重点科技项目，其中有 90 个科技攻关项目。全市共有 87 户高新技术产业企业，高新技术产业产值达到 726.90 亿元。全年共申请 1796 件专利，比上年增长 26.1%。授权 1146 项专利，比上年增长 15.2%。全年技术交易合同 295 个，登记合同金额 3.8 亿元[③]。

进入"十三五"以来，自贡市积极创建国家创新型城市，充分发挥科技创新在全面创新中的引领作用，进一步完善创新体系，集聚创新资源，优化创新环境，着力提

---

① 自贡市 2015 年国民经济和社会发展统计公报。
② 自贡市人民政府网。
③ 自贡市 2015 年国民经济和社会发展统计公报。

升自主创新能力和科技成果转化水平，促进经济社会可持续发展。

（3）得分结果

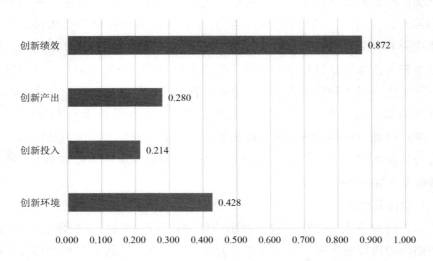

图 6.18.1　自贡市一级指标得分结果

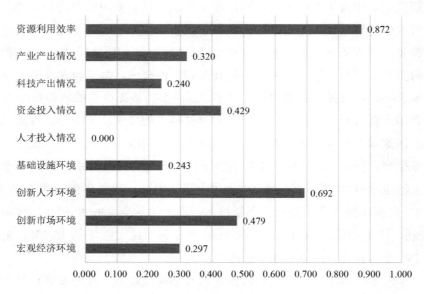

图 6.18.2　自贡市二级指标得分结果

（4）创新评价

作为 116 个资源型城市中创新指数排名第 37 位的城市，自贡市在创新环境和创新绩效方面的表现较为突出，排名分别为第 20 位和第 4 位。相比之下，创新产出和创新投入的排名相对靠后，分别位于第 65 位和第 98 位，这一定程度上拉低了自贡市创新指数的总体评价得分和排名。

在创新环境方面，自贡市得分 0.428，位列全国所有资源型城市的第 20 位，可见自贡市在创新环境方面取得了较好的成效。从创新环境的各项分项指标评分结果来看，宏观经济环境、创新市场环境、创新人才环境和基础设施环境得分分别为 0.297、0.479、0.692 和 0.243，其排名分别位于所有资源型城市的第 44 名、第 13 名、第 9 名和第 95 名。其创新市场环境和创新人才环境表现突出，说明自贡市的民营经济发展较好，同时人才培养机制也较为完善。但是其基础设施环境较为落后，其中文化、固定资产、公共交通等方面表现较差，需要进一步提升。

在创新投入方面，自贡市的得分和排名较低，创新投入的得分为 0.214，排名位列第 98 位，在一定程度上拉低了总体创新指数的排名。其中，人才投入情况得分为 0.000，位列第 115 位。资金投入情况的得分为 0.429，位列第 29 位，其包含的三级指标中，R&D 经费支出得分为 0.091，排名为 62，教育支出占财政支出的比重得分较低，为 0.463，排名全国第 77 位，财政科技支出占财政支出的比重得分较高，为 0.738，排名全国第 13 位。自贡市 R&D 经费支出较少，教育支出占财政支出的比重较小，人才投入情况在所有资源型城市中排名非常靠后，这是影响自贡市创新投入指数得分的短板。

在创新产出方面，自贡市的得分和排名也相对较低，创新产出的得分为 0.280，排名位列第 65 位，这也在一定程度上拉低了总体创新指数的排名。从分项指标来看，在科技产出情况方面，专利申请授权量、企业商标拥有量得分分别为 0.208 和 0.269，排名分别位于 42 和 51 位。产业产出情况方面，矿产资源开发年税金占财政收入的比重指标的排名非常靠前，为第 8 位，自贡市第三产业占 GDP 的比重和矿产资源开发综合利用产值占 GDP 的比重较低，排名分别为第 95 位和 71 位，说明自贡市第三产业发展非常不充分，同时矿业的生产流程较为粗放，资源的综合利用产值不高，从而拉低了创新产出所占名次。

自贡市在创新绩效方面取得的成效突出，得分 0.872，排名第 4 位。其中能源消费弹性系数、单位 GDP 能耗和单位 GDP 矿石开采量的排名均较高，分别排第 5 位、第 4 位和第 5 位。自贡市 2014 年全员劳动生产率得分为 0.594，排名相对较低，为第 25 位。近年来，自贡市一直大力推进产学研一体化，通过引进知名院校设立研发机构，加快科技成果转化，创新驱动作用越来越大，新的增长点不断涌现。

（5）政策建议

从指标评价结果来看，自贡市的主要问题在于创新投入方面，其次是创新产出的成果较低。为此，建议在未来应加强创新的人财物投入，加强创新成果转化和提升创新产出，由于自贡市的人才投入情况较差、R&D 经费支出较少、教育支出占财政支出的比重较小，这三项指标的排名均较为靠后，因此尤其应加大创新的人才投入、研发经费和教育经费的投入力度。同时自贡市还应注意利用科技技术进步来不断提高矿产资源综合开发利用产值，并且优化产业结构，提高第三产业占 GDP 的比重，补缺创新驱动发展中的短板，从而推动城市创新发展。

作为成熟型资源城市之一，自贡市在创新驱动发展方面取得了较好的成绩，创新指数在 116 个地级市中排名第 37 位，在未来发展中应注意：

着力强化创新驱动。深入推进国家知识产权试点市和国家技术创新工程试点示范市的建设进程，加快技术创新体系完善过程，大力推进各项产学研协同创新，落实科技成果转化政策，健全科技金融协同创新机制，大力支持大学生和科技人员创业创新，推动科技成果产业化。加强保护知识产权，落实企业研发费用税前加计扣除等政策的实施进程，引导企业探索并建立起科技成果股权及分红激励机制，对有突出贡献的科技人员给予各项奖励，营造一个崇尚创新、全民创新的良好环境。

加强创新平台建设。推进国家知识产权试点城市和试点园区建设进程，努力共建一个产业技术创新平台。推动政产学研协同创新，推动产业核心技术和共性技术研发平台建设，促进创新资源高效集聚和开放共享。

强化企业的创新主体作用，完全调动企业创新发展的主动性与自觉性。探索完善高新技术企业 分类认定制度，扩大高新技术企业数量和规模，巩固发展一批国家、省级创新型示范、试点和培育重点企业，发展壮大一批具有自主知识产权和扩大竞争力的创新型领军企业。设立科技型中小微企业的创新资金、创业投资引导资金，积极支持发展天使投资、创业投资等项目，引导金融机构加大支持中小微企业创新。

加快科技成果转化运用。完善科技金融结合机制和科技服务体系，发挥金融创新对科技创新的辅助推动作用。积极推进科技成果权属的改革，开展职务科技成果权属混合所有制试点工作。提高科研人员成果转化收益分享比例，探索知识产权的资本化交易内容。大力发展科技成果转化中介服务平台，支持建设起一个区域性技术转移中心。建立完善科技成果股权、期权管理机制，支持高校、科研机构技术成果以技术入股、实施许可等方式进入企业转化。

6.18.2　攀枝花市

（1）城市概况

攀枝花市为四川省直辖市，位于西南川滇交界部分，攀枝花拥有丰沛的水能资源，植物和野生动物种类繁多，攀枝花属长江水系，河流多，境内有大小河流 95 条。

分别属金沙江水系、雅砻江水系，两大水系在攀枝花的雅江桥处相汇合。攀枝花市辖3区2县，总面积七千多平方公里。2015年全市实现地区生产总值（GDP）925.18亿元，按可比价计算，增长8.1%。其中：第一产业生产总值增加了31.31亿元，增长4.1%，对经济增长的贡献率为1.5%，拉动经济增长0.1个百分点；第二产业生产总值增加了661.03亿元，增长8.5%，对经济增长的贡献率为80.2%，拉动经济增长6.5个百分点；第三产业生产总值增加了232.85亿元，增长7.2%，对经济增长的贡献率为18.3%，拉动经济增长1.5个百分点。人均地区生产总值75078元，增长8.2%。三次产业结构由上年的3.4:73.8:22.8调整为3.4:71.4:25.2。全市非公有制经济实现生产总值增加了450.37亿元，增长9.0%，占GDP的比重为48.7%，非公有制经济对全市经济的贡献率48.0%[①]。

攀枝花市已探明铁矿（主要是钒钛磁铁矿）71.8亿吨，占四川省探明铁矿资源储量的72.3%，是中国四大铁矿区之一；伴生钛资源储量占全国的93%，居世界第一；伴生钒资源储量占全国的63%，居世界第三。探明石墨资源储量全国第三。经过多年开发利用，截止2015年末，全市钒钛磁铁矿保有资源储量66.4亿吨，其中伴生钛矿4.3亿吨，伴生钒矿1020.3万吨；钴查明资源储量2.7万吨，此外还伴生有铬、镓、钪、镍、铜、铅、锌、锰、铂等多种稀贵金属；非金属矿产中，煤炭保有资源储量3.4亿吨，晶质石墨保有资源储量1555.2万吨，苴却石保有资源储量2077.5万吨，溶剂石灰岩保有资源储量3.4亿吨，冶金白云岩保有资源储量4743.5万吨，耐火黏土保有资源储量1209.8万吨，硅藻土保有资源储量1355.6万吨，花岗石保有资源储量8120万立方米[②]。

（2）创新发展概况

近年来，攀枝花市大力增强科技创新驱动能力，坚持把科技创新作为加快转变经济发展方式的重要支撑，深入实施人才强市战略和科教兴攀战略，积极推进建设技术创新体系，积极培养、吸引人才，积极扩大对自主创新能力的建设。集中力量开展科技的攻关突破工作，努力实现突破制约产业发展的重点领域和关键环节，尽快掌握拥有有自主知识产权的核心技术，推动资源综合开发利用由要素驱动转向创新驱动，走出一条依托资源、创新技术的可持续发展道路。

2015年各项专利申请2092项。高新技术产业实现产值280亿元；共计安排1336项科技项目，其中，包括303个高新技术项目，191个当年新上高新技术项目；85项各类科技项目获市级以上科技成果奖，其中有15项省部级奖；科技新增经济效益

---

① 攀枝花市2015年国民经济和社会发展统计公报。

② 攀枝花市人民政府网。

12.99 亿元。全市拥有 58999 国内专业技术人员，其中，具有 22990 名中级职称以上人员，771 名农业技术人员 ①。

进入"十三五"以来，攀枝花市大力推进科技创新。攀枝花以钒钛、石墨、机械制造、新能源、新材料等重点产业为落脚点，推进一批高水平的科研机构、重点实验室、院士专家工作站、工程技术中心和产业技术创新联盟的建设，完善中试、检验检测等服务平台，支持运用各方社会力量来创办若干科技研发及服务机构。强化企业作为创新主体的地位，支持企业加强各项技术的改造和设备的更新换代，加快培育一批具有竞争力的创新型企业和高新技术企业，鼓励科技创新型的企业与国内外一大批有实力的企业、科研机构深化交流合作、推进科技研发。推动建设各项科技成果的信息服务、技术转移服务、创新孵化、融资服务、分析测试等科技成果转化平台进程，实施钒钛、机械制造、特色农业及生物、节能环保产业等重大成果转化专项，加快转化科技成果。发挥好攀西试验区部省联席会议、省科技厅与攀枝花市厅市会商联动机制等平台作用，积极参与成德绵协同创新，积极做好重大科技项目国际招标项目落实，持续开展"院士行"活动，着力打造高水平攀枝花钒钛（国际）论坛，健全科技交流合作长效机制 ②。

（3）得分结果

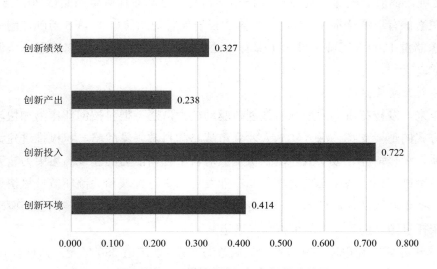

图 6.18.3　攀枝花市一级指标得分结果

---

① 攀枝花市 2015 年国民经济和社会发展统计公报。
② 攀枝花市国民经济和社会发展第十三个五年规划纲要。

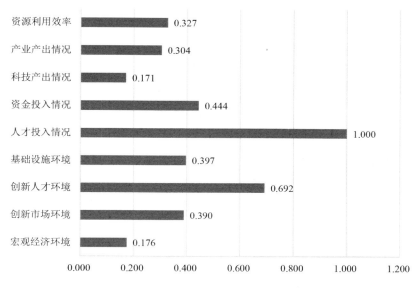

图 6.18.4 攀枝花市二级指标得分结果

（4）创新评价

攀枝花市在全国 116 个资源型城市中创新指数排名第 47 位，表现平平。在创新投入方面表现突出，排名全国第 4 位，同时创新环境条件较好，排名为第 28 位；但是创新产出较为落后，排名为第 86 位，创新绩效的排名尤其靠后，位于第 112 位，这较大程度地拉低了攀枝花市创新指数的总体评价得分和排名。由上可知，攀枝花市创新指数一级指标间发展差距较大，存在着不平衡的问题。

在创新环境方面，攀枝花市得分 0.414，位列全国所有资源型城市的第 28 位，可见攀枝花市在创新环境方面表现不错，对总体创新指数排名的贡献率较大。从创新环境的各项分项指标评分结果来看，攀枝花市的宏观经济环境、创新市场环境、创新人才环境和基础设施环境得分分别为 0.176、0.390、0.692 和 0.397，其排名分别位于所有资源型城市的第 89 名、第 34 名、第 8 名和第 43 名，其中创新人才环境情况良好，说明攀枝花市注重人才投入，有较完善的人才培养机制。但是其宏观经济环境表现较差，其中主要问题在于，贸易开放度较低，排名第 86 位，实际利用外资额排名全国 72 位，资源采储比排名全国 103 位，反映出攀枝花市的经济面临着开放程度不高、外资吸引力较差和资源缺乏等问题。

在创新投入方面，攀枝花市的得分和排名非常高，创新投入的得分为 0.722，排名位列第 4 位，对总体创新指数排名的贡献率最高。其中，人才投入情况得分为 1.000，位列第 4 位。资金投入情况的得分为 0.444，位列第 27 位，资金投入情况包含的三项三级指标中，R&D 经费支出得分为 0.158，排名为 43，教育支出占财政支出的比重得分为 0.680，排名第 52 位，财政科技支出占比得分为 0.539，位列全国第 23 位。相比较看来，攀枝花市的教育支出比重和 R&D 经费支出还有待提高。

在创新产出方面，攀枝花市的得分和排名相对较低，创新产出的得分为 0.238，排名位列第 86 位，在一定程度上拉低了总体创新指数的排名。从分项指标来看，在科技产出情况方面，专利申请授权量、企业商标拥有量得分分别为 0.217 和 0.129，排名分别位于 39 和 73 位。产业产出情况方面，矿产资源开发综合利用产值占 GDP 的比重排名较高，为第 14 位。但矿产资源开发年税金占财政收入的比重的排名处于中下水平，排名 99 位。2014 年攀枝花市第一、二、三产业所占比重分别为 3.33：73.19：23.47，第二产业所占比重过高，导致第三产业占比不具优势，因此该指标的排名非常靠后，为 113 位。由上可知，企业商标拥有量、矿产资源开发年税金占财政收入的比重、第三产业占 GDP 比重三项指标拉低了创新产出所占名次，尤其是第三产业发展水平不佳，有待进一步的提升。

攀枝花市在创新绩效方面排名十分不理想，排名第 112 位。2014 年全员劳动生产率指标得分为 0.344，排名第 64 位。能源消费弹性系数、单位 GDP 能耗、单位 GDP 矿石开采量的排名都比较低，分别为第 97、91 和 109 名。这反映出攀枝花市资源利用效率不高的问题，同时经济发展对能源和矿产资源的依赖程度较大。

（5）政策建议

从指标评价结果来看，攀枝花市的主要问题在于创新产出和创新绩效方面。为此，建议在未来应加强创新成果转化和提升创新绩效，增加创新产出成果。由于攀枝花市创新绩效排名很不理想，因此应注意利用科技技术进步等方式来不断提高资源利用效率，从而降低单位 GDP 能耗和能源消费弹性系数，降低单位 GDP 矿石开采量；同时，应大力推动城市转型和产业转型升级，加大对第三产业的投入力度，推动攀枝花市产业结构向合理化和高级化方向发展，降低经济增长对第二产业和资源型行业的依赖程度。从而补缺创新驱动发展中的短板，推动城市创新发展。

作为成熟型资源城市之一，攀枝花市在创新驱动发展方面表现一般，创新指数在所有 116 个地级市中排名第 47 位，在未来发展中应注意：

推进协同创新。推进管理、制度、科技三大内容的协同创新合作进程，同时要强化与市内外高等院校、科研机构的合作，构建一个效率更高，发展更快的的科研体系，建立一个协同创新的合作机制，积极整合各项创新资源，形成以政府引导、各大科技型企业为主体、院校协作、多元投资、成果分享的"政产学研用"的协同创新模式。积极主动地加强与产业发达地区进行对接力度，加快实现与先发地区的优势互补、政策同享、项目共推，把资源优势转化为发展优势和核心竞争力。

强化企业创新主体地位。大力培育各大具有创新引领能力的攀枝花本地龙头骨干企业，强化企业在技术创新决策、投入、研发和成果应用推广等方式中的重要主体地位，支持各大重要骨干企业建立并完善各项研发机构和研发组织体系，围绕农产品加工、钢铁钒钛、机械制造、石墨加工、商贸服务等特色优势产业领域，积极创建一批具有示范性、较强的带动性的企业技术中心和重点实验室，构建出一个"产学研用"一体化的创新平台。培育一批在国内外具有广大知名度和重要影响力的钒钛新材料、石墨等产业技术创新联盟，引导的同时也要鼓励企业加大技术创新投入，提升企业核心竞争力。

实施人才强市战略。以攀枝花市支柱产业和重点领域为重点，加大人才引进的力度，吸引各大高层次人才到该市创业、工作和服务，造就一批不仅政治素质过硬同时还具有很强的创新能力的卓越科技领军人才、优秀企业经营管理人才和高技能技术创新人才。继续开展领军型科技创新人才、重点产业优势人才自主培养计划的实施。建设起一个创新人才发展体制机制，大力实施高校、科研院所及企业高层次人才的一个双向交流制度。

6.18.3 泸州市

（1）城市概况

泸州市为四川省省辖市，位于川滇黔渝的结合部。泸州地处四川盆地南缘与云贵高原的过渡地带，地势北低而南高。北部为河谷、低中丘陵，平坝连片，是十足的鱼米之乡；泸州南部与云贵高原相连接，属大娄山北麓，为低山，河流深切，河谷陡峭，拥有丰富的森林矿产资源，海拔高度为240米-520米左右。泸州市辖3区4县，总面积一万多平方公里。2015年全年实现地区生产总值（GDP）1353.41亿元，按可比价格计算，比上年增长11.0%。其中，第一产业生产总值增加了167.84亿元，增长3.8%；第二产业生产总值增加了806.74亿元，增加率12.5%；第三产业生产总值增加了378.84亿元，增加率为10.5%。三次产业对经济增长的贡献率分别为3.7%、71.1%和25.2%。人均地区生产总值31714元，增长10.5%。三次产业结构由上年12.7∶60.2∶27.1调整为12.4∶59.6∶28.0[①]。

泸州市拥有十分丰富的矿产资源，目前已经探明储量煤有69亿吨，天然气达到650亿立方米，3217亿吨硫铁矿、一级20.1万吨方解石，大理石计数亿立方米。同时，泸州市还有铜、金、石油、铀、镓、锗、铝土、耐火黏土、熔剂白云岩、盐、石灰岩、高岭土、玻璃用砂、陶瓷用黏土、石膏等20多种金属与非金属矿产资源。水能资源理论上游62.8万千瓦蕴藏量，可开发量为25.2万千瓦。泸州市古叙矿区有煤、

---

① 泸州市2015年国民经济和社会发展统计公报。

无烟煤资源量 69 亿吨，煤层气 1000 多亿立方米，近年来泸州市的天然气产量 7.3 亿立方米。除此之外，泸州还盛产水稻、小麦、糯高粱等粮食作物，在甘美的泉水的帮助下，泸州市酿酒业的发展有了得天独厚的自然条件。依托这些资源，一些具有地方特色的产业不断发展壮大，尤以出产泸州老窖（浓香型）和郎酒（酱香型）两大知名酒业而享有"酒城"的美誉。2012 年，在泸州老窖和郎酒集团等大型企业的拉动下，泸州市大中型工业完成工业生产总值增加了 285.2 亿元，同比增长 21.6%，对泸州工业增长贡献率为 71.7%，拉动工业增长 15.1 个百分点。酿酒业是泸州市重要的支柱产业。酿酒业作为泸州市的重要支柱产业，使泸州市成为国家名酒"金三角"（贵州省仁怀市茅台镇茅台酒，四川宜宾市五粮液，四川泸州市老窖特曲和郎酒）产地之一[①]。

（2）创新发展概况

近年来，泸州市大力增强科技创新驱动能力，开拓科技创新发展新局面。泸州市成功获批国家知识产权试点城市，泸州高新技术产业园区正式升级为国家高新技术产业开发区，泸州市的化工新材料高新技术产业化基地被认定为"省级特色高新技术产业化基地"，工园区创新开发有限公司成功创建起多个省级科技企业孵化器，泸州市的江阳区也被正式列入国家可持续发展示范区行列。

2015 年，全市共有 46 项创新科技成果，其中有 6 项省级科技成果，31 项市级科技成果，9 项区县科技成果，其中有 7 项获得四川省科技进步奖。全年专利技术申请共计 1858 件受理量，其中 576 件发明申请；941 件授权专利，其中 100 件发明。完成技术市场交易的平台建设。全年登记 206 份技术合同，合同成交额 47901 万元，其中技术交易额达到 38518 万元。2015 年共有 13 户新认定国家级高新技术企业，年末总数达 49 户。年末省级创新型企业达 64 户，同时 25 户新认定国家高新技术培育企业，年末总数达 118 户[②]。

进入"十三五"以来，泸州市将创新创业摆在发展全局的核心位置，创建国家创新型示范城市，为经济社会持续健康发展提供创新支撑。到 2020 年，新培育工程技术研究中心 10 家以上。突出在工程机械、化工新材料、现代医药、固态酿造等领域突破一批重大关键核心技术，取得一批具有自主知识产权的创新成果，推动科技成果使用、处置、收益管理制度改革，促进科技成果转移转化。充分发挥创新载体的产业技术优势，着力构建泸州高新区创新创业服务中心国家级孵化器、医药产业园国家级科技孵化器、四川"酒类包装技术与安全重点实验室"等一批共性和关键技术的研发平台、检验检测平台、科技信息平台和技术转移平台，推动高端产业规模化和传统产业高端化，加快高端产业向自主研发跨越。打造国家级先进工程机械及关键零部件、

---

① 泸州市人民政府网。
② 泸州市 2015 年国民经济和社会发展统计公报。

化工新材料等特色高新技术产业化等基地。推进国家可持续发展实验区建设，打造江阳区国家可持续发展实验区。启动创建国家级农业科技园区，建立农业科技孵化园，着力开展新品种、新技术、新模式的探索创新和关键技术攻关研究与产业化示范[①]。

（3）得分结果

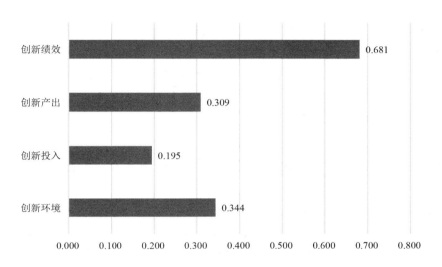

图 6.18.5　泸州市一级指标得分结果

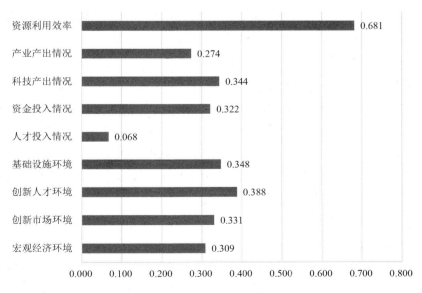

图 6.18.6　泸州市二级指标得分结果

（4）创新评价

泸州市的创新指数在全国 116 个资源型城市中排名第 70 位，较为落后，其创新环境、创新产出和创新绩效表现相对良好，排名分别为第 46 位、第 54 位和第 34 位，但创新投入的排名很靠后，位于 104 位，这在一定程度上拉低了泸州市创新指数的总体评价得分和排名。

在创新环境方面，泸州市得分 0.344，位列全国所有资源型城市的第 46 位，可见泸州市在创新环境方面处于中上游水平。从创新环境的各项分项指标评分结果来看，泸州市宏观经济环境、创新市场环境、创新人才环境和基础设施环境得分分别为 0.309、0.331、0.388 和 0.348，其排名分别位于所有资源型城市的第 36 名、第 52 名、第 49 名和第 68 名，排名均不突出，说明其整体的创新环境都需要提升。其中基础设施建设最为落后，分项看来，互联网普及率低，排名全国 70 位，每百人公共图书馆藏书量也较少，位列全国第 87 位，说明泸州市的文化、科技发展不佳，需要得到提升。

在创新投入方面，泸州市的得分和排名相对很低，创新投入的得分为 0.195，排名位列第 104 位，拉低了总体创新指数排名。其中，人才投入情况得分为 0.068，位列第 107 位。资金投入情况的得分为 0.322，位列第 54 位，细分看来，R&D 经费支出得分为 0.069，排名为 68，教育支出占财政支出的比重较大，得分为 0.756，排名全国第 40 位，而财政科技支出占财政支出的比重较小，得分为 0.224，排名全国第 60 位。总体看来，人才投入情况劣势更为明显，人才和资金投入相对不平衡，表明泸州市未来需要进一步重视创新人才的培养，提升创新驱动能力。

在创新产出方面，泸州市的得分和排名也相对较低，创新产出的得分为 0.309，排名位列第 54 位。从分项指标来看，在科技产出情况方面，专利申请授权量、企业商标拥有量得分分别为 0.157 和 0.514，排名分别位于 49 和 27 位。产业产出情况方面，矿产资源开发年税金占财政收入的比重指标的排名较靠前，为 12 位；泸州市矿产资源开发综合利用产值占 GDP 的比重和第三产业占 GDP 的比重均较低，排名分别位列 93 位和 106 位，从而拉低了创新产出所占名次，说明泸州市矿业科技含量不高，生产过程较为粗放，导致整体附加值低，经济效率有待提升。同时，产业单一化问题较为凸显，第三产业发展非常不理想，由此看来，未来进一步优化升级传统矿业、发展第三产业将成为泸州市提升创新能力的一大途径。

泸州市在创新绩效方面取得的成效突出，排名第 34 位，为 4 个一级指标中排名最高项。近年来，泸州市一直大力推进产学研一体化，通过引进知名院校设立研发机构，加快科技成果转化，创新驱动作用越来越大，新的增长点不断涌现。从分项指标来看，2014 年全员劳动生产率得分为 0.308，为第 69 位。能源消费弹性系数的排名较低，为 95 位。单位 GDP 能耗和单位 GDP 矿石开采量的排名较高，分别为 24 位和 12 位。说明泸州市经济发展过程中能源消费增速过快，劳动生产率偏低，在今后需要在这两方面做出改善。

（5）政策建议

从指标评价结果来看，泸州市的主要问题在于创新投入方面，其次是创新产出的排名较低。为此，建议在未来应注重提高矿产资源开发综合利用产值，同时应该优化产业结构，提高第三产业占 GDP 的比重。加强创新的人财物投入力度，由于泸州市人才投入情况排名很靠后，因此尤其应加大创新的人才投入力度。同时应注意利用科技技术进步等方式来不断提高能源利用效率，降低能源消费弹性系数，加强对人员的培训、激励和优化配置，提高劳动生产率，从而补缺创新驱动发展中的短板，推动城市创新发展。

作为衰退型资源城市之一，泸州市在创新驱动发展方面表现较差，创新指数在所有 116 个地级市中排名第 70 位，在未来发展中应注意：

加快发展现代服务业。积极引进股份制银行在该市设立分支机构，推进企业境内外上市，加快证券、保险、债券业发展，促进小贷公司以及融资性担保公司等金融机构的规范化健康发展。强化区域合作，开展旅游营销，大力培育健康养老、文化创意等新兴服务业。促进房地产业持续健康发展。促进民营经济活力，改善经济结构。

培育壮大企业创新主体。努力实施推进建设企业创新主体专项改革和企业创新主体培育工程，突出企业在科技创新中所占有的主体地位，大力发展完善创新投入机制，实施国家高新技术企业倍增计划，培育一批自主知识产权和全国影响力的创新型领军企业。推动产学研协同创新，建立产学研协同创新机制，深入推进科技合作与交流，建设一批科技创新合作平台，促进一批科技成果转化。

积极推进军民融合发展。抢抓四川列入全国全面创新改革试验区、深入推进军民融合发展的机遇，依托泸州市军工企业的产业优势、技术优势、人才优势，积极培育一批大企业大集团，加快建设军民融合产业化基地和示范园区，争创省级军民融合示范区。加快发展航空航天、油气钻采、新材料、精细化工等产业，重点发展纤维素醚、有机硅等系列产品，兼顾金属油箱、民用发射药、金属复合材料、氯乙酸、民用发射药等其他民品的发展。强化军民科技资源对接，推进军民两用技术交易和转化，建立军用技术再研发机制，推进重点实验室和重大设施共享、技术转移和产业孵化中心共建。

6.18.4　广元市

（1）城市概况

广元市处于米仓山、龙门山和盆北低山三大地貌交汇的地带，是一座具有 4000 多年悠久历史的古老城市。根据《广元县志》记载，广元在夏代为胤国治地，周代为苴国治地。当时苴国与四川境内的巴国（今重庆一带）、蜀国（今成都一带）形成一个"三足鼎立"的状态而闻名于世。广元市辖 3 区 4 县，总面积一万六千多平方公里。2015 年全市地区生产总值（GDP）605.43 亿元，比上年增长 8.6%，增速分别比全国、全省快 1.7、0.7 个百分点。其中，第一产业生产总值增加了 99.76 亿元，增长率 3.7%；第二产业生产总值增加了 285.53 亿元，增长率 9.6%；第三产业生产总值增加了 220.14 亿元，增长率为 9.7%[①]。

广元市截至目前已发现有 480 处矿产地，已查明资源储量的矿床有 377 处，其中有 6 个大型矿床，以及 39 个中型矿床。广元市的矿产资源主要为耐火黏土、煤、熔剂灰岩、沙金、玻璃石英砂、硅灰台、晶质石墨、页岩等金属与非金属类。其中煤的储量达到 17172.88 万吨，44802 千克黄金，天然气储量达 3.73 亿立方米以上。从区域上看来，广元市的矿产主要集中分布于青川、旺苍、市中区、朝天、元坝五个县区。全市有较多的非金属矿产，但有色金属矿产较少，主要为非金属的煤炭和金属的沙金。依托这些资源，广元市重点发展能源化工、食品饮料、电子机械、建材、金属五大特色支柱产业，积极发展生物医药和纺织服装两大特色培育产业，突破发展战略性新兴产业，初步形成了一个"5+2+1"工业产业体系[②]。

（2）创新发展概况

近年来，广元市大力增强科技创新驱动能力，"十二五"期间，积极展开各大创新中心的建设，广元市创设了 1 个国家地方联合重点实验室，2 个省科技企业孵化器，2 个省重点实验室，1 个省企工程技术研究中心，10 个省产业技术创新联盟，1 个市产业技术研究院，1 个市级重点实验室，51 个市企业工程技术研究中心，以及 71 个全市各类创新平台[③]。"十二五"末，广元教育事业得到长足发展，环境不断优化，设施不断完善，改革不断推进，质量不断提升，为全市经济社会可持续发展提供了强劲的智力支撑和人才保障。

2015 年，全市科技进步贡献率 46.0%，比上年提高 1.5 个百分点。全年取得重大科技成果 37 项，申请专利 1222 件，其中发明 271 件。技术合同登记 39 项，技术合

---

① 广元市 2015 年国民经济和社会发展统计公报。

② 广元市人民政府网。

③ 广元市人民政府网。

同交易额 1676 万元。新组织实施省级科技计划项目 49 个，市级科技计划项目 36 个。年末有国家级高新技术企业 38 个，国家级高新技术产业化基地 1 个；省级创新型企业 28 个，省级特色高新技术产业化基地 4 个，省级重点实验室 2 个，省级工程技术研究中心 1 个，省级产业技术创新联盟 5 个，省级科技企业孵化器 2 个；市级高新技术企业 50 个，市级产业技术研究院 2 个，市级工程技术研究中心 52 个[①]。

在"十三五"规划中，广元市提出：创新是引领发展的第一动力，必须把创新摆在全市发展全局的重要位置。实施创新驱动助力示范工程，着力构建和完善企业主体、市场主导、政府引导、政产学研用相结合的创新体系。发挥科技创新在全面创新中的先导作用，集中破解创新驱动发展瓶颈制约，加强创新载体和平台建设，推进军民融合，加速科技成果转化，加强知识产权保护，营造良好的大众创业万众创新的良好创新环境，增强自主创新能力，以科技创新驱动全市经济社会健康发展，加快形成经济增长新引擎[②]。

（3）得分结果

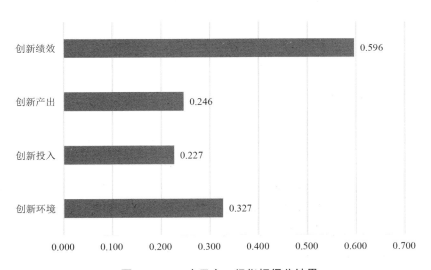

图 6.18.7　广元市一级指标得分结果

---

① 广元市 2015 年国民经济和社会发展统计公报。
② 广元市国民经济和社会发展第十三个五年规划纲要。

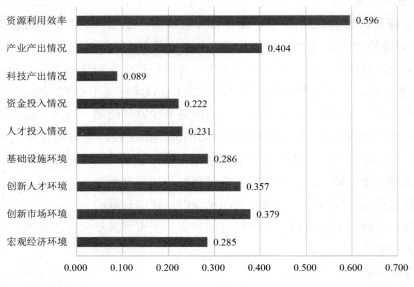

图 6.18.8　广元市二级指标得分结果

（4）创新评价

作为 116 个资源型城市中创新指数排名第 90 位的城市，广元市在创新环境方面的成效表现相对突出，排名为第 51 位；其次是创新绩效，排名第 58 位；而创新产出和创新投入的排名均较为靠后，分别位于第 82 位和第 97 位，拉低了整体创新指数的排名。总体看来，广元市各项一级指标均不突出，由此得到的创新指数排名位于全国后列，创新能力较差。

在创新环境方面，广元市位列全国所有资源型城市的第 51 位，对总体创新指数排名的贡献率最大。从创新环境的各项分项指标评分结果来看，广元市宏观经济环境、创新市场环境、创新人才环境和基础设施环境得分分别为 0.285、0.379、0.357 和 0.286，其排名分别位于所有资源型城市的第 50 名、第 38 名、第 59 名和第 84 名。其中创新市场环境表现相对良好，民营经济具备一定的活力。宏观经济环境和创新人才环境表现一般，在基础设施环境建设方面亟待提升。

在创新投入方面，广元市的得分和排名相对较低，创新投入的得分为 0.227，排名位列第 97 位，拉低了总体创新指数的排名。其中，人才投入情况得分为 0.231，位列第 92 位；资金投入情况的得分为 0.222，位列第 82 位，资金投入情况包含的三个三级指标中，广元市的 R&D 经费支出的得分为 0.015，排名为 95 位；教育支出占财政支出的比重为 0.605，排名第 63 位，财政科技支出占财政支出的比重为 0.121，排名第 79 位。因此，上述各项指标表现均不突出，表明广元市的发展缺乏相关的人才和资金支持，从而导致内在驱动力较弱。

在创新产出方面，广元市的得分和排名也相对较低，创新产出的得分为 0.246，排名位列第 82 位。从分项指标来看，科技产出情况包括的两项三级指标中，专利申请授权量、企业商标拥有量得分分别为 0.052 和 0.122，排名分别位于第 82 和第 75 位。产业产出情况包含的三项三级指标中，矿产资源开发年税金占公共财政收入的比重指标排名较为靠前，为第 14 名；广元市第三产业占 GDP 的比重排名较低，位列 62 名；矿产资源开发综合利用产值占 GDP 的比重排名较为靠后，为 96 位，表明广元市需要加强科技成果产出水平的提升，大力发展第三产业，同时注重提升资源的循环利用，以进一步驱动创新产出。

广元市在创新绩效方面表现一般，排名第 58 位，属于中游水平。细分看来，能源消费弹性系数和单位 GDP 矿石开采量的排名处于中上水平，分别为第 45 和 39 位；全员劳动生产率指标得分为 0.302，排名第 70 位；单位 GDP 能耗的排名也较低，为 85 位，后两项指标拉低了广元市创新绩效指数的排名。

（5）政策建议

从指标评价结果来看，广元市的各项指标均不突出，其中最主要的问题在于创新投入和创新产出方面。为此，建议在未来应加强创新的人财物投入，加强创新成果转化，提升创新产出和创新绩效水平，加大创新的人才和资金投入力度，加快推进城市经济转型和产业转型，大力提升第三产业所占比重；同时应注意利用科技技术进步来不断降低单位 GDP 能耗，提高矿产资源开发综合利用产值，补缺创新驱动发展中的短板，从而推动城市创新发展。

作为成熟型资源城市之一，广元在创新驱动发展方面表现较差，创新指数在所有116 个地级市中排名第 90 位，在未来发展中应注意：

积极发挥企业的创新主体地位所具有的作用，推动政产学研用一体化协同创新，整合各项科学成果、专利、人才等各类创新要素和资源，探索形式多样化的协同创新模式，同时促进各大创新主体间的深度融合交流。支持企业在人才培养、成果定制、项目实施、创新平台建设等方面加强与高等院校、科研院所交流合作，开展关键技术、共性技术的协同创新和联合攻关及参与重大科技专项，推动企业真正成为创新活动的主体。寻找关键共性技术突破口，围绕国家以及省战略导向，对接实施一批重大科技专项。在新材料、新能源汽车、电子信息、食品饮料、生物医药和能源化工等重点领域行业，大力开展技术攻关和集成创新工作。促进科技与经济深度结合。加快科技成果资本化产业化速度，努力完善科技成果转移转化机制，打通科技成果转化通道，推行成果定制等合作模式，强化科技与产业、金融、经济深度融合，建立以企业为主体、市场为导向的科技创新新机制。围绕科技成果的中试放大、技术熟化、工程化配套，组织实施一批重大科技成果转化示范项目。开展多种形式的科技成果交易和对接活动，促进交易方式的多样化、交易价格市场化。

加强创新平台建设。建设一批重要的大型的科技创新平台，在新能源、电子信息、新材料、生物医药等重点产业布局建设一批重点工程（技术）研究中心、重点实验室、工程实验室、企业技术中心、产业技术研究院、院士专家工作站等。加快区域科技服务平台的建设进程，推进科技创新资源开放共享，整合生产力，促进知识产权服务、农村科技发展和产业技术服务、技术转移、分析测试等科技服务功能。

6.18.5 南充市

（1）城市概况

南充作为一座拥有 2200 多年建城史的历史古城，早在唐尧、虞舜之前便被谓为"果氏之国"，春秋战国以来历为都、州、郡、府、道之治所。南充市辖 3 区 5 县和 1 县级市，总面积一万二千多平方公里。2015 全年实现地区生产总值（GDP）1516.20 亿元，按可比价格计算，比上年增长 7.6%。其中，第一产业生产总值增加了 335.23 亿元，增加率为 3.8%；第二产业生产总值增加了 741.11 亿元，增加率为 7.9%；第三产业生产总值增加了 439.86 亿元，增加率为 9.6%。三次产业对经济增长的贡献率分别为 8.9%、56.5% 和 34.6%。人均地区生产总值 23881 元，增长 7.2%。三次产业结构由上年的 21.9:50.9:27.2 变为 22.1:48.9:29.0。全年民营经济生产总值增加了 922.19 亿元，比上年增长 8.0%，占 GDP 的 60.8%，对 GDP 增长的贡献率为 65.1%[1]。

南充是我国重要的商品粮和农副产品等农业产品生产基地，牧业、果业、蚕业、林业、优质粮油等农业资源十分丰富，素有"水果之乡"、"丝绸之都"的美誉。南充地处西南最大岩盐沉积盆地核心，盐卤储量高达 1.8 万亿吨，同时还有丰富的石油天然气资源，现已开发龙岗、元坝两个特大气田，以及嘉陵江南充段 9 级航电工程装机容量 92 万千瓦，是四川省石油天然气和能源化工基地[2]。

（2）创新发展概况

近年来，南充市大力增强科技创新驱动能力，努力提高科技、文体、医卫服务水平。目前南充市已经初步建立起了一个以企业为主体、市场为导向、产学研相结合的区域科技创新体系，全市科技水平有了显著的提高，科技实力得到明显的增强。2015年，全市普通高校 4 所，普通本（专）科招生 2.07 万人，增长 2.3%；在校生 7.04 万

---

① 南充市 2015 年国民经济和社会发展统计公报。

② 南充市人民政府网。

人，增长 3.7%；毕业生 1.84 万人，增长 3.6%。研究生培养单位 2 个，招生 1117 人，在校生 3053 人，毕业生 1030 人。全年实施重点科技计划项目 71 项，其中承担国省科技计划项目 57 项。获省科技进步奖 4 项。全年申请专利 1543 件，其中发明专利 311 件；授权专利 1007 件，其中发明专利 72 件；实施专利 51 项，新增产值 13.5 亿元。行政机关立案处理专利案件 11 件。年末有认定高新技术企业 27 家，实现销售收入 16.97 亿元，实现利税 2.27 亿元。全年登记技术合同 38 份，合同金额 3854 万元 [1]。

进入"十三五"以来，南充市将大力实施创新驱动发展战略，做到以科技创新为核心，以产业化为导向，以人才为重点支撑，以制度为保障，同步推进管理创新和产业创新进程，同时推动新技术、新产业、新业态、新商业模式的蓬勃向上发展，促进产业链、资金链、创新链、服务链四大链条有效融合，贯彻落实"631"专项行动计划的实施，给大众创业、万众创新带来新的动力，加快实现南充经济发展由要素驱动、投资驱动向创新驱动的根本的方向性转变。到 2020 年，全市省级及以上创新型企业突破 70 家，市级创新型企业突破 50 家，高新技术企业突破 80 家 [2]。

（3）得分情况

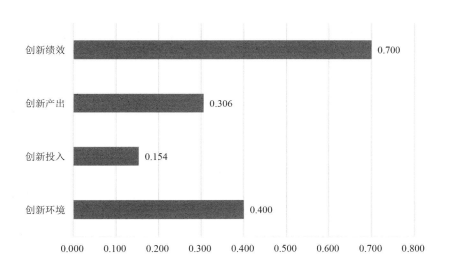

图 6.18.9   南充市一级指标得分结果

---

① 南充市 2015 年国民经济和社会发展统计公报。
② 南充市国民经济和社会发展第十三个五年规划纲要。

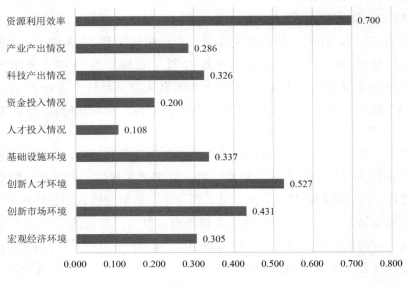

图 6.18.10　南充市二级指标得分结果

（4）创新评价

南充在全国 116 个资源型城市中创新指数排名第 66 位，整体创新能力一般。南充市在创新环境和创新绩效方面的成效表现相对突出，排名分别为第 31 位和第 29 位，但创新产出位于中等水平，排名为 55 位，创新投入的排名靠后，位于第 105 位，这一定程度上拉低了南充市创新指数的总体评价得分和排名，由上可知，南充市在创新能力上发展不均衡，在创新投入方面亟待提高。

在创新环境方面，南充市位列全国所有资源型城市的第 31 位，可见南充市在创新环境方面处于中上游水平，对总体创新指数排名的贡献率较大。从创新环境的各项分项指标评分结果来看，宏观经济环境、创新市场环境、创新人才环境和基础设施环境得分分别为 0.305、0.431、0.527 和 0.337，其排名分别位于所有资源型城市的第 37 名、第 23 名、第 26 名和第 71 名。可见，南充市的创新市场环境较好，其非国有矿山比重高，排名第 2，城镇私营和个体从业人员占比也较大，位列第 24 位，说明其民营经济发展受约束小，具备一定的活力和潜力。但是，其基础设施环境比较落后，特别是在文化、科技、公共交通方面，需要做出改进和提升。

在创新投入方面，南充市的得分和排名很低，创新投入的得分为 0.154，排名位列第 105 位，这较大程度的拉低了总体创新指数的排名。其中，人才投入情况得分为 0.108，位列第 102 位。资金投入情况的得分为 0.200，位列第 92 位，资金投入情况包含的三个三级指标中，南充市的 R&D 经费支出得分为 0.059，排名 74；教育支出占财政支出的比重得分为 0.616, 排名全国第 60; 财政科技支出占财政支出的比重得分为 0.005, 位列全国第 108 位。由上可知, 南充市的创新投入整体看来非常不充足, 特别是在创新人才培养和引进机制上较为缺失, 同时, 财政科技投入不足, 导致其经济缺乏内生驱动力。

在创新产出方面, 南充市得分为 0.306, 排名位列第 55 位。从分项指标来看, 科技产出情况包括的两项三级指标中, 专利申请授权量、企业商标拥有量得分分别为 0.151 和 0.484, 排名分别位于第 50 和第 30 位。产业产出情况包含的三项三级指标中, 矿产资源开发年税金占财政收入的比重指标的排名非常靠前, 为第 7 位; 同时, 2014 年南充市第一、二、三产业占 GDP 的比重分别为 21.65: 50.50: 27.85, 第三产业所占比重非常低, 因此得到的该指标得分很低, 为 0.099, 排名第 103 位, 说明南充市的经济增长仍然主要依靠第二产业驱动, 第三产业发展非常不充分, 暴露出其产业结构不合理的问题; 南充市矿产资源开发综合利用产值占 GDP 的比重非常低, 排名全国第 115 位, 说明南充市矿业生产流程还不够精细化, 导致产业附加值低, 这对南充市的创新发展和可持续增长都造成了很大的阻碍。

南充市在创新绩效方面排名相对突出, 排名第 29 位, 属于中上游水平。其单位 GDP 矿石开采量的排名较高, 为全国第 7 位; 单位 GDP 能耗低, 位列全国第 12 位, 这两项指标在样本城市中均表现非常突出。但同时其能源消费弹性系数的排名为 71 位, 排名较为靠后, 说明南充市能源消耗的增速较快; 南充市全员劳动生产率指标得分为 0.288, 排第 72 位, 排名也较低, 这两项是制约创新绩效指数排名的短板。

(5) 政策建议

从指标评价结果来看, 南充市的主要问题在于创新投入和创新产出方面。为此, 建议在未来应加强创新的人财物投入, 提升创新产出水平。由于南充市财政科技支出占财政支出的比重较小, 排名很靠后, 因此尤其应加大创新的财政科技支出力度。同时应注意发展科技, 推动城市转型和引领产业转型升级, 不断降低能源消费弹性系数, 注重人员的培训和优化配置, 提升全员劳动生产率。注重资源的循环利用和综合利用, 提高矿产资源综合开发利用产值。与此同时, 应加大对第三产业的投入力度, 减轻经济发展对第二产业的依赖程度, 优化产业结构。从而补缺创新驱动发展中的短板, 推动南充市城市创新发展。

作为成长型资源城市之一, 南充市在创新驱动发展方面表现平平, 创新指数在 116 个地级市中排名第 66 位, 在南充市未来的发展中应当注意:

积极贯彻落实企业创新主体培育工程的实施, 引导创新资源向企业方向集聚, 鼓励各大企业加大研发投入, 支持企业研发中心建设。大力支持实施高新技术企业倍增行动, 加快对高新技术企业和创新型企业的培育计划实施, 引导企业瞄准各大产业的前沿技术，构建技术创新体系，通过建立研发机构，培养创新人才，进而达到提升科技创新能力的目标。大力支持科技型中小微企业的发展，资助初创期企业和成长期企业的技术研发过程。鼓励科研人员创办科技型企业，促进研发成果转化。

大力开展校地协同创新。探索新型校地合作模式，积极构建校市共建高水平知名区域大学机制，支持驻市高校将学术资源与创业需求有机衔接，利用周边存量土地和楼宇联合建设创新创业载体，形成围绕高校院所发展的创新创业群落。支持市内外高校、科研院所开展技术服务，推动高校、科研院所与企业协同创新，建设校企联合实验室、技术工艺产品研发中心等协同创新平台。建设产业技术创新联盟，开展共性技术、关键技术联合攻关，打通研发、中试、应用转化渠道。

着力激发存量人才活力，出台更加优惠优厚的招才引智政策，引进海内外高层次人才、创新团队等高端人才，遴选中青年优秀科技人才予以重点培养。以科技远程课堂、实用技术学校和职业学校等为载体，开展先进实用技术培训，培养"接地气"的科技实用人才。积极实施"创新人才培养计划"，要重点实施党政人才的创新能力提升计划，创新型企业家培养计划，创新型科技人才培养计划和高级技能人才培养计划，计划统筹安排推进各类人才队伍建设，力争能够培养出一大批能够适应南充创新驱动改革发展需要的创新创业人才和团队。

6.18.6 广安市

（1）城市概况

广安市位于四川省东北部，有"川东门户"的称号。气候属中亚热带湿润季风气候区，气候温和，四季宜农，地属嘉陵江水系。广安市辖 2 区 1 市 3 县，总面积六千多平方公里。2015 全市实现地区生产总值（GDP）1005.6 亿元，同比增长 10.6%。其中，广安市三大产业分别实现生产总值增加了 163.3 亿元、520.2 亿元和 322.1 亿元，分别增长了 3.8%、11.6% 和 12.0%，对经济增长的贡献率分别达到 5.2%、60.4%、34.4%，拉动 GDP 分别增长 0.6、6.4、3.6 个百分点。人均 GDP 为 31046 元，增长 10.2%。三大产业结构由上年的 16.7∶52.4∶30.9 调整为 16.2∶51.8∶32.0，其中第三产业比上年提高 1.1 个百分点[①]。

广安市地处华蓥山中段，所拥有的矿产资源主要分布在华蓥山、铜锣山、明月山三个背斜，以及邻水县东槽、西槽两个向斜。目前广安市已探明或已发现的矿藏有煤、天然气、石油、岩盐、石灰石、硅石、玄武岩、白云岩、页岩、石膏、菱铁矿、锐钛矿、硫铁矿、铅土矿、磷矿、河沙、矿泉水、含钾岩石、耐火黏土、锂铍、锗、

---

① 广安市 2015 年国民经济和社会发展统计公报。

铬、硼、冰洲石、石英砂、辉绿岩、地热等 30 余种金属与非金属矿产资源，均具有较大的工业价值，曾经开采和尚在开采的共有 17 种 [①]。

（2）创新发展概况

广安市大力增强科技创新驱动能力，坚持以科技创新助推经济发展，加强企业研发能力和全市创新能力建设。积极建设并完善创新服务支撑体系，加强对知识产权保护，营造有利于技术创新的政策环境。加强与国内外科技交流与合作，吸引并集聚各项国内外先进技术。

2015 年广安市大力促进创新创业，出台全面推进大众创业、万众创新实施意见和加快高新技术产业发展的实施意见，制定并且实施了"互联网＋"的行动计划，加速释放创新创业活力。广安市做到了全方位推进开放合作，主动融入"一带一路"、长江经济带发展战略计划之中去，积极建设加强川渝合作示范区、国家西部承接产业转移示范区，深化与重庆、深圳、天津滨海新区务实合作，在基础设施、公共服务、产业发展以及人才交流等领域的相关合作均取得了新的进展。与北京中关村、中国电子信息产业研究院、清华大学机械工程学院建立战略合作关系。2015 年全市共争取 67 项各类科技计划项目，4136 万元到位资金。争取 850 万元市本级财政安排科技经费预算，立项支持 42 项市本级科技计划项目。专利申请量 1245 件，其中包括，715 件发明专利，474 件专利授权量。新培育 4 所市级产业技术研究院、6 个企业技术中心，新培育 9 家国家高新技术企业，国家高新技术企业总数达 33 家 [②]。

进入"十三五"以来，广安市将以创新型企业为主要载体，积极培育创新发展增长点，大力实施高新技术企业倍增行动，大力促进高新技术企业发展，积极鼓励国家级高新技术企业和省级创新型企业创建，扩大高新技术企业的数量和规模，争取到 2020 年，能够达成新增 30 家国家级高新技术企业的目标。实施对科技型中小微企业的培育，建设科技型中小微企业创业基地和公共服务平台，为企业成长和个人创业提供线上线下相结合的开放式综合引导服务，争取在 2020 年，新增 50 家科技型中小微企业。鼓励企业积极参与和承担国家、省重大科技专项，将产业目标明确的市级科技计划项目尽可能全部交由企业牵头组织实施。改进企业研发费用的计核办法，加大创新转型的考核权重占比，积极引导企业加大创新投入。近年来，广安市一直大力推进产学研一体化，通过引进知名院校设立研发机构，加快科技成果转化，创新驱动作用越来越大，新的增长点不断涌现。

---

① 广安市人民政府网。
② 广安市 2015 年国民经济和社会发展统计公报。

（3）得分结果

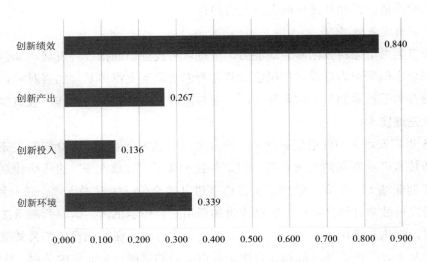

图 6.18.11　广安市一级指标得分结果

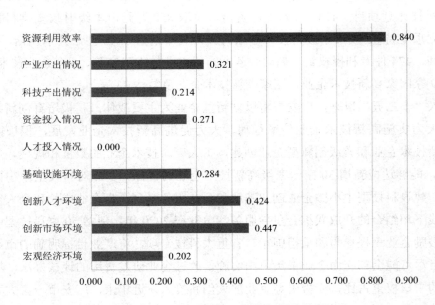

图 6.18.12　广安市二级指标得分结果

（4）创新评价

作为 116 个资源型城市中创新指数排名第 62 位的城市，广安市在创新绩效方面表现突出，排名为全国第 6 位，其次是创新环境，排名全国第 48 位。创新产出相对落后，排名为 69 位。创新投入表现出明显的劣势，位于第 110 位。综合看来，各项指标得分较为不平衡，创新投入和创新产出指标拉低了总体创新指数的排名。

在创新环境方面，广安市位列全国所有资源型城市的第 48 位，可见广安市在创新环境方面处于中上游水平，对总体创新指数排名的贡献率较大。从创新环境的各项分项指标评分结果来看，广安市宏观经济环境、创新市场环境、创新人才环境和基础设施环境得分分别为 0.202、0.447、0.424 和 0.284，其排名分别位于所有资源型城市的第 80 名、第 17 名、第 40 名和第 85 名。可以看出，广安市在创新市场环境上表现非常突出，其中城镇私营和个体从业人员占就业人员的比重较大，非国有矿山所占比重也较大，从而得到的创新市场环境排名较为靠前。但宏观经济环境不尽理想，其中人均 GDP 和利用外资情况较差，两个三级指标的排名分别为第 80 名和第 94 名，这表明广安市的经济发展欠佳，引用外资情况不理想。同时，基础设施环境也急需改善，今后应大力加强城市基础设施建设，为广安市创新发展提供良好的环境基础。

在创新投入方面，广安市的得分和排名很低，创新投入的得分为 0.136，排名位列第 110 位。其中，人才投入情况指标位列全国末尾，为 116 名。资金投入情况的得分为 0.271，位列第 70 位，其包含的三项三级指标中，R&D 经费支出得分 0.014，排第 96 名；广安市的教育支出尚可，占财政支出的比重得分为 0.893，排名上游，为第 19 名，但财政科技支出占财政支出的比重较小，得分仅为 0.027，排名很靠后，为104 名，这是影响广安市创新投入排名的短板之一。

在创新产出方面，广安市的得分和排名也相对较低，创新产出的得分为 0.267，排名位列第 69 位，拉低了总体创新指数的排名。从分项指标来看，科技产出情况包括的两项三级指标中，专利申请授权量、企业商标拥有量得分分别为 0.058 和 0.355，排名分别位于第 77 和第 37 位。产业产出情况包含的三项三级指标中，矿产资源开发年税金占财政收入的比重指标的排名处于中上水平，为 40 位；矿产资源开发综合利用产值占 GDP 的比重和第三产业占 GDP 的比重均较低，排名分别位列 72 位和 89 位。这说明提升专利申请授权量、大力发展第三产业、提高矿产资源开发综合利用产值是广安市急需补齐的短板。

广安市在创新绩效方面排名很突出，排名全国第 6 位，在 4 个一级指标中排名最高。其中，全员劳动生产率得分 0.975，排名第 8 位。单位 GDP 能耗和单位 GDP 矿石开采量排名中上，分别为 50 名和 38 名。但是能源消费弹性系数的排名较低，为 96名。说明广安市需要进一步在能源利用上下功夫，争取提高能源利用效率，降低能源消费弹性系数和单位 GDP 能耗水平。

（5）政策建议

从指标评价结果来看，广安市的主要问题在于创新投入方面，其次是创新产出方面。为此，建议在未来应加强创新的人财物投入，提高创新产出水平。由于广安市的人才投入情况非常不理想，同时研发经费支出、财政科技支出占比较小，因此应加强推进人才培养和引进，加大创新资金的投入力度。同时应注意利用科技技术进步等方式来提升能源利用效率，从而不断降低能源消费弹性系数和单位 GDP 能耗水平，并且应大力发展第三产业，优化产业结构，加强资源的综合利用和循环利用，提升矿产资源开发综合利用产值，从而补缺创新驱动发展中的短板，推动城市创新发展。

作为成熟型资源城市之一，广安市在创新驱动发展方面表现一般，创新指数在所有 116 个地级市中排名为第 62 位，在未来发展中应注意加快推进科技创新、产业创新、金融创新、信息化创新和机制体制创新：

积极推动政产学研用一体化的相互协同发展，提升支撑创新发展的能力。强化以企业为创新主体的产学研协同创新，大力支持企业联合科研院所、高校，协同建设出一批产业技术创新战略联盟，鼓励企业于高等院校以及科研院所一起开展研发攻关工作，并且积极引进各项先进高新技术成果。探索发现"企业需求＋高校研究"的创新运行模式，支持高校与企业合作加强，同时需要加强与环保集团的科技创新合作，加快服务产业发展的研究院所建设，积极培育院士经济。加快建设企业创新技术等的研发平台，打造一批拥有先进设施、具有行业领先水平的工程技术研究中心、企业技术中心，构建起一个较为完善的企业技术创新体系。

加强培育创新人才，充分激发创新者的创新活力与动力。把人才作为创新发展的第一资源和核心力量摆在最为突出的位置，优化配置人力资源，充分发挥各个人才在各领域中的重要作用。建立学校教育和实践锻炼相结合、自主培养和外部交流合作相衔接的开放式培养体系；设立若干高端人才引进基金和特殊人才奖励基金，帮助引进各大高端人才，建立决策咨询暨投资促进高端专家智库，同时建立起一个标准化的准入、退出和考核激励机制。建立健全一项积极开放的人才引进政策，加大对各项重要科研成果奖励力度，充分调动创新人才积极性。

加快创新成果转化进程，推进科技经济的相互深度融合。贯彻落实重大科技成果转化行动，对科技成果转移转化机制进行完善，鼓励规模以上企业申报专利技术保护，同时也鼓励单位和个人依法采取专利入股、质押、转让、许可等方式将专利实施从而获得收益，推进科技成果资本化产业化进程。构建一个技术转移转化的服务体系，大力发展科技成果转移转化的转化服务平台，完善创新技术类无形资产交易制度，建立起标准化的协议定价制度、交易公示制度，促进交易方式得多样化和交易价格的市场化。积极制定科技成果转移转化资金补助政策，并将政策贯彻落实实施下去，设立起一笔重大科技成果转移转化专项资金。

6.18.7 达州市

（1）城市概况

达州，地处四川东部，享有"巴人故里、中国气都"之称。达州历史悠久，人杰地灵。达州历为州、郡、府、县所在地，至今已有1900多年的建城史。达州曾是4000多年前古巴人繁衍生息的沃土，是能够媲美三星堆的罗家坝巴人文化遗址，见证了远古巴人文明的辉煌历史。达州的汉阙存量占到全国的四分之一，是全国最大的汉阙群。达州市辖2区4县1市，总面积一万六千多平方公里。达州曾是国家"三线"建设的重点地区之一，目前已形成能源、化工、冶金、建材、机电、食品、医药、纺织、商贸、物流等为支柱产业的产业体系。2015年全市实现地区生产总值（GDP）1350.76亿元，比上年增长3.1%。其中，第一产业实现生产总值增加了290.82亿元，增长3.9%；第二产业实现生产总值增加了581.19亿元，同比下降0.2%；第三产业实现生产总值增加了478.76亿元，增长9.6%。三次产业结构比为21.5:43.1:35.4。全市人均地区生产总值24342元。全年非公有制经济实现生产总值增加了824.91亿元，比上年增长6.3%，占GDP的61.1%，对GDP增长的贡献率为115.9%[①]。

达州市拥有丰富的矿产资源，目前已发现38种矿物，250余处产地，有28种已经探明储量，其中，天然气资源达3.8万亿立方米总量，探明储量7000亿立方米，年外输天然气100亿立方米以上，400万吨天然气净化附产硫黄，达州市是亚洲最大的硫黄生产基地。达州还是全国三大气田之一和川气东送工程的起点，是国家一个重要的能源资源战略基地。此外，达州市还拥有丰富的农畜资源，生物资源，是国家商品粮生产基地、生猪调出大市和国家农业综合开发的重点地区，被称为中国苎麻之乡、中国黄花之乡、中国乌梅之乡、中国糯米之乡、中国油橄榄之都、中国富硒茶之都、中国醪糟之都。

（2）创新发展概况

近年来，达州市树立牢固的创新发展理念，增强科技创新驱动能力发展，全方位实施创新驱动发展战略，充分发挥科技创新在创新中所具有的核心驱动作用，推进科技与经济融合发展，加强人才队伍建设，推进大众创业万众创新进程，加快形成促进经济增长的新型引擎，为创新带来新的动力与活力。

2015年年末全市拥有26家国家高新技术企业，1家国家级创新型企业，51家省级创新型企业，省级技术创新联盟、工程技术中心、重点实验室各1家，8家市（厅）级重点实验室，组建了29个特色农业产业科技特派员团队。全市6项获省级以上科

---

① 达州市2015年国民经济和社会发展统计公报。

技进步奖，授予 28 项市级科技进步奖，登记技术交易合同金额 509 万元。全年共申请专利 1150 件，专利授权 866 件，其中企业申请 515 件专利，同比增长 59%，企业申请 98 件发明专利，占企业申请总量的 19%[①]。

进入"十三五"以来，达州市着力提升科技创新能力，搭建科技创新平台，完善以企业为主体的创新体系，促进创新要素向企业集聚，加快科技成果转化应用，推进军民深度融合发展。实施科技创新重点工程。加强与国家和省级科技重大专项的对接，在精细化工、新材料、生物医药、高端装备制造、生态农业等领域实施科技创新重点工程。围绕资源优势和主导产业，积极争取国家、省重大科技专项落户达州，大力引进国内外高新技术企业入驻产业园区。推进科技交流与合作，积极与国内外知名院校、科研院所、高科技企业开展地校、地院、地企交流合作，引进和吸收国内外先进技术。积极鼓励和引导国内外研发机构来达联合组建科技中心，参与承担市级科技计划项目。到 2020 年，达州市将达成每万人发明专利拥有量达到 0.3 件的目标[②]。

（3）得分结果

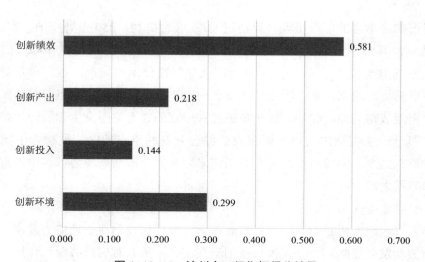

图 6. 18. 13　达州市一级指标得分结果

---

① 达州市 2015 年国民经济和社会发展统计公报。
② 达州市国民经济和社会发展第十三个五年规划纲要。

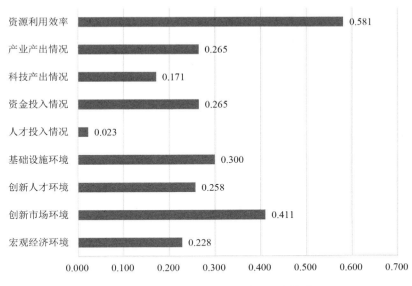

图 6.18.14　达州市二级指标得分结果

（4）创新评价

作为 116 个资源型城市中创新指数排名第 103 位的城市，达州市在创新环境和创新绩效方面的成效表现相对较好，排名分别为第 68 位和第 65 位。相比之下，创新投入和创新产出的排名均较为靠后，分别位于第 106 位和第 94 位，这一定程度上拉低了达州市创新指数的总体评价得分和排名。

在创新环境方面，达州市得分为 0.299，位列全国所有资源型城市的第 68 位。从创新环境的各项分项指标评分结果来看，达州市宏观经济环境、创新市场环境、创新人才环境和基础设施环境得分分别为 0.228、0.411、0.258 和 0.300，其排名分别位于所有资源型城市的第 63 名、第 29 名、第 81 名和第 82 名。因此，可以看出，达州市在创新市场环境方面表现较为突出，在宏观经济环境方面表现一般，而创新人才环境和基础设施环境两方面表现较差，这是拉低创新环境排名的主要影响因素。

在创新投入方面，达州市的得分和排名很差，创新投入的得分为 0.144，排名位列第 106 位，拉低了总体创新指数的排名。其中，人才投入情况得分为 0.023，位列第 109 位；资金投入情况的得分为 0.265，位列第 72 位，其包含的三级指标中，达州市 R&D 经费支出得分 0.018，排名 93 位；教育支出占财政支出的比重排名较高，得分为 0.821，排名第 30 位；财政科技支出占财政支出的比重得分为 0.064，在所有资源型城市中排名较为靠后，为 94 名。由上分析可知，创新人才投入、R&D 经费支出和财政科技支出是影响达州市创新投入得分的短板。

在创新产出方面，达州市的得分和排名也相对较低，创新产出的得分为 0.218，排名位列第 94 位。从分项指标来看，科技产出情况包括的两项三级指标中，专利申请授权量、企业商标拥有量得分分别为 0.104 和 0.232，排名分别位于第 55 位和第 54 位。产业产出情况包含的三项三级指标中，矿产资源开发年税金占财政收入的比重指标的排名较为靠前，为 23 位；但矿产资源综合开发利用产值占 GDP 的比重、第三产业增加值占 GDP 的比重指标排名都非常靠后，均位列第 107 位，这一定程度上拉低了创新产出所占名次。

达州市在创新绩效方面排名为第 65 位，不是十分理想，处于中下游水平。其中全员劳动生产率得分为 0.477，排名第 38 位；单位 GDP 矿石开采量排名较高，为 25 位；单位 GDP 能耗排名为第 64 位，但能源消费弹性系数的排名非常靠后，位于第 112 位。

（5）政策建议

从指标评价结果来看，达州市的主要问题在于创新投入方面，其次是创新产出方面。为此，建议在未来应加强创新的人财物投入，加强创新成果转化。达州市在创新人才环境和基础设施环境方面排名较为靠后，因此应加强人才环境和基础设施环境建设，从而进一步提升达州市创新环境的排名。应注重达州市产业结构的优化调整，不断提升第三产业所占比重。由于达州市财政科技支出占财政支出的比重较小、R&D 经费支出较少，排名均较为靠后，因此应加大科技财政资金支出和研发经费支出力度。同时，由于创新人才投入情况指标的排名也非常靠后，因此应注重对当地人才的培养和大量引进国内外高层次人才。在今后还应注意利用科技技术进步来不断降低单位 GDP 能耗和能源消费弹性系数，提高矿产资源综合利用率，补缺创新驱动发展中的短板，从而推动城市创新发展。

作为成熟型资源城市之一，达州市在创新驱动发展方面成绩很差，创新指数在 116 个地级市中排名第 103 位，在未来发展中应注意加快推进科技创新、产业创新、金融创新、信息化创新和机制体制创新：

培育企业创新主体。积极实施企业创新主体培育工程，促进企业真正成为技术创新决策、研发投入、科研组织、成果转化的主体。支持企业参与制定重大技术创新计划和规划。引导企业加大创新投入，把企业研发投入和技术创新能力作为申请科技经费支持的前提，支持企业联合国内外高校和科研院所协同创新。鼓励企业积极参与到国家、省级重大科技项目中去，承担各项科技项目发展，尽可能将产业目标明确的市级科技计划项目交由企业牵头组织院校等合作实施。实施创新型企业培育计划，培育一批科技含量高、成长速度快、创新能力强、专业领域新、发展潜力大的创新企业。

促进科技成果转化。建立全面放开的科技成果转化机制，加强科技成果与产业对接服务，促进科技成果向企业流动。建设达州市科技成果转化服务平台，开展科技成果转化和应用服务，建立科技成果转化纽带。健全科技成果评估定价机制，逐步建立第三方评价机制，促进科技成果和知识产权价值评估、融资转化、资本化交易，发展知识产权质押融资和信托产品。推动科技成果权属改革，允许研发团队或个人以科技成果、知识产权等无形资产入股和转让，鼓励企业购买科技创新成果或吸纳科技创新成果入股。强化对科技成果的实践检验，建立起一个公开提名、科学评议、实践检验、公信度高的公平、公开的科技奖励机制。

加强人才培养。采用对创新人才培养的新型模式，突出培养创新人才的科学精神、创造性思维和创新能力，建立学校理论和实践相结合、国内和国际交流合作相衔接的开放式培养体系。实施产业高地人才培养计划、硕博人才成长工程、创新型企业家培养计划、巴蜀文化名家培养计划、"千村万名乡土人才培育工程"和高技能人才振兴计划等人才培养工程，加快培养造就一批创新型、技能型、实用型人才队伍。加强党政人才培养，提高领导干部人才务实创新能力。鼓励高校优化学科专业设置，注重培养复合型人才。

加大引才力度。开展常态化引才和柔性引才相结合，大力引进高层次专业人才、高技能优秀人才和高素质管理人才。以"高精尖缺"为需求导向，完善急需紧缺人才目录发布机制，建立更具有竞争力的人才吸引制度。深化"千名硕博进达州"行动，持续引进高素质硕博人才。加强与名校名院名企合作，积极构建校地、校企、院企创新战略联盟，着力引进一批创新人才和创新创业团队。开展"海外招才"活动，积极引进一批具有国际视野、专业水平高的海外精英人才。大力实施人才回引工程，积极回引一批投资型企业家和高技能优秀人才。

6.18.8 雅安市

（1）城市概况

雅安是大熊猫的故乡，野生大熊猫活体存量和密度位列全国前茅。雅安还建有世界上最大的大熊猫研究繁育基地——雅安碧峰峡熊猫基地。雅安市地理位置位于川藏、川滇公路交会处，距成都约120公里，是四川盆地与青藏高原的过渡地带、汉文化与民族文化过渡地区、现代中心城市与原始自然生态区的过渡地带，也是古代南方丝绸之路的门户所在和必经之路，曾为西康省省会，雅安市是四川省历史文化名城且是一个新兴的旅游城[①]。雅安市辖6县2区，总面积一万多平方公里。2015年全年实现地区生产总值（GDP）502.58亿元，按可比价格计算，比上年增长9.0%。其中，

---

① 雅安市人民政府网。

第一产业生产总值增加了 72.44 亿元，增长 3.9%；第二产业生产总值增加了 280.92 亿元，增长 10.2%；第三产业生产总值增加了 149.22 亿元，增长 8.9%。三次产业对经济增长的贡献率分别为 5.6%、67.8% 和 26.6%。人均地区生产总值 32524 元，增长 8.6%。三次产业结构由上年的 14.6:57.5:27.9 调整为 14.4:55.9:29.7[①]。

雅安市的大渡河两岸高山耸峙，河床深切，河谷束狭，山坡陡立。青衣江上游为天全河，在飞仙关附近接纳宝兴河、荥经河，其中飞仙关峡谷长 12 千米，这些水流资源都为发电、养殖、旅游提供了极好的地理优势。雅安矿产资源丰富，尤以石棉、锰、煤最为重要。石棉县的石棉以纤维长、储量大而著称，雅安的汉源桥顶山矿区的钴锰矿含锰 31.5%，含钴 0.13%，是矿产中的名品。其他如磷矿、菱镁矿、铅锌矿、铜镍矿等也较为有名，而金、银、铁、水晶石、高岭土、石膏、沙金、硫黄、芒硝等金属与非金属资源也有分布。花岗岩、大理石是建材中的名品，雅安绿、雅安红等石材闻名全国。依托这些资源，雅安市工业规模不断发展壮大。2015 年全年全部工业生产总值增加了 239.24 亿元，增长 9.2%，对经济增长的贡献率为 53.3%。新建投产规模以上工业企业 27 户，年末规模以上工业企业户数达 318 户。全年规模以上工业生产总值增加值增长 10.2%。全年实现规上工业总产值 499.98 亿元，增长 8.2%。其中：重工业总产值 428.28 亿元，增长 7.6%，轻工业总产值 71.70 亿元，增长 12.0%。重轻工业的比为 5.97:1[②]。

（2）创新发展概况

近年来，雅安市大力增强科技创新驱动能力，积极推进科技兴市战略建立技术创新体系，积极争取建立国家级和省级技术创新平台、企业技术中心，加强科研基地和创业基地建设，积极推进政府、企业、高等院校、园区组建战略联盟，探索合作共建技术研究中心和科研孵化基地，大力发展科技中介服务机构。2015 年年末建成 17 个农业科技专家大院，实现 2.45 亿元销售收入，建立 1335 户科技示范户。全年成功申报 7 家国家级高新技术企业，目前共有 46 家省级创新型企业达。全年专利申请 1127 件，591 件获授权，分别增长 38% 和 15%[③]。

进入"十三五"以来，雅安市大力推动创新驱动发展战略，提高自主创新能力，根据产业发展和社会民生需求，强化原始创新、集成创新和引进消化吸收再创新。加强关键共性技术研究，提升产业创新发展水平和产业核心竞争力。完善科技创新体制机制，深化科技体制机制改革，完善科技创新奖励机制和科技成果转化激励机制，加

---

① 雅安市 2015 年国民经济和社会发展统计公报。
② 同上。
③ 同上。

强知识产权保护。深化与川农大市校合作，完善雅安新型农村科技服务体系^①。

（3）得分结果

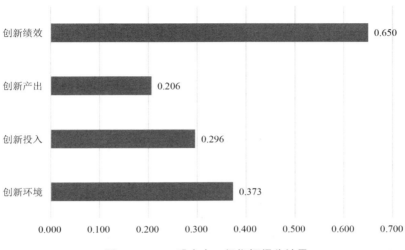

图 6.18.15　雅安市一级指标得分结果

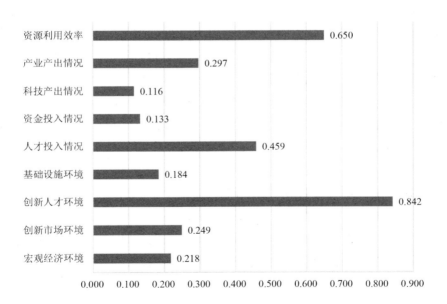

图 6.18.16　雅安市二级指标得分结果

① 雅安市国民经济和社会发展第十三个五年规划纲要。

（4）创新评价

作为 116 个资源型城市中创新指数排名第 71 位的城市，雅安市在创新环境和创新绩效方面表现相对突出，排名分别为第 39 位和第 43 位，相比之下创新投入和创新产出的排名相对靠后，分别位于第 88 位和第 96 位，这一定程度上拉低了雅安市创新指数的总体评价得分和排名。

在创新环境方面，雅安市位列全国所有资源型城市的第 39 位，可见雅安市在创新环境方面处于中上游水平，对总体创新指数排名的贡献率最大。从创新环境的各项分项指标评分结果来看，宏观经济环境、创新市场环境、创新人才环境和基础设施环境得分分别为 0.218、0.249、0.842 和 0.184，其排名分别位于所有资源型城市的第 73 名、80 名、第 1 名和第 106 名。其中创新人才环境表现非常突出，说明雅安市的人才培养机制较为完善。其宏观经济环境包含的三级指标中，国内生产总值、贸易开放度表现较差，在创新市场环境中，非国有矿山所占比重非常高，排名全国第 3 位，但是城镇私营和个体从业人员占比较低，说明雅安市的劳动力市场发展不够充分，民营经济发展受阻。基础设施环境表现非常不理想，其中基础设施密度较低、公共交通发展较差，未来需要改进。

在创新投入方面，雅安市的得分和排名相对较低，创新投入的得分为 0.296，排名位列第 88 位。人才投入情况得分为 0.459，位列第 69 位。资金投入情况的得分为 0.133，位列第 74 位，其包含的三级指标中，R&D 经费支出得分 0.078，排名 65位；教育支出占财政支出的比重排名 116 位，财政科技支出占财政支出的比重得分为 0.295，排名第 49 位，相对而言，教育资金投入非常薄弱，阻碍了创新的进一步发展。

在创新产出方面，雅安市的得分和排名也相对较低，创新产出的得分为 0.206，排名位列第 96 位，这在一定程度上拉低了总体创新指数的排名。从分项指标来看，科技产出情况包括的两项三级指标中，专利申请授权量、企业商标拥有量得分分别为 0.094 和 0.136，排名分别位于第 60 和第 71 位。产业产出情况包含的三项三级指标中，矿产资源开发年税金占财政收入的比重指标的排名处于中上水平，为 33 位；但雅安市第三产业占 GDP 的比重和矿产资源综合开发利用产值占 GDP 的比重排名较低，分别位列 102 位和 64 位，说明雅安的第三产业面临着极大的阻碍，同时矿业的综合开发利用产值较低，发展层次低，这一定程度上拉低了创新产出所占名次。

雅安市在创新绩效方面排名相对突出，排名第 43 位，属于中上游水平。其中，全员劳动生产率得分 0.470，排名第 39，说明其整体的劳动效率尚可。单位 GDP 能耗排名较为靠后，为全国第 81 位，说明雅安市的能源利用效率较低。其单位 GDP 矿石开采量的排名相对较高，位于第 31 位。能源消费弹性系数指标位于第 98 位，这说明雅安市的能源消费增速较快。

（5）政策建议

从指标评价结果来看，雅安市的主要问题在于创新产出方面，其次是创新投入方面。为此，建议在未来应加强创新的人财物投入，加强创新成果转化和提升创新产出，由于雅安市的教育支出占财政支出的比重很小，排名非常靠后，因此尤其应加大创新教育支出投入力度。同时应注意加强资源的循环利用，利用科技技术进步等方式来不断提升矿产资源综合开发利用产值，同时大力扶持第三产业的发展，优化产业结构，降低经济增长对高耗能行业和资源型行业的依赖程度，从而降低单位 GDP 能耗和能源消费弹性系数，补缺创新驱动发展中的短板，从而推动城市创新发展。

作为成熟型资源城市之一，雅安在创新驱动发展方面表现较差，创新指数在所有116 个地级市中排名第 71 位，在未来发展中应注意：

发挥企业创新主体作用。强化企业特别是中小企业在创新中的主体地位和主导作用，加大对企业技术创新的扶持力度，鼓励、引导企业增加各项科研经费投入，促进企业成为创新决策、研发投入、科研组织和成果转化的主体，提升科技研发的能力，加快形成一批参与国际竞争的专利产品和领先技术。

深入实施人才优先发展战略，加大对各类人才的培养力度，努力发展壮大创新人才队伍。实施高层次人才引进计划，创新人才培养模式，实施高端产业人才、青年拔尖人才、高技能人才、本土领军人才培养工程，积极培养出一批新型的创新人才和青年科技人才。加强党政人才、企业经营管理人才、专业技术人才、农村实用人才、社会工作人才等各类人才队伍建设计划工作开展。深化人才发展机制创新，完善人才培养开发、流动配置、评价发现、激励保障机制，营造良好的人才发展环境。

加强创新载体和平台建设，支持有条件的园区建设创新创业孵化中心、中试基地，支持企业加快建设国家和省市级技术中心、工程技术研究中心、重点实验室、博士后科研工作站。综合整合雅安市的各类创新要素和资源，推动产学研用的相互协同一体化创新进程，鼓励企业联合高校院所共建产业技术创新联盟。发挥企业创新主体作用，实施企业创新主体培育工程，扶植培育高新技术企业，激发中小企业创新活力。

6.19 贵州

6.19.1 六盘水市

（1）城市概况

六盘水是贵州省西部的一座重要城市，是"三线建设"诞生的一座年轻工业城市。六盘水是国家西电东送的主要城市之一，是西南片区乃至整个华南地区重要的能源原材料工业基地。该市炎热夏季月平均气温仅 19.7℃，气候宜人，被誉为"中国凉都"。全市下辖两区两县，总面积接近一万平方公里。六盘水市是贵州省一座重要的工业城市，工业特色包括煤炭、电力、冶金、建材、核桃乳、洋芋片、富硒茶、山城啤酒、矿泉水、生物制药等。2015 年全市实现生产总值 1201.08 亿元，比上年增长12.1%。其中，第一产业生产总值增加了为 114.51 亿元，增长 6.9%；第二产业生产总值增加了为 614.14 亿元，增长 12.1%，其中工业生产总值增加了 528.27 亿元，增长 10.9%；第三产业生产总值增加了为 472.43 亿元，增长 12.9%，其中，交通运输、仓储和邮政业增长 11.2%，金融业增长 19.8%，营利性服务业增长 26.6%。全市人均地区生产总值 41618 元 [①]。

六盘水市蕴藏着丰富的煤，拥有 30 余种铁、锌、锰等矿产资源，其中煤的储量甚至居全省之首。目前六盘水市已探明的煤的储量为 180 亿吨，其特点是煤种齐全，煤质优良，埋藏浅，因此六盘水市素有"西南煤海"、"江南煤都"之誉。此外，六盘水的水资源及生物资源也非常丰富。依托这些水资源与生物资源以及各种矿产资源，在半个世纪的建设发展下，六盘水形成了以煤炭、电力、冶金、建材和新型煤化工为五大支柱产业的现代工业体系，境内有首钢水钢集团、盘江精煤公司、水矿控股集团、六枝工矿集团 4 户"三线"建设时期发展起来的国有大型企业。

（2）创新发展概况

近年来，六盘水市牢固树立创新发展理念，大力实施创新驱动发展战略，通过科技创新、体制机制创新"双轮驱动"，六盘水在创新和区域性创新创业中心的建设道路上迈着坚定的步伐前进着。六盘水市大力增强科技创新驱动能力，"十二五"期间，启动 3 批 189 个市级重点改革专题，完成改革任务 128 项。国家科技"863"计划项目实现零的突破，累计完成 263 亿元高新技术产业产值，综合科技进步水平指数提高到 41.4%，达到 27.4 万人才总量 [②]。

在"十三五"期间，六盘水市将坚持以大数据、大健康行动为抓手，不断发展壮大新兴产业。加快引进并切实落地一批大数据优强企业，建成中国网络菜市场、北斗大数据等一批产业园，推进"云上贵州·安全云"运用中心等大数据项目的建设进程。全力打造创新创业新高地。实施人才引领工程，加强与高校、科研院所产学研合作，推动协同创新合作，实施一批重大科技专项。加强众创、众包、众扶、众筹支撑平台建设，推动新技术、新产业、新业态蓬勃发展。建立创业投资引导基金，支持社会资

---

① 六盘水市 2015 年国民经济和社会发展统计公报。
② 六盘水市 2015 年政府工作报告。

本参与创业创新。提高社会研发经费在生产总值中所占的的比重，并切实加强知识产权保护。

（3）得分结果

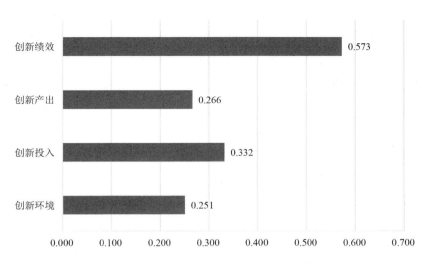

图 6.19.1　六盘水市一级指标得分结果

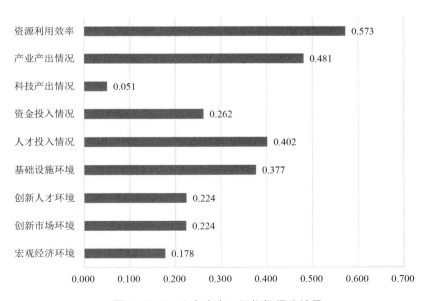

图 6.19.2　六盘水市二级指标得分结果

（4）创新评价

作为 116 个资源型城市中创新指数排名第 87 位的城市，六盘水市在创新绩效方面的成效一般，排名为第 66 名，其次为创新产出和创新投入，排名分别为第 70 位和第 75 位。相比之下，创新环境的排名相对靠后，位于第 93 位，这在一定程度上拉低了六盘水市创新指数的总体评价得分和排名。

在创新环境方面，六盘水市位列全国所有资源型城市的第 93 位，可见六盘水市在创新环境方面还需要多些下功夫。从创新环境的各项分项指标评分结果来看，六盘水市各项指标的得分均不是很理想，宏观经济环境、创新市场环境、创新人才环境和基础设施环境得分分别为 0.178、0.224、0.224 和 0.377，其排名分别位于第 88 名、第 92 名、第 88 名和第 52 名。在未来六盘水市应加强宏观经济环境、创新市场环境、创新人才环境和基础设施环境的建设。

在创新投入方面，六盘水市的得分和排名相对较低，创新投入的得分为 0.332，排名位列第 75 位，对总体创新指数排名的贡献率不大。其中，人才投入情况得分为 0.402，位列第 84 位。资金投入情况的得分为 0.262，位列第 63 位，其包含的三级指标中，六盘水市的 R&D 经费支出得分 0.002，排名 106 位；教育支出占财政支出的比重比较靠前、财政科技支出占财政支出的比重比较靠后，两项三级指标的排名分别为第 38 名和第 88 名。

在创新产出方面，六盘水市排名相对较高，创新产出的得分为 0.266，排名位列第 70 位，对总体创新指数排名的贡献率较大。从分项指标来看，科技产出情况包括的两项三级指标中，专利申请授权量、企业商标拥有量得分分别为 0.028 和 0.072，排名分别位于第 90 和第 91 位。产业产出情况包含的三项三级指标中，矿产资源开发年税金占财政收入的比重指标的排名靠后，为 89 位；由于六盘水市第三产业占 GDP 的比重较高，因此该指标的排名比较靠前，为第 37 名；矿产资源开发综合利用产值占 GDP 的比重排名非常靠前，为 21 名。

六盘水市在创新绩效方面取得的成效一般，排名第 66 位。从分项指标来看，2014 年全员劳动生产率的指标得分为 0.485，排名相对靠前，为第 36 位；能源消费弹性系数的排名也比较靠前，为 13 位；单位 GDP 能耗的排名也较为居中，为第 69 名；但单位 GDP 矿石开采量的排名相对靠后，为第 94 位，这是拉低创新绩效排名的主要影响因素。

（5）政策建议

从指标评价结果来看，六盘水市的主要问题在于创新环境方面，其次是创新投入、创新产出、创新绩效较差。为此，建议在未来首先应加强创新环境的建设，应加强六盘水市的宏观经济环境、创新市场环境、创新人才环境和基础设施环境的建设，从而为推动六盘水市创新发展提供良好的环境基础；其次应增加创新人财物的投入，

加大人才引进力度，增加 R&D 经费支出、政府财政科技支出比重；再次应加强创新
成果转化和提升创新绩效，进一步推动产业转型升级，利用科技技术进步等方式来不
断降低单位 GDP 能耗，提高资源利用效率，降低单位 GDP 矿石开采量，从而补缺创
新驱动发展中的短板，推动城市创新发展。

作为成长型资源城市之一，六盘水市的创新指数在所有 116 个地级市中排名第 87
位，排名较为靠后。在未来发展中应注意加快推进科技创新、产业创新、金融创新、
信息化创新和机制体制创新：

发挥企业的主体作用，鼓励企业多投入资金到每年的科技投入上，进一步激发增
加内在投入的动力，鼓励企业利用国内和国际两个资本市场，提高筹集资金能力。改
善资金使用结构，鼓励企业进行联合出资的方式进行科研。

进一步增加科技投入，完善多元化投资融资体系。提高研发资金占财政收入的比
重，逐步覆盖和完善科技风险的投入，科技成果转化项目给以优惠的信贷支持。为中
小企业融资创造良好条件，为科技成果转化建设桥梁。

大力实施科技人才战略，强化一人为本和人才是第一资源的观念，切实加大各类
人才的培养和人才是第一资源的观念。施人才强市战略，制定实施人才发展规划，出
台有利于引进人才的政策，引进发展急需的科技领军人才和重点产业、重点学科、重
大项目创新创业人才。并发挥对已有技术骨干的带头作用，提高科研经费和对科研人
员的奖励，使他们的工作积极性提高，加大科技产出。

6.19.2 安顺市

（1）城市概况

安顺市是贵州省下辖地级市，不仅拥有全国最大的瀑布黄果树瀑布，是中国优秀
旅游城市，同时也是全国甲类旅游开放城市，全国唯一的"深化改革，促进多种经济
成分共生繁荣，加快发展"改革试验区，拥有"中国瀑乡"、"屯堡文化之乡"、"蜡染
之乡"、"西部之秀"的美誉。全市拥有 2 个区，1 个县和 3 个自治县，同时还设立了
安顺经济开发区、黄果树风景名胜区，总面积为九千多平方公里。安顺属于国家区域
经济规划重点发展的黔中经济区，是发展潜力较大的新兴工业城市。安顺依托着自身
所拥有的资源正在构建着以能源、制药、化工、食品、汽车五大支柱产业为目标，将
产业链进行延长，带动采矿、机电、种植、养殖、运输、包装、印刷等其他各个产业
的发展。2015 年全市实现地区生产总值 625.41 亿元，比上年增长 13.6%，增速位居
全省第 1 位。分产业看，第一产业生产总值增加了 113.10 亿元，增长 6.5%；第二产
业生产总值增加了 207.62 亿元，增长 13.8%；第三产业生产总值增加了 304.69 亿元，

增长 15.2%^①。

安顺市地处长江乌江流域和珠江北盘江流域的分水岭地带，境内河流纵横，落差大，水能资源十分丰富，理论水力资源蕴藏量为 450.7 万千瓦，可开发利用的便有 295.9 万千瓦。安顺市境内拥有比较丰富矿产资源，有煤炭、铅锌矿、铝土矿、锑矿、金矿、重晶石、萤石、石膏、硅石、方解石、炼镁白云石、饰面用灰岩、水泥用灰岩等矿产资源分布。其中煤为安顺的重要能源，储量达 130 余亿吨。除去矿产资源外，安顺生物资源丰富，已查明的药用植物有 2000 多种，依托这些资源，安顺建起了贵州百灵制药等公司。安顺旅游资源丰富，有安顺龙宫，黄果树瀑布等著名景点。安顺的旅游业发展迅速，是全国甲类旅游开放城市^②。

（2）创新发展概况

近年来，安顺市牢固树立创新发展理念，大力实施创新驱动发展战略。2015 年，全市普通高等学校 2 所，专任教师 1142 人，在校学生 13865 人；中等职业教育学校 9 所，专任教师 715 人，在校学生 21834 人；普通中学 144 所，专任教师 9713 人，在校学生 167631 人；小学 562 所，专任教师 12696 人，在校学生 231275 人；特殊教育学校 6 所，专任教师 73 人，在校学生数 551 人。全年全市综合科技进步水平指数达到 44.95%，位居全省第 3 位，实现四年连续提高。共争取国家和省科技项目 67 项，共获国家和省级科技引导资金 7999 万元。新增项目投资 32033 万元，实现新增产值 54372 万元，实现高新技术产业总产值 59 亿元。全年新建众创空间 2 个，重点打造首批省级重点培育的安顺蚂蚁众创空间，全市专利申请量 1159 件，比上年增长 8.7%；专利授权 835 件，每万人口发明专利拥有量 1.38 件^③。

进入"十三五"以来，安顺市确立了坚持创新发展，全力打造黔中经济区重要增长极的目标。大力实施创新驱动。加强建设科技创新平台，目前已经建成了一批重点实验室、工程技术研究中心、企业技术中心、众创空间等创新平台促进安顺市的创新发展。建立以企业为主体、市场导向、产学研相互结合并加以融合的科技创新体系，支持企业开展研发关键技术的工作，努力提高企业核心竞争力。强化以创新型人才为支撑，健全完善人才服务保障体系，着力培养引进复合型、创新型人才和企业家队伍。加强自主知识产权创造和保护。深化科技的体制改革，推动安顺市的创新发展从研发管理向创新服务转变，同时做到优化创新环境，推动大众创业、万众创新进程，在最大限度下发挥安顺市的创新驱动对整个经济社会发展的支撑引领作用。

---

① 安顺市 2015 年国民经济和社会发展统计公报。
② 安顺市人民政府网。
③ 安顺市 2015 年国民经济和社会发展统计公报。

（3）得分结果

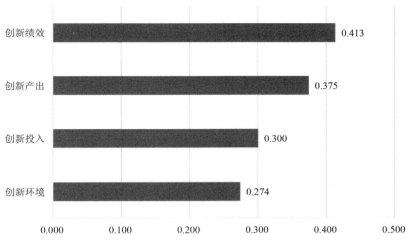

图 6.19.3　安顺市一级指标得分结果

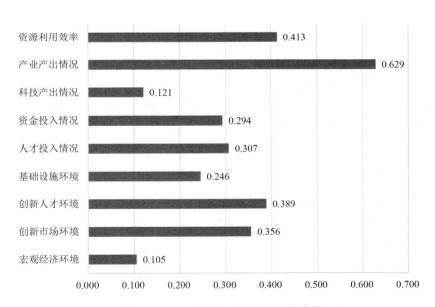

图 6.19.4　安顺市二级指标得分结果

（4）创新评价

作为 116 个资源型城市中创新指数排名第 93 位的城市，安顺市在创新产出成效表现较为突出，排名为第 40 位，其次为创新环境，但排名较低，为 83 名。相比之下，创新投入和创新绩效的排名更加靠后，分别位于 86 名和 97 名，这一定程度上拉低了安顺市创新指数的总体评价排名。

在创新环境方面，安顺市位列全国所有资源型城市的第 83 位，可见安顺市在创新环境方面成效较差。从创新环境的各项分项指标评分结果来看，宏观经济环境、创新市场环境、创新人才环境和基础设施环境得分分别为 0.105、0.356、0.389 和 0.246，其排名分别位于所有资源型城市的第 109 名、第 45 名、第 48 名和第 92 名。其中，创新市场环境和创新人才环境表现较好，为安顺市推动创新发展提供了较好的环境基础。但在基础设施环境和宏观经济环境方面均表现很差，排名在所有评价城市中很靠后。

在创新投入方面，安顺市得分为 0.300，排名位列第 86 位。其中，人才投入情况得分为 0.307，位列第 84 位；资金投入情况的得分为 0.294，位列第 63 位。相对于其他资源型城市来说，安顺市人才投入情况和资金投入情况均不占优势，排名较为靠后。

在创新产出方面，安顺市的得分和排名较好，创新产出的得分为 0.375，排名位列第 40 位，对总体创新指数排名的贡献率最大。从分项指标来看，科技产出情况包括的两项三级指标中，专利申请授权量、企业商标拥有量得分分别为 0.171 和 0.075，排名分别位于第 46 和第 89 位。产业产出情况包含的三项三级指标中，矿产资源开发年税金占财政收入的比重指标的排名处于中间水平，为 69 位；由于安顺市第三产业占 GDP 的比重较高，因此该指标的排名非常靠前，为第 5 名；矿产资源开发综合利用产值占 GDP 的比重排名也比较靠前，为 27 名。因此，可以看出第三产业所占比重对安顺市创新产出排名的贡献率最大。

在四项一级指标中，安顺市创新绩效的排名最低，排名第 97 位。从分项指标来看，2014 年全员劳动生产率的排名比较靠后，为第 83 位，单位 GDP 矿石开采量的排名也较为靠后，为第 93 名，4 项三级指标中单位 GDP 能耗的排名最低，为 101 名，但能源消耗弹性系数的排名较靠前，为 33 位。

（5）政策建议

从指标评价结果来看，安顺市的主要问题在于创新绩效方面，其次是创新方面的投入较少，创新环境较差。为此，建议在未来应加强安顺市创新环境建设，提升创新的人财物投入，加强创新成果转化和提升创新绩效。首先应加强安顺市的宏观经济环境、创新市场环境、创新人才环境和基础设施环境的建设，从而为推动安顺市创新发展提供良好的环境基础；其次由于安顺市每万人教师数、财政科技支出占财政支出指标的排名均较为靠后，因此尤其应加大创新的人才投入和资金投入力度；再次应注重利用科技技术进步等方式来不断降低单位 GDP 能耗和单位 GDP 矿石开采量，增加对人力资本的经济投入和对其进行更合理的组织和配置，从而提升全员劳动生产率。通过补缺创新驱动发展中的上述短板，从而推动城市创新发展。

作为成熟型城市之一，安顺市在创新驱动发展方面表现很差，在116所资源型城市中排名第93位，在未来发展中应注意：

强化企业技术创新主体地位，不断提高自主创新能力，围绕产业链布局创新链，围绕创新链配置要素链，着力打造一批科技创新领军企业，培育科技型成长企业梯队。深化科研机构改革，增强高等院校和科研院所创新动力，推动建立企业、高校和科研院所共同参与的产学研战略联盟，整合资源协同创新，促进科技创新开放合作，努力打造西部科技创新驱动新高地夺得先机地位。

加强科技研发平台建设，建成一批国家级和省级孵化器、重点实验室、产业技术创新平台、企业技术中心等创新平台，支持大中型企业建立技术研发中心、技术研究院、院士工作站、博士后工作站，加强省科技资源共享服务平台建设，促进与国家创新平台、省外创新平台通过联盟合作方式实现有效对接。加强重点领域技术研发、引进、消化吸收、推广和再创新，实施一批国家科技计划项目和省重大科技专项，围绕大数据、大健康医药等重点产业开展共性关键技术攻关，推动跨领域行业协同创新，建立产业技术创新联盟。健全企业创新成果转化服务体系。

落实人才优先发展的发展战略，计划统筹安排推进以高层次创新人才为重点的各类人才队伍建设，优化人才发展环境，使人力资本的创新创造活力竞相迸发，做大人才总量，做优人才结构。

6.19.3　毕节市

（1）城市概况

位于贵州省西北部，贵州金三角之一，乌蒙山腹地，川、滇、黔之锁钥，长江珠江之屏障。毕节市是国家"西电东送"工程的重要能源基地之一，是国家新型能源化工基地、国家新能源汽车高新技术产业化基地。同时毕节市还是全国唯一一个以"开发扶贫、生态建设"为主题的试验区。毕节市下辖1市辖区、7县、1管委会、1新区，总面积两万多平方公里。经过多年建设，毕节从昔日"一方水土难以养活一方人的地方"的状况，帮助人们人民生活从普遍贫困到基本小康、生态环境从不断恶化到明显改善的跨越发展，同时还闯出了一条贫困地区的科学发展之路。2015年全市生产总值1461.3亿元，比上年增长12.9%。其中，第一产业生产总值增加了324.7亿元，增长6.9%；第二产业生产总值增加了566.6亿元，增长12.6%；第三产业生产总值增加了570.1亿元，增长15.5%[①]。

---

① 节市2015年国民经济和社会发展统计公报。

毕节是一个资源富集的地方。矿产资源储量巨大。已探明储量的矿产资源达 40 多种，尤以煤、磷、稀土、硫铁、铅锌、大理石、硅、镍、钼、钾等矿藏最为丰富。煤炭理论储量 760 亿吨，1000 米以浅储量 570 亿吨，有"西南煤海"之誉，上表储量 281 亿吨，占贵州省的 51%，国家批准已建和在建的煤矿生产能力达 1.2 亿吨。水能资源丰富。区内河流分属长江、珠江两大水系，流域面积在 10 平方公里以上的有 193 条，100 平方公里的有 80 条，总流量 128.2 亿立方米，水能资源理论蕴藏量为 221.2 万千瓦，可开发量为 161 万千瓦。生物资源独特多样。烤烟产量占贵州省的 40% 以上，是全国四大烟区之一；马铃薯产量达 550 多万吨，是全国第二大马铃薯产区；中药材种类和含量居贵州之首，盛产核桃、茶叶、生漆、油菜、辣椒、大蒜、天麻，享有中国竹荪之乡、中国天麻之乡、中国皱椒之乡、中国核桃之乡、中国南方马铃薯之乡、中国漆城、天然药园之美称①。

（2）创新发展概况

近年来，毕节市牢固树立创新发展理念，2015 年，毕节市已经明确要把科技创新作为发展生态新兴产业的有力保障。毕节市需要深入创新驱动战略的实施，着力体制机制创新推进进程，促进发展产业转型，同时要推进改革科技管理。未来也要将 2000 万元科技成果转化专项资金列入毕节市的财政预算，建立起一个多元化的资金投入机制和激励机制，引导社会资本参与到科技服务业发展，探索先以政府购买服务"后补助"等方式促进公共科技服务发展；充分发挥贵州工程应用技术学院、毕节职业技术学院的学科示范带头作用，鼓励高等学校、科研院所以及各大金融机构面向企业开展技术服务和转化技术成果，扎实抓好高新技术发展和产业基地建设。强化科技人才支撑，围绕生态新兴产业对科技创新人才的紧急需求，大力开展"百千万"人才引进工程，有计划地从重点高校引进一批优秀博士、硕士和急需的专业技术人才。

进入"十三五"以来，毕节市秉承"深化改革、锐意创新、埋头苦干、同心攻坚"的毕节试验区精神，着重关注解决着发展动力不足问题，帮助扶持新兴产业开展关键技术攻关工作的展开，搭建科技、技术交易、公共服务、科技金融服务、人才创业、知识产权和科技资源共享"六大平台"，不断推进制度、理论、文化、科技等各方面的进一步创新，鼓励企业向技术创新服务单位购买科技服务和技术成果，构建出一个普惠性的创新支持政策体系，让创新创造创优在整个毕节市市蔚然成风②。

---

① 毕节市人民政府网。
② 同上。

（3）得分结果

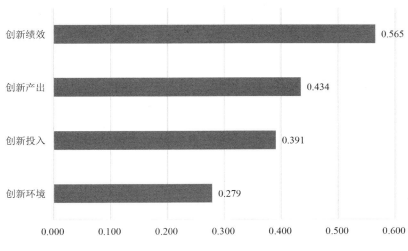

图 6.19.5　毕节市一级指标得分结果

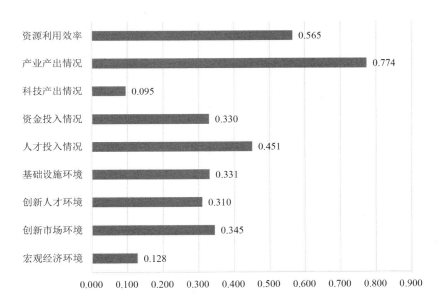

图 6.19.6　毕节市二级指标得分结果

（4）创新评价

作为 116 个资源型城市中创新指数排名第 50 位的城市，毕节市在创新产出方面的成效表现较为突出，排名为第 29 位，其次为创新投入，排名为第 60 位。相比之下，创新环境和创新绩效的排名相对靠后，分别位于第 80 位和第 72 位，这一定程度上拉低了毕节市创新指数的总体评价得分和排名。

在创新环境方面，毕节市位列全国所有资源型城市的第 80 位，在一定程度上拉低了总体创新指数的排名。从创新环境的各项分项指标评分结果来看，除了创新市场环境得分 0.345，排第 47 名外，毕节市各项指标的得分均不是很理想，宏观经济环境、创新人才环境和基础设施环境得分分别为 0.128、0.310 和 0.331，其排名分别位于所有资源型城市的第 102 名、第 69 名和第 73 名。因此毕节市应该在推动宏观经济环境、创新人才环境和基础设施环境方面做出努力，从而为创新发展提供了良好的环境基础。

在创新投入方面，毕节市的得分为 0.391，排名位列第 60 位。其中，人才投入情况得分为 0.451，位列第 48 位。资金投入情况的得分为 0.330，位列第 48 位，其包含的三级指标中，毕节市 R&D 经费支出得分 0.000，排名 112 位；教育支出占财政支出的比重较大，但财政科技支出占财政支出的比重均较小，两项指标排名分别位于第 4 位和第 81 位。

在创新产出方面，毕节市的排名最高，创新产出的得分为 0.434，排名位列第 29 位，对提高总体创新指数排名的贡献率最大。从分项指标来看，科技产出情况包括的两项三级指标中，专利申请授权量、企业商标拥有量得分分别为 0.054 和 0.132，排名分别位于第 80 和第 72 位。产业产出情况包含的三项三级指标中，矿产资源开发综合利用产值占 GDP 的比重表现最为突出，排名为第 6 位；由于毕节市第三产业占 GDP 的比重相对较高，因此该指标的排名较为靠前，为第 34 名；但与此同时，矿产资源开发年税金占公共财政收入的比重由于非常靠后，为 94 名，这说明毕节市经济发展对矿产资源开采的依赖程度较为明显。

毕节市在创新绩效方面表现较差，排名第 72 位。从分项指标来看，2014 年全员劳动生产率的值为 0.429，排名为中上水平，为第 46 位；单位 GDP 能耗和能源消费弹性系数的排名相对靠前，分别为第 35 位和第 37 位；但单位 GDP 矿石开采量的排名也较为靠后，为第 96 名，该指标是拉低创新绩效排名的主要因素，从该指标也可以看出毕节市经济发展较为依赖资源型行业。

（5）政策建议

从指标评价结果来看，毕节市的主要问题在于创新环境方面，其次是创新绩效和创新投入。为此，首先毕节市应加强创新成果转化和提升创新绩效，提高资源利用效率，加快经济转型和产业转型，降低经济发展对矿产资源行业的依赖程度；其次在未来应加强创新的人财物投入，由于毕节市 R&D 经费支出、财政科技支出占财政支出的比重指标得分均不理想，排名较为靠后，因此政府应更加注重对创新发展的投入，提升研发经费支出和财政科技支出的比重；同时还应在宏观经济环境、创新人才环境和基础设施环境建设方面做出努力，补缺创新驱动发展中的短板，从而推动城市创新发展。

作为成长型资源城市之一，毕节市在创新驱动发展方面也取得了较好的成绩，创新指数在所有 116 个地级市中排名第 50 位，在未来发展中应注意：

坚持"产学研"相融合发展，充分发挥牧科所、农科所、中药研究所、林科所和"国家能源大规模物理储能技术研发中心"的龙头带动作用，加快搭建科技技术交易、公共服务、科技金融服务、人才创业、知识产权和科技资源共享"六大平台"，建立健全统一的市级科技管理平台，积极推进对外科技项目合作开展工作，实现科技资源的合理利用和优化配置，形成合理的创新科技投入机制。

发挥企业创新主体作用。强化企业特别是中小企业的主体地位和主导作用，加大对企业技术创新的扶持力度，鼓励、引导企业增加科研经费投入，促进企业成为创新决策、研发投入、科研组织和成果转化的主体，提升科技研发的能力，加快形成一批参与国际竞争的专利产品和领先技术。

发挥创新人才支撑作用。实施人才强市战略，制定实施人才发展规划，出台有利于引进人才的政策，坚持"开放引才、自主培养相结合和高端引领、整体开发相补充"的人才引入原则，引进发展所需要的各大科技领军人才和重点产业、重点学科、重大项目创新创业人才。依托大型企业和重大项目引进优势特色产业和战略性新兴产业领域的专业技术人才，培养一批创高技能人才和新型企业家队伍，努力建设好毕节试验区国家新型能源化工基地。

6.20　云南

6.20.1　曲靖市

（1）城市概况

曲靖市属于云南省下辖的地级市，综合实力位居云南省第二位，曲靖市不仅有色金属储量居全省第一，还是云南"西电东送"、"云电送粤"的重要基地，同时曲靖市还有素有"滇黔锁钥"、"云南咽喉"之誉。全市下辖两区七县，总面积接近三万平方公里。曲靖依托内部优势、借助外力支持，逐步形成以昆明、曲靖、贵阳为三点一线贵昆经济带区域的重要增长极点，同时曲靖市还与滇中城市经济圈、黔中经济区形成双向辐射，不断拓展着对周边地区和不同省份的辐射力度以及对产业的带动作用，不断增强经济实力，2015 年全市实现生产总值 1630.26 亿元，按可比价计算比上年增长 7.4%。其中：第一产业实现生产总值增加了 317.15 亿元，增长 6.0%；第二产业实现生产总值增加了 642.23 亿元，增长 5.9%；第三产业实现生产总值增加了 670.88 亿元，增长 9.5%[1]。

---

① 曲靖市 2015 年国民经济和社会发展统计公报。

曲靖市已发现矿产资源 47 种，探明矿产 29 种矿产地 225 处。按矿床规模划分，18 处大型，18 处中型，43 处小型，以及 146 处矿点。按矿种划分，曲靖市有 36 处烟煤，6 处无烟煤，20 处铅、锌、锗，16 处铁矿，30 处磷矿，7 处硫铁矿，4 处重晶石，27 处石灰石，4 处硅石（石英砂石）以及建材石料 8 处等。矿产资源总储量共计354.7 亿吨，按 1990 年不变价计算，曲靖市的矿产资源潜在经济价值估算额为 1.29万亿元。到 2015 年原煤产量 2414.60 万吨，占全省的 46.57%，居全省第一位；发电量 195.41 亿千瓦时，占全省的 7.65%，居全省第四位。除此之外，曲靖市农业资源十分丰富。依托不同种类的资源，曲靖市现已基本形成了以优势特色能源、化工、冶金、装备制造、轻工建材、农业、烟草、生物资源为支柱的产业基地。曲靖市以旱粮、烟草、油菜、魔芋、万寿菊等种植加工为主的农业技术、云维集团 50 万吨合成氨采用煤气化技术、云南冶金集团曲靖基地粗锌铸锭技术和宣威磷电一体化项目黄磷碳极自动操作系统技术全国领先。

（2）创新发展概况

近年来，曲靖市大力增强科技创新驱动能力，通过创新驱动来提升竞争力。曲靖市目前已经确定了一个以企业为创新主体、市场导向、依托高校院所，支持企业建设科技的创新平台，积极鼓励社会资本组建科技孵化器，支持院士工作站、产业技术创新联盟、企业技术中心的建设工作开展。仅仅在 2014 年曲靖市新认定 15 户国家级高新技术企业、3 户省级创新型试点企业。引导企业加强商标、专利等知识产权的注册、使用和管理，力争新增 620 件注册商标[①]。

2015 年，曲靖市科技创新扎实推进，建成 6 个院士工作站、省级重点实验室、专家工作站，新认定 18 户国家级高新技术企业、8 户省级创新型试点企业和企业技术中心，新增 4 件国家地理标志商标、25 件省著名商标[②]。

进入"十三五"以来，曲靖市建立创新人才培养机制，强化紧缺人才培育，优化人才发展环境，畅通人才流动渠道，进一步完善人才体制机制，统筹推进各类人才队伍建设，实施人才强市战略，以人才建设推动创新发展。加大人才培养和引进，实施"珠源产业技术领军人才"、"珠源学者"、"珠源教学名师"、"珠源名医"、"珠源文化名家"、"珠源技能大师"等培养工程。优化人才环境，实施：专业技术人才知识更新工程。在经济社会发展重点领域，培养选拔 200 名高层次、急需紧缺和骨干专业技术人才。新市民培训工程。每年通过技工院校和职业培训学校培养技能人才 4 万人次以上，五年累计培养 20 万人次以上；每年职业技能鉴定的获证人数达到 2.5 万人次以上，五年累计获证人数达到 12.5 万人次以上。高技能人才振兴计划和"珠源技能大

---

① 曲靖市 2015 年政府工作报告。
② 同上。

师"培养工程。新培养高技能人才 1.5 万人次，其中技师、高级技师 1350 人次。到
2020 年，分批选拔认定 50 名左右高技能人才，领衔组建珠源技能大师工作室，开展
技术创新和人才培养 ①。

（3）得分结果

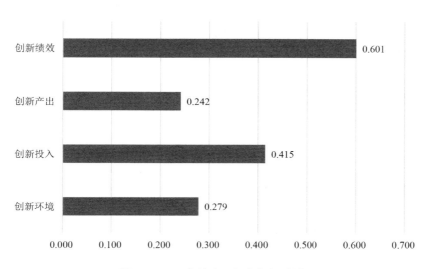

图 6.20.1　曲靖市一级指标得分结果

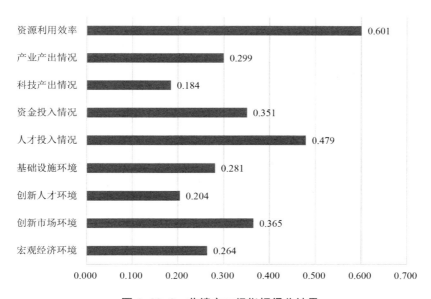

图 6.20.2　曲靖市二级指标得分结果

① 曲靖市国民经济和社会发展第十三个五年规划纲要。

（4）创新评价

作为 116 个资源型城市中创新指数排名第 67 的城市，曲靖市在创新投入和创新绩效方面的成效表现相对较好，排名分别为第 54 位和第 55 位，创新环境和创新产出则表现较差，排名分别为第 81 位和第 84 位，这一定程度上拉低了曲靖市创新指数的总体评价得分和排名。

在创新环境方面，曲靖市得分为 0.279，位列全国所有资源型城市的第 81 位，可见曲靖市在创新环境方面的成效较差，一定程度上拉低了总体创新指数的排名。从创新环境的各项分项指标评分结果来看，除了创新市场环境得分 0.365、排名 43 位以外，曲靖市各项指标的得分均不是很理想，宏观经济环境、创新人才环境和基础设施环境得分分别为 0.264、0.204 和 0.281，其排名分别位于所有资源型城市的第 56 名、第 93 名和第 87 名。

在 4 项一级指标中，创新投入的排名最高，创新投入的得分为 0.415，排名位列第 54 位，对总体创新指数排名的贡献率最大。其中，人才投入情况得分为 0.479，位列第 55 位。资金投入情况的得分为 0.351，位列第 89 位，其包含的三级指标中，曲靖市的 R&D 经费支出得分 0.075，排名 66 位；教育支出占财政支出的比重较大、但财政科技支出占财政支出的比重均较小，两项三级指标的排名分别位于第 5 名和第 86 名。

4 项一级指标中，创新产出的排名最低，创新产出的得分为 0.242，排名位列第 84 位，是拉低总体创新指数排名的主要影响因素。从分项指标来看，科技产出情况包括的两项三级指标中，专利申请授权量、企业商标拥有量得分分别为 0.074 和 0.284，排名分别位于第 68 和第 45 位。产业产出情况包含的三项三级指标中，矿产资源开发年税金占财政收入的比重指标的排名处于中间水平，为 57 位；但由于曲靖市第三产业占 GDP 的比重和矿产资源开发综合利用产值占 GDP 的比重排名均较为靠后，分别为第 90 名和 85 名，从而拉低了创新产出所占名次。

曲靖市在创新绩效方面取得的成绩一般，排名第 55 位。从分项指标来看，2014年全员劳动生产率指标得分为 0.267，排名第 75 位；单位 GDP 能耗的排名比较靠前，为 34 位；单位 GDP 矿石开采量的排名一般，为第 59 名；但能源消费弹性系数的排名相对靠后，为第 90 位。因此，可以看出全员劳动生产率和能源消费弹性系数拉低了创新绩效指数的排名。

（5）政策建议

从指标评价结果来看，曲靖市的主要问题在于创新产出方面，其次是创新环境。为此，建议在未来首先应加大产业转型和资源的循环利用，努力提升第三产业的比重和矿产资源开发综合利用产值，力求增加创新产出成果；其次，应加强曲靖市创新人才环境和基础设施环境建设，从而创造更好的创新环境；再次，进一步加强创新的人财物投入，尤其是加强 R&D 经费支出、政府财政科技支出的比重，补缺创新驱动发展中的短板，从而推动曲靖市城市创新发展。

作为成熟型资源城市之一，曲靖市在创新驱动发展方面的成绩不是很好，创新指数在所有 116 个地级市中排名第 67 位，在未来发展中应注意：

发挥人才支撑作用，构建一批高水平科技创新平台，壮大一批高新技术企业和创新型企业，培养引进一批高水平创新创业人才团队。实施"珠源领军人才培养工程"，发挥领军人才在工艺、设备维修和管理方面的优势，促进产业加快转型升级，为全市经济社会发展提供智力支持。

实施重大科技专项。找到重点产业、重点领域发展具有重大支撑和引领作用的关键核心技术的突破口，推动重大科技成果转化和产业化进程，积极主动地研发具有自主知识产权的重大新产品。加强与高等院校、研究机构合作，引进优质科技资源和研究成果，培育和壮大具有自主知识产权的高新技术产业，建立曲靖重大科技项目储备库。

支持对企业创新主体地位和主导作用的强化。努力形成一批在国内外都具有较强的竞争力的创新型企业，支持科技型中小企业的健康发展状况。依托高校、企业、科研院所三大部门共同建设一批国家级、省级和市级创新平台，进一步提升曲靖经济开发区、县（市、区）工业园区等创新载体建设水平，支持各大工业园区主动向创新型园区转型，壮大发展区域创新和创新产业集群高地建设，进一步完善区域创新体系。

6.20.2　保山市

（1）城市概况

保山市位于云南省西南部，北与怒江傈僳族自治州相接，东北与大理白族自治州交界，西南与德宏傣族景颇族自治州毗邻，正南与西北紧挨缅甸，拥有国境线167.78 千米。是傣族的发源地，是中国有名的侨乡。保山市辖一区一市三县，总面积为一万九千多平方公里。2015 年全年实现地区生产总值 551.96 亿元，比上年增长11.5%。其中：第一产业增加 141.97 亿元，增长 6.5%；第二产业增加 192.05 亿元，增长 14.4%；第三产业增加 217.93 亿元，增长率为 11.6%[①]。

保山市拥有十分丰富的矿产资源。目前已探明的主要矿产资源有铁、锌、铜、大理石等 27 种。同时保山市水资源丰富潜力巨大，水能资源理论蕴藏量为 489 万千瓦。保山市丰富的水能、煤炭、地热能、天然气、太阳能五大资源，拥有极为广阔的开发

---

① 保山市 2015 年国民经济和社会发展统计公报。

前景。其中保山市的煤炭资源主要是低质褐煤，不仅拥有储量超过 1 亿吨的龙陵镇安煤矿，还有超过 54 万吨的昌宁红星煤矿和保山羊邑煤矿两处矿藏。同时，保山市的地热资源也较为丰富，全市有各种热泉 170 余处，圈定热田 10 处，年流出热水约 1.6 亿立方米。在天然气资源方面，保山盆地两类有效泾源岩分布面积为 73 平方公里，目前已经有三口井为人民服务，目前探明天然气储量为 9.6 亿立方米。在太阳能资源方面，保山空气质量稳定且达标从而提高光照质量，较长的光照时间。现阶段保山市的资源开发和利用水平已经达到一定标准，是我国能源资源安全保障的核心区。

（2）创新发展概况

近年来保山市牢固树立创新发展理念，大力实施创新驱动发展战略，大力加大对科研的支持力度，在建设创新保山的道路上迈出了坚定的步伐。

2015 年，全市共有各级各类学校 1034 所，专任教师 23538 人，在校学生 489358 人。其中：普通高等学校 2 所，专任教师 663 人，在校学生 12362 人；中等职业教育学校 7 所，专任教师 1024 人，在校学生 42116 人。全市共有各类专业技术人员 46758 人，其中：高级 4599 人，中级 17269 人，初级 22934 人，未评聘 1956 人。全市拥有县及县以上独立核算科研机构 5 个，科研经费支出 3259.6 万元，从业人员 266 人，其中科技人员 229 人。全年共申报科技成果 102 项，获得市级科技奖励突出贡献奖 1 人，科学技术发明奖和科技进步奖励 50 项。全年共申报专利 370 项，专利授权 338 项，有效发明专利拥有量 89 件。组织实施国家及省级科技项目 101 项，安排经费 3459.25 万元。其中：国家级科技项目 1 项，安排科技经费 266 万元；省级科技项目 100 项，安排科技经费 3193.25 万元；市级科技计划 63 项，安排科技经费 222 万元。全年新开展科技计划项目 57 项 [①]。

进入"十三五"以来，保山市制定了"坚持创新发展，强化科技人才支撑，激发创业创新活力，提高发展速度、质量和效益"的理念，加快企业技术创新。强化众创空间建设，努力营造有利于众创、众包、众扶、众筹的良好环境。保山市正在不断完善市内科技创新体制，加强高端人才队伍建设。组织并实施了一大批重大科技项目，争取突破制约产业发展的关键技术；加大对中小型科技企业的扶持力度，促进各个产业技术创新，争取新认定一批高新技术企业、创新企业和企业技术中心。坚持教育优先发展的政策，加强对学校基础设施的建设力度，加强"双师型"教师队伍和实训基地建设，提升教师队伍素质能力，创新教育管理模式，探索城乡教师交流机制。坚持产教融合，推进职业教育园区建设，加快现代职业教育和应用技术教育发展，努力培养产业技术工人。支持保山学院向应用技术转型发展。

---

① 保山市 2015 年国民经济和社会发展统计公报。

（3）得分结果

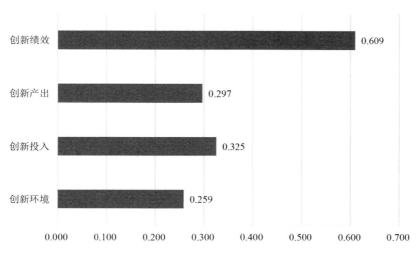

图 6. 20. 3 保山市一级指标得分结果

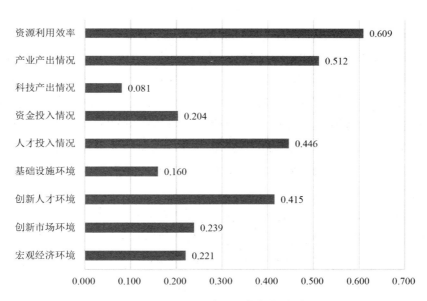

图 6. 20. 4 保山市二级指标得分结果

（4）创新评价

作为 116 个资源型城市中创新指数排名第 80 位的城市，保山市在创新绩效方面表现相对较好，排名为第 53 位，其次为创新产出，排名为第 60 位。相比之下，创新投入和创新环境的排名相对靠后，分别位于第 78 和 88 位，这一定程度上拉低了保山市创新指数的总体评价得分和排名。

在创新环境方面，保山市位列全国所有资源型城市的第 88 位，拉低了创新指数的排名，可见保山市在创新环境方面还需要更加努力。从创新环境的各分项指标评分结果来看，宏观经济环境、创新市场环境、创新人才环境和基础设施环境得分分别为 0.221、0.239、0.415 和 0.160，其排名分别位于所有资源型城市的第 69 名、第 86 名、第 42 名和第 110 名。保山市在基础设施环境方面排名非常靠后，但同时宏观经济环境、创新市场环境也不容乐观。

在创新投入方面，保山市的得分和排名相对较低，创新投入的得分为 0.325，排名位列第 78 位。其中，人才投入情况得分为 0.446，位列第 85 位。资金投入情况的得分为 0.204，位列第 99 位，其包含的三级指标中，R&D 经费支出得分 0.003，排名 104 位；保山市的教育支出占财政支出的比重处于一般水平，为中等状态，财政科技支出占财政支出的比重均较小，位于 99 位，从而得到的资金投入情况在所有资源型城市中排名较为靠后。

在创新产出方面，保山市得分为 0.297，排名位列第 60 位。从分项指标来看，科技产出情况包括的两项三级指标中，专利申请授权量、企业商标拥有量得分分别为 0.004 和 0.151，排名分别位于第 107 和第 63 位。产业产出情况包含的三项三级指标中，矿产资源开发年税金占财政收入的比重指标的排名处于中上水平，为 31 位；保山市第三产业占 GDP 的比重位于第 44 名；矿产资源开发综合利用产值占 GDP 的比重排名较为靠前，为第 26 名。

保山市在创新绩效方面取得的成果相对突出，排名第 53 位。从分项指标来看，单位 GDP 能耗的排名很高，为 13 位，说明保山市的单位 GDP 能耗较少；单位 GDP 矿石开采量的排名中等，为第 51 名；但保山市全员劳动生产率指标得分为 0.173，排名很靠后，为第 95 位；能源消费弹性系数的排名也相对靠后，为第 69 位。

（5）政策建议

从指标评价结果来看，保山市的主要问题在于创新环境方面，其次是创新投入比较少。为此，加强基础设施建设，为"双创"提供良好的环境基础是保山市的第一大任务，同时还应加强宏观经济环境和创新市场环境建设，从而为保山市创新发展提供良好的环境基础；其次建议在未来应加强创新的人财物投入，尤其应加大创新人才投入、R&D 经费支出、财政科技支出力度；同时还应注意利用科技技术进步等方式来不断降低能源消费弹性系数和单位 GDP 矿石开采量，通过人员培训和人员的合理配置来提高全员劳动生产率，从而补缺创新驱动发展中的短板，推动保山市城市创新发展。

作为成熟型资源城市之一，保山市在创新驱动发展方面还需加大力度，创新指数在所有 116 个地级市中排名第 80 位，在未来发展中应注意：

充分发挥保山市的科技创新的作用，让保山市的基础研究和原始创新都能够有很好的效果，同时也要促进保山市的集成创新和引进消化吸收再创新进程，维持保山市的创新活力。推进高水平科技大学和科研院所的建设是保山市的工作中心之一，让高校科技创新项目切实落地实施能够让保山市的发展提升又一台阶；实施国家重大科技项目，在重大创新领域争取能够组建一批国家实验室，积极参与组织国际大科学计划或工程，促进保山市科技创新。

确定创新企业的主体地位和领导作用，形成具有国际竞争力的领军型创新企业，同时支持各个中小型企业健康发展。形成企业、高校、科研院所三维一体的国家技术创新中心，同时能够建设成为拥有强大的领导带动力的创新型城市和区域内的创新中心。加强企业研发费用监督机制，在更大的范围内实施固定资产加速折旧，以此来推动设备的更新和新兴技术在企业中的应用。

放权高校和科研院所，让高校和科研院所实现自主领导，赋予创新领军人才更大的财务支配权力和技术路线的决策权力，让科研能够更加顺利进行。分配政策由技术导向性转为以增加知识价值为导向的分配政策，同时提高科研人员成果转化为收益的比例，鼓励人才能够拥有奉献精神。

6.20.3　昭通市

（1）城市概况

昭通市位于云南省东北部，是云南省下辖市级行政区。昭通市位于云、贵、川三省交界处，自古以来，作为云南省通向四川、贵州两省的重要门户，昭通是为中国著名的"南丝绸之路"的要冲，和云南文化三大发源地之一，为中原文化进入云南提供了通道，被誉为小昆明，素有"锁钥南滇，咽喉西蜀"之称。昭通下辖 1 区 10 县，国土面积两万多平方公里。昭通的矿产资源和水能资源十分丰富，形成了以煤炭，火电，水电为主打的特色工业链。2015 年，昭通市的国民生产总值达 709.18 亿元，比上年增长 8%。其中，第一产业增加 140.65 亿元，增长率达 5.8%，第二产业的增加值为 308.93 亿元，增长 7.8%，第三产业的增加值为 259.6 亿元，增长 9.4%。按常住人口计算，人均 GDP 为 13112 元，增长 7.2%。三次产业的比重为 19.83:43.56:36.61。对经济增长的贡献率为 11.9%、46%、42.1%，分别拉动经济增长 0.95 个、3.68 个、3.37 个百分点[①]。

昭通市蕴含着丰富的矿产资源，其中煤、硫的储量位于云南省的第一位。煤炭储量高达 165.8 亿吨，其中昭通坝区褐煤以 81.9 亿吨的高储量，高居我国南方褐煤田的榜首。因此昭通素有"资源金三角"和"聚宝盆"的美誉。昭通水能资源同样十分可观，已在建溪洛渡、向家坝、白鹤滩 3 座巨型水电站，预计建成后将发电超过 3400 万千瓦。预

---

① 昭通市 2015 年国民经济和社会发展统计公报。

计随着水电、火电、煤炭基地的全面建成，昭通将成为我国西部一大重要的能源基地。

（2）创新发展概况

近年来，昭通市牢固树立创新发展理念，大力实施创新驱动发展战略，以打造创新昭通为目标，在创新昭通和区域性创新创业中心建设道路上迈出了坚定的步伐。加强人才的培养和科技创新与运用，2015 年全年普通高等教育（昭通学院）招生 0.35 万人，在校生 0.95 万人，毕业生 0.15 万人。各类中等职业教育招生 0.97 万人，在校生 2.31 万人，毕业生 0.6 万人。成人高等教育（昭通学院）招生 0.05 万人，在校生 0.11 万人，毕业生 0.02 万人，申请专利量为 226 件[1]。

进入"十三五"以来，昭通市坚定不移走开放型、创新型和高端化、信息化、绿色化的产业发展新路子，为加快发展科技创新，加强技术人才、管理人才和企业家队伍建设，为昭通跨越发展筑牢坚实的人才保障。昭通市大力推进创新园区发展，加快实施产城融合和园城互动，继续建设昭阳、鲁甸、水富、镇雄 4 个工业园区，产值超过百亿元。加快推进"互联网＋"战略，支持培育工业互联网、电子商务、互联网金融等新兴产业，将互联网深度融合入其他产业，实现产业升级优化。打造创业环境。大力建设各类创业园区、众创空间和校园创业平台，通过创业大赛，激发大众创业积极性。用好用活结构性减税、"惠企贷"、"助保贷"等政策措施，助推中小微企业发展。进一步建立健全社会信用体系，倡导文明诚信的营商氛围，为大众创业、万众创新提供良好的社会基础[2]。

（3）得分结果

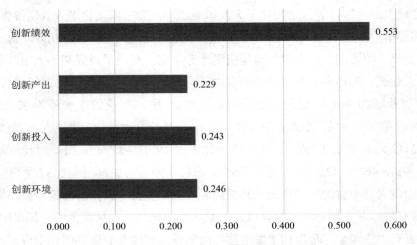

图 6.20.5　昭通市一级指标得分结果

---

① 昭通市 2015 年国民经济和社会发展统计公报。
② 昭通市 2016 年政府工作报告。

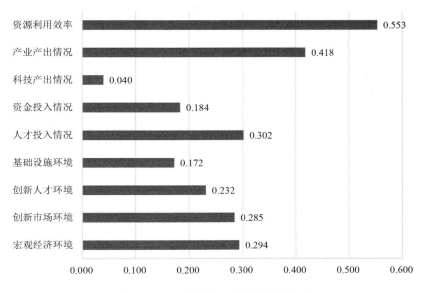

图 6. 20. 6 昭通市二级指标得分结果

（4）创新评价

作为 116 个资源型城市中创新指数排名第 102 位的城市，昭通市在创新绩效方面表现相对突出，位于全国第 77 位，但排名仍较为靠后，其次为创新产出，排名为 88位。相比之下，创新环境和创新投入的排名相对靠后，分别位于第 95 和 95 位，这一定程度上拉低了昭通市创新指数的总体评价得分和排名。

在创新环境方面，昭通市位列全国所有资源型城市的第 95 位，可见昭通市在创新环境方面表现不理想。从创新环境的各项分项指标评分结果来看，昭通市宏观经济环境排名相对比较理想，位于 46 位，但创新市场环境、创新人才环境和基础设施环境得分和排名均不理想，得分分别为 0.285、0.232 和 0.172，其排名分别位于所有资源型城市的第 70 名、第 86 名、第 109 名。昭通市无论是在宏观经济环境、创新市场环境、创新人才环境和基础设施环境方面，都需要更加努力，为昭通市的创新发展创造更加良好的环境基础。

在创新投入方面，昭通市的得分和排名较低，创新投入的得分为 0.243，排名位列第 95 位。其中，人才投入情况得分为 0.302，位列第 13 位。资金投入情况的得分为0.184，位列第 105 位，资金投入情况包含的三个三级指标中，昭通市 R&D 经费支出的得分为 0.000，排名为 113 位；相对于其他资源型城市来说，昭通市的教育支出占财政支出的比重处于中等水平，排名为 59 位，但财政科技支出占财政支出的比重较小，位于 114 名，由于 R&D 经费支出、财政科技支出均很不理想，从而导致资金投入情况在所有资源型城市中排名较为靠后，这是影响昭通市创新投入指数排名的短板。

在创新产出方面，昭通市的得分和排名仍较差，创新产出的得分为 0.229，排名位列第 88 位。从分项指标来看，科技产出情况包括的两项三级指标中，专利申请授权量、企业商标拥有量得分分别为 0.006 和 0.070，排名分别位于第 104 和第 92 位。产业产出情况包含的三项三级指标中，矿产资源开发年税金占财政收入的比重指标的排名较为靠前，为 35 位；由于昭通市第三产业占 GDP 的比重较低，因此该指标的排名较为靠后，为第 88 名；矿产资源开发综合利用产值占 GDP 的比重排名也比较靠前，为第 24 名。由于科技产出情况、第三产业发展情况较不理想，因此得到的昭通市创新产出方面的排名在样本城市中处于靠后位置。

在四项一级指标中，昭通市在创新绩效方面取得的成效相对较好，排名第 77 位。从分项指标来看，2014 年全员劳动生产率指标得分为 0.223，排名较为靠后，为第 85 位；能源消费弹性系数的排名非常靠后，为 103 位。单位 GDP 矿石开采量、单位 GDP 能耗的排名中等左右，分别为第 63 名和第 49 名。由上可知，由于所有指标的排名均处于中等或者靠后位置，因此得出的创新绩效排名也不理想。

（5）政策建议

从指标评价结果来看，昭通市在创新环境、创新投入、创新产出和创新绩效各方面均存在着问题。为此，建议在未来首先应加强宏观经济环境、创新市场环境、创新人才环境和基础设施环境建设，从而为昭通市创新发展提供良好的环境基础；其次应加强创新的人财物投入，由于资金投入排名较差，因此尤其应加强创新的资金投入力度；再次应努力提升科技成果产出水平，同时应加快城市转型和产业转型，大力发展第三产业，降低经济发展对资源型行业的依赖程度；最后应加强创新成果转化和提升创新绩效，应注意引进先进的科学技术，注重能源的高效利用，降低能源消费增速和能源消费弹性系数，应注重人员的培训、激励和优化配置，提升全员劳动生产率水平，从而补缺创新驱动发展中的短板，推动昭通市城市创新发展。

作为成长型资源城市之一，创新驱动发展方面取得的成绩也不是很好，创新指数在所有 116 个地级市中排名第 102 位，在未来发展中应注意：

推进企业科技创新，利用先进科学技术，改造提升传统产业，培育发展战略性新兴产业。淘汰落后产能、加快技术和产品升级换代、提高先进产能比重，增强新产品开发和品牌创建能力，提升节能减排和安全生产水平。支持高成长性和优势中小企业做大做强。着重培育具有高成长性和突出优势的中小企业，鼓励做大做强。

推动创新人才聚集。建立健全人才激励制度，培育起良好的体制和氛围，促进人才队伍壮大和人尽其才的实现。继续实施名家、名师、名医培养工程，加强人才储备和培养。加快完善专业技术人才职称评定制度，进一步大力引进高层次人才，因地制宜，针对各地条件制定措施，稳定和扩大人才队伍。制定高端人才"不为所有，但为所用"的柔性引才政策，发展项目合作、技术入股、联合设立研发机构等多样性人才引进制度。

构建科技发展平台。深化产学研合作，提升研发水平，实现科技支撑，鼓励企业自建研发机构，加强省内外高校与企业的合作机制。建立健全知识产权保护制度，推动科技成果转化为经济效率。实施针对科技创新资源的"引进来"、"走出去"制度，进一步实现产业集聚，推动科技成果商品化和产业化，促进长效合作，着力构建产学研科技创新联盟机制和区域科技创新体系，同时深化合作，进一步加大与省外企业、科研机构、高等院校的联系，在技术成效、人才团队、科技融资和交流平台等方面加强合作。促进各种生产要素的有效组合，为昭通产业的发展升级提供强有力的科技支撑。

6.20.4 丽江市

（1）城市概况

丽江市地处云南省东北部，处于云贵高原及青藏高原交界之处，海拔高达 2418 米。丽江市东边与四川攀枝花市和凉山彝族自治州接壤，南接大理白族自治州剑川、鹤庆、宾川三县及楚雄彝族自治州大姚、永仁两县，西与怒江傈僳族自治州兰坪县毗邻，北与迪庆藏族自治州维西县相接。丽江总面积 2.6 万平方公里，总人口 127 万。作为中国十分罕见的保存完好的少数民族古城，丽江古城区风景优美，融合了纳西文化的精髓，完整地保留了宋、元以来形成的历史风貌，是全国闻名的旅游胜地。在 2006 年、2007 年和 2008 年，丽江被《中国青年报》连续三年评为"青年人最喜爱的十大旅游目的地和旅游景区"，并于 2014 年被授予省级"双拥模范城"称号。2015 年全年完成地区生产总值（GDP）为 2900117 万元，第一、二、三产业对经济增长的贡献率分别为 9.09%、54.66% 和 36.25%，全市三次产业结构由上年的 15.9:39.91:44.19 调整为 15.37:39.86:44.77[①]。

丽江地区坐拥着独特的构造位置，具有多种成矿地质条件，从而形成了丰富的矿产资源，例如地台型矿产、地槽型矿产，具有地区特色的矿产资源成为其一大优势。已探明 30 多种矿产，350 多个矿产地，几十处地热产地，一处天然气产地。其中煤、铜、沙金及建筑材料等矿种十分丰富，优势突出，铁、钛、铬等黑色冶金工业及镍、钴等有一定的远景储量。丽江市内河流纵横，水资源十分丰富，水能资源蕴藏量达 11400 万千瓦。丽江市旅游资源丰富，现有以老君山、玉龙雪山、丽江古城、泸沽湖、

---

① 丽江市 2015 年国民经济和社会发展统计公报。

金沙江为代表的旅游景点几十处，每年吸引大量的中外游客前往游览。

（2）创新发展概况

近年来，丽江市牢牢围绕创新发展理念，通过科技创新、体制机制创新"双轮驱动"，打造区域性创新创业中心，在大力实施创新驱动发展战略的道路上迈出了坚定的步伐，进一步建设创新丽江。

"十二五"期间，丽江围绕产业培育，大力提升发展能力。建设发展市级以上企业技术中心 15 家。并进一步加快推进创新型丽江建设，加大知识产权保护力度，加强人才引进培养，加快科技馆建设。2015 年全年实施各类科技项目达 119 项，申请专利 480 件，全市万人专利授权数 1.82 件。全年研究与试验发展（R&D）经费支出 3447.9 万元，比上年增长 12.83%[①]。

进入"十三五"以来，丽江市始终坚持把创新作为引领跨越式发展的第一动力，加快实施创新驱动发展战略，推进创新型建设，加大科技投入力度，实现传统动能提升，推动新动能成长。坚持走开放型、创新型的发展道路，推进高端化、信息化、绿色化发展，构建现代产业新体系。进一步加快传统产业的改造升级，大力发展生物医药、新能源、电子信息、新材料和节能环保等科技含量较高的行业。深入实施"云上云"行动计划，加快"互联网＋"步伐，推动传统产业与信息产业深度融合，推进发展方式转变，促进经济行稳致远。

（3）得分结果

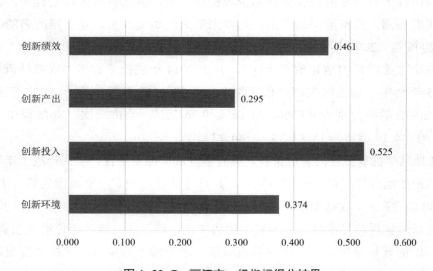

图 6.20.7 丽江市一级指标得分结果

---

① 丽江市 2015 年国民经济和社会发展统计公报。

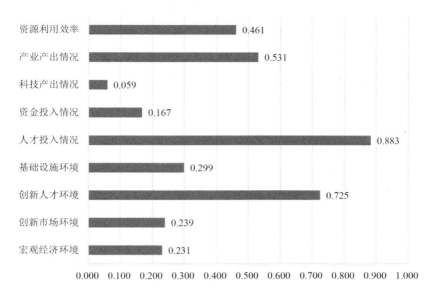

图 6.20.8　丽江市二级指标得分结果

（4）创新评价

作为 116 个资源型城市中创新指数排名第 52 位的城市，丽江市在创新环境和创新投入方面的成效表现较为突出，排名分别为第 38 位和第 32 位。其次为创新产出，排名为第 61 位。相比之下，创新绩效的排名相对靠后，位于第 92 位，这一定程度上拉低了丽江市创新指数的总体评价得分和排名。

在创新环境方面，丽江市指标得分为 0.374，位列全国所有资源型城市的第 38 位，可见丽江市在创新环境方面取得了较好的成效，对总体创新指数排名的贡献率较大。从创新环境的各项分项指标评分结果来看，丽江市创新人才环境得分和排名非常好，位于第 7 名。宏观经济环境、创新市场环境和基础设施环境得分分别为 0.231、0.239 和 0.299，其排名分别位于所有资源型城市的第 61 名、第 85 名、和第 83 名。因此，在宏观经济环境、创新市场环境和基础设施环境方面，丽江市均需要加大建设力度。

在创新投入方面，丽江市的得分和排名相对较高，创新投入的得分为 0.525，排名位列第 32 位，对总体创新指数排名的贡献率最大。其中，人才投入情况得分为 0.883，位列第 13 位。资金投入情况的得分为 0.167，位列第 112 位。资金投入情况包含的三个三级指标中，丽江市 R&D 经费支出的得分为 0.000，排名为 114 位；教育支出占财政支出的比重、财政科技支出占财政支出的比重均较小，两项三级指标的排名分别位于第 80 名和第 83 名，由于上述三项三级指标的排名均较差，从而导致资金投入情况在所有资源型城市中排名很靠后。

丽江市创新产出的得分为 0.295，排名位列第 61 位。从分项指标来看，科技产出情况包括的两项三级指标中，专利申请授权量、企业商标拥有量得分分别为 0.009 和 0.104，排名分别位于第 103 和第 81 位。产业产出情况包含的三项三级指标中，矿产资源开发年税金占财政收入的比重指标的排名处于中上水平，为 26 位；由于丽江市第三产业增加值占 GDP 的比重较高，因此该指标的排名较为靠前，为 24 名；矿产资源开发综合利用产值占 GDP 的比重排名也较为靠前，为第 36 名。

4 项一级指标中，丽江市在创新绩效方面的排名最低，为第 92 位。从分项指标来看，2014 年全员劳动生产率指标得分为 0.106，排名为第 104 位；单位 GDP 矿石开采量和单位 GDP 能耗指标的排名中等偏上，分别为第 48 名和第 47 位；但能源消费弹性系数的排名非常靠后，为第 114 位。因此，可以看出全员劳动生产率和能源消费弹性系数是拉低创新绩效排名的主要影响因素。

（5）政策建议

从指标评价结果来看，丽江市的主要问题在于创新绩效方面。为此，在今后首先应加强创新成果转化和提升创新绩效，通过加强人员培训、技术进步等方式来提升全员劳动生产率和降低能源消费弹性系数；其次应加强宏观经济环境、创新市场环境和基础设施环境方面的建设力度，从而为丽江市创新发展提供较好的环境基础。应进一步加强创新的人财物投入，由于丽江市的 R&D 经费支出、教育支出和财政科技支出均较低，排名较为靠后，因此尤其应加大创新的资金投入力度，补缺创新驱动发展中的短板，从而推动城市创新发展。

作为再生型资源城市之一，丽江在创新驱动发展方面也取得了很好的成绩，创新指数在所有 116 个地级市中排名第 52 位，在未来发展中应注意加快推进科技创新、产业创新、金融创新、信息化创新和机制体制创新：

发挥企业创新主体作用。强化企业的主体地位和主导作用，尤其是对中小企业，要进一步加大扶持对企业的技术创新，鼓励、引导企业加大科研经费投入，让企业拥有自主权，实现创新决策、科研成果转化，提升科研能力，加快形成一批参与国际竞争的专利产品和领先技术。

发挥产学研平台作用。加强与国内知名院校和科研机构合作，建立科技研发机构、技术转移中心和各类研发平台。围绕旅游，水电等优势行业，发展产业技术创新联盟，拥有产业发展的核心技术，深化合作，推动跨区域、跨行业的协调创新合作体制。推动农业及工业科技创新。

发挥创新人才支撑作用。进一步加快推进人才强市战略的实施，制定人才发展规划，加快引进人才，特别是科技领军人才和重点产业、重点学科、重大项目创新创业人才。以大型企业和重大项目为依托，加快引进专业技术人才，培养一批创新型企业家和高技能人才队伍，建设起丽江的优势特色产业和战略性新兴产业。

6.20.5 普洱市

（1）城市概况

普洱市属于云南省的下辖地级市，作为"茶马古道"上的重要驿站，普洱市是中国最大的产茶区之一，普洱茶全国闻名。普洱市下辖1个区和9个少数民族自治县，总面积四万五千多平方公里。2015年全市实现国民生产总值514.41亿元，按可比价格计算，比上年增长9.7%。其中，第一产业、第二产业和第三产业增加值分别为143.13、179.28和192.01亿元，三次产业增加值占全市生产总值的比重分别为6.3%、11%和10.5%。三次产业结构由上年的28.8:35.2:36.0调整为27.8:34.9:37.3。全年人均生产总值19789元，比上年增长9.2%。全年全员劳动生产率为25798元/人，比上年提高10.7%[1]。

普洱市拥有丰富的黄金资源，已探明黄金储量103.7吨，铜储量253万吨，铅储量35.5万吨，惠民铁矿的铁储量就达21亿吨，还拥有全国唯一的可溶固体钾盐矿，江城钾盐矿，储量达2000多万吨。除此之外，普洱市的水能资源也十分丰富，是"西电东送"、"云电外送"的重要基地。普洱市植物资源丰富，林业用地面积4656万亩，茶园达318万亩，有2个国家级、4个省级自然保护区，是全国生物多样性最丰富的地区之一，是云南作为"动植物王国"的缩影。普洱市作为北回归线上最大的绿洲，被联合国环境署授予"世界的天堂，天堂的世界"的称号。

（2）创新发展概况

近年来，普洱市牢牢围绕创新发展理念，大力推进创新驱动。"十二五"期间，普洱市科技发展总体水平与经济社会同步发展并超前部署，科技创新能力逐年提高，科技进步水平明显提升。2015年全年普通高等学校招生3262人，在校学生10559人，毕业生2164人。各类中等专业学校招生4483人，在校生13424人，毕业生2919人。职业中学招生3546人，在校生8473人，毕业生3130人。全年共组织实施科技项目140个，投入经费4468万元，增长43.5%；专利申请350项，获准专利授权240项，分别比上年增加103项和114项。年末全市有独立科研与技术开发机构6个，从业人员240人，其中专业技术人员207人；开展课题研究61项，发表科技论文80篇，经费投入4282万元[2]。

进入"十三五"以来，普洱市全市科技工作牢牢围绕着创新、绿色、协调、开放、共享这五大发展理念，系统性地推进科技体制改革，培育科技推动经济增长的新

---

[1] 普洱市2015年国民经济和社会发展统计公报。
[2] 同上。

动力。科学谋划，通过科技进步带动新型工业化、农业产业化和民生事业发展，进一步创新机制，支持企业自建研发机构，鼓励企业加大研发投入；转变发展模式，加强建设科技创新平台，推进科技成果转移转化为经济生产动力，建立健全科技创新服务体系；夯实基础，围绕人才导向，加强科技支持，优化人才发展环境；形成合力，加强协调联动。

（3）得分结果

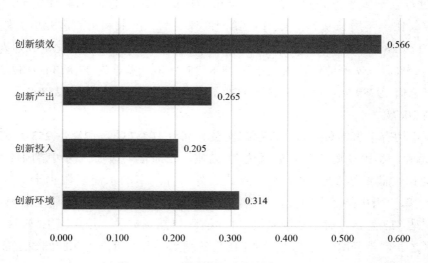

图 6.20.9   普洱市一级指标得分结果

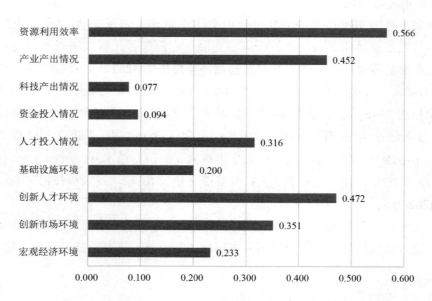

图 6.20.10   普洱市二级指标得分结果

（4）创新评价

作为116个资源型城市中创新指数排名第95位的城市，普洱市在创新环境、创新产出和创新绩效方面的表现相对较好，排名分别为第60位、第72位和第70位；相比之下，创新投入的排名相对靠后，位于第102位，这一定程度上拉低了普洱市创新指数的总体评价得分和排名。

在创新环境方面，普洱市位列全国所有资源型城市的第60位，对总体创新指数排名的贡献率最大。从创新环境的各项分项指标评分结果来看，普洱市创新市场环境、创新人才环境排名比较理想，两项指标得分分别为0.351、0.472，其排名分别位于所有资源型城市的第46名、第29名。宏观经济环境指标得分为0.233，排名为第60位。但相比之下，基础设施环境的得分和排名比较低，得分为0.200，排名为104名。因此，在未来普洱市还要加大对宏观经济环境和基础设施环境建设的投入力度。

在创新投入方面，普洱市的得分和排名相对较低，创新投入的得分为0.205，排名位列第102位，拉低了总体创新指数的排名。其中，人才投入情况得分为0.316，位列第49位。资金投入情况的得分为0.094，位列第106位。资金投入情况包含的三个三级指标中，普洱市R&D经费支出的得分为0.009，排名为100位；相对于其他资源型城市来说，普洱市的教育支出占财政支出的比重、财政科技支出占财政支出的比重均较小，两项指标排名分别位于第101位和第93位，从而导致资金投入情况在所有资源型城市中排名较为靠后，这是影响普洱市创新投入指数得分的短板。

在创新产出方面，普洱市得分为0.265，排名位列第72位。从分项指标来看，科技产出情况包括的两项三级指标中，专利申请授权量、企业商标拥有量得分分别为0.000和0.147，排名分别位于第110和第64位。产业产出情况包含的三项三级指标中，矿产资源开发年税金占财政收入的比重、矿产资源开发综合利用产值占GDP的比重、第三产业占GDP的比重的排名均较理想，分别为第41、37和55位。可以看出，今后普洱市应加强科技成果产出水平的提升。

普洱市在创新绩效方面排名第70位。从分项指标来看，单位GDP能耗和单位GDP矿石开采量的排名较为靠前，分别为第39名和第53名；但其余两项指标的排名均很靠后，2014年全员劳动生产率的指标得分为0.168，排名为第97位；能源消费弹性系数的排名则为第99位，这两项指标是拉低创新绩效排名的主要影响因素。

（5）政策建议

从指标评价结果来看，普洱市在创新环境、创新投入、创新产出和创新绩效各方面均存在着问题。为此，建议在未来首先应加强宏观经济环境和基础设施环境建设，从而为普洱市创新发展提供良好的环境基础；其次应加强创新的人财物投入，由于资金投入排名较差，因此尤其应加强创新的资金投入力度；再次应努力提升科技成果产出水平，从而提升创新产出排名；最后应加强创新成果转化和提升创新绩效，应注意引进先进的科学技术，注重能源的高效利用，降低能源消费增速和能源消费弹性系数，应注重人员的培训、激励和优化配置，提升全员劳动生产率水平，从而补缺创新驱动发展中的短板，推动普洱市城市创新发展。

作为成熟型资源城市之一，并且创新驱动发展方面还需要加大力度，创新指数在所有 116 个地级市中排名第 95 位，在未来发展中应注意加快推进科技创新、产业创新、金融创新、信息化创新和机制体制创新：

以企业为主体、市场为导向，推动产学研相结合，打造以企业创新为主体地位和主导作用的技术创新体系，支持企业设立研发机构、构建产学研合作协同创新战略联盟，引导和支持创新要素向企业聚集，加快培育一批有竞争力的创新型领军企业。同时特别要做大做强中小创新型企业，培育一批转型升级示范企业。给予企业充分的自主权，成为技术创新决策、研发投入、科研成果转化的主体。培育壮大创业投资等资本市场，拓宽技术创新间接融资渠道，强化金融创新的功能，发挥好云南普洱茶交易中心、云南咖啡交易中心创新融资作用，打造普洱区域性茶叶、咖啡的交易中心、集散中心和定价中心。加大培育上市企业，大力推进中小企业到"新三板"挂牌融资。

健全技术创新市场导向机制，加快培育人才、技术、信息和知识产权等创新要素市场体系，充分发挥市场对各类创新要素配置和技术研发导向的决定性作用，推动各类创新要素向企业集聚。加快构建产业技术创新联盟，推动跨领域、跨行业的协同创新合作，鼓励企业、科研院所、高等院校金融机构、科技中介服务机构共同合作参与创新，争取在普洱设立茶叶、林业、畜牧、热带水果、生物药业等院士专家工作站。充分利用"互联网+"，实现创新要素跨领域跨行业整合。建立健全科技成果转化机制，出台和完善科技成果的使用、处置和收益管理制度，加大对科技成果转化的激励，加速推进科技成果的商品化和产业化。

建立健全知识产权战略，推动企业建立和完善知识产权制度，加快推进企业核心技术专利化、标准化，促进知识产权转化，加强对企业自主知识产权和核心技术的保护。支持企业知识产权的创造和运用，推动企业和行业实施国家标准和国际标准，深入融合产业市场应用，消化吸收并进一步再创新，形成有自主知识产权的核心技术和行业标准。鼓励企业积极参与技术标准的研制，培育一批拥有自主知识产权的本土优势企业，出台知识产权质押融资等制度。

6.20.6　临沧市

（1）城市概况

临沧因濒临澜沧江而得名，属于云南省的下辖地级市。临沧荟萃佤族文化，是傣族文化的发祥地之一，是世界的种茶原生地，有"核桃之乡"的美誉。临沧市下辖1区7县，总面积达两万多平方公里。2015年全市实现地区生产总值502.12亿元，比上年增长10.0%。其中，第一产业增加值达145.34亿元，增长6.1%；第二产业增加值达169.80亿元，增长12.5%；第三产业增加值达186.98亿元，增长9.9%。人均GDP为20077元，增长9.3%[①]。

临沧市矿产资源丰富，已探明16种53个矿属的主要矿种，具有稀有金属储量大、贵金属含量高的特点，其中锗含量居全国首位，非金属高岭土、硅藻土、稀土储量和品位位于全国前列。除此之外，临沧还蕴藏着丰富的水能资源，在180多公里的水面流域内已经建成三座百万千瓦级电站，分别是漫湾（装机量150万千瓦）、大朝山（135万千瓦）、小湾（420万千瓦），这在全国乃至亚洲范围内尚属独有。

（2）创新发展概况

近年来，临沧市充分发挥在生物资源具备的突出优势，持续建设特色产业，坚持农业创新，获得2018年世界坚果大会举办权。临沧市大力推进"大众创业、万众创新"，《云南核桃产业化关键技术研究与示范》、《临沧城乡生态建设与民族文化科技产业发展研究与示范》和《沧源佤族宜居民俗生态村建设与可持续发展技术集成应用示范》等项目分别获得了国家科技支撑计划和国家科技惠民计划重大专项支持；同时，农业科技成果转化、科技兴边富民、中小企业技术创新等多个专项也分别获得国家或省级立项实施。

2015年，临沧市获得省级以上科技立项支持56项，申请专利172件，获得授权139件，其中，发明专利12件；年末有高新技术企业6户，省级创新型试点企业13户。临沧市也着力发展教育科技文化事业，全市有高等院校1所，在校学生6133人，专任教师341人。中等职业教育学校20所，在校学生18855人，专任教师823人[②]。

"十三五"期间，临沧市提出必须坚定不移地走创新驱动发展道路，强化经济社会发展以科技为支撑，以科技创新为核心，实现全面创新。要立足临沧区位优势、资源分布特点及构建"一轴两城三带"发展空间格局，以经济社会发展需求为导向，强化"六大产业"科技支撑。要全面改革科技体制机制，着力培育其技术创新新主体，

---

① 临沧市2015年国民经济和社会发展统计公报。
② 同上。

促进科技成果转化为经济动力，营造大众创业、万众创新的氛围，同时扩大国内外的科技合作，着力实施新产品开发、重点产业科技攻关、科技人才培引、科技创新平台建设、重大科技成果转化、科技惠民利民等"六大工程"①。

（3）得分结果

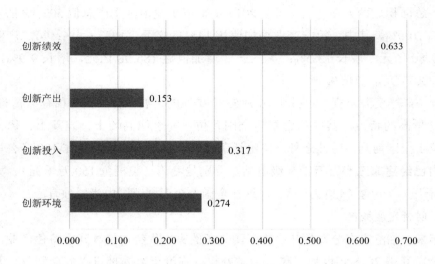

图 6.20.11　临沧市一级指标得分结果

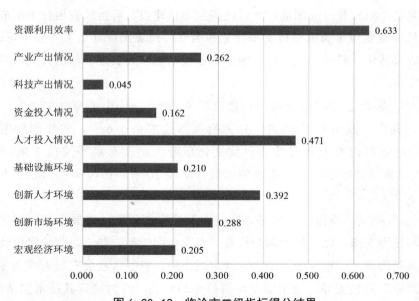

图 6.20.12　临沧市二级指标得分结果

---

① 临沧市科技信息网。

（4）创新评价

作为116个资源型城市中创新指数排名第92位的城市，临沧市在创新绩效方面的成效表现相对突出，排名为第47位，其次为创新投入和创新环境，排名为第81位和第84位。相比之下，创新产出的排名相对靠后，位于第110位，这一定程度上拉低了临沧市创新指数的总体评价得分和排名。

在创新环境方面，临沧市的得分为0.274，位列全国所有资源型城市的第84位，可见临沧市在创新环境方面取得的成效较差。从创新环境的各项分项指标评分结果来看，创新人才环境的得分和排名比较理想，得分为0.392，排名为47位。但宏观经济环境、创新市场环境和基础设施环境的得分和排名相对较低，得分分别为0.205、0.288和0.210，排名分别为79位、69位和100位。因此，无论是在宏观经济环境、创新市场环境还是基础设施环境方面，都不能为临沧市的创新发展提供较好的基础。

在创新投入方面，临沧市的得分和排名较低，创新投入的得分为0.317，排名位列第81位。其中，人才投入情况得分为0.471，位列第49位。资金投入情况的得分为0.162，位列第106位。资金投入情况包含的三个三级指标中，临沧市R&D经费支出的得分为0.002，排名为107位；相对于其他资源型城市来说，临沧市的教育支出占财政支出的比重、财政科技支出占财政支出的比重均较小，两项指标的排名分别位于第68名和第113名，从而导致资金投入情况在所有资源型城市中排名很靠后，这是影响临沧市创新投入指数得分的短板。

在创新产出方面，临沧市的得分和排名最低，创新产出的得分为0.153，排名位列第110位，是拉低总体创新指数排名的主要因素。从分项指标来看，科技产出情况包括的两项三级指标中，专利申请授权量、企业商标拥有量得分分别为0.000和0.086，排名分别位于第114和第87位。产业产出情况包含的三项三级指标中，矿产资源开发年税金占财政收入的比重指标的排名较靠前，为17位；但由于临沧市矿产资源开发综合利用产值占GDP的比重和第三产业增加值占GDP的比重排名非常靠后，分别为94名和109名，从而拉低了产业产出情况所占名次。

在4项一级指标中，临沧市在创新绩效方面的成效最为突出，排名第47位。近年来，临沧市在粮食产业上，新材料产业上，蔗糖产业上，茶叶产业上，核桃产业上，畜牧业上，以酒为主的饮料产业上，都获得了不错的产业创新成绩。从分项指标来看，2014年全员劳动生产率的值为0.219，排名较为靠后，为第86位；单位GDP矿石开采量和单位GDP能耗的排名较为靠前，均为第27名；但能源消费弹性系数的排名也相对靠后，为76位。

（5）政策建议

从指标评价结果来看，临沧市的主要问题在于创新产出方面，其次是创新环境较

差和创新投入较少。因此，今后首先应注重提升科技成果产出水平，应加快经济转型
和产业结构转型，大力提升第三产业所占比重，同时注重资源的循环利用，提升矿产
资源开发综合利用产值，从而改善临沧市的创新产出成效；其次应加强临沧市宏观经
济环境、创新市场环境和基础设施环境方面的建设，从而不断改善创新环境；再次应
加大创新的资金投入力度，提高 R&D 经费支出、教育支出和财政科技支出的比重；
最后应注重利用科技技术进步来不断降低能源消费弹性系数，加强人员的优化配置从
而提高全员劳动生产率，通过补缺创新驱动发展中的短板，从而推动临沧市城市创新
的不断发展。

　　作为成熟型资源城市之一，在创新驱动发展方面还需要不断努力，创新指数在所
有 116 个地级市中排名第 92，在未来发展中应注意：

　　给予企业充分自主权，结合企业自身的科技需求，以企业为创新主体。培育高新
技术企业，重点围绕以锗为主的矿产业，以酒为主的饮料业和蔗糖产业等重点领域，
加大对具备战略性影响的龙头企业的扶持力度。进一步培养和引进创新人才，培育一
批在行业具有自主创新能力和突出竞争力的企业，全面提升企业新产品开发、产品深
加工、防治污染、节能降耗、技术装备等各方面的水平，提升企业的核心竞争力。以
产业基地建设作为发展转型的基础，建设好科技产业示范基地，发挥典型示范作用，
要加快农业先进技术的推广与应用，推进发展现代农业。

　　着力注重科技创新人才的培养与引进。一是要建立有效的激励机制，鼓励创新人
才人尽其用，脱颖而出，充分调动广大科技人员进行创新创业的热情，形成人才辈
出、才尽其用的良好局面。二是要大力引进创新人才。要围绕蔗糖、茶叶、矿电产
业、节能环保及以泡核桃为主的生物资源开发等领域发展需要，构建政府推动、企业
主导、有利于引进高端科技人才的创新平台，要争取引进"两院"院士、博士或具有
国内外领先水平、在各自学科和技术领域起骨干核心作用的高端科技人才来临沧担任
重点产业发展顾问和参与重大关键技术研发。三是要从教育入手，培养出一批本地的
科技创新人才。

6.21　陕西

6.21.1　铜川市

（1）城市概况

铜川市地处陕西省的中部，盛产樱桃和苹果，有"中国优质甜樱桃之都"的美
誉，铜川苹果曾荣获"中华名果"称号和北京奥运推荐果品一等奖。铜川市是一座因

为矿产资源富集而建起来的城市，工业特色涵盖煤炭，石油化工，能源建材等，是西北地区重要的能源建材基地。铜川市也荣获了全国宜居生态示范城市之一的称号。全市下辖三区一县，总面积达三千多平方千米。2015年全市实现生产总值324.54亿元，按可比价格计算，比上年增长8.8%。其中，第一产业、第二产业和第三产业增加值分别为22.76、192.52和109.26亿元，三次产业增加值占全市生产总值的比重分别为5.2%、8.2%和11.2%[①]。

铜川拥有丰富的自然资源，因煤而兴，先矿后市，境内的矿产资源具有储量大、种类多、品位高的特点，其中煤炭储量高达30多亿吨、石油储量1亿多吨、优质石灰石储量达到10亿吨、油页岩储量5亿多吨。此外，铜川市盛产水果，是全国著名的樱桃和苹果产地。依托这些资源，铜川市已经形成了完整的产业布局，建立起了能源、现代建材、装备制造、果业、食品加工和休闲养生这6大产业基地。

（2）创新发展概况

近年来，铜川市大力增强科技创新驱动能力，抓住陕西省大力支持资源型城市转型的机遇，深入推进创新驱动发展战略，提供更加强有力的科技支撑。积极利用高新科学技术改造改造升级传统煤炭产业，加快推进煤炭就地；提升水泥质量，开发水泥新产品和制品，开拓西安、陕北及省内外市场；推进铭帝、美鑫铝材加工等项目的建设步伐，进一步延伸铝产品的产业链，提高经济附加值；运用高新技术，努力改造升级建筑陶瓷、日用陶瓷、高端工艺瓷和紫砂产品这传统四产业[②]。2015年铜川市的科技事业持续发展，全市的民营科技企业共计96家，相比于上年增加1家。全年受理专利申请344项，专利申请授权189项，推广转化科技成果15项。教育事业稳步提升。全面推进义务教育均衡发展和"双高双普"创建[③]。

进入"十三五"以来，铜川市确立了"坚持创新驱动，构建新型产业体系"的发展目标。围绕创新是引领发展的第一动力，深入挖掘和提升企业科技创新潜力，大力推进实施"互联网+"战略，构建具有铜川特色的现代产业体系。积极利用高新技术，进一步改造提升传统产业，推进煤炭的就地转化，可持续发展能力得到显著的增强。以工业园区为依托，实现科技创新，对新能源、装备制造、食品、医药等接续产业加大投入力度[④]。

---

① 铜川市2015年国民经济和社会发展统计公报。
② 铜川市人民政府网。
③ 铜川市2015年国民经济和社会发展统计公报。
④ 铜川市2016年政府工作报告。

（3）得分结果

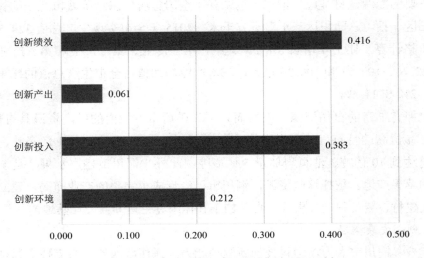

图 6. 21. 1   铜川市一级指标得分结果

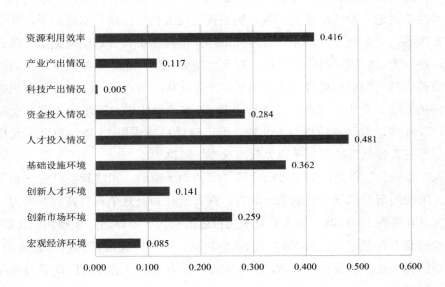

图 6. 21. 2   铜川市二级指标得分结果

（4）创新评价

作为 116 个资源型城市中创新指数排名第 110 位的城市，铜川市在创新投入方面的表现比较理想，排名相对靠前，位于第 65 位，但在创新环境、创新产出、创新绩效方面的成效表现并不理想，排名分别为第 108 位、第 116 位和第 95 位。

在创新环境方面，铜川市位列全国所有资源型城市的第 108 位，可见铜川市在创新环境方面取得的成效很差。从创新环境的各项分项指标评分结果来看，铜川市各项指标的得分和排名均不理想，宏观经济环境、创新市场环境、创新人才环境和基础设施环境得分分别为 0.085、0.259、0.141 和 0.362，其排名分别位于所有资源型城市的第 113 名、第 74 名、第 105 名和第 61 名。因此，在未来铜川市应大力加强创新环境建设，尤其是加强宏观经济环境和创新人才环境的建设，从而为创新发展提供良好的环境基础。

在创新投入方面，铜川市的得分和排名一般，创新投入的得分为 0.383，排名位列第 65 位，对总体创新指数排名的贡献率最大。其中，人才投入情况得分为 0.481，位列第 47 位。资金投入情况的得分为 0.284，位列第 66 位，资金投入情况包含的三个三级指标中，铜川市 R&D 经费支出的得分为 0.000，排名为 115 位；相对于其他资源型城市来说，铜川市的教育支出占财政支出的比重比较大，但财政科技支出占财政支出的比重均较小，上述两项指标在所有资源型城市中排名分别为第 25 位和第 89 位。

在创新产出方面，铜川市的得分和排名最低，创新产出的得分为 0.061，排名位列第 116 位，拉低了总体创新指数的排名。从分项指标来看，科技产出情况包括的两项三级指标中，专利申请授权量、企业商标拥有量得分分别为 0.010 和 0.000，排名分别位于第 102 和第 110 位。产业产出情况包含的三项三级指标中，矿产资源开发年税金占财政收入的比重、第三产业增加值占 GDP 的比重和矿产资源开发综合利用产值占 GDP 的比重得分分别为 0.176、0.010 和 0.205，排名均较低，分别为第 107、89、91 名。由上可知，由于铜川市所有三级指标的排名均较为靠后，因此得出的创新产出指数在样本城市排名倒数第 1 名。

铜川市创新绩效的排名也较低，排名第 95 位。从分项指标来看，2014 年全员劳动生产率指标得分为 0.157，排名非常靠后，为第 101 位；单位 GDP 矿石开采量的排名也较为靠后，为第 104 名；单位 GDP 能耗指标排名较为居中，为第 68 位；但铜川市在能源消费弹性系数方面表现非常突出，排名为第 1 名。

（5）政策建议

从指标评价结果来看，铜川市的主要问题在于创新产出方面，其次是创环境较差和创新绩效不明显。为此，建议在未来首先应努力提升科技成果产出水平，加快推动城市转型和产业转型，提升第三产业所占比重和降低经济发展对资源型行业的依赖程度，推动实施资源的循环利用，进一步提高矿产资源开发的综合利用产值，从而提升城市创新产出的成果；其次应加强宏观经济环境、创新市场环境、创新人才环境和基础设施环境假设，推动铜川市创新环境的不断发展；再次应注重人员的优化配置和经济投入来提升全员劳动生产率，通过运用科技进步等方式来提高能源和资源利用效率，降低单位 GDP 能耗和单位 GDP 矿石开采量，从而提升创新绩效；最后应加强创新的人财物投入，尤其应加大 R&D 经费支出、政府财政科技支出的比重，补缺创新驱动发展中的短板，从而推动城市创新发展。

作为衰退型资源城市之一，创新指数在所有 116 个地级市中排名第 110 位，更加需要走创新驱动发展的道路。在未来发展中应注意加快推进科技创新、产业创新、金融创新、信息化创新和机制体制创新：

突出企业主体导向，进一步强化企业在技术创新中的主体地位，引导人才、技术、资金、成果等创新要素向企业聚集，开放共享各类科技资源，增强企业的自主创新能力。

支撑产业转型升级。深入挖掘制约支柱产业如煤炭业得到进一步发展的瓶颈问题，加快技术攻关解决关键技术问题，推动集成创新，促进重点领域的技术跨越，加快改造升级传统产业，培育接续产业，同时发展循环经济，打造具有铜川特色的产业体系。

加速先进技术在社会上的推广应用，推动科技成果惠及民生；加强教育和宣传，提高全民的科学素养；促进科技与金融、文化等领域深入融合，加强生态环境保护技术推广，实现创新驱动的可持续发展。

深化体制改革。深化科技管理体制改革，更好发挥政府的支持和引导作用。倡导人才向基层流动、在一线创业，建立健全激励体制，提高财政的科技投入，进一步完善知识产权质押融资等机制，建立多元化、多渠道的科技投融资体系。

坚持人才战略、建设创新团队原则。加强培养、引进和使用优秀青年科技人才、领军人才、创业型人才和核心科技研发人才，重点建设各类创新团队，优化人才队伍结构，使得人尽其才、才尽其用，确立人才在经济和社会发展中的关键地位。

6.21.2　宝鸡市

（1）城市概况

宝鸡市作为陕西省第二大城市，历史悠久，环境优美，是中国十大宜居城市之一，也是国家首批生态园林城市。宝鸡市下辖 3 区 9 县，总面积接近两万平方千米。2015 年宝鸡全年实现地区生产总 1788.59 亿元，比上年增长 10.4%。其中，第一产业增加 165.13 亿元，增长达 5.4%；第二产业增加达 1151.55 亿元，增长 11.3%；第三产业增加值 471.91 亿元，增长 9.4%[①]。

---

① 宝鸡市 2015 年国民经济和社会发展统计公报。

宝鸡拥有丰富的矿产资源，现已探明的各类矿产地达 202 处，各类矿种资源达 45 种，包括金、锌、铅、镉、镓、石墨、制碱用灰岩、电石用灰岩、水泥用灰岩、钠长石、磷、红柱石、透辉石、汞、银、饰面用大理岩、硫铁矿（硫）、玻璃用石英岩、饰面用花岗岩等，各类矿产的保有量都处于全省前列，潜在经济价值巨大。其中：铅、锌、金尤其具有优势，在全省占有重要地位[①]。依托丰富的自然资源，宝鸡建立起了一批具有地方特色的企业。郭家河煤矿、150 万吨甲醇一期、宝氮搬迁技改一期、通家新能源汽车等重点工业项目相继投产。除了矿产资源外，宝鸡市还拥有丰富的农畜资源，农业园区带动特色产业规模扩张，苹果、猕猴桃面积分别达到 121.9 万亩、56.7 万亩，建立起了国家级眉县猕猴桃批发市场等商贸流通项目。除此之外，宝鸡市的旅游文化资源也十分丰富，远古姜水育炎帝，商末周原兴周、凤雏宫奠定四合院庭落模型，春秋雍城兴秦，镇国之宝石鼓、何尊、毛公鼎等出自于此，法门寺藏佛骨，凤翔木版年画、西府社火、泥塑等彰显中华工艺。依托这些文化资源，2014 年宝鸡成功举办了第 27 届世界佛教徒联谊会，法门寺成功创建为国家 5A 级景区，实现了零的突破[②]。

（2）创新发展概况

近年来，宝鸡市大力增强科技创新驱动能力，"双千"活动、PPP 项目等一系列创新性工作成效显著。2015 年，宝鸡市高新区成为西北地区唯一获批的国家创新型科技园区，凤翔、蟠龙新区和眉县科技工业园被批准为省级高新区、省级经开区。国家创新型试点城市建设成效十分显著，实现了科技对经济增长的贡献率达 58%[③]。全面完成了"十二五"的科技发展规划，科技综合实力得到显著提升。2015 年全年组织争取国家、省科技计划项目 104 项，争取资金 12433 万元。其中，国家科技项目 19 项，争取资金 9057 万元；省科技统筹创新工程等科技项目 85 项，争取资金 3376 万元。实施市级科学技术研究发展计划和重大科技专项计划项目 30 项，资金 2409 万元。其中，重大科技专项项目 16 项，资金 1985 万元；科学技术研究发展项目 14 项，资金 424 万元；全年专利申请量 2594 件，专利授权量 1648 件，其中发明专利授权量 236 件。全市技术合同登记额达到 21.49 亿元[④]。

"十三五"期间，宝鸡市坚持"自主创新，重点跨越，支撑发展，引领未来"的指导方针，大力推进创新驱动发展，深化了市场在资源配置中的决定性作用，进一步发挥政府的作用，激发全社会创新创业的活力和潜能，提升劳动、知识、信息、管

---

① 宝鸡市人民政府网。
② 宝鸡市 2016 年政府工作报告。
③ 同上。
④ 宝鸡市 2015 年国民经济和社会发展统计公报。

理、技术、资本的效率和效益。持续推进科技体制的深化改革，抢抓"一路一带"的历史机遇，加快统筹科技资源，优化科技创新环境，健全科技创新体系，推动重大技术创新，促进科技成果转化为经济动力，培育壮大新兴产业，通过培育强有力的科技支撑，进一步提升主导产业质量效益，培育新的经济增长点，加快推进全市经济转型和社会发展。到 2020 年，实现了 63% 的科技进步贡献率，3.5% 的全社会研究与实验发展经费占比，其中市、县（区）财政科技投入占比分别达到了 2% 和 1.5% 以上，并且实现了超过 2% 的企业研究开发投入额占主营业务收入比重。市级以上企业研发机构、孵化器、创客空间共计达到 250 家，高新技术企业达 200 家，高新技术产值占规模以上工业总产值的比重达到 48% 以上，其中战略性新兴产业增加值占比达到 15%。全市加快引进高端科技创新领军人才，总数达到 100 人以上，科技人才总量达到 8 万人；万人发明专利拥有量达到 3.7 件以上，专利申请量年增长率达到 15% 以上，发明专利占专利申请量的比例达到 35% 以上[①]。

（3）得分结果

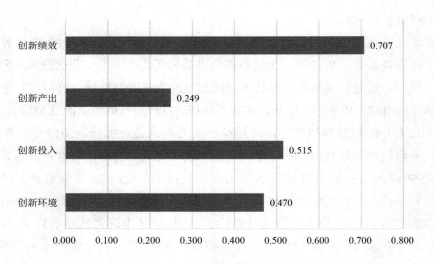

图 6. 21. 3   宝鸡市一级指标得分结果

---

① 宝鸡市人民政府网。

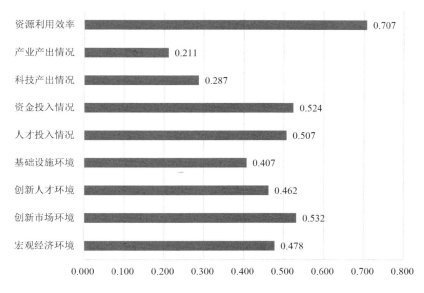

图 6. 21. 4   宝鸡市二级指标得分结果

（4）创新评价

作为 116 个资源型城市中创新指数排名第 26 位的城市，宝鸡市在创新环境和创新绩效方面表现比较突出，排名分别为 13 名和 25 名。其次为创新投入，排名为 36 位。相比之下，创新产出的排名相对靠后，位于第 81 位，这很大程度上拉低了宝鸡市创新指数的总体评价得分和排名。

在创新环境方面，宝鸡市位列全国所有资源型城市的 13，可见宝鸡市在创新环境方面取得了比较突出的成效，这是拉高总体排名的主要因素。从创新环境的各项分项指标评分结果来看，宝鸡市各项指标的得分均很理想，宏观经济环境、创新市场环境、创新人才环境和基础设施环境得分分别为 0.478、0.532、0.462 和 0.407，其排名分别位于所有资源型城市的第 13 名、第 10 名、第 32 名和第 38 名。无论是在宏观经济环境、创新市场环境、创新人才环境和基础设施环境方面，都将为宝鸡市推动创新发展提供很好的环境基础。

在创新投入方面，宝鸡市的得分和排名也相对较高，创新投入的得分为 0.515，排名位列第 36 位。其中，人才投入情况得分为 0.507，位列第 20 位。资金投入情况的得分为 0.524，位列第 51 位。资金投入情况包含的三个三级指标中，宝鸡市 R&D 经费支出的得分为 0.417，排名为 16 位；相对于其他资源型城市来说，宝鸡市的教育支出占财政支出的比重比较大，排名 12 位，财政科技支出占财政支出的比重排名居中，为 52 位，因此可以看出教育支出占财政支出的比重、R&D 经费支出对资金投入情况排名的贡献度较大。

四项一级指标中，宝鸡市在创新产出方面的排名最低，创新产出的得分为 0.249，排名位列第 81 位，对拉低总体创新指数排名的影响最大。从分项指标来看，科技产出情况包括的两项三级指标中，专利申请授权量、企业商标拥有量得分分别为 0.232 和 0.337，排名分别位于第 37 和第 40 位。产业产出情况包含的三项三级指标中，矿产资源开发年税金占财政收入的比重、矿产资源开发综合利用产值占 GDP 的比重、第三产业增加值占 GDP 的比重的排名均比较靠后，分别为 73 名，101 名，110 名，因此得到的创新产出指标在所有评价城市中排名较为靠后。

宝鸡市在创新绩效方面取得的成效较好，排名第 25 位。从分项指标来看，单位 GDP 能耗的排名十分靠前，为第 8 名，该指标对创新绩效排名的贡献度最大；2014 年全员劳动生产率指标得分为 0.450，排名为第 43 名；单位 GDP 矿石开采量的排名也较为靠前，为第 36 名。但能源消费弹性系数的排名较为靠后，为 94 名，这在一定程度上拉低了创新绩效指标的排名。

（5）政策建议

从指标评价结果来看，宝鸡市的主要问题在于创新产出方面。具体来看，宝鸡市经济呈现结构不尽合理，传统产业占比较高，非公经济和新兴产业发展滞后，第三产业总量不大、质量不优、动力不足，因此，建议未来增加对第三产业的投入，努力优化产业结构；其次，通过提升技术水平和加强资源循环利用等方式来降低能源消费弹性系数和提升矿产资源开发综合利用产值，从而补缺创新驱动发展中的短板，推动宝鸡市城市创新发展。

作为成熟型资源城市之一，宝鸡市在创新驱动发展方面也取得了很好的成绩，创新指数在所有 116 个地级市中排名第 26 位，在未来发展中应注意：

加快推进现代服务业的建设，培育良好的服务业发展环境，争取实现市场化、产业化、国际化、现代化的目标，从传统产业改造升级的新要求入手，积极探索进一步推动创新发展的新道路。进一步优化调整产业结构布局，逐渐提高第三产业占 GDP 的比重。

以政府为引导，以市场为驱动，以企业为投入主体，逐步构建科技投入新体系，实现多元化、多渠道、高效率。加大对科学研究与技术开发的投资力度，建立财政科技投入稳定增长机制。

加快建设产业技术平台，支持企业技术中心、工程中心、工程技术研究中心的建设，提高技术创新能力。围绕汽车制造、钛及钛合金、石油装备、机床工具、轨道交通、航空航天等产业领域核心关键技术，大力推动共性技术平台建设，为创新活动提供优质服务。抓好汽车制造技术关键技术研发平台，钛及钛合金新材料研发平台，石油装备自主创新平台机床工具制造工艺研发平台，轨道交通 250 公里以上研发平台，航空航天现代农业科技平台等建设。

大力推进人才强市战略。以支柱型产业和新兴产业为重点，牢牢把握建设丝绸之路经济带战略新枢纽的需求，大力加快引进和培养高层次的创新创业人才。全面深化产学研合作，实施柔性引才制度，在高校、院所等科技资源富集的地区深化校企合作，合建共建技术研发平台。

6.21.3 咸阳市

（1）城市概况

咸阳市属于陕西省下辖的地级市，地处八百里秦川腹地，秦汉文化在此发祥地，素有"中国第一帝都"的美誉。咸阳地理位置重要，是古丝绸之路的首站，也是中原地区通往大西北的重要通道。咸阳市下辖 2 区 10 县 1 县级市，总面积一万多平方公里。咸阳是国家级历史文化名城、全国十佳宜居城市、中国甲级对外开放城市、国家卫生城市、全国双拥模范城、首届中国魅力城市、中国地热城、全国精神文明创建工作先进市首批中国优秀旅游城市及中华养生文化名城。2015 年咸阳市全市实现生产总值 2155.91 亿元，按可比价格计算，比上年增长 8.7%。其中，第一产业增加值 328.78 亿元，增长 5.3%，占生产总值的比重为 15.3%；第二产业增加值 1240.41 亿元，增长 9.3%，占 57.5%；第三产业增加值 586.72 亿元，增长 9.0%，占 27.2%[1]。

咸阳拥有丰富的矿产资源，已探明的主要有煤、铁、石灰石、石英砂岩、陶土、油页岩及石油等。咸阳市是国家确定的大型煤炭开发基地，其中彬长矿区为陕西第二大煤田，成为陕西关中地区的能源接续地。此外，咸阳市地热资源十分丰富，具有水量高、温度高、压力高、效益高等特点，在西部乃至全国十分罕见。2006 年，咸阳被国土资源部、中国矿业联合会授予全国首个"中国地热城"的称号。咸阳市已经培育起了一大批具有地域特色和优势的企业，建立起了能源化工及相关产业的集群。同时，咸阳市的食品工业发展迅速，继宴友思集团、神果集团、晃庄实业之后，又涌现出蓝马啤酒、海升果汁、光明乳业、汇源果汁、锦丰方便面等一批新的企业，发展势头良好[2]。

（2）创新发展概况

近年来，咸阳市大力增强科技创新驱动能力，辖区内共有中省驻咸科研院所 16 所，重点实验室、工程技术研究中心、科技园区等 56 个，国家级示范中心 2 个，县区和行业生产力促进中心 15 家。全市民营科技企业 1800 多家，拥有一批科技人才、

---

① 咸阳市 2015 年国民经济和社会发展统计公报。
② 咸阳市人民政府网。

精良设备和科技新产品，科技实力在全国地级城市名列前茅。2015 年，咸阳市评审初科学技术科技奖达 70 项，获得 2015 年度陕西科学技术奖励的共计 21 个项目。全市共有科技活动人员达 21429 人，全年受理专利申请达 2472 项，授权的专利申请共计 1764 项，其中发明 464 项。全市技术合同交易金额 30.7 亿元，同比增长 19.0%[①]。

　　进入"十三五"以来，咸阳市进一步推动科技创新。一是健全创新体制机制。把握好建设国家创新型试点城市的契机，以企业为主体，以市场为导向，推动产学研用深度结合，建立健全技术创新体系，进一步统筹整合科技资源，加强协同创新，加速科技成果转化为机动力，推动技术转移，提高科技创新的有效供给。二是要给予企业充分的自主权突出企业作为创新主体的重要地位，推动资源聚集，加强政策优惠。把握好关键技术，重点关注产业链的关键环节和重要技术，积极推进产学研合作，培育一批创新型企业和高新技术企业。实施企业技术中心培育梯度计划，建立新产品和新技术项目库，推动重点品牌的质量攻关。三是加强同高校院所合作。加强企业与高校合作，以先进科技催生更多项目落地，利用省内外的高校资源，在中医药、特种橡胶、金属精密成型等领域建立特色产业基地和诸如工程技术研究中心等各类创新平台。四是加快融合科技与金融，引导银企双方在授信、产品、服务、政府专项资金融通等方面深化合作，争取更多科技型企业在新三板上市，实施知识产权质押等科技金融服务新制度。

　　（3）得分结果

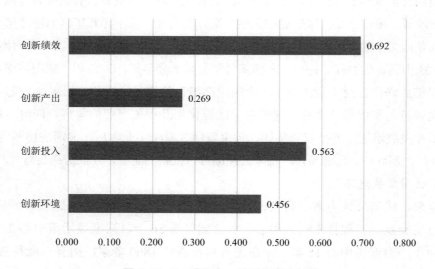

图 6.21.5　咸阳市一级指标得分结果

---

① 咸阳市 2015 年国民经济和社会发展统计公报。

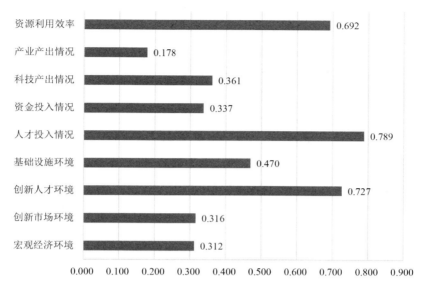

图6.21.6　咸阳市二级指标得分结果

（4）创新评价

作为116个资源型城市中创新指数排名第25位的城市，咸阳市在创新环境、创新投入、创新绩效方面均表现得较为突出，排名分别为第17、26和第32位。相比之下，创新产出的排名非常靠后，位于第67位，这一定程度上拉低了咸阳市创新指数的总体评价得分和排名。

在创新环境方面，咸阳市位列全国所有资源型城市的第17位，可见咸阳市在创新环境方面取得了较为突出的成效，对总体创新指数排名的贡献率较大。从创新环境的各项分项指标评分结果看，咸阳市各项指标的得分，除了创新市场环境排名59位，其余指标排名均较理想，宏观经济环境、创新人才环境和基础设施环境得分分别为0.312、0.727和0.470，其排名分别位于所有资源型城市的第33名、第6名和第23名。由此可知，无论是在宏观经济环境、创新人才环境和基础设施环境方面，都为咸阳市推动创新发展提供了很好的环境基础，但咸阳市还需加大创新市场环境的建设力度，创造更加优良的创新环境。

在创新投入方面，咸阳市的得分和排名较高，创新投入的得分为0.563，排名位列第26位，对总体创新指数排名的贡献率较大。其中，人才投入情况得分为0.789，位列第73。资金投入情况的得分为0.337，位列第31位。资金投入情况包含的三个三级指标中，咸阳市R&D经费支出的得分为0.118，排名为54位；相对于其他资源型城市来说，咸阳市的教育支出占财政支出的比重较大，排第13位，但财政科技支出占财政支出的比重较小，排第 98 位，拉低了整体的资金投入排名。

在创新产出方面，咸阳市的得分和排名相对较低，创新产出的得分为 0.269，排名位列第 67 位，拉低了总体创新指数的排名。从分项指标来看，科技产出情况包括的两项三级指标中，专利申请授权量、企业商标拥有量得分分别为 0.232 和 0.478，排名分别位于第 38 和第 31 位。产业产出情况包含的三项三级指标中，矿产资源开发年税金占财政收入的比重指标的、矿产资源开发综合利用产值占 GDP 的比重和第三产业增加值占 GDP 的比重的排名均较低，分别为 88 名，82 名和 113 名，这三项指标的排名均较差，由此得到的创新产出指数排名不理想。

咸阳市在创新绩效方面取得的成效较好，排名第 32 位。近年来，咸阳市加快推进校企合作，新的增长点不断涌现。从分项指标来看，2014 年全员劳动生产率指标得分为 0.393，排名一般，为第 53 位；单位 GDP 矿石开采量和能源消费弹性系数的排名也一般，分别为第 56 名和第 59 名；单位 GDP 能耗的排名较高，为第 5 位。

（5）政策建议

从指标评价结果来看，咸阳市的主要问题在于创新产出方面。为此，未来首先应注意进一步加强城市转型和产业转型，大力提升第三产业所占比重和降低经济增长对资源型行业的依赖程度，同时还应提升资源循环利用效率，提高矿产资源开发的综合利用产值；其次应加强创新市场环境建设，从而为咸阳市创新发展提供良好的环境基础；最后应加强创新的人财物投入力度，从而补缺创新驱动发展中的短板，推动咸阳市城市创新发展。

作为成长型资源城市之一，咸阳市在创新驱动发展方面也取得了很好的成绩，创新指数在所有 116 个地级市中排名第 25 位，在未来发展中应注意：

咸阳市需要以产业优化升级为中心，进一步打造科技创新的产业链条。依托新兴科学技术，助推现代工业转型，以智能化、集约化、链群化为主攻方向，加快推动煤炭产业改造升级，引进国内外先进的现代煤化工技术路线，推动煤炭资源绿色、安全、高效地实现开发和利用。大力引进新材料技术，促进建材产业的升级优化，由粗放的原料生产转向建筑构件等全产业链深加工。深度融合新一代信息技术与制造技术，打造具有竞争力的装备制造业。依托各类产业和创新园区，发挥集聚效应，组织合作开发和联合攻关行动，提高产品的知识和技术含量。积极培育壮大新材料、新能源、节能环保、生物医药等战略性新兴产业，努力培育新的经济增长点。

大力发展现代服务业，以科技为依托，培育现代物流、科技服务、信息服务等新的产业形态，提升服务业的层次和规模。深入实施"互联网＋"发展战略，在生产要素配置中，充分发挥互联网的集聚、优化和共享优势，实现生产与需求对接，深度融合传统产业与新兴产业。

推进科技创新平台的建设，重点要强化专业技术服务平台的建设和优化。要充分发挥大型企业作为创新骨干的带头作用，支持大中型企业和高校、科研院所深入合作，建设起产业技术创新战略联盟，发挥协同作用，促进科技要素的集聚，重点研发先进工艺、技术和装备，深入解决制约产业腾飞和行业进步的关键技术难题，促进产业实现规模化。

6.21.4 渭南市

（1）城市概况

渭南市地处中国国版图的几何正中心，作为国家授时中心所在地，渭南市为中国航天测控事业做出了重要贡献，神舟系列飞船在渭南得到全程遥测。渭南市也是中华民族的重要发祥地，素有"三圣故里，华夏之根"的美誉。市辖下辖2区2市7县总面积1.3万平方公里。渭南资源丰富，物华天宝，有丰富的农畜资源、旅游资源和矿产资源。2015年全市实现生产总值1469.08亿元，同比增长8.7%。其中，第一产业、第二产业和第三产业增加值分别为213.92、713.22和517.94亿元，分别增长5.5%，9.0%，9.4%[1]。

渭南市的矿产资源十分丰富，其中最具优势的有煤、钼、金、石，渭南市年产煤炭达到千万吨以上，开发利用规模大，居陕西省之首，是我国十大煤炭产地之一；黄金年产量全国第三；钼、铅、硒、铜、铌5个矿种的储量居陕西省首位；铁、铝土矿、铼的储量居陕西省第2位；金矿储量居陕西省第3位；煤、大理石和石墨的储量居陕西省第4位。因此，渭南被誉为"渭北黑腰带"、"中国钼都"和"华夏金城"。渭南还拥有丰富的地热和水资源，其中大荔矿泉水日出水高达5.6万吨，被称为"中国之冠，世界罕见"。除此之外，渭南旅游资源丰富，傲居五岳之首的西岳华山，驰名中外；融山河湖滩泉于一体的洽川，是黄河流域内最大最完整的干流湖泊型湿地风景区。一展盛唐雄风的渭北帝王陵墓群，是中国皇室宫廷文化的缩影[2]。

（2）创新发展概况

近年来，渭南市大力推动科技创新驱动能力发展，进一步强化企业创新主体地位，提升科技公共服务水平，初步建立起了各类科技创新服务平台体系。2015年全年地方登记的科技成果共52项。全年登记各类技术合同67项，合同成交总额19413.37万元。其中，技术开发合同21项，成交金额6476.8万元；技术转让合同26项，成交金额9734.94万元；技术服务合同17项，成交金额3106.74万元，技术咨询合同3

---

① 渭南市 2015 年国民经济和社会发展统计公报。
② 渭南市人民政府网。

项，94.89 万元。全年受理专利申请量 1824 件（含韩城），其中发明专利 352 件，实用新型专利 631 件，外观设计专利 841 件；专利授权量 973（含韩城）件，其中授权发明 170 件，实用新型 406 件，外观设计 397 件 [①]。

（3）得分结果

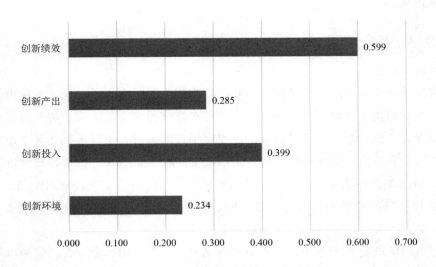

图 6.21.7　渭南市一级指标得分结果

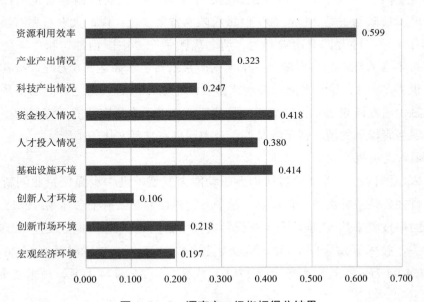

图 6.21.8　渭南市二级指标得分结果

---

① 渭南市 2015 年国民经济和社会发展统计公报。

（4）创新评价

作为 116 个资源型城市中创新指数排名第 73 位的城市，渭南市在创新环境，创新投入，创新产出、创新绩效方面得分分别为 0.234、0.399、0.285 和 0.599，排名分别为第 62、48、101、56 名。因此，可以看出渭南市在创新环境、创新投入和创新绩效方面表现一般，但在创新产出方面表现较差。

在创新环境方面，渭南市位列全国所有资源型城市的第 62 位，可见渭南市在创新环境方面表现较差。从创新环境的各项分项指标评分结果来看，渭南市各项指标的排名，除了基础设施环境以外，均不是很理想。基础设施环境得分 0.414，排名第 35 位。宏观经济环境、创新市场环境和创新人才环境得分分别为 0.197、0.218 和 0.106，其排名分别位于所有资源型城市的第 83 名、第 97 名第 109 名。因此渭南市无论是在宏观经济环境、创新市场环境、创新人才环境方面，都需要加大支持力度，从而为提高渭南市的创新环境打下基础。

在创新投入方面，渭南市得分为 0.399，排名位列第 48 位。其中，人才投入情况得分为 0.380，位列第 25 位。资金投入情况的得分为 0.418，位列第 67 位。资金投入情况包含的三个三级指标中，渭南市 R&D 经费支出的得分为 0.229，排名为 30 位；财政科技支出占财政支出的比重排名中下，为 64 名，但教育支出占财政支出的比重较大，排名较为靠前，为第 18 名。

在创新产出方面，渭南市的得分和排名相对较低，创新产出的得分为 0.285，排名位列第 101 位，拉低了总体创新指数的排名。从分项指标来看，科技产出情况包括的两项三级指标中，专利申请授权量、企业商标拥有量得分分别为 0.118 和 0.364，排名分别位于第 54 和第 36 位。产业产出情况包含的三项三级指标中，矿产资源开发综合利用产值占 GDP 的比重排名较为居中，为第 57 名；但矿产资源开发年税金占比和第三产业增加值占比均较低，均排第 79 位，从而拉低了创新产出所占名次。

渭南市在创新绩效方面取得的成效一般，排名第 56 位。从分项指标来看，单位 GDP 能耗的排名较为靠前，为第 6 名；能源消费弹性系数的排名较为居中，为 65 名；2014 年全员劳动生产率的指标得分为 0.232，排名较为靠后，为第 82 位；单位 GDP 矿石开采量的排名也较为靠后，为第 78 名，从而最终得出的渭南市在创新绩效方面的表现较为一般。

（5）政策建议

从指标评价结果来看，渭南市的主要问题在于创新产出的成果较低。为此，建议未来首先应进一步调整优化产业结构，大力推动第三产业的发展，同时应注意提升资源的循环利用效率，提高矿产资源的综合利用产值；其次应加强宏观经济环境、创新市场环境、创新人才环境建设，优化和开发商业园区，努力提升创新环境；最后应注重提升资源利用效率，降低单位 GDP 矿石开采量，应注重人员的培训、激励和优化配置，提升全员劳动生产率水平，补缺创新驱动发展中的短板，从而推动城市创新发展。

作为成熟型资源城市之一，渭南市在创新驱动发展方面成绩并不理想，创新指数在所有 116 个地级市中排名第 73 位，在未来发展中应注意加快推进科技创新、产业创新、金融创新、信息化创新和机制体制创新：

培育壮大六大优势产业集群。努力抓好绿色冶金建材、高端食品医药、先进装备制和三维（3D）制造光电产业四大产业的产业集群，聚焦钼化工提取提纯、冶炼锻造、化学合成、钼基合金等关联产业，大力发展钼基新材料，打造中国钼都。进一步探采开发潼关黄金，加快建设起黄金检测中心，延伸和完善黄金加工产业链，全力打造西部黄金加工中心。充分发挥铝电资源优势，大力发展航空铝材产业，提升科技创新和产品附加值。

集中力量建设一批重大工业投资项目，以项目为依托，建设各类高新技术产业开发区，特色产业园区和创新创业基地，发挥好园区的集聚效应，积极引进高科技产业，实现产业协同和产业融合，实施生态保护开发，打造高科技聚集的产业园区。

抢抓新一轮科技革命和产业升级的重大机遇，以"中国制造 2025"、"互联网＋"行动为纲领，鼓励支持企业自主开展技术创新和产业升级，攻坚核心技术，推动科技成果转化为经济动力，积极培育一批有竞争力的创新型企业。加大共性质量技术研发和应用，提高产品质量和性能，力争培育一批国家知名品牌。

6.21.5　延安市

（1）城市概况

延安地处陕北金三角经济协作区腹地。历来是陕北地区政治、经济、文化和军事中心。延安是兵家必争之地，有"塞上咽喉"、"军事重镇"之称，被誉为"三秦锁钥，五路襟喉"。延安是原陕甘宁边区政府首府，是国务院首批历史文化名城。延安下辖 2 区 11 县，总面积达三万多平方公里。2015 年实现值 1198.63 亿元，按可比价计算比上年增长 1.7%。其中第一产业实现增加值 110.88 亿元，增长 4.7%，占生产总值的比重为 9.2%；第二产业实现增加值 742.79 亿元，下降 0.6%，占 62.0%；第三产业实现增加值 344.97 亿元，增长 7.5%，占 28.8%。人均生产总值为 53925 元，高于全国、全省平均水平[①]。

延安矿产资源丰富，发展能源化工业具备坚实基础。已探明矿产资源 16 种，煤

---

① 延安市 2015 年国民经济和社会发展统计公报。

储量 115 亿吨，石油 13.8 亿吨，天然气 2000-3000 亿立方米，紫砂陶土 5000 多万吨。延安是中国石油工业的发祥地，大陆第一口油井位于延安市延长县，石油开发已有百年历史，"延长石油"被授予中国驰名商标。除此之外，延安具有丰富的自然资源，天然次生林 163 万亩，木材蓄积量 308 万立方米；以甘草、五加皮、槲寄生、牛蒡子、柴胡为主的中药材近 200 种；有豹、狼、石鸡、杜鹃等兽类、鸟类 100 余种；土地肥沃，光照充足，是世界最佳苹果优生区。"洛川苹果"被授予中国驰名商标。延安人文旅游资源独具特色，发展旅游业具有广阔前景。以中华民族圣地黄帝陵、中国革命圣地延安、黄河壶口瀑布、黄土风情文化为主体的旅游资源驰名中外，陕北民歌、陕北大秧歌、安塞腰鼓、农民画、剪纸等民间艺术久负盛名，是西部地区独具魅力的旅游胜地。延安市内有历史遗迹 5808 处，革命旧址 445 处，珍藏文物近 7 万件，是全国爱国主义、革命传统和延安精神三大教育基地，国务院首批命名的中国历史文化名城，中国优秀旅游城市[①]。

（2）创新发展概况

近年来，延安市大力增强科技创新驱动能力，进一步加大对高新技术企业的扶持培育力度，从政策引导、打造产学研平台、优化服务质量和水平等多个方面入手，引导创新要素向企业集聚，不断强化企业自主创新主体地位，激发企业自主创新的积极性。2015 年以来，延安市科技局进一步加大了对高新技术企业的扶持培育力度，从政策引导、打造产学研平台、优化服务质量和水平等多个方面入手，引导创新要素向企业集聚，不断强化企业自主创新主体地位，激发企业自主创新的积极性。2015 年全年登记市级科技成果 108 项，获市科学技术奖 48 项，技术合同成交总金额 10570 万元。全年专利申请受理量 1011 项，其中：发明 88 项；授权量 611 项，其中：发明 32 项[②]。

进入"十三五"以来，延安市把改革创新贯穿于经济社会发展全过程，以科技创新为核心，协同推进产品创新、商业模式创新、服务业态创新，依靠创新增强发展驱动力；打造大众创业、万众创新和增加公共产品、公共服务"双引擎"，推动发展调速不减势、量增质更优。要把创新驱动摆在更加重要位置，整合各类资源，强化政策引导，加快推进科技和经济相结合，创新成果和产业发展相对接，以创新驱动抢占未来制高点，以创新驱动增强可持续发展能力，以创新驱动提高区域竞争力，着力打造延安经济"升级版"。要加强与国内外新型智库、科研院所、高等院校在经济、社会、环境与生态等领域进行战略研究、政策咨询、信息交流和项目合作。要发挥人才在创

---

① 延安市人民政府网。
② 延安市 2015 年国民经济与社会发展统计公报。

新驱动中的引擎作用，建立健全吸引、留住、用好人才机制，市外引进一批、本土培养一批、柔性集聚一批、载体吸附一批，为经济社会发展提供人才保障和智力支撑[①]。

（3）得分结果

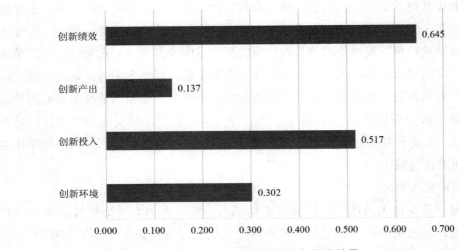

图 6.21.9　延安市一级指标得分结果

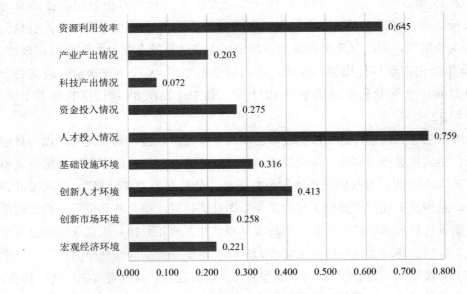

图 6.21.10　延安市二级指标得分结果

---

① 延安市人民政府网。

（4）创新评价

作为 116 个资源型城市中创新指数排名第 59 位的城市，延安市在创新投入和创新绩效方面的成效表现较为突出，排名分别为第 35 位和第 45 位，其次为创新环境，排名为第 64 位。相比之下，创新产出的排名相对靠后，位于第 114 位，这较大程度上拉低了延安市创新指数的总体评价得分和排名。

在创新环境方面，延安市位列全国所有资源型城市的第 64 位，可见延安市在创新环境方面表现一般。从创新环境的各项分项指标评分结果来看，延安市各项指标的得分和排名均不是很理想，宏观经济环境、创新市场环境、创新人才环境和基础设施环境得分分别为 0.221、0.258、0.413 和 0.316，其排名分别位于所有资源型城市的第 68 名、第 75 名、第 43 名和第 77 名。由此可知，无论是在宏观经济环境、创新市场环境和基础设施环境方面，延安市都需要加大支持力度，为延安市推动创新发展提供更好的环境基础。

在创新投入方面，延安市的得分和排名相对较高，创新投入的得分为 0.517，排名位列第 35 位，对提高总体创新指数排名的贡献率最大。其中，人才投入情况得分为 0.759，位列第 25 位；资金投入情况的得分为 0.275，位列第 67 位。延安市人才投入的排名较高，为第 25 名。资金投入情况包含的 3 个三级指标中，教育支出占财政支出的比重排名一般，为第 53 名；但 R&D 经费支出情况、财政科技支出占财政的比重排名均较差，分别为第 73 名和第 70 名。

在创新产出方面，延安市的排名在 4 项一级指标中最低，创新产出的得分为 0.137，排名位列第 114 位，这较大程度地拉低了总体创新指数的排名。从分项指标来看，无论是科技产出情况还是产业产出情况包含的三级指标排名均不理想。其中，专利申请授权量、商标拥有量排名分别为 85 和 82 位；矿产资源开发年税金占财政收入的比重、矿产资源开发综合利用产值占 GDP 的比重及第三产业增加值占 GDP 的比重排名均较低，分别为第 76 名，第 84 名及倒数第 2 名，从而得到的创新产出所占名次也非常靠后。

延安市在创新绩效方面取得的成效相对较突出，排名第 45 位。从分项指标来看，2014 年全员劳动生产率指标得分为 0.428，排名第 47 位；单位 GDP 能耗的排名也较为靠前，为第 37 名；但单位 GDP 矿石开采量和能源消费弹性系数的排名相对靠后，分别为第 66 位和第 86 位。

（5）政策建议

从指标评价结果来看，延安市的主要问题在于创新产出方面，其次是创新环境较差。为此，建议延安市在未来首先应集中力量优化产业结构，加快推动城市转型和产业转型，提升第三产业所占比重和降低经济增长对资源行业的过度依赖，同时还应注重提升科技成果产出，从而提升整体创新产出成果；其次应加强宏观经济环境、创新市场环境和基础设施环境建设，从而营造更加良好的创新环境；再次应注重提升能源和资源的使用效率，降低能源消费弹性系数和单位 GDP 矿石开采量，从而推动城市创新发展。

作为成长型资源城市之一，延安市在创新驱动发展方面表现一般。创新指数在所有 116 个地级市中排名第 59 位，在未来发展中应注意：

深入实施创新驱动发展战略，推动科技创新、产业创新、企业创新、市场创新、产品创新、业态创新和管理创新，加快形成以创新为主要引领和支撑的经济体系和发展模式。实施"互联网+"行动计划，围绕产业链，部署创新链，推动技术链、资金链、服务链融合发展，加强"互联网+能源"、"互联网+农业"、"互联网+旅游"、"互联网+商贸"、"互联网+物流"、"互联网+金融"等重点工程建设，推动传统产业升级换代，加快培育和发展新型产业，促进产业业态创新升级。

实施一批重大科技专项，攻克一批核心技术，抓好一批科技成果转化项目，抢占新常态下的制高点。加强各类创新基地、平台、团队的协同联动，以企业、科研院校、高等院校、科技中介和科技基础条件平台为基本架构，加快建设以企业为主体，市场为导向，产学研结合，协调互动的技术创新体系，引导和支持国家重点实验室、国家认定企业技术中心和省内外高校分支研发机构在延安落户。

组建产业技术创新联盟，建设延安科技资源统筹中心、延安大学科技园和科技创业城，推进原始创新、集成创新、协调创新、开源创新以及众包、众扶、众筹、众创等多种形式的创新活动，推动大众创业、万众创新，释放新需求，创造新供给。

发挥人才在创新驱动中的引擎作用，坚持培养、引进、激励并举，突出"高精尖缺"导向，建立健全吸引、留住、用好人才机制，市外引进一批、本土培养一批、柔性集聚一批、载体吸附一批，释放人力资本潜能，为经济社会发展　提供人才保障和智力支撑。

6.21.6　榆林市

（1）城市概况

榆林是陕西省下辖地级市，位于陕西省的最北部。榆林市坐拥世界七大煤田之一的神府煤田和中国已探明的最大陆上整装气田——陕甘宁气田。榆林能源矿产资源富集，素有"中国的科威特"的美誉。榆林市下辖 2 区 10 县，总面积四万多平方公里。2015 年实现生产总值 2621.29 亿元，比上年增长 4.3%。其中，第一产业增加值 143.60 亿元，增长 4.4%；第二产业增加值 1637.29 亿元，增长 4.3%；第三产业增加值 840.40 亿元，增长 4.0%。一、二、三产业增加值占生产总值的比重分别为 5.5%、62.5% 和 32.0%。按常住人口计算，人均生产总值 77267 元，约合 11899 美元[①]。

榆林矿产资源丰富，已探明 8 大类 48 种矿产，其中以煤、气、油、盐最为丰富。煤炭预测资源量为 2720 亿吨，探明储量达 1460 亿吨；天然气预测资源量为 4.18 万亿立方米，已探明的气田有 4 个，探明储量达 1.18 万亿立方米；石油预测资源量达 6 亿吨，探明储量达 3.6 亿吨；岩盐预测资源量达 6 万亿吨，探明储量达 8857 亿吨，约占全国岩盐总量的 26%，湖盐探明储量达 1794 万吨。此外，榆林还有比较丰富的煤层气、高岭土、铝土矿、石灰岩、石英砂等资源。榆林每平方公里土地蕴含着 10 亿元的地下财富，矿产资源潜在价值高达 43 万亿元，占全省的 95%。目前，榆林市已建成超亿吨煤炭生产基地、亚洲最大的天然气净化装置、国内最大的甲醇生产基地，正在形成国内最大的火电基地。榆林市是国家"西气东输"的源头、"西煤东运"的腹地、"西电东送"的枢纽，是 21 世纪中国重要的能源接续地[②]。

（2）创新发展概况

近年来，以建设国家小微企业创业创新基地示范城市为目标，榆林市大力增强科技创新驱动能力，激发全社会的创新潜能和创业活力，营造大众创业、万众创新的社会氛围，大力推动经济结构调整，打造发展新引擎，增强发展新动力。加快推动各类创新平台、创新创业孵化园和双创基地的建设，打造一条"创业苗圃—孵化器—加速器—产业化"的产业链。建成煤盐化工检测检验中心、煤化工产业升级技术研发中心、科技资源统筹中心榆林分中心，打造全市电子商务平台和针对大学生的创业创新创意平台。2015 年全市组织评议登记科技成果 44 项，申请专利 1375 件，申请发明专利 396 件，授权专利 949 件，技术交易合同登记额达 2.04 亿元[③]。

进入"十三五"以来，榆林市制定了坚持创新发展的目标，加快经济转型升级。大力实施创新驱动战略，将创新贯穿到经济社会发展各领域、全过程，培育和建设一批实验研究平台，突破关键核心技术，全力构筑发展新优势，促进新技术、新产业、新业态蓬勃发展。实施工业经济转型升级三年行动计划，建设高端低碳的现代产业体系，打造国家清洁能源输出基地、世界一流的煤化工基地、国内领先的精细化工原料生产基地和西北地区重要的战略性新兴产业基地。健全完善大众创业、万众创新体制机制。到 2020 年，科技对经济增长的贡献率达到 50% 以上，煤炭就地转化率提高到 50%。

---

① 榆林市 2015 年国民经济和社会发展统计公报。
② 榆林市人民政府网。
③ 榆林市 2015 年国民经济和社会发展统计公报。

（3）得分结果

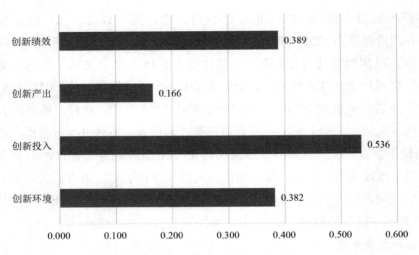

图 6.21.11　榆林市一级指标得分结果

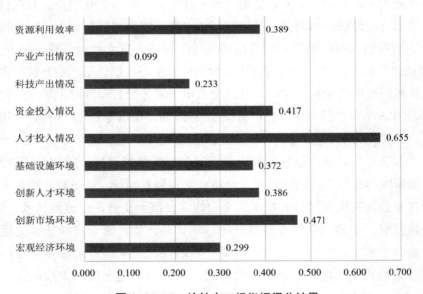

图 6.21.12　榆林市二级指标得分结果

（4）创新评价

作为 116 个资源型城市中创新指数排名第 83 位的城市，榆林市在创新环境和创新投入的方面表现较为突出，排名分别为第 36 位和第 30 位。创新产出和创新绩效的排名较低，分别为第 107、100 名，这较大程度地拉低了榆林市创新指数的总体评价得分和排名。

在创新环境方面，榆林市位列全国所有资源型城市的第 36 位，可见榆林市在创新环境方面表现较好。从创新环境的各项分项指标评分结果来看，宏观经济环境、创新市场环境、创新人才环境和基础设施环境得分分别为 0.299、0.471、0.386 和 0.372，其排名分别位于所有资源型城市的第 43 名、第 14 名、第 50 名和第 54 名。榆林市在创新市场环境方面表现较为突出，但在在宏观经济环境、创新人才环境和基础设施环境方面，榆林市都存在着一定的提升空间。

在创新投入方面，榆林市的得分和排名较高，创新投入的得分为 0.536，排名位列第 30 位，对总体创新指数排名的贡献率最大。其中，人才投入情况得分为 0.655，位列第 29 位。资金投入情况的得分为 0.417，位列第 32 位。资金投入情况包含的三个三级指标中，榆林市 R&D 经费支出的得分为 0.034，排名为 84 位；相对于其他资源型城市来说，榆林市的教育支出和财政科技支出占财政支出的比重均较大，排名分别位于第 11 位和 41 位。

在创新产出方面，榆林市的得分和排名较低，创新产出的得分为 0.166，排名位列第 107 位，拉低了总体创新指数的排名。从分项指标来看，科技产出情况包括的两项三级指标中，专利申请授权量、企业商标拥有量得分分别为 0.083 和 0.369，排名分别位于第 65 和 35 位。产业产出情况包含的三项三级指标中，矿产资源开发年税金占公共财政收入的比重、矿产资源开发综合利用产值占 GDP 的比重、第三产业增加值占 GDP 的比重排名均非常靠后，分别为第 106、103、104 名，从而拉低了创新产出所占名次。

榆林市在创新绩效方面取得的成效较差，排名第 100 位。从分项指标来看，2014 年全员劳动生产率的排名非常靠前，为第 6 位；但能源消费弹性系数、单位 GDP 能耗和单位 GDP 矿石开采量三项指标的排名非常靠后，分别为第 114、114、101 名，从而使得榆林市在创新绩效方面的表现很不理想。

（5）政策建议

从指标评价结果来看，榆林市的主要问题在于创新产出和创新绩效方面。建议在未来首先应利用榆林市的旅游文化资源，大力发展第三产业，优化产业结构，从而提升第三产业比重，减轻经济增长对矿产资源的过度依赖，提升创新产出成果；通过提升资源和能源利用效率、利用科技技术进步等方式来不断降低单位 GDP 能耗、能源消费弹性系数以及单位 GDP 矿石开采量，从而提升创新绩效，推动城市创新发展。

作为成长型资源城市之一，榆林市在创新驱动发展方面表现较差，创新指数在所有 116 个地级市中排名第 83 位，在未来发展中应注意：

培育一批创业示范园区。充分发挥榆林高新技术产业园区的集群效应和特有优势，进一步向着创建国家级创新平台和双创基地努力。进一步加大支持建设科技企业孵化器的力度，在全市建立健全"创业苗圃＋孵化器＋加速器＋产业园"的阶梯型孵化体系。深度挖掘各类产业园区以及闲置厂房等这类存量资源，深入促进 PPP 等多元化的建设方式，整合发展返乡创业园区。同时因地制宜，深度挖掘地区特色的优势资源，深入推进"互联网＋"等现代商业手段以适应产业更新趋势，培育龙头产业，推动集群创业，促进人才返乡。

发挥各类科技创新平台作用。深入推进产学研融合合作，进一步加大对科技基础设施的投入，并将科技成果与创业创新企业对接，实现共同发展。建设集创新创业联盟、创客中心、创业苗圃等于一体的创新创业服务体系，坚持市场导向，支持支持孵化器、众创空间、创业社区充分与创业企业合作。

充分激发人才活力，支持科技人员创业创新。建立健全人才管理机制，提高灵活性，深度破解人才流动、使用、发挥作用中的体制障碍，确立并健全利润分配机制，充分提高科技人员的工作积极性，激发创新创业的热情。

6.22　甘肃

6.22.1　金昌市

（1）城市概况

金昌市属于甘肃省，地处河西走廊中段，自古以来自然条件较为严酷，区域年均蒸发量是降水量的 18 倍，是全国 110 个重点缺水城市之一，也是 13 个资源型缺水城市之一。全市下辖 1 区 1 县，总面积九千多平方公里。金昌市盛产镍，被誉为"祖国的镍都"。2015 年金昌市实现 GDP 224.52 亿元，同比增长 3.2%，较上年末下降 4.6 个百分点。其中：第一产业增加值 17.98 亿元，增长 5.2%；第二产业增加值 130.7 亿元，增长 2%；第三产业增加值 75.84 亿元，增长 8.5%。一、二、三产业结构比为 8∶58.2∶33.8。人均 GDP 达到 47739 元（折合 7666 美元），比上年增长 3%[①]。

金昌市矿产资源丰富，矿种包括铁、锰、石灰岩、萤石、玉髓—玛瑙、水晶、岩棉原料辉绿岩、黏土、膨润土、水泥配料黄土、滑石、石油、石膏、煤、稀土和铀等38 种。在已探明的矿源中，有 14 个大型矿床，7 个中型矿床，23 个小型矿床，50 个矿点或矿化点。金昌市拥有着储量丰富的镍矿，规模巨大，仅次于加拿大萨德伯里

---

① 金昌市 2015 年国民经济和社会发展统计公报。

矿，居世界第二、全国第一位，铜、钴等矿产储量也十分充沛，居全国第二位。以及还有储量居全省首位的有镍、铂、钯、钴、硒、膨润土、铜、伴生硫以及花岗岩材等20种。镍、铂、钯、锇、铱、铑、碲等矿产储量均占全省100%，膨润土、钴、硒、占全省90%以上，铜占全省储量的一半以上。除此之外，金昌市还蕴藏着丰富的旅游资源，有骊轩城、军马场，巴丹吉林沙漠以及祁连山等旅游胜地。

（2）创新发展概况

近年来，金昌市大力增强科技创新驱动能力，响应"互联网+"发展战略，经济推进大众创业、万众创新，"双创"为草根们提供了创业的平台，为企业提供了做大做强的渠道，为经济发展提供新动能。2015年全年全市组织实施科技计划项目76项，安排市拨科技三项费260万元。共申报国家（省）级科技项目36项，批准立项6项。受理专利申请644件，已授权343件[①]。2016年，金昌市进一步强化创新驱动发展。大力围绕产学研一体化，继续打造创新平台。大力推进校（院）企合作，支持企业建立重点实验室、工程技术中心，支持商洛学院、商洛职院建立众创空间，建设大学科技园，提高协同创新能力。以产业方向和产业需求为出发点，构建全产业链的创新体系。组织实施多晶硅技术集成等10个科技专项，抓好14个省市科技成果中试基地建设，特别是在数字化设计、快速成型等领域深入研究，突破一批关键技术，促进科技成果就地转化。围绕机制创新强化政策支撑。建立健全财税金融政策，支持企业技术创新，改革科研评价制度，激励科研人员的创新积极性。

进入"十三五"以来，金昌市确立了坚持创新发展，构建现代产业新体系。把创新作为第一动力，培育新动能，构建产业新体系。继续深入实施创新驱动战略，以科技创新为出发点，进一步带动产品、管理和商业模式的创新，不断进行产业结构的调整和优化，大力培育新兴产业，加速推进工业的转型升级，着力现代特色农业，大力发展全域旅游，培育发展新型服务业态，成功打造"334"十大优势产业集群。发挥创新激励经济增长的乘数效应，积极推进大众创业万众创新，率先在陕南建成创新型城市，商丹园区建成国家高新技术产业开发区。到2020年，三次产业结构调整为10∶50∶40，居民消费对经济增长的贡献率达到40%以上，科技进步贡献率提高到57%[②]。

---

① 金昌市2015年国民经济和社会发展统计公报。
② 金昌市2016年政府工作报告。

（3）得分结果

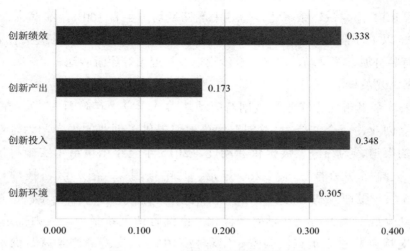

图 6. 22. 1　金昌市一级指标得分结果

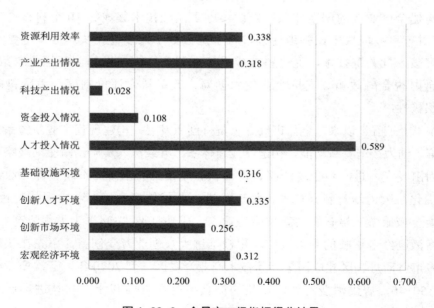

图 6. 22. 2　金昌市二级指标得分结果

（4）创新评价

作为 116 个资源型城市中创新指数排名第 109 位的城市，金昌市无论在创新环境、创新投入、创新产出还是创新绩效方面，表现均不理想，四项一级指标得分分别为 0.305、0.348、0.173 和 0.338，排名分别为 63 名，72 名，104 名和 108 名。除创新环境排名较为居中以外，其余三项指标的排名均较为靠后。

在创新环境方面，金昌市位列全国所有资源型城市的第 63 位，可见金昌市在创新环境表现一般。从创新环境的各项分项指标评分结果来看，金昌市各项指标的得分均不是很理想，宏观经济环境、创新市场环境、创新人才环境和基础设施环境得分分别为 0.312、0.256、0.335 和 0.316，其排名分别位于所有资源型城市的第 34 名、第 78 名、第 64 名和第 76 名。因此，除宏观经济环境排名较为靠前外，创新市场环境、创新人才环境和基础设施环境方面，金昌市都需要加大建设力度，从而为金昌市的创新发展奠定良好的基础。

在创新投入方面，金昌市的得分和排名较低，创新投入的得分为 0.348，排名位列第 72 位。其中，人才投入情况得分为 0.589，位列第 35 位。资金投入情况的得分为 0.108，位列第 110 位。资金投入情况包含的三个三级指标中，金昌市 R&D 经费支出的得分为 0.117，排名为 55 位；相对于其他资源型城市来说，金昌市的教育支出和财政科技支出占财政支出的比重均较小，排名分别位于样本城市的第 108 位和 80 位，从而导致资金投入情况在所有资源型城市中排名较为靠后，这是影响金昌市创新投入指数得分的短板。

在创新产出方面，金昌市的得分和排名很靠后，创新产出的得分为 0.173，排名位列第 104 位。从分项指标来看，科技产出情况包括的两项三级指标中，专利申请授权量、企业商标拥有量得分分别为 0.060 和 0.000，排名分别位于第 76 和第 114 位。产业产出情况包含的三项三级指标中，矿产资源开发年税金占财政收入的比重指标的排名处于中间水平，为 59 位；矿产资源开发综合利用产值占 GDP 的比重较高，排名较为靠前，为第 29 名。但与此同时，由于第三产业增加值占 GDP 的比重较低，2014年金昌市第三产业占 GDP 的比重为 27.13%，因此排名非常靠后，为第 105 名。

金昌市在创新绩效方面取得的成效也很差，排名第 108 位。从分项指标来看，2014 年全员劳动生产率指标得分为 0.072，排名非常靠后，为第 107 位；单位 GDP 矿石开采量、单位 GDP 能耗和能源消费弹性系数的排名也较为靠后，分别为第 98 名，第 102 位和第 80 位。由于上述 4 项三级指标的得分和排名均很靠后，因此导致了金昌市在创新绩效方面取得成效很不理想。

（5）政策建议

从指标评价结果来看，金昌市在创新指标的各方面均不理想。在未来金昌市首先应注重加强创新成果转化和提升创新绩效，通过加强人员培训、人员激励和人力资本的经济投入、运用技术进步等方式来提升劳动生产率，降低单位 GDP 能耗和能源消费弹性系数；其次应注重科技成果产出水平的提升，采取相应的措施来推动城市转型和产业转型，大力发展第三产业，逐渐降低经济增长对高能耗行业和资源型行业的过度依赖，加大创新产出；再次未来应加强创新的人财物投入，由于金昌市的教育支出占财政支出的比重、财政科技支出占财政支出的比重较小，排名较为靠后，因此尤其应加大创新的资金投入力度；最后应加强创新市场环境、创新人才环境和基础设施环境建设，为金昌市创新发展提供良好的环境，从而补缺创新驱动发展中的短板，推动城市创新发展。

作为成熟型资源城市之一，金昌在创新驱动发展方面取得的成效很差，创新指数在 116 个地级市中排名第 109 位，在未来发展中应注意：

加速科技成果转化。全面改进科研项目资金管理制度，做到落实下放，实施针对科技成果利用权、处置权收益权等方面的改革措施，提高科研成果转化的收益比例，并通过加大股权激励力度等手段，增强科研人员创业创新的积极性。进一步各类创业创新资源，加强基础设施建设，大力构建开放式的创业创新体系。引导和推动企业需求和科研成果深度融合，加快建立并完善通用技术合作研发、技术交流、知识产权运营等平台。

建设企业示范基地。通过树立领军企业，深入挖掘企业的创新能力，培育创业氛围，整合各类资源，引导企业顺应双创的趋势进行后续的转型发展。大力推动科技创新和体制机制创新相结合，积极探索企业合作实现双创的经验并形成制度体系。大力开放企业创业创新资源。依托互联网、物联网、云计算、大数据等先进的技术和服务平台，积极探索发展新模式，服务于产业和区域发展，开放供应链，向企业和社会大众提供财务、技术、市场、融资、管理等服务，促进各类企业形成协同创新、共同发展的局面。

6. 22. 2　白银市

（1）城市概况

白银市，属甘肃省下辖地级市，地处甘肃省中部，位于黄土高原和腾格里沙漠之间的过渡地带。白银市下辖 2 区 3 县，总面积两万多平方公里。2015 年全市实现地区生产总值 434.27 亿元，同比增长 6.8%。其中：第一产业增加值 59.03 亿元，增长 5.3%；第二产业增加值 194.25 亿元，增长 6%；第三产业增加值 181 亿元，增长 8.7%。三次产业结构比例由上年的 12.62:50.41:36.96 调整为 13.59:44.73:41.68，与上年相比，第一产业提高 0.97 个百分点，第二产业下降 5.68 个百分点，第三产业提高 4.72 个百分点。按常住人口计算，人均生产总值 25410 元，增长 6.84%[①]。

---

① 白银市 2015 年国民经济和社会发展统计公报。

白银市位于中亚和青藏高原的矿产富集区，是西气东输、陇煤西运、疆煤东运的节点城市。白银市境内已探明矿产 45 种，其中有 23 种矿产储量居甘肃前列。金属矿藏包含铜、铅、锌、金、银、锑、钨、锡、钼等 10 余种，煤炭资源量高达 16 亿吨；凹凸棒石粘土矿分布 30 多平方公里，探明储量达 50 亿吨，位居世界首位；陶土储量 40 亿吨，石灰石 10 亿吨，石膏矿 2 亿吨。依托这些资源，白银市已经形成了以采掘业、能源和原材料产业为主的工业经济体系，构建起了产业空间大、协同发展的有色金属、陶瓷建材、化工、装备制造、农畜产品深加工等产业发展体系。

（2）创新发展概况

近年来，白银市大力增强科技创新对经济的驱动能力，围绕建设省级创新型试点城市，构建以企业为主体、市场为导向、产学研相结合的技术创新体系。加强科技创新平台建设，建成国家级科技孵化器，已建成运营一期 5 万平方米生物医药产业园、二期 7.5 万平方米装备制造产业园，入孵企业达 100 家，拥有专利 149 项，开发项目 186 项，已成功孵化科瑞生物、欣庆环保科技等企业，高新区实现 12 项国内唯一的技术成果产业化发展，11 项国内同行业代表性技术实现规模化扩张。着力强化企业技术创新主体地位，制定全面提升企业创新能力的实施意见，出台财税、金融、土地等支持政策，助力发展原始创新、集成创新和引进先进技术并进行消化吸收再创新的能力。已建成 13 家企业技术中心，中集华骏等 4 家企业被列为国家知识产权优势企业，白银公司等 3 家企业被列为甘肃省知识产权优势企业。进一步产学研深度融合、协同发展，加强与国内外 210 家科研院所和高等院校的科技合作关系，引进高层次人才团队 12 个，新成立院士专家服务中心，组建产业技术创新战略联盟 5 个，发展起各类创新型、科技型企业 100 家，正式建立起兰白科技创新改革试验区，实现了 50% 的科技创新对经济的贡献率，培育形成经济增长新动能[①]。

进入"十三五"以来，白银市大力推进创新驱动发展战略。积极发挥政府作为推手的作用，始终坚持企业主体、人才为先的战略，加大科技创新投入，强化"双创"平台建设，推动大众创业、万众创新，支持发展众创、众包、众扶、众筹空间，研究与开发支出占生产总值比重达到 4% 以上。针对有色金属、新材料行业，大力推动创新创业示范园的建设，重点实施创新资源集聚工程、科技创新突破工程、创新创业服务工程、创新载体提升工程、研发投入保障工程等"五大工程"，促进科技成果资本化、产业化，科技进步贡献率达到 60% 以上[②]。

---

① 白银市人民政府网。
② 白银市 2016 年政府工作报告。

（3）得分结果

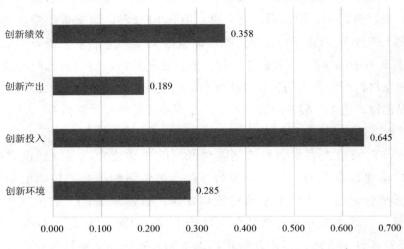

图 6. 22. 3   白银市一级指标得分结果

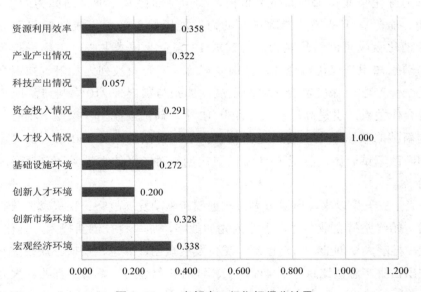

图 6. 22. 4   白银市二级指标得分结果

（4）创新评价

作为 116 个资源型城市中创新指数排名第 82 位的城市，白银市在创新投入方面表现非常突出，排名第 11 位，该指标对创新指数排名的贡献度最大。相比之下，创新环境、创新产出、创新绩效的排名就比较低了，分别排第 77、100、104 位，这在一定程度上拉低了白银市创新指数的总体排名。

在创新环境方面，白银市位列全国所有资源型城市的第 77 位，可见白银市还需要不断改善创新环境。从创新环境的各项分项指标评分结果来看，除了宏观经济环境得分 0.338，排名第 29 位外，创新市场环境、创新人才环境和基础设施环境排名均较低，三项指标得分分别为 0.328、0.200 和 0.272，其排名分别位于所有资源型城市的第 54 名、第 96 名、第 89 名。因此，白银市还需要在创新市场环境、创新人才环境和基础设施环境方面不断努力，为推动白银市创新发展提供更好的环境基础。

在创新投入方面，白银市的得分和排名较高，创新投入的得分为 0.645，排名位列第 11 位，对总体创新指数排名的贡献率最大。其中，人才投入情况得分为 1.000，位列第 5 位。资金投入情况的得分为 0.291，位列第 64 位。资金投入情况包含的三个三级指标中，白银市 R&D 经费支出的得分为 0.068，排名为 69 位；白银市的教育支出和财政科技支出占财政支出的比重排名分别为 42 位和 72 位。由于白银市的人才投入排名很高，从而对该市的创新投入得分和排名起到了较好的拉动作用。

在创新产出方面，白银市的得分和排名也相对较低，创新产出的得分为 0.189，排名位列第 100 位。从分项指标来看，科技产出情况包括的两项三级指标中，专利申请授权量、企业商标拥有量得分分别为 0.087 和 0.030，排名分别位于第 62 和第 103 位。产业产出情况包含的三项三级指标中，第三产业增加值占 GDP 的比重排名中上，为第 48 名，但矿产资源开发年税金占财政收入的比重、矿产资源开发综合利用产值占 GDP 的比重排名均较靠后，均为 97 名。

在 4 项一级指标中，白银市在创新绩效方面取得的成效最差，排名第 104 位，从而较大程度地拉低了创新指数的排名。从分项指标来看，2014 年全员劳动生产率指标得分为 0.115，排名非常靠后，为第 103 位；能源消费弹性系数的排名较靠前，为第 18 位。但单位 GDP 能耗和单位 GDP 矿石开采量的排名较靠后，分别为倒数第 5 名和第 79 名。

（5）政策建议

从指标评价结果来看，白银市除创新投入外，创新环境、创新产出和创新绩效的排名均较低。为此，建议在未来大力推动该市的创新环境建设，加强创新成果转化和提升创新绩效。首先应在创新市场环境、创新人才环境和基础设施环境方面不断努力，从而不断改善和提升白银市的创新环境；其次白银市未来应努力提升科技成果产出水平，通过对经济结构的调整、资源的循环利用等方式来提升矿产资源开发综合利用产值，从而推动创新产出水平的不断提升；最后应注重运用科技技术进步等方式来不断降低单位 GDP 能耗、单位 GDP 矿石开采量，同时，应加强对人力资本的培训力度，合理配置人员，从而提升劳动生产率。通过上述方式来补缺创新驱动发展中的短板，从而推动城市创新发展。

作为衰退型资源城市之一，白银市在创新驱动发展方面表现并不理想，创新指数在所有 116 个地级市中排名第 82 位，在未来发展中应注意：

进一步加快建设兰白科技创新改革试验区。依托各类技术产业开发区的平台效应，进一步进行对政策资源和创新要素的整合，正确攻克下创新的核心区域。坚持把科技作为第一生产力、创新作为第一驱动力的方针，大力推动体制机制改革，积极探索创新资源的合理配置，大力促进产业的优化升级，加强科技合作交流，先行先试，实现经济社会发展和科技创新的深度融合。推动科技企业孵化器建设。深入实践重大技术与装备的规模化、循环化的扩张模式，以产业转型升级引领区、高新技术产业聚集区和优势资源集约利用示范区建设为目标，强化技术合作交流，产学研深度整合，建设创新型专业园区和开放型经济园区，提升园区内的人才、技术、项目、企业聚集能力，提高科技进步对经济发展的贡献率。

坚持"科技创新 + 体制机制创新"，以双轮驱动与"创新驱动 + 改革试验"带动创新发展，一方面要完善创新体系，打造创新集群，另一方面要增强科技基础实力，提升经济实力，同时深化改革试验，明确政府和市场的作用和地位，向着把白银高新区打造成国家自主创新示范区核心区之一的目标而努力。

6.22.3 武威市

（1）城市概况

武威，古称凉州，是甘肃省下辖地级市。武威历史有机，曾经是"凉州牧"、"凉州刺史部"、"凉州总管府"、"河西节度使"、"凉州都督府"的政府驻地，也是举世闻名的"丝绸之路"的要冲与重镇。凉州地理位置十分优越，处于亚欧大陆桥的黄金节点，地处西陇海兰新线经济带的中心地段，素有"世界白牦牛唯一产地"、"中国葡萄酒的故乡"、"中国人参果之乡"等美誉。全市辖 1 区 3 县，总面积三万多平方千米。2015 年全年实现生产总值 416.19 亿元，按可比价计算，比上年增长 8.7%。其中，第一产业增加值 99.79 亿元，增长 6%；第二产业增加值 152.54 亿元，增长 6.7%；第三产业增加值 163.86 亿元，增长 11.3%[①]。

武威市拥有丰富的土地、矿产、农业、光热风能和人力资源，是甘肃重要的农产品生产基地，也是绿色食品最佳产区之一，并且已经具备发展新型工业体系和现代农业体系的扎实基础。2010 年以来，武威强力推进"设施农牧业 + 特色林果业"主体生产模式和"贮藏加工 + 运输销售"的营销模式，大力发展以葡萄、红枣、枸杞、皇冠梨为主的特色林果业、以日光温室为主的瓜菜业和以暖棚养殖为主的畜牧业，截至2015 年，武威市的酿造葡萄面积已达到 26 万亩，占全省总面积的 84% 以上，全国

---

① 武威市 2015 年国民经济和社会发展统计公报。

总面积的 15% 以上。武威也是全省重要的商品蔬菜生产基地和国家"西菜东运"生产基地之一，因质优量大的农林牧产品走俏市场。武威作为中国葡萄酒的故乡，被称为"中国的波尔多"，2014 年 5 月"武威酿酒葡萄"被国家认定为农产品地理标志，2012 年 10 月武威市被国家命名为全国第一个、也是目前唯一的"中国葡萄酒城"。

（2）创新发展概况

近年来，武威市深入实施创新驱动发展战略，大力增强科技创新驱动能力，积极优化创新政策环境，不断深化科技体制机制改革，提高区域科技创新能力，着力集聚创新优势资源，大力提升全市科技创新能力，显著增强科技服务于经济社会发展的成效。

"十二五"以来，全市大力扶持科技项目，全力支撑和引导企业增加科技研发投入，已经争取到国家、省列科技计划项目达 152 项，获得资助资金共计 11492 万元。其中，省级重大科技专项 8 项，国家科技惠民计划 2 项，国家中小企业技术创新基金 52 项。2015 年全年组织实施科技项目 81 项，其中国家级 12 项，省级 19 项，市级 50 项；组织鉴定各类科技成果 98 项；获得省部级奖励 1 项[①]。

进入"十三五"以来，武威市推动创新驱动。大力推进以科技创新为核心，以破除体制机制障碍为主攻方向的创新体制建设，统筹推进管理体制、组织体系、品牌战略、商业模式多方面协同创新，激发大众创业、万众创新的热情与潜能。加强科技与经济对接、创新成果与产业发展对接，努力在科技成果转化、金融创新、开放创新、人才培养和激励等方面取得重大突破，推动形成创新驱动发展体系。

（3）得分结果

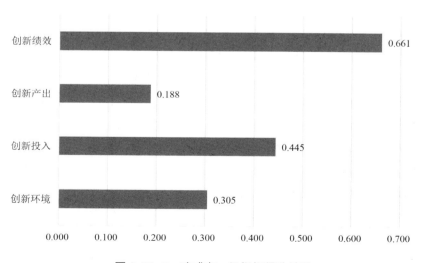

图 6.22.5　武威市一级指标得分结果

---

① 武威市 2015 年国民经济和社会发展统计公报。

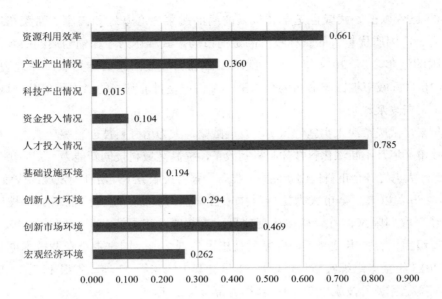

图 6.22.6　武威市二级指标得分结果

（4）创新评价

作为 116 个资源型城市中创新指数排名第 60 位的城市，武威市在创新绩效方面的成效表现相对突出，排名为第 39 位，其次为创新投入和创新环境，排名分别位于第 48 位和第 62 位。相比之下，创新产出的排名较靠后，排名为第 101 位，这一定程度上拉低了武威市创新指数的总体评价得分和排名。

在创新环境方面，武威市位列全国所有资源型城市的第 62 位，表现一般。从创新环境的各项分项指标评分结果来看，武威市创新市场环境的得分比较理想，得分为 0.469，排名为第 15 位。相比之下，宏观经济环境，创新人才环境和基础设施环境的排名均不理想，分别为第 57、75、105 名。近年来，武威市大力推动转型升级、科学发展、富民强市，经济增长势头强劲，多数主要经济指标位居全省前列，为武威市的进一步转型发展提供了良好的宏观经济环境和创新市场环境。

在创新投入方面，武威市的得分和排名相对较低，创新投入的得分为 0.445，排名位列第 48 位。其中，人才投入情况得分为 0.785，位列第 22 位。资金投入情况的得分为 0.104，位列第 111 位。资金投入情况包含的三个三级指标中，武威市 R&D 经费支出的得分为 0.016，排名为 94 位；相对于其他资源型城市来说，武威市的教育支出和财政科技支出占财政支出的比重均较小，两项指标的排名分别为第 93 和第 112 位，从而导致资金投入情况在所有资源型城市中排名非常靠后。

在创新产出方面，武威市的得分和排名很低，创新产出的得分为 0.188，排名位列第 101 位，拉低了总体创新指数的排名。从分项指标来看，科技产出情况包括的两项三级指标中，专利申请授权量、企业商标拥有量得分分别为 0.029 和 0.003，排名分别位于第 89 和第 107 位。产业产出情况包含的三项三级指标中，矿产资源开发年税金占财政收入的比重指标的排名处于中上水平，为 51 位；由于武威市第三产业增加值占 GDP 的比重、矿产资源开发综合利用产值占 GDP 的比重排名均非常靠后，分别为 71 名和倒数第 1 名，从而拉低了创新产出所占名次。

武威市在创新绩效方面取得的成效突出，排名第 39 位。从分项指标来看，2014年全员劳动生产率指标得分为 0.236，排名较为靠后，为第 81 位；单位 GDP 矿石开采量和单位 GDP 能耗的排名非常靠前，分别为第 18 名和第 17 名。但能源消费弹性系数的排名相对靠后，为第 68 位。

（5）政策建议

从指标评价结果来看，武威市的主要问题在于创新产出方面，其次是创新投入不算高，创新环境不太理想。为此，建议在未来首先应努力提升科技成果产出水平，注重加快城市转型和产业转型，集中力量优化产业结构，大力提升第三产业所占比重，加强资源的循环利用效率，注重提升矿产资源开发综合利用产值，从而提升武威市创新产出水平；其次应加强创新的人财物投入，由于武威市的 R&D 经费支出较少，教育支出占财政支出的比重、财政科技支出占财政支出的比重较小，排名较为靠后，因此尤其应加大创新的资金投入力度；同时还应注重加强宏观经济环境、创新人才环境和基础设施环境建设，补缺创新驱动发展中的短板，从而推动城市创新发展。

作为成长型资源城市之一，武威市在创新驱动发展方面取得的成效一般，创新指数在 116 个地级市中排名第 60 位，在未来发展中应注意：

加强自主创新。大力推进省级创新型试点城市建设，积极参与实施企业技术创新培育工程，扶持和推动企业增强创新动力，深入推进校企合作，支持企业与高等院校、科研院所的技术合作交流，建设和完善高水平的研发平台，在重点产业和领域共同组建技术创新联盟，以提升自主知识产权和自主品牌产品的研发能力。依托科技园区，加强对科技创新项目的扶持和激励政策，提高企业升级改造的积极性，提升自主创新能力。

培育创新人才。坚持人才优先发展的战略，实施更加开放、务实、灵活、管用的人才引进和培育政策，要更大力度地引进高层次人才和重点领域紧缺人才，并进一步调整和优化人才结构。建立企业为主体、产业为牵引、专业为需要的人才培养引进机制，鼓励企业、高校、科研院所、社会组织、个人等有序参与人才资源开发和人才引进。充分发挥人才作用，实施重大人才工程，搭建人才创新创业平台，完善人才评价激励机制和服务保障体系，推动形成人才高地。

6.22.4 张掖市

（1）城市概况

张掖，甘肃省省辖市。以"张国臂掖，以通西域"而得名。地处河西走廊中段，中国甘肃省西北部，张掖历史悠久，文化灿烂，自然风光优美，人文景观独特自古就被誉为"塞上江南"、"金张掖"，是国家 1986 年颁布的第二批全国历史文化名城之一。全市辖 1 区 6 县，总面积四万多平方千米。2015 年全年实现生产总值 373.53 亿元，比上年增长 7.5%。其中，第一产业增加值 95.02 亿元，增长 5.7%；第二产业增加值 109.84 亿元，增长 6.1%；第三产业增加值 168.67 亿元，增长 9.5%。按常住人口计算，人均生产总值 30704 元，比上年增长 7%。三次产业结构调整为 25.4∶29.4∶45.2，与上年相比，第一产业比重上升 0.8 个百分点，第二产业比重下降 3.6 个百分点，第三产业比重上升 2.8 个百分点[1]。

张掖市矿产资源丰富，包括煤、铁、铜、铅锌、芒硝、石膏、钨钼、花岗岩、大理岩、熔剂用灰岩、冶金用白云岩、含碘凹凸棒石粘土矿等共计 24 种。全市铁矿储量 8.93 亿吨，煤炭远景储量 10.5 亿吨，钨远景资源量 50 万吨，钼远景资源量 102 万吨，石灰石资源储量 4.62 亿吨，芒硝资源储量 2581.3 万吨，石膏储量 2.32 亿吨，原盐资源储量 320 万吨，萤石矿资源储量 23 万吨，冶金用白云岩资源储量 6031 万吨，重晶石资源储量 1850 万吨，含碘凹凸棒石粘土矿资源储量 1137 万吨。除此之外，作为历史文化名城，张掖还有丰富的旅游资源，市内有大佛寺、马蹄寺、木塔寺、西来寺、土塔寺、镇远楼、民勤会馆、山西会馆、黑水国遗址等名胜古迹。

（2）创新发展概况

近年来，张掖市大力开展"走进高校院所"为题的产学研合作活动，在产学研项目合作、科研基地建设、人才培养引进、共建企业研发中心等多个方面达成共识。市政府大力支持开展全方位、多层次、有实效的对外科技合作，促进科技创新、推动科技成果转化，已与多家高校、科研单位签订科技合作协议，建立起了战略合作关系，每年安排专项资金用于科技合作和专利申请补助。2015 年年末共有科研机构 5 个，各类专业技术人员 2.18 万人。其中，工程技术人员 0.14 万人，农业技术人员 0.18 万人，教学技术人员 1.42 万人。全年财政科学技术支出 6082 万元，比上年下降 17.61%。全年共取得市省级以上科技成果 60 项，获得奖励项目 65 项，高技术产业化示范工程项目 9 项。受理专利申请 1129 件，授权专利 422 件，授予发明专利权 43 件。全年共签订技术合同 66 项，技术合同成交金额 13.2 亿元，比上年增长 19.24%[2]。

---

① 张掖市 2015 年国民经济和社会发展统计公报。
② 张掖市 2015 年国民经济和社会发展统计公报。

进入"十三五"以来，张掖市继续坚持实施创新驱动发展战略，充分发挥科技创新在全面创新中的引领作用。提出到 2020 年科技对经济增长的贡献率达到 55%、战略性新兴产业增加值占地区生产总值的比重达到 16%，分别比"十二五"末提升 5 个百分点和 4 个百分点。这既顺应了在资源环境日趋约束情况下要保持经济中高速增长的现实需要，也能推进经济转型升级、持续提升发展质量效益。

（3）得分结果

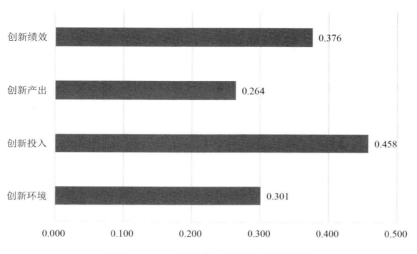

图 6.22.7　张掖市一级指标得分结果

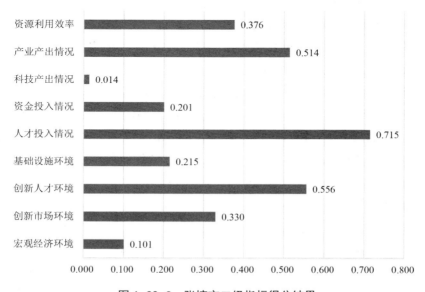

图 6.22.8　张掖市二级指标得分结果

（4）创新评价

作为 116 个资源型城市中创新指数排名第 89 位的城市，张掖市在创新投入方面表现相对较好，排名为第 46 位；其次为创新环境和创新产出，排名分别为第 66 位和第 73 位。相比之下，创新绩效排名相对靠后，位于第 101 位，这一定程度上拉低了张掖市创新指数的总体评价得分和排名。

在创新环境方面，张掖市位列全国所有资源型城市的第 66 位，可见张掖市在创新环境方面表现一般。从创新环境的各项分项指标评分结果来看，张掖市各项指标的得分，除了创新人才环境排名第 21，相对较高之外，创新市场环境的排名为第 53 名，排名较为居中，但宏观经济环境、基础设施环境得分分别为 0.101、0.215，其排名分别位于所有资源型城市的第 110 名、第 99 名，排名非常靠后，这在很大程度上拉低了张掖市创新环境指数排名。

在创新投入方面，张掖市的得分和排名较为理想，创新投入的得分为 0.458，排名位列第 46 位，对总体创新指数排名的贡献率较大。其中，人才投入情况得分为 0.715，位列第 27 位。资金投入情况的得分为 0.201，位列第 91 位。资金投入情况包含的三个三级指标中，张掖市 R&D 经费支出的得分为 0.027，排名为 86 位；相对于其他资源型城市来说，张掖市的教育支出占财政支出的比重、财政科技支出占财政支出的比重均较小，两项指标的排名分别为第 72 名和第 74 名，从而导致资金投入情况在所有资源型城市中排名较为靠后。

张掖市创新产出指标得分为 0.264，排名位列第 73 位。从分项指标来看，科技产出情况包括的两项三级指标中，专利申请授权量、企业商标拥有量得分分别为 0.018 和 0.011，排名分别位于第 97 和第 105 位。产业产出情况包含的三项三级指标中，矿产资源开发年税金占财政收入的比重指标的排名较低，为 70 名；由于张掖市第三产业增加值占 GDP 的比重较高，因此该指标的排名非常靠前，为第 19 名；矿产资源开发综合利用产值占 GDP 的比重排名也较为靠前，为第 42 名。

张掖市在创新绩效方面取得的成效很差，排名第 101 位。从分项指标来看，2014 年全员劳动生产率的指标得分为 0.156，排名非常靠后，为第 102 位；单位 GDP 矿石开采量、能源消费弹性系数的排名也相对靠后，排名分别为第 87 名和第 115 名；单位 GDP 能耗的排名较为居中，为第 59 位。

（5）政策建议

从指标评价结果来看，张掖市的主要问题在于创新绩效方面，其次是创新产出和创新环境。为此，在未来张掖市首先应加强创新成果转化和提升创新绩效，通过提升资源和能源使用效率、利用科技技术进步等方式来降低单位 GDP 矿石开采量和能源消费弹性系数，加强人员的培训、激励和合理优化配置，进一步提升全员劳动生产率；其次，应努力提升科技成果产出水平，从而推动张掖市在创新产出方面取得更好的成效；再次应加强张掖市宏观经济环境、创新市场环境和基础设施环境建设，推动城市创新环境的不断提升。

作为再生型资源城市之一，张掖市已经成功地实现城市转型，并且在创新驱动发展方面也取得了很好的成绩，创新指数在所有 116 个地级市中排名第 89 位，在未来发展中应注意：

不断推进制度创新、理论创新、科技创新、文化创新，实现全面创新，着力激发大众的创新创业活力，构建大众创业万众创新的体制架构，依靠创新驱动，发挥先发优势，实现引领型发展。

把"大众创业万众创新"作为创新驱动发展战略核心政策载体和新常态下经济发展的主要动力和基本方式，以各类创新基地为实践载体，以全区互联网创新创业平台为虚拟载体，构建良好的技术引进、创新与输出环境。以推进"互联网＋"行动计划为契机，推进互联网技术在城镇化建设、民生改善等领域全面深度覆盖，整体实现互联网惠民、惠政、惠商。

发挥创新人才支撑作用。大力实施人才强市战略，出台并完善人才引进、人才培育、人才发展的政策，制定实施人才发展规划，引进高层次的科技领军人才和重点领域的创新创业人才。以大型企业和重大项目为依托，加快引进专业技术人才，建立起一批创新型企业家和高技能人才队伍，以培育优势特色产业和战略性新兴产业。

6.22.5　平凉市

（1）城市概况

平凉市地处陕甘宁交汇几何中心"金三角"，是甘肃省下辖的地级市，是古"丝绸之路"必经重镇，素有"陇上旱码头"之称，史称"西出长安第一城"。平凉地理位置重要，不仅是西北地区的公路枢纽，而且承担了欧亚大陆桥第二通道重要中转站的角色。全市辖 1 区 6 县，总面积一万多平方千米。平凉是中国西北地区重要的畜牧业基地和皮毛集散地，甘肃省主要农林产品生产基地和畜牧业基地。2015年全年实现生产总值 347.7 亿元，增长 7.6%。其中，第一产业增加值 94.21 亿元，增长 5.8%；第二产业增加值 96.95 亿元，增长 5.7%；第三产业增加值 156.54 亿元，增长 11.3%[①]。

平凉拥有丰富的矿产资源，尤其是煤炭、石油、石灰岩等矿产县有比较优势。平凉是全省最大的煤电化产业基地，也是全国 13 个大型煤炭基地之一，境内的华亭煤

---

① 平凉市 2015 年国民经济和社会发展统计公报。

田作为鄂尔多斯聚煤盆地中煤层最厚的地段，总面积达 150 平方公里，是甘肃省第一大煤田，煤质优良，是优质动力用煤和目前中国最好的气化用煤。除此之外，平凉市旅游资源丰富，魅力独具、闻名遐迩，境内有国家首批 5A 级旅游景区崆峒山、国家文物保护单位南石窟寺、森林公园云崖寺、崇信龙泉寺、泾川王母宫等自然景观 100 多处，被评为"中国优秀旅游城市"、"中国顾客最满意的十大风景名胜区"和"中国最值得外国人去的 50 个地方"之一。

（2）创新发展概况

近年来，平凉市大力增强科技创新驱动能力，"十二五"以来，新增省级工程技术研究中心 2 个，研发新产品 45 项，取得省级新产品及科技成果 26 项，科技对经济发展的贡献率明显提升。2015 年，全年争取国家和省列科技项目 15 项，落实资金 684 万元。国家项目 1 项，落实资金 108 万元；省列项目 14 项，落实资金 576 万元；安排实施市列科技项目 12 项，经费 125 万元。本年度共评出科技进步奖 100 项，一等奖 13 项，二等奖 67 项，三等奖 20 项[①]。

进入"十三五"以来，平凉市坚持创新驱动的发展战略，进一步加快构建现代产业体系。进一步优化产业结构，发展先进技术，推行倡导清洁低碳的生产方式，提升产业附加值，构建现代产业体系。健全现代化的农业产业体系，转变农业发展方式，培育壮大农业企业，大力推广旱作农业技术，持续提高优势产业的质量效益和竞争力，培育多元增收产业，加快推动农业信息化、标准化和机械化，因地制宜发展农民合作社、家庭农场，创建不同类型、不同层级的现代农业示范园，建成全国生态循环农业示范区，继续实施工业强市发展战略，推进煤电化冶一体化，着眼绿色开发、深度转化、高效利用，争取实施陇东特高压电力外送工程和一批火电项目，大力发展烯烃、甲醇、聚丙烯、煤制气等煤化工产业，建设现代化安全高效矿区，打造平凉工业园区、华亭工业园区两个千亿级煤电化冶循环经济示范基地和千万千瓦级大型煤电基地。进一步延伸产业链条，实现产业集聚效应，加快改造升级装备制造、农产品加工、建材、棉纺和纸制品生产等传统产业，加快发展战略性新兴产业，打造新能源、生物医药、信息技术、新材料等新兴产业集群。

---

① 平凉市人民政府网。

（3）得分结果

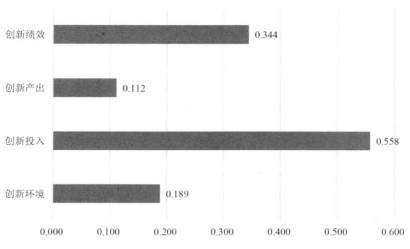

图 6.22.9　平凉市一级指标得分结果

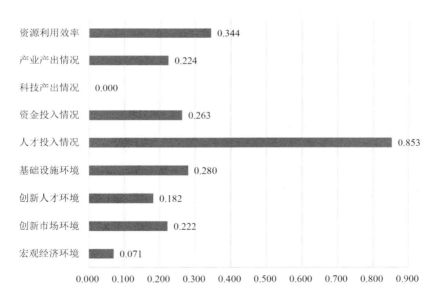

图 6.22.10　平凉市二级指标得分结果

（4）创新评价

作为 116 个资源型城市中创新指数排名第 106 位的城市，平凉市在创新投入面的成效表现较为突出，排名为第 27 位，但是，创新环境、创新产出、创新绩效的排名均较低，分别为 111 名、115 名、107 名，由于这三项一级指标的排名均非常靠后，因此这很大程度上拉低了平凉市创新指数的总体评价得分和排名。

在创新环境方面，平凉市位列全国所有资源型城市的第 111 位，可见平凉市的创新环境还有待提升。从创新环境的各项分项指标评分结果来看，平凉市各项指标的得分均不理想，宏观经济环境、创新市场环境、创新人才环境和基础设施环境得分分别为 0.071、0.222、0.182 和 0.280，其排名分别位于所有资源型城市的第 116 名、第 94 名、第 101 名和第 88 名。无论是在宏观经济环境、创新市场环境、创新人才环境和基础设施环境方面，平凉市都应该加大扶持力度，为平凉市的创新发展创造更加良好的环境条件。

在创新投入方面，平凉市的得分和排名相对最高，创新投入的得分为 0.558，排名位列第 27 位，对总体创新指数排名的贡献率最大。其中，人才投入情况得分为 0.853，位列第 15 位；资金投入情况的得分为 0.263，位列第 73 位。资金投入情况包含的三个三级指标中，平凉市 R&D 经费支出的得分为 0.002，排名为 105 位；相对于其他资源型城市来说，平凉市的教育支出占财政支出的比重较高，但财政科技支出占财政支出的比重较小，两项三级指标的排名分别为第 23 名和第 105 名。

在创新产出方面，平凉市的得分和排名也相对较低，创新产出的得分为 0.112，排名位列第 115 位，从而拉低了总体创新指数的排名。从分项指标来看，科技产出情况包括的两项三级指标中，专利申请授权量、企业商标拥有量得分分别为 0.000 和 0.000，排名分别位于第 115 和第 115 位。第三产业增加值占 GDP 的比重虽然较高，2014 年第三产业占比为 39.87%，排名较为靠前，为第 25 名。但是矿产资源开发年税金占财政收入的比重及矿产资源开发综合利用产值占 GDP 的比重排名非常靠后，分别为倒数第 1 名和第 108 名，从而拉低了创新产出所占名次。

平凉市在创新绩效方面取得的成效也很差，排名第 107 位。从分项指标来看，2014 年全员劳动生产率排名非常靠后，为第 115 位；单位 GDP 矿石开采量的排名也非常靠后，排名 110 位；单位 GDP 能耗的排名中等偏上，为第 40 名；能源消费弹性系数排名则非常靠前，为第 7 名。

（5）政策建议

从指标评价结果来看，平凉市除了创新投入取得的排名较好外，创新环境较差，创新产出和创新绩效的成果较低。为此，建议在未来首先应努力提升科技成果产出水平，注重加强产业转型升级、资源的综合利用和循环利用，降低经济发展对矿产资源行业的依赖程度和提升矿产资源开发综合利用产值，从而推动创新产出成效的提升；其次应加强平凉市宏观经济环境、创新市场环境、创新人才环境和基础设施环境的建设，从而为创新发展提供良好的环境基础；再次应加强创新成果转化和提升创新绩效，通过加强人员的培训、激励和优化配置、推动城市经济转型等方式来提升全员劳动生产率和降低单位 GDP 矿石开采量，补缺创新驱动发展中的短板，从而推动城市创新发展。

作为成熟型资源城市之一，平凉市创新指数在 116 个地级市中排名第 106 位，可见平凉市在创新驱动发展方面，还需要不断努力，在未来发展中应注意加快推进科技创新、产业创新、金融创新、信息化创新和机制体制创新：

发挥企业创新主体作用。进一步确立企业在创新中的主体地位，特别要发挥中小微企业的主导作用，扶持企业增加科研经费投入，支持企业进行创新决策、自主研发和成果转化，提升整体科研和创新能力，加快形成一批专利产品和一系列领先技术，培育国际竞争力。

发挥产学研平台作用。以兰白科技创新改革试验区为核心，依托现有各类园区和工业集中区等存量资源，实现"陇海—兰新—包兰—兰渝线"的产业布局。培育改造一批高新技术产业园区和农业科技园区，建立产业创新集群，发挥创新的带动能力和示范作用。发挥产学研平台的作用，推进实验室建设，推动技术研发侧改革，构建产业协同创新体系，深度融合科研成果和产业发展。

发挥创新人才支撑作用。大力实施人才强市战略，出台并完善人才引进、人才培育、人才发展的政策，制定实施人才发展规划，引进高层次的科技领军人才和重点领域的创新创业人才。以大型企业和重大项目为依托，加快引进专业技术人才，建立起一批创新型企业家和高技能人才队伍，以培育优势特色产业和战略性新兴产业。

6. 22. 6　庆阳市

（1）城市概况

庆阳是甘肃省下辖市，是国家级陇东大型能源化工基地核心区，拥有丰富的煤炭、石油和天然气资源，是长庆油田的发源地。庆阳市被誉为"永远的红区"，是中华民族早期农耕文明的发祥地之一。全市辖 1 区 7 县，总面积两万七千多平方公里。2015 年实现生产总值 609.43 亿元，增长 9.0%。其中，第一产业增加值 82.25 亿元，增长 5.6%；第二产业增加值 321.26 亿元，增长 9.7%；第三产业增加值 205.92 亿元，增长 8.9%[①]。

庆阳资源丰富，仅次于陕西省榆林市，是中国第二大的能源资源大市。拥有甘肃最大的原油生产基地，长庆油田。除此之外，煤炭资源十分丰富，煤炭预测总储量达 2360 亿吨，占甘肃全省的 94%。依托这些资源，庆阳已吸引了大量特大型央企和其他企业，已有中国华能集团公司、华电集团、大唐集团、中国铝业、中煤等央企和淮北矿业、甘肃能源集团、金川集团等省级大型企业进驻，其煤电、煤化工、煤建材和

---

① 庆阳市 2015 年国民经济和社会发展统计公报。

运煤公路、铁路等产业相当成熟。庆阳在建的大型煤矿有核桃峪、新庄、马福川、刘园子、甜水堡等，预计年产近 3000 万吨。

（2）创新发展概况

近年来，庆阳市大力增强科技创新驱动能力，加快转变经济发展方式，着力促进科技成果产业化，为促进全市经济社会转型跨越发展提供科技支撑。

进入"十三五"以来，庆阳确立了"坚持创新发展，激发发展活力"的原则。把创新摆在全市发展大局的核心位置，积极探索适合自身发展实际的新道路、新模式，不断催生新产业、新技术、新业态，寻求新的增长点和驱动力。推进政策改革和创新，构建有利于创新发展的政策架构；推进科技创新，驱动产业升级；推进企业创新，构筑有利于创新转化的开放平台，扩大创新对拉动发展的乘数效应，让创新成为推动经济社会发展的强大动能。提出到 2020 年，培育国家高新技术企业 10 家，市级工程技术研究中心 30 家，省级工程技术研究中心和重点实验室 5 家。大力促进新型工业化，围绕煤电一体化、炼油—化工一体化，重点关注食品精深加工，进一步提升产品质量，攻关关键技术；积极关注生态脆弱区的可持续发展问题，坚持节能减排；进一步延伸装备制造产业链，发展煤化、石化全产业链，完善新能源及新材料产业链。同时，促进农业现代化的发展，推行复合型现代农业和循环农业，研发和引进高产优质新品种，推广和应用高效的生产技术和先进农业装备设施技术，强化现代农业信息资源集成应用，走农产品精深加工的道路，并配套发展现代贮运技术，实现农业现代化。加强对黄土高原生态的综合治理。到 2020 年，全市 R&D 投入占地区生产总值的比重达到 2%。

（3）得分结果

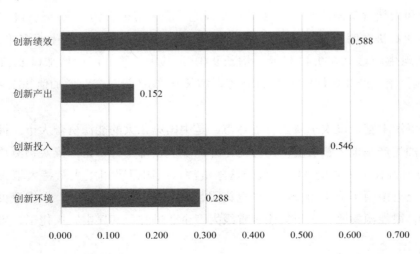

图 6.22.11   庆阳市一级指标得分结果

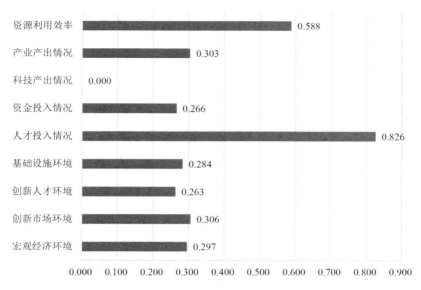

图 6.22.12　庆阳市二级指标得分结果

（4）创新评价

作为 116 个资源型城市中创新指数排名第 63 位的城市，庆阳市在创新投入方面表现较为突出，排名第 29 位，其次为创新绩效，排名为第 62 位。相比之下，创新环境和创新产出的排名相对靠后，分别为第 75 位和 111 位，这一定程度上拉低了庆阳市创新指数的总体评价得分和排名。

在创新环境方面，庆阳市得分为 0.288，位列全国所有资源型城市的第 75 位，可见庆阳市在创新环境方面取得的成效较差。从创新环境的各项分项指标评分结果来看，宏观经济环境、创新市场环境、创新人才环境和基础设施环境得分分别为 0.297、0.306、0.263 和 0.284，其排名分别位于所有资源型城市的第 45 名、第 62 名、第 80 名和第 86 名。因此，庆阳市应该加大创新环境投资力度，尤其是在创新人才环境和基础设施环境方面，从而为庆阳市创新发展奠定良好的环境基础。

在创新投入方面，庆阳市的得分和排名相对较高，创新投入的得分为 0.546，排名位列第 29 位，对总体创新指数排名的贡献率最大。其中，人才投入情况得分为 0.826，位列第 16 位。资金投入情况的得分为 0.266，位列第 71 位。资金投入情况包含的三个三级指标中，庆阳市 R&D 经费支出的得分为 0.023，排名为 88 位；教育支出和财政科技支出占财政支出的比重指标得分分别为 0.611 和 0.230，排名分别为第 61 位和 58 位，排名均较为居中。

在创新产出方面，庆阳市的得分和排名相对较低，创新产出的得分为 0.152，排名位列第 111 位，是拉低总体创新指数排名的最主要影响因素。从分项指标来看，科技产出情况包括的两项三级指标中，专利申请授权量、企业商标拥有量得分分别为 0.001 和 0.000，排名分别位于第 109 和第 116 位。产业产出情况包含的三项三级指标中，矿产资源开发年税金占财政收入的比重指标的排名非常靠前，为第 5 位；但由于庆阳市第三产业增加值占 GDP 的比重、矿产资源开发综合利用产值占 GDP 的比重排名非常靠后，分别为第 100 名和第 90 名，从而拉低了产业产出所占名次。

庆阳市在创新绩效方面取得的表现一般，排名第 62 位。从分项指标来看，单位 GDP 矿石开采量和单位 GDP 能耗的排名较为靠前，分别为第 13 名和第 38 名；全员劳动生产率指标表现平平，2014 年全员劳动生产率的指标得分为 0.351，排名 60 位；但能源消费弹性系数的排名非常靠后，为倒数第 1 位，从而大幅度的拉低了创新绩效指标的排名。

（5）政策建议

从指标评价结果来看，庆阳市的主要问题在于创新产出方面，其次是创新环境和创新绩效较差。为此，在今后首先应努力提升科技成果产出水平，加强产业结构调整，优化产业结构，大力提升第三产业所占比重和降低经济增长对资源型行业的依赖程度，同时还应注重资源的综合利用和循环利用，提升矿产资源开发综合利用产值，从而提升创新产出成效；其次庆阳市应大力加强创新市场环境、创新人才环境和基础设施环境建设，推动创新环境的不断改善和提升；再次应加强创新的人财物投入，尤其应加大创新的资金投入力度；最后应注重运用科技进步等方式来提升能源利用效率，降低能源消费增速和能源消费弹性系数，应注重人员的培训、激励和优化配置，提升全员劳动生产率水平，从而补缺创新驱动发展中的短板，推动城市创新发展。

作为成长型资源城市之一，庆阳市在创新驱动发展方面成绩一般，创新指数在所有 116 个地级市中排名第 63 位，在未来发展中应注意：

加强科技创新平台建设。借助"互联网＋"等先进技术，对现有科技创新平台进行嫁接改造，进一步集聚和整合创新资源要素，扩大石化、煤电、煤化、交通、水利、建筑等行业创新基地的示范带动效应。对接兰白科技创新改革试验区、关中—天水经济区建设和发展，着力打造具有庆阳特色的科技资源集聚中心和科技服务创新平台。

强化企业创新主体地位。给予企业充分自主权，发挥企业的主体作用，支持企业开展技术研发，推动各类创新资源向企业集聚，大力建设创新型企业，支持科技型中小企业健康发展，鼓励小微企业创业创新，提高市场竞争力。

突出创新人才的支撑作用。建立有利于人才聚集发展的管理体制和运行机制，为高端优质人才的聚集营造良好的政策环境和社会环境。全面落实鼓励科研人员离岗创业、促进科技成果转移转化等政策，赋予创新型领军人才更大的人、财、物支配权、技术路线决策权。并积极引进和培育高层次创新人才，为庆阳市的创新发展奠定良好的人才基础。

6.22.7 陇南市

（1）城市概况

陇南是甘肃省下辖的地级市，是甘肃省唯一属于长江水系并拥有亚热带气候的地区，被誉为"陇上江南"以盛产中药材和油橄榄闻名。陇南市辖1区8县，总面积两万七千多平方公里。2015年全市实现生产总值315.14亿元，同比增长9.5%。其中，第一产业实现增加值70.31亿元，同比增长6.0%；第二产业实现增加值72.93亿元，同比增长9.9%；第三产业实现增加值171.89亿元，同比增长10.8%[1]。

陇南矿产资源富集。有铅、锌、锰、金、硅、锑、铜、重晶石、煤等金属和34种非金属矿产，其中西成铅锌矿带是我国的第二大矿体，已探明储量达2400万吨；锑为我国第三大矿体，已探明金属储量14.9万吨；文县阳山金矿已探明储量300吨以上，是我国特大型金矿之一，并有望成为亚洲最大的金矿。依托这些资源，陇南市建起了甘肃陇南市徽县工业集中区、陇南西成经济开发区、武都吉石坝工业集中区、武都汉王产业园区（规划）、两当县工业集中区、西和县石堡循环经济产业园区。除此之外，陇南市还蕴藏着丰富的水能资源，有极大的开发价值[2]。

（2）创新发展概况

近年来，陇南市大力加强创新驱动发展。"十二五"期间，坚持教育优先发展战略，各级各类教育协调发展，城乡办学条件持续改善，教师队伍不断加强，教育质量明显提升，市一中成功创建省级示范性高中，陇南师专三校合一顺利完成，陇南师专升本和陇南卫生职业技术学院创建工作稳步推进。科技事业得到较快发展，科技创新能力明显增强。扎实开展社会稳定风险评估，深入推进社会治理创新，在全省率先开展农村社区建设试点，矛盾纠纷排查调处和信访工作深入开展，"六五"普法规划全面实施，平安陇南建设取得积极成效[3]。

"十三五"期间，陇南市始终不渝坚持创新发展。把创新作为引领发展的第一动力，摆在发展全局的核心位置，围绕科学发展这个主题和加快转变经济发展方式这条主线，紧扣提高经济发展质量和效益，深入实施创新驱动战略，大力推进理念创新、

---

① 陇南市2015年国民经济和社会发展统计公报。
② 陇南市人民政府网。
③ 陇南市2016年政府工作报告。

制度创新、科技创新、文化创新等各方面创新，让创新贯穿于一切工作的全过程，努力实现更高质量、更有效率、更加公平、更可持续的发展目标。大力实施创新驱动战略。加强科技创新平台建设，加大各级财政对科技创新及平台建设的支持力度，吸引有关企业、科研院所、高校、社会团体以及个人等在陇南设立研发机构。强化企业创新主体地位，重点支持有色冶金、白酒酿造、农产品加工等领域推广应用新技术、新工艺，研发新产品、新技术、新工艺。组建油橄榄、核桃、茶叶、中药材等国家级工程技术研发中心，提高特色优势产品研发水平。加大科技型企业培育发展力度，吸引科技型企业落户陇南，扶持科技型中小企业加快发展。加快科技创新成果转化，吸引院士、专家到陇南建立工作站，鼓励科技人员服务企业、服务"三农"。加大创新人才引进及培养力度，建立创新人才培养示范基地和工程创新实训基地。推动政府职能从研发管理向创新服务转变，完善科技创新投融资政策，充分发挥政府资金在科技投入中的引导作用，全面落实鼓励科技创新的税收优惠政策。加强知识产权保护，依法严厉打击对注册商标、地理标志产品的侵权违法行为。积极实施"互联网＋"行动计划，引进"互联网＋"和信息技术高端人才，建立"互联网＋"产业园及孵化器，大力推进"大数据"、云计算、物联网等信息产业发展[1]。

（3）得分结果

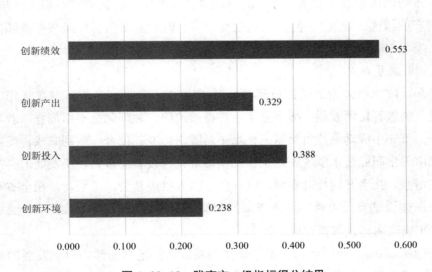

图 6.22.13　陇南市一级指标得分结果

---

[1] 陇南市国民经济和社会发展第十三个五年规划纲要。

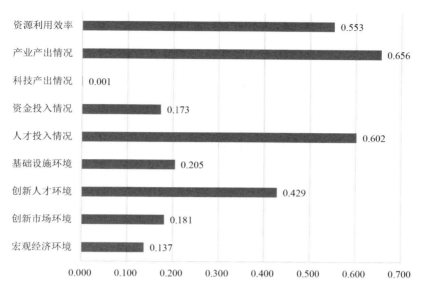

图 6.22.14 陇南市二级指标得分结果

（4）创新评价

作为 116 个资源型城市中创新指数排名第 74 位的城市，陇南市在创新产出方面表现相对较好，排名第 47 位。相比之下，创新环境，创新投入和创新绩效的排名中等靠后，分别排第 98 名、第 61 名和第 78 名，这在一定程度上影响了创新指数的排名。

在创新环境方面，陇南市得分为 0.238，位列全国所有资源型城市的第 98 位，可见陇南市创新环境方面表现很差。从创新环境的各项分项指标评分结果来看，陇南市各项指标中，除了创新人才环境排 38 位以外，排名均不理想。宏观经济环境、创新市场环境和基础设施环境得分分别为 0.137、0.181 和 0.205，其排名分别位于所有资源型城市的第 101 名、第 107 名和第 102 名。无论是在宏观经济环境、创新市场环境还是基础设施环境方面，陇南市都应该加大建设力度，从而为推动创新发展提供更好的环境基础。

在创新投入方面，陇南市的表现一般，创新投入的得分为 0.388，排名位列第 61 位。其中，人才投入情况得分为 0.602，位列第 34 位；资金投入情况的得分为 0.173，位列第 104 位。资金投入情况包含的三个三级指标中，陇南市 R&D 经费支出的得分为 0.000，排名为 116 位；相对于其他资源型城市来说，陇南市的教育支出占财政支出的比重、财政科技支出占财政支出的比重均较小，两个三级指标的排名分别位于第 64 名和第 111 名。

在创新产出方面，陇南市的得分为 0.329，排名位列第 47 位，对总体创新指数排名的贡献率最大。从分项指标来看，科技产出情况包括的两项三级指标中，专利申请授权量、企业商标拥有量得分分别为 0.000 和 0.002，排名分别位于第 116 和第 108 位。产业产出情况包含的三项三级指标中，矿产资源开发年税金占财政收入比重的指标排名较低，为 80 位；但第三产业增加值占 GDP 的比重较高，2014 年陇南市该比重为 48.35%，因此该指标排名非常靠前，为第 6 名；与此同时，矿产资源开发综合利用产值占 GDP 的比重排名也较高，为第 18 名。

陇南市在创新绩效方面取得的成效较差，排名第 78 位。从分项指标来看，2014年全员劳动生产率排名非常靠后，倒数第 1 位，这是拉低创新绩效排名最重要的影响因素；单位 GDP 矿石开采量的排名较为居中，为第 64 名；但单位 GDP 能耗和能源消费弹性系数的排名相对靠前，分别为第 11 位和第 27 位。

（5）政策建议

从指标评价结果来看，陇南市的主要问题在于创新环境方面，其次是创新绩效较差和创新投入较少。为此，建议在未来首先应加强宏观经济环境、创新市场环境和基础设施环境建设，为推动陇南市创新发展创造良好的环境条件；其次应注重人员的优化配置和经济投入，提高全员劳动生产率，进一步加快产业转型升级，降低经济发展对矿产资源行业的依赖程度，降低单位 GDP 矿石开采量，从而提升创新绩效水平；再次应加强创新的人财物投入，由于陇南市的 R&D 经费支出较少，教育支出占财政支出的比重、财政科技支出占财政支出的比重较小，因此尤其应加大创新的资金投入力度；最后应努力提升陇南市科技成果产出水平，从而补缺创新驱动发展中的短板，推动城市创新发展。

作为成长型资源城市之一，陇南市在创新驱动发展方面成绩中上，创新指数在所有 116 个地级市中排名第 74 位，在未来发展中应注意：

进一步推进科技创新与经济发展相嵌合。加强政府和市场分工的明确，政府负责市场不能有效配置资源的公共科技活动，加强供给基础技术、共性技术，市场发挥导向作用，确定技术研发方向、选择技术路线和配置创新资源。进一步鼓励各市县立足自身禀赋，构建"战略功能区＋创新型园区＋产业基地"的创新发展布局，实现多元化、多层次的发展。

促进研发活动与成果转化相嵌合。建立公共创新平台，引导高校、科研院所与企业对接，尊重企业需求，加强科技研发，共建科技创新联盟。以技术创新为核心，同时加强原始创新、制度创新，构建大创新生态系统，为高校、科研院所的基础研究、前沿探索等创新成果顺利转移到企业的技术创新上打下良好基础。

推进科技人员与激励机制相嵌合。支持科研人员与企业深度融合，注重完善科技人员双向流动机制。支持企业实施股权、期权、分红等多样化方式激励科研人员，以激发企业科研人员的创新积极性。鼓励校企联合办学企业，培育一批企业急需专业技术人才、在职博（硕）士等。

6.23　宁夏

6.23.1　石嘴山市

（1）城市概况

石嘴山市是宁夏回族自治区下辖的地级市，以生产无烟煤而闻名中外，素有"塞上煤城"的美誉，也是宁夏回族自治区的唯一一个获得"国家森林城市"称号的地级市。石嘴山市是宁夏能源重化工和原材料工业基地以及国家重要煤炭工业城市，是西北重要的工业城市。石嘴山辖2区1县，总面积五千多平方公里。2015年全市实现地区生产总值482.38亿元，增长6.9%。其中：第一产业增加值25.92亿元，增长4.5%；第二产业增加值308.33亿元，增长7.4%；第三产业增加值148.13亿元，增长6.0%。按常住人口计算，人均GDP达到61816元[①]。

石嘴山市已探明矿藏达十余种，包括煤炭、硅石、方解石、石灰石、石灰岩、辉绿岩、白砂岩、白云母、黏土、金、铜、铝、铁等，尤以煤、硅石、黏土等非金属矿藏蕴藏量大。全国12种煤种中石嘴山市就有11种，其中太西煤储量达6.55亿吨，是世界煤炭珍品，具有"三低、六高"的特点，被广泛用于冶金、化工、建材等行业。硅石储量达5亿吨，是硅系产品和玻璃工业的优质原料。黏土储量1300万吨，是陶瓷、水泥等建材工业的重要原料。除此之外，石嘴山市还有丰富的电力资源，人均发电量全国地市第一。依托这些资源，建成两个国家级开发区即石嘴山经济技术开发区、石嘴山高新技术产业开发区，两个省级开发区即石嘴山生态经济开发区、宁夏精细化工基地。现已形成新材料、装备制造、电石化工、冶金四大产业集群和新能源、生物医药、新型煤化工、现代纺织四个特色产业蓬勃发展的工业发展格局。

（2）创新发展概况

近年来，石嘴山市大力增强科技创新驱动能力，"十二五"以来，石嘴山市抢抓新一轮西部大开发、国家老工业城市调整、内陆开放型试验区建设、资源型城市经济转型改造等历史机遇，以创新驱动新型工业化建设，围绕自主创新，进一步改造提升传统优势特色产业，同时培育壮大新兴产业，转变工业发展方式，由投资驱动转向创

---

① 石嘴山市2015年国民经济和社会发展统计公报。

新驱动，加快提升工业经济的运行质量和运行效益。攻克核心技术，掌握自主产权，科技进步对全市经济社会增长的贡献率达到 45.67%[①]。

2015 年，石嘴山市争取国家、自治区各类科技项目 85 项，取得市级科技成果 32 项。15 个小微企业获批全国首批创新创业基地，22 家企业获批自治区科技型中小企业。搭建了农业园区信息服务平台，建设了 300 亩水产养殖在线智能监控系统、1000 亩露地瓜菜智能化种植管理系统和 1 个肉羊企业养殖智能化管理示范点。组织筹办了中国金属学会碳素材料分会第 29 届学术交流会和第一届宁夏碳基材料产业技术创新战略联盟研讨会，与中关村天合科技成果转化促进中心成立了中关村天合科技成果转化促进中心石嘴山分中心。申请专利 312 件，授权专利 201 件，获国家级专利优秀奖 1 项[②]。

进入"十三五"以来，石嘴山市为提高自主创新能力，加大科技投入力度，建立和完善企业科技创新后补助机制，重点关注新兴产业、现代服务业、现代农业，并进一步强化企业在科技创新中的主体地位，支持企业与科研院所加强深度合作，共建各类创新平台如实验室、技术创新中心等等，不断提高自主创新能力。启动科技"育龙工程"，鼓励支持科技型中小企业开展产品创新、品牌创新，形成一批具有竞争力的创新型企业。强化"三争三引"，千方百计引进和培养高端人才、产业领军人才、技术创新人才，支撑产业发展。

（3）得分结果

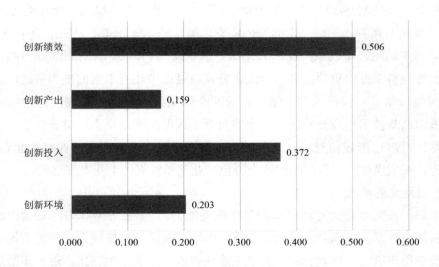

图 6.23.1　石嘴山市一级指标得分结果

---

① 石嘴山市人民政府网。
② 石嘴山市 2015 年国民经济和社会发展统计公报。

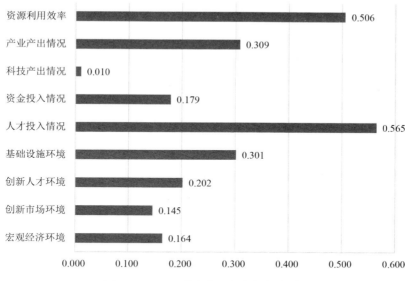

图 6.23.2　石嘴山市二级指标得分结果

（4）创新评价

作为 116 个资源型城市中创新指数排名第 104 位的城市，石嘴山市在创新环境、创新投入、创新产出、创新绩效方面表现均不突出，排名分别为第 109 名、68 名、109 名、87 名，除创新投入以外，由于 3 项一级指标的排名均不理想，由此得出的石嘴山市创新指数排名在样本城市中非常靠后。

在创新环境方面，石嘴山市的得分为 0.203，位列全国所有资源型城市的第 109 位，可见石嘴山市在创新环境方面表现很差。从创新环境的各项分项指标评分结果来看，各项指标的得分均不理想，宏观经济环境、创新市场环境、创新人才环境和基础设施环境得分分别为 0.164、0.145、0.202 和 0.301，其排名分别位于所有资源型城市的第 93 名、第 112 名、第 95 名和第 80 名。因此，无论是在宏观经济环境、创新市场环境、创新人才环境和基础设施环境方面，石嘴山市都需要加强建设，从而为推动创新发展提供良好的环境基础。

在创新投入方面，相较其他 3 项一级指标，石嘴山市的排名相对较高，创新投入的得分为 0.372，排名位列第 68 位，对总体创新指数排名的贡献率最大。其中，人才投入情况得分为 0.565，位列第 38 位。资金投入情况的得分为 0.179，位列第 101 位。资金投入情况包含的三个三级指标中，石嘴山市 R&D 经费支出的得分为 0.045，排名为 79 位；相对于其他资源型城市来说，石嘴山市的教育支出占财政支出的比重、财政科技支出占财政支出的比重均较小，排名分别位于第 94 名和第 65 名，从而导致资金投入情况在所有资源型城市中排名较差。

在创新产出方面，石嘴山市的得分和排名也很差，创新产出的得分为 0.159，排名位列第 109 位。从分项指标来看，科技产出情况包括的两项三级指标中，专利申请授权量、企业商标拥有量得分分别为 0.020 和 0.001，排名分别位于第 93 和第 109 位。产业产出情况包含的三项三级指标中，矿产资源开发年税金占财政收入的比重指标的排名较为靠前，为 24 位；但石嘴山市矿产资源开发综合利用产值占 GDP 的比重和第三产业增加值占 GDP 的比重排名均较低，分别为 109 名和 93 名，从而拉低了产业产出所占名次。

石嘴山市在创新绩效方面取得的成效也较差，排名第 87 位。从分项指标来看，2014 年全员劳动生产率指标得分为 0.632，排名较为靠前，为第 23 位；但由于能源消费弹性系数、单位 GDP 能耗和单位 GDP 矿石开采量的排名均较靠后，分别为第 92、116、74 位，从而拉低了创新绩效的得分和排名。

（5）政策建议

从指标评价结果来看，石嘴山市在创新环境、创新产出和创新绩效方面问题均较为突出，在创新投入方面也应加强。为此，建议在未来首先应加强宏观经济环境、创新市场环境、创新人才环境和基础设施环境的建设，从而创造更加良好的创新环境；其次应努力提升科技成果产出水平，注意加强资源的综合利用和循环利用、加强经济转型和产业转型，从而提升石嘴山市矿产资源开发综合利用产值和第三产业所占比重；再次应加强创新成果转化和提升创新绩效，通过运用技术进步等方式来降低能源消费弹性系数和降低单位 GDP 能耗水平，降低经济增长对矿产资源的依赖程度；最后，应加强创新的人财物投入，由于石嘴山市 R&D 经费支出较少，教育支出占财政支出的比重、财政科技支出占财政支出的比重较小，排名较为靠后，因此尤其应加大创新的资金投入力度，补缺创新驱动发展中的短板，从而推动城市创新发展。

作为衰退型资源城市之一，石嘴山市在创新驱动发展方面还需要更加努力。创新指数在所有 116 个地级市中排名第 104 位，在未来发展中应注意加快推进科技创新、产业创新、金融创新、信息化创新和机制体制创新。

实施科技创新行动。积极推进科技创新改革试验区建设，依托国家级高新区、经开区及国家农业科技园区，培育一批创新型领军企业、高新技术企业和科技型中小企业，争取孵化科技型小微企业，将其培育发展成新的经济增长点。聚焦新兴产业，大力发展高端装备制造、碳基材料、有色金属新材料、锂电池材料等产业，实施一批支撑产业转型升级的重大科技专项，突破一批制约产业发展的关键技术，转化一批科技成果，形成发展新动力。落实企业科技创新后补助政策，建立健全财政科技投入稳定增长机制，引导企业和社会增加科技创新投入，形成以财政投入为引导、企业投入为主体、金融资本为支撑、社会投资为补充的多元化、多渠道、多层次的科技投入体系。

强化企业作为科技创新主体的地位，发挥主导作用，支持企业开展科技攻关和技术改造，提高企业自主创新能力和核心竞争力。发挥稀有金属特种材料国家重点实验室等创新平台的辐射带动作用，支持企业加快工程技术中心、院士（博士后）科研工作站等研发机构建设，鼓励企业与科研机构加强科技合作，共建重点实验室、产业中试基地、技术中心等创新平台，促进科技资源优化整合，协同合作、互通共享。完善科技服务体系，提升科技创新公共服务水平，以创新驱动助力工程试点城市建设为契机，健全技术创新市场导向机制，形成覆盖科技创新全链条的科技服务新业态。

发挥创新人才支撑作用。强化推进人才强市战略，制定实施人才引进、培养和发展规划，出台有利于引进人才的政策，依托大型企业和重大项目引进优势特色产业和战略性新兴产业领域的专业技术人才，培养一批创新型企业家和高技能人才队伍。

6.24　新疆

6.24.1　克拉玛依市

（1）城市概况

开放的克拉玛依是一座经济繁荣的现代化新型工业城市，是一座焕发着勃勃生机的活力城市，是一座和谐宜居的可持续发展城市。因油而生、因水而兴的克拉玛依从未停止探索可持续、跨越式发展的脚步。牢牢把握国家"一带一路"战略和打造丝绸之路经济带核心区的历史机遇，克拉玛依确立了"立足西部、面向中亚，跳出克拉玛依发展克拉玛依，打造世界石油城"的总体战略目标，全力打造丝绸之路经济带核心区的石油中心，实施建设了炼油化工、油气生产、油气储备、技术服务、机械制造、工程教育"六大基地"；积极发展多元经济，培育金融、信息、旅游"三大新兴产业"；构建城市发展支撑体系，着力打造高品质城市和最安全城市"两个平台"，努力建设一座丝绸之路经济带上的现代化区域中心城市。2015 年全市生产总值 670.1 亿元，较上年增长 0.5%。分三次产业看，第一产业增加值 5.1 亿元，增长 2.5%；第二产业增加值 452.3 亿元，下降 1.4%；第三产业增加值 212.6 亿元，增长 7.0%。三次产业结构比例为 0.76:67.51:31.73[①]。

克拉玛依蕴藏着丰富的自然资源，尤其是石油资源，克拉玛依油田所处的准噶尔

---

① 克拉玛依市 2015 年国民经济和社会发展统计公报。

盆地石油天然气、油砂矿、煤层气、油页岩、盐、煤炭等自然资源极为丰富，60 年来，已累计生产原油达 3.4 亿吨，天然气达 700 多亿立方米。依托丰富的石油资源，克拉玛依形成了产业链完整、实力雄厚的石油石化产业。克拉玛依石化工业园区成为国家新型工业化产业（石油化工）示范基地，独山子石化、克拉玛依石化两大石化公司具备年 2200 万吨炼油加工和 122 万吨乙烯生产能力，建成了 647 万方石油和 45 亿方天然气的油气储备基地。依托坚实的石油石化产业链基础，克拉玛依工程技术服务走出国门，全市 34 家科研机构、100 余家地方技术服务企业，面向俄罗斯、苏丹、巴基斯坦、哈萨克斯坦等 12 个国家和地区提供油气总包服务。大力招商引资，引进中船重工、宝钢、江苏金石哈里伯顿等 100 余家国内外知名装备制造企业落户油城，成功将中国（克拉玛依）国际石油天然气及石化技术装备展办成国内规格最高、中国西部乃至中亚地区最具影响力的石油装备展及交易平台。工程教育创新发展，"政校企"合作办学模式深入推进，中国石油大学（北京）克拉玛依校区正建设成为高层次、应用型、国际化的工程类大学，成为面向中国西部和中亚的石油石化人才培训基地。"六大基地"建设为克拉玛依产业报国、建设现代化与国际化区域中心城市奠定了坚实的经济基础[①]。

（2）创新发展概况

近年来，克拉玛依市大力增强科技创新驱动能力，持续推动创新驱动。把创新作为推动克拉玛依市科学发展的根本动力，加快完善创新体系，提高自主创新能力，建设创新型城市，充分发挥既有优势，努力培育新优势，全面提升竞争力。2015 年，共有 7 家企业申报高新技术企业，13 家高新技术企业进入复审阶段，目前，全市的高新技术企业已达到 33 家。荣获自治区科技进步奖的科技成果达到 20 项，获市级科技进步奖的达 40 项。全年申请专利 743 件，其中，发明专利 224 件；授权专利 531 件，其中，发明专利 71 件。2015 年 2 月，克拉玛依市农业综合开发区被科技部认定为国家农业科技园区，现代农业发展取得新突破[②]。

进入"十三五"以来，克拉玛依市着力培育发展经济新动能，优化资本、劳动力、技术、管理、土地等各类要素合理配置，着力激发创新创业活力，释放新需求，创造新供给，营造大众创业、万众创新的良好氛围，推动新技术、新产业、新业态蓬勃发展，加快实现发展动力转换深度利用互联网技术，发展分享经济，实施"互联网+"行动计划，落实网络强国战略和国家大数据战略，开放共享数据资源。建立新型孵化模式，鼓励发展众创、众包、众扶、众筹空间等多元化发展模式，大力推进天

---

① 克拉玛依市人民政府网。
② 克拉玛依市 2015 年国民经济和社会发展统计公报。

使、创业、产业投资，多层次、全方面地推动资本市场建设，为创新创业企业提供坚实的资金支持。

（3）得分结果

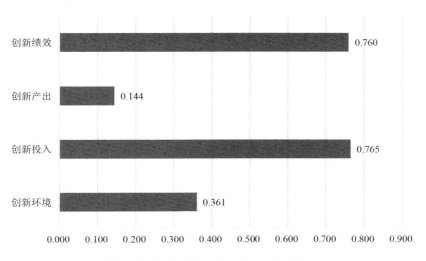

图 6.24.1 克拉玛依市一级指标得分结果

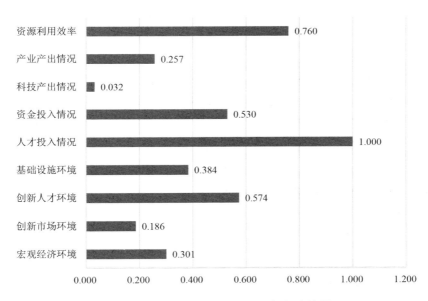

图 6.24.2 克拉玛依市二级指标得分结果

（4）创新评价

克拉玛依市在全国 116 个资源型城市中创新指数排名第 19 位，其中在创新投入和创新绩效方面的成效表现非常突出，排名分别为第 3 位和第 14 位，其次为创新环境，排名为第 40 位。相比之下，创新产出的排名非常靠后，位于第 112 位，这很大程度上拉低了克拉玛依市创新指数的总体评价得分和排名。

在创新环境方面，克拉玛依市位列全国所有资源型城市的第 40 位，从创新环境的各项分项指标评分结果来看，宏观经济环境、创新市场环境、创新人才环境和基础设施环境得分分别为 0.301、0.186、0.574 和 0.384，其排名分别位于所有资源型城市的第 41 名、第 104 名、第 19 名和第 47 名。其中创新人才环境较为突出，说明克拉玛依市比较注重高端人才培养，但是创新市场环境排名特别靠后，拉低了克拉玛依市的创新环境排名，从三级指标来看，城镇私营和个体从业人员占就业人员的比重较低，排名为全国第 83 位，非国有矿山较少，排名全国第 103 位，反映出克拉玛依市的民营经济发展不理想，导致整体经济缺乏进一步发展的活力。

在创新投入方面，克拉玛依市的得分和排名非常高，创新投入的得分为 0.765，排名位列第 3 位，对总体创新指数排名的贡献率最大。其中，人才投入情况得分为 1.000，位列第 6 位。资金投入情况的得分为 0.530，位列第 19 位。资金投入情况包含的三个三级指标中，克拉玛依市 R&D 经费支出的得分为 0.219，排名为 33 位；相对于其他资源型城市来说，克拉玛依市的教育支出占财政支出的比重、财政科技支出占财政支出的比重均较大，尤其是教育支出占财政支出比重达到第一名，占领先地位，说明克拉玛依市高度重视培育创新能力，人才和资金投入也较为平衡，需要继续保持。

在创新产出方面，克拉玛依市的得分和排名很低，创新产出的排名位列第 112 位，这在一定程度上拉低了创新指数的整体排名。从分项指标来看，科技产出情况包括的两项三级指标中，专利申请授权量、企业商标拥有量得分分别为 0.057 和 0.008，排名分别位于第 79 和第 106 位。产业产出情况包含的三项三级指标中，矿产资源开发年税金占财政收入的比重指标的排名非常靠前，为第 1 位。克拉玛依市矿产资源开发综合利用产值占 GDP 的比重和第三产业增加值占 GDP 的比重排名均非常靠后，分别为第 95 位和 111 位，说明克拉玛依市的矿业开发和生产流程比较粗放，经济附加值低，同时第三产业发展非常不充分，未来需要进一步优化升级矿业，加大推动第三产业的发展，提升总体的经济活力。

克拉玛依市在创新绩效方面取得成绩较为突出，排名第 14 位。从分项指标来看，克拉玛依市的单位 GDP 矿石开采量排名全国首位，全员劳动生产率排名较为靠前，位于样本城市的第 21 位，单位 GDP 能耗较低，排名全国第 21 位，但能源消费弹性系数排名非常靠后，为 104 位，拉低了总体的创新绩效排名，未来需要注重降低能源的消费增速。

（5）政策建议

作为 116 个资源型城市中创新指数排名第 19 位的城市，克拉玛依市在创新发展中有着领先地位，这与当地的石油工业崛起是密不可分的。克拉玛依市的创新投入与创新绩效的良好成绩在未来应该继续保持，但民营经济发展活力欠佳、第三产业占比较低、资源的综合开发利用情况较差、能源消费增速较快等问题都需要得到及时的解决，如何提高创新环境和创新产出将成为克拉玛依市下一个难题。

作为成熟型资源城市之一，克拉玛依市在创新驱动发展方面也取得了很好的成绩，创新指数在所有 116 个地级市中排名第 19 位，在未来发展中应注意：

深度促进产学研合租，形成一批科研成果。利用先进科技提升综合能源利用率，确立创新型城市的标志性科技成果。成立非常规能源研究与服务中心和重大科技攻关项目管理协调办公室，攻关核心技术问题。依托各类研究院所，引入民间力量，加强政企合作，面向国内外、全社会提供石油石化科技研发服务。

加快构建自主创新体系。以市场为导向，建立健全技术创新机制，促进产学研深度融合，构建产业技术创新联盟。进一步加快完善科技投融资渠道，营造良好的大众创业、万众创新环境氛围。以重点领域为中心，依托创新创业基地和重点企业，建设一批产业示范基地、技术创新中心、技术服务示范平台，支持大力建设各类科技研发机构和科技企业孵化器，着力打造技术公共服务、创新创业融资服务、技术成果交易和社会化人才服务等平台建设。

加快推进实施人才优先发展战略，进一步改革人才发展体制，培育人才制度优势，形成国际竞争力。建设工程教育基地，依托科技人才创新试验区，拓展人才成长绿色通道，强化培训教育，建立健全克拉玛依科技创新智库，为克拉玛依创新驱动发展提供充足的智力支撑。

7 总结

7.1 主要研究结论

本研究是继《中国资源型城市转型指数：各地级市转型评价 2016》之后对资源型城市的创新能力所做的评价，主要进行了两方面的开创性探索：第一，对创新指数指标体系的研究性探索，包括指标选择方法、数据处理方法、指数计算方法等。在借鉴国内外有关国家层面和城市层面的创新指数评价指标体系的基础上，构建了本书的创新指数评价指标体系，在指标体系中注重引入资源型城市的特征指标，以便更准确地反映资源型城市的创新能力；第二，对创新指数的运用性探索，即运用该指标体系对中国 116 个资源型地级城市的创新能力进行了评价，客观呈现了 2014 年中国资源型城市的创新环境、创新投入、创新产出、创新绩效以及综合创新指数的得分情况。

第一，资源型城市总体创新效果不突出。从得分来看，评价城市的综合创新指数均值仅为 0.417，低于 0.500，这表明中国资源型城市在创新方面取得的效果不理想。在 116 个资源型城市中，绝大多数城市的创新指数得分介于 0.305 至 0.565 间，占被评价城市总数的 81.034%，表明多数资源型城市的创新指数分布在中间位置，总体创新效果不够突出。创新指数得分超过 0.600 的城市个数仅为 8 个，这表明绝大多数城市在创新方面并未取得较好的成果，从而导致创新指数的均值偏低。

第二，一级指标的平均得分差异较大。在评价城市中，大多资源型城市在一级指标的得分上并不均衡，从而导致创新环境指数、创新投入指数、创新产出指数、创新绩效指数一级指标的均值分别为 0.335、0.410、0.338 和 0.588。由此可知，资源型城市在创新绩效方面取得的效果最为明显，该一级指标对提升整体创新指数的得分贡献最大，相对而言，评价城市在创新环境方面和创新产出两方面得分均较低，在今后应大力加强城市创新环境建设，同时应注重提升创新人才投入和资金投入的效率，努力推动资源型城市的创新成果产出水平。

第三，排名靠前、靠后的城市具有明显区域集聚现象。如排名前 15 位的城市中，东部城市较多，所占比重为 60%。而排名后 15 位的城市中，则全部位于西部或东北地区，西部地区、东北地区城市个数分别为 8 个和 7 个，东北地区尤其在黑龙江省表现较为集中，占据了其中的 6 座城市。因此，可以看出排名靠前和靠后的城市都存在着一定的区域集聚现象。

第四，较好的经济发展条件对创新效果的提升具有一定的推动作用。这一定程度上反映出资源型城市既有的经济基础以及经济发展的外部环境对于其创新存在着重要的积极影响。从排名结果来看，创新指数排名位于前 15 位城市的 GDP、人均 GDP、GDP 增长率指标的均值均比后 15 位的城市高出许多。

第五，优先获得财政资金支持（资源枯竭型城市转移支付）的资源型城市创新效果未必优于其他城市。从城市创新的总体评价排名来看，受到更多中央财政转移支付支持的资源枯竭型城市的创新成就并未显著优于其他资源型城市。造成这种情况的原因可能是这些城市的历史遗留问题较多，转型包袱沉重，从而导致中央财政资金对资源枯竭型城市创新能力的整体助推作用有限。有关具体的作用机制有待进一步研究。

第六，不同成长阶段的城市创新指数存在较大的差别。针对不同发展类型的资源型城市，再生型城市的创新指数平均得分最高，而衰退型城市的创新指数得分最低。按城市分类的创新指数及一级指标的得分及排名情况见表 7.1.1。由该表可知：再生型、成熟型、成长型和衰退型城市创新指数得分的均值分别为 0.525、0.417、0.392、0.366。从一级指标来看，再生型 4 个一级指标的平均得分均高于其余 3 种类型的城市，由于再生型城市的经济发展基本摆脱了资源依赖路径，经济社会开始步入良性发展轨道，这些城市是资源型城市转变经济发展方式的先行区，它们已基本形成新的发展路径，对资源的较低依赖从而使这些城市在创新发展方面取得的成效也较为凸显。而对于衰退型城市，其排名情况与再生型城市则正好相反，无论是综合创新指数还是 4 个一级指标，其平均得分均低于其余 3 种城市类型。对于这些城市而言，由于资源开发进入了后期、晚期或末期阶段，即资源开采已经进入枯竭阶段，因此目前来看这些城市面临着较大的转型压力。与此同时，虽然中央财政资金对这些城市的支持力度较大，但它们在创新方面取得的成效也是最差的。

表7.1.1　按城市分类的创新指数及一级指标的得分及排名

城市类型	成长型	成熟型	衰退型	再生型
城市个数	15	63	23	15
创新指数得分均值	0.392	0.417	0.366	0.525
创新环境得分均值	0.305	0.336	0.299	0.434
创新投入得分均值	0.407	0.405	0.356	0.513
创新产出得分均值	0.262	0.344	0.257	0.510
创新绩效得分均值	0.595	0.584	0.557	0.643
创新指数排名均值	66.867	58.349	71.000	31.667

续表

城市类型	成长型	成熟型	衰退型	再生型
创新环境排名均值	69.333	57.619	70.043	33.667
创新投入排名均值	58.000	59.889	67.435	39.467
创新产出排名均值	75.933	55.333	76.609	26.600
创新绩效排名均值	59.867	58.619	65.478	45.933

7.2　政策建议

创新始终是一个国家、一个民族发展的重要力量，也始终是推动人类社会进步的重要力量。党的十八大明确提出实施创新驱动发展战略，强调科技创新是提高社会生产力和综合国力的战略支撑，更是增强企业核心竞争力的决定性因素。实施创新驱动发展战略，对我国形成国际竞争新优势、增强发展的长期动力具有战略意义。改革开放 30 多年来，我国经济快速发展主要源于发挥了劳动力和资源环境的低成本优势。进入发展新阶段，我国在国际上的低成本优势逐渐消失，而较多资源型城市过度依赖资源的经济发展路径也进入瓶颈阶段。与低成本优势相比，技术创新具有不易模仿、附加值高等突出特点，由此建立的创新优势持续时间长、竞争力强。实施创新驱动发展战略，加快实现由低成本优势向创新优势的转换，可以为城市持续发展提供强大动力。

对于资源型城市而言，根据资源保障能力和可持续发展能力差异，中国资源型城市划分为成长型、成熟型、衰退型和再生型 4 种类型，每种类型分别包含了 31、141、67 和 23 个城市。伴随着资源的不断开发，20 世纪 80 年代中期以来，我国一大批资源型城市的资源开采业相继进入成熟期和衰退期，一些城市出现"矿竭城衰"、"矿竭城亡"的窘境，严重影响到资源型城市的可持续发展。因此，对于这些城市而言，依靠创新来带动地区经济发展，即通过实施创新驱动发展战略来大力推动经济发展方式的转变显得尤为重要。通过加快资源型城市产业技术创新，用高新技术和先进适用技术改造提升传统产业和资源型行业，既可以降低资源消耗、减少污染，改变过度消耗资源、污染环境的发展模式，又可以提升资源型城市的产业竞争力。

7.2.1　培育壮大创新主体

强化企业创新主体地位和主导作用，落实有利于创新的各项优惠政策，引导各种创新资源向企业、科研机构等创新主体聚集，加快培育壮大多层次多元化创新主体。

第一，加快培育创新型企业。充分发挥企业在创新发展中的主体作用，推动创新政策、创新资源、创新人才向企业集聚，增强资源型城市创新发展的内生动力。在建设创新资源型城市的过程中，作为经济活动参与各方中最具活力的部分，应强化企业创新主体地位和主导作用，形成一批有国际竞争力的创新型领军企业，支持科技型中小企业健康发展。由于创新指数在地域分布上呈现出一定的集聚现象，因此对于经济基础和转型较为成功的资源型城市而言，应依托企业、高校、科研院所建设一批国家技术创新中心，形成若干具有强大带动力的创新型资源城市和区域创新中心。

第二，加快推动研发机构的建设。产业转型是资源型城市转型的关键，成立重点战略性新兴产业技术研究院，按照各产业领域的技术需求，实施一批产业技术重大攻关专项，系统开展共性技术、关键性技术和前瞻性技术研发，努力突破技术瓶颈制约，研制一批具有自主知识产权和市场竞争力的重大战略产品，带动培养一批优秀青年科研人才，推动新兴产业的快速发展。同时，鼓励引导企业不断加大投入，加强与大专院校、科研院所的合作，积极创建各级各类研发机构。充分利用产学研合作机制，加速创新人才集聚，完善创新载体功能，充分释放创新活力，成为实施创新驱动发展的新动力。

7.2.2 建设特色人才汇聚地

创新驱动实质上是人才驱动。实施创新驱动发展战略，各资源型城市应加快推进高端人才队伍建设，不断完善人才培养、引进、使用、评价和激励机制，从而增强对人才的吸引力。

第一，强化本地人才培养。与引进的人才相比，本地人才具有自身的优势：一是熟悉情况，适应期短，进入角色快，可以避免多走弯路，减少由此造成的人力、物力、财力的浪费和损失；二是节约成本，本地人才一般不用解决住房、交通、家属及子女的安置问题，工资待遇要求也基本能同本地经济社会情况相适应；三是稳定性强，本地人才的配偶、子女也多在本地，在相同工作环境和条件下，一般不会考虑另谋他乡，可长期发挥作用。因此，资源型城市应围绕提升产业层次构建特色现代产业体系，不断完善高等中等职业教育专业设置，加快培养一大批复合型、应用型高技能人才和紧缺急需专业人才。选送优秀青年学术技术带头人、优秀企业经营管理人员和优秀年轻干部到京津、长三角、珠三角等发达地区和一些发达国家培训，拓展国际视野和战略思维，提高专业水平。

第二，加强高端人才引进。在加大本地人才培养力度的同时，注重从海外和发达地区等引进高端人才。围绕地区重大科技创新战略绘制面向世界的人才地图，采用定向引入、团队整体引入等多种方式，围绕领域找人才、围绕人才建团队、围绕团队聚资源，引入一批世界级领军人才团队。

　　第三，加快新型智库建设。搭建新型智库建设管理中心平台，强化智库专家管理、政策咨询服务、科研管理等服务管理职能，健全智库建设管理规章。建设一支高素质的智库人才队伍，注重吸纳各领域各行业高端人才。

7.2.3　营造大众创业、万众创新良好环境

　　坚持市场导向，加强体制机制创新，强化政策集成，营造良好的创业创新环境，为资源型城市发展注入新活力。

　　第一，完善扶持政策体系。政府的政策支持对于创新的发展具有重要的推动作用，地方政府应制定相应的财税金融政策，从高新技术产业化、知识产权保护等方面对企业和个人进行支持，从而使资源型城市的自主创新能力得以提升。同时，进一步转变政府职能，增加公共产品和服务供给，建立统一透明、有序规范的市场环境。建立和规范企业信用信息发布制度，把创业主体信用与市场准入、享受优惠政策挂钩，完善以信用管理为基础的创业创新监管模式。加强创新创业知识产权保护，研究商业模式等新形态创新成果的知识产权保护办法，完善知识产权快速维权与维权援助机制等。

　　第二，增强金融支撑能力与服务水平。科技创新具有高投入、高产出、高收益和高风险的特征，要建立多层次、多形式的高新技术产业投融资体系，加强政府投资、创业投资和资本市场的结合：一要完善政府投入机制，增加财政投入，优化资金投向，发挥财政资金的杠杆作用，引导并推动企业和社会增加对科技创新的投入，形成政府为主导，企业为主体，社会为补充的良性格局；二要建立贷款推荐制度，加强银企合作，完善中小企业担保基金管理模式，帮助企业获取更多的贷款支持；三要建立健全资本运作机制，鼓励高成长型企业上市，改善企业财务结构，增强企业资本实力。

7.2.4　搭建创新创业平台和载体

　　将重点产业创新需求视为焦点，围绕严肃保障、政策激励等关键环节，使资源型城市的科技园区加快建设，通过引进、重组、共建等方式，为科技创新服务搭建平台，将夯实发展作为硬支撑。

　　第一，强化各类科技园区建设。强化政府推动和政策引导，采取切实有效措施，加强对资源型城市科技园区建设的规划设计、运行管理、科技招商、财税政策、服务保障等工作的组织领导。通过政策引导，营造良好的政策环境，推动科技园区健康、快速发展。强化服务保障，鼓励示范科技园区与其他中介机构开展业务联系，吸引专

利、法律、金融、会计、咨询、税务、资产评估、技术交易、风险投资等机构参与，共建公共技术平台、网络信息中心、培训教育基地、产学研合作网络和专业数据库等，为科技园区建设提供公共创业服务。

第二，重视科技创新服务平台建设。重点加强各类中介服务机构建设，形成网络化、专业化、规范化的科技中介服务体系，促进技术、市场与资本的结合，加速科技成果转化。充分发挥行业协会、科技社团等社会组织的桥梁和纽带作用，积极推进生产力促进中心、科技创业服务中心、科技信息服务、科技咨询与评估、技术市场等中介机构向服务专业化、功能社会化、组织网络化、运行规范化方向发展，建立和培育服务功能强大的无形资产评估、技术交易担保、科技项目评估、技术创新融资担保、风险投资、技术标准与检测以及科技法律、专利等中介机构，构建完善的科技中介服务网络体系。研究制定鼓励中介服务机构合作发展的新政策和措施，帮助中介服务机构诚信合作，规范运作。

第三，培育发展科技资源共享平台。建立科技基础设施、大型科研仪器和科学数据、科技文献、专利信息资源向全社会开放的长效机制，推动科研资源向企业、社会提供研发及实验服务。引导和支持有条件的领军企业创建公共资源共享平台，面向企业内部和外部创业者提供资金、技术和服务。充分发挥互联网创新优势，支持创新工场、社会实验室、智慧小企业创业基地等新型众创空间发展。通过市场化方式构建一批创新与创业相结合、线上与线下相结合、孵化与投资相结合的众创空间，为创业者提供低成本、便利化、全要素的工作空间、网络空间、社交空间和资源共享空间。

数据来源

1. 国家统计局城市社会经济调查司编：《中国城市统计年鉴 2015》，中国统计出版社 2015 年版。

2. 空气质量数据来源于绿色和平组织（Greenpeace）。

3. 上市公司数目数据来源于 wind 资讯。

4. 企业商标拥有量数据来源于国家工商总局。

5. 专利申请授权量来自于各省知识产权局。

主要参考文献

1. 全球创新指数。

https://www.globalinnovationindex.org/。

2. 国家统计局社科文司"中国创新指数（CII）研究"课题组：《中国创新指数研究》，《统计研究》2014 年第 11 期。

3. 欧洲创新记分牌。

http://ec.europa.eu/growth/industry/innovation/facts-figures/scoreboards_en。

4. 2014 年中国创新指数为 158.2。

http://www.stats.gov.cn/tjsj/zxfb/201512/t20151229_1297321.html。

5. 纪宝成、赵彦云：《中国走向创新型国家的要素：来自创新指数的依据（中国创新指数研究报告 No.1）》，中国人民大学出版社 2008 年版。

6. 孙中震、田今朝：《中国等 40 个国家（或地区）创新指数的测算、比较和分析》，《中国软科学》2003 年第 1 期。

7. 李虹等著：《中国资源型城市转型指数：各地级市转型评价 2016》，商务印书馆 2016 年版。

8.《国务院关于印发全国资源型城市可持续发展规划（2013—2020 年）的通知》国发〔2013〕45 号。

9. 国家统计局城市社会经济调查司编：《中国城市统计年鉴 2015》，中国统计出版社 2015 年版。

附表1：样本城市目录

（按拼音首字母排序）

A	安顺市		贺州市		娄底市		通化市
	鞍山市		鹤壁市		泸州市		铜川市
B	白山市		鹤岗市		洛阳市		铜陵市
	白银市		黑河市		吕梁市	W	渭南市
	百色市		衡阳市	M	马鞍山市		乌海市
	包头市		呼伦贝尔市		牡丹江市		武威市
	宝鸡市		葫芦岛市	N	南充市	X	咸阳市
	保山市		湖州市		南平市		忻州市
	本溪市		淮北市		南阳市		新余市
	毕节市		淮南市	P	攀枝花市		邢台市
	亳州市		黄石市		盘锦市	S	宿迁市
	郴州市	J	鸡西市		平顶山市		宿州市
C	承德市		吉林市		平凉市	X	徐州市
	池州市		济宁市		萍乡市		宣城市
	赤峰市		焦作市	P	濮阳市	Y	雅安市
	滁州市		金昌市		普洱市		延安市
D	达州市		晋城市	Q	七台河市		阳泉市
	大庆市		晋中市		庆阳市		伊春市
	大同市		景德镇市		曲靖市		宜春市
	东营市	K	克拉玛依市	S	三门峡市		榆林市
E	鄂尔多斯市	L	莱芜市		三明市		云浮市
	鄂州市		丽江市		韶关市		运城市
F	抚顺市		辽源市		邵阳市	Z	枣庄市
	阜新市		临沧市		石嘴山市		张家口市
G	赣州市		临汾市		双鸭山市		张掖市
	广安市		临沂市		朔州市		长治市
	广元市		六盘水市		松原市		昭通市
H	邯郸市		龙岩市	T	泰安市		淄博市
	河池市		陇南市		唐山市		自贡市

附表2：资源型城市的创新指数及一级指标排名

城市	创新指数	创新环境	创新投入	创新产出	创新绩效
淄博市	1	3	2	3	17
东营市	2	34	1	25	2
徐州市	3	8	16	1	15
包头市	4	1	9	22	3
洛阳市	5	7	10	4	26
唐山市	6	5	5	12	10
湖州市	7	4	19	2	59
济宁市	8	12	24	5	40
大庆市	9	6	18	45	1
马鞍山市	10	2	33	11	41
泰安市	11	18	28	8	28
宿迁市	12	14	43	7	35
临沂市	13	37	40	6	46
吉林市	14	16	53	13	16
鄂尔多斯市	15	30	41	15	33
滁州市	16	11	80	24	13
龙岩市	17	43	38	16	36
三明市	18	35	42	37	8
克拉玛依市	19	40	3	112	14
韶关市	20	32	23	26	61
运城市	21	50	12	33	52
焦作市	22	25	6	35	82
铜陵市	23	9	7	75	74
新余市	24	10	44	78	12
咸阳市	25	17	26	67	32
宝鸡市	26	13	36	81	25
赣州市	27	19	57	9	90

城市	创新指数	创新环境	创新投入	创新产出	创新绩效
邯郸市	28	27	47	23	60
南平市	29	53	74	17	22
宣城市	30	29	82	30	20
枣庄市	31	71	62	20	30
邢台市	32	47	79	10	51
临汾市	33	65	31	18	85
牡丹江市	34	24	101	32	9
衡阳市	35	15	103	28	23
郴州市	36	22	77	57	11
自贡市	37	20	98	65	4
鞍山市	38	21	91	14	64
三门峡市	39	57	22	98	27
赤峰市	40	90	55	39	21
南阳市	41	42	51	21	88
宜春市	42	44	73	31	48
莱芜市	43	86	20	49	67
晋中市	44	26	8	53	105
本溪市	45	56	13	80	81
通化市	46	87	56	43	31
攀枝花市	47	28	4	86	112
黄石市	48	23	59	76	54
景德镇市	49	54	70	77	18
毕节市	50	80	60	29	72
萍乡市	51	61	63	85	19
丽江市	52	38	32	61	92
辽源市	53	85	85	91	7
松原市	54	96	90	79	5
晋城市	55	102	15	44	94
池州市	56	33	84	41	79
平顶山市	57	70	49	42	83
长治市	58	58	34	36	102
延安市	59	64	35	114	45

城市	创新指数	创新环境	创新投入	创新产出	创新绩效
武威市	60	62	48	101	39
朔州市	61	74	17	64	96
广安市	62	48	110	69	6
庆阳市	63	75	29	111	62
邵阳市	64	45	113	19	50
抚顺市	65	41	96	62	37
南充市	66	31	105	55	29
曲靖市	67	81	54	84	55
濮阳市	68	91	39	71	84
淮北市	69	59	64	46	89
泸州市	70	46	104	54	34
雅安市	71	39	88	96	43
亳州市	72	106	108	27	24
渭南市	73	99	58	63	56
陇南市	74	98	61	47	78
张家口市	75	52	87	51	69
盘锦市	76	69	69	83	63
云浮市	77	55	71	68	76
大同市	78	92	14	59	111
葫芦岛市	79	105	89	38	57
保山市	80	88	78	60	53
河池市	81	89	93	52	38
白银市	82	77	11	100	104
榆林市	83	36	30	107	100
白山市	84	103	52	106	44
阳泉市	85	94	37	34	113
鄂州市	86	67	83	108	42
六盘水市	87	93	75	70	66
鹤壁市	88	101	45	113	68
张掖市	89	66	46	73	101
广元市	90	51	97	82	58
吕梁市	91	104	21	48	114

续表

城市	创新指数	创新环境	创新投入	创新产出	创新绩效
临沧市	92	84	81	110	47
安顺市	93	83	86	40	97
宿州市	94	76	107	58	49
普洱市	95	60	102	72	70
淮南市	96	49	50	92	106
乌海市	97	78	67	105	86
娄底市	98	72	99	66	75
呼伦贝尔市	99	82	66	97	91
承德市	100	79	76	56	99
忻州市	101	100	25	74	116
昭通市	102	95	95	88	77
达州市	103	68	106	94	65
石嘴山市	104	109	68	109	87
贺州市	105	107	92	95	73
平凉市	106	111	27	115	107
阜新市	107	73	109	90	80
百色市	108	97	100	103	71
金昌市	109	63	72	104	108
铜川市	110	108	65	116	95
黑河市	111	110	94	87	110
伊春市	112	112	116	89	93
双鸭山市	113	113	112	102	103
鸡西市	114	114	111	93	109
七台河市	115	116	115	99	98
鹤岗市	116	115	114	50	115

附表3：资源型城市创新指数得分及排名

排名	城市	得分	排名	城市	得分	排名	城市	得分	排名	城市	得分
1	淄博市	0.731	30	宣城市	0.470	59	延安市	0.400	88	鹤壁市	0.354
2	东营市	0.669	31	枣庄市	0.466	60	武威市	0.399	89	张掖市	0.350
3	徐州市	0.664	32	邢台市	0.466	61	朔州市	0.398	90	广元市	0.349
4	包头市	0.659	33	临汾市	0.461	62	广安市	0.396	91	吕梁市	0.345
5	洛阳市	0.655	34	牡丹江市	0.459	63	庆阳市	0.393	92	临沧市	0.344
6	唐山市	0.638	35	衡阳市	0.458	64	邵阳市	0.391	93	安顺市	0.341
7	湖州市	0.631	36	郴州市	0.458	65	抚顺市	0.391	94	宿州市	0.340
8	济宁市	0.609	37	自贡市	0.449	66	南充市	0.390	95	普洱市	0.337
9	大庆市	0.596	38	鞍山市	0.448	67	曲靖市	0.384	96	淮南市	0.336
10	马鞍山市	0.586	39	三门峡市	0.447	68	濮阳市	0.383	97	乌海市	0.334
11	泰安市	0.574	40	赤峰市	0.442	69	淮北市	0.383	98	娄底市	0.334
12	宿迁市	0.562	41	南阳市	0.441	70	泸州市	0.382	99	呼伦贝尔市	0.333
13	临沂市	0.551	42	宜春市	0.438	71	雅安市	0.381	100	承德市	0.328
14	吉林市	0.540	43	莱芜市	0.434	72	亳州市	0.381	101	忻州市	0.321
15	鄂尔多斯市	0.519	44	晋中市	0.433	73	渭南市	0.379	102	昭通市	0.318
16	滁州市	0.512	45	本溪市	0.429	74	陇南市	0.377	103	达州市	0.310
17	龙岩市	0.511	46	通化市	0.425	75	张家口市	0.377	104	石嘴山市	0.310
18	三明市	0.509	47	攀枝花市	0.425	76	盘锦市	0.375	105	贺州市	0.309
19	克拉玛依市	0.508	48	黄石市	0.420	77	云浮市	0.374	106	平凉市	0.301
20	韶关市	0.503	49	景德镇市	0.419	78	大同市	0.373	107	阜新市	0.299
21	运城市	0.502	50	毕节市	0.417	79	葫芦岛市	0.373	108	百色市	0.299
22	焦作市	0.500	51	萍乡市	0.414	80	保山市	0.372	109	金昌市	0.291
23	铜陵市	0.500	52	丽江市	0.414	81	河池市	0.371	110	铜川市	0.268
24	新余市	0.499	53	辽源市	0.408	82	白银市	0.369	111	黑河市	0.252
25	咸阳市	0.495	54	松原市	0.408	83	榆林市	0.368	112	伊春市	0.226
26	宝鸡市	0.485	55	晋城市	0.407	84	白山市	0.367	113	双鸭山市	0.202
27	赣州市	0.485	56	池州市	0.407	85	阳泉市	0.358	114	鸡西市	0.202
28	邯郸市	0.484	57	平顶山市	0.404	86	鄂州市	0.356	115	七台河市	0.185
29	南平市	0.472	58	长治市	0.401	87	六盘水市	0.355	116	鹤岗市	0.184

附表4：资源型城市的创新环境得分及排名

排名	城市	得分	排名	城市	得分	排名	城市	得分	排名	城市	得分
1	包头市	0.636	30	鄂尔多斯市	0.404	59	淮北市	0.319	88	保山市	0.259
2	马鞍山市	0.619	31	南充市	0.400	60	普洱市	0.314	89	河池市	0.257
3	淄博市	0.594	32	韶关市	0.399	61	萍乡市	0.311	90	赤峰市	0.257
4	湖州市	0.576	33	池州市	0.398	62	武威市	0.305	91	濮阳市	0.254
5	唐山市	0.541	34	东营市	0.391	63	金昌市	0.305	92	大同市	0.251
6	大庆市	0.536	35	三明市	0.385	64	延安市	0.302	93	六盘水市	0.251
7	洛阳市	0.531	36	榆林市	0.382	65	临汾市	0.301	94	阳泉市	0.249
8	徐州市	0.511	37	临沂市	0.378	66	张掖市	0.301	95	昭通市	0.246
9	铜陵市	0.510	38	丽江市	0.374	67	鄂州市	0.299	96	松原市	0.244
10	新余市	0.492	39	雅安市	0.373	68	达州市	0.299	97	百色市	0.244
11	滁州市	0.491	40	克拉玛依市	0.361	69	盘锦市	0.298	98	陇南市	0.238
12	济宁市	0.484	41	抚顺市	0.360	70	平顶山市	0.298	99	渭南市	0.234
13	宝鸡市	0.470	42	南阳市	0.348	71	枣庄市	0.297	100	忻州市	0.231
14	宿迁市	0.466	43	龙岩市	0.347	72	娄底市	0.297	101	鹤壁市	0.231
15	衡阳市	0.465	44	宜春市	0.347	73	阜新市	0.290	102	晋城市	0.229
16	吉林市	0.463	45	邵阳市	0.346	74	朔州市	0.289	103	白山市	0.227
17	咸阳市	0.456	46	泸州市	0.344	75	庆阳市	0.288	104	吕梁市	0.224
18	泰安市	0.435	47	邢台市	0.343	76	宿州市	0.286	105	葫芦岛市	0.223
19	赣州市	0.431	48	广安市	0.339	77	白银市	0.285	106	亳州市	0.220
20	自贡市	0.428	49	淮南市	0.338	78	乌海市	0.284	107	贺州市	0.212
21	鞍山市	0.427	50	运城市	0.334	79	承德市	0.282	108	铜川市	0.212
22	郴州市	0.426	51	广元市	0.327	80	毕节市	0.279	109	石嘴山市	0.203
23	黄石市	0.418	52	张家口市	0.325	81	曲靖市	0.279	110	黑河市	0.203
24	牡丹江市	0.416	53	南平市	0.325	82	呼伦贝尔市	0.275	111	平凉市	0.189
25	焦作市	0.416	54	景德镇市	0.323	83	安顺市	0.274	112	伊春市	0.176
26	晋中市	0.416	55	云浮市	0.322	84	临沧市	0.274	113	双鸭山市	0.164
27	邯郸市	0.415	56	本溪市	0.322	85	辽源市	0.273	114	鸡西市	0.143
28	攀枝花市	0.414	57	三门峡市	0.321	86	莱芜市	0.262	115	鹤岗市	0.093
29	宣城市	0.413	58	长治市	0.321	87	通化市	0.260	116	七台河市	0.091

附表5：资源型城市的创新投入得分及排名

排名	城市	得分	排名	城市	得分	排名	城市	得分	排名	城市	得分
1	东营市	0.916	30	榆林市	0.536	59	黄石市	0.398	88	雅安市	0.296
2	淄博市	0.845	31	临汾市	0.533	60	毕节市	0.391	89	葫芦岛市	0.294
3	克拉玛依市	0.765	32	丽江市	0.525	61	陇南市	0.388	90	松原市	0.272
4	攀枝花市	0.722	33	马鞍山市	0.524	62	枣庄市	0.387	91	鞍山市	0.268
5	唐山市	0.682	34	长治市	0.520	63	萍乡市	0.385	92	贺州市	0.256
6	焦作市	0.673	35	延安市	0.517	64	淮北市	0.383	93	河池市	0.245
7	铜陵市	0.671	36	宝鸡市	0.515	65	铜川市	0.383	94	黑河市	0.245
8	晋中市	0.653	37	阳泉市	0.514	66	呼伦贝尔市	0.378	95	昭通市	0.243
9	包头市	0.652	38	龙岩市	0.510	67	乌海市	0.377	96	抚顺市	0.239
10	洛阳市	0.648	39	濮阳市	0.500	68	石嘴山市	0.372	97	广元市	0.227
11	白银市	0.645	40	临沂市	0.497	69	盘锦市	0.370	98	自贡市	0.214
12	运城市	0.635	41	鄂尔多斯市	0.479	70	景德镇市	0.365	99	娄底市	0.211
13	本溪市	0.618	42	三明市	0.478	71	云浮市	0.351	100	百色市	0.210
14	大同市	0.617	43	宿迁市	0.478	72	金昌市	0.348	101	牡丹江市	0.208
15	晋城市	0.617	44	新余市	0.478	73	宜春市	0.347	102	普洱市	0.205
16	徐州市	0.611	45	鹤壁市	0.474	74	南平市	0.344	103	衡阳市	0.203
17	朔州市	0.602	46	张掖市	0.458	75	六盘水市	0.332	104	泸州市	0.195
18	大庆市	0.599	47	邯郸市	0.457	76	承德市	0.331	105	南充市	0.154
19	湖州市	0.587	48	武威市	0.445	77	郴州市	0.331	106	达州市	0.144
20	莱芜市	0.579	49	平顶山市	0.443	78	保山市	0.325	107	宿州市	0.143
21	吕梁市	0.572	50	淮南市	0.434	79	邢台市	0.322	108	亳州市	0.141
22	三门峡市	0.570	51	南阳市	0.433	80	滁州市	0.321	109	阜新市	0.138
23	韶关市	0.569	52	白山市	0.424	81	临沧市	0.317	110	广安市	0.136
24	济宁市	0.567	53	吉林市	0.422	82	宣城市	0.316	111	鸡西市	0.113
25	忻州市	0.566	54	曲靖市	0.415	83	鄂州市	0.312	112	双鸭山市	0.102
26	咸阳市	0.563	55	赤峰市	0.413	84	池州市	0.308	113	邵阳市	0.100
27	平凉市	0.558	56	通化市	0.405	85	辽源市	0.305	114	鹤岗市	0.091
28	泰安市	0.548	57	赣州市	0.401	86	安顺市	0.300	115	七台河市	0.062
29	庆阳市	0.546	58	渭南市	0.399	87	张家口市	0.300	116	伊春市	0.052

附表6：资源型城市的创新产出得分及排名

排名	城市	得分	排名	城市	得分	排名	城市	得分	排名	城市	得分
1	徐州市	0.777	30	宣城市	0.429	59	大同市	0.298	88	昭通市	0.229
2	湖州市	0.766	31	宜春市	0.426	60	保山市	0.297	89	伊春市	0.229
3	淄博市	0.742	32	牡丹江市	0.421	61	丽江市	0.295	90	阜新市	0.226
4	洛阳市	0.732	33	运城市	0.414	62	抚顺市	0.289	91	辽源市	0.223
5	济宁市	0.728	34	阳泉市	0.397	63	渭南市	0.285	92	淮南市	0.219
6	临沂市	0.691	35	焦作市	0.395	64	朔州市	0.284	93	鸡西市	0.219
7	宿迁市	0.622	36	长治市	0.387	65	自贡市	0.280	94	达州市	0.218
8	泰安市	0.613	37	三明市	0.380	66	娄底市	0.270	95	贺州市	0.207
9	赣州市	0.612	38	葫芦岛市	0.377	67	咸阳市	0.269	96	雅安市	0.206
10	邢台市	0.568	39	赤峰市	0.376	68	云浮市	0.269	97	呼伦贝尔市	0.195
11	马鞍山市	0.545	40	安顺市	0.375	69	广安市	0.267	98	三门峡市	0.192
12	唐山市	0.544	41	池州市	0.373	70	六盘水市	0.266	99	七台河市	0.190
13	吉林市	0.523	42	平顶山市	0.358	71	濮阳市	0.266	100	白银市	0.189
14	鞍山市	0.517	43	通化市	0.340	72	普洱市	0.265	101	武威市	0.188
15	鄂尔多斯市	0.509	44	晋城市	0.337	73	张掖市	0.264	102	双鸭山市	0.178
16	龙岩市	0.507	45	大庆市	0.337	74	忻州市	0.263	103	百色市	0.176
17	南平市	0.498	46	淮北市	0.332	75	铜陵市	0.260	104	金昌市	0.173
18	临汾市	0.495	47	陇南市	0.329	76	黄石市	0.258	105	乌海市	0.170
19	邵阳市	0.489	48	吕梁市	0.328	77	景德镇市	0.256	106	白山市	0.169
20	枣庄市	0.482	49	莱芜市	0.326	78	新余市	0.256	107	榆林市	0.166
21	南阳市	0.481	50	鹤岗市	0.323	79	松原市	0.255	108	鄂州市	0.161
22	包头市	0.477	51	张家口市	0.314	80	本溪市	0.251	109	石嘴山市	0.159
23	邯郸市	0.474	52	河池市	0.312	81	宝鸡市	0.249	110	临沧市	0.153
24	滁州市	0.469	53	晋中市	0.310	82	广元市	0.246	111	庆阳市	0.152
25	东营市	0.465	54	泸州市	0.309	83	盘锦市	0.245	112	克拉玛依市	0.144
26	韶关市	0.455	55	南充市	0.306	84	曲靖市	0.242	113	鹤壁市	0.141
27	亳州市	0.448	56	承德市	0.302	85	萍乡市	0.238	114	延安市	0.137
28	衡阳市	0.448	57	郴州市	0.299	86	攀枝花市	0.238	115	平凉市	0.112
29	毕节市	0.434	58	宿州市	0.298	87	黑河市	0.230	116	铜川市	0.061

附表7：资源型城市的创新绩效得分及排名

排名	城市	得分	排名	城市	得分	排名	城市	得分	排名	城市	得分
1	大庆市	0.911	30	枣庄市	0.696	59	湖州市	0.594	88	南阳市	0.502
2	东营市	0.905	31	通化市	0.695	60	邯郸市	0.592	89	淮北市	0.497
3	包头市	0.873	32	咸阳市	0.692	61	韶关市	0.590	90	赣州市	0.497
4	自贡市	0.872	33	鄂尔多斯市	0.684	62	庆阳市	0.588	91	呼伦贝尔市	0.482
5	松原市	0.860	34	泸州市	0.681	63	盘锦市	0.585	92	丽江市	0.461
6	广安市	0.840	35	宿迁市	0.681	64	鞍山市	0.582	93	伊春市	0.448
7	辽源市	0.833	36	龙岩市	0.681	65	达州市	0.581	94	晋城市	0.446
8	三明市	0.794	37	抚顺市	0.677	66	六盘水市	0.573	95	铜川市	0.416
9	牡丹江市	0.790	38	河池市	0.670	67	莱芜市	0.571	96	朔州市	0.416
10	唐山市	0.787	39	武威市	0.661	68	鹤壁市	0.570	97	安顺市	0.413
11	郴州市	0.777	40	济宁市	0.658	69	张家口市	0.568	98	七台河市	0.399
12	新余市	0.771	41	马鞍山市	0.656	70	普洱市	0.566	99	承德市	0.397
13	滁州市	0.768	42	鄂州市	0.653	71	百色市	0.566	100	榆林市	0.389
14	克拉玛依市	0.760	43	雅安市	0.650	72	毕节市	0.565	101	张掖市	0.376
15	徐州市	0.758	44	白山市	0.647	73	贺州市	0.560	102	长治市	0.375
16	吉林市	0.755	45	延安市	0.645	74	铜陵市	0.558	103	双鸭山市	0.365
17	淄博市	0.742	46	临沂市	0.637	75	娄底市	0.557	104	白银市	0.358
18	景德镇市	0.731	47	临沧市	0.633	76	云浮市	0.554	105	晋中市	0.352
19	萍乡市	0.724	48	宜春市	0.633	77	昭通市	0.553	106	淮南市	0.351
20	宣城市	0.723	49	宿州市	0.630	78	陇南市	0.553	107	平凉市	0.344
21	赤峰市	0.722	50	邵阳市	0.630	79	池州市	0.549	108	金昌市	0.338
22	南平市	0.722	51	邢台市	0.630	80	阜新市	0.543	109	鸡西市	0.332
23	衡阳市	0.716	52	运城市	0.625	81	本溪市	0.526	110	黑河市	0.331
24	亳州市	0.713	53	保山市	0.609	82	焦作市	0.518	111	大同市	0.327
25	宝鸡市	0.707	54	黄石市	0.606	83	平顶山市	0.516	112	攀枝花市	0.327
26	洛阳市	0.707	55	曲靖市	0.601	84	濮阳市	0.513	113	阳泉市	0.270
27	三门峡市	0.704	56	渭南市	0.599	85	临汾市	0.513	114	吕梁市	0.258
28	泰安市	0.702	57	葫芦岛市	0.599	86	乌海市	0.507	115	鹤岗市	0.227
29	南充市	0.700	58	广元市	0.596	87	石嘴山市	0.506	116	忻州市	0.224

附表8：按城市分类的各项指标排名

城市	城市类型	创新环境	创新投入	创新产出	创新绩效	创新指数
毕节市	成长型	80	60	29	72	50
鄂尔多斯市	成长型	30	41	15	33	15
朔州市	成长型	74	17	64	96	61
咸阳市	成长型	17	26	67	32	25
松原市	成长型	96	90	79	5	54
陇南市	成长型	98	61	47	78	74
武威市	成长型	62	48	101	39	60
庆阳市	成长型	75	29	111	62	63
延安市	成长型	64	35	114	45	59
六盘水市	成长型	93	75	70	66	87
南充市	成长型	31	105	55	29	66
昭通市	成长型	95	95	88	77	102
贺州市	成长型	107	92	95	73	105
呼伦贝尔市	成长型	82	66	97	91	99
榆林市	成长型	36	30	107	100	83
东营市	成熟型	34	1	25	2	2
大庆市	成熟型	6	18	45	1	9
湖州市	成熟型	4	19	2	59	7
吉林市	成熟型	16	53	13	16	14
运城市	成熟型	50	12	33	52	21
克拉玛依市	成熟型	40	3	112	14	19
三明市	成熟型	35	42	37	8	18
龙岩市	成熟型	43	38	16	36	18
泰安市	成熟型	18	28	8	28	11
牡丹江市	成熟型	24	101	32	9	34
赤峰市	成熟型	90	55	39	21	40
济宁市	成熟型	12	24	5	40	8

城市	城市类型	创新环境	创新投入	创新产出	创新绩效	创新指数
宣城市	成熟型	29	82	30	20	30
郴州市	成熟型	22	77	57	11	36
自贡市	成熟型	20	98	65	4	37
滁州市	成熟型	11	80	24	13	16
邯郸市	成熟型	27	47	23	60	28
三门峡市	成熟型	57	22	98	27	39
临汾市	成熟型	65	31	18	85	33
宝鸡市	成熟型	13	36	81	25	26
河池市	成熟型	89	93	52	38	81
莱芜市	成熟型	86	20	49	67	43
本溪市	成熟型	56	13	80	81	45
晋城市	成熟型	102	15	44	94	55
晋中市	成熟型	26	8	53	105	44
南平市	成熟型	53	74	17	22	29
赣州市	成熟型	19	57	9	90	27
衡阳市	成熟型	15	103	28	23	35
阳泉市	成熟型	94	37	34	113	85
池州市	成熟型	33	84	41	79	56
攀枝花市	成熟型	28	4	86	112	47
邢台市	成熟型	47	79	10	51	32
长治市	成熟型	58	34	36	102	58
宜春市	成熟型	44	73	31	48	42
保山市	成熟型	88	78	60	53	80
广安市	成熟型	48	110	69	6	62
张家口市	成熟型	52	87	51	69	75
安顺市	成熟型	83	86	40	97	93
云浮市	成熟型	55	71	68	76	77
曲靖市	成熟型	81	54	84	55	67
大同市	成熟型	92	14	59	111	78
平顶山市	成熟型	70	49	42	83	57
邵阳市	成熟型	45	113	19	50	64
广元市	成熟型	51	97	82	58	90

城市	城市类型	创新环境	创新投入	创新产出	创新绩效	创新指数
雅安市	成熟型	39	88	96	43	71
亳州市	成熟型	106	108	27	24	72
普洱市	成熟型	60	102	72	70	95
吕梁市	成熟型	104	21	48	114	91
渭南市	成熟型	99	58	63	56	73
鄂州市	成熟型	67	83	108	42	86
临沧市	成熟型	84	81	110	47	92
鹤壁市	成熟型	101	45	113	68	88
承德市	成熟型	79	76	56	99	100
忻州市	成熟型	100	25	74	116	101
宿州市	成熟型	76	107	58	49	94
百色市	成熟型	97	100	103	71	108
达州市	成熟型	68	106	94	65	103
娄底市	成熟型	72	99	66	75	98
平凉市	成熟型	111	27	115	107	106
金昌市	成熟型	63	72	104	108	109
淮南市	成熟型	49	50	92	106	96
黑河市	成熟型	110	94	87	110	111
鸡西市	成熟型	114	111	93	109	114
新余市	衰退型	10	44	78	12	24
铜陵市	衰退型	9	7	75	74	23
韶关市	衰退型	32	23	26	61	20
焦作市	衰退型	25	6	35	82	22
萍乡市	衰退型	61	63	85	19	51
辽源市	衰退型	85	85	91	7	53
景德镇市	衰退型	54	70	77	18	49
枣庄市	衰退型	71	62	20	30	31
黄石市	衰退型	23	59	76	54	48
抚顺市	衰退型	41	96	62	37	65
淮北市	衰退型	59	64	46	89	69
白山市	衰退型	103	52	106	44	84
白银市	衰退型	77	11	100	104	82

续表

城市	城市类型	创新环境	创新投入	创新产出	创新绩效	创新指数
濮阳市	衰退型	91	39	71	84	68
乌海市	衰退型	78	67	105	86	97
泸州市	衰退型	46	104	54	34	70
石嘴山市	衰退型	109	68	109	87	104
阜新市	衰退型	73	109	90	80	107
铜川市	衰退型	108	65	116	95	110
伊春市	衰退型	112	116	89	93	112
鹤岗市	衰退型	115	114	50	115	116
双鸭山市	衰退型	113	112	102	103	113
七台河市	衰退型	116	115	99	98	115
包头市	再生型	1	9	22	3	4
淄博市	再生型	3	2	3	17	1
洛阳市	再生型	7	10	4	26	5
马鞍山市	再生型	2	33	11	41	10
徐州市	再生型	8	16	1	15	3
唐山市	再生型	5	5	12	10	6
宿迁市	再生型	14	43	7	35	12
临沂市	再生型	37	40	6	46	13
丽江市	再生型	38	32	61	92	52
通化市	再生型	87	56	43	31	46
葫芦岛市	再生型	105	89	38	57	79
南阳市	再生型	42	51	21	88	41
张掖市	再生型	66	46	73	101	89
鞍山市	再生型	21	91	14	64	38
盘锦市	再生型	69	69	83	63	76

课题组成员名单

邹　庆　王江甜　胡文娟　黄淀一

致谢名单

谢　琛　江　娟　刘李俪　晏雪妮　胡　昕　郑翔宇